Karl-Wilhelm Welwei

Die griechische Polis

Verfassung und Gesellschaft
in archaischer und klassischer Zeit

Verlag W. Kohlhammer
Stuttgart Berlin Köln Mainz

Das Bild auf dem Umschlag zeigt die Rückseite eines Athener Vierdrachmenstücks klassischer Zeit (5. Jahrhundert v. Chr.), 16,99 g Silber.
Lippischer Privatbesitz. Aufnahme J. Berndt, Bochum.

CIP-Kurztitelaufnahme der Deutschen Bibliothek

Welwei, Karl-Wilhelm:

Die griechische Polis: Verfassung u. Gesellschaft in archaischer u. klass. Zeit
Karl-Wilhelm Welwei.
Stuttgart; Berlin; Köln; Mainz: Kohlhammer, 1983.
ISBN 3-17-007935-2

Stuttgart Berlin Köln Mainz
Verlagsort: Stuttgart
Umschlag: hace
Gesamtherstellung:
W. Kohlhammer Druckerei GmbH + Co. Stuttgart
Printed in Germany

Inhalt

Vorwort

Das vorliegende Buch wendet sich vornehmlich an Studenten und Lehrer der alten Sprachen und der Geschichte sowie an einen historisch interessierten breiteren Leserkreis. Im Hinblick auf diese Zielsetzung sind in den Text vielfach erklärende Zusätze eingefügt, die dem Forscher und Fachmann unnötig erscheinen mögen. Andererseits wurde eine gedrängte Darstellung angestrebt, so daß viele Fragen und Kontroversen nur andeutungsweise behandelt werden konnten. Die notwendige Beschränkung erforderte auch den Verzicht auf einen zusammenfassenden Forschungsbericht sowie auf eine Einführung in die Quellenkunde. Hierzu sind die betreffenden Abschnitte in den Darstellungen von V. Ehrenberg, Der Staat der Griechen, 2. Aufl., Zürich–Stuttgart 1965, I. Weiler, Griechische Geschichte. Einführung, Quellenkunde, Bibliographie, Darmstadt 1976, und H. Bengtson, Griechische Geschichte von den Anfängen bis in die römische Kaiserzeit, 5. Aufl., München 1977, heranzuziehen. Ergänzende bibliographische Angaben zu Teilbereichen der hier behandelten Thematik bieten O. Murray, Das frühe Griechenland, München 1982 (engl. Ausgabe 1980), und J. K. Davies, Democracy and Classical Greece, Fontana 1978 (in deutscher Übersetzung 1983). Über wissenschaftsgeschichtliche Positionen informiert M. I. Finley, The Ancient City: From Fustel de Coulanges to Max Weber and Beyond, Comparative Studies in Society and History 19 (1977) 305–327 (= Finley, Economy and Society in Ancient Greece, London 1981, 3–23). Fragestellungen der sowjetischen Forschung erläutert E. D. Frolov, Griechische Geschichte bis zum Zeitalter des Hellenismus, in: H. Heinen (Hrsg.), Die Geschichte des Altertums im Spiegel der sowjetischen Forschung, Darmstadt 1980, 69ff.

Da der Anmerkungsteil möglichst straff gestaltet werden mußte, konnte nur ein Teil der zahlreichen Werke und Untersuchungen, denen ich mich dankbar verpflichtet fühle, zitiert oder genannt werden. Die Auswahl ist so getroffen, daß vornehmlich neuere Arbeiten angeführt sind, die es dem Leser ermöglichen, sich über die ältere Forschung zu informieren. Zudem sei auf die ausführlichen Literaturverzeichnisse in den Werken von W. Schuller, Griechische Geschichte, München–Wien 1980, und F. Gschnitzer, Griechische Sozialgeschichte von der mykenischen bis zum Ausgang der klassischen Zeit, Wiesbaden 1981, verwiesen.

Problematisch war die Strukturierung des umfangreichen Stoffes. Entstehung, Ausformung und Wandel der Polisgesellschaften und ihrer Institutionen sollten im Mittelpunkt stehen, so daß nach Möglichkeit eine Kombination von entwicklungsgeschichtlicher und systematischer Darstellung anzustreben war. Die Akzente mußten hierbei auf den politischen und sozialen Aspekten im engeren Sinne liegen.

Der Buchtitel ist sicherlich anfechtbar. Es gab selbstverständlich nicht *die* Polis schlechthin, sondern eine Fülle von unterschiedlich organisierten Gemeinwesen, die im griechischen Sprachgebrauch als Poleis galten. Die Fachwelt wird es vielleicht tolerieren, daß das Thema möglichst kurz und prägnant formuliert wurde. Bedenken gegen die Verwendung des heutigen Verfassungs- und des Gesellschaftsbegriffs können hoffentlich durch die Darstellung ausgeräumt werden.

Alle Jahresangaben beziehen sich – soweit nicht besonders vermerkt – auf die Zeit vor Christi Geburt.

Es bleibt die angenehme Pflicht der Danksagung. K.-J. Hölkeskamp hat mit mir zahlreiche Einzelprobleme diskutiert. H.-D. Füser, H.-Th. Grütter, A. Günther und U. Hölting haben als studentische Hilfskräfte unermüdlich Bücher herbeigeschafft und Zitate und Stellenangaben überprüft. Frau C. Leinenweber hat die Reinschrift des Manuskriptes übernommen. Meine Frau half – wie so oft – bei den Druckkorrekturen. Dem Kohlhammer Verlag bin ich für sorgfältige und zügige Drucklegung verbunden.

Witten, im Februar 1983 *Karl-Wilhelm Welwei*

»Architecture, philosophy, sculpture, the shaping and decoration of pottery, and the art of poetry were particular fields in which the Greeks of the Hellenic Age achieved dazzling – and therefore daunting and inhibiting – successes. But the Hellenes' master institution was city-states; for these were the social setting of the Hellenes' particular achievements, and, without this setting, these achievements might never have been accomplished.«

Arnold Toynbee, The Greeks and their Heritages, Oxford 1981, S. 60

Einleitung: Begriff und Wesen der Polis

Das griechische Wort Polis (Plur.: Poleis) bezeichnete ursprünglich die befestigte Höhensiedlung. Bereits im 8. Jahrhundert galten des weiteren Siedlungskomplexe von urbanem oder eher prä-urbanem Charakter als Poleis. Sie lagen vielfach im Schutz eines »Burgberges«, konnten aber auch ihrerseits durch Ausnutzung der Gegebenheiten des Geländes oder durch zusätzliche Befestigungsanlagen gesichert sein. Solche Orte entwickelten sich in großer Zahl zu selbständigen staatlichen Einheiten, auf die dann der Polisbegriff im klassischen Sinne angewendet wurde.[1]

Die Bildung der Polisstaaten vollzog sich in archaischer Zeit (etwa 800/750 bis 500) in einem langen Formungsprozeß. Sie entstanden nicht nur im hellenischen Mutterland und im Ägäisbereich einschließlich der kleinasiatischen Westküste – den Siedlungsgebieten der Griechen zu Beginn der archaischen Zeit –, sondern auch überall dort, wo sich Hellenen seit den Anfängen der großen griechischen Kolonisation (um 750) an den Küsten des Mittelmeeres und des Schwarzen Meeres ansiedelten und neue Gemeinwesen gründeten. Durch ihren inneren Aufbau und das in ihrem Rahmen sich vollziehende politische Kräftespiel unterschied sich die Polis von allen nichtgriechischen Staatsformen, auch wenn diese – wie z. B. die phoinikischen Stadtstaaten oder Rom – letztlich auf dem gleichen Siedlungstyp beruhten.

Im hellenischen Mutterland und in den ägäisch-kleinasiatischen Siedlungsgebieten der Griechen gab es mehrere Hundert Gemeinwesen vom Typ des Polisstaates.[2] Unter diesem Aspekt gelten bei der Anwendung des heutigen Staatsbegriffs in bezug auf die griechische Welt andere Maßstäbe. In der Polis existierte nicht das Problem der Organisation des Zusammenlebens großer Menschenmassen durch einen umfangreichen, sich territorial verzweigenden staatlichen Macht- und Verwaltungsapparat im modernen Sinne. Viele griechische Poleis bestanden nur aus wenigen Tausend Einwohnern einschließlich der Frauen und Kinder der Bürger, der ansässigen freien Fremden und ihrer Familien sowie der Sklaven. Die Zahl der wehrpflichtigen Bürger betrug oft weniger als ein Fünftel der gesamten Bevölkerung, und die Gebiete solcher Poleis umfaßten häufig nicht einmal 100 km². Sparta mit einem Territorium von etwa 8400 km² (Lakonien und Messenien) und Athen mit einem Gebiet von 2650 km² (Attika mit Salamis und Oropos) sowie auch Korinth (880 km²) und einige Poleis in Kleinasien und im unteritalisch-sizilischen Raum bildeten Ausnahmen.[3] Gleichwohl war auch die Bürgerzahl der großen Poleis nach heutigen Kriterien gering. Sie belief sich in Sparta in der Zeit der Perserkriege auf rund 8000 Vollbürger (Spartiaten), sank jedoch bis zum Beginn des Peloponnesischen Krieges (431) stark ab. Damals gab es vielleicht noch etwa 4000 Spartiaten. Zur gleichen Zeit umfaßte die athenische Polis etwa 40000–50000 männliche Vollbürger. Die genannten Zahlen beruhen freilich nur auf Schätzungen, denen vor allem verstreute Angaben der Überlieferung über Heeres- und Flottenstärken zugrunde liegen. Sie vermitteln aber eine ungefähre Vorstellung von den Größenverhältnissen, so daß die fundamentalen Unterschiede zu den Dimensionen heutiger Staaten deutlich werden. Der moderne Staatsbegriff läßt sich dennoch insofern auf die Polis übertragen, als ihre innere Ordnung als Mittel zur Erreichung gemeinsamer Ziele und zur Durchführung gemeinsamer Aufgaben der Bürgerschaft diente.[4] Während aber als konstituierende Elemente des heutigen Staates die Staatsgewalt, das Staatsgebiet und das Staatsvolk anzusehen sind, bildete für die Griechen die Bürgergemeinschaft das eigentliche Charakteristikum des Staates oder besser: der Polis. Präzis formuliert wurde das griechische Polisverständnis vor allem von Aristoteles, der in seinem Werk über die »Politik« die Ergebnisse seines Studiums der Verfassungen der hellenischen Staaten darlegt. Er definiert die Polis als »Gemeinschaft der Freien und Gleichen« (Pol. 1279 a 21; 1328 a 36) bzw. als »eine gewisse Anzahl von Bürgern«, die politische Rechte besitzen (Pol. 1274 b 41; 1275 b 19f.). Ihre Zahl muß ausreichen, um die Autarkie und Selbstbestimmung (Autonomia) des Gemeinwesens zu gewährleisten, d. h. sie müssen imstande sein, die wesentlichen Aufgaben zur Erhaltung der wirtschaftlichen und politischen Funktionsfähigkeit der Polis zu erfüllen. Die politische Gemeinschaft des Polisstaates (Koinonia politikė) ist zugleich die wichtigste und umfassendste Vereinigung (Pol. 1252 a 5f.). Sie ist zumeist gegliedert in Unterabteilungen (Phylen) und sog. Bruderschaften (Phratrien), die bestimmte Funktionen im Rahmen des politischen und kultischen Gemeinschaftslebens haben, aber erst in ihrer Gesamtheit eine politische Einheit bilden. Zudem ist der Bürgerverband abzugrenzen von anderen Personengruppen wie den Familien-, Haus- und Dorfgemeinschaften, die nicht autark sind. Die Bürgerschaft darf des weiteren auf keinen Fall gleichgesetzt werden mit den ständigen Bewohnern des Polisgebietes. Bürger (Polites) – so heißt es bei Aristoteles Pol. 1275 a 7–8 – ist man nicht dadurch, daß man an einem bestimmten Ort wohnt, denn auch die ansässigen Fremden und die Sklaven haben an der Siedlungsgemeinschaft teil. Auch Minderjährige, die noch nicht in die Bürgerlisten eingetragen sind, können im strengen Sinne nicht als Bürger bezeichnet werden (Pol. 1275 a 14–16). Sie sind gewissermaßen potentielle Bürger, während das Bürgerrecht für die Frauen der Politen »gleichsam latent« von Bedeutung ist, indem es für die Frage der »legalen bürgerlichen Abstammung« der Kinder relevant wird.[5] Allerdings konnten die politischen Rechte der Bürger in unterschiedlicher Weise abgestuft sein. Die hiermit verbundenen Fragen sind ein Teilkomplex des Problems der verschiedenen Verfassungen der griechischen Poleis.

Hierbei ist zunächst zu klären, inwieweit der moderne Verfassungsbegriff auf die Polis übertragen werden kann und wie das entsprechende griechische Korrelat zu verstehen ist. Die Verfassungen der heutigen Staaten basieren bekanntlich vielfach auf einem schriftlich fixierten »Grundgesetz«, in dem die Teilung der gesetzgebenden, richterlichen und vollziehenden Gewalt anerkannt wird, Einsetzung, Kompetenzen und Funktionen der höchsten staatlichen Organe festgelegt und bestimmte Grund- und Freiheitsrechte der Staatsbürger garantiert sind. In der Polis beruhte demgegenüber die Staats- und Rechtsordnung primär auf dem sog. Nomos.[6] Hierunter ist zunächst die vorgegebene Ordnung, die Norm der Tradition zu verstehen, die freilich auch durch Beschlüsse der Bürgergemeinschaft ergänzt werden konnte, so daß der Nomos zum Inbegriff der gesamten geschriebenen und ungeschriebenen Rechts- und Ordnungsvorstellungen wurde. Die eigentliche institutionelle Organisation der Polis galt als Kosmos, Katastasis oder Taxis.[7] Etwa ab 430 wurde hierfür auch die Bezeichnung »Politeia« verwendet, die von Polites (Bürger) abgeleitet ist und ursprünglich »Bürgerrecht« bedeutete. Da jeder Bürger selbstverständlich Mitglied der Polisgemeinschaft war, konnte die Gesamtheit der mit politischen Rechten ausgestatteten Politen ebenfalls mit dem Politeiabegriff bezeichnet werden. Die innere Ordnung einer Polis richtete sich wiederum weitgehend nach den Besonderheiten der Abstufung des Bürgerrechts und der hierdurch bedingten Zusammensetzung der Bürgerschaft, so daß »Politeia« eine Sammelbezeichnung wurde, die mit der Korrelation von Bürgerrecht, Bürgerschaft und Staatsordnung zu erklären ist. Die exakte Bedeutung des Terminus muß in den Quellen jeweils aus dem Kontext erschlossen werden.

Sofern »Politeia« die institutionelle Ordnung bezeichnet, ergibt sich also durchaus eine Korrespondenz zwischen diesem griechischen Terminus und dem heutigen Verfassungsbegriff. Zu beachten ist freilich die schon erwähnte Akzentuierung des personalen Prinzips im griechischen Staats- bzw. Polisverständnis.

Die Verfassungen der klassischen Poleis waren überaus unterschiedlich. Sie wurden im üblichen politischen Sprachgebrauch durchweg in Demokratien und Oligarchien eingeteilt, wenn man von der Tyrannis, der persönlichen Herrschaft eines einzelnen Machthabers einmal absieht.[8] Die politische Theorie der Griechen hat zwar eine differenziertere Terminologie entwickelt, sich aber im wesentlichen gleichfalls auf die Anwendung einiger weniger Unterscheidungsmerkmale beschränkt. Generell wurden die Verfassungen nach der sozialen Zusammensetzung der Bürgerschaft und dem numerischen Kriterium der Zahl der Herrschenden klassifiziert, während die Art der Herrschaftsausübung zum Maßstab für die Bewertung der einzelnen Formen wurde. Als Herrschaftsträger galten jeweils die vollberechtigten Bürger. Durch begriffliche Abstraktionen wurden somit die verschiedenartigen Herrschafts- und Machtverhältnisse in ein relativ einfaches Grundschema transponiert. Diese Verfassungstypologie entstand erst nach Mitte des 5. Jahrhunderts, nachdem die Polis als Staatstyp bereits feste Konturen gewonnen hatte. Entwicklungsgeschichtlich gesehen sind die als Demokratien und Oligarchien bezeichneten Ordnungen nur unterschiedliche Ausformungen der Polisverfassungen, für die sozusagen erst sekundär die Begriffe geprägt wurden, als die Besonderheiten in der inneren Organisation der einzelnen Poleis deutlicher in Erscheinung getreten waren.

In der Verfassungstypologie war freilich von Anfang an eine Reihe von Problemen enthalten, die einerseits durch die abstrakten begrifflichen Prägungen, andererseits durch die häufige polemische Verwendung der betreffenden Termini bedingt sind. Als Demokratie galt generell die Verwirklichung des Prinzips der Gleichheit (Isonomie) in dem Sinne, daß alle Bürger einschließlich der minderbemittelten oder besitzlosen Politen in der Volksversammlung, in der die wichtigsten Entscheidungen (wie die Beschlüsse über Krieg und Frieden und die Verabschiedung der Gesetze) getroffen wurden, abstimmen konnten und auf diese Weise an der Herrschaft teilhatten. Die in der Demokratie als Herrschaftsträger geltende Bürgerschaft war indes im Vergleich zur Gesamtheit der Bewohner eines Polisgebietes immer nur eine Minderheit. In Athen und Attika lebten um 430 etwa 250000 Personen (Bürger und Metoiken mit ihren Familien und Sklaven), von denen – wie bereits erwähnt – nur etwa 40000–50000 freie Athener staatsrechtlich den sog. Demos bildeten. Der Demosbegriff konnte aber auch im engeren Sinne die nicht zum »Adel« bzw. zur wohlhabenden Oberschicht zählende breite Masse der Politen oder sogar nur die im Stadtgebiet lebenden Handwerker, Kleinhändler und Lohnarbeiter bezeichnen. Kritiker und Gegner der Demokratie unterstellten diesen Bedeutungsgehalt, wenn sie die demokratische Verfassung durch einseitige Betonung des Gewichts der »Kleinbürger« bei den Abstimmungen als Herrschaft der Armen verstanden und den Einfluß führender Repräsentanten der Oberschicht auf die Entscheidungsprozesse in diffamierender Verzerrung des Sachverhalts als bloße Demagogie und Korrumpierung des Volkes interpretierten.

Als spezifisches Merkmal der Oligarchie galt allgemein die Beschränkung der vollen politischen Rechte auf einen privilegierten und durch Zulassungskriterien (»vornehme« Herkunft oder Zensusbestimmungen) von der übrigen Bürgerschaft abgegrenzten Kreis. »Herrschaft der Wenigen« (Oligoi) ist freilich ein relativer Begriff. In Sparta, das im späten 5. Jahrhundert als typische Oligarchie galt, bestand die Bürgerschaft der

vollberechtigten Spartiaten immerhin aus mehreren Tausend Mann. Sie war allerdings im Verhältnis zu den Perioiken eine Minderheit, während die Heloten als Unfreie ohnehin nicht zur bürgerlichen Gemeinschaft gehörten. In seiner wörtlichen Bedeutung ist der Oligarchiebegriff indes vielfach nur insofern zutreffend, als er die realen Machtverhältnisse in bestimmten Poleis umreißt. Oft genug wurde er zur Diskreditierung der herrschenden Gruppe verwendet. Die politischen Gegner der sog. Oligoi waren aber keineswegs generell mittellose Politen bzw. Bürger mit relativ geringem Besitz, sondern zählten zumeist zur gleichen Gesellschaftsschicht wie die von ihnen bekämpften Zirkel. Die politische Trennungslinie verlief in solchen Fällen vor allem in mittleren und kleineren Poleis zwischen den Angehörigen der Oberschicht und ihren jeweiligen Anhängerschaften, wobei die Kontroversen häufig durch unterschiedliche außenpolitische Ziele, die das Problem der Allianzen oder eines Bündniswechsels betrafen, hervorgerufen wurden. Jedenfalls ist die in der griechischen Staatstheorie vorgenommene schematische Gleichsetzung des sog. herrschenden Faktors (des Politeumas) mit der Bürgerschaft und die hieraus abgeleitete Identität der Herrschenden und Beherrschten problematisch. Praktisch umfaßte die Bürgerschaft einer als Oligarchie bezeichneten Polisordnung in der Regel sowohl die vollberechtigten Politen als auch die Bürger minderen Rechts, die nicht amts- oder ratsfähig und verschiedentlich auch nicht abstimmungsberechtigt waren.
Die skizzierten Implikationen sind im Hinblick auf die griechischen Begriffe »Demokratie« und »Oligarchie« stets zu beachten. Diese Termini, die zum festen Bestandteil des modernen Sprachgebrauchs geworden sind, bieten zwar ein unentbehrliches Instrumentarium, doch ist bei ihrer Verwendung jeweils die faktische Situation in den hiermit bezeichneten Polisordnungen zu berücksichtigen.
Das gleiche gilt selbstverständlich in bezug auf den Polisbegriff. Die Wesensbestimmung der Polis als Bürgergemeinschaft in der klassischen griechischen Staatsphilosophie erfaßt zwar den entscheidenden Aspekt des Personenverbandes und kann daher einen ersten Zugang zum Verständnis des Phänomens des griechischen Polisstaates vermitteln, muß aber in mancher Hinsicht ergänzt werden, wenn der Polisbegriff als idealtypische Kategorie schärfere Konturen gewinnen und die wichtigsten gemeinsamen Grundzüge der zahlreichen Polisstaaten deutlicher hervortreten sollen. Der institutionelle Rahmen der Polisordnungen war trotz unterschiedlicher Bezeichnung der öffentlichen Organe in seinem Grundgefüge im wesentlichen gleich. Es handelte sich um Gremien von leitenden Beamten und Funktionsträgern, um den Rat und um die Versammlung der Bürger. Die Kompetenzen der Beamten konnten variieren, der Rat konnte nach verschiedenen Kriterien zusammengesetzt sein, und die Bürgerversammlung konnte unterschiedliche Befugnisse haben. Dies betraf jedoch die Verfassungsformen, nicht aber die Polis als Staatstyp, als organisierten Verband von Bürgern mit gleichen oder abgestuften Rechten, der auf dem Nomos – der durch Herkommen und Gesetz garantierten Ordnung des Gemeinwesens – basierte.
Auch die gesellschaftliche Schichtung der Polisstaaten wies in den typischen

Strukturen wesentliche Übereinstimmungen auf. In der Polis bestanden gewissermaßen mehrere Trennungslinien. Sieht man davon ab, daß es Politen mit unterschiedlichen Rechten gab und die Frauen der Bürger sowie die minderjährigen Kinder bürgerlicher Herkunft im »juristischen« Sinne kein Bürgerrecht besaßen, so verlief die Grenze einerseits zwischen Bürgern und Nichtbürgern, andererseits zwischen Freien und Sklaven. Die Formen der Unfreiheit konnten wiederum sehr unterschiedlich sein. Es konnte sich hierbei um den durch Eroberung und Unterwerfung entstandenen Typ der Helotie oder um die sog. Kaufsklaverei handeln. In jedem Fall aber war die Situation der Unfreien dadurch gekennzeichnet, daß sie zum Besitz anderer Personen oder Personengruppen gehörten und außerhalb der rechtlich-politischen Gemeinschaft der Bürger standen. Auch die Stellung der nicht zur Bürgerschaft zählenden freien Fremden (Xenoi) war recht unterschiedlich. Soziologisch gesehen umfaßte diese Schicht ein breites Spektrum vom einfachen Handwerker und Arbeiter bis zum reichen Kaufherrn. Die freien Nichtbürger waren vielfach Griechen, gehörten aber rechtlich ebensowenig wie die Sklaven zur Polisgemeinschaft, auch wenn sie deren Rechtsschutz besaßen. Die Bürgerschaft selbst war gleichfalls in sich sozial stark differenziert. Zudem war ihre Struktur in Gemeinwesen mit einer relativ großen Zahl von Stadtbewohnern z. T. anders als in Poleis mit einer überwiegend bäuerlichen Bevölkerung. Entscheidend war jedoch, daß nur die Bürger am politischen Leben teilnehmen und in ihrer öffentlichen Tätigkeit ungeachtet der zwischen ihnen bestehenden sozialen Unterschiede sich als Einheit empfinden konnten. Die Zugehörigkeit zum Bürgerverband überlagerte gewissermaßen als Integrationsfaktor im politischen Bereich die gesellschaftliche Differenzierung der Politen.

Die Griechen besaßen freilich keinen dem heutigen Gesellschaftsbegriff entsprechenden Terminus zur Bezeichnung der Gesamtheit der verschiedenen Gruppen und Schichten eines Staates. Aristoteles kommt jedoch dieser Vorstellung in seinen eingangs referierten Ausführungen über die aus Bürgern, Metoiken und Sklaven bestehende Siedlungsgemeinschaft recht nahe. Die Politen bildeten ja nicht die Polisgesellschaft schlechthin. Die Polis als Siedlungsverband ist also insofern abzugrenzen von der Polis als Gemeinwesen der Politen. Zu beachten ist aber des weiteren, daß nicht jede als Polis bezeichnete Siedlung ein eigener Staat war oder blieb. Viele kleinere Polisstaaten vermochten auf die Dauer ihre Autonomie nicht oder nur bedingt zu behaupten und gerieten in Abhängigkeit von größeren Poleis. Das Bild der griechischen Staatenwelt bleibt daher unvollständig, wenn man nicht die wechselseitigen Beziehungen zwischen den verschiedenen Gemeinwesen berücksichtigt. Infolge des Machtgefälles zwischen stärkeren und schwächeren Poleis entwickelte sich eine Dynamik, die bereits in archaischer Zeit zur Entstehung von außenpolitischen Abhängigkeitsverhältnissen führte und im 5. und 4. Jahrhundert unter dem Zeichen hegemonialer Bestrebungen einzelner »Großpoleis« stand. Durch die räumliche Nähe des Zusammenlebens in geschlossenen

Kleinlandschaften hatten sich zwar in archaischer Zeit zahlreiche eigenständige politische Gemeinschaften gebildet, die sich von anderen Gemeinwesen abzugrenzen suchten, doch bestand andererseits die Tendenz zu Staatenverbindungen und damit zur großräumigen Zusammenfassung der Kräfte, die Bereitschaft zur Aufnahme benachbarter kleinerer Gemeinwesen in den eigenen Polisverband sowie auch der Wille zur territorialen Expansion durch Eroberung und Unterwerfung.[9] Kleinräumigkeit und Bildung größerer Machtkomplexe schlossen sich in der Poliswelt keineswegs aus, sondern waren gewissermaßen korrespondierende Prinzipien. Nicht überall waren die Verhältnisse in Griechenland ausgesprochen engräumig, und die zahlreichen Poleis standen nicht politisch gleichberechtigt nebeneinander. Insofern ist die Vorstellung von der Polis als *autonomer* Gemeinschaft von Bürgern, die in freier Beschlußfassung ihre inneren und äußeren Angelegenheiten regeln, zu modifizieren.

Kennzeichen der Polis als Verband der Politen ist prinzipiell die Eigenstaatlichkeit. Die städtische oder zumindest stadtähnliche Siedlung war in der Regel der politische Mittelpunkt des Bürgerverbandes. Hier lagen die Gebäude für die höchsten Funktionsträger und den Rat, der Versammlungsplatz für die Politen sowie die Heiligtümer für die alle Bürger verbindenden Kulte, die einen integrierten wie auch ständig integrierenden Bestandteil des öffentlichen Lebens bildeten. Die staatliche Gemeinschaft der Polis hatte somit jeweils nur *ein* echtes urbanes Zentrum. Das Gemeinwesen umfaßte freilich auch das umliegende Landgebiet (die Chora), wenn man von gewissen Sonderformen, den »Poleis ohne Territorium« einmal absieht, deren Land zum Außengebiet eines anderen, die Oberhoheit ausübenden Staates gehörte. Im Normalfall ging jedenfalls die politische Organisation der zur »Stadt« gehörenden Chora jeweils von der zentralen Siedlung der Bürgergemeinschaft aus. Hierbei konnte auch in einer begrenzten Gemarkung (d.h. auf kleinstem Territorium) eine nach griechischen Vorstellungen durch öffentliche und kultische Bauten als »Stadt« ausgewiesene Ortschaft (Paus. X4,1) mit wenigen umliegenden Dörfern eine politisch-staatliche Einheit bilden, der Polischarakter zukam.

Von der Stadt bzw. von den in ihr lebenden Bürgern erhielt der Polisstaat seinen Namen. So hieß die Polis Athen staatsrechtlich hoi Athenaioi (die Athener); entsprechend bezeichnete der Ausdruck hoi Korinthioi (die Korinther) den Staat Korinth usw. »Die Athener«, »die Korinther« und andere Polisgemeinschaften waren also nicht nur eine bestimmte Schicht von Stadtbewohnern.[10] Auch die in der Chora ansässigen vollberechtigten Mitglieder der Bürgerschaft konnten und sollten selbstverständlich am politischen Leben und an den Staatskulten im städtischen Zentrum teilnehmen und bei der Regelung der öffentlichen Angelegenheiten mitwirken. Im Polisstaat war also das Landgebiet nicht generell der Stadt untergeordnet. Man hat daher in der modernen Forschung die Anwendung des Begriffs des Stadtstaates auf die Polis in Frage gestellt. Der Terminus ist jedoch insofern berechtigt, als die städtische

Siedlung – wie gesagt – in der Regel den Mittelpunkt der staatlichen Organisation der Polis darstellte. Dies wird vor allem an den größeren Poleis mit einem umfangreichen Territorium deutlich, während freilich in kleinen Polisstaaten die politische Einheit von Stadt und Land weniger klar in Erscheinung trat, da hier die meisten Politen ohnehin in der urbanen Siedlung lebten und von dort aus leicht ihre Besitzungen auf dem Lande erreichen konnten.

In vielfacher Hinsicht ein Sonderfall war die Polis Sparta. Die Bezeichnung des spartanischen Staates als hoi Lakedaimonioi (die Lakedaimonier) umfaßte sowohl Spartiaten als auch Perioiken (»Umwohner«), d. h. auch die Perioiken galten (trotz ihrer unterschiedlichen ethnischen Zusammensetzung) als Lakedaimonier, obwohl nur die Spartiaten die Vollbürgerschaft bildeten. Zudem war Sparta kein geschlossener urbaner Siedlungskomplex. Gleichwohl galt Sparta selbstverständlich als Polis. Gerade hier war ja das charakteristische Merkmal der Polis – der Personenverband der Politen – in Form der Gemeinschaft der spartiatischen Vollbürger besonders ausgeprägt. Die Perioikenorte waren von Sparta abhängig. Andererseits wurden sie aber auch als »Poleis« bezeichnet. Wenn der Polisbegriff in diesem Fall sich nicht auf einen staatlich autonomen Personenverband, sondern einfach auf die Lebensgemeinschaft einer Perioikensiedlung (mit einer gewissen lokalen Selbstverwaltung) bezog, so ist dies damit zu erklären, daß die Polis als *Siedlungsform* typisch für weite Teile Griechenlands war. Da die Perioikenpoleis nach außen nicht als selbständig handelnde Einheiten in Erscheinung traten, sind sie aus heutiger Sicht als Gemeinden zu bezeichnen. Hingegen empfiehlt es sich nicht, den Begriff des »Gemeindestaates« auf *selbständige* Poleis anzuwenden, da der moderne Terminus »Gemeinde« einen anderen Inhalt als der griechische Polisbegriff im Sinne einer autonomen Bürgerschaft hat, die keine Gemeinde, sondern eben ein »Staat« war.[11] Gemeinschaften vom Typ der Polis setzen freilich überschaubare Verhältnisse voraus. Die Bürger müssen direkt und unmittelbar an den politischen Entscheidungen teilnehmen können.

Die Konzentration des politischen Lebens in der dominierenden Siedlung eines begrenzten Gebietes sicherte insgesamt gesehen dem Polisstaat einen historischen Vorsprung gegenüber einer anderen Grundform staatlicher Ordnung in Griechenland: der vielfach über einen größeren Raum verteilten und zunächst nur locker organisierten Wehrgemeinschaft, die als Ethnos (»Völkerschaft«) galt und in der modernen Forschung zumeist als »Stamm« oder »Stammstaat« bezeichnet wird.[12] Zu beachten ist freilich, daß solche Vereinigungen auch aus Bevölkerungselementen von heterogener Herkunft bestehen oder auf Grund der Machtbildung eines zielstrebigen Herrschers bzw. infolge der Ausweitung von Nachbarschaftsbeziehungen, die über den Rahmen eines zunächst geschlossenen Verbandes hinausgingen, zu politisch-rechtlichen Einheiten zusammengewachsen sein konnten. Nach griechischem Sprachgebrauch war der Terminus Ethnos im politischen Sinne praktisch ein Sammelbegriff für

unterschiedlich organisierte staatliche Gemeinschaften, die unter der Bezeichnung Polis (= Polisstaat) nicht subsumiert werden konnten.[13] Bevor das Ethnos als staatliche Ordnung seit dem 4. Jahrhundert auf neuer Grundlage in Form einer bundesstaatlichen Vereinigung größere historische Bedeutung gewann, war die Polis für die Griechen geradezu zum Inbegriff des staatlichen Lebens geworden.
Das Ethnos bildete vor allem die politische Lebensform von Wehrverbänden im westlichen, mittleren und nördlichen Griechenland, während der Staatstyp der Polis in den der Ägäis zugewandten Teilen des hellenischen Mutterlandes sowie im ägäisch-kleinasiatischen Siedlungsraum und in den sonstigen kolonialen Gebieten der Griechen vorherrschte. Das Verbreitungsgebiet der klassischen Polis in Griechenland selbst deckt sich z. T. mit Kernräumen der mykenischen Kultur (ca. 1600/1550–1150/1100), deren Träger zweifellos bereits frühgriechische Idiome sprachen. Sofern nicht ohnehin – wie in Athen – Bevölkerungs- und Siedlungskontinuität bestand, bestimmte die Gunst der Lage vieler mykenischer Orte die Wahl der Siedlungsplätze durch neu zuwandernde Scharen, die gleichfalls frühgriechischer Herkunft waren, vor dem Zusammenbruch der mykenischen Dynastien aber außerhalb oder am Rande des Einflußbereichs dieser Herrschaftssysteme gelebt hatten. Für verdrängte und in Griechenland selbst nach neuen Wohnsitzen suchende Gemeinschaften aus dem ehemaligen mykenischen Kulturbereich verstand es sich von selbst, daß sie sich wieder in der gewohnten Weise ansiedelten, wenn sie geeignete Plätze gefunden hatten. Das gleiche gilt für die noch vor 1000 über die Ägäis nach dem westlichen Kleinasien abwandernden Gruppen, die schon aus Sicherheitsgründen in der neuen Umwelt jeweils an günstig gelegenen Orten enger zusammenrücken mußten.
Das historische Ethnos war freilich nicht ausschließlich auf ehemals außermykenische Gebiete beschränkt. Auch in Boiotien, wo sich bedeutende mykenische Machtzentren befunden hatten, entstand eine staatliche Ordnung dieser Art. Der »politische« Zusammenschluß erfolgte hier aber offenbar relativ spät (um 520?)[14] und umfaßte Gemeinwesen, die bereits Polischarakter gewonnen hatten. Der Gegensatz der konkurrierenden Prinzipien der Polisautonomie, des hegemonialen Anspruchs der stärksten Polis (Theben) und der Autorität zentraler, für alle Poleis relevanter Institutionen war in Boiotien ein permanentes Problem. Ebenso führte die Entwicklung in Thessalien, das vor allem am Golf von Pagasai stark mykenisch geprägt gewesen war, in einem wohl längeren Prozeß zur Organisation des Ethnos. Sie erreichte hier früher als in Boiotien ihren Abschluß, lockerte sich aber wiederum durch die Eigendynamik der auch dort entstehenden Polissiedlungen, in denen einzelne Adelshäuser eine geradezu dynastische Stellung gewannen. Die Linien durchkreuzten sich also vielfach, so daß eine schematische Gegenüberstellung von »Polisstaat« und »Stammstaat« problematisch erscheint.
Wo im einstigen mykenischen Kulturbereich des hellenischen Mutterlan-

des sowie auf einer Reihe von Ägäisinseln und an den punktuell besiedelten Küstenstreifen Kleinasiens die natürlichen Voraussetzungen für die Entstehung zahlreicher selbständiger staatlicher Einheiten gegeben waren und jeweils *eine* urbane Siedlung die Funktion eines zentralen Ortes der umgebenden Landschaft übernahm und mit der Chora ein politisches Ganzes bildete, war auch die Wirtschafts- und Sozialstruktur der frühen Polis weitgehend vorgeprägt. Die Bindung an anbaufähige Landflächen bedingte, daß ihre Basis die Agrikultur war, wenn sich auch im Laufe der weiteren Entwicklung Handel und Gewerbe in ihr konzentrierten. Dennoch sind die Entstehung der Polis und ihre Entwicklung zum Bürgerverband mit einem urbanen Zentrum nicht primär mit siedlungsgeographischen Faktoren zu erklären. Bereits die mykenischen Höhensiedlungen bzw. die im Schutz der mykenischen Burgen sich ausbreitenden Ortschaften hatten – wie gesagt – z.T. die gleiche Lage wie die späteren Poleis. Sie entwickelten sich jedoch nicht zu Zentren freier Bürgergemeinschaften, sondern bildeten die Grundlage für die Machtentfaltung fürstlicher Herren. Erst nach dem Zusammenbruch der mykenischen Herrschaften begann eine neue Entwicklung, zu der alle Schichten der Freien ihren Beitrag leisteten und die schließlich zur Entstehung der Polis führte. Die Polis hat sich seit dem 8. Jahrhundert gleichsam aus »vorstaatlichen« Strukturen entwickelt, indem sich allmählich feste Institutionen zur Organisation des Gemeinschaftslebens und Bewältigung gemeinsamer Aufgaben herausbildeten und im Zuge dieses Prozesses eine mehr und mehr formalisierte und an Verfahrensregeln gebundene Interaktion der politischen Organe entstand, bei der turnusmäßig alternierende Beamte wichtige öffentliche Leitungs- und Ordnungsfunktionen wahrnahmen, ihrerseits der Kontrolle durch andere Gremien unterlagen und die vollberechtigten Mitglieder der Gemeinschaft zur gemeinsamen Beschlußfassung zusammentraten, während die Ernennung der Behörden bzw. die Ergänzung oder Neukonstituierung der Kollegien einschließlich der Ratsversammlung durch Zugangs- und Einsetzungsbestimmungen geregelt wurden.

Die Polis war natürlich kein statisches Gebilde. Ein Gesamtbild ist nur aus einer genetischen Betrachtung zu gewinnen, die die Entwicklung der sich ablösenden Verfassungsformen und die ihnen zugrunde liegenden Machtverhältnisse berücksichtigt. Die Ausformung der griechischen Gesellschaft etwa bis zum 7. Jahrhundert läßt sich freilich nur in groben Umrissen skizzieren. Erst in der Folgezeit sind die Sonderentwicklungen und die Herausbildung unterschiedlicher Organisationsformen in einzelnen Poleis deutlicher zu erfassen. Dieser Prozeß kann hier allerdings nur an ausgewählten Beispielen erläutert werden, wobei die beiden bedeutendsten Poleis Sparta und Athen selbstverständlich im Mittelpunkt stehen und die Darstellung im ganzen sich auf Gemeinwesen des griechischen Mutterlandes und des Ägäisbereichs beschränkt. Auf eine Behandlung der Probleme der Poleis in den im Verlauf der großen griechischen Kolonisation (etwa 750–550) besiedelten Gebieten wird verzichtet, da

hierbei auch das weite Feld der Beziehungen zwischen Hellenen und Indigenen und damit eine Fülle von lokalen Besonderheiten und deren Auswirkungen auf die politische Lebensform der Griechen in ihrer jeweiligen kolonialen Umwelt berücksichtigt werden müßten.
Auch eine zeitliche Abgrenzung erscheint notwendig. Mit der Kapitulation Athens (404) ging in politischer Hinsicht ein Zeitalter zu Ende. Im 4. Jahrhundert hat sich die Polis in mannigfacher Weise gewandelt. Eine Darstellung dieses Prozesses hätte sowohl eine Fülle von Einzelproblemen zu beachten als auch das 4. Jahrhundert bis zum Beginn der makedonischen Expansion als eigene historische Einheit zu werten. Dies würde einen breiten Raum einnehmen. Daher werden hier nur einige Ausblicke auf die Entwicklung nach 404 gegeben.

I. Die historischen Grundlagen

1. Die Einwanderung der Proto-Griechen

Die Entzifferung der kretisch-mykenischen Linear B-Schrift durch Michael Ventris hat ergeben, daß die betreffenden Zeugnisse, die überwiegend aus der Zeit um 1200 stammen, eine weitgehend einheitliche frühgriechische Verwaltungssprache enthalten, die in den Registraturen der großen mykenischen Residenzen verwendet wurde.[1] Die Anfänge der Bildung des Griechischen liegen dementsprechend vor der Blütezeit der mykenischen Paläste. Von entscheidender Bedeutung für den Beginn dieses Prozesses war die Landnahme wandernder Scharen der indo-europäischen Sprachfamilie, die in Griechenland ältere Bevölkerungselemente mit vorhellenischen Idiomen überschichteten.[2] Während der Übergang vom sog. Mittelhelladikum zur mykenischen Zeit (Späthelladikum) sich um 1600 im ganzen gleitend und kontinuierlich vollzog, lassen verschiedene größere Zerstörungshorizonte gegen Ende der Perioden Frühhelladikum II (um 2100) und III (um 2000/1950) auf erhebliche Unruhen schließen,[3] die wahrscheinlich mit dem Auftreten neuer Bevölkerungsgruppen in Verbindung zu bringen sind. Die Zuwanderer waren selbstverständlich noch keine Griechen, d.h. sie sprachen noch kein Griechisch, und es ist durchaus möglich, daß ihre Idiome mehr oder weniger differierten. Offenbar ist im Mittelhelladikum erst allmählich ein sprachliches Amalgam, in dem das Sprachgut bestimmter Gruppen von Zuwanderern die dominierende Komponente wurde, als Basis des Griechischen entstanden.

Die Wanderungsbewegungen der sog. Proto-Griechen, die schwerlich in größeren Stammesverbänden nach Griechenland vorgedrungen sind, lassen sich nicht mehr zurückverfolgen. Ihre Landnahme erstreckte sich wahrscheinlich über einen längeren Zeitraum. In verschiedenen Gebieten (z. B. in Lakonien) vermochte die ältere ansässige Bevölkerung ihre Eigenständigkeit bis in die mykenische Zeit zu bewahren, während vermutlich im Mittelhelladikum auch weiterhin noch Zuwanderungsgruppen nach Griechenland gelangten. Insgesamt ist mit verwickelten Integrations- und Verschmelzungsprozessen sowie auch mit der Entstehung neuer Abhängigkeitsverhältnisse zu rechnen. Sog. Herrenhäuser in verschiedenen mittelhelladischen Siedlungen (Asine, Malthi, Marathon) deuten auf eine lokale Vorrangstellung ihrer Besitzer und eine gewisse soziale Schichtung hin, die sich verfestigte, als die materielle Kultur im Mittelhelladikum nach 1700 durch kretisch-minoische Einflüsse allmählich ein höheres Niveau erreichte.

2. Die mykenische Zeit

Die Grabungen Heinrich Schliemanns in Mykene vermittelten zum erstenmal eine Vorstellung von der Bedeutung dieser mächtigen Festung. Hieraus resultiert die heutige Konvention, die gesamte Epoche von etwa 1600/1550 bis 1150/1100 nach ihrem größten Herrschersitz zu benennen und die Träger der Kultur des Späthelladikums generell als »Mykener« bzw. »mykenische Griechen« zu bezeichnen. Der Aufstieg der Herren Mykenes manifestiert sich an der überaus reichen Ausstattung der Schachtgräber des von Schliemann gefundenen sog. Steinkreises A, zeichnet sich aber bereits an der Gestaltung der älteren, noch mittelhelladischen Gräber des von Papadimitriou entdeckten Steinkreises B ab. Um 1600 scheint die sog. Schachtgräberdynastie von Mykene die stärkste politische Kraft innerhalb eines Systems lokaler »Fürstentümer« in der Argolis geworden zu sein. Etwa gleichzeitig gewannen auch in Messenien einzelne »fürstliche Herren« großen Reichtum.[4]

Die weitere Entwicklung in der mykenischen Welt ist dadurch gekennzeichnet, daß hier wie im historischen Griechenland eine Reihe politischer Zentren von unterschiedlicher Bedeutung entstand. Im einzelnen bleiben freilich viele Fragen offen. Während Reichtum und Macht der Herren Mykenes im 14. und 13. Jahrhundert in der Errichtung der großen Palastanlagen und der gewaltigen Zitadelle auf der dortigen Akropolis sowie im Bau monumentaler Kuppelgräber und in der Anlage eines von Mykene ausgehenden Straßennetzes zum Ausdruck kommen, bildete gleichzeitig Tiryns ein weiteres Macht- und Verwaltungszentrum in der Argolis, dessen Palast ebenfalls durch zyklopische Wälle gesichert war und schwerlich eine zweite Residenz der Dynastie von Mykene darstellte. Ferner lassen späthelladische Wehrbauten in Midea und wohl auch in Argos darauf schließen, daß hier »fürstliche Herren« residierten, die aber offensichtlich ein geringeres militärisches Potential als die Dynastien in Tiryns und Mykene zur Verfügung hatten. Ihre Beziehungen zu den beiden großen Residenzen in der Argolis lassen sich indes nicht rekonstruieren. Jedenfalls scheinen die Herren Mykenes keine Hegemonie über die gesamte Peloponnes oder gar über ganz Griechenland ausgeübt zu haben. In Messenien war in spätmykenischer Zeit der etwa Anfang des 13. Jahrhunderts erbaute und vor 1200 niedergebrannte Palast von Pylos (Englianos) das Zentrum einer unabhängigen größeren Herrschaft. Weitere bedeutende Fürstensitze befanden sich in Theben und Orchomenos in Boiotien sowie in Iolkos (Thessalien) und in Athen. Sowohl in Boiotien als auch in Attika gab es aber offensichtlich noch eine Reihe von lokalen Dynasten. Ebenso wie in der Argolis bleibt hier unklar, ob und inwieweit sie in das Herrschafts- und Verwaltungssystem der großen Residenzen einbezogen waren. Insgesamt gesehen bestand in der Blütezeit der mykenischen Paläste offenbar einerseits ein labiles, durch wechselnde Koalitionen und kriegerische Verwicklungen häufig gefährdetes Gleichgewicht zwischen einigen großen Dynastien und andererseits ein deutliches Machtgefälle zwischen den bedeutendsten Palastresidenzen und einer größeren Zahl von kleineren Fürstenhöfen und Siedlungsgemeinschaften.

Die großen Residenzen waren zugleich die Wirtschaftszentren des Einfluß- und Machtbereichs ihrer Herrscher. Eine umfangreiche Verwaltung regelte die landwirtschaftliche Produktion und die Verteilung von Rohprodukten sowie den Einsatz von Arbeitskräften und überwachte die Abgaben und Leistungen der abhängigen Bevölkerung. Der Aufzeichnung der Verwaltungsvorgänge dienten die Linear B-Tafeln aus Ton. Das Schriftsystem bestand aus Zeichen für Vokale und offene Silben (Konsonanten und Vokale) sowie aus Ideogrammen (Bildzeichen) und Zahl-, Maß- und Gewichtssymbolen. Die meisten Tafeln stammen aus Knossos auf Kreta. Zahlreiche weitere fanden sich in Pylos. Hinzu kommen Zeugnisse aus Mykene, Theben und Tiryns (hier allerdings nur in wenigen Fragmenten). Die Schrift ist weitgehend von der älteren kretischen (minoischen) Linear A-Schrift abhängig, läßt aber im Zeichenbestand gegenüber Linear A eine Anpassung an die Sprache der Mykener erkennen. Vermutlich ist Linear B auf Kreta entstanden und von den mykenischen Residenzen des griechischen Festlandes übernommen worden. Es bleibt indes eine offene Frage, ob mykenische Griechen bereits nach 1450 die Herrschaft in Knossos und anderen Teilen Kretas gewonnen haben und die Entwicklung der neuen Schrift dementsprechend mit den Intentionen mykenischer Machthaber auf der Insel in der zweiten Hälfte des 15. Jahrhunderts in Verbindung zu bringen ist.[5] Möglicherweise herrschte erst etwa nach ca. 1375/50 eine mykenische Dynastie in Knossos.[6]

Der Gebrauch der Linear B-Schrift war im wesentlichen an die von den mykenischen Machtzentren ausgehende Administration gebunden. Der Untergang der großen Paläste bedeutete zugleich das Ende dieses Schriftsystems. Da der Ton normalerweise nach einer gewissen Zeit wieder zerfiel, stammen die erhaltenen Tafeln ausnahmslos aus dem Jahr der Zerstörung ihrer Fundorte. Sie erhärteten durch große Brandkatastrophen und wurden dadurch unter dem Schutt konserviert. Die meisten festländischen Tafeln sind dementsprechend in die Zeit der schweren Verwüstungen in der mykenischen Welt um 1200 zu datieren. Einige Jahrzehnte älter sind die in Gebäuden außerhalb der Burg von Mykene gefundenen Zeugnisse. Erhebliche Schwierigkeiten bereitet die historische Einordnung der Linear B-Tafeln aus Knossos. Das Datierungsproblem ist ein Teilkomplex der umstrittenen Frage der endgültigen Zerstörung des dortigen Palastes. Wahrscheinlich befand sich hier auch im 13. Jahrhundert ein Verwaltungszentrum.[7]

Die Aufzeichnungen der Tafeln stellen gleichsam nur eine Momentaufnahme des Wirtschafts- und Verwaltungssystems der großen Zentren dar.[8] Das beste Material liefern die pylischen Zeugnisse. Ihre Interpretation ist freilich in vielen Punkten kontrovers. Nur in groben Umrissen wird die hierarchische Gliederung der Gesellschaft deutlich, an deren

Spitze der wa-na-ka (= Wanax, Herrscher) steht, der ein großes te-me-no (Temenos, Königsland) besitzt, Funktionäre ernennt und Abgaben empfängt.[9] Mehrfach begegnet der wa-na-ka in einem Kontext, der kultische Angelegenheiten betrifft. Göttliche Ehren des Königs sind jedoch nicht eindeutig nachzuweisen.
Neben dem wa-na-ka erscheint der ra-wa-ke-ta als Besitzer eines Temenos, dessen Umfang aber nur ein Drittel der Größe des Temenos des wa-na-ka beträgt. In der betreffenden Tafel wird der ra-wa-ke-ta unmittelbar nach dem Herrscher genannt, so daß die übliche Interpretation, daß der ra-wa-ke-ta der »zweite Mann« im pylischen Herrschaftsbereich war, zutreffend erscheint. Der Titel ist mit lawagetas (»Führer des la(w)os«) zu transkribieren. Im homerischen Epos werden Kriegerscharen als Laos bezeichnet. Die Bedeutung dieses Begriffs kann sich allerdings gewandelt haben. Militärische Funktionen des ra-wa-ke-ta sind in Linear B nicht ausdrücklich erwähnt.
Hohen sozialen Rang hatte offenbar ein sog. e-qe-ta (hepetas, Begleiter?). Der Titel ist wohl auf Gefolgsleute des Königs zu beziehen, die über Grundbesitz verfügten und wahrscheinlich vor allem militärische Führungsaufgaben übernahmen.[10] – Problematisch ist die Stellung des qa-si-re-u. Nach der Etymologie ist qa-si-re-u mit »Basileus«, der späteren Bezeichnung für den König bzw. den adligen Herrn, in Verbindung zu bringen. Der qa-si-re-u hatte indes eher die Funktionen eines Aufsehers in höherer Position. Möglicherweise wurde nach dem Zusammenbruch der mykenischen Systeme der ursprüngliche Titel des ehemaligen »Vorstehers« oder »Aufsichtsbeamten« mehr und mehr zur Bezeichnung der führenden Persönlichkeiten in den neu sich bildenden Gemeinwesen.[11] – Als Besitzer einer besonderen Kategorie von Grund und Boden erscheinen die sog. te-re-ta (= telestai, »Abgabenpflichtige«?). Sie vergaben offenbar aus ihrem Besitz bestimmte Landparzellen an Pächter, konnten aber auch von einem anderen te-re-ta ein Grundstück pachten.
In vielen Fällen bleibt die Etymologie der Begriffe für die »Funktionäre« der Palastverwaltung unklar. Zudem ist damit zu rechnen, daß Angehörige der höheren Gesellschaftsschicht mehrere Aufgaben wahrnehmen mußten. Die häufig erwähnten ko-re-te-re (Sing.: ko-re-te) hatten militärische, zivile und kultische Funktionen. Sie scheinen die »Vorsteher« von insgesamt 16 Distrikten, die in den pylischen Tafeln erwähnt werden, gewesen zu sein. Als ihre Stellvertreter fungierten vermutlich die po-ro-ko-re-te-re. Weniger deutlich sind Stellung und Rang des du-ma und mo-ro-qa. Vermutlich führte jeweils ein du-ma die Aufsicht über einen der beiden großen Bezirke, in die das pylische Herrschaftsgebiet eingeteilt war. Mo-ro-qa scheint eher eine Rangbezeichnung gewesen zu sein, da ein ko-re-te auch als mo-ro-qa bezeichnet wird. Die Ableitung von moira/moros (Landanteil) bleibt freilich problematisch. Im übrigen ist zu beachten, daß ein ursprünglich begrenzter Aufgabenbereich, auf den eine bestimmte Funktionsbezeichnung zunächst angewendet wurde, sich allmählich erweitert haben kann.

Schwer einzuordnen ist auch der sog. da-mo-ko-ro. Seine Tätigkeit bezog sich offensichtlich auf den da-mo. Dieser Begriff ist nach dem Lautbestand mit Damos (= Demos) gleichzusetzen, diente aber offenbar nicht zur Bezeichnung des gesamten freien Volkes bzw. der niederen Schichten der Freien. Als da-mo fungierten vielmehr Personengruppen, die für eine besondere Art der Landverteilung zuständig waren und möglicherweise jeweils eine ländliche Siedlungsgemeinschaft bzw. deren Repräsentanten darstellten.

Personen niederen Standes werden in den mykenischen Texten häufig als do-e-ro (weibl.: do-e-ra) bezeichnet. Hiervon ist der spätere klassische griechische Begriff für Unfreie (Doulos, »Sklave«) abzuleiten. Das charakteristische Merkmal der Unfreiheit – die besitzrechtliche Bindung der versklavten Person an einen Herrn – findet sich bereits in mykenischer Zeit. Allerdings gab es innerhalb der Schicht der do-e-ro erhebliche Unterschiede. Von den als do-e-ro bezeichneten Sklaven bestimmter Einzelpersonen und den unfreien Arbeitern im Schmiedehandwerk ist eine größere Gruppe von do-e-ro zu differenzieren, die bestimmten Gottheiten zugeordnet werden oder generell als te-o-jo do-e-ro (»Gottessklaven«?) gelten. Letztere konnten Landparzellen verschiedener Kategorien »vom Damos« oder von einzelnen Personen »pachten«. Aber auch do-e-ro, deren unfreier Status aus der Angabe ihres Besitzers zu erschließen ist, sowie »Sklaven von Priesterinnen« bearbeiteten kleine »Pachtgrundstükke« gegen Entrichtung von Abgaben. Solche »Pächter« waren sicherlich privilegierte do-e-ro. Wahrscheinlich diente do-e-ro als Oberbegriff für verschiedene Formen der Abhängigkeit und Unfreiheit, die sich jedoch im einzelnen kaum definieren lassen. Es scheint sich bei den »privilegierten« do-e-ro nicht um »Hörige« im eigentlichen Sinne gehandelt zu haben, da z. B. die te-o-jo do-e-ro gleichzeitig verschiedene Parzellen von mehreren Grundbesitzern erhalten konnten. Große Tempelterritorien als wirtschaftlich autonome Einheiten wie im Nahen Osten scheint es in der mykenischen Welt nicht gegeben zu haben. Kultstätten außerhalb der großen Residenzen (Eleusis, Keos, Delos) waren schwerlich zugleich bedeutende Wirtschaftszentren, während die den Gottheiten zuzuordnenden Sklaven der Linear B-Tafeln vermutlich größtenteils in die Organisation des Palastes integriert waren.

Umstritten ist die Interpretation der in den Texten erwähnten verschiedenen Kategorien des Grund und Bodens. Möglicherweise bezieht sich die Registrierung des Bodens in den pylischen Tafeln im wesentlichen auf abgabenpflichtiges Land und auf die Domänen der Dynastie sowie auf Ländereien, die den im Dienst des Herrschers stehenden hohen Würdenträgern zur Verfügung gestellt wurden. Es gab darüber hinaus wohl noch Privatbesitz, den die Zentralverwaltung vermutlich nicht berücksichtigte.[12]

Eine straffe Kontrolle übte die pylische Palastverwaltung über die wichtigsten Zweige des Handwerks aus. Die verschiedenen Berufsgruppen bildeten wahrscheinlich in den einzelnen Ortschaften jeweils eigene Organisationen und waren kollektiv für die Erfüllung der ihnen auferlegten Leistungen verantwortlich. In der Metallverarbeitung gab es offenbar lokale Verteilungszentren, in denen das importierte Rohmaterial gelagert und bei Bedarf unter »staatlicher« Aufsicht (durch den qa-si-re-u?) an die Bronzeschmiede abgegeben wurde. Das Schmiedehandwerk nahm in den mykenischen Wirtschaftssystemen sicherlich eine Schlüsselstellung ein, da die Waffenherstellung für die Erhaltung des militärischen Potentials große Bedeutung besaß. Zudem waren mykenische Waffen und Metallwaren wichtige Exportartikel.

Während zahlreiche Tafeln belegen, daß die Produktion, Verteilung und Ablieferung der verschiedensten Güter im Umkreis der Palastwirtschaft genau registriert wurden, fehlen eindeutige Zeugnisse für die Abwicklung des Außenhandels. Zweifellos wurden zahlreiche Güter im Auftrag der großen Dynasten aus- und eingeführt, doch ist anzunehmen, daß die mykenischen Handelsbeziehungen mit dem östlichen Mittelmeerraum und dem Westen (Sizilien, Italien) nicht nur von den Palästen ausgingen. Im übrigen existierten auf Rhodos, Kypros und einer Reihe von kleineren und größeren Inseln der Ägäis sowie vermutlich auch an einigen kleinasiatischen Küstenplätzen (z. B. Milet) und in Nordsyrien (Ugarit) mykenische Stützpunkte bzw. Siedlungen, die von Mykenern beherrscht wurden. Ungeklärt ist, ob eine dieser Handels- und Machtbasen mit der in hethitischen Texten (aus der Zeit vom ausgehenden 14. Jahrhundert bis etwa 1200) genannten Herrschaft der Ahhijawa zu identifizieren ist und dieser Name der homerischen Bezeichnung für die mykenischen Griechen (Achaier) entspricht.

Infolge der zahlreichen offenen Fragen ist eine Typisierung der mykenischen Wirtschafts- und Sozialstruktur kaum möglich. Vergleiche mit der mittelalterlichen feudalen Landordnung erscheinen angesichts der minuziösen Verwaltungspraxis, des offenbar recht verwickelten Pachtsystems und der letztlich nicht allzu ausgedehnten Herrschaftsbereiche der Residenzen problematisch.[13] Ebensowenig läßt sich die mykenische Palastwirtschaft ohne weiteres den politischen und ökonomischen Organisationsformen orientalischen Typs zuordnen. Östliche, durch Kreta vermittelte Einflüsse haben zwar zweifellos auf die Entwicklung der mykenischen Herrschaften eingewirkt. Unklar bleibt jedoch, ob das aus den Tafeln von Pylos zu eruierende System lückenlos das gesamte Gebiet des dortigen Herrschers erfaßt hat.[14] Zudem könnte die Beteiligung der als da-mo bezeichneten Personengruppen an der Landvergabe auf Relikte einer älteren Sozialstruktur hindeuten.[15]

Es besteht indes kein Zweifel, daß die mykenischen Herrschaften ein Kontrastbild zur Welt der Polisstaaten bieten. Die politische und wirtschaftliche Organisation in den Gebieten der großen Residenzen ging vom Herrscherpalast und Fürstensitz aus, dessen Funktionäre keinesfalls mit gewählten Polisbeamten verglichen werden können. Die von einer Herrenburg oder Palastresidenz abhängige mykenische Ortschaft oder »Unterstadt« war somit nicht der Urtyp der historischen griechischen

Polis im staatlich-politischen Sinne. Die Entstehung der Polis, die auf der Organisation eines autonomen Wehr- und Bürgerverbandes beruhte und keine strikte wirtschaftliche Kontrolle über die Politen ausübte, hatte geradezu den Zerfall der mykenischen Systeme zur Voraussetzung. Allerdings ist einschränkend hinzuzufügen, daß straff organisierte Verwaltungen vielleicht nur im Umkreis der mächtigsten Herrschersitze existierten. An kleineren Fürstenhöfen gab es schwerlich eine entsprechende Hierarchie von Funktionären. Zudem werden sich in Teilen der mykenischen Welt und vor allem in ihren Randgebieten ältere Formen des Gemeinschaftslebens erhalten haben, die im Gegensatz zur Verwaltungsorganisation der Paläste eher auf genossenschaftlichen Prinzipien beruhten und nach dem Untergang der großen Residenzen sowie vor allem nach dem Ende der mykenischen Kultur neue Bedeutung gewannen, so daß in dieser Hinsicht trotz des allgemeinen Wandels bestimmte soziale Strukturen gewahrt blieben, sich kontinuierlich weiterentwickelten und durch die nachmykenischen Wanderungsbewegungen weite Verbreitung fanden. Das gesamte Sozialgefüge der mykenischen Welt ist durch die Katastrophen um 1200 ohnehin nicht abrupt zerstört worden, wenn sich auch die Machtverhältnisse damals grundlegend veränderten und bestehende Abhängigkeitsverhältnisse teils durch das Ende einer Reihe von Dynastien, teils durch Abwanderung verschiedener Bevölkerungsgruppen zerfielen. Immerhin blieb die Siedlungskontinuität vielfach gewahrt, und abwandernde Bevölkerungsteile haben sich an ihren neuen Wohnsitzen zweifellos an vorgegebenen Normen der gesellschaftlichen Rangordnung orientiert.[16]

Die Ursachen des Zusammenbruchs der mykenischen Herrschaftssysteme sind nach wie vor umstritten. Die Linear B-Tafeln geben keine Auskunft über die dramatischen Ereignisse in weiten Teilen Griechenlands um die Wende vom 13. zum 12. Jahrhundert. Das Problem besteht vor allem darin, daß nach den archäologischen Befunden damals keine Landnahme größerer Zuwandererscharen aus Gebieten außerhalb der mykenischen Welt erfolgt zu sein scheint und die Verwüstungen keineswegs das Ende der mykenischen Kultur herbeiführten.[17] Zudem ist die Datierung des Untergangs des jüngeren Palastes in Theben und der großen Katastrophen auf den Zitadellen von Mykene und Tiryns kontrovers. Gesichert ist freilich, daß der Palast in Pylos vor 1200 völlig niederbrannte und nicht wieder aufgebaut wurde. Bereits einige Jahrzehnte früher sind allem Anschein nach die Siedlung in Zygouries sowie verschiedene Gebäude außerhalb des Palastbezirks von Mykene zerstört worden. Ferner scheint die Befestigungsanlage auf dem Felsen von Gla bereits um 1230 aufgegeben worden zu sein. Die umfangreichsten Verwüstungen entstanden indes erst gegen Ende des 13. Jahrhunderts. Wahrscheinlich gehören auch die Palastbrände in Mykene und Tiryns sowie die Katastrophe in Theben in den Kontext der Ereignisse in dieser Periode der Wirren, die weite Teile des östlichen Mittelmeergebietes erfaßten.

Das Ausmaß der Zerstörungen im mykenischen Griechenland läßt auf zahlreiche Gewaltaktionen schließen. Andererseits ist zu beachten, daß in Tiryns offenbar auch durch Erdbeben Schäden angerichtet wurden.[18] Möglicherweise hat ein Zusammenwirken mehrerer Faktoren zum Untergang der Palastsysteme geführt, indem infolge der starken Bevölkerungszunahme im 13. Jahrhundert verschiedentlich Versorgungsschwierigkeiten entstanden, die Wirren im östlichen Mittelmeer den Warenaustausch und vor allem die Einfuhr wichtiger Metalle behinderten und die Krise verschärften, hierdurch wiederum Machtkämpfe innerhalb der mykenischen Welt entstanden und schließlich von außen her feindliche Scharen gegen die bereits geschwächten und z. T. wohl auch von Naturkatastrophen betroffenen mykenischen Zentren vorstießen. Die Invasoren lassen sich jedoch nicht identifizieren, und es muß offenbleiben, wohin sie sich schließlich wandten.[19]

Die dramatischen Ereignisse um 1200 bedeuteten – wie gesagt – nicht in jeder Hinsicht eine scharfe Zäsur. Das 12. Jahrhundert war in Griechenland noch weitgehend von der mykenischen Zivilisation geprägt. Allerdings hatten die Unruhen in den einzelnen Gebieten unterschiedliche Auswirkungen. Dies trug in hohem Maße dazu bei, daß die kulturelle Einheit der mykenischen Welt allmählich zerfiel. Vor allem in Messenien ist die Bevölkerungszahl im 12. Jahrhundert drastisch gesunken. Auch in Boiotien und anderen Teilen Mittelgriechenlands scheint die Zahl der Siedlungen geringer als im 13. Jahrhundert gewesen zu sein. Hingegen waren verschiedene Landschaften wie Achaia und Arkadien nunmehr im ganzen dichter bevölkert. Sie dienten offenbar mykenischen Griechen nach den Unruhen um 1200 gleichsam als Rückzugsgebiete. Ferner siedelten sich Mykener auf Chios, Kreta, Kypros und wahrscheinlich auch auf Naxos an. Im allgemeinen scheinen jeweils kleinere Gemeinschaften neue Wohnsitze gesucht zu haben. – Überraschend ist der Befund in Tiryns. Neuere Grabungen haben ergeben, daß dort im Späthelladikum (SH) III C (nach 1220/1200) eine großzügig geplante Siedlung bestand, die umfangreicher als das bebaute Areal im vorausgehenden SH III B (etwa ab 1300) war.[20] Offenbar besaß Tiryns im 12. Jahrhundert größere Bedeutung als Mykene. – In Athen suchte die Bevölkerung wahrscheinlich zeitweise Schutz auf der Akropolis, die um 1200 keine Zerstörungen erlitt. Ein Machtwechsel hat hier möglicherweise nicht stattgefunden, doch umfaßte der Einflußbereich der in Athen herrschenden Dynasten im 12. Jahrhundert vermutlich nur Zentralattika.[21] – Schwer zu beurteilen sind die Verhältnisse in Thessalien. Die Träger der mykenischen Kultur waren nach 1200 im wesentlichen auf den Küstenbereich am Golf von Pagasai beschränkt, behielten aber die Routen nach Pharsalos und Larissa noch einige Zeit unter Kontrolle. Der Palast der Dynastie in Iolkos brannte wohl erst im Laufe des 12. Jahrhunderts nieder. Eine genaue Datierung der Katastrophe ist jedoch nicht gesichert. Das protogeometrische Stratum (nach 1050) knüpft hier in der Bauweise wieder an mykenische Traditionen an. Offenbar sind in diesem Raum Reste der mykenischen Bevölkerung mit Zuwanderern verschmolzen.[22]

In den am schwersten betroffenen Siedlungen und Gebieten war nicht nur die Macht der bisherigen großen Dynastien gebrochen, sondern zweifellos die gesamte Oberschicht stark dezimiert. Dies wird ebenso wie die allgemeine Verarmung dazu beigetragen haben, daß sich die Gesellschaftsordnung mehr und mehr veränderte. An die Stelle des durchorganisierten mykenischen Verwaltungssystems traten zweifellos engere personale Bindungen zwischen den Wehr- und Siedlungsgemeinschaften und ihren (z. T. neuen) Leitern, die man freilich an den bedeutenderen Orten zunächst weiterhin als Wanax (Herrscher, König) bezeichnet haben mag. Infolge der im ganzen rückläufigen Bevölkerungszahlen und des dadurch mitbedingten kontinuierlichen wirtschaftlichen Niedergangs konnten jedoch keine Kristallisationspunkte neuer Machtbildungen entstehen, so daß generell eine Reorganisation der Palastwirtschaft alten Stils nicht mehr möglich war.
In der zweiten Hälfte des 12. Jahrhunderts gab es zudem neue Unruhen. Nach 1150 brannte auf der Akropolis von Mykene am Löwentor der sog. Speicher (»Granary«) nieder. Insgesamt wurde die Bautätigkeit wesentlich geringer, Ackerflächen verödeten, und die bestehenden Straßensysteme verfielen. Auch im Ägäisbereich vollzog sich nach der Granary-Katastrophe allmählich ein Wandel. Die Bevölkerung ging hier stark zurück; verschiedene Siedlungen wurden zerstört oder von den Resten der mykenischen Bewohner verlassen. Allerdings wurde auf Kypros und Kreta das mykenische Element in der zweiten Hälfte des 12. Jahrhunderts durch Zuwanderung aus Griechenland noch verstärkt. Die Granary-Katastrophe bedeutete somit noch nicht generell das Ende der mykenischen Kultur und Lebensweise. Sie markiert aber den Beginn entscheidender Veränderungen, die sich freilich in den einzelnen Landschaften wieder recht unterschiedlich vollzogen und zuerst in der Argolis, in Westattika und Athen, in der Korinthia und in Boiotien in Erscheinung traten. In der Vasenmalerei setzte der sog. submykenische Stil in gewisser Weise noch mykenische Traditionen fort. Die submykenischen Vasen begegnen aber mehrfach schon in einem anderen Kontext, d. h. in Erdgruben- und Steinkistengräbern sowie z. T. in Siedlungen, die bereits an anderer Stelle als ihre Vorgänger lagen. Eindeutige Aussagen über das Ende oder besser den Ausklang der mykenischen Kultur lassen sich kaum machen. Es handelt sich um einen allmählichen, gleitenden Übergang zu neuen Ausdrucksformen im künstlerischen und handwerklichen Bereich und zu einer neuen Lebensweise. Wichtig war hierbei sicherlich auch die Anpassung an die neue handwerkliche Technik der Eisenverarbeitung. Vor allem aber sind hier die von mannigfachen Wanderungsbewegungen im griechischen Mutterland und im Ägäisgebiet ausgehenden Impulse zu nennen.

3. Nachmykenische Wanderungsbewegungen und Ionische Kolonisation

Ein äußerer Gradmesser für erhebliche Veränderungen in den Siedlungsgebieten der Griechen im 11. und 10. Jahrhundert ist die geographische Verteilung der historischen griechischen Dialekte, die in nachmykenischer Zeit ihre typischen Besonderheiten entwickelt haben, allerdings auf ältere Vorformen zurückgehen. Sieht man von der weiteren Ausbreitung der verschiedenen Idiome im Verlauf der sog. großen griechischen Kolonisation (etwa seit 750) ab, so ergibt sich folgendes Bild[23]: Dorisch wurde gesprochen in Lakonien und Messenien, in der Argolis und den benachbarten Gebieten am Saronischen Golf, in der Korinthia und der Megaris sowie auf Aigina, im größten Teil Kretas, auf den Inseln der Südägäis von Melos bis Rhodos und in den südlichen Distrikten der kleinasiatischen Westküste. Das mit dem Dorischen verwandte Nordwestgriechische war die Mundart in Akarnanien, Aitolien, West- und Ostlokris, Phokis, Doris, Ainis und Malis, auf den Inseln Kephallenia, Ithaka und Zakynthos sowie (mit stärkeren dorischen Einflüssen) in Elis und Achaia. Eine Enklave zwischen den dorisch-nordwestgriechischen Dialekten auf der Peloponnes bildete das Arkadische, das mit der Mundart auf Kypros eng verwandt ist und auf einem vordorischen Idiom basiert. Das Aiolische ist offenbar aus »mykenischen« Idiomen nördlich von Attika entstanden, hat aber seine Eigenheiten im wesentlichen auf Lesbos und der gegenüberliegenden kleinasiatischen Küste entwickelt. Aiolische Elemente enthalten des weiteren die Mundarten Boiotiens und Thessaliens, die in unterschiedlicher Weise vom Nordwestgriechischen beeinflußt sind. Eine weitere große Hauptgruppe bilden das Attische und das hiermit eng verwandte Ionische, das auf Euboia, auf den Kykladen (mit Ausnahme der südlichen Inseln) sowie im mittleren Teil der kleinasiatischen Westküste und auf den ihr vorgelagerten Inseln gesprochen wurde.
Die hier skizzierte dialektale Gliederung des griechischen Siedlungsraumes läßt auf vielfache Wanderungsbewegungen in nachmykenischer Zeit schließen. Andererseits ist ein Vordringen der Dorier in ehemalige südmykenische Kerngebiete archäologisch nicht eindeutig nachweisbar.[24] Wahrscheinlich siedelten Proto-Dorier, die schwerlich einst Untertanen mykenischer Könige waren, bereits im Ausstrahlungsbereich der Welt der mykenischen Fürstensitze und ihrer materiellen Kultur, wo immer ihr Ausgangsgebiet gelegen haben mag. Zudem hatten sich in spätmykenischer Zeit seit dem Zusammenbruch bzw. Niedergang der alten Machtzentren auf der Peloponnes und in anderen noch mykenisch geprägten Räumen neue Lebens- und Gemeinschaftsformen entwickelt, die den von der Peripherie her zuwandernden Scharen sicherlich nicht völlig fremd waren. Es fragt sich indes, wie sich die Wanderungs- und Kolonistenzüge in den sog. dunklen Jahrhunderten vollzogen haben.
Zum Verständnis dieser Vorgänge ist zunächst zu beachten, daß Gliede-

rung und Aufbau der wandernden Verbände jener Zeit zu differenzieren sind von der entwickelteren Struktur des historischen Stammstaates (Ethnos), der später den Rahmen für die Entstehung bundesstaatlicher Vereinigungen bildete. Das historische Ethnos gewann ebenso wie die Polis erst allmählich staatlichen Charakter und kann daher nicht als Erklärungsmodell für die Verbände der Wanderungszeit dienen. Desgleichen müssen in diesem Zusammenhang die dorischen, attischen und ionischen Phylen, d. h. Personenverbände in einer Polisgemeinschaft, die vielfach als Beweis für die Entwicklung der Polis aus einer gentilizisch organisierten Stammesverfassung gewertet wurden, außer Betracht bleiben. Die dorischen Phylen waren im Prinzip kaum wesentlich anders strukturiert als die entsprechenden attischen und ionischen Verbände, die keineswegs Relikte einer übergreifenden älteren Stammesverfassung waren, da es diese Form des Zusammenschlusses weder in Attika noch im ionischen Dialektraum gab. In Attika – um zunächst bei diesem Beispiel zu bleiben – bildete Athen, wo die Kontinuität der Besiedlung und der Bevölkerung gewahrt blieb, den Ausgangspunkt der Polisbildung und der politischen Einigung der gesamten Landschaft.[25] Hier wird deutlich, daß Stammesverfassung und Stammesordnung jedenfalls nicht generell die ältere Grundform des Gemeinschaftslebens des nachmykenischen Griechentums waren. Ebensowenig wie Athen waren zahlreiche weitere Poleis wie Argos, Korinth, Sparta und die Gemeinwesen auf den Ägäisinseln und an der kleinasiatischen Küste ursprünglich Teile großer Stammesverbände. Die Polisbildung vollzog sich vielmehr auch hier auf der Basis eigenständiger Siedlungsgemeinschaften. Erst im Zuge dieses Prozesses scheint die entwickelte Form der Phylenverbände entstanden zu sein, die in den späteren historischen Stammstaaten bezeichnenderweise nicht existierte. Phylensysteme begegnen nur dort, wo sich relativ früh Polisstaaten konsolidierten.

Das Problem der ursprünglichen Organisation der Dorier bzw. Proto-Dorier vor Beginn der Wanderungen ist freilich kaum zu lösen. Wenn in ihrem ursprünglichen Siedlungsraum tatsächlich ein loser Zusammenschluß in Form eines größeren Wehrmännerbundes bestand, haben sich hieraus vermutlich immer wieder Teile herausgelöst, die nicht als »Wandervölker« (wie die Germanenzüge im ausgehenden Altertum), sondern als kleinere Wanderungseinheiten nach und nach in den spätmykenischen Kulturraum eindrangen. Da Griechenland in den dunklen Jahrhunderten durchweg dünn bevölkert war, bestanden die Siedlerzüge vermutlich jeweils höchstens aus einigen hundert Personen einschließlich der Frauen und Kinder.

Besonders deutlich wird dies am Siedlungsbefund in Argos. Die dorische Landnahme verlief hier offenbar im ganzen gewaltlos. Der Raum von Argos war in dieser Übergangszeit dauernd bewohnt. Die Bevölkerungszahl scheint aber nach 1100 zunächst gesunken zu sein. Vermutlich waren die submykenischen Bewohner dieses Gebietes gar nicht in der Lage, ernsthaften Widerstand gegen Neusiedler zu leisten. Da Argos noch jahrhundertelang dörflichen Charakter behielt, haben sich freilich auch die Dorier hier nicht in großen Scharen angesiedelt. Erst seit früharchaischer Zeit wurde Argos das politische Zentrum der Argolis, in der in den vorausgehenden »dunklen Jahrhunderten« zweifellos keine großräumige Stammesordnung existierte.[26]

In der Korinthia wird die dorische Landnahme gleichfalls in Form einer allmählichen Infiltration neuer Siedlergruppen erfolgt sein. In dem in submykenischer, protogeometrischer und geometrischer Zeit kontinuierlich bewohnten Gebiet von Korinth existierten offenbar mehrere dorfähnliche Siedlungen. Erst um oder nach 700 entstand hier ein urbanes Zentrum.[27]

Auch die im ausgehenden 10. Jahrhundert von der Argolis aus nach Sparta vorgestoßenen Dorier bestanden vermutlich aus zahlenmäßig mehr oder weniger begrenzten Gruppen, die sich in mehreren Schüben im Eurotastal ansiedelten. In den dorischen Dörfern Spartas wird sich erst allmählich eine stärkere soziale Schichtung herausgebildet haben. Möglicherweise entstand im Zuge dieser Entwicklung das schwer zu erklärende spartanische Doppelkönigtum, indem die beiden Adelshäuser der Agiaden und Eurypontiden den dominierenden Einfluß gewannen.[28]

Die Wanderungseinheiten der nordwestgriechischen Dialektgruppen waren sicherlich im wesentlichen von ähnlicher Struktur wie die entsprechenden dorischen Verbände. Ihre Landnahme verlief im einzelnen recht unterschiedlich. Hierbei ist wiederum vielfach mit einem langsamen Vordringen, einem schubweise oder auch kontinuierlich erfolgenden Zuzug aus dem ursprünglichen Ausgangsgebiet und mit längeren Überschichtungs- und Integrationsprozessen an den neuen Wohnsitzen zu rechnen. Verschiedene Wanderungseinheiten siedelten sich zunächst in einem relativ begrenzten Raum an und breiteten sich dann allmählich weiter aus. Größere Vereinigungen konnten auch durch Ausweitung und Konsolidierung von Nachbarschaftsbeziehungen entstehen, wobei u.a. bestimmte Kultzentren eine Rolle spielten. Andere Gruppen, die sich aus den Bindungen an ihre ursprünglichen Gemeinschaften gelöst hatten, entwickelten in ihrer neuen Umgebung ein eigenes Traditionsbewußtsein. Wenn im homerischen Schiffskatalog – einer späten Partie der Ilias (II 494ff.) – eine Reihe von Völkerschaften genannt wird, die zur nordwestgriechischen Dialektgruppe gehören und hier als geschlossene Verbände agieren, so besagt dies noch nicht, daß sie in der Entstehungszeit des betreffenden Gesanges bzw. in der vorausgehenden Epoche bereits die politische Lebensform des organisierten historischen Stammstaates (Ethnos) erreicht hatten. Die Dichter fingieren hier ihrer Konzeption entsprechend Zusammenschlüsse, wie sie ihrer Vorstellung nach in der »heroischen« Zeit während des angeblichen Trojanischen Krieges unter der Führung von Königen bestanden haben sollen. Nur so viel ist deutlich, daß sich in einer Reihe von Landschaften allmählich das Bewußtsein einer ethnischen Verbundenheit entwickelte. Die Bewegungen waren aber in homerischer Zeit noch keineswegs völlig zum Abschluß gekommen.

Nach Elis und Achaia auf der Peloponnes sind nordwestgriechische Neusiedler wohl in mehreren Wellen vorgestoßen. Die Eleier (= Leute aus dem Tal) erhielten ihren Namen von den landschaftlichen Gegebenheiten der Peneiosebene, so daß möglicherweise erst in dem neuen Wohngebiet ein engerer Zusammenschluß der Zuwanderer erfolgte. In Achaia wurde die ältere Landschaftsbezeichnung von den Neuankömmlingen übernommen. Allem Anschein nach ist die ethnische Gemeinschaft der »Achaier« allmählich zusammengewachsen.

In Phokis, (West- und Ost-)Lokris, Boiotien, Thessalien und anderen Gebieten gaben jeweils »Kerngruppen« von Zuwanderern den Landschaften ihren historischen Namen. Zahlenmäßig recht gering waren offensichtlich die Lokrer, die durch das Gebiet der Phoker in zwei Teile aufgespalten wurden. In Boiotien bildeten (vor-)aiolische Idiome der Reste der in mykenischer Zeit dort ansässigen Bevölkerung und der wohl von Thessalien aus zugewanderten Boioter die Basis des Dialekts in dieser Landschaft. Hinzu kamen nordwestgriechische Einflüsse, die in Südwestboiotien am stärksten waren. Wahrscheinlich setzten sich die Boioter zunächst im Raum von Chaironeia und Koroneia fest und konnten von dort aus weitere Teile Boiotiens okkupieren. Die allmähliche Ausbreitung der Boioter wurde zweifellos von verschiedenen kleineren Gruppen und Gemeinschaften getragen, die nur im kultischen Bereich im Fest der Pamboiotia am Heiligtum der Athena Itonia bei Koroneia sowie in der Kultstätte des Poseidon von Onchestos am Kopaïssee einen Zusammenhalt wahrten. Ein politischer Zusammenschluß in Form eines Bundes unter der Führung Thebens erfolgte offenbar erst um 525/20. Die größeren Siedlungen in Boiotien hatten sich zu diesem Zeitpunkt bereits zu eigenständigen Poleis entwickelt.[29]

Neueres archäologisches Material aus dem westlichen Thessalien deutet darauf hin, daß sich dort in der zweiten Hälfte des 12. Jahrhunderts ein neues, mit mykenischer Kulturtradition bereits vertrautes Bevölkerungselement ansiedelte, das wahrscheinlich aus Epeiros stammt und vielleicht mit dem Kern der Thessaler identisch ist.[30] Die lokalen Verschiedenheiten des thessalischen Dialekts und der starke aiolische Einflußbereich in Ostthessalien lassen jedenfalls vermuten, daß die Thessaler nur allmählich ihren Einfluß nach Osten hin auszudehnen vermochten. Im Hinblick auf die allgemeinen Lebensbedingungen in der nachmykenischen Wanderungszeit ist auszuschließen, daß ein starkes feudales Königtum – wie J. A. O. Larsen[31] vermutet – die Landnahme geleitet und große Landkomplexe (die sog. Kleroi) an einzelne Gefolgschaftsführer und deren Anhang bzw. an größere Sippenverbände verteilt hat. Eher ist auch hier wieder mit kleineren Wanderungseinheiten zu rechnen, deren Ansiedlung sich jeweils nach den örtlichen Verhältnissen richtete. Die umstrittenen Angaben bei Aristoteles (Fr. 498) zur thessalischen Aufgebotsordnung, die angeblich jedem Kleros die Gestellung von 40 Reitern und 80 Hopliten auferlegte, können schwerlich als Beweis für eine zentral gesteuerte Verteilung des Bodens gelten. Der betr. Bericht bleibt im einzelnen unklar und setzt auf jeden Fall eine größere Bevölkerungsdichte voraus. Diese Stufe war zweifellos erst geraume Zeit nach der Landnahme der Thessaler erreicht, so daß wohl auch in ihrem Gebiet die Organisationsform des Stammstaates nicht am Anfang, sondern am Ende einer längeren Entwicklung stand.

Mit den Wanderungsbewegungen im hellenischen Mutterland überschnitt sich z.T. die sog. Ionische Kolonisation, d.h. die griechische Besiedlung kleinasiatischer Küstenplätze und der vorgelagerten Inseln. Der genannte Begriff ist allerdings irreführend, da an diesen Unternehmungen, deren Anfänge sich in der Neubesiedlung Milets in der submykenischen Spätphase abzeichnen (um 1050), auch dorische und aiolische Griechen beteiligt waren. Die Träger des sich entwickelnden ionischen Dialekts bildeten freilich das stärkste Element.

Die Kolonistenzüge, die auf keinen nennenswerten Widerstand der zahlenmäßig schwachen indigenen Bevölkerung stießen, bestanden in der Regel aus kleineren Gemeinschaften. Ihre ersten Siedlungen waren Dörfer oder eher Weiler, die oft nur von wenigen Dutzend Familien bewohnt wurden. Im allgemeinen siedelten sich die Kolonisten im kleinasiatischen Raum direkt am Meer an, und zwar vor allem auf kleinen, unmittelbar vor der Küste liegenden Inseln oder auf einer Halbinsel bzw. an Plätzen, die dicht an der Küste auf Erhebungen lagen oder sich an Hügel anlehnten. Die Neugründungen wurden nicht nach Plan angelegt. Erst allmählich entstanden urbane Gebilde, wobei ein gewisser Konzentrationsprozeß stattfand, indem oft kleinere Orte wieder aufgegeben wurden. Eine gute Vorstellung von der Entwicklung einer kleinasiatischen Griechensiedlung vermitteln die Ausgrabungen in Alt-Smyrna (heute Bayrakli im Norden von Izmir), das ursprünglich auf einer Halbinsel lag.[32] Die ersten Neusiedler in der zweiten Hälfte des 11.Jahrhunderts bildeten nur eine kleine Gruppe, da eine begrenzte Zahl von Häusern für die Neuankömmlinge und die ansässigen Einheimischen ausreichte. Die erste Umwallung wurde im 9.Jahrhundert gebaut. Im 8.Jahrhundert wuchs die Bevölkerung, so daß die Besiedlung jetzt dichter wurde. Ende des 8.Jahrhunderts gab es auf der befestigten Halbinsel etwa 400–500 Häuser mit vielleicht 2000 Einwohnern. Weitere 1000 Personen mögen in dieser Zeit außerhalb der »Stadt« gelebt haben. Damals war Alt-Smyrna bereits eine ionische Siedlung, während ursprünglich aiolische Griechen den Ort bewohnt hatten. Auch in Chios, Erythrai und Phokaia konnten sich die Ionier gegenüber dem aiolischen Element durchsetzen. Im Süden überschichteten die Ionier das ehemals dorische Halikarnaß. In einer Reihe von Siedlungen fanden sich freilich wohl von Anfang an oft Siedler verschiedenster Herkunft zusammen. Vielfach wurden im Laufe der Zeit auch Neusiedler aufgenommen, die aus anderen Gebieten als die ersten Kolonisten kamen.

Insgesamt stammten die Siedler im ionischen Dialektraum zweifellos aus den verschiedensten Teilen des früheren südgriechischen Sprachgebietes der mykenischen Welt unter Einschluß von Attika. In Kleinasien entstand aber – wie gesagt – kein ionischer Stammstaat.[33] Erst um oder nach 800 gründeten 12 ionische »Städte« eine Sakralgemeinschaft. Kultzentrum wurde das Heiligtum des Poseidon Helikonios auf der Halbinsel Mykale. Eine ähnliche Bedeutung erhielt der Kult des Apollon Triopios bei Knidos für die dorischen Gemeinden, die gleichfalls in Kleinasien keine politische Einheit bildeten. Ebenso schloß sich ein Teil der Aioler erst sekundär zu einer Kultgemeinschaft zusammen.

Jeder Versuch, die Entwicklung der politischen und gesellschaftlichen Verhältnisse in den »dunklen Jahrhunderten« zu rekonstruieren, bleibt notwendigerweise hypothetisch. Die Ilias und die etwa eine Generation jüngere Odyssee sind in der vorliegenden Form im wesentlichen in der zweiten Hälfte des 8. Jahrhunderts aus einer langen mündlichen Erzähl- und Liedertradition entstanden und vermitteln kein realistisches Bild der nachmykenischen Zeit bis zur Entstehung des Polisstaates. Erinnerungen verschiedenster Art und Aspekte der politisch-sozialen Gegebenheiten des achten Jahrhunderts, aber auch freie Phantasieschöpfungen der Dichter sind hier ineinander übergegangen. Die archäologischen Zeugnisse aus dem 11. und 10. Jahrhundert stehen im Widerspruch zu dem glanzvollen Stil an den von Homer »beschriebenen« Königs- und Adelssitzen.[34] Die ökonomischen Grundlagen für einen zahlenmäßig starken und damit militärisch effektiven Streitwagenadel waren nicht mehr gegeben, wenn auch der Kriegswagen in gewissem Umfang weiter benutzt wurde. Das Reitpferd, dessen Züchtung selbstverständlich gleichfalls einen gewissen Besitzstand voraussetzt, wurde im militärischen Bereich noch kaum verwendet. Die Lebensbedingungen waren im ganzen ärmlich und teilweise geradezu primitiv. Es gab zwar weiterhin Handels- und Kommunikationsmöglichkeiten, wie vor allem die Ausbreitung des von Athen ausgehenden protogeometrischen Stils in der Vasenmalerei zeigt (nach 1050). Dennoch waren die Gemeinden in hohem Maße auf die Eigenversorgung angewiesen. Das Gemeinschaftsleben vollzog sich durchweg in kleinen Kreisen. Neue Befestigungsanlagen wurden im 11. und 10. Jahrhundert offenbar nicht errichtet. Sofern noch Reste mykenischer Wälle auf den Akropolen benutzt werden konnten, wird man allenfalls die Anlagen notdürftig ausgebessert haben. Die große Baukunst der mykenischen Zeit war in Vergessenheit geraten, wenn auch die handwerklichen Arbeiten keineswegs generell niedriges Niveau hatten.[35]

Unter den Bedingungen des 11. und 10. Jahrhunderts gestalteten sich auch die Beziehungen zwischen den Siedlungsgemeinschaften und ihren Anführern infolge der engeren persönlichen Kontakte in den dörflichen Gemeinden ganz anders als in den früheren Herrschaftsbereichen der mächtigen mykenischen Dynasten. Die Verhältnisse waren freilich nicht überall gleich. Die in Athen herrschende Dynastie wird im 10. Jahrhundert eine dominierende Stellung in Attika gewonnen haben, wenn auch der Prozeß der politischen Einigung dieser Landschaft noch nicht abgeschlossen war. Ferner residierte offenbar um 1000 ein bedeutender Herrscher bei Lefkandi (Euboia).

Insgesamt blieb der Einflußbereich der Siedlungsführer, die jetzt mehr und mehr als Basileis (»Könige«) bezeichnet wurden, zumeist lokal begrenzt. Stärkere Streitkräfte konnten schon infolge der allgemein geringen Bevölkerungszahl nicht rekrutiert werden. Auch die Anführer der neu hinzukommenden Wanderungseinheiten der dorisch-nordwestgriechischen Dialekte waren nicht in der Lage, straff organisierte und weiträumige Machtgebilde zu errichten. Sie erhielten freilich bei der Verteilung des zur Verfügung stehenden Grund und Bodens eine größere Fläche (Temenos basileion) als »Königsland« (Il. XVIII 550). Ebenso mag jeweils auch einigen anderen angesehenen Kriegern bei der Landnahme ein größerer Kleros (ausgelostes Land) als der Mehrzahl der Wehrgenossen zugewiesen worden sein. Hiermit waren zwar bereits Voraussetzungen für die Entwicklung einer differenzierteren Sozialstruktur gegeben, doch wirkte sich größerer Landbesitz infolge des allgemein niedrigen Lebensstandards nicht allzu stark auf die Lebensweise der führenden Familien aus. Dies gilt zweifellos auch in bezug auf die Neugründungen auf den Ägäisinseln und dem kleinasiatischen Kolonialboden.
Es war für die Folgezeit von größter Bedeutung, daß unter den Lebensbedingungen der nachmykenischen Welt bis zum 9. Jahrhundert sich innerhalb der einzelnen Siedlungen auf genossenschaftlicher Basis ein Geflecht personaler Beziehungen entwickeln konnte, das in seiner Grundstruktur durch die sich seit dem 9. Jahrhundert stärker abzeichnende soziale Schichtung und durch die Bildung von Adelsgefolgschaften, wie sie in den homerischen Epen geschildert werden, nicht mehr prinzipiell in Frage gestellt wurde. Adel und Demos lebten in dörflichen oder präurbanen Siedlungen eng zusammen. Das einigende Band bildete jeweils die Wehrgenossenschaft, in die der Demos einbezogen war. Das Sozialgefüge erstarrte hier nicht zu einem feudalen System. Andernfalls hätte sich die Polis als Gemeinschaft der Freien kaum entwickeln können. Ihre Entstehung ist also nicht mit der Entwicklung eines Adels- oder Königssitzes zur städtischen Siedlung gleichzusetzen.[36] Wenn die Siedlungskontinuität vielfach bis in die mykenische Zeit zurückreichte, so lag dies primär an der Gunst der Lage solcher Plätze, die guten Schutz und eine ausreichende Wasserversorgung boten, während die umliegende Fruchtlandschaft die Ernährungsbasis bildete. Diese Gegebenheiten bestimmten auch bei der Landnahme der Nordwestgriechen und Dorier sowie bei der Ionischen Kolonisation vielfach die Wahl der Siedlungsplätze.

II. Entstehung, Aufbau und Entwicklung der archaischen Polis

1. Faktoren der Polisbildung

Voraussetzung für die Entwicklung der Polis waren Siedlungsweise und Lebensordnung kleinerer Gemeinschaften im griechischen Mutterland und im kleinasiatischen Kolonisationsgebiet. Es ist freilich nicht möglich, die Anfänge des Polisstaates chronologisch zu fixieren. Hierzu fehlt es an dem erforderlichen Quellenmaterial. Die einzelnen Poleis sind zudem nicht in einem verfassungsgebenden Akt konstituiert worden, sondern haben in ihrer Entwicklung gleichsam in unterschiedlichem Tempo verschiedene Phasen durchlaufen, die ineinander übergehen. Allgemein war aber im 8. Jahrhundert eine Stufe erreicht, auf der das Zusammenwirken einer Reihe von Faktoren den Prozeß der Polisbildung in Gang brachte.
Von großer Bedeutung war zweifellos das Bevölkerungswachstum in dieser Zeit. In Athen und Attika scheint die Einwohnerzahl nach längerer Stagnation etwa seit 780/60 sprunghaft gestiegen zu sein, wie A. M. Snodgrass durch einen Vergleich der Gräberzahlen vom 10. bis 8. Jahrhundert gezeigt hat.[1] Eine ähnliche Entwicklung (allerdings in kleinerem Maßstab) ist in Argos festzustellen. Auch in Korinth dehnten sich jetzt die besiedelten Flächen weiter aus, und die Expansion Spartas nach Südlakonien und Messenien im 8. Jahrhundert läßt darauf schließen, daß in den dorischen Dörfern am Eurotas ein stärkerer Bevölkerungsdruck entstanden war. Deutliches Zeichen der allgemeinen Bevölkerungszunahme ist des weiteren die große griechische Kolonisation seit etwa 750 v. Chr. Verschiedentlich waren Handelsniederlassungen die Vorposten oder Ausgangspunkte der kolonisatorischen Tätigkeit, doch wurden die eigentlichen Pflanzstädte in Unteritalien, Sizilien und Südfrankreich, im Schwarzmeergebiet und in der Kyrenaika zweifellos als Ackerbaukolonien gegründet. Hervorragenden Anteil an der Kolonisation hatten vor allem Korinth, Megara, Chalkis, Eretria und Milet. In den neuen Gemeinwesen siedelten sich freilich nicht nur Kolonisten aus denjenigen Orten an, die den Zug organisiert hatten und jeweils als »Mutterstadt« (Metropolis) der Neugründungen galten. Wenn andererseits Poleis wie Athen und Sparta sich nicht oder nur in Ausnahmefällen an der Kolonisation beteiligten, so hatte dies besondere Gründe. In Attika fand die wachsende Bevölkerung offenbar noch ausreichend Raum, während die Kräfte Spartas durch die Eroberung Südlakoniens und die Unterwerfung Messeniens in starkem Maße absorbiert wurden. Lediglich Tarent galt als Gründung Spartas.

Das Bevölkerungswachstum hat zweifellos erheblich dazu beigetragen, daß neue Ordnungsstrukturen entstanden und das Sozialgefüge sich rapide veränderte. Die Anfänge dieses Prozesses zeichnen sich bereits in den homerischen Epen ab. Die Mehrschichtigkeit der epischen Tradition erlaubt zwar nicht, die dichterische Darstellung der Formen von Macht und Herrschaft mit einer zeitlich exakt einzugrenzenden Phase der politisch-sozialen Entwicklung zu identifizieren. Gleichwohl geben die Epen Aufschlüsse über allgemeine Rahmenbedingungen der Formierung der griechischen Gesellschaft im 8. Jahrhundert.[2]

Neben Wehrverbänden mit ethnischen Bezeichnungen bildet hier die urbane oder besser prä-urbane Siedlung, die nach dem Glauben ihrer Bewohner unter dem Schutz der Götter steht, die Basis des Gemeinschaftslebens (Il. VI 88. 297ff.; VII 82). Monumentale Tempel, die um und nach 700 in einer Reihe von Orten errichtet wurden, waren sichtbare Zeichen der sakralen Grundlagen der Ordnungsvorstellungen, die das Zusammenleben der Siedlungsgemeinschaften bestimmten und des weiteren in der Entstehung der Rechtsidee ihren Ausdruck fanden. Themistes und Dikai – gerechte Richtersprüche – gelten in der Odyssee als charakteristische Merkmale einer geordneten Gemeinschaft (IX 112. 215). Sie beruhen auf göttlicher Weisung, die dem König durch Zeus zuteil wird. Mit der Verleihung des Szepters – des Zeichens der Macht – wird dem Basileus nach dem Willen der Götter zugleich die Kenntnis der richtigen Urteile vermittelt (Il. II 206). Der König erscheint hier als Garant der göttlichen Rechtsordnung und bürgt durch seine Gerechtigkeit für die Wohlfahrt des Volkes (Od. XIX 109ff.). Ältere magisch-charismatische Vorstellungen vom königlichen Segensträger verbinden sich hier mit dem Gedanken, daß nur eine gerechte Ordnung den inneren Frieden zu sichern vermag. Hieran sind auch die adligen Herren gebunden, so daß die ideale Gemeinschaftsordnung eine für alle Schichten verpflichtende Norm darstellt. Im Epos kündigt sich nicht nur das Bemühen um Einschränkung der den inneren Frieden einer Siedlungs- und Wehrgemeinschaft gefährdenden Adelsfehden an, sondern auch die Entwicklung zwischenstaatlicher Ordnungsvorstellungen. Der adlige Herr kann mit seiner Gefolgschaft nicht mehr wahllos Raubzüge in fremde Gebiete unternehmen. Richtet sich der Überfall gegen ein befreundetes »Volk«, so wird der Täter in seinem eigenen Gemeinwesen zur Rechenschaft gezogen (Od. XVI 424ff.).[3]

Die gesellschaftliche Schichtung und die Konstellation der Kräfte enthielten freilich dynamische Elemente, die eine hierarchische Verkrustung der bestehenden Ordnungen verhinderten, und das Idealbild des gerechten Herrschers kann nicht darüber hinwegtäuschen, daß die Macht der Leiter der Siedlungs- und Wehrgemeinschaften seit den dunklen Jahrhunderten durchweg begrenzt war. Die epischen Erzählungen von mächtigen »Königen« sind eine poetische Verklärung versunkener Zeiten. Die Dichter sind durch ihre Thematik an die Beschreibung monarchischer Herrschaftsstrukturen gebunden, während im 8. Jahrhundert bereits in einer Reihe von Gemeinwesen adlige Herren anstelle des »Königs« die Macht ausübten oder zumindest ein starkes Gegengewicht gegen das Königshaus bildeten. Auch in größeren Siedlungen wie Athen hatte das Königtum seine Position gegenüber dem Adel nicht entscheidend zu stärken vermocht.[4]

Es erleichtert das Verständnis der Situation in den hellenischen Siedlungen und Kleinlandschaften, wenn man sich vergegenwärtigt, daß der heutige Königstitel eine euphemistische Formel für die griechische Bezeichnung Basileus ist, die offenbar ursprünglich nicht viel mehr als die Position des »Ersten« in einem bestimmten Kreise zum Ausdruck brachte. Der »Titel« war zudem kein Reservat des Monarchen, sondern wurde auch anderen vornehmen Herren zuerkannt. Die Doppeldeutigkeit des Begriffs ist charakteristisch für die politische Realität. Der »Monarch« war in seiner Stellung gegenüber der Oberschicht in seinem Einflußbereich zumeist nicht mehr als ein primus inter pares, und der einflußreichste Adlige einer kleineren Ortschaft blieb auch dann der »Erste« in seinem lokal begrenzten Kreise, wenn er sich dem Herrn einer größeren Siedlung unterordnen mußte. In zahlreichen epischen Szenen wird das Wechselspiel der Kräfte deutlich. Der »König« muß sich bei wichtigen Entscheidungen mit den angesehensten Adligen beraten, wenn er auch seinen Herrschaftsanspruch durch Betonung seiner göttlichen Deszendenz und Legitimität zu begründen versucht. Der Beirat der Adligen ist zwar noch keine periodisch tagende Institution, kann aber unter Umständen aus eigener Initiative zusammentreten und den Herrscher auffordern zu erscheinen (Od. VI 54f.). Als Zeichen eines geordneten Gemeinschaftslebens gilt im Epos auch bereits die öffentliche Versammlung (Agora), die keineswegs als Neuerung dargestellt wird (Od. II 6ff.). Wehr- und Volksversammlungen werden allerdings nur in besonderen Fällen einberufen und besitzen noch keine Entscheidungsbefugnisse. Der Basileus teilt jedoch wichtige Entschlüsse, die er mit seinem Beirat gefaßt hat, dem Heer oder dem Demos mit. Das Volk kann seine Zustimmung oder Ablehnung akustisch zum Ausdruck bringen. Herrscher und Adel sind zwar nicht an die Willenskundgebung des Volkes gebunden, doch muß der Repräsentant des Königshauses mit dem Widerstand des Demos rechnen, wenn sein Verhalten Anstoß erregt (Od. III 214f.), während die Oberschicht (bzw. ein Teil des Adels) bei Auseinandersetzungen mit dem Königtum die Mobilisierung der Wehrfähigen durch den legitimen Erben des rechtmäßigen Basileus befürchtet (Od. XVI 376ff.). Die Mehrheit der Krieger kann gegebenenfalls schon bei der Vergabe eines Heereskommandos mitwirken und den Basileus zu einer Heerfahrt zwingen (Od. XIV 237f.). Die betreffenden Erzählungen sind zwar im einzelnen Schöpfungen der poetischen Phantasie. Sie deuten aber Konfliktsituationen an, die nicht unrealistisch sind.[5]

Ausdruck der inneren Spannungen sind nicht zuletzt die wechselnden Wertmaßstäbe. Aus der Sicht des Adels sind Aufsässigkeit und Gehorsamsverweigerung des Demos eine unglaubliche Anmaßung. Die Unzufriedenheit des Demos wiederum richtet sich gegen die Hybris adliger Verhaltensweise und vor allem auch gegen adlige »Richter« (Il. XVI 386ff.), die noch nicht an schriftliche Rechtssätze gebunden sind und großen Ermessensspielraum haben. Das wachsende Verständnis für die Bedeutung ordnungssetzender Kräfte zeigt sich des weiteren in der in der Ilias beschriebenen Gerichtsszene (XVIII 497ff.), in der im Interesse des inneren Friedens der Gemeinschaft die Entscheidung öffentlich von sog. Geronten (»Ältesten«) getroffen wird. Insgesamt sind die Epen keineswegs nur Zeugnisse der adligen Weltsicht. Die Kritik an der Oberschicht findet im übrigen ihr Pendant in Hesiods Empörung über ungerechte Urteile der »geschenkeverzehrenden Basileis«, die in privaten Rechtsstreitigkeiten als Schiedsmänner angerufen werden.

Der Demos, der in epischen Szenen schon zahlenmäßig ein gewisses Gewicht besitzt und nicht jede Weisung widerspruchslos hinnimmt, bestand aus dem Gros der wehrfähigen Freien. Die Beseitigung der Königsherrschaft in vielen Gemeinwesen war freilich das Werk einflußreicher Adelshäuser. Nur der Adel war zielstrebig und stark genug, das Erbkönigtum zu entmachten. Die Ablösung der Monarchie erstreckte sich indes über einen längeren Zeitraum. Es handelte sich hierbei keineswegs um eine kohärente Bewegung. Selbst in den einzelnen Regionen des griechischen Siedlungsraumes vollzog sich der Übergang praktisch überall anders. Im kleinasiatischen Küstengebiet war zwar dieser Prozeß um 700 weitgehend abgeschlossen. In Ephesos konnte sich aber das Königtum der Basiliden noch lange Zeit behaupten, bis es etwa um 600 durch die Herrschaft eines Usurpators abgelöst wurde. Etwa im 2. Viertel des 6. Jahrhunderts gelangten jedoch wieder die Basiliden an die Macht, die nunmehr (wohl in Form einer Art Samtherrschaft) ein hartes, tyrannisgleiches Regiment errichteten, bis sie dem Lyderkönig Kroisos unterlagen. Ähnlich verlief die Entwicklung in Erythrai, wo das Königshaus, das sich gleichfalls als Basiliden bezeichnete, im Laufe des 7. Jahrhunderts durch eine kleinere Adelsgruppe gestürzt wurde, die sich mit brutaler Gewalt zu behaupten versuchte. Es gelang aber den noch lebenden Basiliden nach einiger Zeit, die Herrschaft zurückzugewinnen. Die monarchische Macht wurde zwar nicht erneuert, doch wurden die inzwischen eingerichteten Ämter zunächst ausschließlich von Basiliden besetzt und offenbar erst nach weiteren Kämpfen andere Adlige in den Kreis der Regimentsfähigen aufgenommen (vgl. Aristot. Pol. 1305b 18ff.).[6]

Auch im griechischen Mutterland war die Situation von Polis zu Polis verschieden. Wie sich im einzelnen der Übergang zur Adelsherrschaft vollzog, ist kaum noch zu rekonstruieren. In Korinth soll um die Mitte des 8. Jahrhunderts der König ermordet worden sein. Das neue Jahresamt des sog. Prytanis – des »Gemeindevorstehers« – wurde hier jedenfalls zum Monopol der Bakchiaden, einer begrenzten Gruppe von Adelsfamilien.[7] Vielfach wird der König unter dem Druck mächtiger Adelshäuser gezwungen worden sein, seine erbliche Stellung und Macht aufzugeben. Die athenische Überlieferung weiß vom freiwilligen Verzicht des

legendären Medon auf das Königtum zu berichten. Die Liste der eponymen athenischen Archonten, nach denen das Amtsjahr benannt wurde, beginnt zwar erst mit dem Jahr 683/2, doch wurde die Monarchie in Athen wohl schon im 8. Jahrhundert entmachtet. Im benachbarten Megara war das Erbkönigtum etwa um oder nach 700 beseitigt. Der eponyme Beamte wurde hier aber weiterhin als »Basileus« bezeichnet. Da diese Institution auch in den nach dem Vorbild der politischen Ordnung der Mutterstadt organisierten megarischen Kolonien Chalkedon und Chersonesos begegnet und Chalkedon etwa um 685 gegründet wurde, wird der Basileus in Megara in dieser Zeit bereits die Funktionen eines Jahresbeamten ausgeübt haben.[8] Ähnlich wie in Megara wurde auch in Argos das Königtum in den Prozeß der Institutionalisierung einbezogen. Diese Entwicklung setzte hier aber später ein und war erst im 5. Jahrhundert endgültig abgeschlossen, und zwar mit anderen Ergebnissen als in Megara.[9] Offenbar konnte das Königtum in Argos seine Position im zweiten Viertel des 7. Jahrhunderts zeitweise sogar noch beträchtlich stärken, falls die Herrschaft des »Königs« Pheidon in diese Zeit zu datieren ist. In Sparta hingegen hat sich das Doppelkönigtum nicht nur in der allgemeinen Krise der Monarchie behauptet, sondern faktisch bis in die hellenistische Zeit beträchtliche Kompetenzen besessen. In anderen Teilen der Peloponnes (Arkadien, Pisatis) herrschten zumindest im 7. Jahrhundert noch Monarchen. Auch auf der Insel Thera hatte der König um 630 noch leitende Funktionen. Die gleiche Ordnung erhielt damals die theraische Kolonie Kyrene, wo die Institution des Königtums nach zeitweiliger Unterbrechung und wechselvollen inneren Machtkämpfen erst in den vierziger Jahren des 5. Jahrhunderts endgültig beseitigt wurde.[10] Eine Trennungslinie zwischen legitimer Monarchie und Tyrannis läßt sich freilich in Kyrene seit Mitte des 6. Jahrhunderts kaum noch ziehen. Dies gilt in gewisser Weise auch für die Geschichte des »Stadtkönigtums« der griechischen Poleis auf Kypros bis in die frühhellenistische Zeit.
Wo das Königtum in archaischer Zeit entmachtet wurde, konnte die neue Form der Gewaltverteilung nur eine Adelsherrschaft sein. Auf Grund der Gesellschaftsstruktur und der Besitzverhältnisse kam nur die grundbesitzende Oberschicht für die Bekleidung der (unbezahlten) höchsten Ämter in Frage. Die Kompetenzen der neuen Funktionsträger waren nicht von vornherein gesetzlich geregelt, sondern ergaben sich aus den anfallenden Aufgaben. Sie betrafen die Einberufung und Leitung des Adelsrates und der Volksversammlung, die Führung des Heeresaufgebotes sowie juridische und sakrale Funktionen. Die Zuständigkeit der »Beamten« entsprach also in etwa dem Aufgabenbereich des ehemaligen Basileus, der die »öffentlichen« Angelegenheiten der Gemeinwesen im wesentlichen durch seine persönliche (und letztlich charismatisch begründete) Autorität geregelt und keinen eigentlichen Machtapparat zur Verfügung gehabt hatte. Durch die Einführung befristeter Ämter wurde nicht plötzlich alles anders. Dennoch war hiermit ein entscheidender Schritt vollzogen. Während der Basileus im Normalfall als Herrscher auf Le-

benszeit anerkannt worden war, konnte der turnusmäßige Wechsel der Funktionsträger in der Regel kaum ohne Absprachen zwischen den dominierenden Adligen erfolgen. Hierbei wurde aber jetzt auch das Element der Konkurrenz mit seinen negativen und positiven Auswirkungen wirksam, indem vor allem in größeren Gemeinwesen umstrittene Kandidaturen heftige interne Auseinandersetzungen um die Bekleidung der führenden Position zur Folge haben konnten, während andererseits die Rivalitäten innerhalb der adligen Führungsschicht mit dazu beitrugen, daß die Kompetenzen des Oberamtes durch Einführung weiterer Magistraturen ausgefächert und auf diese Weise eingeschränkt wurden. Zweifellos ist hierdurch der Prozeß der weiteren Institutionalisierung der öffentlichen Organe wesentlich beschleunigt worden.

Die hier skizzierte Entwicklung vollzog sich aber zugleich in einem Spannungsfeld zwischen dem Adel und der Mehrheit der Freien, wenn auch der Führungsanspruch des Adels durch den Demos nicht prinzipiell in Frage gestellt wurde. Ökonomische und soziale Differenzierung und Bevölkerungswachstum sind verschiedene, aber aufeinander bezogene Aspekte der Polisbildung. Einerseits bauten sich hierdurch neue Machtverhältnisse auf bzw. erfuhr das Verhältnis der Über- und Unterordnung eine stärkere Ausprägung als in den kleinen Gemeinschaften der nachmykenischen Zeit. Da aber die Ausübung von Macht weiterhin lokal oder allenfalls regional begrenzt blieb, konnten die genossenschaftlichen Elemente des Gemeinschaftslebens nicht beseitigt werden. Sie gewannen sogar in Form der Phylen und Phratrien geradezu konstituierende Bedeutung für den Prozeß der Polisbildung auf der Basis von Siedlungsgemeinschaften. In dieser Zeit war die Sozialordnung bereits generell durch eine Dichotomie der Gesellschaft in Freie und Unfreie bestimmt. Durch das System der Phylen und Phratrien war gleichsam der Rahmen abgesteckt, in dem sich die Entstehung einer Polisgemeinschaft vollzog, da hieran nur die Mitglieder der genannten Personenverbände teilhatten, während die Unfreien die »Außenseiter« der Gesellschaft waren und blieben. Der Demos der Freien und Wehrfähigen bildete also die eigentliche personale Basis der Polisgemeinschaften.

Letztlich ist der Polisstaat aus einer Gemeinschaftsordnung erwachsen, die sich in ihren Grundzügen bereits in den »dunklen Jahrhunderten« herausgebildet hatte. Eine kontinuierliche Entwicklung war zunächst dadurch gewährleistet, daß der griechische Siedlungsraum nicht durch fremde Mächte von außen her bedroht war. Infolgedessen fehlten offenbar auch Impulse, die eventuell zu einem großräumigen Zusammenschluß unter monarchischer Leitung als Gegenkraft gegen äußere Gefahren führen konnten.[11] Die aus dem südöstlichen Rußland nach Kleinasien vorgestoßenen Kimmerier trafen bei ihren Streifzügen bis an die Ägäisküste bereits auf die Welt der ionischen Poleis (um 675), die in der Folgezeit des weiteren mit dem Aufstieg des Lyderreiches konfrontiert wurde. Die Kontakte der Griechen mit dem vorderasiatischen Raum waren freilich nie abgerissen. Das Hellenentum stand vielmehr im Ausstrahlungsbereich uralter Hochkulturen, so daß auch unter diesem Aspekt die Entfaltung der nachmykenischen griechischen Kultur kein völliger Neubeginn war. Wenn auch von einer geistig-kulturellen Abhängigkeit des Griechentums vom Orient keine Rede sein kann, so haben gleichwohl orientalische Einflüsse neue Möglichkeiten erschlossen, von denen hier nur die Entwicklung des griechischen Alphabets aus der phoinikischen Konsonantenschrift genannt sei. Die Struktur der griechischen Gesellschaft und der freiheitliche Grundzug des Gemeinschaftslebens im hellenischen Siedlungsraum besaßen aber im Vergleich zur Außenwelt ein eigenes Gepräge, und die Konstellation der Machtverhältnisse im östlichen Mittelmeergebiet bewirkte, daß die politische Entwicklung innerhalb der griechischen Welt sich im wesentlichen unter endogenen Bedingungen vollzog, die einerseits durch die wechselseitigen Beziehungen zwischen den hellenischen Gemeinwesen und andererseits durch die in den einzelnen Gemeinschaften bestehenden Gruppierungen und Kräfteverhältnisse bestimmt waren, während die Begegnung mit fremden Völkerschaften und Kulturen mit dazu beitrug, daß die Griechen sich mehr und mehr als sprachliche und kulturelle Einheit betrachteten, für die nach 700 der Hellenenname – ursprünglich die Bezeichnung einer kleinen thessalischen Gemeinschaft – aufkam. Die steigende Bedeutung der großen panhellenischen Spiele und Heiligtümer in Delphi, Olympia und Delos unterstreicht, daß die Menschen, die hier zusammenkamen, sich über alle Dialektunterschiede hinweg ihrer Gemeinsamkeiten bewußt waren. Erheblichen Anteil an diesem Prozeß des Zusammenwachsens der griechischen Welt hatte die adlige Oberschicht, zu deren Lebensstil es geradezu gehörte, über weite Entfernungen persönliche Kontakte mit Standesgenossen zu pflegen. In der äußeren Organisation ihres Zusammenlebens aber gingen die einzelnen Gemeinwesen jeweils ihre eigenen Wege. Einheit und Vielfalt waren in Griechenland schon in archaischer Zeit komplementäre Phänomene.

2. Die wirtschaftliche Entwicklung

Infolge der ökonomischen Grundstruktur und des Bevölkerungswachstums der archaischen Gemeinwesen wurden die Besitzverhältnisse im Agrarbereich ein wesentlicher Faktor der gesamten wirtschaftlichen und gesellschaftlichen Entwicklung. Im homerischen Epos ist der zum Oikos gehörende Grund und Boden bereits Privateigentum, das nach dem Tode des »Hausherrn« im Normalfall im Besitz des erbberechtigten Sohnes bleibt bzw. unter mehrere Söhne aufgeteilt wird. Genossenschaftliches Eigentum von Familienverbänden hat es offensichtlich nicht gegeben,[12] wenn man von dem umstrittenen Problem des Bodenrechts im dorischen Kreta absieht. Hiervon zu differenzieren ist jedenfalls Kollektivbesitz in

Form des Weidelandes und des ungenutzten Bodens der einzelnen Gemeinwesen. Auch in Sparta erhielten nach der Eroberung Südlakoniens im 8. Jahrhundert die Spartiaten als Mitglieder der Wehrgemeinschaft jeweils einen eigenen Klaros (Kleros). Allerdings konnten sie hierüber nicht beliebig verfügen. Generell bestanden hingegen in homerischer Zeit derartige Implikationen des Bodenrechts nicht mehr, so daß allein schon durch Erbteilungen infolge der unterschiedlichen Kinderzahl der einzelnen Familien die Besitzunterschiede zunahmen (Od. XIV 208f.). Andere Faktoren bewirkten, daß vor allem Besitzer größerer Landflächen ihr Eigentum weiter ausdehnten. Nichtkultiviertes Land konnte gerodet oder urbar gemacht und auf diese Weise in Besitz genommen werden. Hiervon profitierten zwar auch die zur breiten Masse des Demos zählenden Freien, wie die Entstehung neuer Siedlungen etwa in Attika zeigt. Größere Grundbesitzer waren aber bei der Erschließung neuer Felder zweifellos im Vorteil, indem sie z. B. an den Grenzen ihrer Besitzungen durch ärmere Freie neues Land kultivieren ließen (Od. XVIII 358ff.). Aus solchen Arbeitsverhältnissen konnte wiederum eine dauernde Abhängigkeit mittelloser Landbewohner entstehen. Ferner scheint bereits im 8. Jahrhundert zumindest in Boiotien, wahrscheinlich aber auch in anderen Gebieten der Verkauf und Ankauf von Ländereien zu einer weiteren Differenzierung der Eigentumsverhältnisse beigetragen zu haben. Zudem haben in der Folgezeit viele kleinere Landwirte durch Verschuldung ihre Höfe verloren.

Die Besitzunterschiede in der Landwirtschaft dürfen freilich nicht überschätzt werden. In Athen zählten nach der solonischen Ordnung zur höchsten Zensusklasse der Pentakosiomedimnoi (»Fünfhundertscheffler«) alle Landbesitzer, die jährlich mindestens 500 Medimnoi (»Scheffel«, 1 Medimnos = 52,5 l) Getreide oder eine wertgleiche Menge Olivenöl produzierten. Hierfür reichte eine Fläche von ca. 30 Hektar.[13] Sicherlich war dies die untere Grenze, doch können die Güter des attischen Adels allenfalls in Relation zum Besitz der kleinen und mittleren Bauern als großflächig bezeichnet werden. Ähnlich waren die Verhältnisse in den meisten Gebieten des hellenischen Mutterlandes. Allerdings hatte der spartanische Adel offenbar nach dem ersten Messenischen Krieg (2. Hälfte des 8. Jahrhunderts) in größerem Umfang Gemeindeland okkupiert.[14] Die Voraussetzung hierfür war indes die außerordentliche Expansion Spartas. Untypisch waren auch die großen Güter, die in den weiträumigen Flächen Thessaliens entstanden.

Umfangreichere Besitzungen gab es des weiteren zweifellos in den Gebieten des kleinasiatischen Koloniallandes. Die Getreidefelder Milets waren z. B. um 600 recht ausgedehnt,[15] so daß hier mit größeren Gütern der führenden Schicht zu rechnen ist. Gleichwohl handelte es sich wohl kaum um riesige Latifundien. In den homerischen Epen, die sicherlich in starkem Maße an den Verhältnissen in ihrem Entstehungsgebiet – dem kleinasiatischen Siedlungsraum der Griechen – orientiert sind, erscheinen die Adligen noch eher als Großbauern, die bei der anfallenden Arbeit häufig selbst mit Hand anlegen bzw. die Aufsicht führen.[16] Zwar sind hier stilisierende Elemente der Darstellung in Rechnung zu setzen, doch war die Zahl der im Oikos eines Grundherrn ständig beschäftigten Personen einschließlich der Sklavinnen und Sklaven zweifellos mehr oder weniger begrenzt. Neben den dauernd auf dem Gutshof lebenden Freien und Unfreien wurden für saisonbedingte Tätigkeiten allerdings noch weitere freie Arbeiter gedungen.

Im übrigen ist die ältere These von der geschlossenen Hauswirtschaft des Oikosbetriebes erheblich zu modifizieren. Handwerkliche Arbeiten wurden zwar vielfach von den Oikosbewohnern selbst ausgeführt. Andererseits zog man aber für besondere Aufgaben Spezialarbeiter wie Zimmerleute und Baumeister (Tektones) heran, die z. T. aus der Fremde herbeigerufen wurden. Daneben gab es selbstverständlich standortgebundene Handwerker (Schmiede, Töpfer), die auf Bestellung arbeiteten oder ihre Produkte anboten. Ihre Zahl war sicherlich im ganzen recht begrenzt. Sie konnten aber ebensowenig in die Oikoswirtschaft einbezogen werden wie die Mehrzahl der freien Bauern.

Eine Vorstellung von der Situation der freien ländlichen Mittel- und Unterschichten um die Wende vom 8. zum 7. Jahrhundert in Boiotien vermitteln Hesiods »Werke und Tage«. Bauern mit einigem Grundbesitz waren hiernach durchaus in der Lage, einen Sklaven oder auch mehrere unfreie Knechte und Mägde zu erwerben und darüber hinaus für Saisonarbeiten noch weitere freie Lohnarbeiter (Theten) zu beschäftigen. Sie waren aber gezwungen, selbst intensiv zu arbeiten und sparsam zu wirtschaften, um ihren Besitz zu erhalten. Schlechte Wirtschaftsführung, aber auch Unglück und Mißernten konnten leicht zur sozialen Deklassierung führen. Andererseits bot sich dem tüchtigen und planenden Landwirt auch die Möglichkeit, durch Erwerb weiterer Grundstücke seinen eigenen Kleros zu vergrößern. Geringer Landbesitz bot demgegenüber keine ausreichende Existenzgrundlage, so daß die Kleinbauern und ihre Familienangehörigen auf Nebenerwerb durch Aushilfsarbeiten angewiesen waren. Die kleineren Landeigentümer sind wiederum zu differenzieren von den bei Homer und Hesiod als Theten bezeichneten Freien ohne eigenen Grund und Boden, auf die sich die vielzitierte Klage über das Elend des besitzlosen Lohnarbeiters in der Odyssee (XI 489f.) bezieht. Hieraus kann freilich nicht gefolgert werden, daß der verarmte Freie das sozial niedrigste Individuum der früharchaischen Gesellschaft war.[17] An der genannten Stelle wird zwar das Sklavenlos nicht in Betracht gezogen, doch bezeichnen die Epen wiederholt die Versklavung als grausames Schicksal (z. B. Il. VI 463; Od. XIV 340). Die Not des Theten besteht nach dem Zeugnis der Dichtung vor allem darin, daß er ungesichert und abhängig ist (vgl. Hes. Op. 602). Es muß offenbleiben, wie hoch der Prozentsatz dieser eigentlichen Unterschicht der Freien im Verhältnis zur Gesamtbevölkerung war. Er wurde zweifellos größer, als sich im Laufe des 7. Jahrhunderts in manchen Gebieten die Lage zahlreicher Kleinbauern verschlechterte.

Infolge der Parzellierung durch Erbteilungen war jetzt offenbar die Zahl der kaum noch existenzfähigen landwirtschaftlichen Kleinbetriebe gewachsen, deren Besitzer nach Mißernten oder aus anderen Gründen Anleihen aufnehmen mußten, die vor der Einführung des Münzgeldes in Naturalien gewährt und dementsprechend in gleicher Form zurückgegeben wurden, so daß ein Teil der neuen Ernte für die Schuldner nicht mehr frei verfügbar war und die Not noch größer wurde. Zweifellos lebten viele Kleinbauern am Rande des Existenzminimums oder verloren bei Zahlungsunfähigkeit ihr Land an die Gläubiger bzw. gerieten infolge der harten Praktizierung des Schuldrechts, das den Zugriff auf die Person des Schuldners erlaubte, in Schuldknechtschaft und wurden auf diese Weise unfrei. In Athen stellte diese Entwicklung die Polis um die Wende vom 7. zum 6. Jahrhundert geradezu vor eine Zerreißprobe, während in anderen Gemeinwesen die Krise schon früher in eine akute Phase trat.

Die Ausprägung der archaischen Sozialstruktur ist des weiteren auch im Kontext der Entwicklung von Handel und Gewerbe zu sehen. Die Kontakte zwischen dem griechischen Siedlungsraum und dem Nahen Osten waren zwar in nachmykenischer Zeit nicht völlig abgerissen, wurden aber erst seit dem 9. Jahrhundert wieder intensiver. Zwischen 850 und 750 wurde z. B. attische Keramik im Austausch gegen fremde handwerkliche Produkte bis nach Kypros und Syrien exportiert.[18] Etwa seit 800 bestand ein griechischer Handelsplatz in Al Mina an der nordsyrischen Küste. Die »Schrittmacher« waren hier Euboier, die noch vor 750 auch im »fernen Westen« auf Pithekussai (Ischia) einen Stützpunkt besaßen, von dem aus die Besiedlung Kymes auf dem gegenüberliegenden italischen Festland erfolgte. Generell ist die um 750 einsetzende sog. große griechische Kolonisation ohne vorausgehende Handels- und Erkundungsfahrten wagemutiger Seeleute, die den Austausch von Gütern übernahmen, kaum denkbar. Nicht zuletzt wirkte der Mangel an Metallen in Griechenland stimulierend auf den Fernhandel. Das Handelsvolumen war selbstverständlich in den Anfängen der hier skizzierten Entwicklung noch gering, wurde aber schon durch das Bevölkerungswachstum allmählich größer. Ein weiterer Faktor war zweifellos das Prestigebedürfnis der sich formierenden Oberschicht, deren Lebensstil gleichsam den Besitz von Statussymbolen in Form von Luxusartikeln verlangte. Starke Impulse für die Entwicklung des Fernhandels gingen offenbar vor allem von Chalkis und Eretria auf Euboia sowie von Korinth und Milet aus. Auch in Samos, Phokaia und anderen ionischen Städten gewann der Handel an Bedeutung. Hinzu kamen mit einigem zeitlichen Abstand Aigina und Kerkyra. Die genannten Poleis wurden freilich ebensowenig wie das nachsolonische Athen, wo z. B. im aufblühenden Töpfergewerbe nur wenige hundert Personen arbeiteten,[19] eigentliche Handels- oder Gewerbestädte. Die Basis des griechischen Wirtschaftslebens blieb generell die Landwirtschaft.

Handel und Gewerbe bieten ein komplexes Bild in einem Bezugssystem von Entwicklung und gleichzeitiger Einbindung in das archaische Gesellschaftsgefüge. Das komplizierte Sammel- und Verteilungssystem der mykenischen Paläste hatte mit dem Zerfall dieser Machtzentren sein Ende gefunden. Die Vorratswirtschaft im Oikos der homerischen Adelswelt scheint zwar letztlich ein Relikt der Palasthaushaltung zu sein, ist hiermit aber quantitativ nicht zu vergleichen und primär aus den Bedingungen einer Zeit zu erklären, in der weder offene Märkte existierten noch regelmäßiger Handelsverkehr stattfand. Der Oikosbesitzer war dementsprechend gezwungen, auch einen gewissen Metallvorrat zu halten (Od. II 338), aus dem er zweifellos Material zur Verfügung stellte, wenn er Rüstungsteile oder andere Objekte in Auftrag gab. Ein Schmied war schwerlich in der Lage, in größeren Mengen Rohstoffe zu stapeln. Ebensowenig war es ihm möglich, seinen Bedarf zu jedem beliebigen Zeitpunkt beim Händler zu decken, der ja kein standortgebundenes Geschäft besaß, sondern nur sporadisch den Warentausch vermittelte und die mitgeführten Güter zumeist vom Schiff aus anbot. Diese primitiven Formen des Tauschhandels, dessen Wertmesser das Vieh war, wurden in archaischer Zeit mehr und mehr überwunden, so daß bis Ende des 6. Jahrhunderts ein beachtliches Netz von Handelsbeziehungen entstand, in dessen Rahmen auch handwerkliche Produkte in größeren Mengen für den Export hergestellt und geordert wurden.[20] Das Bewertungssystem der Waren hatte sich eingependelt. Geschäftliche Transaktionen konnten in Abschätzung des Risikos und des Gewinns vorgenommen werden, bestanden freilich weiterhin in einfachen Handlungen. Rationale Kalkulationsmethoden, Kontore und Investitionen blieben unbekannt. Ähnlich war die Situation im Gewerbe. Die handwerklichen Fertigkeiten wurden weiterentwickelt und verfeinert, doch blieb die Struktur der Klein- und Kleinstbetriebe unverändert.

Die Einschätzung von Erwerb und Besitz entsprach den allgemeinen gesellschaftlichen Rahmenbedingungen. Der grundbesitzlose Händler, der seinen Unterhalt durch Vermittlung des Warenaustausches bestreitet, nimmt im Epos einen niedrigen Rang in der sozialen Stufenleiter ein (Od. VIII 159ff.). Das »marktlose« System zwingt aber auch große Grundbesitzer, gegebenenfalls Fernfahrten zu unternehmen, um z. B. Eisen gegen Kupfer einzutauschen (Od. I 184). Hierin sind zweifellos Ansätze zu einer Ausdifferenzierung wirtschaftlicher Rollen und Verhaltensweisen zu erkennen. Gleichwohl wurden die traditionellen Wertvorstellungen nicht durchbrochen. Der Handel, der bereits für homerische »Herren« keineswegs prinzipiell verpönt war, wurde zwar für manche Adlige eine neue Quelle des Reichtums. Ihre Existenzgrundlage blieb aber der Grundbesitz, nach dessen Größe sich das soziale Ansehen bemaß. Sicherlich haben unterschiedliche Erfolge bei sporadischen Handelsfahrten und beim Absatz der eigenen landwirtschaftlichen Produkte mit dazu beigetragen, daß auch innerhalb der Oberschicht eine stärkere Differenzierung der Besitzverhältnisse entstand. Die sozialen Folgen dieser Entwicklung sind indes in das allgemeine Bild der archaischen Gesellschaft einzuordnen. Nicht ökonomische Macht als solche, sondern die

aus Reichtum und Besitz resultierende, aber immer noch an Grundeigentum gebundene gesellschaftliche Stellung bildete die Voraussetzung für den Anspruch auf politische Führungsfunktionen, während die Berufshändler als zahlenmäßig begrenzte »Zwischenschicht« keinen eigenständigen politischen Faktor darstellten. So entstand im archaischen Griechenland kein »kommerzieller Besitzadel«.
Auch die Auswirkungen der im späten 7. Jahrhundert im westlichen Kleinasien (Lydien, Ionien) beginnenden Münzprägung (in Form von Elektronmünzen) dürfen nicht überbewertet werden. Erst im Laufe des 6. Jahrhunderts setzte die Silberprägung griechischer Poleis des Mutterlandes ein, so daß die sozialen Krisenerscheinungen vor und um 600 schwerlich mit dieser Neuerung in Verbindung gebracht werden können.[21] Wahrscheinlich dienten die anfangs in großen Nominalen je nach Bedarf geprägten Münzen zunächst zur Bestreitung größerer öffentlicher Ausgaben.[22] Ihre wirtschaftliche Bedeutung gewannen die Münzen wohl erst sekundär durch ihre zunehmende Verwendung als praktisches Zahlungs- und Tauschmittel und als Wertmesser, dessen Feingehalt und Gewicht der »Staat« (Herrscher oder Polis) garantierte. Jedenfalls führte der Übergang zur Münzprägung nicht unmittelbar zu einer Verlagerung ökonomischer und politischer Macht im Gesellschaftsgefüge der Polis. Ein anderes Bild ergibt sich freilich im 5. Jahrhundert. Dennoch ist auch hier zu beachten, daß die Bedeutung des Geldwesens etwa für die Funktionsfähigkeit und den institutionellen Ausbau der athenischen Demokratie ohne die vorausgehenden politischen Veränderungen nicht denkbar ist.

3. Die gesellschaftliche Gliederung

a) Adel

Unser heutiger Adelsbegriff kann nur als Chiffre zur Bezeichnung der führenden Schicht im archaischen Griechenland dienen. Im Griechischen fehlt eine entsprechende Standesbezeichnung. Die Mitglieder der Oberschicht, die einen exklusiven Lebensstil entwickelte, bezeichneten sich freilich als Elite der »Besten« (Aristoi) und brachten ihren besonderen Rang im Wertungssystem der Gesellschaft durch Betonung ihrer »vornehmen« Abkunft zum Ausdruck. Ihrer sozialen Stellung entsprach also die Artikulierung ihres Selbstverständnisses. Führende Häuser konstruierten Stammbäume, die bis in die heroische Vorzeit und letztlich bis zu den Göttern zurückreichen. Im Epos beruft sich hierbei der einzelne »Held« immer auf seine direkte väterliche Linie (Genos). Vom Zusammenhalt weitverzweigter »Geschlechter« ist nicht die Rede. Waffenhilfe und Unterstützung werden bei Unternehmungen auf eigene Faust nicht von einem »Geschlecht« gewährt, sondern von Gefolgsleuten (Therapontes) und Gefährten (Hetairoi). Sofern der Besitz eines Oikosherrn auf mehrere Söhne überging, bildeten diese keine ungeteilte Erbengemeinschaft, sondern erhielten jeweils einen eigenen Anteil an den Ländereien (Od. XIV 209). Trotz der unbestrittenen sozialen und rechtlichen Rolle des weiteren Verwandtenkreises, die vor allem in der Verfolgung von Bluttaten zum Ausdruck kommt, war die Familie in ihrer sozio-ökonomischen Struktur die eigentliche Kleingruppe und Grundeinheit im Gefüge der »homerischen Gesellschaft«.[23]

Auch in der Folgezeit entstanden weder Geschlechterverbände noch sog. Geschlechterpoleis, wie in der älteren Forschung vielfach angenommen wurde. Wir sind hier allerdings weitgehend auf Rückschlüsse aus Zeugnissen der klassischen Zeit angewiesen. Im 5. Jahrhundert wird immer noch der Oikos oder die Oikia (Haus) genannt, wenn etwa die Herkunft eines athenischen Politikers oder seine besondere Stellung im gesellschaftlichen Gefüge hervorgehoben werden.[24] Obwohl sich viele athenische Adelshäuser im Laufe der Zeit weit verzweigt hatten, agierte der einzelne Adlige, der bestimmenden Einfluß auf das politische Geschehen auszuüben suchte, keineswegs als Repräsentant eines mehrere Familien umfassenden Geschlechtes. Sein Anhang bestand zwar zum Teil aus Verwandten und Männern, die sich der gleichen Abkunft von einem gemeinsamen Ahnherrn rühmten, doch sind die Koalitionen oder Auseinandersetzungen zwischen führenden athenischen Häusern nicht als politische Aktionen gentilizisch organisierter Geschlechter zu verstehen. Ebensowenig ist den Rechtsbestimmungen zu entnehmen, daß in Athen Geschlechterverbände existierten. Im Erbrecht bezeichnet der Genosbegriff ebenfalls die väterliche Linie. Das drakontische Strafrecht legte fest, daß bei der Verfolgung von Mord und Totschlag nur ein ganz bestimmter Verwandtenkreis – die Anchisteia (in erster Linie die Verwandten innerhalb der Vetternschaft) – Anklage erheben kann, so daß kaum anzunehmen ist, daß bis in die Zeit Drakons die sog. Blutrache Bestandteil einer Art Sippenrecht großer Geschlechterverbände war.

Zur Bezeichnung bestimmter Personengruppen wurde der Genosbegriff im 6. und 5. Jahrhundert nur auf Angehörige von Königshäusern oder auf Priesterkorporationen bzw. Kultvereinigungen bezogen.[25] Erst im 4. Jahrhundert wurden auch ältere Adelshäuser wie die Alkmeoniden als Genos bezeichnet, ohne daß der Begriff hierdurch eine »juristisch« zu definierende Bedeutung gewann.

Auch in anderen griechischen Gemeinwesen lassen sich organisierte Einheiten des Adels in Form von Geschlechtern nicht stringent nachweisen. Im Recht von Gortyn umfaßte die sog. Anchisteia nur drei Generationen, und in Delphi bezogen sich die Bestimmungen über die Bestattungsriten auf einen festumrissenen Verwandtenkreis.[26] In beiden Fällen bildeten solche Personengruppen zweifellos keine Gentilverbände. Ebensowenig scheinen die Bakchiaden in Korinth ein einzelnes Geschlecht oder ein »Clan« gewesen zu sein. Sie bestanden aus etwa 200 Familien, die nur untereinander heirateten, ihren Ursprung auf den mythischen König Bakchis zurückführten, sich von der gesamten übrigen Bürgerschaft streng absonderten und – wie schon erwähnt – aus ihren eigenen Reihen jährlich den Prytanen – den höchsten Funktionsträger in Korinth – stellten. Offensichtlich war es ihr Ziel, den Kreis der Herrschenden möglichst begrenzt zu halten. Der gemeinsame Stammbaum ist wohl eine genealogische Fiktion. In Sparta führten neben den beiden Königshäusern der Agiaden und Eurypontiden noch weitere angesehene Familien ihre Abkunft auf den Heros Herakles zurück, ohne daß sie Geschlechter im Sinne von Gentilverbänden bildeten. Das gleiche gilt für die spartanischen Talthybiaden, die vorgaben, vom Herold Agamemnons abzustammen, sowie für die Aigeiden, die behaupteten, aus dem mykenischen Boiotien gekommen zu sein. Angehörige der spartanischen Oberschicht werden in der Überlieferung generell den »Ersten Häusern« (protoi Oikoi), nicht aber Gentilverbänden zugerechnet (Plut. Nik. 10). Auch in Aigina und Argos existierten offenbar keine familienübergreifenden Geschlechterverbände. Der umstrittene Terminus »Patra« diente in Aigina offenbar zur Bezeichnung der männlichen Linie und Nachkommenschaft.[27]

Ein Erbe der »dunklen Jahrhunderte« war das in den homerischen Epen geschilderte Gefolgschaftswesen. Zweifellos wurden Gefolgschaften häufig zur Durchführung von Kriegs- und Raubzügen gegen fremde Siedlungen gebildet. Im 8. Jahrhundert waren solche Aktionen freilich infolge der steigenden Bevölkerungszahl in einer Reihe von Ortschaften nur noch beschränkt möglich, so daß sich die Überfälle wohl im wesentlichen gegen ländliche Gebiete richteten, wenn man vom Seeraub absieht (vgl. Od. XIV 259ff.). Die Gruppen, die sich zu derartigen Unternehmungen zusammenfanden, bestanden allerdings nicht nur aus Adligen und bildeten in der Regel auch keinen dauerhaften Verband. Es entwickelten sich indes auch festere Formen der Bindung an einen einzelnen adligen Herrn. Der Oikosbesitzer konnte z. B. Landflüchtige in seinem Hause aufnehmen und ihnen Schutz gewähren (Il. XV 431ff.; XXIII 84ff.). Darüber hinaus schlossen sich einem mächtigen Herrn auch weitere Adlige an, die in Krieg und Frieden als dessen Therapontes und Hetairoi galten, ohne daß sie in jedem Fall dauernd im Hause des »Gefolgsherrn« lebten. Die Gefolgsleute eines großen Oikosherrn waren zweifellos z. T. selbst Besitzer größerer Ländereien und verfügten dementsprechend über eine gewisse Zahl von abhängigen freien und unfreien Arbeitern. Dieses Geflecht von Beziehungen innerhalb des Adels, das im einzelnen schwer zu analysieren ist, bestand auch über die Frühphase der Polis hinaus weiter und wurde zu einem wichtigen Faktor in innenpolitischen Auseinandersetzungen, indem sich verschiedene Adelsgruppen als sog. Hetairien formierten, deren Mittelpunkt die dominierende Persönlichkeit ihres Kreises bildete. Die jüngere Form der Hetairie ist offensichtlich aus den homerischen Tischgemeinschaften hervorgegangen und war das eigentliche Kampfinstrument bei den Rivalitäten der führenden Häuser sowie auch bei den Bemühungen der noch nicht zur engeren Führungsschicht

zählenden Adligen, in die Polisämter zu gelangen und größeren Einfluß auszuüben.
Nicht jeder Oikosbesitzer war ein »fürstlicher Herr« oder in der Lage, eine eigene Adelsgefolgschaft zu bilden. Dies bedingte auch nach der Entmachtung des Königtums innerhalb der Oberschicht ein Verhältnis der Über- und Unterordnung. Die Oikoi der Adligen hatten aber trotz ihrer unterschiedlichen Größe offenbar eine typische Grundstruktur, da der Personenkreis auf einem solchen »Gut« in seiner Gliederung gleichsam eine Pyramide darstellte, die sich vom Oikosherrn an der Spitze über dessen Verwandte (und eventuell auch über die im Oikos lebenden Therapontes) zu einer Basis von freien und unfreien Knechten und Mägden verbreiterte. Derartige Abhängigkeitsverhältnisse waren indes nicht das einzige Element der gesellschaftlichen Bindungen. In den Siedlungs- und Wehrgemeinschaften blieb zwischen den »Pyramiden« der adligen Oikoi sozusagen noch freier Raum für den Demos der unabhängigen Bauern und Handwerker.[28] Der Oikosbesitzer war zwar vor allem in ländlichen Gegenden auch im weiteren Umkreis seines Oikos für die dort lebenden Bauern und Handwerker auf Grund seiner wirtschaftlichen Überlegenheit und seines Sozialprestiges zweifellos der maßgebende Mann, der im Kriegsfall die Wehrfähigen sammelte und im Frieden mehr oder weniger subjektiv Rechtsstreitigkeiten schlichtete. Solche gemeinschaftsbezogenen Funktionen des Oikosbesitzers sind aber klar zu differenzieren von den »Rechten« des Adligen auf seinen eigenen Besitzungen. Obgleich es in der sozialen Krise des 7. Jahrhunderts einer Reihe von Adligen gelungen ist, durch Ausnutzung der Not ärmerer Bauern neue Abhängigkeits- und Gewaltverhältnisse zu begründen, wurde hierdurch keineswegs – um das oben verwendete Bild wieder aufzugreifen – der gesamte freie Raum zwischen den »Pyramiden« der adligen Oikoi beseitigt. Auf Grund der gesamten Sozialstruktur der Gemeinwesen und des im allgemeinen eben doch begrenzten Umfangs der Besitzungen des Adels konnten sich die Oikoi letztlich nicht aus der Klammer der Siedlungsgemeinschaften und Nachbarschaftsverhältnisse, in die sie eingebunden waren, herauslösen und eigenständige Machtkomplexe bilden. Die Tendenz der Ausweitung persönlicher Macht durch Ausdehnung des Eigenbesitzes wurde durchkreuzt von einem Entwicklungsprozeß, der im Zuge der Einführung weiterer »Magistrate« und einer präziseren Regelung ihrer Aufgaben und ihrer Einsetzung sowie auch durch die Formalisierung des Verfahrens bei Rechtsstreitigkeiten zu einer zunehmenden Verfestigung der die Polisgemeinschaft konstituierenden sozio-politischen Strukturen führte, so daß die personengebundenen Ordnungsfunktionen des adligen Herrn außerhalb seines Oikos gegenüber den Kompetenzen der übergeordneten Institutionen des Gemeinwesens sich wieder zurückentwickelten.
Neue Möglichkeiten erschlossen sich dem Adel seit Beginn der großen Kolonisationsbewegung um 750. Die Durchführung der Unternehmungen lag dem gesellschaftlichen Gefälle entsprechend in den Händen von

Angehörigen der Oberschicht.[29] Die Organisatoren der Unternehmungen gewannen als Oikisten (»Gründer«) in den neuen Gemeinwesen eine dominierende Stellung, und für viele jüngere Adlige, die in ihrer Heimat kaum Aussicht auf angemessenen Grundbesitz hatten, bot sich die Chance, in den neuen Poleis einen Kleros zu erhalten. Darüber hinaus nahmen selbstverständlich auch viele andere Freie an den Kolonisationszügen teil, die als »Siedler der ersten Welle« (H. Schaefer) z.T. gegenüber den später hinzukommenden Kolonisten bestimmte Privilegien (größere Landanteile) und politische Vorrechte beanspruchten, so daß in solchen Fällen eine neue Oberschicht von heterogener Herkunft entstand.
Die Situation in den Kolonien bestätigt, daß die Grenzen innerhalb der sozialen Gliederung durchaus fließend waren und der »Adel« keineswegs eine homogene Schicht darstellte. Bereits im homerischen Epos sind sozialer Aufstieg und Abstieg jederzeit möglich (Od. XIV 199ff.). Als sich der Kampf um die Teilhabe an der Herrschaft in einer Reihe von Gemeinwesen verschärfte, vermochten nicht alle traditionell führenden Häuser ihre Vorrangstellung zu behaupten. Sie suchten zwar den Kreis der Herrschenden möglichst geschlossen zu halten, doch bildeten sie im Unterschied zum Patriziat der römischen Republik offenbar keinen eigenen Stand mit eindeutig fixierten Vorrechten, so daß es nicht erst der Beseitigung bestimmter ständischer Privilegien bedurfte, wenn Aristokraten, die nicht zu den ersten Familien zählten, Ämter gewinnen und damit zur Führungsschicht aufschließen wollten.[30]

b) Demos

Die Situation der kleinen und mittleren Landbesitzer sowie auch der freien Handwerker war in den einzelnen Landschaften des griechischen Siedlungsraumes sehr unterschiedlich. Zu beachten ist hierbei, daß die stärkere gesellschaftliche Differenzierung, die in archaischer Zeit nicht nur im Adel, sondern innerhalb der gesamten Schicht der Freien sich stärker ausprägte, mit regionalen Phasenverschiebungen entstand. Akute Krisen, die hieraus in verschiedenen Gemeinwesen resultierten, hatten dementsprechend jeweils spezifische Ursachen. Insofern ist es schwierig, ein Gesamtbild der freien Mittel- und Unterschichten zu skizzieren. Zudem ist der Demosbegriff bereits in den Epen nicht eindeutig fixiert.[31] Er bezeichnet hier nicht nur die »breite Masse« im Unterschied zu den »Vornehmen«, sondern bezieht sich auch auf die Gesamtheit der Freien einschließlich der Adligen sowie auch auf das Gebiet solcher Siedlungs- und Wehrgemeinschaften. Gerade hierdurch wird freilich deutlich, daß bereits im Vorstadium der Polisbildung eine Siedlungs- oder Wehrgemeinschaft als personale Einheit empfunden wurde. Nur auf dieser Basis konnte schließlich der Bürgerverband der Politen entstehen.[32] Hierzu hat die Entwicklung im Kriegswesen erheblich beigetragen. Die Darstellung der Schlachtszenen im Epos zeigt, daß die Kämpfe in homerischer Zeit nicht nur zwischen Gefolgschaftsverbänden ausgetragen wurden, sondern auch größere Aufgebote ins Feld zogen. Daß die Zahl der Kombattanten im 8. Jahrhundert zunahm, bestätigt die Beschreibung der lärmenden Heeresversammlung im zweiten Buch der Ilias. Auch in der Odyssee müssen Adel und Könige mit dem zahlenmäßig überlegenen Demos rechnen (II 239–241; III 214f.; XIV 237f.).[33] Dem fiktiven Handlungsverlauf entsprechend wird hier freilich generell noch eine engere Bindung der Menge an das Königshaus vorausgesetzt (Od. XVI 375ff.). In der Folgezeit ist es dem Adel offensichtlich nicht gelungen, nach der Beseitigung des Königtums die gleichsam freigesetzten Bindungen zwischen Demos und Königshaus in ein dichtes Netz von neuen Klientelen einzubeziehen. Bauern wie Hesiod waren bei Rechtsstreitigkeiten gewiß auf die Gunst adliger Schiedsmänner angewiesen, doch ist nicht erkennbar, daß sich auf diese Weise politische Klientelbeziehungen entwickelten, aus denen sich bestimmte (durch den römischen Begriff der fides zu umschreibende) beiderseitige Verpflichtungen ergeben konnten. Dies ist insofern aufschlußreich, als Hesiods Dichtung Einblick in die noch »vorstaatlichen« Strukturen ländlicher Gebiete Boiotiens um 700 bietet. Aber auch in der Polis Athen hatten sich rund ein Jahrhundert später in solonischer Zeit offensichtlich keine Bindungen herausgebildet, die mit dem römischen Klientelwesen vergleichbar wären. Der freie Demos war in seiner Mehrheit mit dem Gemeinwesen nicht über mächtige Adelshäuser, sondern unmittelbar durch genossenschaftliche Vereinigungen (Phylen und Phratrien) verbunden, während die durch wirtschaftliche Not der Kleinbauern entstandenen Abhängigkeitsverhältnisse von den grundbesitzenden Gläubigern nicht in ein Potential politischer Anhängerschaften umgesetzt werden konnten.

Wahrscheinlich fehlten in Griechenland generell im Unterschied zu Rom die Voraussetzungen für die Bildung dauerhafter Klientelen. Während in Rom im Verlauf der Ständekämpfe eine Transformation älterer Abhängigkeitsverhältnisse in neue soziale und politische Bindungen erfolgte, entstanden jedenfalls im archaischen Griechenland in den Auseinandersetzungen adliger Häuser um die Teilhabe an der Herrschaft und um die Bekleidung der Ämter keine entsprechenden Formen personaler Beziehungen, die unabhängig von der Durchsetzung temporärer Ziele kontinuierlich aktualisiert werden konnten.[34] Noch ein weiterer Unterschied zur Entwicklung in Rom ist zu beachten. In Rom und Italien weitete sich das politische Bindungswesen ständig aus, indem einerseits besiegte italische Gegner z.T. in den römischen Staatsverband inkorporiert und die Neubürger dann in die Klientelen der großen Adelshäuser aufgenommen wurden und andererseits sich Bindungen ähnlicher Art zwischen den von Rom politisch abhängig gewordenen italischen socii und den Angehörigen der römischen Führungsschicht entwickelten und infolgedessen ein stabilisierendes Element der Beziehungen zwischen der Vormacht und ihren Bundesgenossen bildeten. Hingegen blieb in Griechenland die Aufnahme der Bürger unterlegener Gemeinwesen in den staatlichen Verband der Sieger eine Ausnahme und betraf dann infolge der Kleinräumigkeit der betreffenden Poleis allenfalls einen begrenzten Personenkreis, während Formen der Abhängigkeit vom Typ der Perioikie eher auf einem Herrschaftsverhältnis beruhten, das die dominierende Polis über die Perioikenorte ausübte, wenn hier auch im einzelnen wiederum mannigfache Unterschiede bestanden.

c) Unfreie

Bereits im 8. Jahrhundert war die Zugehörigkeit zu einer Phratrie von entscheidender Bedeutung für die Stellung des einzelnen in der Gemeinschaft. Wer als Friedensbrecher aus einer Phratrie ausgestoßen wurde, hatte keinen Anteil mehr an »Recht und Herd« (Il. IX 63). Außerhalb der rechtlich-politischen Gemeinschaft eines Siedlungs- oder Wehrverbandes standen aber auch diejenigen Menschen, die in die Gewalt anderer Personen geraten und damit deren Eigentum geworden waren. Der klassische griechische Terminus zur Bezeichnung dieses Abhängigkeitsverhältnisses ist Douleia (»Sklaverei«). Der Gewaltunterworfene galt als Doulos (»Sklave«). Mit dem heutigen Sklavenbegriff, der in starkem Maße an neuzeitlichen Erscheinungsformen von Knechtschaftsverhältnissen wie der Negersklaverei in den Südstaaten der USA orientiert und z.T. auch ideologisiert ist, wird der unterschiedliche Status der ihrer Freiheit beraubten Menschen im antiken Griechenland jedoch nur unzureichend erfaßt. Neben den eigentlichen »Privatsklaven« gab es auch kollektiv unterworfene Bevölkerungsschichten wie die Heloten in Sparta.
Der Gegensatz zwischen frei und unfrei kommt in den homerischen Epen schon deutlich zum Ausdruck. Allerdings wird hier noch nicht das maskuline Substantiv Doulos, sondern nur das Femininum Doule verwendet, das die »nicht rechtmäßige Nebenfrau« unfreien Standes bezeichnet (Il. III 409; Od. IV 12). Wichtiger sind in diesem Zusammenhang die Ableitungen, und zwar vor allem das Adjektiv doulios in der Verbindung *doulion emar* (Tag des Zwanges) zur Umschreibung der gewaltsamen Versklavung. Stärker akzentuiert werden jedoch die Funktionen der Unfreien als Diener und Arbeitskräfte, als abhängige »Leute des Hauses«. Hieraus ergibt sich ihre Bezeichnung als Dmoes und Dmoai (wohl aus der Wurzel dom* = »Haus«).[35]
Die Verfügungsgewalt des Herrn über die in seinem Hause tätigen Unfreien ist nicht durch bestimmte Rechtsnormen eingeschränkt, sondern praktisch unbegrenzt. Untreue Diener können nach der Darstellung der Dichter getötet werden. Auch unter diesem Aspekt wird deutlich, daß die entscheidende gesellschaftliche Trennungslinie nicht zwischen den Adligen und der Masse der kleinen Leute freien und unfreien Standes, sondern zwischen Freien und Unfreien verlief[36], wenn auch Sklaven, die das besondere Vertrauen ihres Herrn gewonnen hatten, eine maßvolle Behandlung erfuhren und andererseits kleine Bauern und Theten häufig genug ebenso armselig lebten wie die Unfreien (Od. XVI 140f.; XXIV 208ff.). Wenn die Dichter

demgegenüber das Verhältnis zwischen Odysseus und seinem Sklaven Eumaios, der seinerseits die Aufsicht über mehrere Unfreie führt, relativ selbständig wirtschaften kann und sogar selbst einen eigenen Knecht besitzt, in milden Farben schildern, so dient dies in erster Linie den poetischen Intentionen. Die Ergebenheit des Sklaven gegenüber seinem Herrn war in der Realität zweifellos vor allem Ausdruck seiner absoluten Abhängigkeit und ein Gebot der Lebensklugheit. Der Unfreie ist zwar nicht eine bloße »Sache«, sondern auch Mitglied der Hausgemeinschaft, in deren Schutz er steht. Seine Stellung kann sich zudem verbessern, indem der Herr ihm ein kleines Landstück überträgt und ihm erlaubt, einen eigenen Hausstand zu gründen (Od. XXI 213ff.). Diese Privilegien sind aber nicht gleichbedeutend mit der Freilassung, die für einen in der Fremde gekauften Sklaven im übrigen von zweifelhaftem Wert gewesen wäre, da er offensichtlich kaum eine Chance hatte, an seinem neuen Wohnort in eine Phratrie und damit in die politisch-rechtliche Gemeinschaft der Freien aufgenommen zu werden.

Mit dem allgemeinen Wandel der politischen und wirtschaftlichen Verhältnisse seit dem Ende der mykenischen Welt haben sich zweifellos auch die Lebens- und Arbeitsbedingungen der Unfreien in vielfacher Hinsicht verändert. Die do-e-ro in der mykenischen Palastwirtschaft hatten z.T. andere Funktionen als die Dmoes im Oikos eines adligen Herrn der homerischen Zeit. Die Praxis der Versklavung – d.h. der Unterwerfung und Inbesitznahme fremder Personen – ist jedoch in den »dunklen« Jahrhunderten nicht aufgegeben worden, wenn auch die Zahl der Unfreien angesichts der geringen Siedlungsdichte vermutlich längere Zeit begrenzt blieb. Wie aus der epischen Tradition zu entnehmen ist, wurden bei gelungenen Raubzügen in fremde Gebiete vor allem Frauen und Kinder von den siegreichen Scharen als »Kriegsbeute« versklavt. In zunehmendem Maße führte auch ein mehr oder weniger organisierter Menschenhandel zur Entstehung von Knechtschaftsverhältnissen. Die Sklaverei war jedenfalls im ausgehenden 8. Jahrhundert schon recht verbreitet und nahm in der Folgezeit in verschiedenen Gebieten auch durch die Auswirkungen des archaischen Schuldrechts weiter zu.

Die durch kollektive Unterwerfung der Bevölkerung eroberter Gebiete entstandene Unfreiheit wird in den Epen nicht erwähnt. Ihre bekannteste Form ist die Helotie in Lakonien und Messenien, die im Rahmen der Darstellung der Gesellschaft und Verfassung Spartas eingehend zu behandeln ist. Sie entwickelte sich im 8. Jahrhundert als Ergebnis der Eroberung Südlakoniens durch die Spartaner und wurde mehr als ein Jahrhundert später auf Messenien ausgeweitet. Da die Heloten jeweils an den Klaros (Kleros) des einzelnen Spartiaten gebunden waren, wurden sie in der modernen Forschung verschiedentlich als Hörige bezeichnet. Die Beurteilung der Helotie hat jedoch vom antiken Verständnis dieser Form der Unfreiheit auszugehen. Hiernach wurden die Heloten durchweg zu den Douloi gerechnet, da sie als Gewaltunterworfene außerhalb der Rechtsordnung der Freien standen.[37]

Die thessalischen Penesten werden in der Überlieferung mehrfach mit den Heloten verglichen und hatten demnach einen ähnlichen Status. Während freilich die Heloten unter der Verfügungsgewalt der Gesamtheit der Spartaner standen, galten die Penesten offensichtlich als Eigentum der einzelnen Grundbesitzer, deren Ländereien sie bebauten.
Sie besaßen insofern einen gewissen Schutz, als sie von ihren Herren nicht willkürlich getötet und – wie die Heloten – nicht von der Scholle vertrieben bzw. nicht ins »Ausland« verkauft werden durften. Möglicherweise gehen die Anfänge der Penestie bis in die Zeit der Landnahme der Thessaler zurück. Die für Thessalien charakteristischen großen Güter mit zahlreichen abhängigen Bauern sind indes – wie schon erwähnt – zweifellos das Ergebnis einer längeren Entwicklung.
Komplizierter ist die Situation auf Kreta, wo es neben den Kaufsklaven unfreie Landbevölkerungen gab, die teils als Mnoiten, teils als Klaroten und Aphamioten bezeichnet wurden.[38] Entstehung und Ausdifferenzierung der Abhängigkeitsverhältnisse sind kaum zu datieren. In der jüngeren Überlieferung erscheinen die Mnoiten als Unfreie, die kretischen Polisgemeinschaften gehören, doch scheint in älterer Zeit die Sammelbezeichnung Mnoia (für Mnoiten) generell auf die Sklavenschaft einschließlich der in Privatbesitz befindlichen Unfreien bezogen worden zu sein. Nähere Angaben über die Verwendung der Mnoiten liegen nicht vor. Die Termini geben auch keine eindeutigen Hinweise auf die Entwicklung der Knechtschaftsverhältnisse. Es bleibt unklar, ob Klaroten (von Klaros) und Aphamioten dieselbe Kategorie von Unfreien bildeten und die Bezeichnungen nur zeitlich und örtlich differierten oder die Klaroten ursprünglich das Gemeindeland bearbeiteten und erst durch Aufteilung des Kollektivbesitzes »Klarosbauern« wurden. Unfreie kretische Landbewohner galten des weiteren als Perioikoi (»Umwohner«). Der Perioikenbegriff bezieht sich also hier auf eine ganz andere soziale Schicht als in Sparta. Daß die kretischen Termini wechselten, zeigt jedenfalls das um 450 kodifizierte Recht von Gortyn. Die unfreien Bauern hießen hier Woikees (abgeleitet von Oikos). Sie waren der Verfügungsgewalt des Landeigentümers unterworfen und galten als Doloi (= Douloi), doch besaßen sie andererseits eine beschränkte Vermögens- und Rechtsfähigkeit. Insgesamt gesehen stimmen die auf die klassische Zeit zu beziehenden Zeugnisse darin überein, daß die unfreien Bauern auf Kreta besser behandelt wurden als die Heloten. Gleichwohl bestand auch auf Kreta eine scharfe Kluft zwischen Freien und Unfreien, die an dem öffentlichen Leben der Bürgergemeinschaften selbstverständlich keinen Anteil hatten.
In der späteren Überlieferung werden der Kategorie der unfreien Landbewohner auch die sog. Gymneten (»Leichtbewaffnete«) in Argos und die Korynephoroi (»Keulenträger«) in Sikyon zugeordnet. Wahrscheinlich handelte es sich aber um ärmere Schichten von Freien, da die betr. Bezeichnungen von der Art ihrer Bewaffnung abzuleiten sind, während Unfreie nicht zum regulären Waffendienst herangezogen wurden, wenn auch einzelne Adlige bei inneren Fehden ihre Hausmacht durch Sklaven

verstärkten (Od. XXII 114ff.; XXIV 496ff.). Die Bewaffnung von Sklaven war jedenfalls eine Ausnahme.
Ein dem Institut der Helotie vergleichbares Abhängigkeitsverhältnis entstand in einigen Poleis im kolonialen Siedlungsgebiet der Griechen. Eindeutige Angaben liegen freilich nur zur Rechtsstellung der unfreien Kyllyrier in Syrakus und der Mariandyner in Herakleia am Schwarzen Meer vor. Die Kyllyrier gerieten offenbar im Zuge der Ausdehnung des syrakusanischen Territoriums im frühen 6. Jahrhundert in Abhängigkeit. Sie beteiligten sich um 492 an der Erhebung des Demos gegen die Gamoren (Grundbesitzer) und erhielten hierdurch Freiheit und Bürgerrecht. Im Gebiet von Herakleia erfolgte die Versklavung des einheimischen Volkes der Mariandyner in mehreren Phasen nach der Gründung der Kolonie um 560 und in der Zeit der Perserkriege.[39] Ihre Emanzipierung ist wohl erst in die hellenistische Zeit zu datieren.

4. Genossenschaftliche Elemente

a) Phratrien

Die soziale Kluft zwischen den verschiedenen Schichten der Freien wurde zumindest teilweise überbrückt durch die genossenschaftlichen Verbände der Phratrien und Phylen. Während die Institution der Phratrien offensichtlich weit verbreitet war, blieb das System der Phylen allerdings auf Athen und die ionischen und dorischen Gemeinwesen beschränkt.
In der Ilias (II 362) erscheint die Ordnung des Heeres nach der Herkunft der Krieger (kata phyla) sowie nach Phratrien als neues Gliederungsprinzip, so daß hier offensichtlich eine Anspielung auf Organisationsformen vorliegt, die im 8. Jahrhundert durch die Zunahme der Bevölkerung sowie durch den Prozeß der Polisbildung und die hiermit verbundene organisatorische Entwicklung in den Siedlungsgemeinschaften größere Bedeutung erhielten. Die Anfänge der Phratrien und Phylen sind sicherlich früher anzusetzen.
Die ursprüngliche Zusammensetzung der Phratrien ist freilich umstritten. Nach Aristoteles (Ath. Pol. Fr. 5) sollen die vier älteren attischen Phylen in 12 Phratrien oder Trittyen (»Drittel«) und 360 Gene (Plur. zu Genos) eingeteilt gewesen sein und jedes Genos aus 30 Männern bestanden haben. Ferner ist durch ein Fragment aus der athenischen Lokalgeschichte (Atthis) des Philochoros (um 300) bekannt, daß die Phratrien in Athen auf Grund eines bestimmten Gesetzes die sog. Orgeones (Mitglieder von Kultvereinen) und Homogalaktes (»Milchbrüder«) in ihre Verbände aufnehmen mußten (FgrHist 328 F 35a und b).[40] Da die Homogalaktes im gleichen Kontext als Gennetai (Mitglieder eines Genos) bezeichnet werden, hat man verschiedentlich angenommen, daß in älterer

Zeit Gennetai und Phratores (Mitglieder einer Phratrie) identisch waren und dementsprechend die Phratrien zunächst nur aus Adligen bestanden bzw. aus Adelsgefolgschaften hervorgegangen sind. Die Gennetai sind jedoch nicht Angehörige von Adelsgeschlechtern, sondern Mitglieder einer als Genos bezeichneten Kultvereinigung. Die Verwendung der Begriffe Gennetai und Orgeones bei Philochoros impliziert daher keinen ständerechtlichen Gegensatz zwischen Adel und Gemeinfreien. Dementsprechend ist der Terminus Homogalaktes nicht nur auf die adlige Oberschicht zu beziehen. F. Bourriot hat kürzlich darauf hingewiesen, daß Aristoteles (Pol. 1252b 18) hiermit Dorfgemeinschaften bezeichnet, die offenbar bereits in früher Zeit auch kultische Vereinigungen bildeten.[41] Die Neuordnung der athenischen Bürgerschaft im Zuge der Reformen des Kleisthenes hat hieran nichts geändert. Die Gemeinschaften der Homogalaktes wahrten auch weiterhin einen gewissen Zusammenhalt und wurden offenbar seit der Wende vom 5. zum 4. Jahrhundert in Analogie zu anderen kultischen Korporationen ebenfalls als Gene bezeichnet. Wahrscheinlich sind auch die bei Aristoteles genannten 360 Gene kultische Vereinigungen, die schon in archaischer Zeit entstanden waren. Entsprechend ist wohl auch die weitere Notiz des Aristoteles zu interpretieren, daß Kleisthenes die Gene bestehen ließ (Ath. Pol. 21,6).[42] Auch hier scheint es sich um das gleiche Phänomen lokaler Genossenschaften zu handeln. Der Zahlenschematismus (360 Gene mit jeweils 30 Mitgliedern) ist freilich eine späte Konstruktion und sagt über die wirklichen Relationen nichts aus. Es gab zudem in Attika mehr als 12 Phratrien, während Genos und Phratrie auf unterschiedlichen Organisationsprinzipien beruhten und daher nicht in ein Bezugssystem zu bringen sind.[43] Die Kulte eines Genos waren an Sonderheiligtümer gebunden, und die betreffenden Priestertümer blieben den Mitgliedern der Gene vorbehalten. Hingegen betrafen die Funktionen der Phratrien im klassischen Athen vor allem personenrechtliche Fragen im Rahmen der Polisgemeinschaft. Die Mitgliedschaft in einer Phratrie war die Voraussetzung für die Zuerkennung des Bürgerrechts. Das bei Philochoros genannte Gesetz ist wohl nach 403/02 zu datieren und im Zusammenhang mit der nach Beendigung des Peloponnesischen Krieges notwendig gewordenen Reorganisation der Bürgerschaft zu sehen. Es besagt nach den Ergebnissen Bourriots lediglich, daß die von den Orgeones und Homogalaktes bereits als rechtmäßige Athener anerkannten Personen ohne weitere Prüfung als Mitglieder von Phratrien gelten sollten. Aus den Angaben des Philochoros kann also nicht der Schluß gezogen werden, daß die Phratrien ursprünglich nur aus Adligen und ihren Gefolgsleuten bestanden. Während die Adelsgefolgschaften im eigentlichen Sinne jeweils engere Gruppen umfaßten, gehörten in homerischer Zeit zu den Phratrien allem Anschein nach bereits alle Freien, soweit sie nicht auf Grund von Vergehen, die den inneren Frieden gefährdeten, aus einer Siedlungs- und Wehrgemeinschaft ausgeschlossen waren (Il. IX 63). Die Phratrien waren also schon im 8. Jahrhundert ein integrierender Faktor des Gemeinschaftslebens.

Innerhalb einer Phratrie bestanden freilich Rangunterschiede, die der gesellschaftlichen Schichtung entsprachen. Nach einem Gesetz Drakons[44], das die Einschränkung der Blutrache und Selbsthilfe regelte, fungierten bei Blutklagen in bestimmten Fällen zehn adlige Phratriegenossen des Getöteten als Vertreter ihrer Vereinigung. Sie wurden vom zuständigen Richterkollegium der Epheten (»Zulasser«) ausgewählt und hatten darüber zu befinden, ob der geflüchtete Täter nach Attika zurückkehren durfte, wenn das Ephetengericht bei der Urteilsfindung auf unbeabsichtigten Totschlag erkannt hatte und keine männlichen Verwandten des Getöteten vorhanden waren, die in das Verfahren eingeschaltet werden konnten. Das Ephetengericht entschied bei der Verfolgung von Bluttaten, ob die an sich noch mögliche Selbsthilfe der Verwandten des Opfers zulässig war. Es repräsentierte gegenüber den Phratrien also die Polis. Die Phratrien waren daher wahrscheinlich keine Unterabteilungen der Phylen.
Möglicherweise sind die Phratrien als nachbarschaftliche Vereinigungen zu gegenseitigem Schutz entstanden. Hieraus würden sich ihre Ordnungsfunktionen erklären, die sie schon in archaischer Zeit neben den Polisorganen ausübten. Da auch in der klassischen Polis die eigentliche »Verwaltung« auf ein Mindestmaß beschränkt blieb, nahmen die Phratrien vor allem im familien- und bürgerrechtlichen Bereich weiterhin quasibehördliche Aufgaben wahr, wenn sich auch die Organisationsformen dieser Vereinigungen in den einzelnen Bereichen der griechischen Welt inzwischen in unterschiedlicher Weise gewandelt hatten. Die Phratrien sind allerdings in klassischer Zeit nicht in allen Poleis belegt. In Kreta hatte freilich die sog. Hetairie ähnliche Funktionen wie die Phratrie, da das Bürgerrecht an die Zugehörigkeit zu einer Hetairie gebunden war. Es handelte sich bei dieser Institution ursprünglich um das Organisationsprinzip dorischer Kriegergemeinschaften, so daß sie eher der spartanischen »Tischgenossenschaft« entsprach, die wiederum nicht mit den Tischgemeinschaften oder Hetairien der Gefolgsleute adliger Herren zu verwechseln ist.

b) Phylen

Die Phylen waren wie die Phratrien in historischer Zeit Unterabteilungen der Polisgemeinschaft. In Attika bildeten wahrscheinlich in Analogie zur Entstehung der »Bruderschaften« lokale bzw. regionale Zusammenschlüsse die Kristallisationspunkte der vier vorkleisthenischen Phylen (Geleontes, Hopletes, Aigikoreis, Argadeis), ohne daß diese Verbände aus einem Zusammenschluß von Phratrien hervorgegangen sind.[45] In der klassischen Polis gehörte der einzelne Bürger jeweils den verschiedensten Korporationen an. Vermutlich war dies in der Vor- und Frühphase der Polis kaum wesentlich anders. Regionale Bindungen traten indes gegenüber dem Prinzip des personalen Zusammenhaltes dieser Vereinigungen frühzeitig in den Hintergrund. Phyleten (Phylenmitglieder), die ihren Wohnsitz innerhalb Attikas wechselten, blieben Angehörige ihres Phylenverbandes. Die vorkleisthenischen Phylen haben zudem keine regionalen Sonderrechte in Anspruch genommen. Ihre Vorsteher – die sog. Phylobasileis (»Phylenkönige«) – waren nicht die Repräsentanten verschiedener Regionen Attikas, sondern übten ihre Funktionen im Namen der Polis aus. Nach der Rechtsordnung Drakons und Solons waren sie in der Jurisdiktion dem Archon Basileus zugeordnet, der als Jahresbeamter der athenischen Polis die sakralen Aufgaben des früheren Erbkönigtums weiterführte und in dieser Eigenschaft den Vorsitz der Blutgerichte einschließlich des oben erwähnten Ephetenkollegiums innehatte, da Bluttaten nach archaischen Rechtsvorstellungen als sakrale Vergehen galten. Durch die Einigung Attikas wurde Athen zum Mittelpunkt des politischen Geschehens, so daß die personalen Zusammenschlüsse in Attika sich gleichsam auf die zentrale Siedlung hin orientierten. Ihre Bedeutung für die Organisation des Gemeinschaftslebens gewannen die Phylen im Rahmen der Einheit Attikas durch das Zusammenwachsen der Bevölkerung dieser Landschaft, indem sie z. B. den äußeren Rahmen für die Aushebung der Wehrfähigen bildeten. Noch im späten 6. Jahrhundert wurden die Phylenaufgebote von sog. Phylarchen befehligt (Herodot V 69), an deren Stelle dann einige Jahre nach der Neuordnung des attischen Phylensystems durch Kleisthenes die Strategen traten (501/0). Die Gliederung des Aufgebots erfolgte vermutlich bereits seit langem in den Versammlungen der Phyleten, die zu diesem Zweck zu einem nicht mehr zu datierenden Zeitpunkt noch weiter unterteilt wurden, wie das System der 12 alten attischen Trittyen vermuten läßt. Das Schema deutet auf eine organisatorische Neuerung in archaischer Zeit hin und ist daher wohl als Indiz für eine Neugliederung der freien und wehrfähigen Bevölkerung Attikas auf der Basis der bereits existierenden Phylenverbände zu werten. Hiernach bestand jede Phyle aus drei Trittyen, die entgegen den Angaben der späteren Überlieferung schwerlich mit den organisch gewachsenen Phratrien identisch sind und keine Verwaltungsdistrikte, sondern Personengruppen darstellten. Im Rahmen der Phylen und Trittyen entstanden allem Anschein nach auch die Personenverbände der Naukrarien, deren Aufgabe im Schutz der Küsten und der Bereitstellung der Mittel für die zahlenmäßig noch sehr begrenzte athenische Flotte bestand.

Wahrscheinlich sind auch in den dorischen und ionischen Gemeinwesen die Phylen aus Gemeinschaftsbildungen innerhalb der Siedlungsverbände erwachsen. In der Dichtung des Tyrtaios erscheinen die als Dymanen, Hylleer und Pamphyler bezeichneten drei dorischen Phylen Spartas in der Zeit des zweiten Messenischen Krieges (2. Hälfte des 7. Jahrhunderts) als Grundlage der Heeresordnung. Nach der bei Plutarch (Lyk. 6) vorliegenden Überlieferung zur sog. Großen Rhetra – einer »Satzung« zur Neuordnung des spartanischen Gemeinwesens – wurden diese Phylen aber schon zu einem früheren Zeitpunkt reorganisiert (um 700?). Vermutlich wurde hierbei eine Neugliederung der Verbände vorgenommen. Demgegenüber enthalten die homerischen Epen keine eindeutigen Aussagen über dorische Phylensysteme. In der Ilias (II 653–656; 668) heißt es zwar, daß die Dorier auf Rhodos nach ihrer Herkunft (kataphyladón) in drei Teile gegliedert waren, doch ist dies auf die Krieger der drei dorischen Siedlungen Ialysos, Lindos und Kameiros zu beziehen, die schwerlich jeweils einen eigenen Phylenverband bildeten, da die historischen Phylen – wie gesagt – generell Unterabteilungen einer Bürgerschaft waren.[46] Auch in Kreta waren in den einzelnen Gemeinwesen die Bürger in historischer Zeit jeweils in mehrere Phylen eingeteilt. Die Ausführungen in der Odyssee (XIX 177) über die hier lebenden Dorier können nicht als Beleg für eine getrennte Ansiedlung dorischer Phylen auf der Insel gewertet werden.

Die Zusammensetzung der aus verschiedenen Schichten der Freien bestehenden Phratrien und Phylen bestätigt, daß die archaische Polis keine »Geschlechterstadt« war. Phratrien und Phylen hatten im Prozeß der Polisbildung gleichsam latent eine integrierende Funktion. Im Rahmen der Organisation des Gemeinschaftslebens waren die »öffentlichen« Aufgaben dieser Personenverbände und der Polisbehörden in gewissem Sinne komplementär. Auf diese Weise organisierte sich die »Kleingesellschaft« der Polis zu einem nicht geringen Teil von ihren Unterabteilungen her, die damit zu einem wichtigen Faktor der Sozialisation wurden. In diesem System erübrigte sich ein perfektionierter Verwaltungsapparat. Es bestand hier kein Bedürfnis nach einer Erfassung aller Lebensbereiche durch öffentliche Institutionen und Behörden, wie auch das sich einpendelnde Ordnungsgefüge an den bestehenden räumlichen Rahmen gebunden war, wenn es nicht in Frage gestellt werden sollte. Die vielen Grenzkriege, die zur Erweiterung von Polisterritorien geführt wurden, stehen hierzu nicht im Widerspruch. Zwar entstanden in archaischer Zeit auch großräumige Poleis wie Sparta und Athen. Sie waren jedoch Ausnahmen, und ihre (relative) Größe bedingte keine tiefgreifende strukturelle Wandlung dieser Gemeinwesen. Im ganzen war die Koexistenz der zahlreichen Kleinstaaten durch die Lebens- und Gesellschaftsordnung in der Polis selbst vorgegeben. Ein Grieche konnte sich die ihm angemessenen Verhältnisse kaum anders vorstellen.

c) Kultische Vereinigungen

Die archaische Polis war auch bereits eine kultische Gemeinschaft, die von bestimmten »Beamten« gegenüber den Göttern vertreten wurde, wobei jedes Gemeinwesen seine besonderen Schutzgötter in lokal geprägten Erscheinungsformen der großen gemeingriechischen Gottheiten verehrte, darüber hinaus aber auch einer Fülle von weiteren Göttern »öffentliche« (d. h. »staatliche«) Opfer darbrachte. Die Polis hatte freilich nie ein Kultmonopol und war auf Grund der polytheistischen Vorstellungen und der zahlreichen »privaten« und lokalen Kulte auch gar nicht in der Lage, den gesamten religiös-sakralen Bereich in die »staatlichen« Kulte zu integrieren. Ebensowenig existierte ein besonderer Priesterstand, der sich ausschließlich mit der Pflege der Kulte beschäftigt hätte. Es gab selbstverständlich zahlreiche Priester und Priesterinnen, die von den mit kultischen Aufgaben beauftragten »Magistraten« zu differenzieren sind. Sie übten jedoch ihre Funktionen nicht berufsmäßig aus und waren – von gewissen Ausnahmen abgesehen – nur für den Kult in ihrem Heiligtum zuständig. Allerdings waren diese Priestertümer seit alters oft bestimmten Familien oder Angehörigen bestimmter Korporationen vorbehalten. Der gesamte hiermit verbundene Fragenkomplex ist nunmehr durch F. Bourriots Untersuchungen zur Struktur des Genos auf eine neue Grundlage gestellt worden.

Einigermaßen deutlich sind die Verhältnisse in Athen und Attika. Bereits im solonischen Recht sind die sog. Kerykes als Genos belegt. Ihr Name ist abgeleitet von den Funktionen des »Herolds« (Keryx), die jeweils von zwei Mitgliedern dieses Genos bei den eleusinischen Mysterien ausgeübt wurden. Außerdem stellten die Kerykes in Eleusis den sog. Dadouchos (Fackelträger) und den Altarpriester. Eine Art Ahnenkult wurde wohl erst sekundär durch die Einführung des eponymen Heros Keryx als Stammvater dieses Genos begründet. Den höchsten Rang im eleusinischen Mysterienkult nahmen aber nicht die Kerykes, sondern die Eumolpidai ein, die den Oberpriester – den Hierophantes – stellten. Auch in ihrem Fall ist der Kult des eponymen Ahnherrn Eumolpos von sekundärer Bedeutung. Die erbliche Stellung der Kerykes und Eumolpidai ist sicherlich damit zu erklären, daß die Ritualkenntnisse nur innerhalb bestimmter Familien weitervermittelt wurden. Exklusive kultische Funktionen dürften also ihr Prestige begründet haben. Ihr sozialer Aufstieg ist aber vor allem verbunden mit der zunehmenden Bedeutung der Mysterien zu Eleusis und der Übernahme des dortigen Kultes durch die athenische Polis, nachdem Eleusis zum Anschluß an Athen gezwungen worden war.[47]

Mit dem Kult von Eleusis waren ferner die Gene der Philleidai, Krokonidai, Eudanemoi und Phytalidai verbunden. Auch hierbei handelte es sich um Priesterkorporationen.[48] Den gleichen Genostyp repräsentieren offenbar die Lykomidai, denen die Feier der Mysterien in Phlya nördlich von Athen oblag. Ihr Zusammenhalt beruhte ebenfalls auf ihren kultischen Funktionen. Die bisher übliche Identifizierung der Lykomiden mit einem alten und einflußreichen athenischen Adelsgeschlecht geht demgegenüber von der Annahme aus, daß die Auseinandersetzung zwischen Myron von Phlya und den Alkmeoniden im späten 7. Jahrhundert als typische Form des Kampfes von Adelsgeschlechtern zu verstehen sei. Die Nachricht von der Herkunft des Myron bietet indes keine tragfähige Basis für derartige Konstruktionen. Ein offenes Problem ist freilich das Verhältnis des Themistokles zu den Lykomiden. Themistokles, der aus Phrearrhioi im Süden Attikas stammte, ließ auf eigene Kosten das von den

Persern zerstörte Heiligtum der Lykomiden in Phlya wiederherstellen. Erst die spätere Überlieferung hat ihn offenbar auf Grund dieser Freigebigkeit zu den Lykomiden gerechnet.
Lokalen Ursprungs war vermutlich der Kult des Genos der Eteoboutadai, zu deren Mitgliedern der Redner Lykurg gehörte, der in den dreißiger Jahren des 4. Jahrhunderts bedeutenden Einfluß in Athen ausübte. Da der Führer der sog. »Leute aus der Ebene« in den Machtkämpfen vor der Errichtung der Tyrannis des Peisistratos (um 560) den gleichen Namen führte, hat man auch hier eine Verbindungslinie gezogen und in den Eteoboutadai ein altes athenisches Adelsgeschlecht gesehen. In der Überlieferung wird indes nirgendwo die Herkunft jenes älteren Lykurg erwähnt. Der einzige bekannte Eteoboutade von einiger Bedeutung ist der Redner Lykurg. Weitere kultische Vereinigungen dieser Art waren vermutlich u. a. die Salaminioi und die Gephyraioi.
Zweifellos spielten in den Gene vielfach Angehörige der adligen Oberschicht eine bedeutende Rolle. In verschiedenen Gemeinwesen bildeten wichtige religiöse Korporationen wie die Branchidai und Molpoi in Milet und die Iamidai in Elis einen exklusiven Kreis, und in Athen zählten z. B. die berühmten »Tyrannenmörder« Harmodios und Aristogeiton (Hdt. V 57) zum Genos der Gephyraioi. Daß aber die schon in archaischer Zeit existierenden Gene nicht einfach mit Adelshäusern gleichgesetzt werden können, zeigt das Beispiel der Alkmeoniden, die keinen Genos-Kult in dem skizzierten Sinne ausübten oder kontrollierten und erst relativ spät als Genos bezeichnet wurden, nachdem dieser Begriff durch terminologische Erweiterung auch zur Bezeichnung älterer Adelsfamilien diente. Auch die Philaiden, deren bedeutendste Repräsentanten der Marathonsieger Miltiades und dessen Sohn Kimon waren, galten in der Überlieferung des 5. Jahrhunderts noch nicht als Genos.
Die genossenschaftlichen Elemente in der Kultpflege durch sog. Gene fügen sich zumindest in Athen durchaus in das Gesamtbild dieser Polis in archaischer Zeit ein. Jedenfalls waren hier die Gene keineswegs Träger der politischen Auseinandersetzungen und Adelsrivalitäten. Ihre Mitglieder waren im militärischen und politischen Bereich vielmehr in andere Gruppen und Verbände integriert.[49]

5. Die Entwicklung der Institutionen

a) Ämterwesen

Der Formungsprozeß der Polis war in wesentlichen Aspekten eine sukzessive Ausgestaltung der zunächst rudimentären Organe des Gemeinschaftslebens. Die personengebundene Ausübung von Macht und Herrschaft wurde mehr und mehr überwunden, indem Einrichtungen geschaffen wurden, die eine kontinuierliche, durch bestimmte Normen und Verfahrensweisen geregelte Besetzung der Ämter und Wahrnehmung öffentlicher Funktionen sowie einen formalisierten Ablauf der Entscheidungsfindung ermöglichten. Diese Entwicklung war am Ende der archaischen Zeit noch keineswegs abgeschlossen. Gleichwohl war inzwischen schon ein relativ hoher Organisationsgrad erreicht und der institutionelle Rahmen des Polisstaates erheblich ausgeweitet. Im einzelnen begegnet wieder eine Vielfalt von Lösungen.

Die Stellung der höchsten Beamten wurde in den einzelnen Poleis in unterschiedlicher Weise geregelt. Auch die Titel wechselten vielfach von Ort zu Ort. In Athen wurde der Nachfolger des Erbkönigs bekanntlich als Archon (»Herrschender«) bezeichnet. Die klassische Zahl der neun athenischen Archonten ist das Ergebnis einer längeren Entwicklung. Die bei Aristoteles (Ath. Pol. 3) vorliegende Überlieferung, daß die Ämter ursprünglich auf Lebenszeit bekleidet wurden, kann als spätere Konstruktion außer Betracht bleiben. Wenn an der genannten Stelle als weitere Übergangsstufe zum Jahresamt das zehnjährige Archontat genannt wird, so dürfte es sich gleichfalls nicht um eine genuine Tradition handeln. Sicherlich unzutreffend ist auch die Nachricht des Aristoteles, daß dem König zunächst der Polemarchos (»Kriegsherr«) als Oberbefehlshaber des Heeres zur Seite gestellt und erst zu einem späteren Zeitpunkt die Aufteilung der sakralen und politischen Funktionen vorgenommen worden sei. Daß schon in der Königszeit hin und wieder nicht der Monarch, sondern ein anderer Adliger die Führung des Heeres übernahm, ist zwar durchaus möglich (vgl. Od. XIV 236ff.). Als reguläres Amt ist die Polemarchie (d. h. die Funktion des Polemarchen) aber zweifellos jünger als die Stellung des Archon schlechthin, dessen Titel auf die Übernahme der wesentlichen Funktionen des Königs schließen läßt. Lediglich die sakralen Aufgaben des Monarchen wurden wohl schon von Anfang an einem Kultbeamten übertragen, der weiterhin die Bezeichnung Basileus führte, während der Archon als eigentlicher Leiter des Gemeinwesens seine militärischen Aufgaben erst später an den Polemarchos abgetreten haben wird. Freilich galten dann auch der Polemarchos und der (sakrale) Basileus als Archonten. Der Plural diente also als Sammelbegriff, unter dem – wiederum zu einem späteren Zeitpunkt – noch die sechs Thesmotheten (»Rechtssetzer«) subsumiert wurden. Die Einrichtung des Amtes der Thesmotheten ist umstritten.[50] Sie ergab sich vermutlich aus dem Bestreben, die Kompetenzen der Oberbeamten aufzufächern und einen Teil der Rechtspflege einer besonderen Institution zu übertragen, zumal es im öffentlichen Interesse geboten schien, in der Rechtsfindung möglichst einheitliche Maßstäbe anzulegen. Die Bezeichnung »Thesmotheten« ist wohl damit zu erklären, daß in der Zeit des ungeschriebenen Rechts (d. h. vor der Kodifikation Drakons um 624) diese neuen Beamten bei den von ihnen geleiteten Prozessen die anzuwendenden Normen (Thesmia) festzustellen hatten und deshalb als »Rechtssetzer« galten.

Die Teilung der Kompetenzen und Einrichtung neuer Magistraturen bestimmte generell die Entwicklung des Ämterwesens in den griechischen Poleis. In einer Reihe von Städten im kleinasiatischen Küstengebiet und auf den vorgelagerten Inseln sowie in Korinth und den korinthischen Kolonien auf den Inseln im Ionischen Meer und auf dem gegenüberliegenden Festland von Akarnanien bis ins illyrische Gebiet (Epidamnos) hieß der Oberbeamte ursprünglich Prytanis (»Erster«). Der Titel brachte ebenso wie beim eponymen Archon in Athen die Vorrangstellung dieses Beamten in seinem Gemeinwesen klar zum Ausdruck, doch erfuhr auch dieses Amt im Laufe der Zeit eine erhebliche Einschränkung, bis ihm schließlich nur noch repräsentative oder kultische Funktionen verblieben, sofern es nicht gänzlich beseitigt wurde.[51]

Schwer zu beurteilen ist die Entwicklung des kollegialen Amtes der Demiourgoi bzw. Damiorgoi (»für den Demos Tätige«).[52] Die Frage, ob es aus einem einstelligen Oberamt mit umfassenden Befugnissen hervorgegangen ist, läßt sich kaum entscheiden. Als hohe Beamte begegnen die Demiourgoi in verschiedenen Gebieten nördlich des Korinthischen Golfes (Westlokris, Delphi) sowie in Elis, Arkadien, Argos und der Argolis. Ferner ist diese Behörde in achaiischen Kolonien sowie in der korinthischen Gründung Poteidaia auf der Chalkidike (in Form des sog. Epidemiourgos) belegt, so daß sie allem Anschein nach auch in Achaia und Korinth existierte. Umstritten ist demgegenüber, ob es dieses Amt auch in Thessalien (Larissa) gab. In Argos sind Damiorgoi als kollegiale Behörde etwa Mitte des 6. Jahrhunderts bezeugt. Weitere Belege stammen aus späterer Zeit. Die Entwicklung in Argos ist jedoch insofern nicht typisch, als das Königtum sich hier länger als in anderen Poleis behaupten konnte. Die argivischen Damiorgoi haben offenbar allgemeine exekutive und juridische sowie auch gewisse kultische Funktionen des Königs übernommen, ohne jedoch die militärische Kommandogewalt zu erhalten. Daß die zuerst genannten Funktionen anfangs in der Hand eines einzelnen, als Damiorgos bezeichneten Oberbeamten lagen, ist nicht auszuschließen, da es in einigen von der Argolis aus kolonisierten Orten (Nisyros, Knidos, Telos, Kameiros) offenbar einen eponymen Beamten in dieser Stellung gab. In Argos selbst hieß aber der eponyme Jahresbeamte allem Anschein nach Basileus, nachdem das Königtum in ein Polisamt umgewandelt worden war.

Auf Kreta existierten demgegenüber schon im 7. Jahrhundert kollegiale Magistrate, die als Kosmoi (»Ordner«) bzw. kollektiv als Kosmos bezeichnet wurden und ein Gremium von zehn Mitgliedern bildeten, von denen der Eponymos offensichtlich den höchsten Rang hatte. Das Kollegium in seiner Gesamtheit hatte hier also die Funktionen des vielfach üblichen einstelligen Oberamtes.

In die Zeit der Adelsherrschaft reicht wohl auch das Amt der Timouchoi (»Inhaber der Ehren« = Ämter) in Teos zurück.[53] Es wurde nach Mitte des 6. Jahrhunderts in der von Teos aus neu gegründeten Kolonie Abdera übernommen, wo die Timouchoi allem Anschein nach ebenso wie in

Teos ursprünglich die höchste Behörde waren. Dies dürfte auch für die Institution der Timouchoi in Naukratis (Ägypten) zutreffen, die hier sicherlich ebenfalls auf den Einfluß von Teos und wohl auch von Phokaia (Kleinasien) zurückzuführen ist, da die genannten Poleis erheblichen Anteil am Aufschwung der etwa um 560 vom damaligen ägyptischen König Amasis privilegierten griechischen Handelsniederlassung in Naukratis hatten. Daß in Phokaia die Timuchie eine relativ alte Einrichtung war, ergibt sich aus der Verfassung der um 600 von Phokaiern angelegten Kolonie Massalia, deren politische Ordnung zweifellos in der üblichen Weise nach dem Vorbild der Mutterstadt gestaltet wurde. Sie ist allerdings insofern ein Sonderfall, als hier einerseits alle 600 auf Lebenszeit bestellten Mitglieder der beschließenden Versammlung (Synhedrion), andererseits aber auch der aus 15 Mitgliedern bestehende geschäftsführende Ausschuß des genannten Gremiums sowie das gleichfalls zum Synhedrion gehörende Kollegium von drei Exekutivbeamten als Timouchoi bezeichnet wurden. Des weiteren sind Timouchoi in Priene, Lebedos, Thasos und Methymna (Lesbos) belegt. Ähnlich wie das Archontat und die ältere Form der Prytanie verlor die Timuchie durch die Einrichtung neuer Ämter mehr und mehr an Bedeutung. Eine Ausnahme bildete Massalia, wo die Kontinuität dieser Institution bis in die römische Zeit gewahrt wurde, wie man auch sonst in den Randgebieten des Griechentums vielfach länger an älteren Einrichtungen festhielt.
Eine weitere Form des alten aristokratischen Oberamtes war offenbar auch die Stellung des Aisymnetes (»Schlichter«) in Mytilene. Aristoteles (Pol. 1285b 25f.) sieht in der Aisymnetie zwar eine »gewählte Tyrannis«, doch scheint das Amt eher eine Sonderform der älteren einstelligen Magistratur gewesen zu sein, die sich ebenfalls im Laufe der Zeit wandelte und später in einigen Poleis als kollegiale Behörde erscheint.
Insgesamt gesehen sind trotz der unterschiedlichen Titel der älteren Ämter gewisse gemeinsame Grundzüge in ihrem Aufgabenbereich festzustellen, die aus ihrer Entstehung nach der Entmachtung des Königtums zu erklären sind. Wesentlich ist aber auch die Tendenz der Kompetenzverteilung, die zur Kollegialität bzw. zur Einführung weiterer Oberämter führte. Gleichwohl blieb die Zahl der höchsten Ämter in den einzelnen Gemeinwesen im ganzen begrenzt. Andererseits waren aber vor allem in größeren Poleis schon in archaischer Zeit die öffentlichen Aufgaben derart angewachsen, daß die Oberbeamten nicht mehr alle Funktionen selbst wahrnehmen konnten und bestimmte Kompetenzen Magistraturen übertragen wurden, die für einen beschränkten Aufgabenbereich zuständig waren. In Athen fungierten zur Zeit Solons zweifellos bereits weitere Beamte wie die Tamiai als Verwalter des Tempelbesitzes der Athena, die sog. Elfmänner als gerichtliche Exekutive und die Kolakretai, die für Empfang und Verwaltung bestimmter Abgaben zuständig waren. Zudem erfüllten auch die Vorsteher der Phylen und der im 7. Jahrhundert entstandenen Naukrarien öffentliche Aufgaben im Rahmen der Gerichts-, Abgaben- und Aufgebotsordnung.[54] Die Organisation des Beamtenwe-

sens richtete sich selbstverständlich nach der Größe einer Polis, ihrer wirtschaftlichen Entwicklung und der Zahl ihrer Bewohner. Immerhin gab es in archaischer Zeit aber auch in kleineren Gemeinden neben den Oberbeamten mit universalen Kompetenzen bereits weitere Behörden mit einem speziellen Tätigkeitsbereich. In Dreros (Kreta) ist um 600 neben den Kosmoi schon die Institution der Damioi (von Damos = Demos) inschriftlich belegt, die vermutlich für das Abgabensystem bzw. das öffentliche Eigentum dieser kleinen Polis verantwortlich waren.[55]

Da Entstehung und Entwicklung der Magistraturen in den einzelnen Gemeinwesen immer durch besondere lokale Verhältnisse bedingt waren, vollzog sich der Ausbau der Institutionen insgesamt gesehen z.T. mit erheblichen Phasenverschiebungen. Im übrigen muß dieser Prozeß auch immer unter dem Aspekt der Adelsrivalitäten gesehen werden. Hatte die Stoßrichtung des adligen Machtstrebens zunächst gegen das Königtum gezielt, so entstand nach dessen Beseitigung in vielen Gemeinwesen ein starker Konkurrenzkampf der führenden Adligen um die dominierende Position. Ihre Versuche, mit Hilfe ihrer Gefolgsleute den entscheidenden Einfluß zu gewinnen, sind keineswegs generell mit dem Streben nach Unterdrückung der ärmeren Schichten gleichzusetzen. Gerade die Auseinandersetzungen innerhalb der führenden Gesellschaftsschicht förderten zwangsläufig die Versachlichung des Ämterwesens und die Tendenz zu einer stärkeren Kontrolle der Amtsinhaber. In Gemeinwesen mit wenigen hundert wehrfähigen Bürgern waren freilich die Möglichkeiten zur Gewinnung und zum Ausbau einer starken Machtposition sehr begrenzt. Es war hier ein Gebot der Selbsterhaltung, möglichst den äußeren Frieden zu sichern, so daß die Amtsträger kaum Gelegenheit hatten, durch militärische Erfolge über den Kreis der Standesgenossen hinauszuwachsen. Zudem stand in solchen Poleis ohnehin nur eine kleine Personengruppe für die Bekleidung der Ämter zur Verfügung. Daher trat hier die politische Rivalität innerhalb des Adels vermutlich weniger stark in Erscheinung, während die überaus engen Kontakte zwischen den führenden Familien sozusagen eine zusätzliche Kontrollfunktion besaßen. Daß aber unter Umständen auch in »Kleinstädten« aus besonderem Anlaß eine gesetzliche Regelung des Ämterwesens für notwendig gehalten wurde, zeigt die oben erwähnte Inschrift aus Dreros. Hiernach war in Dreros die Iteration des höchsten Amtes – des sog. Kosmos – vor Ablauf einer Frist von zehn Jahren verboten.

b) Adelsrat

Eine Einbindung der Funktionsträger in das Gemeinwesen lag generell im Interesse der Führungsschicht. Das eigentliche Kontrollorgan war in dieser Hinsicht zweifellos der Adelsrat, der sich aus dem Beirat des Basileus entwickelt hatte. In der Königszeit war die Ernennung der Ratsmitglieder offenbar in das Ermessen des Basileus gestellt, der sich aber angesichts der starken Position bestimmter Adelshäuser im großen und ganzen an eine gewisse Rangordnung in der Oberschicht gehalten haben wird. Nach der Entmachtung des Königtums dürfte sich die Zusammensetzung des Rates im Prinzip zunächst kaum geändert haben. Die Ratsfähigkeit beruhte sicherlich weiterhin auf dem Ansehen und der Geltung der führenden Adligen. Neue Mitglieder wurden vermutlich anfangs vom Adelsrat kooptiert. Im Zuge der zunehmenden Institutionalisierung der Organe des öffentlichen Lebens ergaben sich aber mannigfache Veränderungen, die wir freilich nur in ihren (für die einzelnen Poleis wiederum unterschiedlichen) Ergebnissen kennen.

Relativ früh zeichnete sich diese Entwicklung nach den Bestimmungen der Großen Rhetra in Sparta ab, wie die Fixierung der Zahl von 28 sog. Geronten (»Ältesten«) und die Präzisierung ihrer formalen Kompetenzen als vorberatendes und kontrollierendes Organ im Prozeß der politischen Willensbildung erkennen läßt (Plut. Lyk. 6).

Auch in einer Reihe von anderen Poleis wurde das Verfahren zur Ergänzung des Adelsrates mehr oder weniger formalisiert. Den Ausführungen des Aristoteles Pol. 1272a 7ff. ist zu entnehmen, daß die Ratsversammlungen in kretischen Poleis die gleiche Mitgliederzahl wie in Sparta hatten. Da in der spartanischen Gerousia die beiden Könige mitstimmten, bestanden die entsprechenden kretischen Gremien demnach aus 30 auf Lebenszeit eingesetzten Geronten. Allerdings dürfte dies nur in größeren Gemeinwesen der Fall gewesen sein. Der Rat der kleinen Polis Dreros scheint nur 20 Mitglieder umfaßt zu haben. Jedenfalls setzen die fixierten Zahlen voraus, daß die Benennung der Ratsmitglieder um 600 in bestimmter Weise geregelt war. Der Rat (Bolá = Boulé) traf in den kretischen Poleis im übrigen noch in der Zeit des Aristoteles wichtige Entscheidungen, wenn auch die Volksversammlung den von den Geronten in Übereinstimmung mit den Kosmoi gefaßten Beschlüssen zustimmen mußte (und dementsprechend auch die Vorlagen gegebenenfalls ablehnen konnte).

In Argos scheint die Institution der sog. Achtzig, die noch um 420 politische Kompetenzen besaß (Thuk. V 47)[56], aus einem archaischen Adelsrat mit lebenslänglichen Mitgliedern hervorgegangen zu sein. Das Einsetzungsverfahren ist nicht bekannt, wurde aber in archaischer Zeit zweifellos ebenfalls formalisiert, da ja die Mitgliederzahl dieses Gremiums im 5. Jahrhundert fixiert war. Das gleiche gilt wahrscheinlich für die Institution der 60 Amnemones (Berater) in Knidos, die auf Lebenszeit bestellt und aus Angehörigen der angesehensten Familien ausgewählt wurden (Plut. Quaest. Graec. 4). In klassischer Zeit besaß diese Versammlung noch allgemeine Aufsichtsrechte und vorberatende Funktionen. Möglicherweise geht auch die in einer Inschrift (Anfang des 4. Jh.) erwähnte Institution der »Fünfzig« in Tegea, die hier neben einer zweiten, wohl als eine Art Volksrat zu deutenden Korporation der »Dreihundert« genannt wird, auf den Rat der Adelszeit zurück, wie auch in Chios neben der im zweiten Viertel des 6. Jahrhunderts erstmals belegten demosie

Boulé (»Volksrat«)[57] zweifellos noch ein älterer Rat bestand und in Athen der Areopag selbstverständlich nicht beseitigt wurde, als Solon den neuen Rat der Vierhundert einrichtete. Ähnlich wie in Sparta wurden nach Aristoteles (Pol. 1306a 12ff.) in Elis bis zur Neuordnung der dortigen politischen Verhältnisse (um 500?) 90 Geronten aus einem geschlossenen Kreis von prominenten Familien »gewählt«. Allerdings bildete Elis damals keinen Polisstaat. Immerhin ist bemerkenswert, daß Elis neben Sparta von Aristoteles als Sonderfall gewertet wird. Zweifellos wurden bereits in archaischer Zeit in vielen Poleis anstelle des von Aristoteles kritisierten sog. dynastischen Prinzips, das die Rats- und Amtsfähigkeit auf eine eng begrenzte Gruppe beschränkte, andere Kriterien (d. h. Zensusbestimmungen bzw. vorausgehende Bekleidung eines Amtes) bei der Benennung der Ratsmitglieder angewendet.
In Athen wurde es bekanntlich zur Regel, daß alle Archonten (einschließlich der Thesmotheten), die ausnahmslos der Oberschicht angehörten, nach Ablauf ihres Amtsjahres in den »Rat vom Areopag« aufgenommen wurden, sofern dieses Gremium ihre Amtsführung gebilligt hatte. Das Aufnahmeverfahren und die hiermit verbundene formalisierte Überprüfung der Archonten war zweifellos das Ergebnis eines längeren Entwicklungsprozesses, wie auch die Funktion des Areopags als Blutgerichtshof sekundärer Natur ist, da die betreffenden Kompetenzen voraussetzen, daß die Verfolgung von Mordfällen bereits im Rahmen eines rudimentär-formalen Verfahrens erfolgte.

c) Volksversammlung

Die Entwicklung der im homerischen Epos beschriebenen sporadischen und formlosen Versammlungen zur abstimmungsberechtigten Tagung des Demos läßt sich im einzelnen nicht rekonstruieren. Relativ früh wurden entsprechende Regelungen in Sparta getroffen, wie die Anweisungen der Großen Rhetra zur Einberufung und Beschlußfassung des Damos zeigen. Sparta war freilich schon im frühen 7. Jahrhundert in mehrfacher Hinsicht ein Sonderfall. Die spartanischen Klarosbesitzer bildeten in ihrer Gesamtheit bereits eine Herrenschicht gegenüber den unterworfenen lakonischen Heloten und den im 1. Messenischen Krieg in Abhängigkeit geratenen Messeniern. Hinzu kam die Absonderung der Spartaner gegenüber dem Perioikentum.
In Athen hatte die Volksversammlung (Ekklesia) spätestens um 600 den Charakter einer Institution gewonnen. Solon ist zweifellos bereits durch eine Art Wahlverfahren Archon geworden. Die »Abstimmung« bestand wahrscheinlich – ähnlich wie in Sparta – generell noch in einer akklamatorischen Zustimmung zu den vom eponymen Archon als Versammlungsleiter eingebrachten Vorschlägen. Das eigentliche Abstimmungsverfahren in der Ekklesia hat sich in Athen zweifellos erst später in Analogie zu Abstimmungen in überschaubaren Gremien wie dem Areopag entwik-

kelt, in dem jedes Mitglied bei gerichtlichen Prozessen einen sog. Stimmstein (Psephos) verwendet hat. Nach diesem Verfahren wurde dann vermutlich allgemein der Vorgang der Abstimmung als »psephizein« bezeichnet, obwohl im klassischen Athen bei Wahlen und Volksbeschlüssen durchweg die sog. Cheirotonia (Abstimmung durch Handzeichen) durchgeführt wurde, bei der man freilich die »Stimmen« nicht gezählt, sondern nur geschätzt hat.[58] Die Überwindung der akklamatorischen Vorstufe der Abstimmung wurde in Athen möglicherweise dadurch eingeleitet, daß die Volksversammlung (bzw. ein Teil der Bürgerschaft) nach dem Vorbild des Areopags eine Psephophoria (Abstimmung mit Steinen) vorzunehmen hatte, wenn sie als Heliaia, d. h. als Volksgericht tagte. Einzelheiten sind indes aus dem 6. Jahrhundert nicht bekannt. Zwingend erforderlich wurde die Stimmenzählung jedenfalls durch die Ostrakophoria (Abstimmung über einen Ostrakismos) im frühen 5. Jahrhundert, doch wurden – wie gesagt – bei der jetzt allgemein üblichen Cheirotonia gleichwohl keine exakten Zahlen ermittelt.

Soweit die fragmentarische Überlieferung einen Vergleich erlaubt, scheint auch in mehreren anderen Poleis die Volksversammlung um 600 ähnliche Befugnisse wie die athenische Ekklesia besessen zu haben. In Mytilene wurde in solonischer Zeit Pittakos allem Anschein nach vom »Volk« zum Aisymnetes mit besonderen Vollmachten »gewählt« (Aristot. Pol. 1285a 35f.). Allerdings erfolgte die Einsetzung des Aisymnetes ähnlich wie die Wahl Solons in einer Ausnahmesitutation, da Mytilene damals von Adelsfehden erschüttert wurde. Wichtig ist in diesem Zusammenhang vor allem die Frage, ob und inwieweit außerhalb Athens und Spartas *Beschlußrechte* der Volksversammlung für die Zeit um 600 nachweisbar sind. Der schon genannte Beschluß der »Polis« Dreros ist zwar in diesem Punkt nicht eindeutig, doch scheint es sich um die (wohl akklamatorische) Zustimmung der »Volksversammlung« zu einem Beschluß der Behörden (Kosmos) und des Rates zu handeln (vgl. Aristot. Pol. 1272a 10–12). Auch die Errichtung eines Denkmals für einen Proxenos – einen privilegierten Fremden – in Kerkyra (zwischen 625 und 600?) wird durch Volksbeschluß erfolgt sein.[59] Überraschend ist die Erwähnung eines Beschlusses der Ekklesia auf Thera in einer Inschrift des 4. Jahrhunderts aus Kyrene, der Tochterstadt Theras. Hiernach beschlossen die Theraier im späten 7. Jahrhundert, Kolonisten nach Kyrene auszusenden.[60] Die Echtheit der hier verwendeten Formeln, die angeblich einen Volksbeschluß einleiten (Z. 24; 25f.), ist umstritten, doch kann hier durchaus eine genuine Tradition vorliegen, so daß vermutlich die Volksversammlung ihre Zustimmung zu der Koloniegründung in Form einer Akklamation gegeben hat, wenn es auch damals in Thera noch die Institution des Königtums gab.

In Chios hatte die Volksversammlung um 575 zweifellos schon Beschlußrechte. Unklar bleibt allerdings, inwieweit hier das Abstimmungsrecht durch Zensusbestimmungen eingeschränkt war. Generell erscheint der Demosbegriff zwar in mehreren Urkunden des 6. Jahrhunderts als Ausdruck politischer Ordnungsvorstellungen, die der Bedeutung der Volksversammlung in verschiedenen Poleis der spätarchaischen Zeit Rechnung tragen. Eindeutig fixierbar ist »Demos« im politisch-rechtlichen Sinne in dieser Epoche aber nur in Sparta und Athen. Er umfaßte in Sparta die Gesamtheit der Spartiaten, in Athen die Bürger der vier solonischen Zensusklassen.

Die Zusammensetzung der Bürgerschaft war im einzelnen überaus unterschiedlich. So bestand nach Plutarch (Quaest. Graec. 1) das Politeuma (Vollbürgerschaft) in Epidauros aus einem Gremium von 180 Personen, aus denen ein geschäftsführender Ausschuß von sog. »Anordnern« (Artynoi) gewählt wurde. Das Politeuma nahm hier eine Art Zwischenstellung zwischen Rat und Volksversammlung ein. Die fixierte Zahl erforderte selbstverständlich immer wieder eine Ergänzung dieses Gremiums, die zweifellos aus einem größeren Kreis von »Berechtigten« vorgenommen wurde. Diese Gruppe ist wiederum zu differenzieren von den sog. Konipodes (»Staubfüßler«), die bei Plutarch als breite Masse des Demos bezeichnet werden und somit zwar offenbar frei waren, aber als ländliche Unterschichten keine politischen Rechte besaßen.

Ähnlich wie das Politeuma in Epidauros ist wohl auch das Synhedrion der 600 in Massalia zu interpretieren. Den Ausführungen des Aristoteles (Pol. 1305b 4ff.) ist jedoch zu entnehmen, daß der Kreis der »Berechtigten« hier an sich größer war. Hiernach wurde (zu einem unbekannten Zeitpunkt) die ältere Bestimmung aufgehoben, daß erst nach dem Ableben eines Mitgliedes der Regierung (d. h. der »Sechshundert«) dessen Söhne (bzw. der Älteste) amtsfähig waren. Ähnliche Regelungen galten in Knidos, Istros und Herakleia am Pontos. In Kolophon und Kyme in Kleinasien, in einigen Kolonien im Westen und in Opus, dem Mittelpunkt der östlichen Lokrer, war die Zahl der Vollberechtigten hingegen auf rund 1000 festgesetzt. Diese Ziffer ist indes nicht wörtlich zu nehmen.

Die Verfassungen der archaischen Zeit, in denen die Volksversammlung bereits an der Beschlußfassung beteiligt war, lassen sich nicht ohne weiteres nach den Kriterien der Staatstheorie und politischen Terminologie des 5. und 4. Jahrhunderts klassifizieren. Die Ordnung in Chios um 550 kann z. B. trotz des relativ fortgeschrittenen Organisationsgrades, der in der inschriftlich erhaltenen Fixierung der Kompetenzen der Verfassungsorgane (Beamte, Volksversammlung, »Volksrat«) zum Ausdruck kommt, schwerlich als Demokratie bezeichnet werden, sofern man die spezifische Verfassung Athens nach den Reformen des Ephialtes zum Maßstab nimmt. Auch der spätere Oligarchiebegriff sollte nicht aus seinem zeitgeschichtlichen Kontext herausgelöst werden, da das Kriterium in diesem Fall der Gegensatz zu demokratischen Verfassungen des 5. Jahrhunderts war. Zwischen den sog. Oligarchien des 5. Jahrhunderts und den älteren Verfassungen einer Reihe von Poleis bestehen zwar insofern gewisse Übereinstimmungen, als bestimmte politische Rechte vielfach an Zensusbestimmungen gebunden waren. Andererseits ist aber zu beachten, daß sich in der zweiten Hälfte des 5. Jahrhunderts die Struktur der Führungsschicht schon teilweise gewandelt hatte, die Entscheidungsprozesse im allgemeinen noch stärker formalisiert waren und auch in den damals als Oligarchien bezeichneten Ordnungen z.T. eine Art »Volksrat« bestand, der sich auf Grund der Zulassungskriterien und des jährlichen Wechsels der Mitglieder vom Adelsrat alter Prägung unterschied. Des weiteren wurde im Anschluß an Aristoteles (Pol. 1297b 16ff.) die Übergangsform von der früharchaischen Adelsherrschaft zur entwickelten Polis des 5. Jahrhunderts verfassungstypologisch vielfach als Hoplitenpoliteia bezeichnet. Aristoteles ging davon aus, daß zunächst die in der neuen Schlachtordnung der Phalanx eingesetzten schwerbewaffneten Hopliten politische Rechte erhielten. Die aristotelische Optik erfaßt indes nicht die vielfältigen Entwicklungsmöglichkeiten. Obgleich – wie gesagt – in einer Reihe von Poleis die Zahl der Vollbürger begrenzt wurde, waren diejenigen Wehrfähigen, die sich nicht als Hopliten auszurüsten vermochten, keineswegs generell von der Volksversammlung ausgeschlossen. Da gleichwohl der Einfluß der Oberschicht auf die Beschlußfassung gewahrt blieb, handelte es sich faktisch um eine durch Bindung an eine formalisierte Entscheidungsfindung modifizierte Form der Adelsherrschaft.

Die Volksversammlung wurde schließlich zum Symbol der freiheitlichen Lebensordnung griechischer Gemeinwesen. Durch die Existenz der alten Wehr- und Gemeindeversammlungen waren gleichsam schon Richtpunkte auf dem Weg zum Polisstaat vorgegeben. Möglicherweise war die Mitwirkung der Volksversammlung an der Einsetzung der Beamten in Form einer akklamatorischen Zustimmung oft ein erstes Zugeständnis der dominierenden Adelskreise. Selbstverständlich kann aber die Institutionalisierung der Volksversammlung nicht monokausal erklärt werden. Die zunehmende Bedeutung der Hopliten, soziale Not, die zu schweren inneren Spannungen führte, blutige Machtkämpfe innerhalb der Führungsschicht und die zeitweilige Errichtung einer Tyrannis, das Bewußtsein der Krise und die Entdeckung neuer Möglichkeiten zu ihrer Überwindung waren weitere wichtige Faktoren in einem vielschichtigen Prozeß, der z.T. in beschleunigten Phasen, aber auch mit retardierenden Momenten auf vielfach verschlungenen Wegen zu Konzessionen an breitere Schichten führte.

Trotz zahlreicher Varianten vollzog sich im ganzen die Staatswerdung der Polis unter dem Aspekt der Institutionalisierung der wichtigsten Organe des öffentlichen Lebens gleichsam von zwei Ebenen aus, indem einerseits die herrschende Schicht selbst bestrebt war, die Kompetenzen der Amtsträger zu präzisieren und damit die Macht der Beamten zu begrenzen, während andererseits die Volksversammlung bestimmte Befugnisse erhielt und hierdurch eine »politische« Institution wurde, der Entscheidungen zufielen, die für die Gesamtheit bindend wurden. Beide Entwicklungslinien waren für die Entstehung politischer Gleichheitsvorstellungen von großer Bedeutung. Innerhalb der Oberschicht bildete sich eine Art Gleichheit der Regimentsfähigen, während die zumindest relative Gleichstellung der als vollberechtigte Mitglieder der Gemeinschaft anerkannten Freien in den Wahlen und Abstimmungen der Volksversammlung zum Ausdruck kam, wenn auch die Beschlüsse dem Willen der einflußreichsten Adligen entsprechen mochten und die Adelsrivalitäten keineswegs überwunden werden konnten.

d) *Gerichtswesen*

Ähnliche Tendenzen kennzeichnen die Entwicklung der Rechtsvorstellungen und Rechtsordnungen. Einerseits artikulierte sich mehr und mehr das Rechtsempfinden der einfachen Gemeinfreien, so daß der Adel hierdurch zu Konzessionen gezwungen war, die eine größere »Gerechtigkeit« garantierten. Andererseits lag es auch im Interesse der herrschenden Schicht, die verheerenden Auswirkungen der Privatrache und Selbsthilfe zu unterbinden. Bereits in der Ilias (IX 63) wird der Friedensbrecher, der in der eigenen Siedlungs- und Wehrgemeinschaft blutige Fehden anzettelt, als athemistos (»rechtlos«) bezeichnet. Er steht nicht mehr unter dem Schutz der Gemeinschaft, die ihrerseits vom Basileus bzw. von berufenen Adligen »richtige«, d. h. den allgemeinen Anschauungen entsprechende Weisungen in Streitfällen erwartet (Il. IX 33; XVI 387f.; vgl. Hes. Op. 248ff.). Es gab freilich noch keine schriftlich formulierten Normen der Rechtsfindung. Die Weisungen (Themistes) des Königs sind keine Gesetze oder Satzungen und setzen auch kein neues Recht, sondern stellen in jedem einzelnen Fall fest, was »Recht« ist.[61]

Unrechte Handlungen sind für den Menschen der homerischen Welt in erster Linie fremde Übergriffe in den eigenen Bereich, die es abzuwehren und zu rächen gilt. Der Betroffene kann sich sein Recht selbst verschaffen und die Bestrafung des Unrechttäters vornehmen, sofern es in seiner Macht steht. Hierbei ist auch schon die Möglichkeit des Vergleichs gegeben. Bei einem Tötungsdelikt können die zur Blutrache berechtigten Angehörigen des Erschlagenen vom Täter ein angemessenes Lösegeld annehmen und den Streit beilegen. Wergeld und Buße fallen dem Geschädigten zu. Andererseits kann aber auch bereits eine übergeordnete Autorität eingreifen, wenn eine Vollstreckung ihrerseits als Übergriff erscheint. Dieses Stadium wird in der homerischen Gerichtsszene beschrieben, in der es um die Frage geht, ob nach einem Tötungsdelikt der Täter das mit den Angehörigen des Erschlagenen vereinbarte Wergeld gezahlt hat oder nicht.[62] Es handelt sich um ein »Gericht« im Interesse der Friedenssicherung, wie die Anteilnahme des »Volkes« an dem Verfahren bestätigt, in dem die als »Richter« fungierenden Geronten weder einen Schuldspruch fällen noch ein Strafmaß festsetzen, sondern lediglich darüber entscheiden sollen, ob die Voraussetzungen zur Beilegung des Streites und zum Verzicht des Geschädigten auf Selbsthilfe gegeben sind. Die Anrufung eines »Gerichts« war zwar selbst in Deliktfällen noch nicht zwingend, doch konnte schon durch Beauftragte der öffentlichen Gewalt unter Umständen die Selbsthilfe unterbunden werden. Diese Regelung war für die Friedenssicherung zweifellos von erheblicher Bedeutung, zumal bei Tötungsdelikten noch nicht zwischen vorsätzlichem Mord und unvorsätzlicher Tötung differenziert wurde. Wenn in den Anfängen gerichtlicher Verfahren die Möglichkeit bestand, gegen den unberechtigten (oder unberechtigt erscheinenden) Zugriff eines vollstreckenden Klägers eine übergeordnete Instanz anzurufen, so wurde der Schutz der Gemeinde prinzipiell bereits allen Freien zuteil. Es gab freilich keine öffentliche Anklagevertretung. Ebensowenig wurde die Bestrafung des Täters von den Organen des Gemeinwesens vorgenommen. Auch bestand formal kein Unterschied zwischen der gerichtlichen Beilegung von privatrechtlichen Auseinandersetzungen und Streitfällen, die Straftaten betrafen.

Eine richterliche Entscheidung war auch kein Urteil im eigentlichen Sinne, sondern eine Art Schiedsspruch, der u. U. zu neuen Kontroversen führen konnte, wenn eine der beiden Parteien sich benachteiligt fühlte. Auf solche Fälle ist Hesiods Mahnung an die Richter bezogen, »Fehlentscheidungen« durch einen »richtigen« Spruch aufzuheben. Selbstverständlich handelt es sich hierbei nicht um einen Instanzenweg, sondern um ein völlig neues Verfahren, in dem offensichtlich wieder dieselben adligen Herren als Richter fungieren. Sie fällen ihren Schiedsspruch zweifellos nicht auf Grund eines Herrschaftsrechtes über unterworfene Bauern[63], sondern sind vielmehr auf Grund ihrer gesellschaftlichen Stellung und ihres öffentlichen Ansehens berufen, privaten Streit zu schlichten, wenn es den Kontrahenten nicht gelingt, eine Einigung zu erzielen. Die Tätigkeit der von Hesiod als »geschenkeverzehrende Könige« bezeichneten adligen Schiedsrichter ist also ebenso wie das Auftreten der Geronten in der homerischen Gerichtsszene Ausdruck einer gewissen öffentlichen Kontrolle der Selbsthilfe. Bezeichnenderweise wird die Verantwortung der Schiedsrichter für den Frieden der Gemeinschaft von Hesiod stark akzentuiert.[64] Nach den Vorstellungen des Dichters garantieren gerechte Entscheidungen das Wohlergehen der Polis, während Unrecht und Parteilichkeit der gesamten Gemeinschaft Unglück bringen. Deutlich betont wird hierbei der Kontrast zwischen der von Zeus gesetzten Rechtsordnung und der Willkür der(Schieds-)Richter, die freilich nur allzu oft überfordert waren, da die Methoden der Rechtsfindung sich gegenüber dem Verfahren im homerischen Epos noch nicht prinzipiell geändert hatten. Entscheidend war jedoch die Intensivierung des Rechtsbewußtseins, das in der Folgezeit in der Forderung nach Aufzeichnung des Gewohnheitsrechts zum Ausdruck kam. Für die Genese der Vorstellung, daß alle freien Mitglieder des Gemeinwesens gleiche Rechte besitzen, war die Entwicklung der Rechtspflege sicherlich eine Art Schrittmacher, da die frühen Rechtskodifikationen offensichtlich bereits weitgehend auf dem Prinzip der gleichen Behandlung aller Rechtsuchenden basierten. Die Maßstäbe für die Abfassung von Gesetzen hat jedenfalls Solon klar umrissen, wenn er betont, daß er für Adlige und Geringe (Kakoi) gleiche Rechtssätze (Thesmoi) niedergeschrieben habe.[65] Zweifellos entsprach dies den Erwartungen breiterer Schichten.

Feste Strafsätze sollen nach der Überlieferung zuerst von Zaleukos vor Mitte des 7. Jahrhunderts in den Gesetzen von Lokroi (Unteritalien) fixiert worden sein, die als älteste Kodifikation galten. Im »Recht des Zaleukos« herrschte noch das strenge Talionsprinzip, wonach bei Körperverletzungen Gleiches mit Gleichem vergolten wird. Weitere Gesetze des Zaleukos betrafen den Schutz des Eigentums. Offenbar wurden hier schon gewisse Verfahrensfragen geregelt (vgl. Polyb. XII 16,4). – Als Schüler des Zaleukos galt Charondas von Katane (Sizilien), der aber wohl erst ins 6. Jahrhundert gehört. Alte Rechtssatzungen sind des weiteren im sog. Recht von Gortyn (Kreta) greifbar.

In Athen wurde der Gerichtszwang durch Drakon eingeführt, dessen Kodifikation insgesamt gesehen an gewohnheitsrechtliche Normen anknüpft. Die wesentliche Neuerung Drakons bestand in der Differenzierung zwischen vorsätzlichem Mord, unvorsätzlichem Totschlag und strafloser Tötung.[66] Sein Blutrecht ist in einer 409/08 im Zuge der Revision der athenischen Gesetze angefertigten Kopie des ursprünglichen Textes, der auf zwei oder drei drehbaren Holzblöcken (Axones) veröffentlicht worden war, zum Teil im Wortlaut überliefert. Die noch erhaltenen Bestimmungen regeln das Verfahren bei unvorsätzlicher Tötung und bildeten allem Anschein nach den Anfang der drakontischen Blutgesetze. Hiernach hatte der Gerichtshof der 51 Epheten (»Zulasser«) die »Rechtslage« zu beurteilen und darüber zu entscheiden, ob tatsächlich unvorsätzlicher Totschlag vorlag, während die Basileis, unter denen wohl der Archon Basileus und die vier Phylobasileis (Phylenvorsteher) zu verstehen sind, dann das Ergebnis des Beweisganges feststellten und den Täter gegebenenfalls für verantwortlich erklärten. In diesem Fall hatte er unter Zusicherung freien Geleits Attika zu verlassen und durfte nur dann zurückkehren, wenn ihm dies von den Verwandten bzw. (falls keine Angehörigen vorhanden waren) von zehn ausgewählten Phratriegenossen des Getöteten gestattet wurde. Seine Rückkehr setzte also einen Vergleich voraus, der den Verzicht auf Strafverfolgung seitens der Verwandten des Erschlagenen vorsah, während andererseits die Ausübung des alten Rechts auf Selbsthilfe nur noch unter bestimmten Bedingungen – im Fall der Rückkehr des Täters ohne vorhergehenden Vergleich – erlaubt war und zudem einen Schuldspruch voraussetzte. Bußlos blieben unvorsätzliche Tötung bei Wettkämpfen und vorsätzlicher Totschlag im Fall des Selbstschutzes bei unmittelbarer Abwehr eines Angriffs auf die eigene Person und den eigenen Besitz (d. h. zur Verhinderung von Diebstahl und Raub) sowie bei Ahndung eines Ehebruchs. Dies besagt freilich nicht, daß auf Diebstahl, Raub und Ehebruch die Todesstrafe in Form eines staatlichen Strafvollzuges stand. Drakon erkannte in diesen Fällen vielmehr das Recht der Selbsthilfe an. – Die Bestimmungen über das Verfahren bei vorsätzlichem Mord im drakontischen Recht befanden sich möglicherweise in den nicht erhaltenen Teilen der sog. Blutrechtsinschrift vom Jahre 409/08. Wahrscheinlich wurde dieses Delikt bereits nach den Gesetzen Drakons vom Areopag abgeurteilt. – Umstritten ist, ob Drakon das Gremium der 51 Epheten bereits vorfand oder zur Entlastung des Areopags neu eingerichtet hat.[67] Der Text der oben genannten Inschrift scheint die Existenz dieser Institution zur Zeit der Gesetzgebung Drakons vorauszusetzen.

Die »Blutgesetze« Drakons umfaßten schwerlich das gesamte vorsolonische Deliktrecht[68], wurden aber von Solon offensichtlich nicht geändert und bildeten einen Markstein in der Entwicklung des athenischen Rechts. Die Ahndung einer Bluttat unterlag nunmehr einem geordneten Verfahren. Diese Regelung zeigt, daß die Entwicklung der Polis Athen bereits einen gewissen Grad an »Staatlichkeit« erreicht hatte. Die Selbsthilfe war zwar nicht prinzipiell beseitigt, doch wurde die Verfolgung des Täters durch Organe der Polis überwacht bzw. bei unvorsätzlicher Tötung den Verwandten des Erschlagenen untersagt, sofern der Beschuldigte nicht von sich aus nach Attika zurückkehrte. Die spätere Überlieferung hat dem drakontischen Strafrecht unmenschliche Härte zugeschrieben. Dies trifft indes auf die Blutgesetze kaum zu.[69] Drakon hat auch keineswegs auf alle Delikte die Todesstrafe gesetzt. Zahlungsunfähigkeit eines Darlehensschuldners, die als Entzug fremden Eigentums und somit als Delikt galt, hatte nicht die Kapitalstrafe, sondern in Übereinstimmung mit den zeitgenössischen Rechtsgrundsätzen die Versklavung in Form des Zugriffs des Gläubigers auf die Person des Schuldners zur Folge. Drakons Kodifikation des Blutrechts bedeutete im Prinzip sogar bereits die Gleichstellung aller Athener vor dem Gesetz. Es gab keine unterschiedlichen Rechtsnormen für Adlige und sonstige Freie. Die Berücksichtigung der Willensrichtung des Täters und der Gerichtszwang waren ein erheblicher Fortschritt.[70] Im übrigen hat der Adel im Wirken Drakons wohl kaum eine Einschränkung seines Herrschaftsinstrumentariums gesehen. Aus der Perspektive der adligen Führungsschicht schien die Gesetzgebung zunächst eher eine Stabilisierung der von ihr kontrollierten Polisorganisation zu garantieren. Daß die Entwicklung von der drakontischen Gerichtsverfassung über die solonische Heliaia schließlich zur beherrschenden Stellung der demokratischen Gerichtshöfe im klassischen Athen führen sollte, konnte um 624 niemand voraussehen.

6. Phalanxtaktik und Krise der Adelsherrschaft

Eine bedeutende Neuerung in der Kriegführung war die Entwicklung der Phalanxtaktik, der geschlossenen Kampfformation schwergerüsteter Hopliten, die in mehreren, hintereinander gestaffelten Reihen vorrückten, um den Feind durch ihren Massendruck zu überwältigen. Das dichte Zusammenrücken wurde durch die Verwendung der Stoßlanze als Angriffswaffe und des Rundschildes mit Doppelgriff ermöglicht. Die beiden Halterungen des Schildes bestanden aus einem Band in der Mitte der

Innenseite, durch das der linke Arm gesteckt wurde, und einem Griff am Innenrand für die linke Hand. Der typische Hoplitenschild war spätestens zu Beginn des 7. Jahrhunderts in Gebrauch, wie Vasendarstellungen aus dieser Zeit zeigen.[71] Zur weiteren Schutzausrüstung des Hopliten zählten der Helm, der Brustpanzer aus Metall oder Leder und die Beinschienen. Die Entwicklung des Hoplitenschildes bedeutete freilich noch nicht, daß man bereits im frühen 7. Jahrhundert allgemein in der oben skizzierten Formation kämpfte. Der Übergang zu dieser Kampfesweise erfolgte allmählich und in mehreren Stufen. Bei Homer wird der Ausdruck Phalanx bereits häufig verwendet. Es handelt sich hierbei um eine Formation, die Massenbewegungen durchzuführen vermag und den Massennahkampf aufnimmt. Die Kombattanten agieren indes noch nicht als Hopliten im eigentlichen Sinne, d. h. sie tragen noch nicht den Rundschild mit Handgriff. Hoplitenreihen werden als geschlossene Angriffsformationen erstmals auf der sog. Chigi-Vase (750–740) – einer nach Etrurien gelangten korinthischen Kanne – dargestellt. Die Kämpfer führen indes noch zwei Speere und beschränken sich demnach noch nicht auf die reine Stoßkampftaktik, sondern verwenden offenbar eine der beiden Lanzen als Wurfgeschoß. Immerhin zeigt die Abbildung eine deutliche Entwicklung gegenüber dem homerischen Massenkampf. Die Hoplitenphalanx hatte jedenfalls in Korinth um 750 schon eine beachtliche Geschlossenheit erreicht. Zweifellos stellten sich damals auch andere Gemeinwesen auf diese effektive Taktik ein. Daß die hierzu erforderliche Ausrichtung der Kombattanten auf die Nebenleute in der zweiten Hälfte des 7. Jahrhunderts freilich noch erhebliche Schwierigkeiten bereitete, verdeutlichen die Gedichte des Tyrtaios, in denen die Spartaner während des 2. Messenischen Krieges energisch aufgefordert werden, im Kampf zusammenzurücken.

Die Einführung der Phalanxtaktik, die ein Massenaufgebot von militärisch gleichwertigen, voll ausgerüsteten Kriegern voraussetzt, wurde vielfach als eine der wichtigsten Ursachen für den Übergang von der Adelsherrschaft alter Prägung zur spätarchaischen Polisordnung bezeichnet. Das Problem der Interdependenz der politischen und militärtechnischen Entwicklung läßt sich indes schwerlich auf eine derart einfache Formel bringen. Vielmehr sind hierbei jeweils die besonderen Voraussetzungen und unterschiedlichen Entwicklungstendenzen in den einzelnen Gemeinwesen zu berücksichtigen. Daß die Phalanxtaktik keineswegs automatisch zu einer Beteiligung der Hopliten an der politischen Willensbildung führte, zeigt das Beispiel Korinths. Nach dem Sturz des Bakchiadenregimes entstand hier die Tyrannis des Kypselos. Hingegen besaß die Volksversammlung in Sparta durch die Große Rhetra offensichtlich schon vor der Übernahme der Phalanxtaktik den Charakter einer politischen Institution[72], während in Argos zur Zeit der Einführung der Hoplitenformation wahrscheinlich noch die alte Form des Königtums bestand[73], das hier erst gegen Ende des 7. Jahrhunderts in eine Art Wahlmonarchie mit stark eingeschränkten Befugnissen umgewandelt wurde. Im Zuge der

Entmachtung der argivischen Dynastie scheinen zwar zumindest die Hopliten in der als Aliaia bezeichneten Volksversammlung das Wahl- und Abstimmungsrecht erhalten zu haben. Der Umsturz hat aber zweifellos in erster Linie die Position der Oberschicht gestärkt, aus deren Reihen im 6. Jahrhundert die mit großen Kompetenzen ausgestatteten Damiorgoi gewählt wurden.
Auch in anderen Poleis wurde nicht allein die Hoplitentaktik zum Katalysator der Weiterentwicklung der Polisordnung. Die Entstehung der Phalanx war zunächst ein militärtechnisches Problem. Sie bildete aber in ihren Anfängen sicherlich noch nicht jene imponierende Formation, die im 5. Jahrhundert das Kampfgeschehen bestimmte. Andererseits war selbst in größeren Poleis die Oberschicht allein im 7. Jahrhundert nicht in der Lage, eine ausreichende Zahl von Kombattanten für das Phalanxaufgebot zu stellen. Technisch bedeutete die Ausstattung einer größeren Kriegerschar mit schweren Schutzwaffen keine Schwierigkeit, da das Schmiedehandwerk in der Waffenherstellung bereits einen hohen Stand erreicht hatte. Das Problem bestand vielmehr in der Bestreitung der Kosten für die Panhoplie, die sich der Krieger selbst beschaffen mußte. Hierzu waren neben der Oberschicht im wesentlichen nur Bauern mit einigem Grundbesitz imstande. Nur dadurch, daß diese Schicht eine Anzahl von Kombattanten stellen konnte, war der Übergang zur Phalanxtaktik möglich, die letztlich alle Poleis in Zugzwang brachte. Adel und Bauern mußten sich in den einzelnen Gemeinwesen auf diese Kampfesweise einstellen, wenn sie ihre Besitzungen wirkungsvoll schützen wollten. Die Oberschicht konnte auf die Aktivierung einer größeren Zahl von Wehrfähigen überhaupt nicht verzichten, d. h. sie war gar nicht in der Lage, unabhängig von den Bauernhopliten ein militärisches Potential aufzubauen, das gegebenenfalls als Herrschaftsinstrument nach innen verwendet werden konnte, wenn man von den Tyrannenherrschaften und ihren besonderen Voraussetzungen einmal absieht. Generell beruhte die Wehrordnung der Polis nicht erst seit der Entstehung der Phalanx auf dem Aufgebot freier Krieger. Die militärtechnische Entwicklung hatte dann zur Folge, daß alle Hopliten militärisch prinzipiell gleichwertig waren und der Adel in der Kriegführung nicht mehr dominierte. Die Qualifikation als Hoplit war zugleich mit einem höheren Sozialprestige verbunden. Dies alles bedeutete zwar an sich noch nicht, daß die Bauernhopliten neue politische Zielvorstellungen entwickelten. Die Führungsrolle des Adels blieb weiterhin anerkannt. Andererseits konnte die Entscheidung über Krieg und Frieden kaum noch allein von einem kleinen Kreis getroffen werden, da ja der Erfolg der Kriegführung von den Hopliten abhing. Gleichwohl ist hierbei allgemein zu beachten, daß der Prozeß der Auffüllung eines zunächst von der personalen Herrschaft eines Einzelnen oder mächtiger Gruppen geprägten »vorinstitutionellen« Rahmens durch Polisorgane mit bestimmten Funktionen und Kompetenzen bereits früher begonnen hatte. Außerdem bestimmte noch eine Reihe von weiteren Faktoren die Entwicklung im 7. Jahrhundert. Während der Bevölkerungs-

druck anhielt und die Kolonisation nur partiell eine Entlastung brachte, blieb der anbaufähige Boden begrenzt, vergrößerten sich die Besitzunterschiede und stieg die Unzufriedenheit zahlreicher Bauern, die in wirtschaftliche Bedrängnis gerieten und z. T. bereits stark verschuldet waren. Hinzu kamen die Auseinandersetzungen in der Oberschicht um den Zugang zu den Ämtern. Möglicherweise hat die Hoplitentaktik sogar zu einer weiteren Verschärfung der ökonomischen Krise beigetragen, indem eine Anzahl von Bauern Schulden in Kauf nahm, um den Status eines Hopliten zu erlangen.[74] Jedenfalls ergab sich aus der demographischen Entwicklung, die den älteren Rahmen der Gemeinschaftsordnung mit den bestehenden Verhältnissen von Über- und Unterordnung in Frage stellte, aus den hierdurch mitbedingten und ermöglichten militärischen Neuerungen, aus wirtschaftlichem Druck und aus Machtkämpfen des Adels ein vielfaches Bezugssystem. Der hierdurch bewirkte beschleunigte Wandlungsprozeß führte letztlich auch zu einer Legitimationskrise der Führungsschicht, die die Fülle der Probleme nicht zu lösen vermochte. In diesem Kontext ist vor allem auch der Aufstieg von Tyrannen zu sehen.

Sofern bereits im 7. Jahrhundert die Volksversammlung durch eine stärkere Institutionalisierung der Entscheidungsprozesse politisch aufgewertet wurde, waren derartige Regelungen sicherlich auch ein Teilaspekt der Krisenstrategie führender Häuser. Partielle Zugeständnisse, die Konfliktpotential abbauen sollten, hatten zugleich herrschaftsstabilisierenden Charakter, indem man zu erreichen versuchte, daß zumindest die Hopliten sich zufrieden gaben. Die Konzessionen betrafen z. T. wohl auch die Garantie eines gewissen Besitzstandes, wie dies vermutlich in Theben der Fall war, wo offenbar noch im 7. Jahrhundert gesetzliche Maßnahmen zur Erhaltung der bäuerlichen Mittelschicht getroffen wurden. Es fehlte freilich nicht an gewaltsamen Lösungen. So wurden in Samos die herrschenden Geomoren (Besitzer größerer Ländereien), die anscheinend eine kompromißlose Haltung gegenüber dem Demos einnahmen, überfallen und beseitigt (Plut. Quaest. Graec. 57). Dies war aber nur der Auftakt zu neuen Auseinandersetzungen, deren Resultat wiederum Tyrannenherrschaften waren.

Im übrigen wurden Gesellschaftsstruktur und Führungssystem von gewissen politischen und ökonomischen Konzessionen an bestimmte Schichten zunächst kaum tangiert. Das Beschlußrecht der Volksversammlung bzw. der Hopliten besagte noch nicht, daß der Demos oder Teile des Demos nunmehr das politische Geschehen bestimmten. Die Forderung nach einer umfassenden Bodenreform, die allen Freien gleiche Landanteile gesichert hätte, wurde – soweit wir wissen – nirgendwo erfüllt; Armut und Not der vielen Tagelöhner und Kleinbauern wurden nicht gelindert. Nur in Sparta erhielt nach dem zweiten Messenischen Krieg die breite Masse der Wehrfähigen neuen Grund und Boden. Diese singuläre Regelung basierte aber auch hier nicht auf einer Neuverteilung des zur Verfügung stehenden bisherigen Spartiatenlandes in Lakonien,

sondern wurde durch Okkupation ermöglicht. Fortan waren Hopliten und Damos in Sparta identisch. Innerhalb der Schicht der Spartiaten gab es keine Zensusklassen. Für ähnliche Lösungen fehlten jedoch in anderen Poleis nahezu alle Voraussetzungen. Wenn außerhalb Spartas das Recht kodifiziert wurde, einzelne Maßnahmen die Existenzgrundlage der bäuerlichen Mittelschicht sichern sollten oder im Zuge der militärischen Neuerungen die Volksversammlung bestimmte Kompetenzen erhielt, so konnte hierdurch die Krise keineswegs generell überwunden werden. Der Stabilisierungsprozeß erstreckte sich insgesamt über einen längeren Zeitraum. Erst im frühen 5. Jahrhundert hatten sich die Verhältnisse in einer Reihe von Gemeinwesen konsolidiert. Im griechischen Mutterland besaßen damals neben Sparta und Athen auch andere, an der Abwehr der Perser beteiligte Poleis wie Korinth, Sikyon und Megara beachtliche Hoplitenstreitkräfte, so daß sich hier inzwischen eine relativ breite Mittelschicht herausgebildet hatte. Das gleiche gilt für Argos und Theben.
Diese Entwicklung war möglich, weil die Polis bereits in der Krise der Adelsherrschaft den Rahmen für gemeinschaftsbezogene Organisationsformen bildete. Hieran orientierten sich neue politische Ordnungsvorstellungen. Solon dokumentierte durch seine Reformen, daß trotz größter Widerstände durchaus die Möglichkeit bestand, in sinnvoller Planung die Krise zu überwinden und ein Auseinanderbrechen des Gemeinwesens zu verhindern. Dieser rationale Zug seines politischen Denkens,[75] das die Ursachen der Mißstände analysiert und hieraus praktische Folgerungen zieht, ist kennzeichnend für einen geistigen Aufbruch, der wenig später in der ionischen Naturphilosophie neue Möglichkeiten der Welterklärung erschloß.
Im politischen Bereich waren für die Genese der Vorstellung, daß der Mensch die Gemeinschaftsordnung planvoll zu organisieren und neue Handlungsmöglichkeiten zu realisieren vermag, zweifellos auch die Erfahrungen, die im Verlauf der großen griechischen Kolonisation gewonnen werden konnten, von erheblicher Bedeutung. Immer wieder standen die Oikisten (Gründer) der Kolonien vor der Aufgabe, den organisatorischen Rahmen neuer Poleis zu schaffen. Es verstand sich von selbst, daß hierbei jeweils die Ordnung ihrer Metropolis (Mutterstadt) als Modell diente. Auch Solons Leitbild war eine vorgegebene, freilich in die Vergangenheit zurückprojizierte gute und gerechte Ordnung (Eunomia), die es aber erst wiederherzustellen galt. Solon suchte berechtigt erscheinende Forderungen des Demos zu erfüllen und die führende Position des Adels zu erhalten. Seine Gedanken wiesen jedoch zugleich in die Zukunft. Generell trat der Widerspruch zwischen Zielvorstellungen und Realität nunmehr um so deutlicher hervor. Hierdurch wurden neue Impulse ausgelöst, die weitere Veränderungen bewirkten und jenen Prozeß bestimmten, der die Basis der Polis mehr und mehr verbreiterte, wenn auch praktisch jedes Gemeinwesen auf Grund der jeweils herrschenden Konstellation der Kräfte ein eigenes Gepräge erhielt. Eine wesentliche Bedingung dieses Entwicklungsverlaufs war letztlich die schon vom Ansatz her frei-

heitliche Grundstruktur der griechischen Polisgesellschaft, in der das Band personaler Beziehungen, das in den Phylen und Phratrien hoch und niedrig vereinte, nicht zerrissen war und der Demos in seiner Gesamtheit sich nie in völliger Abhängigkeit vom Adel befunden hatte. Schließlich boten nicht zuletzt die Kontakte mit fremden Völkern und Kulturen und die Ausweitung des Gesichtsfeldes durch die Kolonisation eine Fülle von Erfahrungen und Vergleichsmöglichkeiten, durch die den Griechen die Besonderheiten und Eigenart ihrer politischen Organisationsformen deutlicher bewußt wurden. Die skizzierte Entwicklung wurde freilich in einer Reihe von Poleis gleichsam durchkreuzt von Tyrannenherrschaften, die gleichfalls ein Symptom der Krise der Adelsherrschaft sind.

7. Die ältere Tyrannis

Die Entstehung der älteren Tyrannis bedeutete eine räumlich und zeitlich begrenzte Erneuerung der monarchischen Herrschaftsform durch Usurpation. Im Vergleich zur Gesamtzahl der hellenischen Gemeinwesen handelte es sich nicht um ein weit verbreitetes Phänomen. Zwischen 650 und 500 bestanden im hellenischen Mutterland und im ägäisch-kleinasiatischen Raum in wenig mehr als zwei Dutzend Poleis Tyrannenherrschaften von unterschiedlicher Dauer, sofern man von den als Vasallen der Perser zur Macht gelangten Stadtherren in Kleinasien absieht.
Wenn die neuen Machthaber nach vereinzelten Angaben der Überlieferung bei ihren Anhängern als »Könige« (Basileis) galten, sich selbst so bezeichneten oder mit diesem Titel angeredet wurden, so entsprach dies ihrer faktischen Stellung.[76] Kein Usurpator nahm demgegenüber die Bezeichnung »Tyrannos« in Anspruch oder wurde offiziell so genannt, da dieses Wort, das von den Hellenen aus einer fremden Sprache (wohl aus dem Lydischen) übernommen wurde und ursprünglich »Herr« bedeutete, im Griechischen früh einen negativen Klang gewann.[77] Bereits Archilochos assoziiert Mitte des 7. Jahrhunderts mit dem Begriff der Tyrannis die gewaltsame Usurpation des Gyges um 685 in Lydien. Nach 600 verurteilen Alkaios und Solon den Tyrannen als skrupellosen Machthaber, der widerrechtlich die Herrschaft an sich gerissen hat und die geltende Polisordnung zerstört. In der unter dem Namen des Theognis überlieferten Gedichtsammlung (6. Jahrhundert) erscheint der Tyrann aus der Sicht des Adels als Exponent des Demos im Kampf gegen die »Edlen«. Aufruhr und Bürgerkrieg tragen den Usurpator zur Macht, der indes aus dem Elend des Volkes nur seinen eigenen Nutzen zieht. Ähnlich erklärt später Aristoteles die Entstehung der archaischen Tyrannis aus der erfolgreichen Agitation demagogischer Usurpatoren (Pol. 1310b 12ff.). In anderem Zusammenhang fügt Aristoteles hinzu, daß die meisten älteren

Tyrannen zugleich Demagogen und Heerführer waren (1305a 7ff.). Zur Erläuterung und Beurteilung der Tyrannis dienen hier ebenso wie bei Platon, der diese Herrschaftsform als Folge der Demokratie darstellt, weitgehend die Kriterien des 4. Jahrhunderts. Hierdurch wird das Problem stark schematisiert, wenn auch Aristoteles die Typisierung der Tyrannis erweitert, indem er als weitere Spielarten die Verletzung der traditionellen Satzungen durch einen despotisch regierenden Erbkönig, die Usurpation der Alleinherrschaft durch gewählte Amtsträger mit langfristigen und umfassenden Kompetenzen sowie die Übertragung der höchsten Gewalt auf einen Einzelnen in einem oligarchischen System bezeichnet. Die moderne Interpretation der älteren Tyrannis ist vielfach von dem aristotelischen Erklärungsmodell der Verbindung von Demagogie und Heerführung ausgegangen, wobei diese Herrschaftsform in den allgemeinen sozialen und politischen Wandel des 7. Jahrhunderts eingeordnet und zudem das persönliche Machtstreben adliger Herren als wesentlicher Faktor hervorgehoben wurde. Während in der älteren Forschung der Demosbegriff in diesem Zusammenhang eher generalisierend zur Bezeichnung der nichtadligen, »bürgerlichen« Schichten diente, fand in neueren Untersuchungen Aristoteles' Hinweis auf die militärische Basis der Usurpation stärkere Beachtung. Zentrale Bedeutung gewann hierbei die Frage, ob und inwieweit die Entstehung der Tyrannis mit der Einführung der Phalanxtaktik in Verbindung zu bringen ist. Bereits M.P. Nilsson[78] hatte hier einen ursächlichen Zusammenhang vermutet und angenommen, daß die Hoplitenschicht zusammen mit der besitzlosen Masse sich gegen die Aristokratie gewandt und anfangs aus ökonomischen Gründen die Tyrannenherrschaften hingenommen habe. A. Andrewes[79] vertritt die These, daß Pheidon von Argos und der Usurpator Kypselos von Korinth in den gleichen historischen Kontext gehören und sich nur mit Hilfe der Hopliten gegen den Adel durchsetzen konnten. Auch W. G. Forrest[80] zweifelt nicht, daß die korinthischen Hopliten hinter Kypselos standen. Er vermutet aber als eigentliche Helfer des Usurpators eine Reihe von Adligen, die nicht zum engeren Kreis der Bakchiaden gehörten und infolgedessen von der Herrschaft ausgeschlossen waren. Ähnlich beurteilte H. Berve[81] die Vorgänge beim »Staatsstreich« des Kypselos. J. Salmon[82] betrachtet generell die Phalanxtaktik als Katalysator in einer bereits explosiven Situation und kommt zu dem Schluß, daß jeweils einzelne nach der Macht strebende adlige Herren die Unzufriedenheit der Hoplitenschicht mit den bestehenden Verhältnissen auszunutzen verstanden. A. Snodgrass[83] rechnet gleichfalls mit den gemeinsamen Interessen der Tyrannen und der »neuen militärischen Klasse« der Hopliten, hält es aber andererseits für wenig wahrscheinlich, daß die Tyrannen, die nach seiner Auffassung »abtrünnige Aristokraten« waren, mit Hilfe der Hopliten an die Macht gelangten. Er vermutet, daß die neuen Gewalthaber vielmehr ihrerseits der militärischen Entwicklung zum Massenkampf neue Impulse gaben. Demgegenüber sucht R. Drews[84] zu zeigen, daß Kypselos ein Kondottiere war und sich bei seiner Machtergreifung auf eine angeworbene kleine Privatarmee professioneller Hopliten stützte. Diese These steht jedoch im Widerspruch zur Überlieferung über die Herkunft des Kypselos.

Eine bemerkenswerte Variante der üblichen Akzentuierung der Machtgier als Motiv der Usurpatoren bietet die Theorie E. Ruschenbuschs,[85] der betont, daß die Tyrannis im archaischen Griechenland durchweg in größeren Poleis begegnet. Er sucht dies damit zu erklären, daß der politische Ehrgeiz der Oberschicht hier weniger befriedigt wurde als in kleinen Gemeinwesen, in denen wenige Adlige nahezu Jahr für Jahr gezwungen gewesen seien, irgendein Amt zu bekleiden. Demgegenüber ist jedoch zu beachten, daß in der kleinen Polis Dreros die höchste Magistratur, auf die es in diesem Zusammenhang ankommt, immerhin zehn Beamte umfaßte und eine zweite Kandidatur für diese Behörde erst nach einem Intervall von zehn Jahren erlaubt war. Wenn in kleinen Gemeinwesen keine Tyrannenherrschaften entstanden, so lag dies offenbar in erster Linie daran, daß hier kaum ein Anreiz zur Gewinnung bzw. Wiederherstellung einer monarchischen Gewalt bestand, deren Ausübung praktisch die Herrschaft über eine eher dorfähnliche Siedlung und deren Gemarkung bedeutet hätte. Ein ausbaufähiges machtpolitisches Potential war in solchen Poleis zweifellos nicht vorhanden. Machtgier erklärt nur die Motive, nicht aber den Erfolg der Usurpatoren, so daß der allgemeine politische und soziale Rahmen bei der Erklärung der älteren Tyrannis nicht ausgeklammert werden kann.

Eine generalisierende Erklärung der Voraussetzungen und Bedingungen der Tyrannis ist kaum möglich, da jeweils die besondere Situation in den einzelnen Poleis zu berücksichtigen ist. Im Isthmosgebiet (Korinth, Sikyon, Megara), wo diese Herrschaftsform zuerst begegnet, ist die Tyrannis in den Kontext einer Krise der Adelsherrschaft einzuordnen. Besser bekannt ist freilich die Tyrannis des Peisistratos und seiner Söhne in Athen. Sie wird im Zusammenhang mit der Darstellung der athenischen Verfassungsgeschichte im 6. Jahrhundert noch ausführlicher erläutert.

Der erste Repräsentant der neuen Herrschaftsform war offensichtlich Kypselos, dem es um 660 gelang, die in Korinth herrschende exklusive Adelsgruppe der Bakchiaden zu entmachten. Die Bakchiaden hatten zweifellos einen schweren Prestigeverlust erlitten, als sie wenige Jahre vorher die Kontrolle über die korinthische Kolonie Kerkyra verloren und trotz erheblicher Anstrengungen die Insel nicht zurückgewinnen konnten. Hinzu kam, daß sie weder die Ausweitung des argivischen Einflußbereichs noch den Aufstieg des benachbarten Megara zu verhindern vermochten. Die Überlieferung von der »Gesetzgebung« des korinthischen Nomotheten Pheidon, der wohl zu den Bakchiaden zählte, deutet des weiteren darauf hin, daß eine Agrarkrise sich abzuzeichnen begann, deren Ursachen vor allem im Anstieg der Bevölkerung zu sehen sind. Um 660 konnten die Spannungen offenbar nicht mehr überbrückt werden. Wir wissen zwar nicht, ob damals in Korinth die Forderung nach einer Neuverteilung des Landes erhoben wurde. Der Haß auf die Bakchiaden resultierte aber nicht zuletzt aus den Problemen, die sich aus der Agrarstruktur und den Besitzverhältnissen ergaben. Die Bakchiaden mußten sich auf die neue Entwicklung im Kriegswesen einstellen und konnten kaum darauf verzichten, eine breitere Schicht von Wehrfähigen zu militärischen Leistungen heranzuziehen. Anscheinend zielten die Maßnahmen Pheidons darauf ab, den korinthischen Bauern einen gewissen Besitzstand zu garantieren.[86] Die potentiellen Hopliten – d. h. in erster Linie die mittleren Landbesitzer – sind sicherlich nicht zu vergleichen mit den in Not geratenen attischen Kleinbauern der vorsolonischen Zeit, wie ja auch in Athen um 600 zweifellos nicht die gesamte Landbevölkerung verarmt war. Gleichwohl bedeutete es für korinthische Bauern eine erhebliche Belastung, wenn sie die Kosten für eine kostspielige Ausrüstung aufzubringen hatten. Gerade in dieser Situation wird es schweren Anstoß erregt haben, daß die Bakchiaden im Besitz der besten Ländereien im Gebiet von Korinth waren. Selbstverständlich gab es in Korinth aber auch eine freie Unterschicht, die für den Einsatz in der Phalanx nicht in Frage kam, z.T. in bitterer Armut lebte und wohl durchweg feindselig gegen die reichen Bakchiaden eingestellt war. Auch in Kreisen der Oberschicht, die nicht zur herrschenden Gruppe zählten, war das Regime zweifellos verhaßt, da die Bakchiaden den Außenhandel kontrollierten und Güteraustausch und Export von Agrarprodukten offenbar mit Abgaben belastet waren (vgl. Strab. VIII 378). Jedenfalls sahen sich die Bakchiaden mit einer zunehmenden Opposition konfrontiert. Gewisse Auflösungserscheinungen ihrer Herrschaft bedingten, daß Kypselos, der nur mütterlicherseits von den Bakchiaden abstammte, das Amt des Polemarchos bekleiden und dementsprechend militärische und wohl auch gewisse juridische Funktionen ausüben konnte.[87]

Angeblich soll sich Kypselos durch große Milde als Richter bei der Menge beliebt gemacht haben. Er beseitigte indes nach den Angaben des Nikolaos von Damaskos (FgrHist 90 F 57,6) das Regime der Bakchiaden nicht als Organisator einer Erhebung des Volkes bzw. der Hopliten, sondern mit Hilfe einer Hetairie. Ist diese Nachricht zutreffend, wird Kypselos seine Gefährten (Hetairoi) vor allem unter denjenigen Adligen gefunden haben, die nicht als Bakchiaden galten und von der Herrschaft ausgeschlossen waren. Die betreffende Wendung des Nikolaos deutet jedenfalls auf eine Adelsverschwörung hin. Offenbar gelang es Kypselos, handstreichartig die Macht zu gewinnen. Hierbei wurde der amtierende Oberbeamte (Prytanis) getötet. Weitere führende Bakchiaden mußten Korinth verlassen.

Die Machtergreifung des Kypselos war die Reaktion auf den Herrschaftsanspruch der Bakchiaden, ohne daß der Usurpator neue politische Ordnungsvorstellungen inaugurierte. Reguläre Jahresämter ließ Kypselos offenbar nicht besetzen, wenn auch seine »Gefährten« zweifellos bestimmte Aufgaben übernahmen, die die Funktionsfähigkeit des Regimes garantieren sollten. Der institutionelle Rahmen der Polis war infolge der langen Bakchiadenherrschaft ohnehin schwach entwickelt. Kypselos selbst scheint nicht intendiert zu haben, seine Position durch formale Regelungen abzusichern und (von seiner Person tendenziell unabhängig) zu institutionalisieren. Nach Nikolaos soll der Usurpator zwar vom Demos als König (Basileus) anerkannt worden sein. Eine formale Akklamation ist indes zweifelhaft. Kypselos erschien aus der Sicht des Demos sicherlich zunächst als Befreier vom Joch der Bakchiaden, so daß er sich schwerlich offiziell als neuer Alleinherrscher bestätigen ließ. In der Folgezeit wurden offenbar gar keine Volksversammlungen einberufen. Wahrscheinlich ist die Nachricht des Nikolaos damit zu erklären, daß die Herrschaft des Kypselos von den Korinthern mehr und mehr als Wiederherstellung des von den Bakchiaden einst beseitigten Königtums empfunden und auch entsprechend bezeichnet wurde, da Adlige, Bauern, Handwerker und Händler jetzt faktisch Untertanen eines neuen Herrn waren, der die Macht nicht wieder aus der Hand gab. Wenn Kypselos – wie es des weiteren heißt – auf eine Leibwache verzichtete, so besagt dies noch nicht, daß seine Herrschaft auf die Dauer allgemein Anerkennung fand. Eine Leibwache bot keine Sicherheit gegen eine große Erhebung, sondern allenfalls einen gewissen Schutz gegen ein Attentat oder eine Verschwörung, die nach Lage der Dinge wohl nur in Adelskreisen vorbereitet werden konnte. Daß der korinthische Adel ausnahmslos das neue Herrschaftssystem akzeptierte, ist kaum anzunehmen. Offenbar sahen aber oppositionelle Gruppen keine Chance, den Machthaber zu stürzen. Im übrigen erlaubt die spärliche Überlieferung kaum Rückschlüsse auf seine eigentliche Herrschaftspraxis. Es ist wenig wahrscheinlich, daß er acht neue »lokale« Phylen eingerichtet hat, um niedere Schichten der Freien in das Gemeinwesen aufzunehmen, wie H. Berve vermutete, der annahm, daß der Tyrann auf diese Weise breiteren Anhang im Demos zu gewinnen suchte. Die acht historischen Phylen in Korinth, die zu einem unbekannten Zeitpunkt anstelle der ursprünglichen drei Phylen konstituiert wurden, bildeten keine lokalen Einheiten, sondern Personenverbände, selbst wenn sie ähnlich wie die kleisthenischen Phylen in Athen in Unterabteilungen auf der Grundlage eines territorialen Einteilungsprinzips (Trittyen = Drittel?) gegliedert waren.[88]

In wirtschaftlicher Hinsicht verlief die Entwicklung jetzt ungestört von inneren Auseinandersetzungen. Der zunehmende korinthische Keramikexport deutet darauf hin, daß Handel und Gewerbe einen beachtlichen Aufschwung nahmen, der sich unter Kypselos' Nachfolger fortsetzte. Allerdings hat Kypselos sicherlich an dem bisherigen Abgabensystem festgehalten und damit selbst in beträchtlichem Maße von der Ausweitung des Handels profitiert. Von einer umfassenden Wirtschafts- und Sozialpolitik des Tyrannen kann keine Rede sein, wenn auch möglicherweise neben Gefolgsleuten des Kypselos ärmere Bauern Ländereien aus dem Grundbesitz der vertriebenen Bakchiaden erhielten, der nach Nikolaos von Damaskos eingezogen wurde. Eine allgemeine Neuaufteilung des Landes ist nicht überliefert.

Kypselos organisierte freilich Kolonistenzüge nach Leukas, Anaktorion,

Ambrakia und einigen kleineren Plätzen an der akarnanischen und aitolischen Küste. Es bleibt aber unklar, inwieweit auf diese Weise die Landnot in Korinth gelindert wurde. Die Anlage von Kolonien diente vor allem auch dem Ausbau der persönlichen Machtstellung des Kypselos. Als Oikisten und Herren der zuerst genannten größeren Neugründungen werden einige Söhne des Tyrannen erwähnt, so daß diese Kolonien vom Herrscherhaus abhängig waren. Eine Ausnahme bildete offenbar nur Epidamnos an der illyrischen Küste.

Als Kypselos nach dreißigjähriger Herrschaft starb, übernahm sein Sohn Periandros die Macht.[89] Die dynastische Erbfolge vollzog sich ohne Schwierigkeiten; das Regime schien gefestigt zu sein. In der Folgezeit erhob sich jedoch Widerstand gegen den neuen Machthaber, der sich gezwungen sah, eine größere Leibwache zu halten. Offenbar ist Periandros rücksichtslos gegen adlige Gegner vorgegangen, da er in der späteren Überlieferung als grausamer Tyrann galt. Wenn er andererseits zu den Sieben Weisen gerechnet wurde, so mag dies z.T. darauf zurückzuführen sein, daß man ihm zuschrieb, übertriebenen Luxus der Oberschicht eingeschränkt zu haben. Falls diese Angaben zutreffen, suchte Periandros vermutlich zu verhindern, daß korinthische Adelshäuser durch Entfaltung äußeren Glanzes Popularität gewinnen konnten. Die Überlieferung über weitere »Gesetze« des Machthabers ist im einzelnen schwer zu beurteilen. Das ihm zugeschriebene Versammlungsverbot war wohl eine Sicherheitsmaßnahme.

Außenpolitisch hatte Periandros Erfolge zu verzeichnen. Er setzte die Kolonisationspolitik seines Vaters fort, indem er Poteidaia auf der Chalkidike gründete. Ferner gelang es ihm, Kerkyra zurückzugewinnen. Die Herrschaft in den kolonialen Poleis wurde wie in der Zeit des Kypselos durch Angehörige des Tyrannenhauses ausgeübt. Trotz weiterer Erfolge wie der Unterwerfung von Epidauros wurde jedoch die Absicherung seiner Machtstellung im Inneren zunehmend schwieriger. Nach seinem Tod (um 587) konnte zwar sein Neffe Psammetichos die Nachfolge antreten, doch wurde der neue Machthaber bereits nach drei Jahren durch eine Verschwörergruppe beseitigt, die wahrscheinlich der adligen Oberschicht angehörte und sich zu einer Hetairie zusammengeschlossen hatte. Die Tyrannis in Korinth war auf die Dauer nicht in der Lage, eine stabile politische Ordnung zu garantieren. Ihre historische Bedeutung gewann die Tyrannis der Kypseliden durch die Beseitigung des Bakchiadenregimes, das sich auf Grund seiner archaischen Herrschaftsstruktur letztlich als Störfaktor für den Integrationsprozeß des Gemeinwesens erwiesen hatte. Durch die Kypseliden wurden im wirtschaftlichen Bereich zweifellos neue Kräfte freigesetzt. Daß die korinthische Keramik und Vasenmalerei in dieser Zeit einen hohen Stand erreichten und in der griechischen Welt führend wurden, war selbstverständlich das Verdienst der Handwerker und Künstler, doch bot die äußere Machtentfaltung des Tyrannenhauses den korinthischen Produkten offenbar gute Absatzchancen. Das Machtmonopol der Tyrannen erzeugte indes einen wachsenden Ge-

gendruck adliger Kreise, die von der Leitung der Polis ausgeschlossen blieben, und der Widerstand, der sich hier bildete, fand vermutlich breite Zustimmung im Demos. Die allgemeine Ablehnung der Tyrannis ist schwerlich auf den Beginn einer wirtschaftlichen Rezession zurückzuführen. Die attische Keramik überflügelte z. B. erst nach dem Ende der Tyrannis die Erzeugnisse des korinthischen Töpferhandwerks, in dem übrigens nur ein relativ kleiner Prozentsatz der Gesamtbevölkerung in Stadt und Land tätig war. Offensichtlich waren starke Kräfte nicht mehr gewillt, sich der monarchischen Herrschaft der Kypseliden zu beugen.

Ähnlich wie Kypselos soll Orthagoras, der als Begründer der Tyrannis in Sikyon gilt, vor seiner Machtergreifung (um oder nach 650?) ein militärisches Amt bekleidet haben. Die fragmentarische und zudem wenig glaubwürdige Überlieferung über seinen Aufstieg sagt allerdings nichts darüber aus, wie es ihm schließlich gelang, die Macht an sich zu reißen. Die Thesen, daß er an der Spitze der »Hoplitenbauern« oder mit Hilfe einer Art »Privatarmee« die bislang führenden Adligen entmachtete, lassen sich nicht verifizieren. Ebensowenig läßt sich die Herrschaftspraxis des Orthagoras und seiner ersten Nachfolger rekonstruieren. Wenn Aristoteles (Pol. 1315b 12ff.) hervorhebt, daß die Orthagoriden ihre »Untertanen« maßvoll behandelten und in vielen Punkten sich den »Gesetzen« beugten, so ist zu beachten, daß hier mit der Terminologie des 4. Jahrhunderts die lange Dauer dieser Tyrannis, die angeblich einen Zeitraum von 100 Jahren umfaßte, erklärt werden soll und dieser Darstellung auch ein negatives Bild des zeitweise von inneren Auseinandersetzungen erschütterten Tyrannenhauses in der Überlieferung gegenübersteht.

Einige Konturen gewinnt nur das Regiment des Kleisthenes, dessen Herrschaft über Sikyon in das erste Drittel des 6. Jahrhunderts zu datieren ist. Das meistdiskutierte Problem ist hier die Umbenennung der vier Phylen der Polis. Die sog. dorischen Phylen der Hylleer, Dymanen und Pamphyler sollen nach Herodot (V 68) durch Kleisthenes entehrende Tiernamen erhalten haben, während dem vierten Verband – der Phyle des Machthabers – durch die neue Bezeichnung »Archelaoi«, die Herodot von Arché (»Herrschaft«) ableitet und mit der Machtstellung des Tyrannen in Verbindung bringen will, eine Sonderstellung eingeräumt worden sei. In der modernen Forschung wurde diese Phylenreform vielfach als Affront gegen den dorischen Adel interpretiert. Herodot betont indes lediglich, daß die Umbenennung der Phylen im Rahmen einer Reihe von Maßnahmen erfolgte, die sich gegen Argos richteten. Hiernach soll Kleisthenes Anstoß an der Übereinstimmung der Phylennamen in Sikyon und Argos genommen haben. Ähnlich erklärt Herodot freilich auch die Phylenreform des Alkmeoniden Kleisthenes (eines Neffen des Tyrannen von Sikyon), indem er behauptet, daß der Athener sich von den alten ionischen Phylennamen distanzieren wollte. In beiden Fällen hat Herodot Sinn und Zweck der Nomenklatur nicht erfaßt. Die neu konstituierten Phylen in Athen erhielten 508/07 die Namen attischer Heroen. In Sikyon läß sich die Bezeichnung »Archelaoi« ebenfalls von einer eponymen Heroengestalt (Archelaos) ableiten.[90] Allem Anschein nach sind auch die neuen Namen der sog. dorischen Phylen in Sikyon ähnlich zu deuten. Jedenfalls sind die umstrittenen Bezeichnungen kein Beweis für eine antidorische Politik des Tyrannen, wie auch in den vermeintlich »dorischen« Phylen sicherlich nicht nur Bürger dorischer Herkunft oder reiche Grundbesitzer repräsentiert waren. Ebensowenig läßt sich die vierte Phyle in der Zeit der Tyrannis mit einer angeblich bislang rechtlich und ökonomisch benachteiligten Unterschicht vordorischer Abstammung identifizieren. Die Entwicklung des Phylensystems ist in Sikyon wahrscheinlich wie in anderen Gemeinwesen im Zusammenhang mit den Vorstufen der Polisbildung zu sehen.[91] In dieser Zeit muß bereits mit einer gewissen Vermischung dorischer Zuwanderer und alteingesessener Bevölkerungsteile gerechnet werden. Offenbar entstanden in Sikyon zwar zunächst die Phylenverbände der Hylleer, Dymanen und Pamphyler. Für die Entwicklung solcher Einheiten werden aber »ethnische« Kriterien kaum eine Rolle gespielt haben, wie das Beispiel Spartas zeigt, wo bereits vor 750 Wehrfähige vordorischer Abstammung aus dem Gebiet von Amyklai in die Phylen aufgenommen worden waren. Des weiteren umfaßten auch in Sikyon die drei älteren Phylen zweifellos von Anfang an Adlige und andere Freie. Ebenso waren in der später hinzukommenden vierten Phyle alle Schichten der Freien vertreten, da dieser Abteilung immerhin das Haus der Orthagoriden angehörte. Vielleicht entstand diese Phyle im Zuge der allmählichen Ausdehnung des Territoriums von Sikyon, indem Bewohner der angegliederten Randgebiete in die Wehrgemeinschaft integriert wurden. Im Laufe der Zeit waren aber auch hier die Unterschiede zweifellos verwischt, da mit einer gewissen Fluktuation der Bevölkerung innerhalb des Polisgebietes zu rechnen ist, während ein Wechsel des Wohnsitzes zweifellos nicht mit der Einweisung in eine neue Phyle verbunden war. Insgesamt gesehen wurde die Gliederung der Phylen in Sikyon im frühen 6. Jahrhundert sicherlich nicht als regionales, ethnisches oder soziales Einteilungsprinzip empfunden. Diese Einheiten bildeten vielmehr in Analogie zu den Phylensystemen anderer Poleis Teile eines Ganzen, d.h. Unterabteilungen der Bürgerschaft. Die Zahl der Wehrfähigen in den vier Personenverbänden war aber unterschiedlich groß, da in demographischer Hinsicht keine gleichmäßige Entwicklung der einzelnen Phylen anzunehmen ist. Wahrscheinlich liegt hier der Schlüssel zum Verständnis der Maßnahme des Kleisthenes. Die militärischen Unternehmungen des Tyrannen in den Kämpfen gegen Argos, Pellene und die phokische Stadt Krisa setzen voraus, daß Kleisthenes eine relativ gut organisierte Truppe zur Verfügung hatte. Wenn die Phylen hier ebenso wie in anderen Poleis die Grundlage für die Rekrutierung der Aufgebote bildeten, hat Kleisthenes vermutlich die Wehrfähigen möglichst gleichmäßig auf alle vier Verbände aufgeteilt, wie auch in Athen 508/07 die Neuordnung der Wehrorganisation ein wichtiger Aspekt der dortigen Phylenreform war. Die Umbenennung der Phylen in Sikyon war im Vergleich zu den politisch-militärischen Aspekten der Maßnahmen

des Tyrannen wohl eher von sekundärer Bedeutung, diente aber durch den Rückgriff auf alte Heroennamen möglicherweise zur sakralen Legitimierung der Reform und sollte zugleich die Eigenständigkeit der Polis gegenüber Argos demonstrieren. Die neuen Namen wurden nach dem Sturz der Tyrannis noch längere Zeit beibehalten. Sie galten daher in Sikyon selbst zweifellos als ehrenvoll. Als Mitglied des Peloponnesischen Bundes scheint die Polis aber später bestrebt gewesen zu sein, ihre Verbindung mit der Vormacht Sparta durch Wiedereinführung der alten »dorischen« Phylenbezeichnungen, die mit den Namen der entsprechenden spartanischen Verbände übereinstimmten, zu betonen.
Eine Bodenreform war mit der Neuordnung der Phylen offensichtlich nicht verbunden. Ob dies zu Spannungen zwischen dem Machthaber und den Kleinbauern führte, ist nicht zu entscheiden. Angeblich soll Kleisthenes versucht haben, die Landbevölkerung von der Stadt fernzuhalten, doch steht die Glaubwürdigkeit der betreffenden (eher anekdotenhaften) Nachricht nicht außer Frage, so daß hieraus kaum Rückschlüsse auf gezielte innenpolitische Maßnahmen gezogen werden können. Zu den Landbewohnern zählte jedenfalls auch ein Teil der Mittelschicht. Wenn dieser Bevölkerungsteil in den Kriegen des Tyrannen den Kern der Phalanx stellte, herrschte unter den bäuerlichen Hopliten damals schwerlich verbreitete Unzufriedenheit. Unklar bleibt das Verhältnis des Tyrannen zum Adel in Sikyon. Kleisthenes mag durchaus Maßnahmen zur Sicherung seiner Position gegen adlige Hetairien getroffen haben; er fand aber bei der Oberschicht in der griechischen Welt allgemein Anerkennung. Inwieweit Institutionen der Polis unter seinem Regime noch bestimmte Funktionen ausübten, muß trotz Herodots Hinweis (V 67) auf Agora und Prytaneion (Amtsgebäude) gleichfalls offenbleiben. Immerhin hatte die Neuordnung der Phylen Bestand. Hierdurch mag die Tyrannis einen gewissen Beitrag zur Konsolidierung des Gemeinwesens geleistet haben. Die Sozialstruktur hat sich indes unter der Herrschaft der Orthagoriden nicht grundlegend verändert. – Nach dem Tod des Kleisthenes konnte sich ein weiterer Machthaber (Aischines?) noch eine Zeitlang behaupten. Etwa Mitte des 6. Jahrhunderts scheint die Tyrannis in Sikyon durch die Initiative Spartas beseitigt worden zu sein.
Noch dürftiger ist die Überlieferung über die Tyrannis des Theagenes in Megara um 640.[92] Aristoteles (Pol. 1305a 20ff.) bezeichnet ihn nach dem Sprachgebrauch des 5. und 4. Jahrhunderts als »Führer« (Prostates) des Demos. Dies sagt indes über die soziale Struktur seiner Anhängerschaft wenig aus. Die von Aristoteles angedeutete Empörung der Landbevölkerung ist vermutlich darauf zurückzuführen, daß reiche Grundbesitzer den besten Weidegrund des Gemeindelandes zu okkupieren suchten und die Bauern sich hierdurch alter Rechte beraubt sahen. Da die »Hoplitenbauern« in dieser Zeit mehr und mehr den Kern des Aufgebotes bildeten und in Megara zweifellos eine Heeres- und Volksversammlung existierte, wird Theagenes mit ihrer Zustimmung die Bewilligung einer »Leibwache« erreicht haben, die es ihm dann ermöglichte, die Alleinherrschaft zu

gewinnen. Es ist wenig wahrscheinlich, daß seine Anhängerschaft vorwiegend aus besitzlosen Theten bestand, die militärisch nicht ins Gewicht fielen und ihm dementsprechend schwerlich den notwendigen Rückhalt im Kampf gegen seine adligen Standesgenossen bieten konnten. Jedenfalls wurden die Unruhen in Megara primär durch eine Agrarkrise ausgelöst. Eine durchgreifende Reform hat Theagenes indes nicht veranlaßt, da nach dem Ende der Tyrannis die sozialen Spannungen andauerten. Nachdem Theagenes erfolglos den Putschversuch seines Schwiegersohnes Kylon in Athen unterstützt hatte, konnte er sich offenbar gegen seine aristokratischen Opponenten nicht mehr lange behaupten. Adelsfaktionen und Parteiungen scheinen in den Kämpfen, die zum Sturz des Tyrannen führten, eine ähnliche Rolle gespielt zu haben wie in den innerathenischen Auseinandersetzungen nach dem ersten »Staatsstreich« des Peisistratos.

Adlige Machtkämpfe vor dem Hintergrund einer sozialen Krise bestimmen auch das Bild der Tyrannis in Mytilene auf Lesbos. Spätestens im letzten Drittel des 7. Jahrhunderts bestand hier eine Art Samtherrschaft der Angehörigen des alten Königshauses der Penthiliden. Zwar existierten in dieser Zeit offenbar schon Rat und Volksversammlung (wie aus Alkaios Fr. 130 [Lobel-Page] zu entnehmen ist), doch wurden diese Institutionen zweifellos von den Penthiliden beherrscht.[93] Ihr Regime wurde schließlich von einem gewissen Megakles und seiner Hetairie beseitigt. Breitere Schichten waren an diesem Unternehmen offenbar nicht beteiligt. Der Sturz der Penthiliden hatte eine Kette von Adelsfehden zur Folge, während gleichzeitig Not und Armut herrschten (Alkaios Fr. 364). Größeren Anhang gewann in diesen Machtkämpfen offenbar ein gewisser Myrsilos, der eine Zeitlang die Polis beherrschte und sich gegen eine Gruppe von verbannten Adligen durchzusetzen vermochte. Hierzu gehörte neben dem Dichter Alkaios auch der spätere Aisymnetes Pittakos, der sich schließlich mit Myrsilos arrangierte und in den andauernden Wirren nach dessen Tod mit breiter Zustimmung besondere Vollmachten erhielt. Er sollte verhindern, daß die Exulanten um Alkaios weiterhin Unruhe stifteten. Diese Entwicklung erklärt, daß Alkaios (Fr. 348) seinen früheren Gefährten als Gewalthaber verurteilt und mit Myrsilos auf eine Stufe stellt. Aristoteles hat diese Wertung übernommen (Pol. 1285a 35ff.). Pittakos hat jedoch die ihm übertragenen quasi-monarchischen Kompetenzen zur Wiederherstellung des inneren Friedens niedergelegt, als er nach etwa 10 Jahren seinen Auftrag erfüllt sah. Es entsprach allerdings seiner faktischen Macht, wenn er in dieser Zeit beim Demos als »König« galt. Rechtlich hatte diese gleichsam »populäre« Bezeichnung keine Bedeutung. Pittakos' Funktionen sind eher mit den Aufgaben Solons zu vergleichen.

Auch in einer Reihe von weiteren Poleis im hellenischen Mutterland sowie auf den griechischen Inseln und in Kleinasien war die ältere Tyrannis primär das Ergebnis adliger Machtkämpfe. Es handelt sich im wesentlichen um Epidauros, Phleius, Kephallenia, Chalkis, Eretria, Naxos,

Phokaia, Erythrai, Ephesos, Milet, Chios, Samos und Lindos (Rhodos). Die Vorgänge, die hier zur Errichtung von Tyrannenherrschaften führten, sind indes zumeist kaum noch zu rekonstruieren. Daß in den genannten Fällen freilich auch die allgemeinen sozialen Verhältnisse zur Erklärung des Phänomens der Tyrannis nicht ausgeklammert werden können, zeigt die Überlieferung von den Wirren auf Naxos, wo Lygdamis vergebens die großen Grundbesitzer zu entmachten versuchte, bis er schließlich durch die Intervention des athenischen Tyrannen Peisistratos, den Lygdamis seinerseits bei der Eroberung Attikas 546/45 unterstützt hatte, sein Ziel erreichte. Schwere Spannungen zwischen reichen Grundbesitzern (Geomoren) und Kleinbauern bestanden auch in Samos. Wir wissen indes nicht, inwieweit die sozialen Gegensätze für den Aufstieg der samischen Tyrannen im einzelnen von Bedeutung waren. Bereits vor Mitte des 6. Jahrhunderts hatten hier Usurpatoren die Macht gewonnen. Möglicherweise sollte dann die Einsetzung eines Aisymnetes die Periode innerer Wirren beenden. Um 538 konnte jedoch Polykrates mit einer Adelshetairie handstreichartig die Herrschaft an sich reißen.[94] Er war freilich zunächst auf fremde Hilfe angewiesen, die ihm durch Lygdamis von Naxos zuteil wurde. Seine Hauptgegner waren die entmachteten Geomoren, die z.T. verbannt wurden oder freiwillig ins Exil gingen. Polykrates stützte sich zunächst auf Soldtruppen, hat aber später die Wiederbewaffnung der Bürgerschaft zugelassen. In der samischen Flotte besaß der Tyrann ein überlegenes Machtinstrument, mit dem er einen umfangreichen Herrschaftsbereich in der Ägäis errichten konnte, bis er 522 Opfer einer List des Satrapen von Sardeis wurde. Nach weiteren Wirren gelangte schließlich Polykrates' Bruder Syloson an die Macht. Er zählt bereits zu den von den Persern eingesetzten oder unterstützten Tyrannen, die als Vasallen des Großkönigs hier unberücksichtigt bleiben.

Des weiteren bildeten im kolonialen Siedlungsraum der Griechen auch umfassende Vollmachten, die in Kriegsnöten einem Polisbeamten oder Militärbefehlshaber übertragen wurden, die Basis der Tyrannis. In Sizilien war dieser außenpolitische Faktor infolge der Frontstellung des Griechentums gegen die einheimischen Völker der Sikeler, Sikaner und Elymer sowie vor allem gegen die Karthager (seit etwa 550) für das Aufkommen der Tyrannen von entscheidender Bedeutung, während das Problem der politisch minderberechtigten niederen Schichten hier im Unterschied zur Entstehung der Tyrannis in mehreren unteritalischen Poleis eine geringere Rolle spielte.[95] Die Zeit der historisch bedeutsamen Tyrannenherrschaften begann im sizilisch-unteritalischen Raum freilich erst im frühen 5. Jahrhundert.

Die ältere Tyrannis erscheint insofern als Anachronismus, als sie einen Rückfall in die in den meisten Poleis bereits überwundene monarchische Herrschaft darstellte. Sie war zugleich auch ein Symptom der Krise der Adelsherrschaft. Die Polis wurde zwar generell schon als Einheit und Gemeinschaft verstanden, doch fehlte es der aristokratischen Oberschicht weitgehend an innerer Geschlossenheit. Der Kreis der Herrschenden war

zum Teil noch eng begrenzt. Es ist schwerlich ein Zufall, daß die früheste Tyrannis in Korinth entstand, wo bislang nur ein Teil der Oberschicht die Herrschaft ausgeübt hatte. Gegensätze und Rivalitäten innerhalb des Adels begünstigten vielfach den Machtwechsel. Stärker als das Bewußtsein einer Solidarität des Adels und die Orientierung an den Interessen der sich formierenden Polisgemeinschaft waren vielfach die Bindungen innerhalb der Hetairien, die es einzelnen Angehörigen der Oberschicht immer wieder ermöglichten, außerhalb der Institutionen eine eigene Machtposition aufzubauen und bisherige Herrschaftsträger oder konkurrierende Gruppen im Kampf um den dominierenden Einfluß in der Polis auszuschalten. Hierbei dürfen freilich die Unterschiede, die sich infolge der zeitlichen Phasenverschiebung bei der Entstehung von Tyrannenherrschaften sowie durch die besondere innere Entwicklung der einzelnen Gemeinwesen ergaben, nicht übersehen werden. Während das Bakchiadenregime noch Züge einer quasi-monarchischen Herrschaft besaß, gegen die sich der Widerstand formierte, war in anderen Poleis die Macht bereits breiter verteilt, als der Umsturz erfolgte. Adelsfaktionen und Hetairien bildeten sich hier im Rahmen eines freieren Spiels der Kräfte im politischen Machtkampf bzw. in einer Polisordnung, deren staatliche Struktur schon wesentlich schärfere Konturen gewonnen hatte, als dies in Korinth und anderen Isthmosstaaten um die Mitte des 7. Jahrhunderts der Fall gewesen war. In Athen war die Polis bereits durch die solonischen Reformen geprägt, als Peisistratos die Macht gewann. Die bestehenden Institutionen ließen sich hier nicht einfach beseitigen.[96]
Die Entstehung der Tyrannis kann freilich nicht allein mit dem Hinweis auf Adelsfaktionen und Hetairien erklärt werden. Der tiefe Widerspruch zwischen der Realität mit ihrer täglichen Not und dem seit Homer und Hesiod sich entwickelnden Idealbild von der Lebensordnung einer Siedlungsgemeinschaft mußte auf die Dauer das kritische Bewußtsein breiterer Kreise schärfen, die Unzulänglichkeit der bestehenden Verhältnisse gegenüber den Normvorstellungen deutlicher hervortreten lassen und Hoffnung auf Änderung wecken. Die führenden Schichten konnten sich dieser Entwicklung nicht gänzlich entziehen, wenn der innere Zusammenhalt der Gemeinschaften gewahrt werden sollte. Ansätze zur Bewältigung der Krisenerscheinungen wie die schriftliche Fixierung des geltenden Rechts oder institutionelle Regelungen – insonderheit Konzessionen an das Beschlußrecht der Gemeinfreien – schufen aber noch keinen grundlegenden Wandel; die gesellschaftliche und politische Sonderstellung der privilegierten Aristokratie wurde hierdurch nicht in Frage gestellt. Andererseits verlor der Adel durch die Einführung der Phalanx sein Übergewicht im militärischen Bereich. Die Bauern gewannen für die Wehrkraft der Gemeinwesen immer größere Bedeutung, während gleichzeitig zahlreiche Freie in den Sog der Armut gerieten. Daß die hierdurch entstehende Unruhe zum Nährboden der Tyrannis werden konnte, wenn ein ehrgeiziger Adliger die Hoffnung der Mittel- und Unterschicht auf eine neue gerechte Ordnung oder einen Ausgleich der Gegensätze zu er-

füllen schien, zeigt die vorsolonische Situation in Athen, wo die Gefahr eines Umsturzes freilich durch das Wirken Solons zunächst noch abgewendet wurde.

Adlige Machtkämpfe, Wandlungen im Militärwesen und eine schwere soziale Krise als Folge des Bevölkerungsdrucks und der Landnot waren also Teilaspekte eines Prozesses, der zur Entstehung von Tyrannenherrschaften führen konnte, doch herrschten hierbei jeweils unterschiedliche Konstellationen. Wenn als weiterer wichtiger Faktor ein schärferes kritisches Bewußtsein breiterer Schichten genannt wurde, das aus der Unzufriedenheit mit den bestehenden Herrschafts- und Machtverhältnissen resultierte, so gilt es auch hier zu beachten, daß die Situation von Polis zu Polis verschieden war und die Kritik sich jeweils gegen den Führungsstil und das Verhalten der dominierenden Familien und Gruppen richtete.

Die Tyrannis bildete indes keine echte Alternative zum Adelsregiment. Die Usurpatoren entwickelten nirgendwo ein konstruktives Programm, das in die Zukunft wies. Sie besaßen weder die Fähigkeit noch die Mittel, die gesamte Polisordnung auf eine neue Grundlage zu stellen. Im 7. und 6. Jahrhundert hatten sich die sozialen und politischen Strukturen bereits so weit verfestigt, daß sie nicht mehr völlig verändert werden konnten. So schufen die Tyrannen auch keine prinzipiell neuen Institutionen, sondern benutzten vielfach die vorgegebenen politischen Einrichtungen als Herrschaftsinstrumentarium, sei es, daß sie selbst ein Amt bekleideten, um auf diese Weise zugleich ihrer Stellung den Schein der Legalität zu verleihen, sei es, daß sie wichtige Positionen mit ihren »Gefährten« oder anderen Adligen besetzten, die bereit waren, sich ihnen unterzuordnen. Zwar wurden die bislang dominierenden Adligen oder adligen Gruppen nicht nur entmachtet, sondern vielfach auch verbannt und enteignet, doch kann von einer allgemeinen ständischen Nivellierung keine Rede sein. Die Tyrannen waren gar nicht in der Lage, die Aristokratie als privilegierte soziale Schicht zu beseitigen bzw. eine gesellschaftliche Einebnung vorzunehmen, da auf Grund der bisherigen Sonderstellung der Aristokratie im wesentlichen nur Adlige die Voraussetzungen besaßen, militärische und politische Funktionen oder Ämter im Auftrag der Machthaber zu übernehmen. Aus dem Kreis der Aristokraten erwuchsen dem Tyrannen aber auch erbitterte Widersacher, die es nicht tolerierten, daß sich ein Standesgenosse über sie erhob, während sie ihrerseits oft keine Bedenken hatten, selbst nach der Macht zu greifen, wenn sich ihnen hierzu die Gelegenheit bot. So sah sich der Tyrann gezwungen, seine durch Usurpation gewonnene Herrschaft mit *allen* Mitteln zu behaupten. Sein Regime gewann dadurch oft zwangsläufig den Charakter einer immer härteren Gewaltherrschaft. Insonderheit war die Herrschaft eines Tyrannenhauses in der zweiten Generation durch zunehmenden Widerstand der Adelsopposition und entsprechende Gegenmaßnahmen der Machthaber gekennzeichnet.

Auch zwischen dem Demos und dem Tyrannen konnte sich auf die Dauer keine echte Interessengemeinschaft entwickeln. Ein geschickt taktierender Aristokrat konnte sich zwar als Repräsentant der Wünsche und Erwartungen des »Volkes« gerieren und erreichen, daß der Demos ihm Vertrauen entgegenbrachte, weil er dem Regime einer verhaßten Gruppe entgegentrat. Aber selbst wenn der Demos unter einem Tyrannen wirtschaftlich sein Auskommen hatte und der Machthaber durch Bautätigkeit oder Aussendung von Kolonistenzügen dem einfachen Mann Verdienstmöglichkeiten oder eine neue Existenz bot, zeigten andererseits Maßnahmen wie die Erhebung von Abgaben, daß das Eigeninteresse des Herrschers im Vordergrund stand und sich nur die Macht verlagert hatte, indem anstelle einer Adelsgruppe nun ein einzelner die Herrschaft ausübte. Dies mußte auch deshalb immer stärker als drückender Zwang empfunden werden, weil vielfach Vergleichsmöglichkeiten mit tyrannenfreien Poleis in unmittelbarer Nachbarschaft bestanden. Hierin lag sicherlich ein wesentliches Schwächemoment der Tyrannis, die nicht den Gang der griechischen Verfassungsentwicklung im ganzen bestimmte.

In ihrer Außenpolitik waren die Tyrannen insgesamt gesehen eher zurückhaltend. Dies ist in erster Linie damit zu erklären, daß die Position der Machthaber in den von ihnen beherrschten Poleis durch Mißerfolge und militärische Niederlagen erschüttert werden konnte. Expansionsmöglichkeiten boten sich mächtigen Tyrannen wie den Kypseliden, Polykrates von Samos und den Peisistratiden allerdings im maritimen Bereich. Die Tendenz zur Errichtung einer über die Polis hinausgreifenden territorialen Herrschaft im eigentlichen Sinne dominierte jedoch erst in der Tyrannis in Syrakus, die sich ohnehin in mancher Hinsicht von ihrem Pendant im griechischen Mutterland und im Ägäisbereich unterschied.

Außen- und Innenpolitk der Tyrannen ergeben in der Gesamtschau ein zwiespältiges Bild. Ein monarchisches Element ließ sich in die Polisordnung verfassungsmäßig nicht einbauen. Der Machthaber konnte zwar über die Polisinstitutionen verfügen und durch sie seinen Willen zur Geltung bringen, nicht aber ein integrierender Bestandteil der Polisverfassung werden. Andererseits war die Tyrannis als Herrschaftsform auch durch ihre Bindung an die Polis entscheidend geprägt. Wenn der Tyrann eine persönliche Herrschaft ausübte, so vertrat er gleichwohl in den zwischenstaatlichen Beziehungen die eigene Polis und agierte zugleich in ihrem Namen.[97] Entsprechend diente seine Außenpolitik zugleich auch seiner Polis und ihrer Stellung im Bezugsfeld der griechischen Staatenwelt. Unter Umständen konnte die Polis sogar das außenpolitische Erbe der Tyrannis antreten, wie das Beispiel Korinths zeigt. Innenpolitisch lag eine soziale und ökonomische Konsolidierung der Verhältnisse durchaus im Eigeninteresse der Machthaber, war aber angesichts der Fülle der Probleme und des wachsenden Widerstandes gegen die Alleinherrschaft schwer zu erreichen. Wo es gelang, konnte die Tyrannis mit dazu beitragen, daß wirtschaftlich wesentliche Voraussetzungen für eine Beteiligung breiterer Schichten an den politischen Entscheidungsprozessen nach dem Sturz der Machthaber geschaffen wurden. Einigermaßen deutlich wird dies freilich nur in Athen. Aber auch in anderen Gemeinwesen war die Tyrannis zweifellos indirekt am Formungsprozeß der Polis beteiligt, wenn auch die Auswirkungen auf den weiteren Gang der Entwicklung entsprechend der jeweils andersartigen Ausgangslage und Kräftekonstellation verschieden waren. So wurde in Korinth nach Beseitigung der Tyrannis der Kreis der Regimentsfähigen erweitert, indem nicht mehr (wie unter den Bakchiaden) die Zugehörigkeit zu bestimmten Adelshäusern, sondern wirtschaftliche Leistungsfähigkeit als Kriterium für die Bekleidung der Ämter und den Eintritt in den Rat galten. Insgesamt gesehen hat das Erlebnis der Tyrannis den Forderungen nach einer präziseren gesetzlichen Regelung im politischen Bereich entschieden Nachdruck verliehen. Die kritische Distanz gegenüber adliger Herrschaftspraxis und Machtausübung ist zwar nicht erst Begleiterscheinung und Folge der Tyrannis. Diese Herrschaftsform demonstrierte aber nicht zuletzt die Möglichkeit des Wandels. Der Übergang zur Tyrannis ließ bewußt werden, daß ein Adelsregime nicht für alle Zeiten gegründet war und die Stellung der politisch dominierenden Kreise erschüttert werden konnte. Bedeutsamer für die Zukunft war freilich, daß die Tyrannis im politischen Bewußtsein der Griechen das Gegenbild par excellence zur Polisordnung wurde.

III. Klassische Polisstaaten

1. Sparta

A) Agrarordnung und gesellschaftliche Gliederung

a) Klarossystem

Die Sozialordnung Spartas war bis zur Eroberung Südlakoniens (vor 750) wahrscheinlich ähnlich wie in anderen Gemeinwesen dieser Zeit. Ein Unterschied lag freilich darin, daß hier mindestens seit dem politischen Synoikismos der vier alten spartanischen Dörfer ein Doppelkönigtum existierte. Neben den beiden Königshäusern gab es zweifellos noch weitere führende Familien, die größere Besitzungen als die Masse der Wehrgenossen hatten. Eine entscheidende Wende in der Entwicklung Spartas war die Überwindung Amyklais, das seit dem späten 10. Jahrhundert die im südlichen Lakonien ansässigen Achaier gegen die bis Sparta vorgedrungenen Dorier abgeschirmt hatte. Nachdem sich die Spartaner schließlich den Weg ins untere Eurotastal freigekämpft hatten, wurde ein Teil der Amyklaier in die Gemeinschaft der Spartiaten aufgenommen, während andere auswanderten. In der Folgezeit okkupierten die Spartiaten relativ schnell das südliche Lakonien. Nur Helos scheint sich nach dem Fall von Amyklai noch etwa eine Generation behauptet zu haben.[1]

Durch die Aufteilung der lakonischen Binnenebene in Klaroi (Grundstücke), die den einzelnen Spartiaten zugewiesen wurden, erhielten Adlige und Gemeinfreie Spartas zusätzliches Ackerland. Gleichzeitig entstand die Helotie, indem die im neugewonnenen Spartiatenland lebende Bevölkerung – soweit sie nicht auswanderte – unterworfen und an die Scholle gebunden wurde. Die gleiche Regelung wurde dann offenbar nach der Eroberung des Gebietes um Helos getroffen.[2]

Bei den in Südlakonien eingerichteten Spartiatenklaroi handelte es sich zweifellos um die in Sparta als archaiai Moirai (»alte Landanteile«) bezeichneten Ländereien, die nicht veräußert werden durften und bis in die Zeit des Königs Kleomenes III. (235–219) nicht wieder neu aufgeteilt wurden.[3] Zahl und Größe dieser Klaroi lassen sich kaum berechnen. Die bei Plutarch (Ag. 8) vorliegende Überlieferung über die von König Agis IV. (ca. 244 bis 241) geplante und von Kleomenes III. schließlich durchgeführte Bodenreform sowie die Angaben Plutarchs (Lyk. 8; 12) und des Dikaiarch von Messene[4] in Sizilien (letztes Drittel des 4. Jh.) über die

Abgaben der Heloten und die Beiträge der Spartiaten zu ihren gemeinsamen Mahlzeiten (Syssitien bzw. Phiditien) bieten keine sichere Grundlage für die Rekonstruktion der Verhältnisse nach der spartanischen Eroberung Südlakoniens, da einerseits im 8. Jahrhundert vermutlich noch eine andere Regelung in der Organisation der damals noch als Andreia (von Aner = Mann) bezeichneten Gemeinschaftsmähler bestand und andererseits nach den Plänen der genannten Reformkönige das gesamte kultivierbare Spartiatenland, das um die Mitte des dritten Jahrhunderts noch zur Verfügung stand, neu aufgeteilt wurde. Die Eroberungen in Messenien hatte Sparta freilich seit dem Einfall thebanischer Streitkräfte unter Führung des Epameinondas (370/69) verloren. Insofern entsprach die Situation in der Zeit der Reformkönige nach 250 in etwa den Verhältnissen um 750, als die Spartaner zwar schon Südlakonien, aber noch nicht Messenien unterworfen hatten. Ein wesentlicher Unterschied bestand jedoch darin, daß im 8. Jahrhundert im Gegensatz zur Bodenreform des Kleomenes III. nur in Südlakonien neue Klaroi eingerichtet wurden. Das Landgebiet der vier alten spartanischen Dörfer wurde bei der Entstehung dieses Klarossystems sicherlich nicht neu aufgeteilt, so daß sich dort zunächst weder die Besitzverhältnisse noch die Bewirtschaftung, die man sich ähnlich wie in den meisten anderen griechischen Gemeinwesen dieser Zeit vorzustellen hat, änderten. Das gleiche gilt wohl auch für das Landgebiet unmittelbar um Amyklai bzw. für die hier liegenden Besitzungen der in die spartanische Wehrgemeinschaft aufgenommenen Amyklaier.

Des weiteren gab es im 8. Jahrhundert in Lakonien zweifellos Ländereien, die sich nicht in privater Hand befanden bzw. nicht zum Klarosgebiet in Südlakonien gehörten, sondern als Gemeinschaftsbesitz der Spartaner galten. Soweit solche Flächen anbaufähig waren und nicht als Weide- und Jagdgründe dienten, wurden die Erträge dieses Gemeindelandes offenbar ähnlich wie in den dorischen Gemeinwesen auf Kreta für die gemeinsamen Mahlzeiten der Spartaner verwendet.[5] In klassischer Zeit war demgegenüber jeder Spartiat verpflichtet, hierfür Naturalien von den Abgaben der auf seinen Ländereien tätigen Heloten zur Verfügung zu stellen. Das Ablieferungssoll der Heloten war nach Plutarch (Lyk. 8) für jeden »von Lykurg« eingerichteten Klaros so bemessen, daß hiervon eine Spartiatenfamilie ihren Unterhalt bestreiten konnte (82 Medimnoi = Scheffel Gerste und eine entsprechende Menge anderer Produkte).[6] Des weiteren nennt Plutarch die Beiträge der einzelnen Spartiaten für die Phiditien (Lyk. 12). Da er hier neben den Naturalien auch einen geringen Geldbetrag erwähnt, beziehen sich seine Angaben vermutlich generell auf die etwa im 4. und 3. Jahrhundert üblichen Normen, die möglicherweise als Bemessungsgrundlage für die neuen Klaroi des Kleomenes III. dienten. Der Gesamtbetrag von 82 Medimnoi mag hierbei von Kleomenes als altes »lykurgisches« Richtmaß ausgegeben worden sein. Es ist indes nicht auszuschließen, daß bis zur Bodenreform des Kleomenes die Heloten keine fixierte Erntemenge, sondern einen bestimmten

Prozentsatz der Erzeugnisse abzuliefern hatten. In diesem Fall könnte aber die von Kleomenes für jeden neuen Klaros fixierte Menge ungefähr den Abgaben entsprochen haben, die bislang für die Bearbeitung einer etwa gleich großen Landfläche zu entrichten waren. Kleomenes III. hat mindestens 4000, wenn nicht 4500 (nach den ursprünglichen Plänen des Agis IV.) neue Spartiatenklaroi eingerichtet, so daß er auch zahlreichen Neubürgern (und zwar vornehmlich ausgewählten Perioiken) ein Landgut mit mehreren Helotenfamilien als Arbeitskräften übereignen konnte. Jedes neue Spartiatengut wird etwa 10–15 Hektar umfaßt haben.

Für die Rekonstruktion der Verhältnisse im 8. Jahrhundert ist mit diesen Schätzungen indes nicht viel gewonnen. Es läßt sich nur vermuten, daß nach der Eroberung des unteren Eurotasbeckens jede Spartiatenfamilie hier einen ausreichend erscheinenden Klaros erhielt, der im erblichen Besitz bleiben sollte. Auf diese Weise mögen in der Tat einige tausend Klaroi (= archaiai Moirai) entstanden sein, die aber schwerlich den gleichen Umfang wie die neuen Klaroi des Kleomenes III. hatten, da die aufgeteilte Gesamtfläche – wie gesagt – jeweils unterschiedlich groß war und die Zahl der archaiai Moirai nicht exakt zu ermitteln ist. Im übrigen konnten auf die Dauer nicht alle Spartaner, die das wehrfähige Alter erreichten, mit eigenem Landbesitz ausgestattet werden. Der Bevölkerungsdruck ließ keinesweg nach. Die Stoßkraft der Expansion Spartas richtete sich in der Folgezeit im wesentlichen gegen Messenien. Nachdem wohl schon unmittelbar im Anschluß an die Okkupation des Eurotasbekkens die Halbinsel Tainaron und die Ostküste des messenischen Golfes als Perioikengebiete von Sparta abhängig geworden waren, unterwarfen die Spartaner etwa zwischen 740/30 und 720/10 die fruchtbare Ebene von Stenyklaros in Messenien, deren Bewohner fortan die Hälfte ihrer Ernteerträge an Sparta abliefern mußten (Tyrtaios Fr. 5 Diehl), ohne daß sie damals schon helotisiert wurden.[7] Ein Teil der messenischen Oberschicht verließ freilich das Land und beteiligte sich an der Gründung Rhegions in Unteritalien. Allem Anschein nach wurden mit den Einkünften aus Messenien nunmehr die gemeinsamen Mahlzeiten der Spartaner bestritten, so daß die Erträge des spartanischen Gemeindelandes in Lakonien hierfür nicht mehr benötigt wurden. Vermutlich haben vor allem spartanische Adelshäuser diese jetzt wohl dem privaten Zugriff freigegebenen Ländereien nach und nach in Anspruch genommen.[8] Jedenfalls haben sich die Besitzunterschiede in Sparta weiter verschärft. Das größte Problem blieb nach wie vor das anhaltende Bevölkerungswachstum. Die Beteiligung von Spartanern an der Gründung der dorischen Kolonie Tarent um 700 brachte noch keine Lösung. Die in der Überlieferung erwähnten Unruhen im archaischen Sparta resultierten zweifellos aus einer sozialen Krise infolge der steigenden Bevölkerungszahl. Daß der Lebensstandard der meisten Spartaner im 7. Jahrhundert überaus bescheiden war, ist vor allem den Klagen des Dichters Alkman über den Nahrungsmangel, der im Frühjahr in Sparta herrschte, zu entnehmen. Die Situation spitzte sich zu, als sich die unterdrückten Messenier erhoben. Eine Reihe von Spartanern verlangte im Verlauf dieses 2. Messenischen Krieges (etwa 640–620?) nach dem Zeugnis des Tyrtaios (Aristot. Pol. 1306b 39ff.) eine Neuverteilung des Landes. Diese Forderung kann sich freilich nicht auf die Klaroi der Spartiaten beziehen. Offensichtlich erwartete der Damos eine Aufteilung der umfangreichen Besitzungen des Adels.[9]

Die Erhebung der Messenier bedeutete für Sparta in militärischer Hinsicht zweifellos eine Überraschung. Durch die damals erforderliche Umstellung auf die Phalanxtaktik scheint deutlich geworden zu sein, daß keineswegs alle Spartaner die Mittel zur Beschaffung schwerer Rüstungsteile besaßen. So entstand infolge des Krieges eine Interferenz der militärischen und sozialen Krise. Die militärische Notlage hat zweifellos den Forderungen des Damos starken Nachdruck verliehen. Der Adel war aber nicht bereit, aus seinem eigenen Besitz Ländereien an den Damos abzutreten. Die Lösung ergab sich dann durch den Sieg über die Messenier nach langen schweren Kämpfen.[10] Die Ebene von Stenyklaros – das Zentrum der Erhebung – wurde in Spartiatenklaroi aufgeteilt und die dortige Bevölkerung helotisiert, soweit sie nicht das Land verließ. Auch die Gebiete an der messenischen Westküste, deren Bewohner sich den Aufständischen angeschlossen hatten, wurden von den Spartanern okkupiert. Offenbar entstanden hier aber keine neuen Klaroi, sondern ausgedehnte Weidegründe. Die Bevölkerung der messenischen Westküste suchte größtenteils neue Wohnsitze in Unteritalien (Metapont), während flüchtige Messenier des Landesinneren teils in Arkadien, teils in Rhegion Aufnahme fanden. Demgegenüber erhielten die Siedlungen an der messenischen Südküste, die sich nicht an den Kämpfen gegen Sparta beteiligt hatten, den Status von Perioikenpoleis.

b) Spartiaten

Die Ausweitung des Klarossystems auf Messenien hatte für die spartanische Gesellschaftsordnung weitreichende Folgen. Die Klarosbesitzer erhielten nunmehr zusätzlich zu ihrem Besitz neue Ländereien in Messenien. Ferner ist damit zu rechnen, daß auch wehrfähige Spartiatensöhne kinderreicher Familien jetzt erstmals mit einem eigenen Klaros in Messenien ausgestattet wurden.

Entscheidend für die weitere Entwicklung Spartas nach der endgültigen Unterwerfung der Messenier im 7. Jahrhundert war vor allem, daß in der Folgezeit alle Vollbürger als Hopliten in der Phalanx dienen konnten. Die Spartiaten der breiten Masse des Damos waren nach der Landaufteilung in Messenien allerdings keine Großgrundbesitzer geworden. Die neuen Klaroi waren im Durchschnitt sicherlich nicht größer als die entsprechenden »Güter« in Lakonien. Ferner wurde entgegen der Behauptung Plutarchs (Lyk. 16) keineswegs für jeden Spartiatensohn schon unmittelbar nach der Geburt ein eigener Klaros reserviert. Die Klaroi gingen normalerweise vom Vater auf den erbberechtigten Sohn über. Bei mehreren wehrfähigen Söhnen wurde in der Regel der älteste der neue Herr des Klaros. Dieses System hatte wiederum zur Folge, daß ein Spartiat oft seine wehrfähigen Söhne oder Brüder, die keinen eigenen Klaros besaßen oder übernahmen, von den Einkünften aus seinen Ländereien unterhalten mußte. Dennoch scheint durch die Erweiterung des spartanischen Polisgebietes nach dem 2. Messenischen Krieg die große Mehrheit der Spartaner in der Lage gewesen zu sein, die Leistungen zu erfüllen, die nunmehr von jedem Vollbürger verlangt wurden. Der Spartaner konnte in klassischer Zeit sein Vollbürgerrecht nur dann ausüben, wenn er seine Beiträge zu den gemeinsamen Mahlzeiten bestreiten konnte. Diese Regelung ergab sich aus der Neuordnung der Verhältnisse in Messenien. Da die Messenier jetzt nicht mehr Tribute an die Spartaner abführten, sondern als Heloten jeweils einen bestimmten Teil ihrer Ernteerträge an die einzelnen spartanischen Klarosbesitzer abliefern mußten, wurde eine Umstellung in der Organisation der Gemeinschaftsmähler der Spartiaten erforderlich, so daß hierfür fortan jeder »Tischgenosse« und Vollbürger selbst eine ausreichende Ration beizusteuern hatte.[11]

Jetzt erst konnte das eigentliche »lykurgische« System entstehen, das in der Überlieferung entschieden zu früh datiert wird.[12] Es beruhte darauf, daß die Spartiaten auf Grund der Abgaben der Heloten in Lakonien *und* Messenien keine Erwerbstätigkeit auszuüben brauchten, so daß sie einen großen Teil ihrer Zeit für militärische Übungen aufwenden konnten. Sparta war daher durch seine Eroberungen in Messenien den neuen militärischen Anforderungen des Phalanxkampfes weit besser gewachsen als alle anderen griechischen Gemeinwesen, in denen nicht jeder Bürger eine Hoplitenrüstung besaß und infolgedessen immer nur ein Teil der Bürgerschaft zum Einsatz in der Phalanx herangezogen werden konnte. Eine Einteilung in Zensusklassen nach der militärischen Leistungsfähigkeit und eine hierdurch bedingte Abstufung der politischen Rechte der Angehörigen des Damos erübrigte sich in der spartanischen Ordnung, in der jetzt alle Bürger militärisch gleichwertig waren und in der Folgezeit auch als Homoioi (»Gleiche«) bezeichnet wurden, ohne daß freilich eine ökonomische und gesellschaftliche Nivellierung innerhalb des Spartiatentums eintrat. Neben den beiden Königshäusern vermochte eine Reihe von Adelsfamilien, deren Einfluß und Reichtum in der Überlieferung immer wieder hervorgehoben werden, ihre Vorrangstellung durchaus zu wahren.[13] Zwischen der ostentativen Betonung des Gleichheitsideals und dem Einfluß und der dominierenden Position der Angehörigen der sog. »Ersten Häuser« besteht zweifellos ein erheblicher Widerspruch, der allerdings an Schärfe verliert, wenn man die Situation in der athenischen Demokratie des 5. Jahrhunderts zum Vergleich heranzieht. Auch in Athen war nur eine Minderheit der Gesamtbevölkerung Attikas im Besitz der bürgerlichen Rechte, und innerhalb dieser Vollbürgerschaft war die gesellschaftliche Schichtung der Politen selbstverständlich nicht beseitigt. In Sparta war jedenfalls durch die Versorgung des Damos der Spartiaten nach dem 2. Messenischen Krieg zum erstenmal eine Basis für die Realisierung der (relativen) politischen Gleichheit gegeben. Die Sonderstellung des Spartiatentums gegenüber den minderberechtigten Perioiken und den unterdrückten Heloten verhinderte dann allerdings eine Weiterentwicklung und Modifizierung dieses Gleichheitsprinzips. Aus der Sicht des spartanischen Damos schien auf die Dauer nur die Bewahrung des Klarossystems, das sehr wohl eine soziale Rangordnung unter den »Gleichen« implizierte, die Gewähr für die Erhaltung der ökonomischen und politischen Privilegien des Vollbürgerrechts zu bieten.[14]

Die sog. lykurgische Ordnung ist zugleich das Symbol der aus klassischer Zeit bekannten und in Griechenland vielfach bewunderten, aber auch stark kritisierten Ausrichtung des gesamten Lebensstils der Spartiaten auf die ihnen abverlangten Pflichten als Vollbürger und Hopliten.[15] Die straffe militärische Organisation der Gemeinschaft der Vollbürger und ihre Abkapselung gegenüber der geistigen und kulturellen Entwicklung im übrigen Griechenland – typische Merkmale der klassischen Ordnung Spartas – wurden aber keineswegs schon unmittelbar nach dem 2. Messenischen Krieg angestrebt. Um und nach 600 ist das Bild Spartas noch nicht durch jene Disziplin bestimmt, der die Vollbürgerschaft später unterworfen war. Die Probleme, die sich aus der Helotisierung großer Teile der Bevölkerung Messeniens und dem damit verbundenen sprunghaften Anstieg der Zahl der unterdrückten Unfreien ergaben, scheinen der spartanischen Staatsführung zunächst nicht bewußt geworden zu sein.[16] In Messenien herrschte nach dem Ende des schweren Krieges offenbar längere Zeit Ruhe. Vermutlich erhoben sich erst um 500 Teile der messenischen Heloten offen gegen die spartanische Herrschaft,[17] während man um die Wende vom 7. zum 6. Jahrhundert in Sparta schwerlich eine bewaffnete Erhebung der Messenier befürchtete. Anders ist es kaum zu erklären, daß Sparta nach 600 die Expansionspolitik fortzusetzen beabsichtigte und das Ziel verfolgte, die ostarkadische Hochebene um Tegea zu gewinnen und nach Möglichkeit ganz Arkadien in den spartanischen Einflußbereich einzubeziehen.[18] Die Tegeaten wehrten jedoch die spartanischen Angriffe erfolgreich ab. Erst um die Mitte des 6. Jahrhunderts trat eine Wende ein. Sparta war nunmehr militärisch deutlich überlegen, okkupierte aber keine Gebiete der Tegeaten, sondern verpflichtete letztere vertraglich zur Verfolgung flüchtiger Messenier und wohl auch zur Heeresfolge.[19] Etwa gleichzeitig oder wenig später vermochten die Spartaner den Argivern die Ebene um Thyrea – einen Teil der Landschaft Kynuria – zu entreißen und ihrem »Gemeindeland« anzugliedern. So wurde hier zwar das spartanische Polisgebiet noch einmal erweitert, doch entstanden offensichtlich keine neuen Klaroi. Durch diese Entwicklung verlor Argos auch seinen Einflußbereich an der peloponnesischen Ostküste im Süden der Thyreatis. Diese Gebiete einschließlich der Insel Kythera wurden spartanisches Perioikenland. Sparta verzichtete hier also auf eine direkte Okkupation dieses wirtschaftlich wenig attraktiven Raumes, um anstelle der Erweiterung des Bürgerlandes den Ring der Perioikengemeinden zu verstärken.[20] Als die Expansion Spartas um die Mitte des 6. Jahrhunderts ihren Abschluß fand, umfaßte der lakedaimonische Gesamtstaat – das spartanische Polisgebiet und die Perioikengemeinden – rund zwei Fünftel der Peloponnes. In der Folgezeit wurde die Halbinsel mit Ausnahme von Achaia und Argos in das neu entstehende spartanische Bündnissystem einbezogen. Für weitere Okkupationen war die Basis des Spartiatentums zweifellos zu schmal. Wenn auch die Zahl der Vollbürger sich damals auf rund 8000–10000 Homoioi belaufen haben mag, so ließ gleichwohl der elementare Bevölkerungsdruck nunmehr nach.

Die im Vertrag mit Tegea enthaltenen Bestimmungen über die Behandlung flüchtiger Heloten deuten an, daß man um 550 in Sparta die Konsequenzen der Unterdrückung der Messenier erkannte. Die Ausprägung des sog. lykurgischen Systems war aber zweifellos noch durch andere Faktoren bestimmt. Vor allem die anfänglichen Mißerfolge in den Kämpfen gegen Tegea scheinen die Aktivierung des militärischen Potentials Spartas stimuliert zu haben. Des weiteren ist der Gegensatz zu Argos zu beachten. Auch unter diesem Aspekt wird eine Steigerung der militärischen Leistungsfähigkeit des Spartiatentums wünschenswert erschienen sein.

Institutionelle Neuerungen, die das Zusammenspiel der Verfassungsorgane betrafen, wurden damals offensichtlich nicht vorgenommen. Im militärischen Bereich läßt sich hingegen eine durchgreifende organisatorische Maßnahme erschließen. In der Schlacht bei Plataiai (479) gliederte sich die spartanische Bürgerarmee in fünf Lochoi (»Regimenter«) zu je 1000 Mann, die durch 5000 perioikische Hopliten verstärkt wurden. Die Aufgebote der drei Phylen zur Zeit des 2. Messenischen Krieges waren also inzwischen durch neue taktische Einheiten ersetzt worden. Die Heeresreform kann allerdings nicht exakt datiert werden, und es muß offenbleiben, ob im Rahmen dieser Neugliederung, die sicherlich die Schlagkraft der spartanischen Armee gesteigert hat, auch das System der Phiditien einer Reorganisation zur Stärkung des Zusammenhalts der spartiatischen Hopliten unterzogen wurde. Ein Phidition (Tischgenossenschaft), das im Durchschnitt aus 15 Spartiaten bestand, bildete jedenfalls keinen eigenen militärischen Verband. Ein weiteres Problem ist in diesem Zusammenhang die spartanische Jugenderziehung (Agogé), die entscheidend zur Prägung des klassischen Spartiatentums beigetragen hat, da die Jungen bereits vom 7. Lebensjahr an nach Altersklassen gegliedert auf das Gemeinschaftsleben der Vollbürger vorbereitet wurden, bis mit Vollendung des 20. Lebensjahres ihre Aufnahme in den Bürgerverband erfolgte. Dieses System basierte wohl auf altem Brauch. Falls es im 6. Jahrhundert straffer geregelt wurde, kann die Reform durchaus schrittweise eingeführt worden sein. Im übrigen dürften derartige Maßnahmen nur langfristig den gewünschten Effekt erzielt haben.

Daß der vielzitierte »innere Wandel« Spartas im 6. Jahrhundert und die Ausprägung der spezifisch spartanischen Mentalität sich in einem längeren Prozeß vollzogen, zeigen nicht zuletzt die Entwicklung im kulturellen

Bereich sowie die materielle Hinterlassenschaft.[21] Sparta hatte im 7. Jahrhundert regen Anteil an der Entfaltung der griechischen Kultur genommen. Bedeutende Repräsentanten der Musik und Chorlyrik wie Terpandros von Antissa auf Lesbos und Alkman, dessen Herkunft umstritten ist, fanden hier Aufnahme, während Tyrtaios – zweifellos ein gebürtiger Spartaner – in seinen Elegien Wertvorstellungen der spartanischen Wehrgemeinschaft prägte. Um 600 ist in der Pflege der Musik und Dichtung noch keine eindeutige Zäsur festzustellen. Wohl im frühen 6. Jahrhundert wirkten in Sparta der Musiker Sakadas aus Argos und der Chorlyriker Stesichoros aus Sizilien oder Unteritalien. Der vielseitig begabte einheimische Architekt und Bildhauer Gitiades dichtete einen Hymnos auf Athena Chalkioikos, deren Tempel und Bild er vermutlich um 550 schuf. In der Folgezeit zeichnet sich jedoch ein Wandel ab. Sicherlich senkte sich um Sparta kein Eiserner Vorhang nieder. Angehörige der spartanischen Oberschicht pflegten nach wie vor Kontakte mit dem Adel in anderen Poleis, und spartanische Feste wurden weiterhin von vielen Fremden besucht. Die Führung Spartas wußte aber zu verhindern, daß die Ziele der spartanischen Agogé durch Einflüsse des griechischen Geisteslebens des 5. Jahrhunderts in Frage gestellt wurden. Die Pflege der musischen Künste an den Festen der Polis diente hier jetzt dem spezifischen erzieherischen Ideal der Einordnung des einzelnen in den spartanischen Kosmos. Die Aufführung einer Tragödie wie der Antigone des Sophokles, die die Grenzen der »staatlichen« Autorität aufzeigte, kam in Sparta ebensowenig in Betracht wie eine geistige Auseinandersetzung mit naturwissenschaftlichen, rhetorischen und philosophischen Theorien (Plat. Hipp. maior 285).[22]

In den bildenden Künsten und im Kunsthandwerk ist der Gesamteindruck differenzierter. Sparta war im 7. und 6. Jahrhundert im Vergleich zu anderen peloponnesischen Gemeinwesen durchaus reich an Kunstwerken. Das einheimische Kunstschaffen gewann seit dem späten 7. Jahrhundert ein eigenes Gepräge. Elfenbeinarbeiten besaßen um 600 ein beachtliches Niveau. Die lakonische Vasenmalerei gelangte nach 590/80 zur höchsten Entfaltung, erstarrte aber in ihren Ausdrucksmöglichkeiten nach Mitte des 6. Jahrhunderts, während freilich Gitiades in dieser Zeit wohl noch tätig war und die Produkte des lakonischen Bronzehandwerks bis ins 5. Jahrhundert eine begehrte Ware blieben. Bedeutende öffentliche Arbeiten wurden indes in der zweiten Hälfte des 6. Jahrhunderts offensichtlich vorwiegend von auswärtigen Künstlern ausgeführt. Das Interesse an kultischen und repräsentativen Kunstwerken ließ also in dieser Zeit noch keineswegs nach, doch genügten jetzt die einheimischen Kräfte nicht mehr den Ansprüchen. Die qualitätvollste »lakonische« Skulptur – der sog. Leonidas aus der Zeit der Perserkriege – ist vielleicht das Werk eines auswärtigen Bildhauers. Nach der Errichtung der sog. Perserhalle (479) erlahmte offenbar auch die öffentliche Bautätigkeit.

Die Intensivierung der Jugenderziehung und des Gemeinschaftslebens der Spartaner im 6. Jahrhundert wird praktisch nur in ihren Auswirkungen greifbar, während es offenbleiben muß, wie die Zielvorstellungen, die hierbei die spartanische Führung geleitet haben, damals im einzelnen realisiert wurden. Das Hauptproblem Spartas bestand darin, daß das Polisterritorium und das Perioikengebiet eine für griechische Verhältnisse ungewöhnliche Ausdehnung erreicht hatten und die Institution der Helotie jetzt die ökonomische Basis des Spartiatentums darstellte, während die Zahl der privilegierten Vollbürger – wie gesagt – zu stagnieren begann. Dies erklärt das Bestreben, alle Kräfte in den Dienst der Polis zu stellen. Hierdurch wurden zweifellos die Interessen des Spartiatentums permanent in eine bestimmte Richtung gelenkt, so daß infolge der ständigen militärischen Einsatzbereitschaft der Vollbürger die Motivation für wissenschaftliche und künstlerische Betätigung und Leistung fehlte. Bemerkenswert ist aber, daß auch das Kunstschaffen des Perioikentums, das trotz seiner politischen Abhängigkeit schwerlich von der spartanischen Führung gezielt beeinflußt wurde, im Provinziellen erstarrte. Dies ist zweifellos einerseits durch den Mangel an geistiger Ausstrahlungskraft des politischen Zentrums bedingt, dürfte aber andererseits auch mit einer gewissen Anpassung an die Mentalität des Spartiatentums zu erklären sein. Den Perioiken wurden ebenfalls erhebliche militärische Pflichten auferlegt. Ihre als Hopliten dienenden Bürger brauchten zwar in ihrer Gesamtheit nicht an der spartanischen Agogé und am Gemeinschaftsleben der Spartiaten teilzunehmen. Sie hatten aber dadurch, daß sie in der Phalanx Seite an Seite mit trainierten spartiatischen Kombattanten kämpften, größere militärische Leistungen zu erbringen und sich im Felde einer strafferen Disziplin zu unterwerfen als die Wehrfähigen anderer Poleis. Zudem ließen offenbar zumindest seit dem späten 5. Jahrhundert Angehörige der perioikischen Oberschicht des öfteren ihre Jungen an der harten vormilitärischen Schulung der spartanischen Agogé teilnehmen (Xen. Hell. V 3,9). Dies hat sicherlich eine gewisse geistige Angleichung der perioikischen Eliten an das Spartiatentum bewirkt.[23]

Die »lykurgische Ordnung« hat selbstverständlich auch das Wirtschaftsleben in Sparta geprägt. Im 7. und wohl auch noch weitgehend im 6. Jahrhundert wird der spartanische Außenhandel im wesentlichen in den allgemein üblichen Formen abgewickelt worden sein. Vor allem die spartanische Oberschicht, deren Lebensstil im 7. Jahrhundert der ionisch beeinflußten Adelskultur Griechenlands entsprach und sich nach 600 keineswegs radikal änderte, wird im Austausch für begehrte Waren die Erzeugnisse ihrer umfangreichen Ländereien angeboten haben. Des weiteren ist generell mit dem Export von Blei und Eisen, das im Taygetos vorkam und von recht guter Qualität war, zu rechnen. Demgegenüber dürfte der Export lakonischer Vasen umfangmäßig geringere Bedeutung für den Außenhandel gehabt haben, zumal die qualitätvollste Ware des 6. Jahrhunderts vermutlich nur in einigen wenigen Werkstätten hergestellt wurde. Der Verlust der Absatzmärkte für Vasen, die von den Produkten der attischen Keramik des schwarz- und rotfigurigen Stils übertroffen wurden, hat den spartanischen Handel sicherlich nicht entschei-

dend geschwächt. Auch die äußere Gleichstellung des Adels und des Damos und die hiermit verbundene offizielle Einschränkung von Luxus und aufwendiger Lebensweise in der spartanischen Ordnung der spätarchaischen und klassischen Zeit (Thuk. I 6,4) sollten in dieser Hinsicht nicht überschätzt werden. Gemessen am gesamten Handelsvolumen fielen in Griechenland ausgesprochene Luxusartikel, die nur für eine begrenzte Käuferschicht in Betracht kamen, generell nicht allzu stark ins Gewicht. Im übrigen ist nicht zu bezweifeln, daß große spartanische Grundbesitzer auch in der lykurgischen Ordnung über die Mittel und Möglichkeiten verfügten, das offizielle Verbot des Privatbesitzes von Gold und Silber zu umgehen. Reiche Spartiaten bewahrten auf ihren Besitzungen außerhalb der Polis offensichtlich zahlreiche wertvolle Gegenstände auf, die sie nicht öffentlich zeigen durften (Xen. Hell. VI 5,30 u. 50). Sparta konnte aber auf Grund seiner gesamten Wirtschafts- und Sozialstruktur nicht mit der ökonomischen Entwicklung anderer bedeutender Poleis Schritt halten. Das Landverteilungssystem mit dem Abgabensoll der Heloten und das quasi-militärische Gemeinschaftsleben der Vollbürger führten zu einer Stagnation des Binnenmarktes. Auf Grund der eigentümlichen Sozialordnung Spartas kam zudem eine Beteiligung der Spartiaten am Zwischenhandel nicht in Frage. Aus spartanischer Sicht war es freilich weder erforderlich noch wünschenswert, mit den Seestädten zu konkurrieren, da es – wie gesagt – galt, die mühsam errichtete, auf der Helotie und der politischen Abhängigkeit der Perioiken beruhende Ordnung aufrechtzuerhalten und gleichsam zu zementieren.
Die Landverteilung nach dem 2. Messenischen Krieg mußte aber auf die Dauer infolge der unterschiedlichen Kinderzahl der Klarosbesitzer auch innerhalb der breiten Masse der Spartiaten wieder zu einer erheblichen Differenzierung der Eigentumsverhältnisse führen.[24] Wenn durch das Klarossystem gewährleistet sein sollte, daß stets eine ausreichende Zahl von Wehrfähigen mit Landbesitz versorgt war, wären in gewissen Abständen neue Landverteilungen oder aber kontinuierliche Eingriffe in die Agrarordnung erforderlich gewesen, indem man beim Tode eines Klarosbesitzers, der keinen wehrfähigen Erben hinterließ, dessen Land einem unversorgten Spartaner im dienstpflichtigen Alter zugewiesen hätte. Entsprechende Regelungen wären aber praktisch einer Enteignung der Familie des früheren Eigentümers gleichgekommen und hätten erhebliche privatrechtliche Folgen gehabt. Minderjährige Söhne eines verstorbenen Spartiaten wären unter Umständen besitzlos geworden, bis für sie wieder ein Klaros zur Verfügung stand. Derart weitreichende permanente Eingriffe in die privaten Besitzverhältnisse hätten schwerlich die Zustimmung der Mehrheit der Spartiaten gefunden. Da andererseits der zur Verfügung stehende Grund und Boden nicht mehr beliebig vergrößert werden konnte, nachdem Sparta an die Grenzen seiner Expansionsmöglichkeiten gestoßen war, wirkten sich die Implikationen des spartanischen Bodenrechts in zunehmendem Maße negativ aus. Das Streben nach Vermehrung des eigenen Landbesitzes wurde durch dieses System

nicht verhindert, da die Vereinigung von mehreren Klaroi in einer Hand nicht verboten war. Vor allem die reichen und vornehmen Familien, deren Söhne und Töchter »standesgemäß« heirateten, scheinen im Laufe der Zeit weitere umfangreiche Ländereien durch Erbschaften und Mitgift in ihren Besitz gebracht zu haben. Andererseits waren zahlreiche Spartiaten, die nur ihren ererbten Klaros besaßen, verständlicherweise bestrebt, ihren männlichen Nachkommen den Status des Vollbürgers zu erhalten und dementsprechend die Kinderzahl einzuschränken. Hier liegt eine wesentliche Ursache der Stagnation und schließlich des Rückgangs der Zahl der Vollbürger. Auch der Zwang zur Wohn- und Schlafgemeinschaft der jüngeren Krieger bis zum 30. Lebensjahr hat sich in dieser Hinsicht zweifellos negativ ausgewirkt. Im 5. Jahrhundert kamen dann erhebliche Kriegsverluste hinzu, die vor allem die jüngeren Jahrgänge der Wehrpflichtigen immer wieder dezimierten. Folgenreich war des weiteren das schwere Erdbeben 464 v. Chr., bei dem allem Anschein nach durch besondere Umstände vor allem zahlreiche sog. Eirenes (Vierzehn- bis Zwanzigjährige) sowie viele Frauen und Kleinkinder umkamen (Plut. Kim. 16). Durch die Folgen des Erdbebens wurde zumindest langfristig die Geburtenrate weiter reduziert.
Die Zahl der Spartiaten während des Peloponnesischen Krieges läßt sich nur grob schätzen. Hierbei müssen die Angaben des Thukydides (V 68) über die Aufstellung des aus Spartiaten, Perioiken und freigelassenen Heloten bestehenden spartanischen Heeres in der Schlacht bei Mantineia (418) zugrunde gelegt werden. Insgesamt wird das Aufgebot der Spartiaten und Perioiken (einschließlich der Kavallerie, aber ohne das perioikische Sonderkorps aus der Landschaft Skiritis) bei Mantineia rund 4000 Mann umfaßt haben, von denen ungefähr die Hälfte Perioiken waren. Hinzu kamen die erwähnten Freigelassenen. Für die Berechnung der Gesamtzahl der Spartaner sind aber des weiteren die amtierenden Beamten, die Invaliden, die bei Mantineia nicht aufgebotenen älteren Jahrgänge der Wehrpflichtigen sowie die über 60 Jahre alten und nicht mehr wehrfähigen Männer zu berücksichtigen, so daß sich die Gesamtzahl der Spartaner um 418 auf etwa 2500 bis 2700 Mann belaufen haben mag. Sie war jetzt zweifellos geringer als zu Beginn des Peloponnesischen Krieges.[25]

c) Minderberechtigte Spartaner

Die Spartaner bestanden in dieser Zeit freilich nicht mehr ausschließlich aus Vollbürgern (Spartiaten). In der Bürgerarmee dienten jetzt vielmehr auch sog. Hypomeiones (»Minderberechtigte«). Hierunter sind gebürtige Spartaner und deren Nachkommen zu verstehen, die das volle Bürgerrecht verloren bzw. nicht erhalten hatten, weil sie nicht die erforderlichen Beiträge zu den Syssitien leisten konnten. Sie sind zu unterscheiden von den gleichfalls dienstpflichtigen sog. Tresantes (»Zaghafte«), die wegen

»Feigheit vor dem Feind« mit der Strafe der Atimie (Ehrlosigkeit) belegt worden waren. Die jüngeren Hypomeiones konnten vermutlich als sog. Mothakes der Söhne wohlhabender Vollbürger an der Agogé teilnehmen.[26] Der Begriff Mothakes hatte in hellenistischer Zeit allem Anschein nach die gleiche Bedeutung wie die Bezeichnung Syntrophoi (»Miterzogene«), zu denen freilich auch Kinder von fremden Nichtbürgern (sog. Xenoi) sowie die Nothoi (»Bastarde«, Söhne spartiatischer Väter und helotischer Mütter) gehören konnten. Sofern Spartiaten ihre Nothoi an der Agogé teilnehmen ließen, wurden die betreffenden Jungen zweifellos freigelassen. Die Nothoi wurden ebenfalls zum Waffendienst herangezogen (Xen. Hell. V 3,9), dienten aber ebensowenig wie freigelassene Heloten, die als Hopliten eingesetzt wurden, in den Abteilungen der spartanischen Bürgerarmee. Da der spartanische Staat im letzten Viertel des 5. Jahrhunderts dazu übergehen mußte, viele Heloten für den Hoplitendienst zu emanzipieren, kann die Zahl der Hypomeiones (und der Nothoi) damals freilich nicht sehr hoch gewesen sein. Auch in der Folgezeit scheinen die Hypomeiones zahlenmäßig keine allzu große Bedeutung gehabt zu haben. In der Zeit des Aristoteles gab es zwar nur noch »weniger als tausend Vollbürger« (Pol. 1270a 30f.). Allem Anschein nach hatte aber nur eine relativ geringe Zahl von Spartanern durch Verarmung ihr volles Bürgerrecht verloren. Wesentlich stärker waren die Kriegsverluste ins Gewicht gefallen. Einen schweren Aderlaß bedeutete vor allem die Schlacht bei Leuktra (371), in der rund 400 Spartiaten – mehr als ein Drittel der wehrpflichtigen Vollbürger – den Tod fanden. Etwa zwischen 350 und 250 hat sich die Zahl der Spartiaten, die sich beim Regierungsantritt des Agis IV. auf etwa 700 Mann belief (Plut. Ag. 5), nicht mehr im gleichen Tempo wie im 5. und frühen 4. Jahrhundert verringert. Dementsprechend wird auch die Schicht der Hypomeiones im ganzen gering geblieben sein.

Die bürgerliche Zurücksetzung der Hypomeiones führte 398 zu einer inneren Krise, als Kinadon – ein minderberechtigter Spartaner – eine Verschwörung anzettelte, für die er angeblich alle Heloten, Neodamoden (freigelassene Heloten), Hypomeiones und Perioiken zu gewinnen hoffte (Xen. Hell. III 3, 4–11). Der Putschversuch wurde jedoch verraten, so daß die Ephoren rechtzeitig Gegenmaßnahmen treffen konnten und Kinadon inhaftieren und beseitigen ließen. Es bleibt fraglich, ob Kinadon tatsächlich mit der Unterstützung aller Hypomeiones rechnen konnte, die unter den Vollbürgern zweifellos eine Reihe von Verwandten und Freunden besaßen. Der Verräter Kinadons zählte sicherlich zu diesem Kreis der minderberechtigten Spartaner. Auch in bezug auf die Einstellung der Perioiken ist Kinadons Lagebeurteilung schwerlich zutreffend (vgl. Xen. Hell. V 3,9).[27]

Die Führung Spartas hat die sozialen und politischen Probleme, die sich aus der Differenzierung der Spartaner in Homoioi und Hypomeiones ergaben, zweifellos erkannt. Nach den Angaben Plutarchs (Ag. 5) wurde durch ein Gesetz des Ephoren Epitadeus den Spartiaten erlaubt, über ihren Klaros durch Schenkung oder Testament frei zu verfügen. Die Amtszeit des Epitadeus ist vermutlich ins frühe 4. Jahrhundert zu datieren.[28] Plutarch hat das Gesetz mit dem angeblichen Beginn des Sittenverfalls in Sparta nach dem Peloponnesischen Krieg in Verbindung gebracht und die Auffassung vertreten, daß durch Epitadeus' Maßnahme die bereits nach dem Sieg über Athen (404) sich abzeichnende Auflösung der lykurgischen Disziplin beschleunigt worden sei, weil die »Mächtigen« nunmehr die Möglichkeit erhalten hätten, nahe Verwandte aus ihrem Erbe zu verdrängen und den eigenen Landbesitz zu vergrößern. Die Interpretation Plutarchs erinnert an die wohl auf Poseidonios zurückgehende Datierung des römischen Sittenverfalls nach dem Ende Karthagos. In Wirklichkeit hatte die Konzentration des Grundbesitzes in Sparta schon wesentlich früher eingesetzt. Diese Tendenz wurde zwar durch das neue Gesetz begünstigt, da das Verkaufsverbot nunmehr auf legalem Wege umgangen werden konnte. Letzteres lag aber wohl kaum in der Absicht des Antragstellers. Epitadeus hat immerhin die Zustimmung der Mehrheit der Spartiaten gefunden, die keineswegs ausnahmslos große Grundbesitzer waren. Allem Anschein nach sollte im Hinblick auf die sinkende Bürgerzahl erreicht werden, daß minderbemittelte Hypomeiones durch privatrechtliche Verfügungen kinderloser Klaroseigentümer wieder Landbesitz erhielten, damit sie ihre bürgerlichen Funktionen und Rechte ausüben konnten. Im übrigen ist zu beachten, daß infolge der ständigen Kriegsverluste auch umfangreiche Ländereien in den Besitz von Frauen gelangten und infolgedessen für die Ausstattung wehrfähiger Spartiaten nicht mehr zur Verfügung standen (Aristot. Pol. 1270a 23–25). Dies widersprach selbstverständlich gleichfalls dem Sinn und Zweck der ursprünglichen Agrarordnung. Die vermeintliche spartanische Disziplin hat also bereits vor dem von Plutarch genannten Epochendatum (404) nicht zu verhindern vermocht, daß einzelne Spartiaten sich auf illegale Weise zu bereichern suchten.

Die Ursachen der Krise Spartas auf der Höhe des Erfolges nach dem Sieg über Athen liegen selbstverständlich tiefer. Sparta war durch die lykurgische Ordnung mit einer schweren Hypothek belastet, als es nach 404 vor der Aufgabe stand, das durch den Zusammenbruch Athens entstandene machtpolitische Vakuum auszufüllen. Es muß dahingestellt bleiben, ob Sparta um die Wende vom 5. zum 4. Jahrhundert die Chance gehabt hätte, die Hegemonie in Griechenland langfristig zu behaupten und eine Art Pax Spartana zu garantieren, wenn es gelungen wäre, die lykurgische Ordnung zu überwinden und Helotie und Perioikie zu beseitigen. Diese Lösung überstieg jedenfalls die Vorstellungsmöglichkeiten der spartanischen Führung und des Damos der Spartiaten, die nicht bereit waren, auf ihre Privilegien zu verzichten bzw. ihre Vorrechte mit Perioiken und Heloten zu teilen.

Das eigentliche Problem lag in der Struktur des spartanischen Staates. Als in Sparta nach dem 2. Messenischen Krieg durch die Ausstattung der Spartiaten mit ausreichendem Landbesitz innerhalb der Bürgerschaft ein gewisser sozialer Ausgleich erzielt worden war, schien hier die Polis als Gemeinschaft der Vollbürger in geradezu idealer Weise verwirklicht zu sein, indem nunmehr alle Spartiaten ihre politischen Rechte und Pflichten ausüben konnten. Dies wurde im Grunde in keiner anderen Polis erreicht. Selbst in der klassischen athenischen Demokratie konnten nie alle Bürger an den politischen Entscheidungsprozessen in der Volksversammlung teilnehmen. In Sparta war es demgegenüber kein Problem, die vollberechtigten Spartiaten zusammenzurufen, die von der Sorge für ihren Lebensunterhalt befreit waren und im politischen Zentrum geradezu eine Lebensgemeinschaft bildeten. Im Hinblick auf die Funktionsfähigkeit der Polis als Bürgerverband konnte Sparta im 6. Jahrhundert als fortschrittlichste Politeia gelten. Die spartanische Ordnung beruhte aber auf der Herrschaft der Polisgemeinschaft über ein umfangreiches, durch Eroberung angegliedertes Territorium. Die Bürger Spartas und die Bewohner der Landgebiete bildeten keine politische Einheit. Hierin liegt ein entscheidender Unterschied zu Athen. Zudem hatte die klassische Demokratie in Athen eine Reihe von Reformen zur Voraussetzung, durch die erst allmählich die Bedingungen für die (relative) politische Gleichheit aller Schichten der Bürgerschaft entstanden. Diese Entwicklung konnte in Sparta nicht ohne weiteres durch organisatorische Maßnahmen und eine durchgreifende gesellschaftliche Neuordnung übersprungen oder nach dem Vorbild der Reformen des Kleisthenes nachgeholt werden, selbst wenn die Spartiaten hierzu bereit gewesen wären. An die Stelle der Polisordnung hätte angesichts der Größe des spartanischen Territoriums eine prinzipiell neue politische Konzeption treten müssen, die eine Repräsentation aller Teile eines solchen Gesamtstaates ermöglicht hätte. Die Spartaner standen aber vor allem auf Grund der Institution der Helotie vor unlösbaren Aufgaben, als das verkrustete System ihrer Gesellschaftsordnung nach den Perserkriegen und insonderheit nach dem Zusammenbruch Athens der Stellung und Bedeutung Spartas im griechischen Staatensystem nicht mehr entsprach. Zwar existierte in allen griechischen Staaten die typische Dichotomie der Gesellschaft in Freie und Unfreie. Während aber beispielsweise in Athen die Unfreien in klassischer Zeit etwa ein Drittel der Gesamtbevölkerung ausmachten und die Sklaverei in wirtschaftlicher Hinsicht gleichsam eine »Kapazitätserweiterung« (S. Lauffer) darstellte, bildete die Helotie in Sparta die Grundlage des gesamten Systems.

d) Heloten und Freigelassene

Die wirtschaftlichen Verpflichtungen der Heloten wurden bereits dargelegt. Hiermit eng verbunden ist das Problem der Zahl dieser unfreien Klarosbauern und ihres Lebensstandards. Die einzige Nachricht, die eine Angabe über das Zahlenverhältnis zwischen Spartiaten und Heloten enthält, liegt im Bericht des Herodot (IX 28,2. 29,1) von der Schlacht bei

Plataiai (479) vor. Damals sollen 5000 spartiatische Hopliten von 35 000 Heloten begleitet worden sein, die als Waffenburschen und Troßknechte der Spartiaten fungierten. Die von Herodot genannte Relation bietet indes keine sichere Grundlage für die Berechnung der Zahl der Heloten.[29]
Einerseits erscheint die Stärke der helotischen Begleitmannschaften für griechische Verhältnisse ungewöhnlich groß, andererseits sind 479 nicht alle Heloten zu militärischen Hilfsdiensten herangezogen worden, da hierfür im wesentlichen nur die körperlich tauglichen Unfreien in Frage kamen. Die Angabe Herodots zeigt lediglich, daß die Zahl der Heloten mehrfach höher war als die der Spartiaten. Vielleicht sind für einen Klaros von der Größe der durchschnittlichen archaiai Moirai in Südlakonien etwa 20–25 Personen (Männer, Frauen und Kinder) anzusetzen. Auf den großen Gütern reicher Spartiaten waren jedoch erheblich mehr Heloten tätig. Das Zahlenverhältnis hat sich mindestens seit den Perserkriegen mehr und mehr zuungunsten der Spartaner verschoben. Die helotische Bevölkerung ging im Gegensatz zur Bürgerschaft zweifellos nicht zurück. Andernfalls wäre es dem spartanischen Staat im letzten Viertel des 5. Jahrhunderts und nach 400 nicht möglich gewesen, Tausende von Heloten von der Feldarbeit freizustellen und für den Kriegsdienst zu emanzipieren.
Ein Sonderproblem ist die Bewirtschaftung des Landgebietes in der Umgebung von Sparta nach der Einrichtung des Klarossystems in Südlakonien. A. Toynbee[30] hat die Auffassung vertreten, daß auf den Ländereien um Sparta keine Heloten arbeiteten, weil eine Umsiedlung südlakonischer Bevölkerungsteile nicht bezeugt sei. Die spartanischen Vollbürger haben indes in klassischer Zeit ihre Besitzungen in der unmittelbaren Nähe Spartas schwerlich nach der in Griechenland allgemein üblichen Weise selbst oder mit Hilfe von freien Lohnarbeitern und Kaufsklaven nichthelotischer Herkunft bestellt. Es mag zwar in Sparta in geringerer Zahl Kaufsklaven gegeben haben, doch waren diese offenbar in erster Linie in den Haushalten der Spartiatenfamilien tätig. Jedenfalls lebten im 5. und 4. Jahrhundert auch in der ländlichen Umgebung Spartas zahlreiche Heloten (Xen. Hell. VI 5,28–29).
Die relativ kleine Fläche, die jeweils einer Helotenfamilie zur Eigenversorgung zur Verfügung stand, zwang diese Klarosbauern sicherlich zu äußerster Genügsamkeit. Detaillierte Angaben über ihren Lebensstandard sind nicht möglich. Es ist lediglich bekannt, daß Kleomenes III. in der Krisensituation vor der Schlacht bei Sellasia (222) rund 6000 Heloten emanzipierte, von denen jeder einzelne einen Betrag von 500 Drachmen als Freilassungspreis zu zahlen hatte. Da das Ablieferungssoll der Heloten begrenzt war, konnten sie in hellenistischer Zeit offensichtlich einen Teil ihrer Bodenprodukte frei verkaufen und sich dementsprechend Ersparnisse zurücklegen. Inzwischen hatte aber auch in Sparta die Geldwirtschaft Eingang gefunden, so daß die Lebensbedingungen der Heloten des 3. Jahrhunderts nicht ohne weiteres mit der Situation ihrer Vorfahren während der archaischen und klassischen Zeit verglichen werden können.
Die eigentümliche Rechtsstellung der Heloten ist primär auf ihre kollekti-

ve Unterwerfung zurückzuführen. Ein Relikt aus der Entstehungszeit der Helotie ist offensichtlich der Brauch, daß alljährlich die Ephoren bei ihrem Amtsantritt (im Herbst) eine formale Kriegsansage an die Heloten vorzunehmen hatten. Hierdurch wird deutlich, daß die Heloten außerhalb der Rechtsgemeinschaft der Polis standen. Antike Autoren haben verschiedentlich hervorgehoben, daß es sich bei der Helotie um eine besondere Form der Unfreiheit handelt.[31] Pausanias (III 20,6) nennt die Heloten im 2. Jahrhundert n. Chr. Douloi tou Koinou (»Sklaven der Gemeinschaft«, d.h. der Spartiaten), und der Historiker Ephoros (4. Jh. v. Chr.) definierte sie als »eine Art von öffentlichen Sklaven« (demosioi Douloi: Strab. VIII 365). Die Heloten waren aber keine Staatssklaven im eigentlichen Sinne, die in klassischer und hellenistischer Zeit in einer Reihe von Poleis im Dienst der Gemeinwesen bzw. der Bürgergemeinschaft standen und aus diesem Grunde als demosioi Douloi bezeichnet wurden. Sieht man von den Tätigkeiten dieser »Staatssklaven« ab, so unterscheiden sie sich von den Privatsklaven dadurch, daß sie nicht einem einzelnen Herrn gehörten, sondern sich im Besitz des Personenverbandes der Bürger befanden. Die Heloten standen zwar gleichfalls unter der Verfügungsgewalt der Gemeinschaft der Spartiaten. Dies kommt darin zum Ausdruck, daß eine Freilassung nur durch einen offiziellen Beschluß der spartanischen Vollbürgerschaft möglich war. Da die Heloten aber den Klaroi der einzelnen Spartiaten zugeordnet waren, arbeiteten sie im Normalfall jeweils für die Inhaber dieser Güter. Die Lösung des Problems ist wohl darin zu sehen, daß ein Spartiat nur auf Grund seiner Zugehörigkeit zur Gemeinschaft der Vollbürger einen Klaros besaß und in dieser Stellung dementsprechend auch das Herrenrecht über die sein Land bearbeitenden Heloten ausübte.[32] Die Heloten dienten also einerseits ihren individuellen Herren, standen aber andererseits unter der Herrschaft der Gesamtheit der Spartiaten und sind insofern sowohl von den Privatsklaven als auch von den im »öffentlichen Dienst« griechischer Poleis stehenden »Staatssklaven« zu differenzieren. Insgesamt gesehen wies die Helotie typische Merkmale der Unfreiheit auf. Wenn der Lexikograph Pollux (III 83) die Heloten als eine Bevölkerungsschicht »zwischen Freien und Unfreien« betrachtete, so dachte er offensichtlich an ihre relativ selbständige Wirtschaftsführung, an die Respektierung ihrer Familie durch die Herrenschicht und an das Verbot, Heloten ins Ausland (d. h. in die Gebiete anderer Poleis) zu verkaufen. Demgegenüber weisen bereits Autoren des 5. Jahrhunderts auf das Spannungsverhältnis zwischen Spartiaten und Heloten hin. Der athenische Politiker und Sophist Kritias betont, daß der Gegensatz zwischen Freien und Sklaven in Sparta am stärksten ausgeprägt sei. Thukydides (IV 80) bemerkt, daß in Sparta die meisten Sicherheitsmaßnahmen Helotenaufstände verhindern sollten. Der einzelne Vollbürger war gegenüber der Polisgemeinschaft für das Wohlverhalten der unfreien Bauern auf seinen Ländereien verantwortlich und hatte offenbar das Recht, verdächtige Heloten zu töten. Darüber hinaus ließ die Polis durch die »Krypteia« die Heloten überwachen. Diese Organisation der sog. Kryptoi – der »Verborgenen« – war indes keine Geheimpolizei, sondern eine Institution zur »vormilitärischen Ausbildung« junger Spartiaten vor ihrem Eintritt ins wehrpflichtige Alter. In hellenistischer Zeit dienten die Kryptoi auch als Aufklärungstruppe in der regulären Armee. Bereits Aristoteles (Fr. 611, 10) erwähnt, daß die Kryptoi berechtigt waren, nachts jeden Heloten, den sie im Freien antrafen, zu beseitigen. Darüber hinaus berichtet Plutarch, daß die Kryptoi auch tagsüber auf den Feldern oft die »stärksten und tüchtigsten Heloten« töteten (Lyk. 28). Diese über Aristoteles hinausgehende Nachricht ist indes nicht glaubhaft, da die Behörden schwerlich jungen Spartanern erlaubten, wahllos die besten Arbeitskräfte zu ermorden, ohne daß besondere Verdachtsgründe vorlagen. Eine groteske Übertreibung ist des weiteren die Behauptung des hellenistischen Historikers Myron (3.Jahrhundert?), daß prinzipiell jeder kräftige Helot getötet worden sei (FgrHist 106 F 2).[33]

Die Entstehung des Überwachungssystems war bereits in der Antike umstritten. Plutarch vermutet, daß die nächtlichen Streifzüge der Kryptoi erst nach dem großen Helotenaufstand von 464 durchgeführt wurden. Diese Hypothese läßt sich zwar nicht verifizieren, doch ist es in der Tat wenig wahrscheinlich, daß die Kryptoi bereits seit den Anfängen der Helotie (8. Jh.) die genannten Funktionen ausübten. Die Bevölkerung der lakonischen Binnenebene scheint sich damals im ganzen in ihr Schicksal gefügt zu haben. Schwieriger wurde die Lage zweifellos nach der Ausweitung der Helotie auf Messenien. Erste Anzeichen eines latenten Widerstandes der Messenier sind die Bestimmungen des Vertrages mit Tegea. Um 500 kam es dann – wie gesagt – wahrscheinlich zur ersten offenen Erhebung in Messenien, und in den sechziger Jahren des 5. Jahrhunderts setzten hier erneut Unruhen ein, die 464 nach dem schweren Erdbeben in Sparta weite Teile Messeniens erfaßten. Die große Erhebung war aber nicht ausschließlich ein Sklavenaufstand, da auch einige messenische Perioikenstädte sich der Revolte anschlossen. Andererseits scheinen sich nicht alle messenischen Heloten beteiligt zu haben. Die Unruhen lassen sich jedenfalls nicht allein auf ökonomische und soziale Ursachen zurückführen. In Messenien war die Erinnerung an die frühere Unabhängigkeit lebendig geblieben. Der Aufstand gegen die Spartaner galt zugleich der Wiedererlangung der verlorenen Autonomie. Erst nach jahrelangen Kämpfen gelang es den Spartanern, der Erhebung Herr zu werden. Umstritten ist die Beteiligung von lakonischen Heloten. Eine allgemeine Helotenerhebung in Lakonien ist indes wenig wahrscheinlich, wenn sich hier auch eine Reihe von Unfreien den Messeniern angeschlossen haben mag.[34]

Nach dem Ende der großen Revolte haben die Spartaner weitere Erhebungen dieses Ausmaßes zu verhindern vermocht. Daß die Beaufsichtigung der Heloten in der Folgezeit perfektioniert wurde, ist kaum zu bezweifeln. In Krisenzeiten war die Furcht vor Helotenaufständen geradezu ein Trauma der spartanischen Führung, wie die bei Thukydides (IV

80) überlieferte perfide Beseitigung von 2000 Heloten im Jahre 425 verdeutlicht. Diese Massenexekution scheint sich allerdings nicht wiederholt zu haben. Wie man in der Folgezeit verschiedentlich einzelne verdächtige Heloten unter Kontrolle zu halten suchte, zeigt Xenophons Bericht von der Verschwörung des Kinadon (Hell. III 3, 8–9). Hiernach wurden Vertrauensleute der Ephoren damit beauftragt, die betreffenden Heloten unauffällig zu inhaftieren und nach Sparta zu bringen.

Die spartanische Führung ließ zudem in besonderen Fällen bei Bündnissen mit auswärtigen Mächten eine Klausel einfügen, die den Vertragspartner zur Hilfeleistung bei Helotenaufständen verpflichtete. Die athenisch-spartanische Allianz im Jahre 421 enthielt in diesem Punkt bezeichnenderweise eine einseitige Auflage für Athen (Thuk. V 23, 3). Ein weiteres Problem war in den letzten Jahren des sog. Archidamischen Krieges (431–421) die Desertion zahlreicher Heloten, die vor allem zu den athenischen Truppen in Pylos überliefen und vorwiegend aus Messenien, z.T. aber auch aus Lakonien stammten.

Das Mißtrauen der Spartaner richtete sich keineswegs nur gegen die messenischen Heloten. Bezeichnend ist die strenge Vorschrift, daß während eines Feldzuges den helotischen Schildträgern und Troßknechten, die wohl vornehmlich aus Lakonien stammten, der Zugang zu den Angriffswaffen zu verwehren sei. Andererseits läßt aber gerade der ständige Dienst zahlreicher Heloten im Troß der spartanischen Streitkräfte vermuten, daß die Beziehungen zwischen Spartiaten und Heloten nicht permanent aufs äußerste gespannt waren. Andernfalls hätte dieses System auf die Dauer kaum aufrechterhalten werden können. Die bei Xenophon überlieferte vielzitierte Aussage des Kinadon, daß *alle* Heloten von tiefem Haß auf die spartanischen Vollbürger erfüllt seien, ist zweifellos übertrieben. Zwischen vielen Spartiaten und ihren Schildträgern und »Burschen« mag durchaus ein Vertrauensverhältnis bestanden haben.[35] Vor allem aus den Reihen solcher Waffendiener, die als Begleiter der spartiatischen Hopliten bereits die militärische Praxis der Spartaner kennengelernt hatten, werden diejenigen Heloten rekrutiert worden sein, die von 424 bis etwa 370 als reguläre Kombattanten in den spartanischen Streitkräften dienten. Sparta war zu dieser Maßnahme infolge des großen Mannschaftsbedarfs in der Zeit des Peloponnesischen Krieges und der spartanischen Machtpolitik nach 404 gezwungen.[36] Eine Helotentruppe wurde erstmals unter Führung des Brasidas auf dem thrakischen Kriegsschauplatz eingesetzt. Diese Kombattanten wurden erst nach ihrer Rückkehr emanzipiert. Sie standen der spartanischen Führung weiterhin für Garnison- und Kriegsdienste zur Verfügung. Etwa gleichzeitig entstand das Institut der Neodamoden, der »neu dem Damos Angeglichenen«. Wahrscheinlich ging man in Sparta auf Grund der positiven Erfahrungen mit den in Thrakien eingesetzten helotischen Kombattanten dazu über, nunmehr weitere Heloten für den Hoplitendienst auszubilden. Im Unterschied zu den Soldaten des Brasidas wurden die Neodamoden bereits bei ihrem Eintritt in die Armee freigelassen. Sie erhielten indes nicht das

Bürgerrecht und bildeten eigene Formationen neben den aus Spartiaten und Perioiken bestehenden Kerntruppen. Während die Zahl dieser Freigelassenen anfangs nicht sehr groß war, wurden um 400 v. Chr. Tausende von Neodamoden rekrutiert und als Berufssoldaten im Garnisondienst verwendet sowie neben Bundesgenossen und Söldnern bei größeren auswärtigen Unternehmungen eingesetzt. Offensichtlich konnte Sparta auf diese Weise ohne große Schwierigkeiten die eigenen Streitkräfte erheblich verstärken. In den seit Generationen ansässigen Helotenfamilien gab es demnach eine größere Zahl von jüngeren Unfreien, die das Lager- und Soldatenleben der Arbeit auf dem Felde vorzogen. Die finanzielle Basis für die Aufstellung der Neodamodeneinheiten war um 400 dadurch gegeben, daß Sparta nach dem Zusammenbruch Athens als Vormacht der griechischen Welt über große Einkünfte verfügte. Der eigenartige Widerspruch, der sich daraus ergab, daß helotische Kampfeinheiten zu einem Instrument der spartanischen Machtpolitik wurden, lag im sog. lykurgischen System selbst begründet, das den Verhältnissen des 5. und 4. Jahrhunderts nicht mehr adäquat war. Sparta verzichtete freilich nach der Niederlage bei Leuktra (371) im Kampf gegen Theben auf die Aufstellung neuer Neodamodeneinheiten. Infolge des Zusammenbruchs der spartanischen Machtstellung fehlten jetzt offensichtlich die Mittel für den Unterhalt dieser stehenden Truppe.
Weitere Heloten dienten im frühen 4. Jahrhundert und wohl auch schon während des Peloponnesischen Krieges als Ruderer auf der spartanischen Flotte. Sofern sie sich bewährt hatten, wurden sie offenbar freigelassen. Diese emanzipierten helotischen Ruderer, die sicherlich weiterhin im Flottendienst eingesetzt wurden, sind vermutlich mit den sog. Desposionautai identisch, die in einer hellenistischen Quelle erwähnt sind (Nautai = Seeleute, Ruderer). Es gab also verschiedene Kategorien von emanzipierten Heloten mit unterschiedlichen Bezeichnungen. Teilweise scheinen hierfür auch einfach Sammelbegriffe wie Aphetai (»Freigelassene«) und Adespotoi (»Herrenlose«) verwendet worden zu sein. – Die Helotie bestand bis in die Zeit der römischen Herrschaft (Strab. VIII 365), verlor aber weitgehend an Bedeutung, als der Tyrann Nabis von Sparta um 200 erstmals zahlreichen freigelassenen Heloten das Bürgerrecht verlieh und damit eine durchgreifende soziale Umschichtung des Spartiatentums vornahm.

e) Perioiken

Im Gegensatz zu den Heloten galten die Perioiken ebenso wie die Spartiaten als Lakedaimonier. Es ist freilich schwierig, die staatsrechtliche Stellung der Perioiken präzis zu definieren. Lakedaimon ist der offizielle Name für Sparta. Der Begriff bezieht sich aber darüber hinaus auch auf das gesamte »Staatsgebiet« dieser Polis bis an die Grenzen zu den Territorien autonomer fremder Staaten (Xen. Hell. IV 7, 2). Die staatliche

Einheit Lakedaimons kommt auch darin zum Ausdruck, daß die sog. Grenzopfer bei Heereszügen erst beim Überschreiten der Grenzen zwischen den Perioikengebieten und dem eigentlichen »Ausland« dargebracht wurden.[37] Historisch ist die doppelte Bedeutung des Begriffs Lakedaimon wohl damit zu erklären, daß die Spartaner diesen Namen nach der Eingliederung Amyklais von der vordorischen Bevölkerung übernahmen und im Zuge ihrer Expansion hiermit ihr gesamtes Herrschaftsgebiet einschließlich der Perioikengemeinden benannten, die als »abhängige Orte« zwar nicht auf dem eigentlichen Spartiatenland lagen, sich aber innerhalb des von Sparta politisch organisierten Territoriums befanden. Der Doppelbedeutung von »Lakedaimon« entspricht die Verwendung des hiervon abgeleiteten Ethnikons »Lakedaimonioi«, das somit einerseits nur die Bürger der offiziell als Lakedaimon bezeichneten Polis Sparta bezeichnet, andererseits – wie gesagt – im weiteren Sinne Spartiaten und Perioiken umfaßt. Es gab indes keine gemeinsamen politischen Organe der Spartiaten und Perioiken, sondern nur die Institutionen der Polis Sparta. Die Politeia der Lakedaimonioi (Thuk. V 31, 6) war nichts anderes als die staatliche Ordnung der Spartiaten, die in der Volksversammlung dementsprechend als Lakedaimonioi angeredet wurden. Die Gemeinschaft (Koinon) der Spartiaten (Hdt. I 67, 5) handelte nicht im Namen oder als Vertretung aller freien Bewohner Lakedaimons einschließlich der Perioiken, sondern war ihrerseits der Staat der Lakedaimonioi im Sinne der griechischen Vorstellung von der Identität von Staat und Bürgerschaft. Das Koinon der Spartiaten und das Koinon bzw. die Polis der Lakedaimonioi sind daher synonyme Begriffe (Xen. Hell. III 5,6; VI 1,2). Alle im Gebiet dieser Polis rekrutierten Hopliten einschließlich der freigelassenen Heloten trugen freilich auf ihrem Schild gleichsam als Hoheitsabzeichen den Buchstaben Lambda (Λ) als Kürzel für Lakedaimonioi. Perioikische Hopliten galten sogar als Soldaten der »Bürgerarmee« *(politikon strateuma)*. Zudem wurden die Perioiken als freie Bewohner des spartanischen Polisgebietes von den »Ausländern« (Xenoi) ausdrücklich differenziert (Plut. Ag. 8; Kleom. 10). Wenn freilich Xenophon (Hell. VI 4,26) unter dem Begriff der Politai (Bürger) Spartaner *und* Perioiken subsumiert, so ist diese Bezeichnung unscharf und offenbar damit zu erklären, daß in dem betreffenden Zusammenhang vom spartanischen Heer die Rede ist. Zu beachten ist hierbei, daß die Integration der Perioiken in die Formationen der Spartiaten erst nach den Perserkriegen aus militärischen Gründen erfolgte und eine Konsequenz des starken Rückgangs der Zahl der Vollbürger war.

Der Perioikenbegriff, der im Griechischen generell die von einem bestimmten Gemeinwesen abhängigen »Nachbarn« oder »Umwohner« bezeichnen konnte, hatte keine staatsrechtlich festumrissene Bedeutung, sondern besaß in den verschiedenen Gebieten einen unterschiedlichen Inhalt. In Kreta handelte es sich – wie bereits (Kap. II 3c) dargelegt – um unfreie Bauern. In Thessalien hießen hingegen nicht die unfreien Penesten, sondern die von den Thessalern zwar unterworfenen, aber nicht versklavten Nachbarstämme (Achaier, Perrhaiber, Magneten) Perioikoi. Ähnlich wurden in Elis die zur Tributpflicht gezwungenen benachbarten Gemeinwesen perioikides Poleis (Perioikenstädte) genannt (Xen. Hell. III 2,23). Demgegenüber brauchten die lakedaimonischen Perioiken keine Tribute zu zahlen, wenn auch die spartanischen Könige in einer Reihe von Perioikensiedlungen Ländereien besaßen, die von Perioiken gegen Entrichtung bestimmter Abgaben bearbeitet wurden.[38] Die Perioiken Spartas nahmen also im Vergleich zu anderen als Perioikoi bezeichneten Bevölkerungsgruppen eine Sonderstellung ein. Sie wurden zwar um 370 mit den unter der Vorherrschaft Thebens stehenden und verschiedentlich ebenfalls als Perioikenstädte geltenden Poleis des Boiotischen Bundes auf eine Stufe gestellt (Plut. Ages. 28), doch sind die Unterschiede nicht zu übersehen, wenn auch in beiden Fällen ein Abhängigkeitsverhältnis vorlag. Die Poleis des Boiotischen Bundes blieben – von einigen Ausnahmen abgesehen – eigene Staatswesen innerhalb eines größeren politischen Verbandes. Das spartanische Gemeinwesen war demgegenüber kein Bundesstaat, sondern eine Polis, so daß hier dementsprechend auch keine den Polisinstitutionen übergeordneten Bundesorgane existierten. Die spartanischen Perioikensiedlungen waren daher keine Poleis im Sinne einer eigenen staatlichen Einheit. Als Bewohner abhängiger Gemeinden unterschieden sich die Perioiken Spartas auch von minderberechtigten Bürgern in einer Reihe von Poleis. Während letztere zwar durch Zensusvorschriften und andere Bestimmungen von der Teilhabe an der Staatsgewalt ausgeschlossen wurden (Isokr. Paneg. 105), durch ihre Zugehörigkeit zu den seit alters ansässigen Bevölkerungsschichten aber faktisch »von Geburt« *(physei)* Politen waren, privatrechtlich mit den Vollbürgern gleichgestellt sein konnten und an den Poliskulten teilnahmen, bildeten die Perioikengemeinden Spartas jeweils lokale Gemeinschaften. Sie bezeichneten sich freilich wie die Bürgerschaften anderer Poleis nach dem Ort, den sie bewohnten, und konnten z. B. Ehrenbeschlüsse für einen ihrer »Mitbürger« fassen, so daß sie zweifellos Institutionen der Selbstverwaltung besaßen. Auch in bezug auf gesellschaftliche Schichtung und Wirtschaftsleben glichen die Perioikensiedlungen vielen anderen kleineren griechischen Gemeinwesen. Die Perioiken hatten – von wenigen Ausnahmen in wichtigen Grenzgebieten wie in der Landschaft Aulon zwischen Messenien und Triphylien abgesehen – keine Heloten, sondern mußten im Gegensatz zu den Spartiaten als Bauern, Gewerbetreibende und Händler selbst für ihren Lebensunterhalt sorgen. Sofern sie Unfreie besaßen, handelte es sich wohl durchweg um Kaufsklaven oder hausgeborene Sklaven. Wie in anderen griechischen Poleis mußten sich des weiteren in den Perioikengemeinden die Hopliten ihre Rüstung selbst beschaffen, so daß für den Dienst in den Infanterieeinheiten Spartas im wesentlichen die grundbesitzenden Schichten in Frage kamen (Plut. Ages. 26). Innerhalb der Perioikensiedlungen gab es ferner eine herausgehobene Oberschicht (Xen. Hell. V 3,9). Trotz ihrer Selbstverwaltung und wirtschaftlichen Freiheit standen die Perioiken indes weitge-

hend unter der Kontrolle der spartanischen Behörden. Die Ephoren hatten angeblich sogar das Recht, aus Sicherheitsgründen Perioiken ohne Prozeß inhaftieren und hinrichten zu lassen (Isokr. Panath. 181). Derartige Aktionen dürften freilich überaus selten gewesen sein. Ein schwieriges Problem ist die Stellung der »20 Harmosten« (Ordner, Befehlshaber) der Lakedaimonioi. Nach dem Bericht des Thukydides (IV 53,2–3) hatte auf Kythera ein jährlich wechselnder spartanischer Kommandeur, der offensichtlich ein Harmost war, mit einer Besatzungstruppe die militärische Sicherung dieser exponierten Perioikeninsel zu übernehmen sowie vermutlich auch generell Kontroll- und Aufsichtsfunktionen durchzuführen. Ähnliche Aufgaben hatten offenbar auch die Harmosten in verschiedenen anderen Perioikensiedlungen. Eine Einteilung des gesamten Perioikengebietes in 20 Harmostien ist jedoch nicht nachweisbar.[39]
Entstehung und Abrundung der Perioikengebiete sind ein Teilaspekt der Expansion Spartas.[40] Den ursprünglichen Kern des Perioikentums bildeten zweifellos Siedler dorischer Herkunft in der Landschaft Tripolis nördlich von Sparta. Die Dörfer Spartas, die sich zu einer eigenen Wehrgemeinschaft zusammengeschlossen hatten, sicherten die kleinen dorischen Ortschaften am oberen Eurotas nicht nur gegen Amyklai im Süden ab, sondern boten ihnen vermutlich auch Schutz gegen die arkadische Bevölkerung im Norden des ursprünglichen dorischen Siedlungsraumes in Lakonien, so daß sich hierdurch ein anfangs wohl noch lockeres Abhängigkeitsverhältnis der Bauern in der Tripolis entwickelt haben könnte. Wahrscheinlich mußten die Krieger am oberen Eurotas auf Geheiß der spartanischen Könige Heeresfolge leisten. Nach der Überwindung Amyklais und der Eroberung Südlakoniens durch Sparta wurden offenbar nordlakonische Dorier in Geronthrai angesiedelt, ohne daß sich ihr Status änderte. Diese »Kolonisten« wurden demnach nicht in die Wehrgemeinschaft der Spartaner aufgenommen, bildeten aber nunmehr ihrerseits als geschlossene Siedlung ein gewisses Bollwerk Spartas gegen die vorerst noch nicht unterworfenen Bewohner von Helos. Zudem wurden damals offenbar Kolonien dorischer Siedler aus dem nördlichen Lakonien an verschiedenen Orten der Landschaft Dentheliatis westlich des Taygetos zur Sicherung dieses neu gewonnenen Raumes angelegt. Die Eroberung der Dentheliatis setzt voraus, daß Sparta um oder nach 750 auch bereits die Tainaronhalbinsel beherrschte, deren achaiische Bevölkerung nicht helotisiert wurde, sondern den gleichen Status wie die nichtspartanischen Dorier im nördlichen Lakonien und in den neuen Kolonien in der Dentheliatis und in Geronthrai erhielt. Das Perioikentum entwickelte sich somit aus ethnisch heterogenen Bevölkerungselementen. Die Ausweitung des Perioikengürtels im Westen erfolgte nach dem zweiten Messenischen Krieg, als Thuria, Aithaia und Pharai, die sich offensichtlich der Erhebung der Messenier gegen Sparta nicht angeschlossen hatten, Perioikengemeinden wurden, so daß sich das Perioikengebiet hier jetzt von der Spitze der Tainaronhalbinsel bis zum unteren Pamisos erstreckte. Weitere Perioikengemeinden entstanden in Südmessenien

(»Neu«-Asine, Methone), wo Sparta die von den Argivern vertriebenen früheren Bewohner Nauplias und Asines ansiedelte, sowie in der Landschaft Aulon im Nordwesten des messenischen Helotenlandes. Im Norden und Nordwesten Spartas gehörten verschiedene südarkadische Grenzlandschaften zweifellos schon relativ früh zum spartanischen Perioikenland, das hier bis etwa Mitte des 6. Jahrhunderts durch Einbeziehung der Skiritis und der Karyatis noch erheblich vergrößert und des weiteren um oder nach 550 im Osten durch Okkupation des gesamten Küstengebietes der Peloponnes von Anthana bis Kap Malea sowie der Insel Kythera abgerundet wurde.

Die Ausweitung der Perioikengebiete kann nicht allein das Ziel verfolgt haben, die Heloten auf dem »Bürgerland« gleichsam vom »Ausland« abzuriegeln.[41] An der messenischen Nordgrenze bestand offenbar kein durchgehender Gürtel von Perioikengemeinden. Außerhalb des Perioikengebietes lag zudem das spartanische Gemeindeland im Raum von Thyrea, wo zu Beginn des Peloponnesischen Krieges die von Athen vertriebenen Aigineten Zuflucht fanden. Die Perioikie bestand bezeichnenderweise in denjenigen Gebieten, die im Vergleich zu den in Spartiatenklaroi aufgeteilten Ländereien weniger fruchtbar waren. Dieser Aspekt war sicherlich von größter Bedeutung für die Abstufung der Abhängigkeitsverhältnisse. Sparta konnte nicht die Bewohner der gesamten südlichen Peloponnes versklaven, gewann aber durch die Perioikie nicht zuletzt auch ein Instrument zur Beherrschung dieses Raumes. Bis zur Niederlage Spartas in der Schlacht bei Leuktra (371) haben sich die Perioiken nicht gegen die herrschende Schicht der Spartiaten aufgelehnt, wenn man von der Erhebung einiger messenischer Perioikenstädte während des großen Helotenaufstandes 464 absieht. Im 5. Jahrhundert wurde das Perioikentum geradezu eine tragende Stütze der Großmachtstellung Spartas, die ohne die Integration der perioikischen Hoplitenaufgebote in die Bürgerarmee undenkbar ist. Erst der Vorstoß thebanischer Truppen in die südliche Peloponnes 370/69 hat das System der Perioikie erschüttert. Sparta verlor damals Teile der Perioikengebiete im Westen und Norden seines Territoriums, das durch die Intervention Philipps II. nach der Schlacht bei Chaironeia (338) weiter reduziert wurde und seit der Niederlage des Kleomenes III. im Kampf gegen König Antigonos Doson von Makedonien (222) nur noch das eigentliche Lakonien umfaßte. Nabis von Sparta wurde schließlich durch Rom gezwungen, auch auf die lakonischen Küstenplätze zu verzichten (195), die nunmehr den Bund der Eleutherolakones (»Freie Lakonier«) bildeten. Dies bedeutete das Ende der spartanischen Perioikie.

B) Verfassung

Die politische Ordnung Spartas läßt sich in das übliche einfache Schema der griechischen Verfassungen schwer einordnen. Polybios vertrat in hellenistischer Zeit bezeichnenderweise die Theorie von der sog. Mischverfassung Spartas, in der durch Lykurg das aristokratische, das demokratische und das monarchische Element vereint worden seien. Ein wesentlicher Faktor in dieser Ordnung war freilich stets der starke politische Einfluß, den bestimmte Einzelpersonen oder Kräftegruppen gewinnen konnten. Dieser Aspekt ist bei der Analyse der Funktionen und Kompetenzen der politischen Institutionen Spartas stets zu berücksichtigen.

a) Apella

Durch die Große Rhetra wurden wahrscheinlich erstmals in der griechischen Welt die Rechte des »Volkes« – d. h. der vollberechtigten Mitglieder einer Wehr- und Siedlungsgemeinschaft – fixiert. Der bei Plutarch (Lyk. 6) überlieferte Text dieser »Satzung« galt später als Weisung des Delphischen Orakels an den legendären Staatsgründer Lykurg. Die vorliegende Fassung lautet folgendermaßen: »(Du sollst) ein Heiligtum des Zeus Syllanios und der Athana Syllania gründen, Phylen und Oben einrichten, einen Rat der Alten (die Gerousia) mit dreißig Mitgliedern einschließlich der (beiden) Archagetai (der Könige) einsetzen, von Zeit zu Zeit (d. h. in regelmäßigen Abständen) eine Volksversammlung (in dem Raum) zwischen Babyka und Knakion halten und so (d. h. unter Beachtung der soeben genannten Anweisung) einbringen und abtreten lassen (d. h. dem Damos der Spartiaten Anträge zur Abstimmung vorlegen und die Versammlung nach der Beschlußfassung wieder auflösen) . . . und Kraft« (der Text ist an dieser Stelle korrupt; offensichtlich war hier noch einmal von der Entscheidungsbefugnis des Damos die Rede). Nach der Darstellung des Plutarch soll später noch folgende Ergänzung hinzugefügt worden sein: »Wenn aber der Damos sich für einen ›schiefen‹ Spruch entscheiden (d. h. eine nach Meinung der Geronten und der Könige falsche Entscheidung treffen) sollte, sollen die Ältesten und die Archagetai (ohne weiteres) auflösen (d. h. den Beschluß nicht annehmen).« Wahrscheinlich bildeten aber Haupttext und sog. Zusatz entgegen den Angaben des Plutarch eine ursprüngliche Einheit. Die sakralen Bestimmungen sowie das ungeklärte Problem der Ortsnamen können hier ebenso außer Betracht bleiben wie die bereits dargelegte (Neu-)Gliederung des Damos in Phylen. Unter den im Text genannten Oben sind zweifellos gleichfalls Personenverbände als Unterabteilungen der Polis zu verstehen.

Wichtig ist vor allem, daß nach der Großen Rhetra der Damos zu festgesetzten Zeiten einberufen und damit als Institution anerkannt wurde. Die

Apella[42] trat fortan jeden Monat zusammen, konnte aber darüber hinaus selbstverständlich in dringenden Fällen jederzeit tagen. Daß die Wehrversammlung der Spartaner bereits nach der Überwindung Amyklais und der Einrichtung des Klarossystems im Eurotasbecken derartige Rechte erhielt, ist im Hinblick auf die allgemeine Verfassungsentwicklung in Griechenland im 8. Jahrhundert wenig wahrscheinlich. Eine neue Situation war freilich nach dem Ende des 1. Messenischen Krieges entstanden. Sparta kontrollierte jetzt ein für griechische Verhältnisse ungewöhnlich großes Areal. Die Herrschaft über Lakonien und weite Teile Messeniens konnte schwerlich nur von einem kleinen Kreis adliger Familien getragen werden. Der Damos gewann daher nicht zuletzt durch die Expansion Spartas stärkeres Gewicht. Es liegt daher nahe, die Große Rhetra etwa um oder nach 700 anzusetzen.[43] Der konkrete Anlaß läßt sich indes nicht rekonstruieren. Möglicherweise spielten ähnlich wie einige Zeit später in Argos auch Auseinandersetzungen zwischen dem Königtum und den großen Adelshäusern eine gewisse Rolle. Letztlich waren die Bestimmungen der Großen Rhetra das Ergebnis eines Kompromisses. Das »Gesetz« sah vor, daß die beiden Könige und die Geronten Übereinstimmung erzielten bzw. einen Mehrheitsbeschluß in der Gerousia faßten, bevor ein Antrag der Volksversammlung zur Abstimmung vorgelegt wurde. Diese Regelung ist freilich insofern nicht überraschend, als bereits in der homerischen Stadt der Phaiaken der König bestimmte Dinge nicht allein entscheiden kann, sondern hierzu die Zustimmung der Adligen einholen muß (Od. VII 186ff.). Eine Besonderheit Spartas war jedoch das Doppelkönigtum. In der Großen Rhetra ist keine Bestimmung für den Fall eines Dissenses zwischen den Vertretern der beiden Königshäuser enthalten, die nach der späteren Überlieferung traditionell verfeindet gewesen sein sollen. Entscheidend war, wie der verfassungsmäßig festgelegte Rahmen in der Praxis ausgefüllt wurde. Spätere Beispiele zeigen, daß die Stellung der Könige und ihr Einfluß auf das politische Geschehen zumeist eine Frage ihrer Autorität und Persönlichkeit war. Mehrfach gewann einer der beiden Könige eine dominierende Position, während der andere sich mit der Rolle des zweiten Mannes begnügen mußte.

Aus Tyrtaios' Paraphrase der Großen Rhetra geht hervor (Fr. 3a), daß schon in dieser frühen Zeit die Anträge an die Apella begründet wurden (»Nie rate der Mund schädliche Dinge der Polis«). Die Spartiaten hatten freilich in der Volksversammlung keine Möglichkeit, ihrerseits Anträge einzubringen. In der Apella wurde auch keine Stimmenzählung vorgenommen. Die Spartiaten konnten ihre Meinung wie die homerische Heeresversammlung nur durch zustimmenden oder ablehnenden Zuruf zum Ausdruck bringen. Neu war also in dieser Hinsicht allein die bindende Vorschrift, daß eine akklamatorische Zustimmung stattfinden *mußte* und als Beschluß der Apella zu gelten hatte. Nach dem sog. Zusatz zur Großen Rhetra hatten die Könige und die Geronten jedoch die Befugnis, eine nach ihrer Meinung falsche Entscheidung der Versammlung zu annullie-

ren. Soweit wir wissen, haben sie indes hiervon nie Gebrauch gemacht. Die Interpretation der betreffenden Bestimmung ist in der modernen Forschung stark umstritten. Wahrscheinlich sollten die Könige und Geronten hierdurch die Möglichkeit erhalten, bei einer Ablehnung ihres Antrages das Verfahren noch einmal neu zu eröffnen, da ja die Apella von sich aus keine Beschlüsse formulieren konnte. In diesem Fall wäre eine erneute akklamatorische Abstimmung über eine geplante Maßnahme erforderlich gewesen. Trifft dies zu, lag bereits seit der Großen Rhetra die letzte Entscheidung formal beim Damos der Spartiaten.
Im Laufe des 6. Jahrhunderts übernahmen die Ephoren als Repräsentanten des Damos die Leitung der Apella, so daß sie dementsprechend anstelle der Könige und Geronten der Versammlung auch die Anträge zur Beschlußfassung vorlegten. Das archaische Abstimmungsverfahren wurde freilich beibehalten. Die Gesamtheit der »gleichberechtigten« Spartiaten (Homoioi) hat diese Praxis und den hiermit verbundenen politischen Führungsstil der spartanischen Staatsleitung weiterhin akzeptiert, als in Athen und anderen Poleis die Cheirotonie – die Stimmabgabe durch das Handzeichen – Ausdruck des politischen Gleichheitsprinzips geworden war. Das spartanische Verfahren war sicherlich nicht demokratisch im üblichen Sinne, doch ist andererseits zu beachten, daß es hierbei nicht den psychologischen Druck gab, dem sich die Abstimmungsberechtigten u.U. bei dem in anderen Poleis praktizierten Verfahren der öffentlichen Stimmabgabe ausgesetzt sahen (vgl. Thuk. VI 13,1). Aus besonderen Gründen konnte der vorsitzende Versammlungsleiter jedoch die Apella nach verschiedenen Seiten auseinandertreten lassen, um auf diese Weise den Willen der Mehrheit zu ermitteln. Dieser Modus ist im Bericht des Thukydides (I 66–87) von den Beratungen in Sparta am Vorabend des Peloponnesischen Krieges überliefert. Die Apella wurde damals von dem Ephoren Sthenelaïdas geleitet und sollte darüber abstimmen, ob Athen den sog. Dreißigjährigen Frieden von 446 gebrochen habe. Thukydides' Ausführungen vermitteln einen Einblick in das Ringen um den bestimmenden Einfluß auf die Beschlußfassung in dieser schwerwiegenden Entscheidung. König Archidamos II. votierte gegen einen Kriegsbeschluß. Die Meinung innerhalb des Damos war zweifellos geteilt, doch gaben die von den Bundesgenossen Spartas und von Sthenelaïdas vorgetragenen Argumente schließlich den Ausschlag, als die Versammlung im Sinne des Ephoren (und der hinter ihm stehenden Kreise?) den Vertragsbruch der Athener »feststellte« und sich damit für den Krieg entschied. Sthenelaïdas verfuhr hierbei geradezu demagogisch, indem er seinen Antrag als Suggestivfrage formulierte und durch offene Abstimmung in der Tat Druck auf unentschlossene Spartiaten ausübte.
Generell gibt die Überlieferung nur in geringem Maße Aufschlüsse über den Verlauf der Entscheidungsprozesse in Sparta. Die spartanische Führung war stets bestrebt, die politischen Mechanismen in ihrer Polis geheim zu halten (Thuk. V 68,2). Häufig ist nur von Aktionen der Polis oder der Lakedaimonier (= Spartiaten) die Rede. Es dürfte sich hierbei

zumeist um Entscheidungen der Volksversammlung handeln. Faktisch wird aber in vielen Fällen von einem kleineren Kreis der Führungsschicht bzw. von der Staatsleitung bereits eine Vorentscheidung getroffen worden sein, der dann die Apella zustimmte. Zu beachten ist hierbei, daß im klassischen Sparta vermutlich die nur bei Xenophon (Hell. III 3, 8) erwähnte sog. kleine Ekklesia eine gewisse Rolle spielte. Sie bestand wahrscheinlich aus den Königen, Ephoren und Geronten sowie einer Reihe von angesehenen und einflußreichen Spartiaten.[44] Es wäre jedoch verfehlt, die Plenarversammlung der Spartiaten lediglich als manipulierbares Instrument der Staatsleitung zu betrachten. Bei Meinungsverschiedenheiten innerhalb der Führung entschied letztlich der Damos über einen bestimmten Antrag. Zweifellos stand bei einer Reihe von Entscheidungen das Meinungsbild der Spartiaten keineswegs von vornherein fest. Es kam dann ebenso wie in den Volksversammlungen anderer Gemeinwesen darauf an, die Zustimmung der Mehrheit argumentativ oder (wie in dem erwähnten Fall 432) mit den Mitteln der Demagogie zu gewinnen.[45]

Ausländische Gesandtschaften, Vertreter spartanischer Bundesgenossen oder sonstige Fremde, die vor der Apella sprachen, agierten sicherlich oft im Sinne der spartanischen Staatsleitung. Ausländer konnten aber auch von sich aus auf Aspekte hinweisen, die von der Führung Spartas nicht beachtet worden waren. Sie konnten ferner bestimmte Situationen anders beurteilen als führende Spartaner und hatten damit u. U. die Möglichkeit der Einflußnahme, mußten aber vor der Beschlußfassung die Apella wieder verlassen.

Schwierig zu beurteilen ist das formale Verfahren bei einem Dissens zwischen der Führung und der Mehrheit der Spartiaten. Im Winter 415/14 wandten sich Gesandtschaften aus Syrakus und Korinth an Sparta mit der Bitte um militärische Hilfe bei der Abwehr der athenischen Expeditionsstreitkräfte auf Sizilien (Thuk. VI 88, 7–93,3). Ihr Gesuch wurde von dem Athener Alkibiades unterstützt, der sich damals als Flüchtling in Sparta aufhielt. Die Ephoren und andere Repräsentanten der spartanischen Führungsspitze waren nicht bereit, Streitkräfte nach Sizilien zu entsenden. Unter dem Eindruck der Argumente des Alkibiades beschlossen aber »die Lakedaimonier« (= Spartiaten), Syrakus Hilfe zu leisten, den bereits früher erwogenen, aber wieder aufgegebenen Plan eines Kriegszugs nach Attika nunmehr auszuführen und die wichtige Grenzfestung Dekeleia zu besetzen. Die Volksversammlung hat hier offensichtlich das Ergebnis der Vorberatungen der Ephoren, Könige und Geronten nicht akzeptiert.[46] Die »Geschäftsordnung« bei diesem Verfahren ist nicht bekannt, so daß es offenbleiben muß, ob ein Mitglied der Apella den Antrag stellte oder der die Versammlung leitende Ephor schließlich unter dem Druck der Haltung des Damos den betreffenden Beschluß formulierte und zur Abstimmung vorlegte. Im ersten Fall hätte sich das Verfahren seit der Großen Rhetra in einem wichtigen Punkt geändert. In den überlieferten Berichten über den Verlauf spartanischer Volksver-

sammlungen sprechen freilich immer nur Ephoren, Könige und Geronten sowie auch auswärtige Gesandte bzw. Fremde.[47]
Insgesamt gesehen beschloß die Apella im klassischen Sparta über Gesetze, Krieg und Frieden und Kriegsandrohung, Friedens- und Bündnisverträge und die Ernennung des Oberbefehlshabers bei einem Aufgebot. Ferner »wählte« sie nach altem Verfahren die Geronten und wahrscheinlich auch die Ephoren. Bei Thronstreitigkeiten fungierte sie als »Gerichtshof«.

b) Doppelkönigtum

Das spartanische Doppelkönigtum läßt sich weder mit der aristotelischen Kategorie des lebenslänglichen und erblichen Feldherrnamtes (Pol. 1285a 8; b27) noch mit dem Begriff des monarchischen Rechts adäquat erfassen. Es war im klassischen Sparta zwar eine Institution der Polis, aber kein »Amt« im üblichen Sinne, zumal die Könige durch ihre Herkunft, ihren hohen sozialen Rang, ihren Reichtum und zahlreiche alte Privilegien eine Sonderstellung in der Gesellschaftsordnung einnahmen. Sie erhielten nicht nur auf Grund ihrer militärischen Befugnisse ein erhebliches Gewicht im politischen Kräftespiel, sondern repräsentierten auch neben der Gerousia die Kontinuität in der spartanischen Staatsführung und konnten durch Bildung einer Gefolgschaft von angesehenen Spartiaten u. U. Einfluß auf wichtige Entscheidungen nehmen. Die in den beiden Häusern der Agiaden und Eurypontiden erbliche Königswürde besaß geradezu charismatischen Charakter. Der Nimbus der göttlichen Deszendenz verlieh der Person des Königs noch in hellenistischer Zeit eine ehrfurchtgebietende Autorität (Plut. Ag. 19. 21). Letztlich hat hier die Vorstellung von der magischen Kraft des königlichen Heilsträgers weitergewirkt. Dementsprechend oblag es den Königen, die Staatsopfer zu verrichten und die wichtigen Kontakte mit dem Heiligtum in Delphi aufrechtzuerhalten. Ferner bekleideten sie bedeutende Priestertümer. Die durch ihre Herkunft bedingte Verbindung mit den Göttern erklärt die Erblichkeit der Thronfolge. Nachfolgeberechtigt war im Normalfall jeweils der älteste Königssohn. Nach Herodot VII 3 galt allerdings das Prinzip der »Geburt in Purpur«, d.h. daß nicht der älteste Sohn, sondern der erste während der Regierungszeit eines amtierenden Königs geborene Sohn die Nachfolge antreten sollte. Dieser Fall scheint indes nie eingetreten zu sein. Für einen regierungsunfähigen (minderjährigen) Königssohn konnte der nächste männliche Agnat die Regentschaft führen. Er übernahm auch die Nachfolge, falls der verstorbene König keinen thronberechtigten Sohn hatte.[48]
Das mit der Königswürde ursprünglich verbundene Charisma kommt auch darin zum Ausdruck, daß dem Basileus nach dem Tode geradezu heroische Ehren erwiesen wurden. Zur Teilnahme an den Trauerfeiern waren außer den Spartiaten auch die Heloten und eine große Zahl von

Perioiken verpflichtet. Dieser Brauch ist offenbar darauf zurückzuführen, daß in der Zeit der Entstehung des Perioikentums und der Helotie die Könige die Gesamtheit der Spartiaten gegenüber den abhängigen und unterworfenen Bevölkerungsschichten repräsentierten.
Handlungsspielraum und Grenzen des Einflusses spartanischer Könige gewinnen erstmals in der Zeit des Kleomenes I. um 500 schärfere Konturen.[49] Kleomenes leitete in dieser Zeit fast alle militärischen Unternehmungen Spartas, empfing fremde Gesandte und war in der Lage, auswärtige Hilfegesuche zu durchkreuzen. Seine dominierende Stellung war Ausdruck seiner persönlichen Autorität. Dementsprechend wandte sich z. B. 499 Aristagoras von Milet, der nach der Erhebung der Ionier gegen die persische Herrschaft in Sparta und Athen Unterstützung zu finden hoffte, zunächst an Kleomenes. Der König wollte aber aus außenpolitischen Gründen eine Konfrontation mit Persien vermeiden und wußte zu verhindern, daß Aristagoras Verbindung mit den Ephoren aufnehmen konnte und Zutritt zur Apella erhielt. Die Verhandlungen liefen also über die einflußreichste Persönlichkeit in Sparta. Aristagoras erwartete zweifellos, daß Kleomenes das Hilfegesuch im Ephorat und in der Apella – den zuständigen Instanzen – effektiv unterstützen würde. Kleomenes' Mitkönig Damaratos, der in diesem Zusammenhang nicht erwähnt wird, trat hier ebenso wie das Ephorenkollegium hinter Kleomenes entschieden zurück. Nicht das Königtum als Institution, sondern der dominierende König wurde von Aristagoras eingeschaltet.
Andererseits wurden gerade in der Zeit des Kleomenes I. die Befugnisse der Könige eingeschränkt. Nachdem 506 der Feldzug spartanischer und peloponnesischer Streitkräfte gegen Athen nicht zuletzt infolge einer Kontroverse zwischen Kleomenes und Damaratos gescheitert war, wurde in Sparta ein »Gesetz« beschlossen, wonach in Zukunft nicht mehr beide Könige zugleich mit dem Heer ausrücken durften (Hdt. V 75). Das Königtum mußte sich hier dem Spruch der Gemeinde der Spartiaten beugen. Als Vertreter des Damos haben zweifellos die Ephoren formal die Verabschiedung des Beschlusses vorgenommen, doch ist damit zu rechnen, daß letztlich eine uns nicht mehr greifbare Gruppe angesehener Spartiaten die Initiative ergriffen hatte. Das Prestige des Kleomenes hat hierdurch aber offenbar nicht gelitten. Die genannte Maßnahme war die Reaktion der Polis auf das Verhalten des Damaratos, der den einflußreicheren Kleomenes auszuspielen versucht hatte, als dessen Plan, in Athen ein von Sparta abhängiges Satellitenregime zu installieren, von dem korinthischen Kontingent im Aufgebot der beiden Könige boykottiert wurde. Das Königtum wurde also als Institution durch eine präzise Bestimmung an den Nomos der Polis gebunden, weil Damaratos während des Feldzuges durch Obstruktion dem Prestige Spartas geschadet hatte.
Mit dieser Neuregelung der Befehlsverhältnisse ist das von Herodot (VI 56) erwähnte angeblich weiterhin geltende Kriegsrecht der Könige kaum in Einklang zu bringen.[50] Hiernach soll es den Königen erlaubt gewesen sein, gegen jedes beliebige Gebiet aus eigenem Ermessen Krieg zu füh-

ren. Ein derartiges Privileg widerspricht indes den allgemeinen Rahmenbedingungen der spartanischen Verfassungspraxis seit der Formalisierung der Entscheidungsprozesse. Die in der Forschung verschiedentlich geäußerte Vermutung, daß Kleomenes I. die Aktion gegen Athen 508/07, durch die er die Durchführung der kleisthenischen Reformen zu verhindern suchte, als eine Art Gefolgschaftskrieg ohne offiziellen Beschluß der Apella unternommen hat, ist wenig wahrscheinlich.[51] Die beiden vorausgehenden Unternehmungen gegen die Herrschaft der Peisistratiden (510) waren jedenfalls im Auftrag der Polisgemeinschaft erfolgt, die jeweils die Befehlshaber bestimmt hatte. Im übrigen ist das vermeintliche königliche Kriegsrecht nach 506 in keinem Fall ausgeübt worden.
Im Felde behielt der König (bzw. der Regent), der jeweils das offizielle Aufgebot der Polis befehligte, auch im 5. Jahrhundert die uneingeschränkte Kommandogewalt. Bereits in der Zeit der Perserkriege begleiteten ihn jedoch bei militärischen Operationen stets zwei Ephoren, die in seine Entscheidungen zwar nicht eingreifen durften, seine Kriegführung aber überwachten und ihn u.U. nach Beendigung des Feldzuges anklagen konnten. Als Gerichtshof fungierte in diesem Fall das Kollegium der 5 Ephoren und die Gerousia (mit dem anderen König).[52] Bei einem Schuldspruch konnte der angeklagte König mit einer Geldstrafe belegt, abgesetzt oder zum Tode verurteilt werden. Wegen Fehler in der Kriegführung wurde freilich bereits Kleomenes I. nach dem Feldzug gegen Argos um 494 angeklagt, ohne daß ihn Ephoren offiziell als »Aufsichtsbeamte« begleitet hatten. Seine »Feinde« unter den Spartiaten beschuldigten ihn, nach dem Sieg bei Sepeia die Chance zur Eroberung von Argos verpaßt zu haben (Hdt. VI 82). Die Ephoren wurden hierbei nicht von sich aus aktiv, nahmen aber die Klage entgegen, die vermutlich nicht vor der Apella, sondern vor einem Gerichtshof verhandelt wurde. Offensichtlich war der Prozeß ein innenpolitisches Kampfmittel einer gegen Kleomenes opponierenden Gruppe um Damaratos. Kleomenes wurde jedoch freigesprochen und blieb weiterhin der Initiator wichtiger Entscheidungen. Angesichts des drohenden persischen Angriffs auf Griechenland war es 491 sein Ziel, eine hellenische Einheitsfront unter der Führung Spartas herzustellen. Hierbei kam es zum offenen Bruch mit Damaratos. Kleomenes erreichte jetzt durch sakrale Machenschaften die Absetzung des Damaratos, an dessen Stelle Leotychidas II. trat. Die Mehrzahl der Spartiaten hatte bis zu diesem Zeitpunkt zweifellos hinter Kleomenes gestanden, der bislang energisch und konsequent die Interessen Spartas vertreten hatte und eine Ausweitung des spartanischen Bündnissystems und Einflußbereichs über die Peloponnes hinaus intendierte, während er in realistischer Einschätzung der Lage Interventionen außerhalb des hellenischen Mutterlandes vermied. Erst als seine Intrigen gegen Damaratos bekannt wurden, gewannen seine Gegner in Sparta erneut eine Chance, gegen den König vorzugehen und ihn auszuschalten (Hdt. VI 74f.).
Verhalten und Aktionen des Kleomenes lassen Züge erkennen, die auch für verschiedene Repräsentanten großer Adelshäuser in anderen Poleis

der ausklingenden spätarchaischen Zeit charakteristisch sind. Einzelne Adlige stellten gleichsam neben der Polisverfassung durch ihr persönliches Prestige und ihre Anhängerschaft eine eigene gesellschaftliche und politische Kraft dar. Sie konnten sich gegebenenfalls durch ihre Beziehungen zu Adelshäusern in anderen Poleis auch auf auswärtige Gefolgschaften stützen und hierdurch ihren Einfluß weiter stärken, selbst wenn sie keine tyrannische Machtstellung in ihrer Polis einzunehmen beabsichtigten. Im Fall des Kleomenes ist dieser Handlungsspielraum freilich nicht zu trennen von seiner Stellung als spartanischer König, da hinter seinen Aktionen außerhalb Spartas zugleich die Autorität der von ihm repräsentierten machtvollen Polis stand. Gleichwohl zeichnen sich bereits klar die Grenzen eigenmächtigen Handelns ab. Das Selbstverständnis der Gemeinschaft der Spartiaten als Herrenschicht gegenüber den Heloten und als privilegierter Bürgerverband gegenüber den Perioiken sowie der institutionelle Rahmen, der sich durch Satzung und Gewohnheitsrecht herausgebildet hatte, waren letztlich stärkere Kräfte als die aus dem Freiraum des Königtums resultierenden Handlungsmöglichkeiten des Kleomenes, der an seinen eigenen politischen Methoden beim Intrigenspiel gegen Damaratos und bei der Mobilisierung seiner arkadischen Adelsgefolgschaft scheiterte.

Unter anderen Voraussetzungen führte ein ähnlicher Konflikt zwischen Einzelpersönlichkeit und Polisgemeinschaft nach der Abwehr der großen persischen Invasion (480/79) zum Sturz des Pausanias, der nach dem Tod des Königs Leonidas (480) die Regentschaft für den noch unmündigen Thronfolger Pleistarchos übernommen und 479 das siegreiche griechische Heer bei Plataiai befehligt hatte.[53] Die Ausschaltung des Pausanias ist ein Indiz für erhebliche Spannungen in der spartanischen Führungsschicht. Offensichtlich bestanden in Sparta kontroverse außenpolitische Auffassungen, nachdem Athen 478/77 die Führung im Kampf gegen Persien übernommen hatte. Diodor (XI 50) berichtet von Debatten über einen Präventivkrieg gegen Athen (475?). Nur durch die energische Intervention des Geronten Hetoimaridas soll damals ein Kriegsbeschluß vereitelt worden sein. Hetoimaridas war vermutlich der Exponent einflußreicher Spartaner, die angesichts der sich wohl schon abzeichnenden Spannungen auf der Peloponnes davon überzeugt waren, daß Sparta derzeit keine Chance hatte, Hegemonieansprüche gegenüber Athen durchzusetzen. Die Gefahren, die damals der Suprematie Spartas auf der Peloponnes drohten, wurden erst um 470 durch die spartanischen Siege bei Tegea über die Tegeaten und Argiver sowie bei Dipaia über die vereinigten Arkader (außer Mantineia) beseitigt. Es bleibt freilich unklar, ob und inwieweit Pausanias die von Hetoimaridas bekämpften Kreise, die für eine dynamische spartanische Außenpolitik eintraten, unterstützte oder primär persönliche Ziele verfolgte. Er hatte indes versagt, als er 478 nicht zu verhindern vermochte, daß den Spartanern die Führung des 481 geschlossenen Hellenenbundes im Kampf gegen Persien entglitt. Während in Sparta nach der Gründung des Attischen Seebundes offenbar zunächst

Ratlosigkeit herrschte, versuchte Pausanias nunmehr auf eigene Faust, einen Stützpunkt in Byzanz zu gewinnen. Möglicherweise wollte er im Vertrauen auf das Prestige, das er als Sieger von Plataiai immer noch besaß, Spartas Autorität im Hellenenbund wiederherstellen. Er hatte jedoch wiederum keinen Erfolg, da Athen seine »Herrschaft« an einem neuralgischen Punkt der Verbindungslinien zum Schwarzen Meer nicht tolerierte, während Sparta offensichtlich außerstande war, ihm offiziell Truppen und Kriegsschiffe zur Verfügung zu stellen. Sparta vermied jedenfalls den offenen Bruch mit Athen und konzentrierte seine Kräfte auf die Wiederherstellung seiner Hegemonie in der Peloponnes. Pausanias' Aufenthalt in Kolonai (Kleinasien) schien dann den bereits 478 gegen ihn erhobenen Vorwurf der Kollaboration mit Persien zu bestätigen. Da er nach wie vor das Amt des Regenten ausübte und dementsprechend in der griechischen Welt als Repräsentant seiner Polis galt, waren die Instanzen in Sparta, das sich weiterhin im Kriegszustand mit Persien befand, zweifellos nicht gewillt, seine undurchsichtige Aktivität im persischen Einflußbereich hinzunehmen.
Der Sturz des Pausanias hatte wohl keine gesetzlichen Einschränkungen der Befugnisse des Königtums zur Folge, doch treten in der Überlieferung zur Geschichte Spartas bis zum Ausbruch des Peloponnesischen Krieges die Könige stark zurück. Dies ist sicherlich nicht nur dadurch bedingt, daß die Quellen ohnehin nur geringen Einblick in die innerspartanischen Verhältnisse während der sog. Pentekontaëtie (479–431) bieten. Nach dem Tod des Pausanias war der junge Agiade Pleistarchos in seiner nicht allzu langen Amtszeit (bis 458) kaum in der Lage, großen Einfluß zu gewinnen. Auch sein Nachfolger Pleistoanax (Sohn des Pausanias) war bei seinem Amtsantritt noch relativ jung. Er scheiterte bereits bei seinem ersten selbständigen Unternehmen (446). Demgegenüber bekleidete freilich der Eurypontide Archidamos II. rund vier Jahrzehnte (469/68-427) die Königswürde. Er hatte sich während des großen Helotenaufstandes 464 bewährt, tritt aber in der Überlieferung bis zum Vorabend des Peloponnesischen Krieges nicht mehr in Erscheinung. Nach Thukydides I 79,2 galt er allerdings in Sparta als verständiger und besonnener Mann. Dieses umstrittene Urteil besagt vielleicht lediglich, daß Archidamos sich als König in den spartanischen Kosmos einordnete. Der deutliche Unterschied zu Kleomenes I. ist sicherlich nicht nur eine Frage der Persönlichkeit, sondern auch Ausdruck einer veränderten politischen Situation. Gewisse Parallelen in der Entwicklung des spartanischen Königtums und der hohen Polisämter in anderen Gemeinwesen sind unverkennbar. Die Könige Spartas hatten zwar auf Grund ihrer Stellung weiterhin die Möglichkeit, auf die politischen Beschlüsse der Polisgemeinschaft einzuwirken, waren aber nicht unbedingt dominierend, zumal ihre Kompetenzen inzwischen schärfer umgrenzt waren. Selbstverständlich dürfen hierbei wesentliche Unterschiede nicht übersehen werden. Die spartanischen Könige benötigten nicht erst die Zustimmung der Mehrheit der Polisbürger durch ein Wahlverfahren, um in ihre Position zu

gelangen. In der Erblichkeit der Königswürde lag aber auch die Gefahr, daß Versager auf den Thron gelangten. Die Spartaner waren sich offenbar dieses Risikos bewußt und haben nicht in jedem Fall einem König das militärische Kommando übertragen. Persönlichkeit und Königswürde standen in enger Wechselbeziehung. Die Befugnisse des Königs im Rahmen der Verfassung waren zwar festgelegt, doch konnte nur ein politisch und militärisch befähigter König die hierin liegenden Möglichkeiten voll ausschöpfen und durch seine Amtsführung und die ihm von Geburt zukommende Würde größere Autorität als jeder andere Spartaner gewinnen. Andererseits wurden aber auch immer wieder Könige zur Verantwortung gezogen, wenn sie versagten bzw. bei ihren Aktionen nicht den Erwartungen entsprachen.

Die hier skizzierten Entwicklungslinien bestimmten die Geschichte des spartanischen Königtums nach dem Ende des Kleomenes I. Daß die Könige geradezu unter Erfolgszwang standen, verdeutlichen die Vorgänge, die zeitweilig zu einer schärferen Kontrolle der Kommandogewalt des Agis II. führten. Der König vermied 418 das Risiko einer Entscheidungsschlacht bei seinem ersten Feldzug gegen die Argiver und deren Verbündete und schloß auf Grund seiner Befugnisse als Oberbefehlshaber des Heeres einen viermonatigen Waffenstillstand (Thuk. V 57–63). Seine Vereinbarungen entsprachen im Grunde den 421/20 gescheiterten Bestrebungen Spartas, eine langfristige vertragliche Regelung mit Argos zu erreichen (Thuk. V 36,1. 41,3). Offenbar beabsichtigte Agis, die spartafreundlichen »oligarchischen« Kräfte in Argos gegen die dort herrschenden »Demokraten« zu stärken, den gegen Sparta gerichteten damaligen Sonderbund unter argivischer Führung zu spalten und zugleich eine Intervention Athens zu verhindern. Der Waffenstillstand stieß jedoch im spartanischen Heer von Anfang an auf heftige Opposition, da Agis in taktisch günstiger Position die Chance eines militärischen Erfolges verspielt zu haben schien. Man zog freilich den König erst zur Verantwortung, als Sparta infolge seines Rückzuges den wichtigen Stützpunkt Orchomenos in Arkadien verlor. Die hohe Geldstrafe, zu der man ihn zunächst verurteilte, wurde zwar wieder aufgehoben, doch erhielt der König nunmehr durch Beschluß der Apella einen Beirat von zehn Spartiaten, die ihn fortan auf Feldzügen zu begleiten hatten. Diese Regelung, die keine allgemeine Einschränkung der königlichen Befugnisse vorsah, sondern lediglich die Person des Agis betraf, wurde aber praktisch irrelevant, als Agis bereits kurze Zeit später die Spartaner bei Mantineia zum Sieg über die Streitkräfte der Argiver und ihrer Verbündeten führte. Während der Besetzung der attischen Grenzfestung Dekeleia seit dem Frühjahr 413 besaß Agis volle militärische Handlungsfreiheit (Thuk. VIII 5). Hierdurch ergab sich im weiteren Verlauf des Krieges eine eigenartige Polarität zwischen den Polisinstanzen in Sparta und dem Kommando des Königs, der in seinem Feldlager geradezu eine Art Nebenregierung darstellte, ohne daß er freilich über die Annahme der an ihn gerichteten athenischen Friedensangebote 411 und Anfang 404 entscheiden konnte (Thuk. VIII 70–71; Xen. Hell. II 2,12).

Starken Einfluß auf die spartanische Politik übte in einer entscheidenden Phase der spartanisch-athenischen Beziehungen kurze Zeit König Pausanias aus, der 403 Lysanders Plan vereitelte, den Widerstand der athenischen Demokraten im Peiraieus gegen das in Athen herrschende oligarchische Regime zu brechen.[54] Er gewann drei der fünf Ephoren für einen Kurswechsel in Sparta, so daß die athenischen Parteien zu einem Kompromiß gezwungen wurden, dessen Folge letztlich die Wiederherstellung der demokratischen Verfassung Athens war. Persönliche und sachliche Motive des Königs sind hier schwer zu trennen. Er scheint in Übereinstimmung mit König Agis II. (Plut. Lys. 21) entschlossen gewesen zu sein, die starke Position Lysanders zu schwächen, der durch seinen Sieg bei Aigospotamoi (405) die Entscheidung des Peloponnesischen Krieges herbeigeführt hatte und nach der Kapitulation Athens der eigentliche Organisator des neuen spartanischen Herrschaftssystems in der griechischen Welt war. Darüber hinaus war aber Pausanias vermutlich überzeugt, im Interesse Spartas zu handeln, weil die öffentliche Meinung in Griechenland die von Lysander unterstützte spartanische Besatzungspolitik und das System der sog. Dekarchien (Zehnmännerausschüsse) scharf verurteilte. Nach seiner Rückkehr wurde Pausanias jedoch von seinen politischen Opponenten, denen sich jetzt auch Agis II. anschloß, vor Gericht gezogen. Der Prozeß – ein Zeichen der Faktionskämpfe innerhalb der Führung Spartas – endete mit einem Freispruch infolge von Stimmengleichheit. Die Gegner des Pausanias griffen indes den gegen ihn erhobenen Vorwurf, die Wiederherstellung der Demokratie in Athen ermöglicht zu haben, wieder auf, als der König nach dem Scheitern seines Feldzuges in Boiotien 395 erneut angeklagt und in Abwesenheit zum Tode verurteilt wurde (Xen. Hell. III 5,25).

Eine Ausnahmeerscheinung unter den spartanischen Königen ist Agesilaos II. (399–361/0), der jahrzehntelang die Politik Spartas entscheidend bestimmte und von seinem Zeitgenossen Xenophon (Ages. 7,2) als mächtigster Mann in der Polis bezeichnet wurde. Agesilaos war der Repräsentant spartanischer Hegemonieansprüche. Er hat rücksichtslos die Interessen seiner Polis verfochten, gerade dadurch freilich erheblich zum Niedergang Spartas beigetragen, dessen Kräfte durch die fortwährenden Kriege und hochgesteckten Ziele überfordert waren.[55] Das Königtum bot einer zielstrebigen Persönlichkeit nach wie vor erheblichen Handlungsspielraum. Es ist bezeichnend, daß Lysander nach seinem Tod in den Kämpfen bei Haliartos in Boiotien (395) verdächtigt wurde, die Einführung einer Wahlmonarchie anstelle des traditionellen Doppelkönigtums der Agiaden und Eurypontiden beabsichtigt zu haben, um als erster Kandidat für dieses neue Amt die dominierende Position in Sparta zu gewinnen. Unabhängig von dem umstrittenen Problem der Glaubwürdigkeit derartiger Pläne bestätigt die hierüber vorliegende Überlieferung bei Diodor (XIV 13,2–8) und Plutarch (Lys. 24 bis 25. 30; Ages. 8. 20) die Sonderstellung des spartanischen Königtums. Die Vollmachten des königlichen Heereskommandos ermöglichten es Agesilaos, zu Beginn seiner militärischen Operationen in Kleinasien (396–394) auf verletzende Weise Lysander kaltzustellen, der 399 für die keineswegs unbestrittene Thronfolge des Königs eingetreten war und 396 auf Grund des hohen Ansehens, das er außerhalb Spartas besaß, zum eigentlichen Leiter des von Agesilaos als panhellenisches Unternehmen proklamierten Krieges gegen Persien aufzusteigen schien. Agesilaos' Vorgehen gegen Lysander ist bezeichnend für seine politische Taktik. Der König überspielte durch gezielte Gefolgschaftsbildung wiederholt bestimmte Faktionen und Gruppierungen in Sparta, die immer wieder in den Auseinandersetzungen um politische Entscheidungen von größter Bedeutung waren. Nach der Verurteilung des Agiaden Pausanias 395/94 war der Eurypontide Agesilaos unbestritten der dominierende König. Die beiden jungen Agiadenkönige Agesipolis (395/94–380) und Kleombrotos (380–371) standen in seinem Schatten. Agesilaos hatte durch den Feldzug in Kleinasien und seinen Sieg über die Boioter bei Koroneia (394) seinen Ruhm als Heerführer begründet. Dies bedeutete gerade in Sparta höchstes Prestige, das Agesilaos wiederum bei politischen Entscheidungsprozessen in einer für spartanische Verhältnisse bezeichnenden Weise auszuspielen wußte. Durch Betonung seiner Loyalität gegenüber dem Ephorat und der Gerousia vermochte er die Willensbildung in diesen Gremien in seinem Sinne zu beeinflussen, ohne das Risiko eines prinzipiellen Konflikts zwischen Königtum und Polisordnung einzugehen (Xen. Ages. 7; Plut. Ages. 5). Sein Verhältnis zu den Faktionen und zur Gerousia (und in gewissem Sinne auch zu den Ephoren) betraf sozusagen die oligarchischen Aspekte der politischen Ordnung Spartas. Für die Meinungsbildung und Beschlußfassung in der Apella galten aber in gewissem Sinne auch »demokratische« Spielregeln, wobei vielfach die dominierende Persönlichkeit die Interessen und den Erwartungshorizont der Abstimmungsberechtigten präzisierte. Wie es Agesilaos zweifellos verstanden hat, im Felde durch die Betonung der Verbundenheit zwischen dem Kommandeur und der Truppe die Soldaten zu großen Leistungen zu befähigen, so wußte er im politisch-gesellschaftlichen Bereich sich durch Anpassung an traditionelle spartanische Verhaltensnormen die Gefolgschaft des Damos zu sichern und schien in seiner Person und in seiner Politik die spezifischen Interessen des Spartiatentums zu repräsentieren. Diese Politik war freilich rückwärtsgewandt. Ihr Ziel war die Behauptung bzw. Wiedergewinnung der Machtstellung, die Sparta um 400 besessen hatte. Der Friede des Antialkidas (sog. Königsfriede: 386), in dem Sparta dem panhellenischen Gedanken absagte, bedeutete keine prinzipielle Preisgabe dieses Zieles, sondern eine Umorientierung der spartanischen Politik im Sinne einer Konzentration auf die Hegemonie im griechischen Mutterland. Sparta stand freilich unter starkem außenpolitischen Druck. Dies war wiederum die Folge der spartanischen Machtpolitik. Will man die verwirrende Fülle der Aktionen, die sich aus der von Agesilaos getragenen Politik ergaben, auf einheitliche Motive zurückführen, so sind hier der Alpdruck der Gefahr innerer Umwälzungen in Sparta selbst und in den von Sparta ab-

hängigen Gemeinwesen sowie die alles überschattende Furcht vor machtvollen antispartanischen Bündnissen zu nennen. In der Verfolgung der Interessen Spartas fehlte es König Agesilaos jedoch an staatsmännischem Weitblick und realistischer Einschätzung der Möglichkeiten Spartas.
So entstand eine verhängnisvolle Wechselwirkung zwischen seinem innenpolitischen Prestige und seiner vom Ansatz her verfehlten außenpolitischen Konzeption. Obwohl nach dem »Königsfrieden« die Grenzen der spartanischen Einflußmöglichkeiten in Griechenland deutlich wurden und Sparta auf dem Friedenskongreß von 371 keine Anerkennung mehr als Garant des sog. Königsfriedens fand, hat Agesilaos unbeirrt an dem spartanischen Machtanspruch festgehalten und damit die fatale Konfrontation mit Theben heraufbeschworen, die zur Niederlage Spartas bei Leuktra (371) führte. Das Meinungsbild in Sparta war derart von den Vorstellungen des Königs bestimmt, daß die aus nüchterner Lagebeurteilung resultierende Opposition eines Spartiaten gegen Agesilaos' Politik bei der Mehrheit der Spartaner auf absolutes Unverständnis stieß (Xen. Hell. VI 4,2–3). Agesilaos hat dann zwar während der Belagerung Spartas durch thebanische Streitkräfte (Winter 370/69) den Widerstand hervorragend organisiert und die Besetzung der Polis verhindert, doch ändert dies nichts an der Tatsache, daß diese Situation durch eine Politik entstanden war, die er selbst als stärkster Integrationsfaktor im innerspartanischen Kräftespiel maßgebend bestimmt hatte. Wenn das Königtum während der Amtszeit des Agesilaos als Exekutive größeres Gewicht gewann, so ist dies freilich nicht zuletzt auch dadurch bedingt, daß die Nauarchen (Flottenführer) und sonstige Außenbeamte durch den Zerfall der Herrschaft Spartas außerhalb des griechischen Mutterlandes nach der Niederlage der spartanischen Flotte bei Knidos (394) an Bedeutung verloren.[56]
Das Ende der spartanischen Hegemonie nach der Schlacht bei Leuktra markiert einen entscheidenden Einschnitt in der Geschichte des spartanischen Königtums, das in der Folgezeit in seinen Aktionsmöglichkeiten stark eingeschränkt war. Auch bedeutendere Persönlichkeiten als Kleomenes II. (370–309) und Archidamos III. (ca. 361/60–338) wären ohne tiefgreifende Umgestaltung der gesamten politischen und sozialen Struktur Spartas nicht in der Lage gewesen, den Niedergang dieser Polis aufzuhalten. Agis III. (338 bis 331) ist bereits der hellenistischen Geschichte zuzuordnen, so daß seine gescheiterte Erhebung gegen Makedonien hier ebenso außer Betracht bleiben muß wie die Bestrebungen des Areus (309–265) und des Kleomenes III. (235–219), große Politik im Stile der hellenistischen Monarchen zu treiben.

c) Ephorat

Die in der älteren Forschung vielfach vertretene These von der permanenten Rivalität zwischen den Königen und den Ephoren kann heute als überwunden gelten. Allerdings differiert die moderne Beurteilung des Einflusses der Ephoren auf die politische Willensbildung erheblich. Einerseits wird dem Ephorat im politischen Kräftespiel eine schwächere Position als dem Königtum zugeschrieben. Nach dieser Theorie sollen die Ephoren in der Regel während ihrer Amtszeit in Abstimmung mit dem jeweils einflußreichsten König bzw. mit der von ihm beherrschten Faktion der Gerousia agiert haben.[57] Demgegenüber ist jedoch zu beachten, daß zumindest in der Pentekontaëtie das Königtum schwerlich pauschal als bestimmender politischer Faktor bezeichnet werden kann. Die Gegenposition beruht auf der Annahme, daß die Ephoren als Repräsentanten des Damos durchweg in Übereinstimmung mit der Apella agierten.[58] Die Entscheidungsfindung bestand indes nicht nur darin, daß ein Konsens zwischen Ephorat und Volksversammlung erzielt wurde. Die Rolle der »Ersten Männer« außerhalb der Institutionen ist hier ebenso zu berücksichtigen wie das Wechselspiel der Kräfte bei kontroversen Auffassungen verschiedener Faktionen und Gruppierungen.

Eine erstaunlich einseitige Wertung des Ephorats findet sich bereits bei Aristoteles (Pol. 1270b 6–35), der die Position der Ephoren mit der Macht eines Tyrannen vergleicht, gleichzeitig aber einen starken Kontrast zwischen den umfassenden Kompetenzen dieser Institution und der Unfähigkeit einer Reihe von Ephoren feststellt und letzteres auf die angeblich niedere soziale Herkunft dieser Polisbeamten zurückführt. Sein Maßstab für die Beurteilung des Verhältnisses zwischen Königtum und Ephorat ist offensichtlich primär die Stellung der unbedeutenden spartanischen Könige um die Mitte des 4. Jahrhunderts. Zudem stellt Aristoteles in dem genannten Kontext den Damos der Spartiaten auf eine Stufe mit den Bürgerschaften anderer Gemeinwesen. Trotz der zweifellos starken sozialen Differenzierung innerhalb der vollberechtigten Politen in Sparta war jedoch kein Spartiat ausgesprochen arm. Andernfalls hätte er sein Vollbürgerrecht verloren. Aristoteles' Hinweis auf die niedere Herkunft vieler Ephoren ist ebenso irreführend wie seine weitere Behauptung, daß Sparta sich durch die starke institutionelle Stellung des Ephorats aus einer Aristokratie zu einer Demokratie entwickelt habe. Auch Angehörige alter Adelshäuser oder reiche Spartaner bekleideten das Ephorenamt, das prinzipiell jedem Spartiaten zugänglich war. Der berühmte Ephor Chilon (556/55), Endios, Ephor 413/12, der mit Alkibiades »in ererbter Gastfreundschaft« verbunden war (Thuk. VIII 6, 3), Antialkidas, Unterhändler am persischen Königshof und Ephor 370/69, sowie Brasidas, der bereits am Anfang seiner Karriere das Ephorat ausübte (431/30), stammten zweifellos aus einflußreichen Familien. – Inwieweit Protégés der Könige in dieses Amt gelangten, bleibt umstritten. Belegt ist dies für die Zeit des Agis IV. (Plut. Ag. 8), doch wird es sich hierbei kaum um einen Einzelfall gehandelt haben.

Die Entstehung des Ephorats wurde in der Antike unterschiedlich datiert. Bis ins 4. Jahrhundert galt diese Institution als Einrichtung des Lykurg. Spätere Autoren brachten das Ephorat mit König Theopomp in

Verbindung, der in der Zeit des ersten Messenischen Krieges geherrscht haben soll. In der Großen Rhetra werden die Ephoren freilich nicht erwähnt. Sie scheinen also im späten 8. oder frühen 7. Jahrhundert noch keine politische Bedeutung gehabt zu haben. Ihr Amtstitel läßt vermuten, daß sie ursprünglich Aufseherfunktionen besaßen. Hierauf deutet auch ihre alljährliche Kriegserklärung an die Heloten hin. Die Ephoren fungierten hierbei als Hüter der bestehenden Ordnung, indem sie dafür Sorge trugen, daß die Voraussetzungen des Klarossystems gewahrt blieben und jeder Vollbürger einen verdächtigen Heloten töten konnte, ohne hierdurch Blutschuld auf sich zu laden. Allem Anschein nach entstand dieser Brauch bereits im Zuge der Eroberung Südlakoniens und der Helotisierung der dortigen Bevölkerung. Trifft dies zu, waren die 5 Ephoren von Anfang an nicht Repräsentanten der 5 Siedlungen Spartas (mit Einschluß von Amyklai), sondern Beauftragte der gesamten Wehrgemeinschaft, zumal die eigentümliche »Wahl« der Ephoren wahrscheinlich vor der Wehr- und Bürgergemeinschaft stattfand.[59] Die archaische »Wahl« durch Akklamation wurde sicherlich schon in einer sehr frühen Phase der Entwicklung des Ephorats vorgenommen. Die bei Plutarch (Kleom. 10) überlieferte Behauptung des Kleomenes III., daß die Ephoren ursprünglich von den Königen nur für die Zeit ihrer Abwesenheit im Felde als Richter und Aufseher eingesetzt worden seien, wird durch die tendenziöse Argumentation des Kleomenes diskreditiert, der das Ephorat auszuschalten suchte.

Die richterlichen Kompetenzen der Ephoren sind freilich von den genannten Aufsichtsbefugnissen nicht zu trennen. Ein erheblicher Teil ihrer Strafgerichtsbarkeit, ihre Tätigkeit in vermögensrechtlichen Prozessen sowie ihre Aufgaben als eine Art Fremdenpolizei gewannen zwar erst im Laufe der Zeit größere Bedeutung, doch dürften die Ephoren von Anfang an juridische Funktionen ausgeübt haben. Unter diesem Aspekt ist die Einrichtung des Ephorats trotz der spezifischen, durch die Helotie bedingten Besonderheiten dieser Institution im Zusammenhang mit der Ausfächerung des Beamtenwesens in anderen Gemeinwesen zu sehen. Mit den wachsenden Aufgaben des Königtums infolge des Bevölkerungswachstums und der Expansion Spartas scheinen die Ephoren zunächst als »Helfer« der Könige ihre ursprünglichen Aufgaben übernommen zu haben, wie auch in anderen Poleis die höchsten Funktionsträger durch Einrichtung weiterer Ämter entlastet wurden. Daß in Sparta diese Entwicklung bereits um die Mitte des 8. Jahrhunderts begann, mag zunächst überraschen, doch ist zu beachten, daß hier der institutionelle Rahmen der Polis ohnehin relativ früh deutlichere Konturen gewinnt, wie die Regelung des Zusammenspiels der wichtigsten Organe des Gemeinschaftslebens durch die Große Rhetra zeigt.

Ein Bestandteil der Aufsichtsfunktionen der Ephoren wurde des weiteren das ihnen übertragene sakrale Recht, in jedem neunten Jahr in wolkenloser Nacht den Himmel zu beobachten und bei bestimmten Erscheinungen (Sternschnuppen) die Könige bis zur Einholung eines Orakels aus

Delphi oder Olympia zu suspendieren. Die kosmischen Zeichen galten als »Indiz« für einen Verstoß der Könige gegen die religiöse Ordnung. Zudem wurden jeden Monat zwischen den Königen und Ephoren Eide ausgetauscht, wobei die Könige schworen, ihr Amt in Übereinstimmung mit den geltenden Gesetzen auszuüben, während sich die Ephoren verpflichteten, in diesem Fall die Rechte der Könige nicht anzutasten. Dieses Verfahren setzt bereits ein gewisses Aufsichtsrecht der Ephoren über die Könige voraus, das nicht von Anfang an bestanden haben kann. Im einzelnen erlauben freilich die Quellen keine eindeutigen Aussagen über den Aufstieg des Ephorats. Die Überlieferung bringt diesen Prozeß mit einzelnen Persönlichkeiten in Verbindung. Nach Plutarch (Kleom. 10) soll Asteropos, der angeblich »viele Generationen nach (König) Theopomp lebte«, als erster die Macht der Ephoren gestärkt haben. Das Ephorat des Asteropos ist noch vor Chilon (556/5) anzusetzen, der nach Diogenes Laertios (I 68) diesem Amt noch größere Bedeutung gegeben haben soll. Allem Anschein nach ist jedoch wiederum mit einem vielschichtigen Prozeß zu rechnen. Wie bereits U. Kahrstedt[60] richtig hervorgehoben hat, war es »nicht die Änderung des Rechtes«, sondern die Verlagerung der Macht, die diese Entwicklung bestimmte. Eine gesetzlich verankerte Schmälerung der königlichen Befugnisse ist im 6. Jahrhundert nur in einem Fall belegt. Es handelt sich um die schon erwähnte Regelung des Heereskommandos der Könige.

Der politische Aufstieg des Ephorats ist im Zusammenhang mit der wachsenden Bedeutung der Volksversammlung zu sehen. Als »gewählte« Funktionsträger des Damos vertraten die Ephoren nicht zuletzt auch die Interessen der Bürgergemeinschaft gegenüber den Königen. Ähnlich wie in anderen Poleis führte auch in Sparta die Entwicklung zu einer Konsolidierung des Bürgerverbandes, der ja die staatliche Gemeinschaft darstellte. Die dynastische und »persönliche« Politik der Repräsentanten großer Adelshäuser wurde generell zunehmend eingeschränkt und der adlige Herr gegebenenfalls gezwungen, sich dem Willen der Gesamtheit unterzuordnen. Dieser Prozeß erstreckte sich zwar sowohl in Sparta als auch in anderen Gemeinwesen bis ins 5. Jahrhundert, implizierte aber, daß die Autorität der Polisgemeinschaft immer weitere Bereiche umfaßte. Hierbei erhielten vor allem auch vitale außenpolitische Interessen stärkstes Gewicht. In Sparta wurde dies durch die Expansion der Polis und ihre Stellung im griechischen Staatensystem von besonderer Bedeutung. Hinzu kam hier noch die militärische Disziplinierung des Spartiatentums im Sinne der Ausrichtung der gesamten Lebensordnung auf eine Steigerung der Kampfkraft der Polisgemeinschaft, so daß im Zuge dieser inneren Wandlung Spartas zweifellos auch die polizeilichen und richterlichen Funktionen der Ephoren als »Hüter« des sog. lykurgischen Systems ausgeweitet wurden.

In der Überlieferung wird noch deutlich, wie die Ephoren um die Mitte des 6. Jahrhunderts in Übereinstimmung mit der Gerousia einem König den Willen des Damos aufzwangen. Es ging hierbei um die Erhaltung des Doppelkönigtums, das durch die Kinderlosigkeit des Anaxandridas gefährdet schien (Hdt. V 39–40). Die Ephoren handelten im Interesse der Wahrung der bestehenden Verfassung (wenigstens stellte sich dies aus der Sicht der Gewährsleute des Herodot so dar), ohne daß sie in diesem Fall auf Grund genau geregelter Kompetenzen das *Recht* zur Intervention hatten.

Der Übergang politischer Befugnisse vom Königtum auf das Ephorat verlief sicherlich nicht ohne Konflikte. Ein Relikt solcher Auseinandersetzungen war vermutlich der Brauch, daß ein König erst nach dreimaliger Aufforderung vor den Ephoren erschien. Wir wissen indes nicht, wie den Ephoren die Leitung der Volksversammlung zufiel. Die Entwicklung des Ephorats zu einem Regierungsorgan wurde möglicherweise dadurch begünstigt, daß bei Abwesenheit beider Könige während eines Feldzuges keine anderen hohen Funktionsträger zur Einberufung der regelmäßig tagenden Apella zur Verfügung standen. Es muß jedoch offenbleiben, ob aus solchen Sonderfällen allmählich ein Gewohnheitsrecht wurde oder den Königen auf andere Weise die Leitung der Versammlung entzogen wurde.

Während noch im späten 6. Jahrhundert die Entwicklungslinien sich vielfach überkreuzten, da die Ephoren einerseits bereits wichtige Kompetenzen in der Leitung des Gemeinwesens besaßen, andererseits aber unter dem starken Einfluß des Kleomenes I. standen, war der Ausbau ihres Aufgabenbereichs in der Zeit der Perserkriege weitgehend abgeschlossen. Auf Grund ihrer allgemeinen Aufsichts- und Disziplinarbefugnisse waren sie am Ende dieser Entwicklung nicht nur die zuständigen Richter für viele Bereiche der Rechtsprechung in Handels- und Vermögensprozessen, sondern verfügten auch über eine weitgehende Strafgewalt, indem sie Anzeigen entgegennahmen, Verhaftungen und Strafen anordneten sowie Rügen und Verwarnungen erteilten. Sie führten die Aufsicht über die Jugenderziehung, konnten Fremde ausweisen sowie verdächtige Heloten (und gegebenenfalls auch Perioiken) hinrichten lassen. Ferner waren sie berechtigt, bei Pflichtversäumnissen anderer Funktionsträger (einschließlich der Könige) ein Verfahren einzuleiten und die Rechenschaftsabnahme der Beamten nach Ablauf des Amtsjahres durchzuführen. Sie selbst waren lediglich ihren Nachfolgern im Amt rechenschaftspflichtig.

Die politischen Führungsfunktionen des Ephorats sind im wesentlichen ein Derivat der Leitung der Volksversammlung, in der gewöhnlich der eponyme Ephor den Vorsitz führte und die Anträge (einschließlich der Ernennung der Oberbefehlshaber bei einem Feldzug) zur Abstimmung vorlegte. Es oblag dem gesamten Kollegium, die Ausführung der von der Versammlung gefaßten Beschlüsse anzuordnen und zu überwachen. Dementsprechend hatten sie nach einem Kriegsbeschluß auch die Mobilmachung vorzunehmen. Des weiteren empfingen sie fremde Gesandtschaften, die sie (gegebenenfalls nach Beratung mit der Gerousia) in die Volksversammlung einführten oder u. U. auch von sich aus abwiesen (Xen. Hell. II 2,13). In bestimmten Fällen trafen die Ephoren auch in

eigener Verantwortung die Entscheidung bei einem auswärtigen Hilfegesuch (Xen. a.O. III 1,1).
Eine kontinuierliche Ephoratspolitik konnte sich freilich schon deshalb nicht entwickeln, weil durch den jährlichen Ämterwechsel ständig neue Männer ins Ephorat gelangten. Kontinuation oder Iteration des Amtes war offensichtlich untersagt[61], und es gab kein anderes hohes Polisamt, das ihnen ermöglicht hätte, zu einem späteren Zeitpunkt erneut umfangreiche Kontroll- und Leitungsfunktionen auszuüben. Ebensowenig traten sie nach Ablauf ihrer Amtszeit in die Gerousia ein. Im innenpolitischen Bereich waren den spartanischen »Regierungsorganen« ohnehin enge Grenzen gezogen, da auf Grund der gesamten Struktur des Systems durchgreifende Reformen nicht in Frage kamen.
Infolge der Ausdehnung der Kriegsschauplätze im späten 5. Jahrhundert wurde das Ephorat als wichtigstes Organ der spartanischen »Behörden« das entscheidende Gremium für die Koordinierung der militärischen Operationen und diplomatischen Aktionen. Es konnte jederzeit eilige Anfragen der Militärbefehlshaber beantworten, Direktiven an Kommandeure weiterleiten sowie neue Dispositionen treffen und war in der Lage, bei Gefährdung der inneren Sicherheit schnell zu reagieren (Xen. Hell. III 3,4ff.). Ferner erweiterte sich der Aufgabenbereich der Ephoren infolge des Peloponnesischen Krieges dadurch, daß sie die Finanzierung der großen militärischen Unternehmungen sowie die steigenden Einnahmen der Polis aus dem Erlös der Beute und den Subsidien und Abgaben einer Reihe von Bundesgenossen kontrollierten.
Entscheidungen und Maßnahmen der Ephoren waren zumeist die Resultante aus einer Vielzahl von Faktoren. Als Beamte, die aus dem gesamten Damos »gewählt« wurden, besaßen sie durchweg eine gewisse Sensibilität für ihren Handlungsspielraum gegenüber der Apella und für das Meinungsbild innerhalb des Spartiatentums. Da sie nicht direkt von der Apella zur Verantwortung gezogen werden konnten, hatten sie aber eine weitaus stärkere Position als hohe Magistrate in anderen Poleis, doch ist es offenbar nie zu einem Eklat zwischen der Volksversammlung und dem Ephorat gekommen. Andererseits waren die Ephoren zweifellos bestrebt, möglichst einen Dissens mit einflußreichen Faktionen und Gruppierungen innerhalb der Führungsschicht Spartas zu vermeiden. Sie konnten nicht mit dem Prestige erfolgreicher Könige konkurrieren. Wenn sie sich im Konfliktfall kraft ihrer amtlichen Kompetenzen durchsetzten, mußten sie unter Umständen mit erheblichen Schwierigkeiten nach Ablauf ihrer Amtszeit rechnen, auch ohne daß sie wegen ihrer Amtsführung rechtlich belangt werden konnten. Wie auf Grund dieser Konstellation bestimmte politische Mechanismen funktionierten, zeigen einige Beispiele aus der Zeit des Agesilaos II., der z.B. 386 »die Ephoren überzeugte«, ihn an der Spitze eines Heeres nach Boiotien zu entsenden. Theben sollte auf diese Weise gezwungen werden, die Bestimmungen des Königsfriedens zu akzeptieren. Auf Antrag der Ephoren wurde dementsprechend ein Beschluß im Sinne des Agesilaos gefaßt. Ferner erreichte der König als Komman-

deur der spartanischen Belagerungstruppen vor Phleius (381–379) durch eine Nachricht an seine »Freunde« (Anhängerschaft) in Sparta, daß ihm durch Volksbeschluß auf Antrag der Ephoren alle Vollmachten zur Unterwerfung der genannten Polis übertragen wurden (Xen. Hell. V 1,33. 3,23–25).

d) Gerousia

Die Gerousia ist aus dem alten Adelsrat der Könige hervorgegangen. Es handelte sich hierbei also ursprünglich um die Versammlung der Repräsentanten der führenden Häuser in Sparta. Die Zahl der von den Königen als Ratgeber berufenen Adligen war sicherlich zunächst nicht fixiert. Der institutionelle Charakter der Gerousia wird erstmals in der Großen Rhetra deutlich. Die Beschränkung der Zahl der Geronten auf 28 läßt darauf schließen, daß die Mitglieder des Rates nicht mehr beliebig von den Königen bestimmt wurden. Das von Plutarch (Lyk. 26) beschriebene eigentümliche Akklamationsverfahren bei der »Wahl« der Geronten wurde vermutlich schon in dieser Zeit praktiziert und ist jedenfalls früher zu datieren als die Einführung regelrechter Abstimmungen bei der Beamtenwahl in anderen Poleis. »Wählbar« waren in klassischer Zeit bewährte Spartiaten über 60 Jahre, die nicht mehr zur Teilnahme an Kriegszügen verpflichtet waren. Aristoteles (Pol. 1306a 18f.) bezeichnet die Akklamation der Geronten als »dynastische Wahl«. Offenbar ist diese Formulierung so zu verstehen, daß im wesentlichen eine mehr oder weniger begrenzte Zahl einflußreicher und aus der Masse des Damos herausgehobener Spartiatenfamilien die Kandidaten für die Gerousia stellte, wenn auch sicherlich keine entsprechende gesetzliche Regelung bestand. Durch die Große Rhetra und die Einführung der Akklamation hat sich die soziale Struktur der Gerousia schwerlich entscheidend geändert. Als Kandidaten kamen zweifellos weiterhin die Angehörigen der »Ersten Familien« in Frage, deren gesellschaftlicher Vorrang ja keineswegs beseitigt wurde. Herodot (VI 57,5) weist bezeichnenderweise auf die Verwandten der Könige in der Gerousia hin. Es ist jedoch damit zu rechnen, daß sich dieser Kreis der Kandidaten durch den Aufstieg weiterer Spartiatenfamilien, die ihren Landbesitz zu mehren verstanden oder zu politischem Ansehen gelangten, allmählich erweiterte, so daß im 4. und wohl teilweise auch schon im 5. Jahrhundert die Gerousia nicht mehr ausschließlich aus Mitgliedern der alten Geburtsaristokratie bestand, wie auch in anderen Poleis sich die Struktur der Führungsschicht gewandelt hatte.

Die auf Lebenszeit »gewählten« Geronten waren nicht rechenschaftspflichtig. Die Willensbildung der Gerousia erfolgte durch Abstimmung, wobei die beiden Könige, die ex officio Mitglieder des Rates waren, ihre Stimme zuletzt abgaben (so ist zweifellos Thukydides I 20,3 zu interpretieren, der sich hier gegen die Auffassung Herodots VI 57,5 wendet, daß die Könige je zwei Stimmen gehabt hätten).

Die politischen Funktionen der Gerousia der archaischen Zeit ergeben sich aus den Bestimmungen der Großen Rhetra. Hiernach konnten Entscheidungen theoretisch nur mit Zustimmung aller Verfassungsorgane (mit Ausnahme des noch nicht erwähnten Ephorats) getroffen werden. Ihrem Wesen nach waren diese Kompetenzen der Geronten bei der Vorbereitung einer Abstimmung der Apella bereits eine Art Probulie (Vorberatung), die sich freilich von den mit diesem Begriff bezeichneten Aufgaben des kleisthenischen »Volksrates« der Fünfhundert in Athen unterschied. Während im klassischen Athen die Beschlußvorlagen des genannten Rates in der Ekklesia diskutiert und gegebenenfalls modifiziert wurden, konnte die spartanische Volksversammlung – wie bereits ausgeführt – zumindest in archaischer Zeit die ihr vorgelegten Anträge bzw. »Ratschläge« lediglich durch Zuruf verabschieden oder ablehnen. Plutarch (Ag. 11) bezeichnet freilich die Funktionen der Gerousia in hellenistischer Zeit ausdrücklich als »Vorberatung«. Er berichtet hier, daß sich die Gerousia 243/42 weigerte, die Reformvorschläge, die Agis IV. durch den damaligen Ephoren Lysander einbringen ließ, der Volksversammlung vorzulegen, obwohl die Mehrheit der Spartiaten die Initiative des Königs begrüßte. Die Kompetenzen der Gerousia als Gremium der Probulie in dem oben skizzierten Rahmen der spartanischen Verfassungsmechanismen sind vermutlich nie »gesetzlich« beseitigt worden. In der Überlieferung über außenpolitische Entscheidungen wird freilich die Gerousia kaum genannt. Lediglich im Bericht des Diodor XI 50 von den Debatten über die Situation nach dem Verlust der militärischen Hegemonie Spartas im Kampf gegen Persien tritt die Gerousia als vorberatendes Organ in Erscheinung. Demgegenüber ist bei Thukydides in der Darstellung der Beratungen in Sparta vor Ausbruch des Peloponnesischen Krieges von der Gerousia nicht die Rede. Xenophon legt generell den Akzent auf den Entscheidungsprozeß in der Volksversammlung (z. B. Hell. II 4,38; IV 6,3; V 2,11 u. 20). Dies schließt aber nicht aus, daß Absprachen zwischen Ephoren und Gerousia (einschließlich der Könige) vorausgingen. Bei der Aufdeckung der Verschwörung des Kinadon – einer brisanten innenpolitischen Angelegenheit – wurden die Geronten sofort von den Ephoren zu Rate gezogen, ohne daß erst die Volksversammlung bzw. die sog. »kleine Ekklesia« einberufen wurde. Kontakte zwischen den Ephoren und Geronten bzw. interne Beratungen sind nach Xenophon (Hell. VI 1,17) auch bei der Entscheidung über das Hilfegesuch des Polydamas von Pharsalos (Thessalien) zu vermuten.

Bedeutende politische Kontrollfunktionen übte die Gerousia als höchster Gerichtshof aus. Sie war zuständig für schwere Kriminalfälle, d. h. Prozesse, bei denen der Angeklagte im Fall einer Verurteilung die Todesstrafe, die Verbannung oder den Verlust der bürgerlichen Rechte (Atimie) zu erwarten hatte. Dies betraf vor allem Mord, Hochverrat und schwere Verstöße gegen die Interessen der Polis. In den Prozessen gegen verschiedene Könige bildeten die Ephoren einen Teil des Gerichtshofes. Sie leiteten die Voruntersuchung und führten das Verfahren dann bei der

Gerousia ein. Der Stimmenanteil der Ephoren war zwar prozentual gering (ein Siebtel), doch gaben sie bei Stimmengleichheit der Geronten den Ausschlag. Als Gerichtshof war die Gerousia zweifellos ein Machtfaktor, den die spartanischen Befehlshaber und Außenbeamten bei ihren Aktionen zu beachten hatten, da sie stets mit einer Anklage rechnen mußten, wenn ihre Entscheidungen nicht die Zustimmung einflußreicher Kreise in Sparta fanden. Der prominenteste Fall ist das Verhalten des Königs Kleombrotos vor der vernichtenden Niederlage des spartanischen Heeres bei Leuktra. Kleombrotos ging das Risiko einer Entscheidungsschlacht nicht zuletzt deshalb ein, weil er im Hinblick auf die entschieden antithebanische Einstellung seines Mitkönigs Agesilaos II. und dessen Einfluß in der Gerousia einen Prozeß befürchtete, wenn er die Thebaner kampflos abziehen ließ (Xen. Hell. VI 4, 4–6). Wenn also in der Überlieferung immer wieder die Autorität der Gerousia hervorgehoben wird, so ist dies primär auf die Kontrollfunktionen zu beziehen, die sie als höchster Gerichtshof ausübte. Andererseits sahen sich die Geronten zweifellos oft genug bei der Urteilsfindung den Pressionen der herrschenden Faktion in diesem Gremium ausgesetzt, zumal wahrscheinlich keine geheime Abstimmung durchgeführt wurde (vgl. Paus. III 5,2). Aristoteles (Pol. 1270b 35ff.) weist in seiner Kritik an dieser Institution mit Nachdruck darauf hin, daß sich die Geronten vielfach beeinflussen ließen. Seine Wertung wird durch die überlieferten Prozesse durchaus bestätigt.[62]

Das spartanische Verfassungssystem beruhte institutionell gesehen auf einfachen Prinzipien. Das Zusammenspiel der Verfassungsorgane erwies sich aber durch Gruppen- und Gefolgschaftsbildungen, deren Kristallisationspunkte z.T. einflußreiche Könige waren, immer wieder als ein komplizierter Mechanismus. Zweifellos konvergierten die Interessen des Spartiatentums in dem Bestreben, das bestehende System zu erhalten und zu festigen, doch gingen vor allem im Bereich der zwischenstaatlichen Beziehungen die Auffassungen über Ziele und Methoden der spartanischen Politik vielfach weit auseinander. Die Verfassungswirklichkeit Spartas, wie sie sich auf Grund der Berichte der Historiker von den politischen Entscheidungsprozessen darstellt, sollte im übrigen davor warnen, diese Polis aus der Optik der spätklassischen Publizistik und Staatstheorie als großes Heerlager zu betrachten und in den Spartiaten lediglich Berufskrieger zu sehen (vgl. z.B. Isokr. VI 81; Plat. Nom. 666e). Desgleichen sind moderne Begriffe wie Militarismus und Militärstaat in bezug auf die spartanische Lebensform und Staatsordnung abwegig. Die Verfassung Spartas war in erster Linie durch die historischen Bedingungen des Polisstaates bestimmt, der nicht aus einem bloßen Kriegerverband erwachsen ist. Durch die besondere Situation in Sparta nach der Einführung der Helotie war hier zwar die Steigerung der militärischen Effizienz ein vordringliches Problem. Zu beachten ist jedoch, daß die Könige als prädestinierte Militärbefehlshaber nicht allmächtig wurden, sondern sich in die konsolidierte staatliche Ordnung Spartas einfügen mußten. Die Spartiaten waren gewiß disziplinierte Soldaten, aber zugleich auch Polisbürger, die letztlich die Entscheidung über Pläne und Konzeptionen ihrer Führungsschicht zu treffen hatten. Die mit großen Befugnissen ausgestatteten Ephoren waren Funktionsträger des Damos, der freilich auch den »Ersten Häusern« eine traditionelle Vorrangstellung einräumte und das Prestige der Oberschicht in der »Wahl« der Geronten respektierte. Die Zugehörigkeit zum Damos der Spartiaten beruhte auf einheitlichen Voraussetzungen (Agogé, Syssitienbeiträge, Teilnahme am Gemeinschaftsleben), doch war das politische Steuerungssystem wiederum durch eine ausgeprägte Rangordnung innerhalb der Gesellschaft der »Gleichen« gekennzeichnet.

C) Bündnissystem

Die Keimzelle des spartanischen Bündnissystems war der Vertrag mit Tegea um 550, der die Tegeaten verpflichtete, alle Messenier aus ihrem Gebiet auszuweisen, diese Klausel nicht durch Aufnahme messenischer Exulanten in die eigene Bürgerschaft zu umgehen und keinen Mitbürger wegen spartafreundlicher Haltung zu töten (Aristot. Fr. 592).[63] Weitere Einzelheiten sind nicht überliefert, doch lassen die noch erhaltenen Bestimmungen erkennen, daß Sparta als dominierender Vertragspartner versuchte, seine Herrschaft über Messenien auch außenpolitisch abzusichern. In der Folgezeit hat Sparta durch Allianzen mit zahlreichen weiteren peloponnesischen Gemeinwesen seine Vormachtstellung im südlichen Griechenland gefestigt und hierdurch zugleich weitere Barrieren gegen Helotenaufstände errichtet. Das auf diese Weise entstandene Bündnissystem, das um 500 nahezu die gesamte Peloponnes außer Achaia und Argos umfaßte, war seinem Wesen nach ein Waffenbund und hat diesen Charakter lange bewahrt.[64] Die offizielle Bezeichnung lautete: »Die Lakedaimonier (Spartaner) und ihre Bundesgenossen« (hoi Lakedaimonioi kai hoi Symmachoi). Der Terminus Symmachoi (wörtl. »Kampfgenossen«) kennzeichnet den eigentlichen Zweck der Vereinigung, die in der modernen Forschung allgemein als »Peloponnesischer Bund« bezeichnet und im Anschluß an H. Triepel und V. Ehrenberg zumeist als hegemoniale Symmachie charakterisiert wird. Der Unterschied zu Allianzen vom Typ einer einfachen Symmachie, die von griechischen Gemeinwesen üblicherweise als Kampfbündnisse auf Zeit oder auf Dauer geschlossen wurden, lag zunächst in der vertraglich garantierten Führungsrolle Spartas. Wesentlich war des weiteren, daß die spartanischen Symmachoi durch ihre Verträge nicht automatisch untereinander alliiert waren, wenn sie auch ihrerseits in gewissem Umfang eigene Bundesgenossen haben konnten (Thuk. V 29,1). Die Bündnisse zwischen Sparta und seinen Vertragspartnern ergaben erst in ihrer Gesamtheit das Bündnissystem, das somit kein Staatenbund im eigentlichen Sinne war.
Die Aufnahme weiterer Bundesgenossen in die Symmachie lag allein in der

Kompetenz Spartas. Teile des beim Ausbau des Bundes verwendeten älteren Vertragsformulars lassen sich aus einer fragmentarischen Inschrift aus dem frühen 5. Jahrhundert erschließen.[65] Entsprechende Formeln begegnen auch in späteren Bündnissen Spartas. Die einzelnen Symmachoi wurden jeweils verpflichtet, »dieselben Freunde und Feinde zu haben wie die Lakedaimonier« (Freund- und Feindklausel) und die militärische Führung Spartas anzuerkennen, das bei eigenen Unternehmungen gegen fremde Staaten von den Bundesgenossen die Stellung von Truppen verlangen konnte (Hegemonieklausel). Die Verträge waren somit keineswegs lediglich Defensivbündnisse. Jeder einzelne Bundesgenosse Spartas erhielt zwar durch die Verpflichtung beider Vertragspartner zu gegenseitiger Hilfe im Verteidigungsfall den vollen Schutz der Hegemonialmacht, mußte sich aber unter Umständen auf Grund der Hegemonieklausel an den Kriegen Spartas beteiligen. Sparta war hingegen nicht gebunden, wenn einer der Bündnispartner von sich aus Krieg gegen eine auswärtige Macht führte. Es konnte sogar nach der Freund- und Feindklausel vom Bündnispartner gegebenenfalls die Einstellung der Kampfhandlungen verlangen und durch seine vertraglich fixierten hegemonialen Kompetenzen entsprechenden Druck ausüben. So gewann Sparta durch zielbewußte Vertragspolitik bis etwa 500 v. Chr. eine heerespflichtige Bundesgenossenschaft, die damals ohne Beispiel in der griechischen Welt war.
Spartas militärisches Potential und seine hieraus resultierende politische Hegemonie auf der Peloponnes garantierten indes noch nicht, daß es stets den beherrschenden Einfluß auf die Politik seiner Bundesgenossen ausübte. Obwohl die Freund- und Feindklausel, die an sich Kriege zwischen den spartanischen Symmachoi ausschloß, als Instrument der Friedenssicherung innerhalb des Systems dienen konnte und die Hegemonialmacht durch die Einzelverträge jederzeit eine Rechtsgrundlage besaß, Konflikte zu unterbinden, haben Grenzstreitigkeiten bzw. das Bestreben verschiedener Bundesgenossen, ihren eigenen Einflußbereich auf Kosten anderer peloponnesischer Staaten zu erweitern, wiederholt zu militärischen Auseinandersetzungen geführt, ohne daß Sparta dies zu verhindern vermochte. Besonders deutlich zeigt dies der Grenzkonflikt zwischen Korinth und Megara (ca. 460), der sich schließlich zum sog. ersten Peloponnesischen Krieg zwischen der spartanischen Symmachie und Athen ausweitete. Obwohl Megara aus dem Peloponnesischen Bund austrat und dieser Schritt einer Erhebung gegen die Hegemonialmacht gleichkam, griff Sparta zunächst nicht ein. Zweifellos war zu Beginn des Konflikts die Erhebung der Messenier noch nicht endgültig niedergeworfen, so daß Sparta keine volle Aktionsfreiheit besaß. Hinzu kam, daß Megara sich an Athen anschloß und hierdurch neuen Schutz gewann. Spannungen innerhalb des Peloponnesischen Bundes konnten somit infolge der durch den Aufstieg Athens nach 480/79 veränderten Gesamtlage eine Eigendynamik gewinnen, die Spartas Grenzen deutlich werden ließen.
Schon früher hatten sich freilich aus Interessengegensätzen zwischen

Sparta und seinen Bundesgenossen Ansätze zu einer Weiterentwicklung des Bündnissystems ergeben, die über das Stadium einer Summe von Einzelverträgen hinausführte. Wie bereits erwähnt, scheiterte 506 ein spartanischer Feldzug gegen Athen am Widerstand der Korinther und anderer Symmachoi, die nicht bereit waren, ein von Sparta abhängiges Regime in Athen zu tolerieren. Einige Zeit später berief Sparta einen Kongreß der Repräsentanten der verbündeten Gemeinwesen ein, um deren Zustimmung zu einem weiteren Unternehmen gegen Athen zu gewinnen. Durch diesen Schritt sollte das frühere Fiasko vermieden werden.[66] Die Bundesgenossen weigerten sich indes erneut, die geplante Aktion zu unterstützen. Allem Anschein nach handelte es sich um die erste Versammlung dieser Art. Sie war freilich keine »konstituierende Sitzung«, da weder eine »Bundesverfassung« beschlossen noch den Symmachoi ausdrücklich das Recht auf Zustimmung zu einem gemeinsamen Kriegsbeschluß konzediert wurde. Gleichwohl liegt hier ein Präzedenzfall vor, der für die weitere Entwicklung von großer Bedeutung war. Das Meinungsbild wurde jetzt erstmals durch Abstimmung ermittelt (Hdt. V 93,2). Faktisch bedeutete die Einberufung dieser Versammlung eine gewisse Modifizierung der Hegemonieklausel, wenn auch der betreffende Passus in den Einzelverträgen nicht formal geändert wurde. Zumindest scheinen die Bundesgenossen jetzt erreicht zu haben, daß die gemeinsame Kriegführung nicht mehr in jedem Fall nur vom Hegemon beschlossen werden konnte. Die in den Einzelverträgen enthaltene Hegemonieklausel trat freilich offenbar weiterhin automatisch in Kraft, wenn aus der Sicht Spartas und seiner Bündner kein Zweifel bestand, daß eine gegen die Symmachie gerichtete Aggression einer fremden Macht vorlag. Dies war im sog. ersten Peloponnesischen Krieg der Fall, nachdem Athen versucht hatte, ein in Mittelgriechenland operierendes peloponnesisches Heer abzuschneiden (458 oder 457). Auch 413 konnte die spartanische Führung wahrscheinlich davon ausgehen, daß die Symmachoi ohne Widerspruch Truppen stellen würden, da nunmehr eine klare Verletzung des Nikiasfriedens durch Athen vorzuliegen schien (Thuk. VII 18,1–4).[67] Andererseits sah sich Sparta bei schwerwiegenden Entscheidungen gezwungen, auf die Interessen der Symmachoi Rücksicht zu nehmen. Gemeinsame Kriegsbeschlüsse waren nicht nur eine Frage rechtlicher Bindungen der Bundesgenossen.

Während der Erhebung der Samier gegen Athen beabsichtigte Sparta trotz des sog. Dreißigjährigen Friedens von 446 zu intervenieren (440), konnte sich aber gegen den Widerspruch Korinths und anderer Symmachoi nicht durchsetzen (Thuk. I 40,5. 41,2. 43,1). Vor Beginn des Peloponnesischen Krieges übte Korinth wiederum starken Druck auf Sparta aus. Während in Sparta erhebliche Kontroversen in der Lagebeurteilung bestanden, war Korinth – als stärkste Seemacht der Symmachie der wichtigste spartanische Bundesgenosse – nunmehr zum Krieg gegen Athen entschlossen.

Durch die hier skizzierte Entwicklung gewann das spartanische Bündnissystem noch keinen dualistischen Charakter im engeren Sinne. Es bestand nach wie vor aus einer Reihe von Einzelverträgen. Die Kompetenzen der Versammlung der Bündner sind zudem nie genau fixiert worden. Der Bund hatte keine eigentliche »Verfassung« oder »Satzung«. Nur in Ansätzen besaß der Kongreß den Charakter einer Institution. Insofern sind die modernen Bezeichnungen »Bundesrat« bzw. »Bundesversammlung« problematisch. Die Symmachoi tagten jedenfalls nicht periodisch, so daß dementsprechend keine routinemäßigen Beratungen über bestimmte Agenda stattfanden. Zur Debatte standen im Grunde nur Kriegsbeschlüsse, militärische Aktionen oder Waffenstillstands- und Friedensverträge. Allerdings konnten einzelne Symmachoi darauf drängen, daß Sparta als Hegemon eine Tagung anberaumte. Ob diesem Gesuch stattgegeben wurde, lag wiederum ausschließlich in der Entscheidungsbefugnis der Führungsmacht. Die Einberufung erfolgte offenbar erst dann, wenn die zuständigen Instanzen in Sparta bereits bestimmte Beschlüsse gefaßt hatten, die der Versammlung der Symmachoi zur Abstimmung vorgelegt werden sollten. Die Einzelheiten dieses Verfahrens sind im Bericht des Thukydides (I 67–87; 118,3–125) von den Verhandlungen in Sparta 432 überliefert. Allerdings handelte es sich angesichts einer schweren politischen Krise um eine Ausnahmesituation. In anderen Fällen mag das Verfahren einfacher gewesen sein. Ein Teil der Vertreter der Symmachoi befand sich 432 auf Betreiben Korinths bereits in Sparta, ohne daß eine offizielle Versammlung angesetzt war. Die Abgesandten erhielten die Möglichkeit, ihre Auffassung in der zur Diskussion gestellten Frage des angeblichen athenischen Vertragsbruchs (Verstoß Athens gegen den Frieden von 446) vor der Apella darzulegen. Bei der Abstimmung der Spartiaten waren die Bundesgenossen dann nicht zugegen. Erst als die Apella ihre Kriegsbereitschaft erklärt hatte, wurde eine reguläre Versammlung aller Symmachoi einberufen, die jetzt noch einmal Gelegenheit hatten, ihren Standpunkt darzulegen. Da der Beschlußgegenstand von vornherein feststand, werden die Abgesandten der einzelnen Gemeinwesen von den zuständigen Gremien ihrer Polis allgemeine Richtlinien für die Abstimmung und für eine eventuelle Begründung ihres Votums erhalten haben. Sie hatten aber gleichwohl offenbar noch einen gewissen Handlungsspielraum, d. h. es stand ihnen frei, unter dem Eindruck der in der allgemeinen Diskussion vorgetragenen Argumente ihre Entscheidung zu fällen. Daß noch eine weitere Debatte stattfand, ist in diesem Fall nicht zuletzt damit zu erklären, daß die noch unentschlossenen Symmachoi für einen Kriegsbeschluß gewonnen werden sollten.

Jeder Bündnispartner Spartas besaß unabhängig von der Größe des betreffenden Gemeinwesens nur *eine* Stimme. Die Symmachoi hatten also gleiches Stimmrecht. Faktisch werden indes die kleineren Gemeinwesen kaum Entscheidungsfreiheit besessen haben. Die Hegemonialmacht selbst hatte in der Versammlung keine Stimme, stellte aber den Leiter. Stimmte das Votum der Mehrheit der Symmachoi mit der Entscheidung der Apella überein, war der Beschluß rechtskräftig. Mehrheitsbeschlüsse waren für alle Symmachoi bindend, sofern nicht ein Bundesgenosse Spartas durch vorher eingegangene sakralrechtliche Verpflichtungen daran gehindert war, sich an der Ausführung der betreffenden Beschlüsse zu beteiligen (Thuk. V 30,1.3).[68] Die Mehrheitsklausel ist vermutlich nicht in die Einzelverträge aufgenommen worden. Ihre Rechtsgrundlage war vielmehr eine eidliche Verpflichtung der Symmachoi, die sich jedoch nicht datieren läßt. Jedenfalls wurde durch den bei Thukydides erwähnten Eid der spartanischen Bundesgenossen die Entwicklung, die durch die erste Versammlung im ausgehenden 6. Jahrhundert eingeleitet wurde, gewissermaßen sanktioniert. Die Spartaner beriefen sich auf diese Formel erstmals nach dem sog. Nikiasfrieden (421), doch galt die Mehrheitsklausel damals bereits seit längerer Zeit für Kriegsbeschlüsse. Hierdurch war die außenpolitische Handlungsfreiheit der einzelnen Symmachoi zwar gewissen Beschränkungen unterworfen, aber nicht generell in Frage gestellt. Eine kontinuierliche und einheitliche Außenpolitik der Symmachie in ihrer Gesamtheit konnte sich unter diesen Voraussetzungen nicht entwickeln.

Die Ausführung der gemeinsamen Beschlüsse oblag der Hegemonialmacht, die auch den Oberbefehlshaber für einen Bundesfeldzug bestimmte. Bei Kriegen innerhalb Griechenlands wurde in vielen Fällen einer der beiden spartanischen Könige zum Kommandeur des Aufgebotes ernannt, während bei entfernteren Unternehmungen zumeist andere Spartaner das Kommando ausübten. Die Stärke der Kontingente der Symmachoi wurde jeweils nach Bedarf von der Hegemonialmacht (bzw. den spartanischen Ephoren) festgesetzt. Selbstverständlich konnten notfalls noch weitere Streitkräfte angefordert werden. Die einzelnen Aufgebote der Bundesgenossen standen jeweils unter eigenen Befehlshabern, doch sind seit etwa 430 spartanische Xenagoi (Aushebungsoffiziere) belegt, die die Truppen der Verbündeten nach dem festgesetzten Sammelplatz führten und ihnen vor der Schlacht die Anweisungen des spartanischen Kommandeurs übermittelten.[69]

Die Sollstärke der Aufgebote Spartas und seiner Symmachoi belief sich zu Beginn des Peloponnesischen Krieges auf rund 40000 Mann. Die Verbände bestanden fast ausschließlich aus Hopliten, während die Leichtbewaffneten damals nur eine geringe Rolle spielten. Die Reiterei wurde hauptsächlich von den Verbündeten Spartas gestellt. An Stärke und Qualität hatte ein Gesamtaufgebot des Bundes damals keinen gleichwertigen Gegner. Die Symmachie unterhielt aber kein stehendes Heer.

Besondere Bedeutung hatten innerhalb des Bundes die Seestädte, da sie bei maritimen Unternehmungen den größten Teil der Flotte stellten. Das Kommando über die Seestreitkräfte des Bundes führten jedoch die jährlich wechselnden spartanischen Nauarchen. Auch im maritimen Bereich galt also uneingeschränkt das Prinzip der militärischen Hegemonie Spartas.

Ein schwieriges Problem ist die Stellung einer Reihe von Gemeinwesen außerhalb der Peloponnes, die im Laufe des 5. und frühen 4. Jahrhunderts Bundesgenossen Spartas wurden. Offenbar bildeten die mit Sparta verbündeten peloponnesischen Staaten stets eine herausgehobene Gruppe, so daß sie gleichsam als innerer Kreis der spartanischen Symmachoi gelten können.[70] Nur sie waren gewöhnlich auf den von Sparta einberufenen Tagungen vertreten. Die Gründung einer hellenischen Eidgenossenschaft unter spartanischer Führung (481) zur Abwehr der Perser bedeutete keine Ausweitung des eigentlichen Peloponnesischen Bundes. Auch später wurden die peloponnesischen Bundesgenossen Spartas ausdrücklich von den Symmachoi außerhalb der Peloponnes differenziert. Wenn Gesandte der Boioter 421 an der »Bundesversammlung« teilnahmen, so ist dies nur so zu erklären, daß Sparta seinen wichtigsten Verbündeten außerhalb der Peloponnes beim Abschluß des Nikiasfriedens, den die Boioter dann freilich ablehnten, nicht übergehen konnte. Auf der Peloponnes selbst waren indes bei Ausbruch des Krieges mit Athen (431) noch immer nicht alle Staaten in das spartanische Bündnissystem einbezogen. Argos bildete hier nach wie vor ein beachtliches Gegengewicht. Die Polis trat auch 418/17 durch den damals geschlossenen Friedens- und Bündnisvertrag mit Sparta nicht dem Peloponnesischen Bund bei. Sparta und Argos agierten hier jeweils im Namen ihrer Symmachoi (Thuk. V 77.79). In Achaia war 431 nur Pellene mit Sparta verbündet. Die übrigen Städte schlossen sich in den ersten Kriegsjahren an. Sie fielen 419 vorübergehend ab, wurden aber spätestens 417 wieder zum Eintritt in die spartanische Symmachie gezwungen.

In der Pentekontaëtie waren nach dem Scheitern der Erhebung der Arkader die Beziehungen zwischen Sparta und seinen Symmachoi im ganzen konstant.[71] Weder der Abfall Megaras (ca. 460) noch die Weigerung Korinths 440, am Kampf gegen Athen teilzunehmen, gefährdeten den Bestand des Bundes. Im Gegensatz zu den von Athen abhängigen Seebundstaaten waren die spartanischen Verbündeten auf der Peloponnes nach damaligen Kriterien autonom. Sie zahlten keine ständigen Abgaben an die Hegemonialmacht, sondern hatten nur bei gemeinsamen Unternehmungen durch Geldzahlungen und Materiallieferungen einen Beitrag zur Deckung der entstehenden Kosten zu leisten. Da solche Kontributionen nicht wie die laufenden Phoroi (»Tribute«) der Seebundstaaten als Zeichen der Untertänigkeit galten, konnte Sparta bei Beginn des Peloponnesischen Krieges die Freiheitsparole gegen Athen ausspielen. Zudem enthielten die Symmachieverträge keine Bestimmungen, die Sparta das Recht gegeben hätten, Einfluß auf die Gesetzgebung und Verfassung der Symmachoi zu nehmen. Sparta hat sich hieran lange Zeit gehalten. Es tolerierte z. B. seit dem frühen 5. Jahrhundert Reformen in Elis, die in einem längeren, offenbar erst zwischen 450 und 420 abgeschlossenen Prozeß zur Entstehung eines Systems führten, das damals als »demokratisch« verstanden werden konnte. Auch in Mantineia hat Sparta die Einführung demokratischer Verfassungselemente hingenommen. Eine exakte Datierung dieser Entwicklung in Mantineia ist leider nicht möglich. Die

Polis galt jedenfalls 421 als »demokratisch«. Erst nach dem Nikiasfrieden befürchtete man hier eine Reaktion Spartas. Hierbei war aber die Verfassungsfrage offensichtlich von zweitrangiger Bedeutung, obwohl infolge des Krieges dieses Problem jetzt generell eine größere Rolle in den zwischenstaatlichen Beziehungen spielte. Die Mantineier rechneten vielmehr mit einer Intervention Spartas, weil sie während des Krieges entgegen den im Jahre 431 getroffenen Vereinbarungen Teile Arkadiens unterworfen hatten (Thuk. V 29).

Auch in Megara griff Sparta in die um 427 einsetzenden inneren Auseinandersetzungen zunächst nicht ein. Erst als die Polis sich 424 aus dem Peloponnesischen Bund zu lösen schien, intervenierte der spartanische Kommandeur Brasidas (Thuk. IV 70ff.).

Zu einer schweren Belastungsprobe des Peloponnesischen Bundes führte der Nikiasfrieden. Da Elis, Mantineia und Korinth trotz des Mehrheitsbeschlusses den Vertrag nicht ratifizierten und der dreißigjährige Frieden mit Argos ablief, sah sich Sparta gezwungen, mit Athen ein auf 50 Jahre befristetes Defensivbündnis zu schließen, an dem die spartanischen Symmachoi nicht beteiligt waren (Thuk. V 22–23). Dieser zweiseitige Vertrag ergab sich aus der damaligen Gesamtlage und sollte zweifellos die oben genannten Poleis zum Einlenken zwingen, ohne daß Sparta damit beabsichtigt hätte, die Autonomie seiner Bündner einzuschränken oder gar zu beseitigen. Sparta vermochte freilich weder die Bedenken der Symmachoi gegen das Abkommen mit Athen auszuräumen noch die Bildung eines Sonderbundes zwischen Argos, Elis, Mantineia und Athen zu verhindern. Nach wechselnden Mächtegruppierungen konnte Sparta erst 418 durch seinen Sieg bei Mantineia die Krise überwinden. Wenn es nunmehr in einigen Gemeinwesen intervenierte, so war dies die Reaktion auf die Auflösungserscheinungen innerhalb des Bundes. Mantineia mußte auf seine Herrschaft über Teile Arkadiens verzichten. In Achaia gelangten spartafreundliche Kreise ans Ruder. Wahrscheinlich waren hiermit in den betreffenden achaiischen Poleis Verfassungsänderungen verbunden, da der Athener Alkibiades hier 419 den sog. Führern des Demos zur Macht verholfen hatte, während später (367) in Achaia oligarchische Systeme belegt sind (Xen. Hell. VII 1,42).

Spartas Versuch, die ephemere Herrschaft der Oligarchen in Argos (417) zu stützen, war demgegenüber formal betrachtet kein Eingriff in die inneren Angelegenheiten einer Polis des Peloponnesischen Bundes, da Argos – wie gesagt – nicht in diese Symmachie eingetreten war. Im übrigen hat Sparta nachträglich die Zustimmung seiner Bundesgenossen zu dem Vertrag eingeholt, den es 418/17 nach der Schlacht bei Mantineia den Argivern aufgezwungen hatte (Thuk. V 77.79). Das gleiche gilt für den ersten spartanisch-persischen Vertrag (412), der offenbar den Wünschen der Bundesgenossen entsprechend modifiziert wurde. An den Beratungen über den dritten Vertrag mit Persien waren sogar allem Anschein nach Vertreter der spartanischen Symmachoi beteiligt (Thuk. VIII 36–37. 57–58).

Nach dem Ende des Peloponnesischen Krieges, in dessen Verlauf sich der äußere Kreis der Symmachoi Spartas erheblich ausgeweitet hatte, umfaßte der spartanische Einflußbereich nahezu ganz Griechenland und den Ägäisraum. Athen wurde zur unbedingten Heeresfolge und zu laufenden Zahlungen verpflichtet. Weitere Poleis des ehemaligen Delisch-Attischen Seebundes, die sich erst in der Schlußphase des Krieges bzw. nach dem Zusammenbruch Athens an Sparta angeschlossen hatten oder zum Anschluß gezwungen worden waren, mußten zweifellos unter ähnlichen Bedingungen die Hegemonie Spartas anerkennen. Im Ägäisgebiet entstand nunmehr ein spartanisches Herrschaftssystem, das sich auf Besatzungstruppen unter dem Kommando von Harmosten sowie auf abhängige Satellitenregimes stützte, die als Dreißiger- oder Zehnerausschüsse (»Dekarchien«) die eigentliche Regierungsgewalt in ihren Poleis ausübten, freilich bereits nach der Kaltstellung Lysanders (403), des Initiators dieser Herrschaftspraxis, wieder beseitigt wurden. Sparta verzichtete nach dem Ende der Dekarchien weitgehend auf massive Interventionen in seinem neuen Einflußbereich, sah sich jetzt aber gerade auf der Peloponnes veranlaßt, militärischen Druck auszuüben, um hier seine Vormachtstellung zu demonstrieren. Elis war seit dem Abfall von Sparta (421) offensichtlich nicht wieder in den Peloponnesischen Bund eingetreten und wurde erst um die Wende vom 5. zum 4. Jahrhundert gezwungen, auf die Herrschaft über sein eigenes Perioikengebiet zu verzichten. Die Verfassung wurde hier jedoch nicht geändert, obwohl z. Z. der spartanischen Intervention scharfe Gegensätze zwischen spartafreundlichen Oligarchen und dem sog. »Führer« (Prostates) des Demos bestanden. Der endgültige Friede wurde mit dem Prostates des Demos geschlossen, der demnach die führende Persönlichkeit in Elis blieb (Xen. Hell. III 2,21–31).[72]

Zweifellos betrachtete man in Sparta nach 404 Geschlossenheit und Zusammenhalt des Peloponnesischen Bundes als Voraussetzung für die Ausübung der Hegemonie in der griechischen Welt. Die Form der Symmachie blieb zwar die gleiche, doch wurde infolge der Ausweitung des spartanischen Herrschafts- und Einflußbereichs das Machtgefälle zwischen dem Hegemon und dem »inneren Kreis« der Bundesgenossen jetzt wesentlich größer, so daß diese Symmachoi in stärkere Abhängigkeit von der spartanischen Politik zu geraten drohten. Sparta stieß aber selbst auf der Peloponnes auf starken Widerstand. Korinth ließ sich trotz oder besser: gerade wegen der Machtstellung Spartas nicht in dieses System integrieren und fand Rückhalt an Boiotien, Argos und Athen. Das Bündnis der genannten Staaten während des Korinthischen Krieges (395–386) war letztlich die Reaktion auf das Bestreben Spartas, seine Position als panhellenische Führungsmacht im Kampf gegen Persien (seit 400) weiter zu festigen. Erst nach Preisgabe der kleinasiatischen Griechen im sog. Königsfrieden schien Sparta in Griechenland und vor allem auf der Peloponnes Herr der Lage zu sein. Es zwang unter Berufung auf die Autonomieklausel des Königsfriedens Argos und Korinth zur Auflösung des

Doppelstaates, zu dem sich die beiden Gemeinwesen zusammengeschlossen hatten, und unterwarf Mantineia und Phleius (385/84 und 381–379), weil diese Poleis angeblich ihre Bündnispflichten in den vorausgehenden Kriegsjahren nicht ausreichend erfüllt hatten bzw. das Verbanntenproblem hier inzwischen akut geworden war.[73] Daß gleichwohl die peloponnesische Symmachie nicht in einen »Herrschaftsverband« (H. Schaefer) umgestaltet wurde, zeigen die Einberufung einer »Bundesversammlung« (382) und deren Vorschläge zu einer effektiveren Erfassung der Wehrkraft des Bundes vor dem großen Unternehmen gegen Olynth auf der Chalkidike (Xen. Hell. V 2,20–22). Weitere Ansätze zu einer Neuorganisation des gesamten spartanischen Bündnissystems, das in zehn Heereskreise aufgeteilt wurde, konnten infolge des Aufstiegs Thebens und der Verwicklungen in den siebziger Jahren nicht weiterverfolgt werden. Spartas Niederlage bei Leuktra leitete den Zerfall des Peloponnesischen Bundes ein (Xen. Hell. VI 5,1 ff.), der 366 endgültig zerbrach. Vier Jahre später mußte Sparta beim Abschluß eines neuen Bündnisses mit Mantineia und anderen Arkadern die völlige Gleichberechtigung der Vertragspartner anerkennen. Bereits 369 war Sparta ein Bündnis mit Athen eingegangen, das alle fünf Tage einen Wechsel der militärischen Hegemonie vorsah.[74]

D) Niedergang

Die Ursachen des Niedergangs Spartas sind bereits weitgehend genannt worden, so daß hier eine skizzenhafte Zusammenfassung genügt. Es handelt sich primär um strukturimmanente Gründe, die in der spartanischen Geschichte weit zurückzuverfolgen sind. Nach Überwindung der sozialen Krise des Spartiatentums durch die Ausdehnung des Klarossystems auf Messenien gewann Sparta im Vergleich zu anderen Poleis durch seine spezifische Ordnung erhebliche Stabilität. Das Agrarsystem und die partielle Integration des Perioikentums in die spartanische Wehrordnung ermöglichten den Aufbau des effektivsten Hoplitenheeres in der griechischen Welt. Sparta stieg unter diesen Voraussetzungen zunächst zur Vormacht der Peloponnes auf. Um 500 bildete der Peloponnesische Bund unter der Hegemonie Spartas den bedeutendsten Machtblock im griechischen Mutterland. Hierdurch fiel Sparta die militärische Führung des großen Abwehrkampfes gegen die Perser zu. Nach der erfolgreichen Verteidigung Griechenlands im Bunde mit Athen und einer Reihe anderer griechischer Staaten besaß Sparta als Landmacht jedoch nicht die Voraussetzungen und Mittel, den Schutz der Hellenen auf den Ägäisinseln und in Kleinasien zu garantieren. Indem Athen diese Aufgabe übernahm und durch die Gründung des Seebundes und den Ausbau seiner Flotte zur stärksten Seemacht Griechenlands aufstieg, entstand ein ver-

hängnisvoller machtpolitischer Dualismus, der in der Folgezeit eine starke Eigendynamik entfaltete und schließlich zum Peloponnesischen Krieg führte. Als Athen 404 zur Kapitulation gezwungen wurde, hatten Sparta und seine Symmachoi den Sieg letztlich dank der persischen Subsidien errungen. Hinzu kam, daß in der Schlußphase des Krieges auf athenischer Seite entscheidende Fehler begangen worden waren. Sparta war nunmehr die dominierende Macht in Griechenland und konnte schon aus Sicherheitsgründen das durch den Zusammenbruch Athens entstandene Vakuum nicht dem Zugriff anderer Mächte überlassen, war aber den neuen Aufgaben nicht gewachsen, zumal sich jetzt auch das Problem des Schutzes der kleinasiatischen Griechen stellte. Sparta hatte zu Beginn und während des Krieges den Anspruch erhoben, die Autonomie der von Athen »geknechteten« hellenischen Poleis wiederherzustellen. Die spartanische Führung besaß aber 404 keine Konzeption, die eine echte Alternative zur athenischen Herrschaftspraxis dargestellt hätte, sondern suchte im Grunde mit ähnlichen Methoden der direkten und indirekten Einflußnahme in zahlreichen Gemeinwesen die Suprematie Spartas zu sichern, indem sie die neuen Symmachoi zur unbedingten Heeresfolge und zu Tributen verpflichtete, spartanische Parteigänger in den betreffenden Poleis an die Macht brachte und zudem deren Regime durch Harmosten absichern und überwachen ließ. Mit dem System der Harmostien griff Sparta auf ein Instrumentarium zurück, das zum Schutz und zur Überwachung der Perioikengemeinden entwickelt worden war. Auf ihre Aufgaben als Träger der spartanischen Herrschaft außerhalb der Peloponnes waren die Harmosten jedoch nicht vorbereitet. Wie A. Toynbee mit Recht betont hat, wurden sie als »Gouverneure« griechischer Gemeinwesen unerträglich, sobald für sie hier die Fesseln der spartanischen Disziplin und Kollektivmoral entfielen.
Die Abschwächung der spartanischen Herrschaftsmethoden durch Aufgabe der Dekarchien (nach 403) bedeutete selbstverständlich keinen Verzicht Spartas auf die Hegemonie, doch war Sparta außerstande, seinen Suprematsanspruch zwischen 400 und 386 in einem langwierigen Mehrfrontenkrieg gegen Persien und die Allianz der bedeutendsten Staaten Mittelgriechenlands und der nördlichen Peloponnes (Boiotien, Athen, Argos, Korinth) in vollem Umfang durchzusetzen. Hierbei fiel entscheidend ins Gewicht, daß Sparta den Ausfall der athenischen Seemacht nicht durch eine gleichwertige Flotte ersetzen und dementsprechend seinen neu gewonnenen ägäischen Einflußbereich nicht hinreichend sichern konnte. Nach dem Königsfrieden vermochte Sparta seine Hegemonie nur auf reduzierter Basis im griechischen Mutterland zu behaupten. Es wandte jetzt vor allem in Boiotien erneut die bereits 404/03 desavouierten Herrschaftsmittel der Stationierung von Besatzungen und der Unterstützung spartafreundlicher »oligarchischer« Regierungen an. Der Zerfall dieses Systems begann bereits mit dem Umsturz in Theben und der Vertreibung der dortigen spartanischen Besatzung (379). Die Schlacht bei Leuktra setzte nur den Schlußpunkt unter eine Entwicklung, die durch

eine ständige Überforderung der Kräfte und Möglichkeiten Spartas gekennzeichnet war. Alle weiteren Versuche Spartas, wenigstens in der Peloponnes wieder die alte Geltung zu gewinnen, waren zum Scheitern verurteilt, weil die Polis bis in die Zeit des Kleomenes III. an der antiquierten »lykurgischen Ordnung« festhielt. Der enge Zusammenhang zwischen Klarossystem und Vollbürgerrecht verhinderte praktisch schon seit den Perserkriegen die notwendige Flexibilität, die eine organische Anpassung der Staats- und Gesellschaftsordnung an die ständig sich verändernde außenpolitische Gesamtlage und die wachsenden Aufgaben Spartas als peloponnesische und schließlich als gemeingriechische Hegemonialmacht (nach 404) ermöglicht hätte. So waren durch Klarossystem und Helotie zwar ursprünglich die Voraussetzungen für die nach griechischen Maßstäben ungewöhnliche militärische Stärke Spartas gegeben, auf Grund der hierdurch geprägten Sozialordnung aber bereits vor 404 der machtpolitischen Umsetzung dieser Potenz relativ enge Grenzen gezogen, die dann nach dem Zusammenbruch Athens überschritten wurden. Hinzu kamen militärische Versäumnisse und Fehler. Sparta hatte zwar bereits seit langem seine Hopliten mit einer leichteren Panzerung ausgestattet und damit wesentlich beweglicher gemacht, stellte sich aber auf die von anderen Poleis aus Thrakien übernommene neue Waffengattung der mit leichteren Schutzwaffen und langer Stoßlanze ausgerüsteten Peltasten nicht genügend ein (Pelte = runder oder halbmondförmiger Schild). Völlig hilflos war die spartanische Phalanx schließlich gegenüber der wirkungsvollen »schiefen« Schlachtordnung, mit der Epameinondas bei Leuktra durch Massierung der thebanischen Angriffsformationen auf dem eigenen linken Flügel die spartanischen Eliteeinheiten überraschte. Entscheidend waren aber letztlich die Strukturprobleme der spartanischen Staatsordnung. Spartas System wurde sozusagen ständig überdehnt. Nur eine soziale und politische Reform großen Stils, d.h. eine volle Integration der Heloten und Perioiken in die Polisgemeinschaft hätte vielleicht einen Wandel herbeiführen können. Die Aufstellung von Neodamodeneinheiten aus freigelassenen Heloten war nur ein Kurieren an Symptomen. Auch den Perioiken blieb das Vollbürgerrecht weiterhin vorenthalten, obwohl sie infolge des starken Rückgangs der Zahl der Spartiaten einen höheren Prozentsatz an Hopliten stellten als in den Perserkriegen. Bereits Aristoteles (Pol. 1270a 30) hat darauf hingewiesen, daß Sparta durch eine Umverteilung des Grundbesitzes in der Lage gewesen wäre, eine Armee von 30000 Hopliten und 1500 Reitern aufzubieten. Möglicherweise hätte Sparta unter diesen Voraussetzungen nach 404 Anerkennung als politisches Kraftzentrum der griechischen Welt gefunden, ohne gezwungen zu sein, seine Macht immer wieder zu demonstrieren. Der Gruppenegoismus des Spartiatentums verhinderte eine Anpassung an die veränderten außenpolitischen Bedingungen. Hierbei sind freilich auch psychologische Aspekte zu beachten. Aus spartanischer Sicht schien ja gerade die lykurgische Ordnung den Sieg im Peloponnesischen Krieg gewährleistet zu haben. Da die notwendigen Reformen unterblieben, wurde Sparta im frühen 4. Jahrhundert nie über die Peloponnes hinaus ein wirklich stabiler und zugleich stabilisierender und kalkulierbarer Machtfaktor. Hier liegen die tieferen Ursachen für die zahllosen Kriege und Wirren dieser Zeit, die den politischen Niedergang der Poliswelt besiegelten. Das Ende der spartanischen Hegemonie nach 371 hatte verhängnisvolle Folgen für das gesamte Staatensystem des griechischen Mutterlandes und des Ägäisraumes. Weder Athen noch Theben waren in der Lage, an die Stelle Spartas zu treten und die Poliswelt gegen die Expansion Makedoniens unter Philipp II. abzuschirmen.

2. Athen

A) Voraussetzungen und Entstehung der athenischen Demokratie

a) Die vorsolonische Krise

Der vorgegebene Rahmen für die Entwicklung der archaischen Staats- und Gesellschaftsordnung Athens zur klassischen Demokratie des 5. Jahrhunderts war ein für griechische Verhältnisse überaus großes Polisgebiet. Athen war in den »dunklen Jahrhunderten« die bedeutendste Siedlung in Attika geblieben und wurde hierdurch zum Mittelpunkt der politischen Entwicklung in der gesamten Landschaft. Ihren endgültigen Abschluß fand die Einigung Attikas erst durch die Einbeziehung von Eleusis um 700. In dieser Zeit war das soziale Gefälle zwischen Adel und Demos infolge des Bevölkerungswachstums und der hierdurch bedingten Wertsteigerung des Grund und Bodens zunehmend größer geworden, doch haben sich im 8. und frühen 7. Jahrhundert die Lebensbedingungen des Bauerntums vermutlich nicht generell rapide verschlechtert, zumal durch die attische Binnenkolonisation neue Anbauflächen erschlossen wurden. Gewisse Vergleichsmöglichkeiten bieten die von Hesiod geschilderten Verhältnisse in Boiotien um 700. Rund ein Jahrhundert später waren demgegenüber in Attika vor allem zahlreiche Kleinbauern in ihrer Existenz bedroht.
Die Ursachen der Krise Athens in vorsolonischer Zeit sind freilich nicht allein in der Not der ländlichen Unterschicht zu sehen. Die explosive Lage vor der Gesetzgebung Solons war z. T. auch die Folge der Machtkämpfe athenischer Adelshäuser. Die Strukturelemente dieser Rivalitäten sind schwer zu erkennen. Auseinandersetzungen zwischen den in Athen ansässigen Adligen und »neuen Männern« aus dem attischen »Landadel« spielten hierbei allenfalls eine untergeordnete Rolle. Die Alkmeoniden, die vermutlich aus dem Gebiet von Anaphlystos (Anavyssos) im

südlichen Attika stammten, ihren Hauptsitz aber in Athen hatten, zählten jedenfalls um 630 zu der als Eupatriden (»Edelgeborene«) bezeichneten Führungsschicht. Zweifellos bestand bereits ein Geflecht von Verbindungen und Beziehungen zwischen den Adelshäusern in Athen und anderen Teilen Attikas. Wenn in der bei Plutarch (Sol. 13) vorliegenden Tradition von drei regionalen Parteiungen (Staseis) vor der Gesetzgebung Solons die Rede ist, so liegt hier eine Verwechslung mit nachsolonischen Gruppierungen vor, die aber ihrerseits schwerlich als typische Formen einer regional begrenzten Hausmacht adliger Herren anzusehen sind. Aus Plutarch kann jedenfalls nicht gefolgert werden, daß bereits im späten 7. Jahrhundert einzelne Adlige größere regionale Anhängerschaften im Kampf um den entscheidenden Einfluß in Athen – dem Zentrum des politischen Geschehens – mobilisierten. Ebensowenig kann die Phylenordnung den Rahmen für die Entstehung politischer und sozialer Abhängigkeitsverhältnisse auf lokaler oder regionaler Basis gebildet haben, da die Mitglieder der vier alten Phylen jeweils in den verschiedensten Regionen Attikas wohnten. Zudem geht aus den wenigen Nachrichten über den Putschversuch Kylons im Archontat des Alkmeoniden Megakles (wohl 636 oder 632) nicht hervor, daß damals Geschlechterverbände, Phratrien oder Phylen als Instrumente des adligen Machtkampfes dienten. Gruppenbildungen basierten in dieser Zeit offenbar auf dem Zusammenschluß von Adligen zu einer Hetairie (Gefolgschaft). Regional bedingte Gegensätze zwischen athenischen Adelshäusern sind hierbei nicht erkennbar. Kylon besaß weder in Athen selbst noch in den ländlichen Gebieten stärkeren Rückhalt. Sein Anhang bestand aus einer Gruppe von jüngeren Adligen, die lediglich durch eine kleine »Privatarmee« unterstützt wurden, die ihnen Theagenes von Megara, Kylons Schwiegervater, zur Verfügung gestellt hatte. Da die Initiative zur Bekämpfung dieser Hetairie von den Polisbehörden unter Leitung des Megakles ausging, ist anzunehmen, daß die Archonten nicht etwa »bäuerliche Gefolgschaften« der adligen Gegner Kylons, sondern das attische Heeresaufgebot mobilisierten, das freilich zu einem erheblichen Teil aus den Hopliten der ländlichen Gebiete bestand.[1]

Nach der Niederwerfung des Putschversuchs scheinen die Auseinandersetzungen zeitweise eine neue Dimension gewonnen zu haben. Die Gefolgsleute Kylons, der selbst entkommen konnte, wurden größtenteils getötet, obwohl sie an heiliger Stätte Schutz gesucht hatten. Vermutlich resultierten hieraus zahlreiche Fehden zwischen den Verwandten der Getöteten und jenen Adelshäusern, denen die Ermordung der Gefolgsleute Kylons (sog. kylonischer Frevel) angelastet wurde. Es ist kaum ein Zufall, daß gerade in dieser Zeit durch die Gesetzgebung Drakons der Gerichtszwang zur Unterbindung blutiger Fehden eingeführt wurde. – Eine allgemeine politische Neuordnung war mit der Gesetzgebung Drakons entgegen den Angaben der aristotelischen Schrift »Vom Staat der Athener« (Ath. Pol. 4) nicht verbunden. Die angebliche drakontische »Verfassung« (Rat der 401; Beschränkung des Bürgerrechts auf die höheren

Zensusklassen einschließlich der Hopliten) beruht nicht auf authentischer Tradition.

Eine Variante der Adelskämpfe jener Zeit war die Verbannung der Alkmeoniden, die wegen des »kylonischen Frevels« als fluchbeladene Nachkommen des Megakles durch einen außerordentlichen Gerichtshof verurteilt wurden. Das Verfahren fand vermutlich etwa eine Generation nach dem Putschversuch Kylons statt. Offensichtlich hatte sich damals eine »Koalition« athenischer Adliger gegen die Alkmeoniden gebildet, die unter sakralrechtlichem Vorwand politisch kaltgestellt wurden. Jene »Faktion« war indes nur eine temporäre Interessengemeinschaft zur Ausschaltung eines der einflußreichsten Adelshäuser. In der Folgezeit verlagerten sich die Auseinandersetzungen durch Zuspitzung der Agrarkrise auf eine andere Ebene.[2]

Die Ursachen der Not der kleinen Bauern lagen zweifellos vor allem in der aus dem Erbrecht resultierenden Parzellierung des Bodens sowie im Schuldrecht. Inwieweit auch eine gewisse Erschöpfung des Bodens infolge der primitiven Bewirtschaftungsmethoden (mangelhafte Düngung und Monokultur), eine Störung des Wasserhaushaltes durch Rodung oder ein Rückgang der Getreideproduktion durch zunehmende Ausweitung der Olivenkulturen eine Rolle spielten, muß dahingestellt bleiben. Jedenfalls hatte die Verschuldung des Kleinbauerntums um 600 ein bedenkliches Ausmaß angenommen. Der Schuldner verpfändete zwar nicht seine Person (wie dies in der Athenaion Politeia 2,2. 6,1. 9,1 angenommen wird), konnte aber bei Zahlungsunfähigkeit entweder zur Arbeit für den Gläubiger gezwungen oder von diesem als Schuldsklave verkauft werden.[3]

In anderen Fällen wurden verarmte Bauern verpflichtet, regelmäßig Abgaben an die Gläubiger zu entrichten, und zwar wohl ein Sechstel ihrer Ernteerträge. Sie galten dementsprechend als Hektemoroi (»Sechsteiler«). Da sie durchweg kleine Parzellen bearbeiteten, war ihre Abgabenpflicht eine drückende Belastung. Hauptnutznießer dieser Entwicklung waren die größeren Landbesitzer, die auch in schlechten Jahren noch einen erheblichen Überschuß an Bodenerzeugnissen produzierten und in der Lage waren, Darlehen zu gewähren.[4]

Nach den Ausführungen Solons lebten vor seiner Gesetzgebung viele ehemals freie Athener in ihrer Heimat in »schmachvoller Knechtschaft«, während zahlreiche weitere Bürger bereits als Schuldsklaven in andere Poleis verkauft worden waren oder sich schon seit längerer Zeit als Flüchtlinge außerhalb Attikas aufhielten, um sich der Versklavung durch ihre Gläubiger zu entziehen (Fr. 24,8–15). Ferner verwendet Solon das Bild von der »Versklavung« der fruchtbaren attischen Erde, die er durch Beseitigung der sog. Horoi (Merk- oder Pfandsteine) wieder befreit habe. Wahrscheinlich bezieht er sich hier auf die Hektemoroi. Er vermeidet allerdings in den erhaltenen Teilen seiner Gedichte diesen Terminus, der wohl ein Ausdruck der Umgangssprache war. Da Solon im Zuge seiner Gesetzgebung die Institution der Hektemoroi beseitigte, war der Rechtsstatus dieser Bauern in späterer Zeit offenbar nicht mehr hinreichend bekannt. Zu beachten ist aber, daß die Hektemoroi in der Überlieferung nirgendwo mit den eigentlichen Schuldsklaven gleichgesetzt werden. Die Entstehung des Abhängigkeitsverhältnisses der Hektemoroi ist schwerlich in die »dunklen Jahrhunderte« zu datieren, sondern mit der vorsolonischen Agrarkrise in Verbindung zu bringen. Wenn viele Schuldner flüchteten und gleichzeitig die Schuldknechtschaft derart zunahm, daß die Versklavung eines Schuldners kaum noch Gewinn brachte, werden viele Gläubiger es vorgezogen haben, die Anleihen in Form von langfristigen und regelmäßigen Abgaben zurückzufordern.[5] Der Schuldner konnte auf diese Weise sein Land weiterhin bebauen, während der Gläubiger sich hiervon offensichtlich einen größeren Vorteil als vom Zugriff auf die Person eines zahlungsunfähigen Schuldners versprach. Als Zeichen der Verschuldung dieser Hektemoroi dienten wohl die Horoi, die allem Anschein nach verhindern sollten, daß diese Bauern weitere Darlehen bei Dritten aufnahmen. Das betreffende Grundstück galt demnach als verpfändetes Land. Wenn viele verarmte Landwirte auf diese Weise in wirtschaftliche Abhängigkeit gerieten, so besagt dies freilich noch nicht, daß der Grund und Boden generell unverkäuflicher, nicht übertragbarer Familienbesitz war. Die vor der Gesetzgebung Solons von breiteren Schichten geforderte Neuverteilung des gesamten Landes schließt Kollektiveigentum dieser Art aus. Die Hektemoroi, die die genannten Verpflichtungen eingingen, um der Schuldknechtschaft zu entgehen, werden aber rechtlich die Möglichkeit gehabt haben, durch Abtragen der Darlehen ihr Land wieder zu freiem Eigentum zurückzugewinnen. Im Unterschied zu Schuldsklaven waren die Hektemoroi offenbar rechtlich noch frei. Die Verarmung der Kleinbauern scheint indes in der Krise um 600 derart zugenommen zu haben, daß auch zahlreiche Hektemoroi ihren Verpflichtungen schließlich nicht mehr nachkommen konnten. Ihr Abhängigkeitsverhältnis schloß in solchen Fällen eine Versklavung nicht aus.

Entgegen den Angaben der Athenaion Politeia (2,2) war jedoch um 600 schwerlich der gesamte anbaufähige Boden Attikas im Besitz einer zahlenmäßig kleinen Oberschicht. Viele mittlere Bauern, die den Kern des attischen Heeresaufgebotes stellten, konnten zweifellos ihre wirtschaftliche Unabhängigkeit wahren. Andernfalls wäre Athen damals kaum in der Lage gewesen, gegen Megara den Kampf um Salamis wiederaufzunehmen. Zudem setzt die solonische Einteilung der athenischen Bürgerschaft in Vermögens- bzw. Einkommensklassen die Existenz einer größeren Schicht von Hopliten voraus. Solon hat keineswegs im Zuge seiner Reformen eine neue Hoplitenklasse geschaffen. Viele Hopliten werden aber nach 600 angesichts der sich verschärfenden Agrarkrise Not und Verarmung befürchtet haben, so daß die Forderung nach einer Neuverteilung des Landes wohl nicht nur bei Kleinbauern und Hektemoroi populär war. Jedenfalls herrschten nach der Darstellung Solons in breiteren Schichten des Demos Unzufriedenheit und Empörung über die krassen Besitzunterschiede (Fr. 24,20–22). Die Gefahr bestand in dieser Situation vor allem darin, daß ein einzelner Adliger durch soziale Versprechungen breiten Anhang im Demos zu gewinnen suchte, um eine monarchische Machtstellung zu errichten (vgl. Solon Fr. 10). Hier lag der Knotenpunkt einer Entwicklung, die einerseits durch Machtkämpfe und Rivalitäten innerhalb der Führungsschicht, andererseits durch eine schwere soziale Krise gekennzeichnet war und zum Bürgerkrieg und zur Tyrannis führen konnte. Die explosive Lage vor der Gesetzgebung Solons bestätigt im übrigen, daß in Athen keineswegs der gesamte Demos durch politisch-soziale Klientelbeziehungen mit den großen Adelshäusern verbunden war. Die Situation im frühen 6. Jahrhundert erklärt aber auch die Zustimmung einflußreicher Adliger zur Wahl Solons zum Archon und Diallaktes (»Versöhner«) 594/93. Solon hatte die Tyrannis aufs schärfste verurteilt und schien daher dem Adel die Gewähr dafür zu bieten, daß er die ihm zu übertragenden Vollmachten nicht mißbrauchte. Durch seine Kritik an der Hybris des Adels besaß Solon aber auch das Vertrauen des Demos. Er hatte mit Entschiedenheit vor den verhängnisvollen Folgen der sozialen Krise gewarnt, den Gedanken der Polisgemeinschaft betont und eindringlich einen Sinneswandel gefordert, indem er auf Hesiods Konzeption der Gerechtigkeit zurückgriff. Die aus Frevel und Ungerechtigkeit resultierenden Wirren waren für ihn aber nicht mehr wie für Hesiod eine göttliche Strafe, sondern Folge der menschlichen Verhaltensweise. Positiv ergab sich für ihn hieraus die Folgerung, daß die Polisgemeinschaft eine gute und gerechte Ordnung (Eunomia) zu realisieren vermag.

b) Die Reformen Solons

Solon erkannte, daß seine vordringlichste Aufgabe in der Linderung der Not des Kleinbauerntums bestand. Nur hierdurch konnte die verbreitete soziale Unzufriedenheit gemindert und die Gefahr der Tyrannis gebannt werden. Seine erste Maßnahme war dementsprechend eine allgemeine Schuldentilgung, die als Seisachtheia (»Lastenabschüttlung«) bezeichnet und von Solon selbst als Befreiung der Abhängigen aus »schmachvoller Knechtschaft« (Doulie = Douleia) verstanden wurde (Fr. 24,13–15). Mit der Seisachtheia war also eine Emanzipation der Schuldsklaven verbunden. Im übertragenen Sinne ist Solons Begriff der Doulie zweifellos auch auf die Hektemoroi zu beziehen. Die Horoi wurden – wie gesagt – von den verpfändeten Äckern entfernt, so daß die Hektemoroi ihr Land wieder zu freiem Eigentum zurückerhielten und von ihren Verpflichtungen gegenüber den Gläubigern entbunden wurden. Ferner ließ Solon die als Schuldsklaven in andere griechische Gemeinwesen gelangten Athener auf Kosten der Polis soweit wie möglich zurückkaufen. Wie dies im einzelnen geschah, ist nicht bekannt. Der Rückkauf der Schuldsklaven dürfte jedenfalls längere Zeit in Anspruch genommen haben. Des weiteren konnten alle flüchtigen Schuldner straflos zurückkehren. Mit der Seisachtheia war also eine Amnestie für diese Schuldner verbunden. Wahrscheinlich war Solon bemüht, den freigekauften bzw. nach Athen und Attika zurückkehrenden ehemaligen Bürgern ihren früheren Besitz zurückzugeben, doch fragt es sich, ob dies noch in allen Fällen möglich war. Die genannte Amnestie wurde in die Gesetzgebung Solons aufgenommen. Das gleiche gilt für Solons Verbot des Zugriffs auf die Person des zahlungsunfähigen Schuldners.[6] Indem Solon diese Form des Zugriffsrechts aufhob, beseitigte er zugleich in Athen die Institution der Schuldknechtschaft.

Insofern waren Solons Seisachtheia und die erwähnten »flankierenden Maßnahmen« mehr als eine bloße Schuldentilgung. Sie bedeuteten generell die Herauslösung der verarmten Schichten der athenischen Bürgerschaft aus ihren bisherigen ökonomischen Abhängigkeitsverhältnissen. Es handelte sich indes entgegen der These des Aristoteles (Ath. Pol. 6,1) nicht um eine allgemeine Befreiung des Volkes, da ja keineswegs der gesamte Demos in wirtschaftliche Abhängigkeit geraten war. Aristoteles betont aber mit Recht, daß diese Maßnahmen Solons »für die Gegenwart und für die Zukunft« von größter Bedeutung waren. Sie verhinderten, daß große Teile der niederen Schichten des Demos in dauernde Unfreiheit absanken. Dies hat mit dazu beigetragen, daß Athen die Polis mit der größten Bürgerschaft werden konnte. Erleichtert wurde Solons Aufgabe dadurch, daß die attischen Hektemoroi Angehörige des Demos geblieben waren. Auch die Schuldsklaven galten weiterhin als Athener und wurden nach ihrer Emanzipation ohne weiteres wieder in den Verband der Politen aufgenommen. Die Situation der verschuldeten bzw. schon versklavten attischen Kleinbauern unterschied sich also wesentlich von der Lage der unfreien Landbevölkerungen in Sparta, Thessalien und auf Kreta, da die Heloten, Penesten und Klaroten außerhalb der politischen und rechtlichen Ordnung der Vollbürger standen.

Solon selbst sah in der Seisachtheia und der Emanzipation der Schuldsklaven und der Hektemoroi offensichtlich seine bedeutendste Leistung, der er in seiner »Rechtfertigung« (Fr. 24) den größten Raum widmet, während er seine Gesetzgebung lediglich in zwei Zeilen des betreffenden Gedichts erwähnt, indem er den Kernpunkt der Kodifikation – die schriftliche Fixierung gleichen Rechts für alle Athener – betont. Wenn Solon seine Maßnahmen zur Überwindung der Agrarkrise ausführlich zu rechtfertigen suchte, so war dies freilich nicht zuletzt dadurch bedingt, daß seine Aktionen in der Bürgerschaft keineswegs generell Zustimmung fanden. Solon hatte viele Bauern enttäuscht, indem er die Forderung nach einer Neuverteilung des gesamten Landbesitzes nicht erfüllte. Er konnte aber nicht erwarten, daß der Adel freiwillig auf einen erheblichen Teil seiner ererbten Besitzungen verzichtete. Eine allgemeine Landverteilung hätte die Gefahr eines Bürgerkrieges heraufbeschworen. Darüber hinaus war es noch aus anderen Gründen kaum möglich, eine umfassende Bodenreform durchzuführen. Der Grundbesitz war die wirtschaftliche Basis der politisch führenden Schicht, der die hohen Polisämter übertra-

gen wurden. Nach Lage der Dinge gab es keine Alternative zu diesem System, das Solon dementsprechend nicht ändern wollte. Gleichwohl herrschte auch unter den grundbesitzenden Gläubigern nach der Seisachtheia große Enttäuschung, da sie durch die Schuldentilgung erhebliche Einbußen erlitten hatten. Hinzu kam, daß Solon gesetzlich verbot, über ein bestimmtes Maß hinaus Ländereien zu erwerben (Aristot. Pol. 1266b 15–18). Er wollte verhindern, daß die reichen Grundbesitzer in großem Umfang mittlere und kleinere Bauernhöfe aufkauften.
Nach der Seisachtheia, aber noch vor der eigentlichen Nomothesie (Gesetzgebung) soll Solon nach Aristoteles (Ath. Pol. 10) eine Münz-, Maß- und Gewichtsreform durchgeführt und hierbei eine »Vergrößerung« (Auxesis) der Normen für Maße, Gewichte und Münzgeld vorgenommen haben.[7] Offensichtlich beziehen sich die Aufstellungen über die Maße und Gewichte auf das Verhältnis der attischen (»solonischen«) Einheiten zum dorisch-aiginetischen System, das in der Antike auf König Pheidon von Argos zurückgeführt wurde. Das Problem besteht freilich vor allem in der Interpretation der sog. Münzreform, die nach dem vorliegenden Aristotelestext darin bestanden haben müßte, daß Solon den Silberwert der Münzdrachme gegenüber dem Silberwert der Gewichtsdrachme geringfügig verringerte. Athen hat indes in der Zeit Solons schwerlich bereits eigene Münzen geprägt. Die ältesten, noch unbeschrifteten athenischen Münzen – die sog. Wappenmünzen mit einem Schildzeichen (»Wappen«) als Münzbild – gelten jetzt allgemein als nachsolonisch, und der Übergang zur Prägung eines konstanten Münztyps mit dem Athenakopf und der Eule sowie der abgekürzten Angabe des Ethnikons der prägenden Polisgemeinschaft (Münze »der Athener«) ist möglicherweise erst ins späte 6. Jahrhundert zu datieren.
Im übrigen ist den metrologischen Angaben der Athenaion Politeia nicht zu entnehmen, daß Solon umfassende »konjunkturpolitische« Maßnahmen intendierte. Eine staatliche Steuerung der Wirtschaft lag zweifellos noch außerhalb des Erfahrungsbereichs seiner Zeit. Entsprechend sind auch die in der Rechtskodifikation Solons enthaltenen Bestimmungen zu beurteilen, soweit sie zur Lösung der anstehenden sozialen Probleme beitragen sollten. Aus der Seisachtheia ergab sich die Notwendigkeit, das Verbot des Zugriffs auf die Person des Darlehnsschuldners gesetzlich zu fixieren und eine Beschränkung des Grunderwerbs anzuordnen. Das Verbot der Ausfuhr von Lebensmitteln (mit Ausnahme des im Überschuß produzierten Olivenöls) sollte vermutlich die Versorgung der Bevölkerung Athens und Attikas sichern. Daß der attische Markt hierdurch von der Getreideeinfuhr aus dem Schwarzmeergebiet und den Schwankungen der Preise für Importgetreide unabhängig werden sollte, ist hingegen wenig wahrscheinlich, da in dieser Zeit schwerlich schon größere Getreidemengen aus Südrußland nach Athen gelangten.[8]
Auch die Förderung des Gewerbes durch Solon war z.T. durch die Seisachtheia bedingt. Da nicht jeder ehemalige Schuldner, der nach Attika zurückkehrte, mit einem Grundstück versorgt werden konnte, mußten

neue Erwerbsmöglichkeiten geschaffen werden. Dementsprechend war Solon bemüht, tüchtige auswärtige Handwerker nach Athen zu holen. Sie konnten das athenische Bürgerrecht erhalten, wenn sie mit ihrer Familie nach Attika übersiedelten.

Ein weiteres Gesetz sollte die handwerkliche Ausbildung der grundbesitzlosen ärmeren Bürger fördern. Athen wurde durch solche Maßnahmen selbstverständlich keine »Industriestadt«. Die überwiegende Mehrzahl der Bürger war weiterhin in der Landwirtschaft tätig (wie auch eine Reihe von gesetzlichen Bestimmungen Solons die alltäglichen Probleme der Landbevölkerung betraf).

Solons Gesetzgebung war zweifellos eine umfassende, der damaligen Entwicklungsstufe entsprechende Kodifikation des athenischen Rechts. Die sog. Blutgesetze Drakons, die das Verfahren bei Tötungsdelikten regelten, wurden hiervon allerdings nicht tangiert, wie die neue Lesung der »Blutrechtsinschrift« vom Jahre 409/08 durch R. S. Stroud gezeigt hat. Hiernach waren die Blutgesetze Drakons ursprünglich mindestens auf zwei sog. Axones (»Achsen«) aufgezeichnet, die mit den Axones der Kodifikation Solons nicht identisch waren. Es handelt sich bei diesen Gesetzesträgern um numerierte, drehbare und langgestreckte Holzblöcke mit quadratischem Grundriß und eingelassenen »Achsen«. Sie waren auf allen vier Längsseiten beschriftet und lagerten vermutlich horizontal in einem Gestell, das mehrere dieser Axones aufnehmen konnte.[9] Diese Vorrichtungen sind zu differenzieren von den sog. Kyrbeis, die in der Überlieferung gleichfalls als Gesetzesträger der solonischen Kodifikation genannt werden und eine Abschrift des Textes der Axones enthielten und wohl als aufrechtstehende Stelen mit dreieckigem Grundriß und spitz zulaufender Abdeckung zu verstehen sind.

Umstritten ist die Gliederung des gesamten Werkes. In den in der literarischen Tradition überlieferten echten Fragmenten werden neben den schon genannten wirtschaftlichen Problemen unter anderem Delikte gegen Privatpersonen, Straftaten gegen das Gemeinwesen (Errichtung einer Tyrannis), familienrechtliche Angelegenheiten (Testament, Intestaterbfolge, Adoption, Erbtochterrecht usw.), Fragen des Kultes, das Nachbarschaftsrecht sowie die Einschränkung des privaten Aufwandes (bei Begräbnissen) behandelt. Bedeutsam für die Entwicklung des Prozeßrechts war des weiteren die Einführung der sog. Popularklage, die es jedem »beliebigen« Bürger ermöglichte, Straftaten und Rechtsbrüche anzuzeigen, wenn der Geschädigte oder Verletzte nicht imstande war, Klage zu erheben oder sein Recht zu suchen und die Verfolgung des Unrechts im öffentlichen Interesse lag.[10] Schutz gegen Umsturzversuche sollte allem Anschein nach das umstrittene Stasisgesetz bieten, das »Neutralität« in einem Bürgerkrieg (Stasis) untersagte und jeden Athener unter Androhnung des Verlustes seiner Rechte verpflichtete, bei Unruhen zu den Waffen zu greifen. Wurde das Gesetz beachtet, mußten Verschwörergruppen und Usurpatoren mit dem entschlossenen Widerstand starker Gegenkräfte rechnen. Zweifellos sollte hierdurch ein gewisser Abschreckungseffekt erzielt werden. Solon war offensichtlich bestrebt, durch Kombination einer Reihe von Maßnahmen den inneren Frie-

den der Polis zu sichern. Bezeichnenderweise wurden von seinem Amnestiegesetz alle Verbannten ausgeschlossen, die wegen eines Tötungsdelikts verurteilt oder eines Umsturzversuchs beschuldigt worden waren.[11]
Solons Axones und Kyrbeis enthielten indes keine »Verfassungsordnung«. Soweit Solons Nomothesie sich auf öffentliche Institutionen bezieht, setzt sie diese voraus oder enthält für Neuregelungen bzw. neue Einrichtungen lediglich die entsprechenden Bestimmungen. In der athenischen Überlieferung erscheint Solon erst um 350 als Verfassungsgeber, wobei er sowohl als Organisator der gemäßigten Demokratie als auch als Schöpfer der »radikalen« Volksherrschaft in Anspruch genommen wurde.[12] Das scheinbar kohärente Bild, das in der aristotelischen Athenaion Politeia von der »solonischen Verfassung« entworfen wird, ist zweifellos aus der allgemeinen Gesetzgebung Solons (d. h. aus der Kenntnis des 4. Jahrhunderts von den solonischen Gesetzen) abgeleitet.
Von einer politischen Neuordnung im Sinne einer neuen Verfassung kann also keine Rede sein. Wohl aber basiert die Nomothesie Solons auf einer bereits relativ fortgeschrittenen Verfestigung staatlicher Strukturen. Der schon existierende Rahmen der Polis setzte die Maßstäbe für alle Gesetze Solons, die den politisch-institutionellen Bereich betrafen. Das Aufbegehren des Demos und die daraus resultierende Gefahr der Tyrannis schienen freilich eine vorsichtige politische »Öffnung« in Form bestimmter Konzessionen an breitere Schichten der Bürgerschaft zu erfordern. Solons Appell an das Gemeinschaftsbewußtsein – ein zentrales Thema seiner Elegien – mußte wirkungslos bleiben, wenn er nicht die Befreiung der »bürgerlichen« Unterschichten aus ökonomischer Abhängigkeit politisch abzusichern verstand. Betraf dieser Aspekt des Problems vor allem das Kleinbauerntum, so mußte er zudem im politischen Bereich der militärischen Funktion der Mittelschicht der Hopliten stärker Rechnung tragen. Es war aus seiner Sicht zweifellos von größter Bedeutung, diese Schicht für die von ihm propagierte Idee der Polisgemeinschaft zu gewinnen und hierfür auch institutionell die Rahmenbedingungen zu garantieren. Nur so konnten die Hopliten ein Gegengewicht gegen den Machtanspruch einzelner bilden, die mit Unterstützung einer Minorität nach der Tyrannis zu greifen suchten. Gleichwohl ließ Solon keinen Zweifel aufkommen, daß die Leitung der Polis seiner Auffassung nach der traditionellen Führungsschicht der Demou Hegemones (»Führer des Volkes«) zukam. Insofern entsprachen seine politischen Ordnungsvorstellungen den Prinzipien seiner sozialen Maßnahmen, d. h. seiner Weigerung, der breiten Masse der Bürgerschaft den gleichen Anteil am Grund und Boden zu gewähren wie den »Edlen« (Fr. 23,21). Seine Wertungsskala war geprägt vom Selbstverständnis der Aristokratie, der er selbst angehörte. Solon betont, daß er dem Demos ein hinreichendes Geschenk (Geras) gemacht habe, indem er von dessen »Ehre« nichts nahm, aber auch nichts (über das erforderliche Maß hinaus) hinzufügte (Fr. 5). Da hier »Demos« als Gegenbegriff zu den »Mächtigen« verwendet wird und der Terminus dementsprechend die Gesamtheit der nicht zum Adel

zählenden Freien bezeichnet, ist diese Aussage nicht nur auf die Schuldentilgung zu beziehen, sondern darüber hinaus auch als Hinweis auf die politische Ordnung zu verstehen.

Die klassische Einteilung der athenischen Bürgerschaft basierte auf dem Zensussystem. Die Anfänge dieser Ordnung sind in die Zeit der Naturalwirtschaft (bzw. in eine Phase, in der die Geldwirtschaft erst eine geringe Rolle spielte) zu datieren, wie die Bezeichnung der ersten Zensusklasse als Pentakosiomedimnoi (Fünfhundertscheffler) zeigt, für die nach Aristoteles ein jährlicher Ernteertrag von 500 Medimnoi (Scheffel) »fester oder flüssiger Produkte« (ca. 22500 l Korn oder 18000 l Öl oder Wein) angesetzt wurde. Die Namen der Klassen 2–4 bestätigen, daß es sich um eine ältere Gliederung handelte, die nach militärischen und sozialen Kategorien vorgenommen wurde. Die Angehörigen der zweiten Klasse, die als Hippeis (Reiter) bezeichnet wurden, waren Grundbesitzer, die ebenso wie die Pentakosiomedimnoi im Krieg als Reiter dienten (bzw. zu Pferde ausrückten, sich aber im Kampf größtenteils in die Phalanx der Hopliten einreihten). Die dritte Klasse bestand aus den Zeugiten, deren Bezeichnung wohl von Zygon (Glied der Phalanx) abzuleiten ist.[13] Sie bildeten die Schicht der mittleren Bauern (und wohl auch einen Teil der selbständigen Handwerker) und stellten die Masse der Hopliten. Zur vierten Klasse zählten die als Theten bezeichneten ärmeren Athener. Sie fungierten im Krieg als Leichtbewaffnete (sofern sie nicht lediglich Troßdienste als Waffen- und Proviantträger der Hopliten verrichteten), bestanden aber zweifellos nicht nur aus Lohnarbeitern, sondern auch aus Kleinbauern und kleinen Handwerkern. Angeblich soll Solon feste Einkommensgrenzen zur Grundlage dieser Einteilung und der damit verbundenen politischen Rechte der vier Klassen gemacht haben. Hiernach bildete die untere Grenze für die Einstufung in die Schicht der Hippeis ein Jahresernteertrag von 300 Scheffel Getreide oder Olivenöl (bzw. Wein), während die Zeugiten mindestens 200 Maß produzieren mußten. Es fragt sich indes, wie ein solches »Zensussystem« überhaupt praktiziert werden konnte. Die Einteilung nach Erntemengen hätte nicht nur eine ständige Kontrolle und Neueinschätzung zur Folge gehabt, sondern auch dazu geführt, daß man eine differenzierte Wertung der verschiedenen Getreidearten und flüssigen Erzeugnisse (Wein, Öl) sowie eine Anrechnung sonstiger Früchte und tierischer Produkte vornehmen mußte. Ferner hätte man für Gewerbetreibende eine Aufrechnung gegen ein entsprechendes Äquivalent von Münzen durchführen und Preisschwankungen berücksichtigen müssen. Komplizierte Verfahren dieser Art sind angesichts der schwach entwickelten Verwaltung der archaischen Polis kaum denkbar. Zweifellos basierte die Zensuseinteilung im Prinzip auf dem sozialen Status der einzelnen Bürger, der für die Eingliederung in den Heerbann als Hopliten bzw. Hippeis von Bedeutung war, während aus der Gruppe der Hippeis die Pentakosiomedimnoi als besondere Schicht herausgehoben wurden.

Nach den Kriterien der antiken Staatstheorie wäre die »solonische Ordnung« eine sog. Timokratie, eine auf der Schätzung (Timema) des Vermögens beruhende Einteilung der Bürgerschaft (Aristot. Nik. Eth. 1160a 34ff.). Die entscheidende Frage lautet hier jedoch, ob nunmehr tatsächlich Besitz anstelle adliger Herkunft zum Kriterium für die Bekleidung der Ämter wurde und Solon eine »radikale Abkehr von den Grundsätzen des alten Adelsstaates« vollzogen hat.[14] In der Athenaion Politeia (7,3. 8,1) heißt es, daß seit Solon die »Ämter« den drei oberen Klassen zugänglich waren, die Tamiai (Schatzmeister der Göttin Athena, d.h. Verwalter der Tempelschätze) aus den Pentakosiomedimnoi erlost wurden und die vier Phylen je 10 Kandidaten für das Archontat bestimmten, aus denen man dann die neun Archonten loste. Das angebliche »Wahl- und Losverfahren« bei der Besetzung des Archontats ist zweifellos unhistorisch. Erst seitdem Solon als einer der »Begründer« der athenischen Demokratie galt, wurde ihm die Einführung dieser als typisch demokratisch geltenden Form der Ämterbesetzung zugeschrieben, während offensichtlich erst seit 487/86 eine Auslosung der Archonten aus vorgewählten Kandidaten erfolgte. Die nach den Reformen Solons wieder einsetzenden Kämpfe um das Archontat schließen ein Losverfahren aus. Aristoteles (bzw. der Verfasser der Athenaion Politeia) besaß keine exakten Informationen über die Einzelheiten des sog. timokratischen Prinzips der solonischen Ordnung. Er war dementsprechend nicht in der Lage, detaillierte solonische Zensusbestimmungen für die Bekleidung niederer Ämter zu nennen, konnte allerdings aus der Zulassung der dritten Zensusklasse der Zeugiten zum Archontat (457) schließen, daß bis dahin nur Pentakosiomedimnoi und Hippeis dieses Amt bekleideten.[15] Da seit 487/86 auf Grund des damals neu eingeführten Wahl- und Losverfahrens bei der Einsetzung der Archonten eine größere Zahl von Kandidaten zur Verfügung stehen mußte, wurde die zweite Zensusklasse der Hippeis vermutlich erst zu dem zuletzt genannten Zeitpunkt zum Archontat zugelassen, während nach der sog. solonischen Ordnung wohl nur Pentakosiomedimnoi als Archonten fungierten. Wenn Solon tatsächlich die sozialen und wirtschaftlichen Voraussetzungen für die Bekleidung dieses Amtes fixiert hat, konnten freilich Zensusbestimmungen den Einfluß der traditionellen Führungsschicht nicht schlagartig beseitigen[16], sondern sich allenfalls langfristig dahingehend auswirken, daß im Zuge einer allmählichen wirtschaftlichen Aufwärtsentwicklung der Kreis der Pentakosiomedimnoi sich erweiterte und dementsprechend mehr Kandidaten für das Archontat qualifiziert waren. Auffällig ist jedenfalls, daß in den erhaltenen Fragmenten der Gedichte Solons nirgendwo auf Proteste einflußreicher Adliger gegen die Einführung des sog. timokratischen Prinzips Bezug genommen wird. Offenbar fühlten sich die adligen »Führer des Demos« zumindest in diesem Punkt nicht in ihren traditionellen Rechten beeinträchtigt. Wahrscheinlich bestand aber die athenische Führungsschicht schon vor der Gesetzgebung Solons nicht oder nicht mehr aus einer (mit dem römischen Patriziat vergleichbaren) ständerechtlich begrenzten Gruppe von Adligen, wie immer der umstrittene Begriff der Eupatriden zu interpre-

tieren ist. Zensusbestimmungen waren in Athen sicherlich nicht gleichbedeutend mit der Überwindung eines sog. Geschlechterstaates, den es im eigentlichen Sinne des Wortes nicht gab.
Die Funktionen der Archonten wurden durch die solonische Gesetzgebung nicht geändert. Der eponyme Archon leitete die Volksversammlung und wohl auch den Areopag (sofern dieses Gremium nicht als Blutgerichtshof unter dem Vorsitz des Archon Basileus tagte).
Die Aufgaben des Areopags in der »Ordnung« Solons bezeichnet Aristoteles (Ath. Pol. 8,4) als Überwachung der Gesetze. Er betont, daß dieser Rat »wie früher« die Aufsichtsbehörde über die Verfassung bildete, die meisten und bedeutendsten politischen Angelegenheiten behandelte und bevollmächtigt war, Straftaten aus eigener Machtvollkommenheit zu ahnden. Dieses Urteil entspricht den Vorstellungen des 4. Jahrhunderts von der starken Position des Areopags bis zu den Reformen des Ephialtes (462), die diesem Gremium wichtige Befugnisse entzogen. Im einzelnen sind die Kompetenzen des Areopags schwer zu eruieren, da aus den hierzu vorliegenden späteren Nachrichten nur bedingt Rückschlüsse auf die ältere Zeit möglich sind. Es besteht indes kein Zweifel, daß bereits der archaische Areopag die Kontrollinstanz für die gleichsam noch »vordemokratische« Institution des Archontats bildete. Die sog. Dokimasie (»Prüfung«) der Archonten, die wohl erst 462 dem kleisthenischen Rat der 500 übertragen wurde und formal bestätigen sollte, daß die gewählten Beamten athenische Vorfahren hatten, an bestimmten Kulten teilnahmen, ihre bürgerlichen Pflichten erfüllten und die vorgeschriebenen Vermögensqualifikationen besaßen, erfolgte ursprünglich sicherlich vor dem Areopag, wenn auch offenbleiben muß, welche Formalitäten hierbei bereits in archaischer Zeit beachtet wurden. Wichtiger als die Dokimasie waren zweifellos sonstige Aufsichtsbefugnisse des Areopags. Wenn die Archonten durch die solonische Kodifikation zur Einhaltung ihres Eides auf die Gesetze verpflichtet wurden (Aristot. Ath. Pol. 7,1), kann nur der Areopag die Kontrolle über ihre Amtsführung ausgeübt haben. Dies impliziert bereits eine gewisse Rechenschaftspflicht der Archonten gegenüber dem Areopag. Das Verfahren bei der Aufnahme der Archonten in dieses Gremium nach Ablauf ihres Amtsjahres ist hiermit sicherlich in Verbindung zu bringen.
Die aus dem hohen Sozialprestige seiner Mitglieder resultierende Autorität des Areopags erklärt letztlich auch die gerichtlichen Kompetenzen dieser Institution. Vermutlich fungierte der Areopag bereits in vorsolonischer Zeit als Gerichtshof für die Aburteilung von Umsturzversuchen. Solon hat die Einschaltung des Areopags bei der Aufdeckung und Verfolgung von Vergehen gegen die Polisgemeinschaft wahrscheinlich gesetzlich sanktioniert. Allerdings lautete die Klage in solchen Fällen wohl kaum bereits auf »Auflösung des Demos« (Beseitigung der Demokratie), wie es in der Athenaion Politeia (8,4) heißt, in der das spätere entwickelte Verfahren bei Anzeige (Eisangelia) staatsgefährdender Handlungen unzutreffend auf Solon zurückgeführt wird.[17] – Auf die Bedeutung des

Areopags als Blutgerichtshof wurde bereits mehrfach hingewiesen. Der Areopag besaß in diesem Jurisdiktionsbereich uneingeschränkte Gerichtsbefugnisse bei Mordprozessen sowie bei vorsätzlicher Körperverletzung und Giftmischung und Brandstiftung mit Todesfolge. Hinzu kam seine Zuständigkeit bei bestimmten Verstößen gegen das Sakralrecht (z. B. Zerstörung heiliger Ölbäume).

Der archaische Areopag war freilich primär ein beratendes Organ. Offenbar gab es in diesem Gremium zwar kein formalisiertes Verfahren zur Vorbereitung der vom Archon geleiteten Ekklesia, doch boten die Kontroll- und Gerichtsbefugnisse dem Areopag die Möglichkeit, bei Beratungen seinen Willen gegenüber den rechenschaftspflichtigen Archonten zur Geltung zu bringen. Die Realität sah indes in nachsolonischer Zeit vielfach anders aus. Die Umsetzung der Autorität des Areopags in politisches Potential wurde gestört bzw. sogar durchkreuzt durch das Bestreben einzelner Adliger, durch Faktions- und Gruppenbildungen eine dominierende Position in der Polis zu gewinnen. Der Areopag war allzu oft machtlos im Wechselspiel der Kräfte, das zumindest zeitweise gleichsam an dieser Institution vorbeilief.

Als Neuerung Solons wird bei Aristoteles (Ath. Pol. 8,4) und Plutarch (Sol. 19) die Einrichtung eines Rates (Boulé) der Vierhundert genannt, dessen Existenz freilich in der Forschung umstritten ist. Moderne Gegenargumente gegen die solonische Boulé vermögen jedoch nicht zu überzeugen, wenn auch Plutarchs Angaben über ihre vorberatenden Funktionen möglicherweise nicht auf genuiner Tradition, sondern auf einem späteren Analogieschluß auf Grund des Vergleichs mit dem kleisthenischen Rat der 500 beruhen. Die Konstituierung eines neuen Rates war jedenfalls im frühen 6. Jahrhundert schon durchaus möglich, wie die Einrichtung des »Volksrates« in Chios zeigt. Vermutlich wollte Solon durch das neue Organ, in das nach Aristoteles und Plutarch die vier alten Phylen je 100 Mitglieder entsandten, nicht zuletzt eine Stärkung der Polisinstitutionen gegen das Machtstreben einzelner erreichen. Nach Lage der Dinge kamen als Mitglieder des Rates zwar keine Theten in Frage, doch konnte in diesem Gremium gleichwohl ein größerer Kreis von Athenern (einschließlich einer Anzahl von Adligen, die keine Chance hatten, ins Archontat und damit in den Areopag zu gelangen) in die politische Verantwortung genommen werden.[18]

Die Zusammensetzung der Volksversammlung änderte sich durch die Gesetzgebung Solons offenbar nur insofern, als nunmehr die befreiten Schuldsklaven als Mitglieder der Polisgemeinschaft wieder an den Tagungen teilnehmen konnten. Daß erst durch Solon *alle* Theten Zugang zur Ekklesia erhielten, ist selbst dann wenig wahrscheinlich, wenn bislang nur die Bürger mit eigenem Grundbesitz zur Volksversammlung zugelassen waren. Ein Teil der zur Thetenklasse zählenden Athener besaß – wie gesagt – zumindest kleinere Landparzellen. Im übrigen nahmen offensichtlich bereits an den Heeresversammlungen der homerischen Zeit auch grundbesitzlose jüngere Krieger teil. In Athen dürfte dies

kaum anders gewesen sein. Eine scharfe Trennung von Heeres- und Volksversammlung in der Zeit der Polisbildung ist kaum möglich.
Obwohl Solon die *politischen* Kompetenzen der Ekklesia nicht prinzipiell erweiterte, hat die ökonomische Emanzipation breiterer Schichten zweifellos langfristig zur Aufwertung der Volksversammlung beigetragen. Die Bedeutung der Ekklesia in der klassischen Demokratie kündigt sich dadurch an, daß sie bereits im 6. Jahrhundert als Instrument zur Durchsetzung von Beschlüssen dienen konnte, die eine Veränderung der Machtverhältnisse bzw. sogar durchgreifende Neuerungen herbeiführen sollten, wie die Taktik des Peisistratos bei seinem ersten »Staatsstreich« und vor allem die Reformen des Kleisthenes zeigen. Allerdings hatten die genannten Maßnahmen ihrerseits einen entwicklungsbedingten Wandel der Situation in Athen zur Voraussetzung. Der Verlauf einer Volksversammlung wird nach der solonischen Kodifikation kaum anders gewesen sein als vor den Reformen. Wortführer waren selbstverständlich weiterhin Angehörige der Oberschicht.
Ein kontroverses Problem ist die Funktion und Zusammensetzung der von Solon als sog. Volksgericht eingerichteten Heliaia. Einerseits ist umstritten, ob der in der Athenaion Politeia (9,1) verwendete Begriff der Ephesis für die Einschaltung der Heliaia als »Berufung« gegen das Urteil eines Beamten zu verstehen ist oder die »Überweisung« des Verfahrens durch den Beamten an das Volksgericht bezeichnet (wenn der Magistrat ein Strafmaß, das seine Jurisdiktionskompetenz überschritt, für erforderlich hielt). Im 5. und 4. Jahrhundert hatten Gerichtsbeamte im wesentlichen nur noch die Vorbereitung und Leitung der Prozesse zu übernehmen. Diese Einschränkung ihrer Kompetenzen ist aber das Ergebnis einer längeren Entwicklung. Daher ist anzunehmen, daß nach solonischem Recht der Beamte zwar noch nicht von sich aus das Verfahren an die Heliaia zu überweisen hatte, wenn sein Urteil über ein bestimmtes Strafmaß hinausging, wohl aber der Betroffene seinerseits in diesem Fall die Heliaia anrufen konnte, die dann die Sache neu zu entscheiden hatte. In einem Verfahren vor der Heliaia konnte auch eine Zusatzstrafe verhängt werden. Die Zahl der Ephesis-Fälle war anfangs sicherlich noch gering, so daß die solonische Heliaia schwerlich bereits in mehrere Dikasterien (Richterabteilungen, Gerichtshöfe) aufgeteilt war, wie Aristoteles (Pol. 1273b 41ff.) behauptet. In einem von Lysias (X 15f.) und Demosthenes (XXIV 105) zitierten solonischen Gesetz ist zweifellos von der ungeteilten Heliaia die Rede. Es dürfte sich hierbei anstelle von »Ekklesia« um die Bezeichnung für eine als »Gericht« einberufene Versammlung des Demos handeln. Weitere Einzelheiten sind nicht bekannt, so daß offenbleiben muß, ob in diesem Fall bereits eine Mindestzahl von 6000 Teilnehmern vorgeschrieben war oder die Abstimmungsberechtigten wie die späteren »Richter« in den Dikasterien mindestens 30 Jahre alt sein mußten. Die solonische Heliaia gewann aber eine gewisse Kontrolle über die Urteilsfindung der Beamten. Solons Neuerung war daher für den weiteren Ausbau des athenischen Gerichtswesens von größter Bedeutung,

wenn auch die Heliaia noch keineswegs – wie die spätere Tradition unterstellt – ein erster Schritt zur Demokratie hin war.[19]
Die solonischen Reformen haben zur Konsolidierung der Polis Athen erheblich beigetragen, aber die politischen und gesellschaftlichen Strukturen nicht radikal verändert. Gravierende Mißstände wurden beseitigt, doch blieb die Parzellierung größerer Teile des anbaufähigen Bodens bestehen, so daß die kleinen Bauern sich weiterhin großen wirtschaftlichen Schwierigkeiten ausgesetzt sahen. Das Amt des eponymen Archonten war nach Solon wieder heftig umkämpft. Offenbar sahen adlige Herren hierin ein Sprungbrett zur Macht. Nachdem mehrfach aus unbekannten Gründen keine Archontenwahlen durchgeführt werden konnten, trat der im Jahre 582/81 amtierende Archon Damasias nach Ablauf der Amtszeit nicht zurück und behauptete seine Stellung bis in das Amtsjahr 580/79. Vermutlich ließ er bis zu seinem Sturz keine Neuwahlen durchführen. Es dürfte sich hier um eine Variante des adligen Machtkampfes gehandelt haben, bei dem Damasias und seine Gruppe das Archontat als Herrschaftsinstrument zu benutzen suchten, während die Gegenkräfte sich eher außerhalb der Polisinstitutionen formierten. Angeblich soll nach dem Sturz des Damasias ein zehnköpfiges Kollegium eingesetzt worden sein, das sog. 5 Eupatridai (Adlige), 3 Agroikoi (nichtadlige Grundbesitzer?) und 2 Demiourgoi (Gewerbetreibende?) gebildet haben sollen (Ath. Pol. 13,2). Daß um 580 ein athenisches Regierungsorgan nach derartigen ständischen Kriterien eingerichtet wurde, ist indes wenig wahrscheinlich. Das genannte »Kollegium« ist vermutlich eine Konstruktion des 5. Jahrhunderts.[20]

c) *Die Tyrannis des Peisistratos und seiner Söhne*

Noch vor 560 entstand eine neue Konstellation, indem sich drei Gruppierungen (Staseis) herausbildeten, die in der Überlieferung als »Leute aus der Ebene« (Pediakoi oder Pedieis), »Küstenbewohner« (Paraloi bzw. Paralioi) und »Bewohner der Gebiete jenseits des Gebirges« (Hyperakrioi bzw. Diakrioi) bezeichnet wurden. Ihre Führer waren (in der genannten Reihenfolge der Parteiungen) Lykurgos, der Alkmeonide Megakles und Peisistratos. In der aristotelischen Athenaion Politeia (13,4) werden diesen Staseis unterschiedliche verfassungspolitische Ziele zugeschrieben. Es handelt sich indes um ein Schema, das auf der Differenzierung zwischen Oligarchie, Demokratie und »mittlerer Verfassung« (Mischung aus Oligarchie und Demokratie) in der politischen Theorie des späten 5. und 4. Jahrhunderts basiert und eindeutig anachronistisch ist, so daß es hier außer Betracht bleiben kann.
Die Angaben über die regionale Aufteilung der Gruppierungen beziehen sich auf den Raum um Athen (Pedion, »Ebene«), Südattika (Paralia, »Küstengebiet«) und das Gebiet östlich des Hymettos (Diakria bzw. Hyperakria, Ostattika »jenseits des Gebirges«) einschließlich der sog. Meso-

geia (»Binnenland«). Im einzelnen sind die Abgrenzungen strittig, doch lassen die geographischen Bezeichnungen nicht auf tiefgreifende Unterschiede in der Bevölkerungs- und Wirtschaftsstruktur dieser Zonen schließen. Es gab in allen Regionen nicht nur gute und schlechte Böden sowie große Küstenstreifen, sondern auch Landbesitz in der unterschiedlichsten Größenordnung.[21] Desgleichen sind die Nachrichten über die regionalen Bindungen der drei Staseis differenziert zu werten. Besonders deutlich wird dies bei den Aktionen des Peisistratos, dessen Landbesitz wohl größtenteils im Raum von Brauron lag. Er bildete nach Herodot (I 59,3) während der Auseinandersetzungen zwischen den Pediakoi und Paralioi die Stasis der Hyperakrioi, um die Macht in Athen an sich zu reißen. Hierzu genügte jedoch nicht sein regionaler Anhang, wie die weiteren Vorgänge zeigen. Die athenische Volksversammlung bewilligte 561/60 Peisistratos eine Leibwache, mit der er dann die Akropolis besetzte. Es kam also darauf an, die Stimmen der Bevölkerung in und um Athen zu gewinnen, die offensichtlich in der Ekklesia damals zahlenmäßig stark vertreten war. Der Erfolg des Peisistratos läßt darauf schließen, daß er sich an breitere Schichten des Demos wandte. Zu seinem Anhang in Athen zählten allem Anschein nach auch Neubürger, die auf Grund der Maßnahmen Solons zur Förderung des Gewerbes nach Attika übergesiedelt waren und sich wohl vornehmlich in Athen niedergelassen hatten. Andererseits scheinen sich ihm aber aber auch Grundbesitzer angeschlossen zu haben, die sich durch Solons Seisachtheia geschädigt sahen (Ath. Pol. 13,5, wo es allerdings fälschlich heißt, daß diese Leute sich »aus Armut« um Peisistratos scharten). Jedenfalls war die Anhängerschaft des Peisistratos damals keineswegs auf ärmere Bauern der Hyperakria beschränkt. Desgleichen erhielt er bei seiner dritten Machtergreifung (546/45?) Zulauf »aus den Demen« (d.h. auch aus ländlichen Gebieten außerhalb der Hyperakria), obgleich das attische Bürgeraufgebot der Hopliten gegen ihn mobilisiert wurde (Hdt. I 62).[22]

Aus Herodots Bericht über die Entstehung der Stasis der Hyperakrioi geht hervor, daß es sich bei dieser Gruppierung nicht um eine permanente Hausmacht oder einen mit dem Hause des Peisistratos verbundenen großen Klientelverband gehandelt haben kann. Erst nachdem sich bereits die »Parteien« der Pediakoi und der Paralioi gebildet hatten, formierte Peisistratos diese Stasis. Wenn er des weiteren auch in Athen selbst und in der näheren Umgebung der Stadt stärkeren Anhang gewann, bestand dort schwerlich eine geschlossene regionale Blockbildung unter Führung des Lykurgos. Der Kern der Stasis des Lykurgos scheint daher eine adlige Hetairie gewesen zu sein. In diesem Fall war die Gruppe um den Alkmeoniden Megakles zweifellos gleichfalls in erster Linie eine Adelsgefolgschaft. Andererseits waren freilich die Mitglieder solcher Hetairien z.T. Oikosbesitzer, so daß sie vermutlich auch über einen gewissen »lokalen« Anhang verfügten. Insgesamt ist also mit einem recht komplizierten Geflecht von Verbindungen und Beziehungen zu rechnen. Die von geographischen Bezeichnungen abgeleiteten Namen der Staseis sind wohl damit zu erklären, daß die führenden Adligen in den betreffenden Gebieten den größten Teil ihres Landbesitzes hatten und sich dort die Kristallisationspunkte der Gruppenbildungen ergaben, was aber – wie gesagt – nicht bedeutet, daß hierzu jeweils alle Bewohner der genannten Zonen gehörten oder die verschiedenen Staseis regional begrenzt blieben. Peisistratos gewann jedenfalls zeitweise einen wesentlich stärkeren Anhang als seine beiden Rivalen. Soziale und ökonomische Faktoren waren hierbei sicherlich von einiger Bedeutung. Die wirtschaftliche Lage der kleinen Landwirte blieb trotz Solons Schuldentilgung weiterhin prekär. Dies war auch nach Mitte des 6. Jahrhunderts noch der Fall, da Peisistratos nach seiner dritten und endgültigen Machtergreifung Maßnahmen zur Unterstützung der Bauern treffen mußte. Offenbar haben schon vor 561/60 breitere Schichten von Peisistratos, der als Führer des attischen Aufgebotes im Krieg gegen Megara den Hafen Nisaia erobert und hierdurch Popularität gewonnen hatte, wirtschaftliche Erleichterungen erhofft. Das Problem bestand freilich darin, daß nach seinem ersten Coup die Mehrzahl seiner damaligen Anhänger im Kampf um die Macht nicht dauernd verfügbar war. Bereits nach kurzer Zeit (noch 561/60 oder 560/59?) wurde Peisistratos aus seinem Stützpunkt auf der Akropolis von den Hetairien des Megakles und Lykurgos vertrieben, ohne daß die Archonten in die Auseinandersetzungen eingriffen. Die weiteren Kämpfe waren wiederum typische Adelsrivalitäten mit wechselnden, z. T. von dynastischen Motiven bestimmten Koalitionen. Erst die dritte Machtergreifung des Peisistratos mit Hilfe von auswärtigen Gefolgsleuten und Söldnern beendete vorerst das Wechselspiel der Adelsfehden.[23]

Der äußere Rahmen der Polisverfassung blieb in der Zeit der Tyrannis bestehen. Offenbar wurde lediglich im Gerichtswesen durch die Einsetzung der sog. Demenrichter, die in den einzelnen ländlichen Gemeinden (Demen) Streitfälle zu schlichten hatten, eine institutionelle Neuerung vorgenommen. Sinn und Zweck dieser Maßnahme sind nicht klar zu erkennen. Die Erklärung der Athenaion Politeia (16,5), daß Peisistratos hierdurch rechtsuchende Landbewohner von der Stadt fernhalten wollte, bleibt unbefriedigend. Möglicherweise wandten sich in den Landgebieten streitende Parteien in privaten Rechtsfällen immer noch an adlige Schiedsrichter, so daß nunmehr die Reste der lokalen Adelsgerichtsbarkeit beseitigt werden sollten. Insgesamt gesehen war freilich der Prozeß der institutionellen Verfestigung der Polisordnung durch die Gesetzgebung Solons so weit fortgeschritten, daß diese Entwicklung nicht mehr einfach rückgängig gemacht und die wichtigsten Polisorgane nicht beseitigt oder neue Institutionen als quasi-legale Machtbasis des Tyrannen und seiner Helfer eingerichtet werden konnten. Peisistratos war aber bestrebt, die hohen Ämter durch Verwandte sowie durch Adlige, die sich angesichts der bestehenden Machtverhältnisse dem neuen Regiment unterordneten, verwalten zu lassen. Opponierende Angehörige der Oberschicht wurden hingegen verbannt, andere gingen ins Exil. Sie konnten aber später teilweise zurückkehren. Die Alkmeoniden, die unmittelbar nach der dritten Machtergreifung des Peisistratos geflüchtet waren (Hdt. I 64), befanden sich offenbar noch vor 525/24 wieder in Athen. Kleisthenes – der spätere Reformer – bekleidete allem Anschein nach in dem genannten Jahr das Amt des eponymen Archonten. Sein Nachfolger im Archontat wurde der jüngere Miltiades, dessen Vater Kimon nach 546/45 gleichfalls verbannt worden war, sich aber 528 mit Peisistratos arrangiert hatte.

Inwieweit die Güter der Verbannten und Flüchtlinge konfisziert und unter die Anhänger des Peisistratos oder Kleinbauern und Theten aufgeteilt wurden, ist kaum zu entscheiden. Peisistratos' Ländereien waren nach seiner zweiten Vertreibung öffentlich versteigert und von einem seiner adligen Gegner aufgekauft worden, der nach 546/45 seine eigenen Güter vermutlich gleichfalls verlor. Die Alkmeoniden und Kimoniden gelangten jedoch nach ihrer Rückkehr zweifellos wieder in den Besitz ihrer Ländereien, da sie immerhin Archonten stellten. Jedenfalls hat Peisistratos keine allgemeine Bodenreform durchgeführt. Ärmere Bauern erhielten Darlehen, die ihnen vermutlich u.a. den Anbau von Ölbäumen ermöglichen sollten.

Im geschichtlichen Bewußtsein der Athener galt das Regiment des Peisistratos später geradezu als Wiederkehr des Goldenen Zeitalters. Zweifellos begann während der Herrschaft des Peisistratos ein gewisser wirtschaftlicher Aufschwung, der unter seinen Söhnen anhielt. Der steigende Export attischer Vasen war natürlich kein Verdienst des Tyrannen, sondern ein Erfolg der attischen Keramikproduktion und Vasenmalerei. Zudem waren Peisistratos' Maßnahmen zur Unterstützung der Bauern keine Sozialpolitik im eigentlichen Sinne. Der Machthaber hatte vielmehr eine Bodenertragssteuer eingeführt und konnte durch Förderung der Landwirtschaft indirekt seine eigenen Einkünfte steigern. Zweifellos wollte er durch Linderung von Not und Armut auch Unruhen vermeiden, so daß hierin nicht zuletzt ein Mittel der Herrschaftssicherung zu sehen ist. Ähnlich hatten die »Baupolitik« des Peisistratos sowie die Ausgestaltung des Dionysoskultes und des großen Polisfestes der Panathenäen eine herrschaftslegitimierende Funktion, indem der Machthaber sich hierdurch als Repräsentant der Polis zu gerieren suchte. Im übrigen darf die Bautätigkeit des Peisistratos nicht überschätzt werden. Es handelte sich schwerlich um ein gezieltes »Arbeitsbeschaffungsprogramm«. Erst seine Söhne ließen in größerem Maße Repräsentativbauten errichten.[24]

Das eigentliche Machtinstrument des Peisistratos waren Söldner, nachdem die attischen Hopliten nach seiner dritten Machtergreifung entwaffnet worden waren. Die Durchführung von Scheinwahlen zur Einsetzung der Archonten und die Betonung der kultisch-religiösen Gemeinschaft der Athener stehen hierzu nicht im Widerspruch, sondern ergänzen vielmehr das Spektrum seiner Herrschaftsmethoden. Die dynastische Nachfolgeregelung – der Übergang der Macht an Peisistratos' Söhne Hippias, Hipparchos und Thessalos – bestätigte die Konsolidierung dieses Systems. Die Athener haben in ihrer Mehrzahl die »Samtherrschaft« der

Peisistratiden zunächst ebenso hingenommen wie das Regiment des Peisistratos.

Das soziale Prestige der athenischen Adelshäuser konnte freilich durch das Machtmonopol des Tyrannenhauses nicht entscheidend geschwächt werden.

In den Adelskreisen formierte sich auch die Opposition, der Hippias nach der Ermordung des Hipparchos (514) durch Gewalt und Unterdrückung Herr zu werden suchte. Die erneute Verfolgung und Verbannung einer Reihe von Athenern traf dementsprechend wiederum im wesentlichen die Oberschicht. Die Situation spitzte sich zu, als die Alkmeoniden, die wieder ins Exil gegangen waren, den offenen Kampf gegen Hippias aufnahmen. Die erhoffte Erhebung der Athener blieb jedoch aus, so daß die Aktion zu einem Fiasko für die Alkmeoniden und ihre Gefolgschaft wurde. Ebenso scheiterte eine von Kleisthenes initiierte, aber schlecht vorbereitete militärische Intervention Spartas. Der Einsatz stärkerer spartanischer Kräfte unter Führung des Kleomenes I. führte schließlich zum Erfolg. Hippias mußte sich auf die Akropolis zurückziehen (510). Jetzt erst schlossen sich zahlreiche Athener den spartanischen Truppen an, um an der Belagerung teilzunehmen. Wenn Herodot (V 64,2) diese »Erhebung« mit dem Freiheitswillen der Athener erklärt, so ist diese Interpretation sicherlich Ausdruck der späteren politischen Selbstdarstellung der athenischen Demokratie. Gleichwohl ist nicht daran zu zweifeln, daß Hippias keinen Rückhalt beim Demos fand, als er trotz der Unterstützung, die er durch thessalische Adlige erhielt, außenpolitisch in die Isolierung geriet und militärisch in die Defensive gedrängt wurde. Durch die Aktivität der Alkmeoniden um Kleisthenes hatte er sich gezwungen gesehen, seine Söldnertruppen zu verstärken, Befestigungsanlagen zu errichten und zur Finanzierung dieser Maßnahmen neue Abgaben einzuführen. Hierdurch stieß sein Regime in der Bevölkerung offensichtlich zunehmend auf Ablehnung.

Die Tyrannis vermochte in ihrer Endphase den Athenern weder äußere noch innere Ruhe zu garantieren. Ihre historische Bedeutung liegt in dem Beitrag, den die Machthaber zur sozialen und ökonomischen Konsolidierung Athens geleistet haben. Hingegen war Athen in seiner staatlichen Entwicklung durch das Machtmonopol der Tyrannen gegenüber anderen Poleis zurückgefallen. Athen hat diesen Rückstand nicht nur in kürzester Zeit aufgeholt, sondern wurde durch die Reformen des Kleisthenes geradezu die fortschrittlichste griechische Polis. Durch die Überwindung der Tyrannis wurden neue Kräfte freigesetzt, die überhaupt erst die dynamische Entwicklung des Athenertums im 5. Jahrhundert ermöglicht haben.

d) Die Reformen des Kleisthenes

Nach dem Sturz der Peisistratiden bewegte sich das politische Kräftespiel in Athen zunächst wieder in den Bahnen der nachsolonischen Zeit. Auseinandersetzungen um das Archontat führten 508 zu einer Polarisierung des Adels. Führer der beiden Gruppierungen waren der Alkmeonide Kleisthenes und Isagoras, dessen Herkunft nicht bekannt ist. Kleisthenes hatte im Kampf gegen die Tyrannis zweifellos großes Ansehen gewonnen und suchte seine Position weiter auszubauen. Da er wohl schon 525/24 das Archontat bekleidet hatte und infolgedessen nicht mehr kandidieren konnte, wollte er jetzt offenbar erreichen, daß einer seiner adligen Anhänger dieses Amt erhielt. Die Gruppe um Isagoras vermochte diesen Plan jedoch zu durchkreuzen. Isagoras wurde für das Amtsjahr 508/07 zum Archon gewählt. Die Funktion des Demos beschränkte sich in diesem Stadium des innenpolitischen Konflikts auf die Abstimmung in der Wahlversammlung. Das eigentliche Instrument des Machtkampfes war zunächst noch die Gefolgschaftsbildung innerhalb der Oberschicht auf der Basis der Hetairien. Hinweise auf lokale oder regionale Gruppierungen liegen in der Überlieferung nicht vor. Es ist anzunehmen, daß die Anhängerschaft des Kleisthenes nicht nur aus dem alten Einflußgebiet der Alkmeoniden in der Paralia stammte, sondern ebenso wie die mit Isagoras verbundenen Hetairien eine Reihe von Adligen aus verschiedenen Regionen umfaßte. Solche »Gefolgsleute« übten an ihrem Wohnsitz bzw. im Bereich ihrer Besitzungen sicherlich einen gewissen Einfluß auf die Meinungsbildung der dortigen Mittel- und Unterschicht aus. Die Adelsverbindungen verbreiterten sich indes auch in diesem Fall nicht an der Basis zu einer geschlossenen politischen Klientel. So konnte sich Isagoras zwar in der ersten Phase des Kampfes mit Unterstützung seiner Hetairien in der Wahlversammlung durchsetzen, doch bildete die Mehrzahl der Versammlungsteilnehmer keine ständige Hausmacht des neugewählten Archonten. Hier sah Kleisthenes seine Chance. Die Auseinandersetzungen nahmen eine überraschende Wende, als der Alkmeonide – wie es Herodot V 66,2 formuliert – »den Demos zu seiner Hetairie hinzufügte« und damit seinen eigenen Anhang entscheidend verstärkte. Kleisthenes griff somit im Grunde auf die Taktik des Peisistratos bei dessen erster Machtergreifung zurück. Die Situation hatte sich aber gegenüber der Zeit um 561/60 grundlegend geändert. Es ging jetzt nicht mehr primär um soziale und wirtschaftliche Probleme und Forderungen. Kleisthenes scheint es vielmehr verstanden zu haben, den Unwillen breiterer Kreise über die Beherrschung der politischen Institutionen durch Adelsgefolgschaften zu artikulieren. Die Manipulation der Wahlen schien sich von den Zuständen unter der Herrschaft der Peisistratiden nur graduell zu unterscheiden. Hier boten sich zweifellos Ansatzpunkte für eine Agitation, die eine Stärkung des Rates und der Volksversammlung gegenüber den adligen Gruppenbildungen in Aussicht stellte und nicht nur eine Reihe von Hopliten und Theten, sondern auch manche Grundherren, die keiner Hetairie angehörten und bisher politisch passiv geblieben waren, beeindruckt haben wird. Wir wissen freilich nicht, ob Kleisthenes in dieser Phase des Konflikts auch den Begriff der Isonomia (politische Gleichberechtigung) ins Spiel brachte und mit neuem Inhalt zu füllen wußte. »Isonomia» wurde jedenfalls nach den kleisthenischen Reformen zum Inbegriff der neuen Ordnung Athens.

Die rasche Zuspitzung des Kampfes läßt darauf schließen, daß Kleisthenes bereits kurz nach den Archontenwahlen Reformvorschläge vorbrachte und breite Zustimmung fand, indem er dem Demos stärkeren Anteil an den politischen Entscheidungen versprach. Nur so erklärt sich die Reaktion des Isagoras, der (offenbar nach seinem Amtsantritt) erneut König Kleomenes I. von Sparta einschaltete und durch dessen Intervention erreichte, daß Kleisthenes und der Kern seiner Gefolgschaft (angeblich rund 700 Familien) Attika verlassen mußten. Isagoras war nunmehr kurzfristig Herr der Lage. Als er den noch bestehenden Rat der 400 aufzulösen beabsichtigte, schien sich eine Restitution der Tyrannis in Form eines spartanischen Vasallenregimes anzubahnen. Diese Situation führte zu einer spontanen Erhebung gegen Isagoras und Kleomenes, die auf der Akropolis belagert und nach wenigen Tagen zum Abzug gezwungen wurden. Zweifellos gehörten dem Rat der 400 auch Pentakosiomedimnoi und Hippeis an, die ursprünglich nicht zur Adelsgefolgschaft des Kleisthenes zählten, dessen Reformen aber nunmehr unterstützten und dementsprechend am Kampf gegen Isagoras und Kleomenes teilnahmen. Kleisthenes konnte zurückkehren und sein Programm realisieren (Aristot. Ath. Pol. 20).[25]

Kernpunkt der kleisthenischen Ordnung war die Einführung eines neuen Systems der Demen (Gemeinden), Trittyen (»Drittel«) und Phylen. Die alten Phratrien, Trittyen und Phylen wurden hierdurch zwar nicht beseitigt, doch bildeten fortan die neuen Einheiten die Grundlage der politischen Organisation Attikas.[26] Diese Maßnahmen wurden vielfach als Ablösung einer alten sog. gentilizischen Einteilung des athenischen Polisverbandes durch eine territoriale Gliederung interpretiert. Demgegenüber ist jedoch zu beachten, daß bereits die alten Verbände keine rein gentilizischen, auf dem Zusammenschluß von Sippen oder alten Stammeseinheiten beruhenden Organisationen darstellten, sondern ihrerseits Abteilungen der attischen Bürgerschaft bildeten. Die neue Ordnung gliederte die Bürgerschaft wiederum in personale Verbände. Auch die kleinsten Einheiten, die Demen, waren im Prinzip keine Gebiete, sondern bestanden aus den Bürgern und ihren Familien, die in einem bestimmten Land- oder Stadtbezirk wohnten. Die Einteilung der Bürgerschaft in 139 Demen von unterschiedlicher Größe richtete sich nach den gegebenen Siedlungsverhältnissen, so daß die bestehenden lokalen Bindungen der Bevölkerung erhalten blieben. Auch bei der Aufteilung des Stadtgebietes (mit den Vororten) in mehrere Demen wurde dieses Prinzip beachtet. Die Ausübung politischer Rechte war fortan an die Zugehörigkeit zu einem bestimmten Demos gebunden, d. h. das Bürgerrecht beruhte jetzt auf der Einschreibung in die Gemeindeliste eines Demos, die von dem jährlich von den Gemeindemitgliedern gewählten Demarchos (Gemeindevorsteher) geführt wurde. Voraussetzung für die Erlangung des Bürgerrechts war freilich weiterhin die Aufnahme in eine Phratrie.

Die Zugehörigkeit zu einem Demos wurde sozusagen erblich, d. h. die im Zuge der kleisthenischen Reformen vorgenommene Einteilung blieb für die einzelnen Familien und ihre Nachkommen verbindlich, auch wenn sie ihren Wohnsitz in eine andere Gemeinde verlegten. Die Demen bildeten jeweils lokale Selbstverwaltungseinheiten mit einer Gemeindeversammlung, einer Gemeindekasse und eigenen Finanzverwaltern und Priestern. Da diese »Gemeinden« weitgehend ältere Siedlungsgemeinschaften darstellten, waren hier zweifellos immer schon lokale Angelegenheiten geregelt worden, die die Interessen und Belange eines jeden einzelnen Bürgers betrafen (wie z. B. die Benutzung des Gemeindelandes).[27] Durch die neue Ordnung wurde aber das Mitspracherecht der Demoten (Gemeindemitglieder) gestärkt und eine gewisse politische Aktivierung im lokalen Bereich erreicht, wie allein schon das Prinzip der Wahl des Demarchen zeigt. Dieses Amt bekleideten zwar sicherlich zum Teil die in den betreffenden Demen wohnenden größeren Grundbesitzer, da die lokale soziale Rangordnung durch die neue Organisation nicht beseitigt wurde. Die Kandidaten mußten sich jedoch jetzt alljährlich zur Wahl stellen, die gleichsam zu einem lokalen Politikum werden konnte. Zudem wurden die Demengemeinschaften jetzt sehr viel stärker mit dem politischen Zentrum verbunden. Sie erhielten durch die Führung ihrer Bürgerlisten, die zugleich die Grundlage für die Aushebung des Aufgebots bildeten, eine wichtige Funktion im größeren Rahmen der Polis, so daß hierdurch den Demoten die Bedeutung ihres Siedlungsverbandes als Teil eines Ganzen deutlicher bewußt werden konnte. Die Phratrien hätten die genannte Aufgabe kaum übernehmen können, da im Laufe der Zeit zahlreiche Phratores (Mitglieder einer Phratrie) ihren Wohnsitz gewechselt hatten und daher nicht mehr in ihrer ursprünglichen Gemeinschaft lebten. Entscheidend für die Einbindung der Demenordnung in die Polisorganisation war aber zweifellos vor allem die neue Zusammensetzung des Rates. Jede Gemeinde entsandte jährlich eine bestimmte, in Relation zur Größe des Demos stehende Zahl von »Delegierten« in den neuen Rat der Fünfhundert, der sozusagen die Nahtstelle der Demenordnung und Phylenreform wurde.

Die neuen, nach attischen Heroen benannten Phylen basierten nach der Darstellung des Aristoteles (Ath. Pol. 21,4) auf der Einteilung Attikas in die drei Bezirke Asty (die Stadt Athen mit dem angrenzenden Landgebiet im Umkreis von etwa 8–10 km), Mesogeia (Binnenland) und Paralia (Küstengebiet), die wiederum jeweils in 10 Untereinheiten (Trittyen) gegliedert waren. Durch Auslosung habe Kleisthenes jeweils eine Trittys aus dem Stadtgebiet, dem Binnenland und der Küstenzone zu einer Phyle zusammengeschlossen und auf diese Weise zehn neue Verbände konstituiert, so daß deren Mitglieder immer aus den verschiedensten Regionen Attikas stammten. Hierzu ist zunächst zu bemerken, daß diese Dreiteilung sich nicht mit der angeblich regionalen Gliederung der drei Staseis vor der ersten Machtergreifung des Peisistratos deckt. Die »neue« Paralia umfaßte generell die gesamte attische Küste mit Ausnahme der

zum »Stadtgebiet« zählenden Zone, während die Mesogeia jetzt das (im Norden an Boiotien angrenzende) Gebiet zwischen den Trittyen der Paralia und der »Stadt« bildete. Aristoteles' Bericht erweckt freilich den Eindruck einer völlig schematischen regionalen Gliederung und willkürlichen Zusammensetzung der Phylen. Demgegenüber sind jedoch zahlreiche Abweichungen von dem aristotelischen Erklärungsmodell festzustellen, da die Demen bestimmter Trittyen kein geschlossenes Gebiet bildeten, sondern in verschiedenen Regionen lagen und dementsprechend »Enklaven« bestanden. Ferner existierten in Ostattika regelrechte »Blökke« der Binnen- und Küstentrittyen einiger Phylen, so daß die Konstituierung solcher Einheiten zweifellos intendiert war und nicht auf der Zufallsentscheidung durch das Los beruhen kann.[28]
Auf eine neue Grundlage wurde die Trittyenforschung durch W. E. Thompson gestellt, der erkannte, daß in Inschriften des 4. und 3. Jahrhunderts die 50 Mitglieder (Prytanen) des geschäftsführenden Ausschusses (Prytanie) der Boulé in Dreiergruppen aufgeteilt sind (17 + 17 + 16 Personen). Diese Gliederung ist allem Anschein nach mit jenem »Drittel (Trittys) der Prytanen« in Verbindung zu bringen, die in der klassischen athenischen Demokratie jeweils mit dem Ratsvorsitzenden einen Tag und eine Nacht im Amtsgebäude ständig präsent sein mußten. P. Siewert hat neuerdings im Anschluß an J. S. Traill die Einrichtung der »Prytanen-Drittel« auf Kleisthenes selbst zurückgeführt und zu zeigen versucht, daß der Reformer zwar prinzipiell ein regionales Einteilungsschema zugrundegelegt, dieses aber vielfach modifiziert habe, um für das attische Heeresaufgebot möglichst größengleiche Trittyen zu schaffen und durch Berücksichtigung der nach Athen führenden Wege eine reibungslose und schnelle Mobilisierung zu garantieren.[29] Das Problem liegt freilich darin, daß eindeutige Belege für »kleisthenische« Prytanen-Drittel fehlen. Dennoch besteht kaum ein Zweifel, daß die Aufteilung der Trittyen und die hierdurch entstandenen Demengruppen die Konstituierung der neuen Phylen erleichtern sollten und Kleisthenes zu erreichen suchte, daß die Phylen zahlenmäßig annähernd gleich große Personenverbände darstellten oder zumindest die Bürger der drei oberen Zensusklassen, die für den Dienst in der Reiterei und in der Phalanx in Frage kamen, in etwa gleichmäßig auf die zehn neuen Phylen verteilt wurden. Jede Phyle stellte für das Aufgebot eine Taxis (»Regiment«), deren Stärke sich auf rund 900–1000 Hopliten belaufen haben mag, wie die Überlieferung über die athenische Heeresstärke in der Schlacht bei Marathon vermuten läßt. Eine Neuordnung der Wehrorganisation war dringend erforderlich, da die Bürgerwehr unter den Tyrannen nicht mehr aufgeboten worden war und zudem die Interventionen der Spartaner während der Auseinandersetzungen zwischen Isagoras und Kleisthenes die militärische Schwäche Athens demonstriert hatten. Die Reorganisation war auf der Grundlage der noch bestehenden alten vier Phylen kaum möglich, da diese unterschiedlich großen Verbände nicht mehr eine einigermaßen gleichmäßige Verteilung der Hopliten auf überschaubare taktische Einheiten garantie-

ren konnten. Offenbar wurden auf der Ebene der Trittyen bestimmte Kombinationen von Demen bzw. Demengruppen vorgenommen, die einen gewissen Ausgleich bei der Phyleneinteilung gewährleisteten.
Die neue Organisation sollte aber auch die politische Einheit von Stadt und Land stärken und eine möglichst gleichmäßige Repräsentation der einzelnen Regionen Attikas in der neuen Boulé gewährleisten.[30] Durch die Ratsmitglieder, die von den einzelnen Demen benannt wurden, war die lokale Selbstverwaltung mit dem politischen Zentrum verbunden. Aber auch die Trittyen waren in diesem Zusammenhang von Bedeutung. Da (von Ausnahmen abgesehen) in den sog. Dritteln jeweils mehrere Gemeinden zusammengefaßt wurden, waren die Trittyen ein weiteres Bindeglied. Sie waren angesichts der unterschiedlichen Bevölkerungsdichte in Attika demnach nicht nur für die Heeresordnung, sondern auch für die politische Ordnung Athens als »ausgleichender Faktor« von Bedeutung.
Die Bouleuten der kleisthenischen Zeit wurden vermutlich nicht ausgelost, sondern in Analogie zu anderen Funktionsträgern gewählt, und zwar in diesem Fall von den Demoten ihrer Gemeinde. Ein Losverfahren in Kombination mit einer Vorwahl (»Auslosung von Vorgewählten«: *klerosis ek prokriton*) wurde erstmals 487/86 eingeführt. Es betraf jedoch nur die Archonten. Die Einführung der »Auslosung aus Vorgewählten« bei der Einsetzung der Archonten nach 487/86 erlaubt daher keine Rückschlüsse auf eine entsprechende Prozedur für die Bouleuten als Vorstufe des reinen Losverfahrens, das wahrscheinlich um oder nach 460 anstelle der Wahl der Ratsmitglieder eingeführt wurde. Die Nachrichten der aristotelischen Athenaion Politeia (30,2; 35,1) über eine Auslosung aus Vorgewählten für die Konstituierung eines neuen oligarchischen Rates im Jahre 411 und während der Herrschaft der sog. »Dreißig Tyrannen« (404/03) sagen jedenfalls über das »normale« Verfahren nichts aus, da sich diese Angaben auf Ausnahmesituationen beziehen.
Jede einzelne Phyle stellt jährlich – wie gesagt – insgesamt 50 Bouleuten, die in der klassischen Demokratie als sog. Prytanen jeweils für den zehnten Teil des Jahres den geschäftsführenden Ausschuß des Rates (Prytanie) bildeten. Die Reihenfolge der Prytanien wurde durch Auslosung festgelegt. Der Vorsitzende des Ausschusses (Epistates) wechselte täglich, durfte sein Amt nur einmal in der Prytanie seiner Phyle bekleiden und leitete sowohl den Rat als auch die Volksversammlung, wenn diese an dem betreffenden Tag einberufen wurde. Die frühesten sicheren Zeugnisse für Prytanien des Rates stammen aus den fünfziger Jahren des 5. Jahrhunderts.[31] Ob der Beleg für diese Institution in einem Rechtshilfevertrag zwischen Athen und der lykischen Stadt Phaselis bereits in die sechziger Jahre zu datieren ist, bleibt fraglich. Verschiedene Hinweise auf athenische Prytanen im frühen 5. Jahrhundert – u.a. ein Ostrakon (Tonscherbe) mit dem Namen des Xanthippos – lassen sich nicht eindeutig auf Mitglieder des Rates beziehen.[32] Die Einführung der Prytanien kann also nicht sicher datiert werden. Wenn bereits Kleisthenes die Prytanien als

Grundlage für die Geschäftsordnung des Rates eingerichtet hat, wird der geschäftsführende Ausschuß freilich noch nicht täglich zusammengetreten sein, da um und nach 500 noch keine »Diäten« für die Tätigkeit im Rat gezahlt wurden und der Aufgabenbereich der Boulé noch wesentlich geringer als in der klassischen Demokratie war. Außerdem leitete allem Anschein nach zunächst noch der eponyme Archon die Volksversammlung.

In archaischer Zeit konnten Theten nach Lage der Dinge keine öffentlichen Funktionen wahrnehmen (vgl. Ath. Pol. 7,4). Hinweise auf eine Änderung dieses Prinzips im Zuge der kleisthenischen Reformen liegen in der Überlieferung nicht vor. Falls tatsächlich jetzt auch Theten ratsfähig wurden, dürfte es für sie freilich schon aus ökonomischen Gründen außerordentlich schwierig gewesen sein, diese Tätigkeit ohne Entgelt auszuüben. Gleichwohl besaßen nunmehr angesichts der großen Zahl der jährlich neu einzusetzenden Bouleuten auch breitere Schichten die Möglichkeit, in dieser Institution mitzuwirken. Eine erhebliche »Rotation« der Ratsmitglieder war dadurch gewährleistet, daß eine Fortsetzung (Kontinuation) der Bouleutentätigkeit im folgenden Amtsjahr untersagt war und jeder ratsfähige Bürger nur zweimal in seinem Leben diese Aufgabe übernehmen durfte.

Der kleisthenische Rat besaß auf jeden Fall probouleutische Funktionen, d. h. er faßte »Vorbeschlüsse« oder stellte Anträge, über die dann in der Volksversammlung abgestimmt wurde (vgl. Hdt. IX 5 zum Jahre 479). Ansonsten ist über die Tätigkeit des Rates im späten 6. und frühen 5. Jahrhundert wenig bekannt. In einer 1972 neu veröffentlichten Notiz einer anonymen spätbyzantinischen Handschrift heißt es, daß Kleisthenes dem neuen Rat auch die Befugnis übertragen habe, über einen Ostrakismos (»Scherbengericht«) zu entscheiden, durch den ein Bürger aus politischen Gründen ohne Verlust seines Besitzes zu einer zehnjährigen Verbannung verurteilt werden konnte.[33] Angeblich sollen hierfür die Jastimmen von 200 Bouleuten ausgereicht haben. Diese Nachricht, deren Herkunft sich nicht mehr ermitteln läßt, wird jedoch durch sonstige Zeugnisse nicht gestützt. Als der Ostrakismos 488/87 zum erstenmal angewandt wurde, fand die Abstimmung zweifellos in der Volksversammlung statt, wie die große Zahl der Ostraka aus dieser Zeit zeigt. Der Ostrakismos wurde jedenfalls erst jetzt zu einer Waffe des innenpolitischen Kampfes. Der Lexikograph Harpokration (2. Jahrhundert n. Chr.) datiert sogar ein entsprechendes Gesetz unter Berufung auf den Atthidographen Androtion in die Zeit unmittelbar vor der ersten Anwendung dieses Verfahrens. Offenbar hat Harpokration aber den Text des Androtion mißverständlich referiert. Die Überlieferung des 4. Jahrhunderts geht generell davon aus, daß Kleisthenes der Initiator des Ostrakismos-Gesetzes war. Sollte dies der Fall gewesen sein, wollte Kleisthenes vermutlich mit diesem Instrument verhindern, daß einflußreiche Adlige langfristig Vorbereitungen zur Errichtung einer persönlichen Machtbasis treffen konnten, die den Bestand der neuen Ordnung in Frage stellte. Im übrigen bleibt die Form des Ostrakismos in den achtziger Jahren des 5. Jahrhunderts unklar. Spätere Nachrichten setzen bereits das System der Prytanien voraus, dessen Datierung aber – wie gesagt – umstritten ist. Das übliche Verfahren bestand hiernach darin, daß jeweils in der 6. Prytanie des Jahres (etwa Januar) die Volksversammlung befragt wurde, ob ein Ostrakismos stattfinden sollte. Stimmte die Mehrheit zu, wurde in der 8. Prytanie die eigentliche Abstimmung in der Ekklesia unter dem Vorsitz der 9 Archonten und des Rates der 500 vorgenommen, wobei die Bürgerschaft ihre Entscheidung nach Phylen geordnet traf. Die Abstimmung war gültig, wenn mindestens 6000 Stimmen abgegeben worden waren. Ostrakisiert war dann derjenige, auf den die Mehrheit der Stimmen entfiel. Wenig wahrscheinlich sind demgegenüber einige Quellenangaben, nach denen mindestens 6000 Scherben den Namen eines zu ostrakisierenden Politikers enthalten mußten. In diesem Fall hätte die betreffende Volksversammlung ungewöhnlich stark besucht sein müssen, da Adlige, denen ein Ostrakismos drohte, zweifellos ihren ganzen Einfluß aufboten, um zu erreichen, daß eine noch größere Zahl von Stimmen auf ihre Gegner entfiel.[34] Nach Ablauf eines zehnjährigen Exils konnte der Ostrakisierte, der Attika innerhalb von 10 Tagen verlassen mußte, wieder alle politischen Ämter bekleiden.

Kleisthenes hat durch die Neukonstituierung der Bürgerschaft in Anknüpfung an traditionelle Einteilungsprinzipien (Gemeinden, Phylenverbände) erreicht, daß sich im Zusammenwirken der einzelnen Teile die höhere Einheit des Ganzen (d. h. der Polisgemeinschaft) manifestierte. In den Sektionen des Rates und in den Phylenregimentern fanden sich nunmehr jeweils Bürger aus den verschiedensten Regionen zusammen. Nach Aristoteles (Pol. 1319b 25f.; Ath. Pol. 21,2) wollte Kleisthenes durch das neue Phylensystem die Bevölkerung Attikas »mischen«. Dies ist natürlich eine spätere Interpretation der Reformen, doch wird hier ein wichtiger Grundgedanke erfaßt. Allerdings wird hiermit in der Athenaion Politeia 21,4 fälschlich die Aufnahme von Neubürgern (Neopolitai) in Verbindung gebracht, deren Herkunft angeblich durch die Einführung des Demotikons (der Bezeichnung der »Gemeinde« als Zusatz zum Individualnamen) verschleiert werden sollte. Die bürgerrechtliche Gleichstellung der Neopolitai war aber offenbar nur ein Nebeneffekt der Reformen. Nach Beseitigung der Tyrannis war noch vor der Zuspitzung der Auseinandersetzung zwischen Kleisthenes und Isagoras eine Überprüfung des Bürgerrechts der athenischen Politen vorgenommen worden (Ath. Pol. 13,5). Da im Laufe des 6. Jahrhunderts zweifellos eine Reihe von Personen, die mit ihren Familien in Attika ansässig geworden waren, das athenische Bürgerrecht erhalten hatte, ist anzunehmen, daß nach dem Sturz der Peisistratiden solche Zuwanderer bzw. deren Nachkommen aus der Polisgemeinschaft ausgeschlossen wurden. Diese Maßnahme scheint Kleisthenes im Zuge seiner Reformen rückgängig gemacht zu haben. Es handelte sich also wohl nicht um die Einbürgerung von Neopolitai im eigentlichen Sinne, sondern um eine Wiederaufnahme ehemaliger athenischer Bürger in die Polisgemeinschaft. Dies kann jedoch nicht der Hauptzweck der Reformen gewesen sein, da in diesem Fall Kleisthenes schwerlich bei der Mehrheit des Demos Zustimmung für seine weitreichenden Neuerungen gefunden hätte. Allerdings suchte Kleisthenes durch die genannte Maßnahme sicherlich auch seinen eigenen Anhang zu verstärken. In welchem Umfang dies geschah, muß jedoch offenbleiben.

Aus der Sicht des 4. Jahrhunderts stellten sich die Reformen des Kleisthenes für Aristoteles als »Stärkung der Demokratie« dar (Pol. 1319b 19–27). Die Ordnung des Kleisthenes wurde indes von den Zeitgenossen keineswegs schon als Demokratie verstanden, da es diesen Verfassungsbegriff um 500 noch gar nicht gab. Unzutreffend ist auch die weitere Bemerkung des Aristoteles, daß Kleisthenes die Zahl der Phratrien vermehrt und gleichzeitig die privaten Kulte auf wenige beschränkt habe, um »gewohnte Verbindungen« zu trennen. Wenn tatsächlich der Adel durch die Phratrien das politische Leben beherrscht hätte, wären solche Verhältnisse durch die Neukonstituierung von Demen, Trittyen und Phylen nicht beseitigt worden. Die Phratrien waren aber keine politischen Entscheidungsorgane. Sie wurden durch die Reformen überhaupt nicht verändert. Das gleiche gilt für die Kulte der Gene und sonstige kultische Vereinigungen. Auch die gemeinsamen Kulte verschiedener Siedlungsgemeinschaften konnten nicht unterbunden werden, wenn aus demographischen Gründen eine Neuaufteilung im Rahmen der Einrichtung gleichgroßer Phylenverbände vorgenommen wurde, wie dies z. B. in der marathonischen Tetrapolis (Marathon, Probalinthos, Oinoe, Trikorynthos) der Fall war, wo der Demos Probalinthos jetzt zu einer anderen Phyle gehörte als die drei übrigen Gemeinden.

Ebensowenig scheint Kleisthenes beabsichtigt zu haben, einerseits durch die Neueinteilung der Bürgerschaft lokale Bindungen der Bevölkerung an einzelne große Adelshäuser zu zerreißen, gleichzeitig aber ältere lokale Machtbasen der Alkmeoniden gleichsam in die Polisinstitutionen zu transponieren.[35] Zwar waren Alkmeoniden in die Listen von drei verschiedenen städtischen Demen eingeschrieben. Diese Demen waren ihrerseits drei verschiedenen städtischen Trittyen zugeordnet und letztere wiederum mit Küstentrittyen im Gebiet der alten Paralia kombiniert, aus der vor der ersten Machtergreifung des Peisistratos vermutlich ein Teil der damaligen Anhängerschaft der Alkmeoniden stammte. Diese Regelung betraf insgesamt die neuen Phylen I, VII und X, deren Inland- und Küstentrittyen jeweils auffällig dicht zusammenlagen. Zu beachten ist jedoch, daß Kleisthenes aus dieser Kombination der Trittyen für seine eigene Position selbst dann keinen großen Gewinn ziehen konnte, wenn er tatsächlich bereits das System der Prytanien eingeführt hat. Die Ratsausschüsse der genannten Phylen konnten in diesem Fall nur für die Zeit ihrer Amtstätigkeit (insgesamt also nur drei Zehntel des Jahres) stärkeren Einfluß auf das politische Geschehen ausüben. Es stellt sich aber noch die weitere Frage, ob Kleisthenes angesichts der Herkunft der Bouleuten aus den verschiedensten Demen davon ausgehen konnte, daß in den Prytanien der Phylen I, VII und X ständig die Alkmeoniden durch Aktualisierung alter lokaler oder regionaler Abhängigkeitsverhältnisse dominieren würden. Zweifellos gab es in den einzelnen Trittyen dieser drei Phylen auch Gefolgsleute anderer Adelshäuser. Kleisthenes mußte hier ebenso wie in den übrigen Phylen mit konkurrierenden Kräften rechnen. Fluktuierende Gruppierungen innerhalb der Oberschicht hatten teilweise die Auseinandersetzungen im 6. Jahrhundert bestimmt. Dies war auch nach dem Sturz der Tyrannis der Fall. Isagoras' Adelsgefolgschaft zerfiel bis auf den Kern seiner Anhänger, als die Autonomie Athens durch Kleomenes' Intervention bedroht schien. Die Entstehung neuer Verbindungen in dieser oder anderer Form ließ sich durch eine neue Demen- und Phylenorganisation nicht verhindern.

Da die Reformen eine umfassende Neuordnung darstellten, hat Kleisthenes zweifellos eine Veränderung der politischen Rahmenbedingungen angestrebt. Um seine Position gegenüber der Adelsgefolgschaft des Isagoras zu festigen und seinen Rivalen letztlich auszuschalten, genügte es keinesfalls, lediglich durch geschickte Manipulationen lokal begrenzte Machtbasen der Alkmeoniden im Rahmen der Polisordnung stärker auszubauen. Des weiteren ist zu beachten, daß Isagoras durch seinen Erfolg bei den Archontenwahlen noch keine breite Anhängerschaft in der unterschiedlich frequentierten Volksversammlung gewonnen hatte. Unter den bisherigen Voraussetzungen war die Ekklesia bei inneren Machtkämpfen kein effektives Gegengewicht gegen zielstrebige Adelsverbindungen. Dementsprechend suchte Kleisthenes offensichtlich größere Schichten der Bürgerschaft zu aktivieren und vor allem durch das Medium des Rates eine Integration der städtischen und ländlichen Bezirke zu erreichen. Er scheint erwartet zu haben, hierdurch seinen Einfluß möglichst in allen Teilen Attikas stärker zur Geltung bringen zu können. Der Erfolg des Reformprogramms bestätigt, daß ein relativ breites Interesse an der Stabilisierung der zentralen Polisinstitutionen gegenüber den Einflußmöglichkeiten der Hetairien bestand. Jedenfalls hatte die jährliche Neuwahl einer großen Zahl von Bouleuten zur Folge, daß immer wieder viele einfache Bürger aus den Demen außerhalb Athens mit dieser Aufgabe betraut wurden und somit an den Entscheidungsprozessen teilnahmen. Kleisthenes' Vorschläge brachten aber auch einer Reihe von Angehörigen der beiden ersten Zensusklassen aus den weiter von Athen entfernten Siedlungen erhebliche Vorteile. Viele Pentakosiomedimnoi und Hippeis, die bisher gleichsam im Schatten der dominierenden Adligen gestanden hatten, erhielten nunmehr vor allem in der Boulé ein Forum für politische Aktivität und Einflußnahme, während in anderen Polisordnungen dieser Zeit vielfach nur einige Mächtige (Dynatoi) das Geschehen bestimmten. Die Mehrzahl der athenischen Aristokraten sah in der Folgezeit zweifellos keinen Grund, das kleisthenische System, in dem das gesellschaftliche Gefälle zwischen Adel und Demos bestehen blieb, prinzipiell in Frage zu stellen.

Das Netz der Adelsverbindungen wurde freilich keineswegs bedeutungslos. Verwandtschaftsbeziehungen, politische »Freundschaften« (Philiai) und Hetairien waren als Klammern im Sozialgefüge der Oberschicht weiterhin gleichsam Wegbereiter des politischen Aufstiegs und Stützen im innenpolitischen Kampf. Relevant waren aber nur die Mehrheitsbeschlüsse der Ekklesia, die wiederum im Rat der 500 vorbereitet wurden. Die führende Position (Prostasia) eines adligen Herrn manifestierte sich jetzt darin, daß er breite Zustimmung bei dem in der Ekklesia anwesenden Teil des Demos fand. Auch durch die Zusammensetzung des Rates und seine starke formale Einbindung in die Entscheidungsprozesse hatte das Ringen um politischen Einfluß eine neue Dimension gewonnen. Entscheidend war also die Willensbildung in der Boulé und in der Ekklesia. Bedingungen und Voraussetzungen für die Austragung politischer Gegensätze waren hierdurch generell verändert. In diesem System konnte freilich die Prostasia eines Aristokraten auch jederzeit erschüttert werden, wenn es seinen Konkurrenten gelang, die Entscheidungsfindung in ihrem Sinne zu beeinflussen. Kleisthenes hatte sich zweifellos getäuscht, wenn er das Ziel verfolgte, die Vorrangstellung der Alkmeoniden langfristig abzusichern. Die neue Ordnung bot ihren Rivalen gleiche Chancen. Um die von ihnen als notwendig erachteten Beschlüsse und Maßnahmen zu erreichen, mußten sich prominente Adlige in jedem Fall in der Volksversammlung durchsetzen. Hierbei wandten sie gegebenenfalls die gleiche Methode wie Kleisthenes an, indem sie als Mittel des politischen Kampfes weitere Reformvorschläge vorbrachten. Die Prinzipien der kleisthenischen Ordnung waren jedoch in der Folgezeit unbestritten. Hierdurch waren die Maßstäbe für alle Neuerungen bei der weiteren Ausgestaltung der Polisverfassung Athens gesetzt.

e) Die Konsolidierung der kleisthenischen Verfassung

Die kleisthenische Ordnung bestand ihre erste militärische Bewährungsprobe in den Kämpfen gegen Boioter und Chalkidier aus Euboia, die im Bunde mit Sparta 506 nach Attika eingefallen waren. Politische Richtungskämpfe sind für die Zeit unmittelbar nach den Reformen nicht belegt und trotz des Kurswechsels der athenischen Politik gegenüber Persien wenig wahrscheinlich. In Athen wurden damals zwar die Gesandten zur Rechenschaft gezogen, die angesichts des drohenden Krieges mit Sparta dem Satrapen in Sardeis ein athenisches Bündnisgesuch übermitteln sollten und in Überschreitung ihrer Kompetenzen die Forderung des Persers nach Unterwerfung Athens unter König Dareios akzeptiert hatten. Hingegen wurden die Initiatoren dieser Mission, die zweifellos Athens Position gegenüber Sparta im Kampf um die Erhaltung der kleisthenischen Verfassung zu stärken bemüht waren, offensichtlich nicht desavouiert (Hdt. V 73).
Mehrere Jahre später erfolgte durch die Einführung des Kollegiums der

10 Strategen eine Neuordnung der militärischen Kommandostruktur (501/500). Die Strategen ersetzten die 10 Phylarchen (Phylenführer) der kleisthenischen Phylen (Hdt. V 69,2). Die Kommandobefugnisse der Strategen im frühen 5. Jahrhundert lassen darauf schließen, daß seit 501/500 die Volksversammlung jährlich aus jeder Phyle je einen Strategos wählte, nachdem die einzelnen Phylen verschiedene Kandidaten benannt hatten.[36] Offenbar sollte jeder Stratege ermächtigt sein, nicht nur das Regiment seiner eigenen Phyle, sondern gegebenenfalls auch ein Aufgebot aus mehreren Bürgerabteilungen zu befehligen. Dementsprechend mußten die neuen Kommandeure das Vertrauen des gesamten Demos besitzen und ihr Amt durch Volkswahl erhalten. Melanthios, der erste bekannte athenische Stratege, übernahm bereits ein derartiges Kommando, als er 499 oder 498 athenische Streitkräfte zur Unterstützung der Erhebung der Ionier gegen die persische Herrschaft nach Kleinasien führte. Wahrscheinlich hatten die Erfahrungen während des Konflikts mit Sparta, Chalkis und dem Boiotischen Bund gezeigt, daß unter Umständen mehrere Kommandeure benötigt wurden, die mit größerer Befehlsgewalt als die Phylarchen ausgestattet waren.

Um die Wende vom 6. zum 5. Jahrhundert wurde des weiteren der Bouleuteneid eingeführt, der im Kern bereits die von Autoren des 4. Jahrhunderts zitierten wesentlichen Punkte des später üblichen Eides enthalten haben wird, so daß vermutlich die Bouleuten 501/500 erstmals verpflichtet wurden, ihre Tätigkeit zum Besten des Demos auszuüben. Die Gründe für diese Neuerung sind nicht bekannt. Die konstituierende Sitzung des kleisthenischen Rates hatte zweifellos schon vor 501/500 stattgefunden, da die neuen Phylen, die ja bis zu diesem Zeitpunkt ihre eigenen Phylarchen wählten, inzwischen ein integrierender Bestandteil der Polisordnung geworden waren und dementsprechend auch bereits die Sektionen des Rates stellen konnten. Durch die Einführung des Bouleuteneides kommt jedenfalls die Bedeutung der Ekklesia in der kleisthenischen Polisordnung klar zum Ausdruck, wenn auch die Kompetenzen des Rates offenbar nicht eingeschränkt wurden.

In der ersten Dekade des 5. Jahrhunderts erfolgten keine weiteren Reformen. Zentrales Thema der athenischen Außenpolitik war jetzt das Verhältnis zu Persien. Nach dem Rückzug der athenischen Streitmacht aus Kleinasien wurde Hipparchos (Sohn des Charmos) – ein Verwandter oder früherer Anhänger der Peisistratiden – eponymer Archon (496/95). Er scheint trotz seiner Verbindung zu dem entmachteten Tyrannen sein Amt verfassungsgemäß ausgeübt zu haben, da er bis zu seiner Ostrakisierung 488/87 nicht als »Sicherheitsrisiko« galt bzw. nicht im Verdacht stand, die Beseitigung der kleisthenischen Verfassung zu intendieren.[37] Sein Erfolg bei den Archontenwahlen 496 mag damit zu erklären sein, daß er zu Beginn des Ionischen Aufstandes vor einem Konflikt mit Persien gewarnt hatte und nach der Niederlage der Ionier bei Sardeis breite Zustimmung fand. Die Verurteilung des Dichters Phrynichos, dessen Drama »Der Fall Milets« nach dem Ende des Ionischen Aufstandes den athenischen Demos tief erschütterte, läßt vermuten, daß eine Gruppe athenischer Adliger noch 493/92 zu verhindern suchte, daß antipersische Ressentiments die Gefahr einer neuen Konfrontation mit der asiatischen Großmacht heraufbeschworen. Wahrscheinlich haben die gleichen Kreise gegen Miltiades, der 493 auf der Flucht vor den Persern aus seinem thrakischen Herrschaftsbereich nach Athen zurückgekehrt war und sich gegen einen Kompromiß mit Persien wandte, Anklage wegen Errichtung einer Tyrannis auf der thrakischen Chersones erhoben, ohne jedoch seine Verurteilung zu erreichen. Die politische Szene war in dieser Zeit in Athen in Bewegung geraten. Themistokles bekleidete 493/92 das Archontat und ließ Befestigungsanlagen im Peiraieus errichten[38], konnte aber seinen Plan der maritimen Aufrüstung Athens noch nicht realisieren. Miltiades gewann nach seinem Freispruch zunehmend an Einfluß. Die Organisation der Abwehr des persischen Angriffs bei Marathon (490) war im wesentlichen sein Verdienst.

Die achtziger Jahre begannen mit militärischen Mißerfolgen Athens. Die Verantwortung für das Scheitern eines Flottenunternehmens gegen die Insel Paros (489) trug Miltiades, der nunmehr von der Ekklesia (oder der Heliaia) zu einer hohen Geldstrafe verurteilt wurde. Form und Verlauf des Prozesses demonstrieren die Konsolidierung der kleisthenischen Verfassung sowie die Handlungsmöglichkeiten und Grenzen des Adels in dieser Ordnung. Miltiades, dem die Bürgerschaft nach Marathon zunächst unbegrenztes Vertrauen geschenkt hatte, wurde für das Scheitern der von ihm initiierten Expedition zur Verantwortung gezogen, wobei ein mit den Alkmeoniden verschwägerter Adliger (Xanthippos, Vater des Perikles) die Chance nutzte, als Vertreter der Interessen des Demos aufzutreten, um sich zu profilieren.

Einige Zeit später scheiterte eine athenische Aktion gegen Aigina. Gleichzeitig verschärften sich die inneren Auseinandersetzungen. Nach der Verbannung des Hipparchos (488/87) wurden der Alkmeonide Megakles (487/86), Xanthippos (485/84), Aristeides (483/82) sowie vermutlich auch Kallias (486/85?) und der Alkmeonide Kallixenos (484/83?) ostrakisiert. Die Verbannten wurden zunächst als »Tyrannenfreunde« und etwa ab 486/85 auf den Ostraka z.T. als Parteigänger der Perser diffamiert. Angesichts der Persergefahr wurde der Vorwurf landesverräterischer Verbindungen geradezu ein innenpolitisches Kampfmittel.[39] Hipparchos und seine Anhänger sowie die Alkmeoniden hatten zweifellos nicht dazu beigetragen, den Widerstandswillen der athenischen Bürgerschaft vor Marathon entschieden zu stärken. Sie bildeten deshalb aber wohl noch keine »Partei« von Tyrannen- oder Perserfreunden oder eine Art fünfte Kolonne in Athen. Zu beachten ist jedenfalls, daß der Ostrakismos nicht als Strafe für erwiesene Tatbestände galt. Zudem war die Anwendung dieses Instrumentes kaum geeignet, eine »Partei« zu eliminieren, da sich das Verfahren jeweils gegen einzelne Adlige richtete, die ihrerseits bestrebt waren, ihre Gegner mit dem gleichen Mittel kaltzustellen. Die Verbannungen der achtziger Jahre sind Ausdruck der politischen Rivalitäten prominenter Adliger. Es ging hierbei primär um Grundfragen der athenischen Außen- und Wehrpolitik. Bezeichnenderweise enthalten auch viele Ostraka den Namen des Themistokles, der sich jedoch immer wieder behauptete und schließlich das für die Zukunft Athens und Griechenlands entscheidende Flottenbauprogramm durchsetzte (483/82).

Da Themistokles nach dem Ende des Miltiades (489) seine Position kontinuierlich auszubauen vermochte, könnte auch die Verfassungsreform 487/86, die lediglich bei Aristoteles (Ath. Pol. 22,5) erwähnt ist, auf seine Initiative zurückgehen. Die wesentliche Neuerung bestand in der Einführung des Wahl- und Losverfahrens bei der Einsetzung der Archonten. Angeblich sollen aus 500 von den Demen vorgewählten Kandidaten (50 je Phyle) fortan die 9 Archonten ausgelost worden sein. Die überlieferte Zahl scheint indes nicht richtig zu sein, da aus den beiden ersten Zensusklassen damals allenfalls etwa 1000 Männer, die über dreißig Jahre alt waren, zur Verfügung standen. Hiervon waren aber nicht alle bereit und in der Lage, das Amt zu übernehmen. Subtrahiert man noch die Areopagiten, die das Archontat bereits bekleidet hatten, so ist zu vermuten, daß nicht 500, sondern nur 100 Kandidaten (10 je Phyle) gewählt wurden.[40] Anschließend wurden die 9 Archonten (einschließlich der Thesmotheten) aus 9 verschiedenen Phylen ausgelost. Die leer ausgehende Phyle stellte den »Sekretär« der Thesmotheten. Im Widerspruch zur Darstellung dieser Reform in der aristotelischen Athenaion Politeia steht freilich die Nachricht Herodots (VI 109,2), daß der Polemarchos des Jahres 490 sein Amt durch das Los erhalten habe. Vermutlich liegt hier aber ein Irrtum Herodots vor.

Durch das neue Verfahren, das die Zulassung der Hippeis der zweiten Zensusklasse zum Archontat voraussetzt, war innerhalb des Adels eine größere Chancengleichheit bei der Bewerbung um das höchste Polisamt gewährleistet. Angesichts der gespannten Atmosphäre in Athen um 487/86 hatte die Reform zweifellos bestimmte politische Akzente. Wenn Themistokles tatsächlich der Initiator jener Maßnahme war, könnte er beabsichtigt haben, eine stärkere Gefolgschaft in der Oberschicht zu gewinnen. Dies bleibt allerdings nur eine Vermutung. Jedenfalls mußten dem Demos, der die Reform zu beschließen hatte, überzeugende Gründe genannt werden. Der Antragsteller konnte z. B. darauf verweisen, daß das neue Verfahren eine stärkere Beteiligung der gesamten Bürgerschaft an der Einsetzung der Archonten garantiere. Während bislang die Kandidaturen vermutlich vielfach auf Absprachen zwischen den führenden Familien beruhten und zudem die Wahlversammlungen immer nur von einem Teil der Bürgerschaft besucht wurden, erfolgte die Präsentation der Kandidaten nunmehr durch die Phylen auf der Grundlage der Demenordnung. Demen, Phylen und Polisgemeinschaft wurden noch enger miteinander verklammert. Gleichzeitig wurde aber eine Entwicklung eingeleitet, die zu einer politischen Abwertung des Archontats führte. Die Position des eponymen Archonten war fortan für die dominierenden Persön-

lichkeiten der athenischen Oberschicht weniger attraktiv, wenn Jahr für Jahr zahlreiche Kandidaten ermittelt werden mußten und letztlich das Los über die Besetzung des Amtes entschied.
Die Reform hatte zudem erhebliche Auswirkungen auf die militärischen Kommandobefugnisse. Während der Polemarchos 490 bei Marathon noch als Vorsitzender des Strategenrates fungierte, trat er in den Kämpfen der Jahre 480/79 nicht mehr in Erscheinung. Er hatte demnach in der Zwischenzeit seine militärischen Kompetenzen verloren. Zweifellos wollte man einem Beamten, der nunmehr aus einer großen Zahl von vorgewählten Kandidaten erlost wurde, fortan keinen Einfluß auf die Kriegführung zugestehen. Dementsprechend gewann das Strategenamt jetzt größere Bedeutung. Das militärische Kommando konnte nicht dem Zufall der Auslosung überlassen bleiben und sollte selbstverständlich nur denjenigen Bürgern anvertraut werden, die für diese Aufgabe geeignet zu sein schienen. Hinzu kam, daß man aus militärischen Gründen eine Kontinuation der Strategie trotz ihrer an sich einjährigen Amtsdauer für erforderlich hielt. Ein bewährter Kommandeur konnte also immer wieder ohne Intervall in dieses Amt gewählt werden. Folgenreich für die Stellung der Strategen war des weiteren das Flottengesetz des Themistokles (483/82). Hierdurch wurde die Marine zur wichtigsten athenischen Waffengattung, ohne daß man neue Ämter für die Seekriegsführung einrichtete. Die Strategen waren zugleich die »Admirale«, deren Kompetenzen sich auch auf die jetzt ständig wachsenden Verwaltungsgeschäfte ihres maritimen Aufgabenbereichs erstreckten. Seit Gründung des Delisch-Attischen Seebundes bedingte schließlich die Interdependenz zwischen den maritimen Operationen und den außenpolitischen Zielen Athens, daß die Strategen als Militär- und Flottenbefehlshaber zunehmend politische Führungsfunktionen übernahmen. Die Seekriegspläne mußten von der Volksversammlung bestätigt werden, und im Zusammenhang mit den hierbei notwendigen politischen Entscheidungsprozessen vermochten diejenigen Strategen, die in besonderem Maße das Vertrauen der Bürgerschaft besaßen, eine dominierende Position zu gewinnen. Niemand konnte freilich 487/86 diese Entwicklung voraussehen, die sich erst aus dem Aufbau der athenischen Marine, der erfolgreichen Abwehr der Perser 480/79 und der folgenden Ausweitung des athenischen Macht- und Einflußbereichs ergab. Gleichwohl scheint man in Athen bereits 487/86 angesichts der damaligen außenpolitischen Lage bei der Neuregelung und Klärung der Kommandobefugnisse eine Stärkung der militärischen Leistungsfähigkeit der Polis intendiert zu haben.
Unklarheit besteht allerdings in der Frage der Strategenwahl. Aristoteles bzw. der Verfasser der Athenaion Politeia erwähnt (61,1), daß »jetzt« (d.h. zur Zeit der Abfassung dieser Schrift) nicht mehr wie früher aus jeder einzelnen Phyle ein Stratege gewählt werde, sondern die Wahl »aus allen (Phylen)« erfolge. Einführung und Bedeutung dieses neuen Verfahrens sind umstritten. Zu beachten ist zunächst, daß nach den (z.T. freilich nur lückenhaft erhaltenen) Strategenlisten häufig die Mehrzahl der

Phylen durch eines ihrer Mitglieder im Strategenkollegium vertreten war, andererseits aber mehrfach eine Phyle mindestens zwei Strategen stellte. Nach einer plausiblen Vermutung von E. Ruschenbusch[41] ist dieser Befund wohl damit zu erklären, daß die einzelnen Phylen auch nach der fraglichen Änderung des Wahlmodus die Kandidaten präsentierten und hierüber dann in der Volksversammlung abgestimmt wurde, indem jeweils mehrere Wahlgänge für die verschiedenen Kandidaten jeder einzelnen Phyle stattfanden, fortan aber nicht derjenige gewählt war, der in der Ekklesia mehr Stimmen als andere Bewerber aus seiner eigenen Phyle gewonnen hatte, sondern diejenigen zehn Kandidaten das Amt erhielten, auf die insgesamt die meisten Stimmen der in der Versammlung anwesenden Wähler entfallen waren. Damit konnten mindestens zwei Mitglieder einer Phyle das Strategenamt bekleiden, sofern sie die erforderliche Stimmenzahl nach Abschluß der einzelnen Wahlgänge erhalten hatten. Wahrscheinlich war bereits 479/78 eine Phyle (Akamantis) im Strategenkollegium doppelt repräsentiert.[42] Die entsprechende Neuregelung wäre dann möglicherweise in den achtziger Jahren getroffen worden. Es muß indes offenbleiben, ob dies 487/86 in Verbindung mit den oben erwähnten Reformen der Fall war. Nicht bestätigt hat sich die These K. J. Belochs, daß die Doppelrepräsentanz auf die Einführung des Amtes eines sog. Oberstrategen zurückzuführen sei. Belochs Vermutung wird dadurch widerlegt, daß verschiedentlich mindestens zwei Phylen im Strategenkollegium doppelt vertreten waren. Wohl aber konnte ein einzelner Stratege mit der Gesamtleitung größerer Unternehmungen beauftragt werden. Die Ausweitung des Aufgabenbereichs der Strategen bedingte im übrigen noch eine weitere Neuerung. Offenbar im Zusammenhang mit dem Ausbau der athenischen Flotte übertrug man die Führung der zehn Hoplitenregimenter der Phylen zehn Taxiarchen, die vom Demos jährlich gewählt wurden.

Ende der achtziger Jahre wurde Athen durch die von Themistokles beantragte maritime Aufrüstung die bedeutendste griechische Seemacht. Bis zur Invasion des Xerxes waren annähernd 200 Kriegsschiffe vom Typ der Triere fertiggestellt (Hdt. VII 144). Nach anderer Version (Aristot. Ath. Pol. 22,7) sollen allerdings nur 100 neue Schiffe erstellt worden sein, indem man den Bau dieser Einheiten den reichsten Athenern übertragen und den betreffenden Bürgern die staatlichen Einkünfte aus den Metallgruben als »Anleihe« zur Verfügung gestellt habe. Vermutlich liegt diesem Bericht eine Verwechslung mit dem klassischen System der Trierarchie zugrunde, das freilich nicht den Bau, sondern die Ausrüstung und Unterhaltung jeweils einer Triere für die Dauer eines Jahres durch einen wohlhabenden Bürger vorsah, der zugleich formal die Schiffsführung übernahm. Jedenfalls hatte Athen nach den Angaben Herodots während der Schlachten beim Artemision und bei Salamis im Jahre 480 mehr als 200 Trieren (einschließlich der schon vor dem Flottengesetz des Themistokles vorhandenen Einheiten) zur Verfügung. Mit dem Ausbau der athenischen Seestreitkräfte waren umfangreiche organisatorische Maßnahmen verbunden, durch die u.a. auch das neue Prinzip der Trierarchie eingeführt wurde. Das System der Naukrarien, deren finanzielle Aufgaben vermutlich schon Kleisthenes den Demen übertragen hatte, wurde nunmehr vollends obsolet, da es zur Unterhaltung und Bemannung der zahlreichen neuen Trieren nicht mehr ausreichte.

Die Triere – ein Kampfschiff von ca. 35 m Länge mit »dreirangig« übereinander gestaffelten Ruderreihen – hatte seit dem ausgehenden 6. Jahrhundert mehr und mehr den älteren Schiffstyp der Pentekontere (»Fünfzigruderer«) verdrängt und wurde im 5. Jahrhundert das Standardlinienschiff der größeren Seemächte. In klassischer Zeit bestand die Rudermannschaft der Triere aus rund 170 Rojern. Hinzu kamen 10 »Seesoldaten« (Epibaten), 4 Bogenschützen sowie »Schiffsoffiziere« und »Maate« und einige weitere Besatzungsmitglieder, so daß die Mannschaft insgesamt rund 200 Personen umfaßte. Möglicherweise war die Besatzung der themistokleischen Triere etwas geringer. Selbst wenn man hierfür nur etwa 180 Mann veranschlagt, wurden im Jahre 480 für die athenische Flotte mindestens 36000 Wehrfähige benötigt. Hierzu reichte die Zahl der athenischen Bürger aller Zensusklassen, die damals wenig mehr als 30000 Mann betragen haben mag, keinesfalls aus, zumal nicht alle Politen seediensttauglich waren. Zweifellos wurden 480 neben zahlreichen Metoiken auch Sklaven zum Ruderdienst herangezogen. Der Personalbedarf war freilich in diesem Fall infolge des Einsatzes aller verfügbaren Kriegsschiffe ungewöhnlich groß. Die Zahl von 200 Einheiten der Athener und ihrer Bundesgenossen erscheint zwar auch mehrfach in den Berichten über größere Flottenoperationen des Delisch-Attischen Seebundes, doch bieten diese Angaben kein sicheres Kriterium für die Berechnung des athenischen Mannschaftsbedarfs bei diesen Unternehmungen, da nicht deutlich wird, wieviel Schiffe die Athener jeweils selbst stellten. Insgesamt gesehen wurde jedenfalls in der Pentekontaëtie nur in wenigen Fällen die gesamte athenische Flotte (bzw. ein Großteil der Trieren) eingesetzt. Einen Hinweis auf den Mannschaftsbedarf der athenischen Marine im Frieden gibt Plutarch (Per. 11). Hiernach soll Athen nach dem sog. Kalliasfrieden jährlich jeweils 8 Monate eine »Manöverflotte« von 60 Trieren unterhalten haben, die sich aber nicht dauernd gleichzeitig auf See befanden. Als Rudermannschaften dienten auf diesen Einheiten vornehmlich Theten. Aber auch die seediensttauglichen Zeugiten erhielten möglicherweise eine Grundausbildung als Trierenruderer. Sie konnten jedenfalls bei großem Mannschaftsbedarf auf den Kriegsschiffen jederzeit eingesetzt werden (Thuk. III 16,1). Die Zahl der angeworbenen Ruderer (»Fremde«, d.h. Söldner vor allem aus dem Gebiet des Seebundes) blieb in Friedenszeiten begrenzt. Hinzu kamen auf den einzelnen Trieren jeweils einige Sklaven, die ihre als Schiffsoffiziere und Seesoldaten dienenden Herren begleiteten. Im Kriegsfall wurden zusätzlich in größerem Umfang Söldner und Metoiken sowie in Notsituationen eventuell auch Unfreie bzw. freigelassene Sklaven als Ruderer eingesetzt. Den Kern der Mannschaften der nunmehr stärksten athenischen Waffengattung bildeten aber seit 480 auf jeden Fall die seediensttauglichen Theten, die hierdurch für die athenische Wehrverfassung größte Bedeutung gewannen.

Spätestens um 430 betrachteten gewisse Zirkel der athenischen Oberschicht die Flottenmannschaften der 4. Zensusklasse als die eigentlichen Träger der damaligen demokratischen Verfassung Athens. Diese Wertung ist Ausdruck der Diskriminierung der Demokratie als Herrschaft der Armen aus oligarchischer Sicht. Sie beruht auf der simplifizierenden Gleichsetzung der als Ruderer verwendeten Theten mit dem Demos in der Ekklesia, der in Wirklichkeit aus Bürgern aller Zensusklassen bestand, ohne daß die Theten unbedingt zahlenmäßig dominierten. Die Kritiker der Demokratie haben darüber hinaus die athenische Verfassung der perikleischen Zeit als unmittelbare Folge des Flottengesetzes des Themistokles und des Sieges bei Salamis verstanden und dementsprechend Themistokles als radikalen Demokraten eingestuft.[43] Themistokles hat indes das Flottengesetz aus militärischen Gründen zur Abwehr der zu erwartenden persischen Invasion (und wohl auch im Hinblick auf den 483/82 noch nicht beigelegten Konflikt mit Aigina) beantragt. Der Flottenbau hatte trotz einer Reihe von notwendigen organisatorischen Neuerungen keine unmittelbaren Auswirkungen auf die zentralen politischen Institutionen. Rat und Volksversammlung erhielten formal keine neuen Kompetenzen. Selbst wenn Themistokles die treibende Kraft bei der Verbannung einiger prominenter Athener vor 480 war, kann er nicht als »Demokrat« im Sinne eines entschiedenen Verfechters einer »extremen« Volksherrschaft bezeichnet werden, zumal der Demokratiebegriff auch damals noch nicht existierte. Themistokles besaß allem Anschein nach vor der großen persischen Invasion auch Rückhalt in Kreisen der athenischen Oberschicht, ohne deren Unterstützung er schwerlich in der Lage gewesen wäre, den Flottenbau in wenigen Jahren weitgehend zu vollenden. In den Berichten Herodotos und des Thukydides finden sich keine Hinweise auf ein »demokratisches« Programm des Themistokles oder auf tiefgreifende Gegensätze zwischen den sog. Edlen (Gnorimoi) auf der einen und dem Demos unter der Führung des Themistokles auf der anderen Seite, wie der Autor der aristotelischen Athenaion Politeia (28) behauptet, der hier die Verfassungstheorien seiner eigenen Zeit übernimmt und das hieraus entwickelte Schema auf die gesamte athenische Verfassungsgeschichte seit Solon überträgt, so daß aus dieser Optik die athenische Innenpolitik als permanenter Kampf zwischen »Adel« und »Demos“ dargestellt wird. Themistokles benötigte für sein Flottengesetz freilich die Zustimmung der Volksversammlung. Die Mechanismen der Willensbildung und Entscheidungsprozesse beruhten aber um und nach 480 weiterhin auf den von Kleisthenes geschaffenen und seither in Athen allgemein anerkannten Voraussetzungen.

f) Die Entstehung des Attischen Seebundes und die Kimonische Ära

Die Wehrgemeinschaft der Hellenen, die sich 481 unter der militärischen Führung Spartas zur Abwehr der Persergefahr zusammengeschlossen hatten, gewann durch den Sieg ihrer Seestreitkräfte am Vorgebirge Mykale (479) die Chance, den Persern wichtige Ausgangsbasen für einen neuen Angriff auf Griechenland zu entreißen, da nach den Inselgriechen nunmehr auch ionische Poleis des kleinasiatischen Festlandes von Persien abfielen. Während König Leotychidas von Sparta – der Oberbefehlshaber der griechischen Flotte – und seine Ratgeber die Möglichkeit, den äußeren Sicherheitsgürtel des Hellenenbundes über die Inseln hinaus bis in die Küstengebiete Kleinasiens auszuweiten und die griechischen Poleis in diesem Raum gegen persische Aktionen zu verteidigen, skeptisch beurteilten, war die Führung des athenischen Flottenkontingents entschlossen, den Schutz der Festlandionier zu übernehmen. Befehlshaber der athenischen Seestreitkräfte war damals Xanthippos, der ebenso wie Aristeides – der Kommandeur der athenischen Truppen in der Schlacht bei Plataiai (479) – auf Grund eines Amnestiegesetzes angesichts der drohenden persischen Invasion (481/80) vorzeitig aus dem Exil zurückgekehrt war. Auf der Konferenz von Samos endeten die Kontroversen zwischen den Repräsentanten Spartas und Athens mit einem Kompromiß, indem man zwar nur die Inselgriechen in den Hellenenbund aufnahm, andererseits aber auch den Festlandioniern ermöglichte, an den weiteren Operationen der »Bundesflotte« am Hellespont teilzunehmen.[44] Leotychidas führte die Flotte noch zu den Meerengen, trat aber bald darauf mit den peloponnesischen Streitkräften den Rückmarsch an. Die Kontingente Athens und der Insel- und Festlandionier sowie einiger Poleis am Hellespont belagerten nunmehr die persische Besatzung in Sestos und besetzten die Stadt im Spätherbst 479. Hierbei übernahm Athen erstmals allein die Führung einer griechischen Streitmacht im Kampf gegen Persien, ohne daß bereits ein Hegemoniewechsel innerhalb des Hellenenbundes oder die Gründung eines Sonderbundes unter athenischer Leitung erfolgte. Die spartanische Führung war jetzt sogar entschlossen, der veränderten Kriegslage Rechnung zu tragen und die Operationen bis nach Kypros im Süden und Byzanz im Nordosten auszudehnen.[45] Stärkere hellenische Streitkräfte unter dem Kommando des spartanischen Regenten Pausanias sollten 478 offensichtlich den gesamten griechischen Siedlungsraum im östlichen Ägäisgebiet gegen die Persergefahr abschirmen. Nach Abschluß dieser Unternehmungen verstand es Aristeides, der damalige Befehlshaber des athenischen Kontingents, Athens im Vorjahr gewonnene Autorität bei den Insel- und Festlandioniern zu einem Manöver auszunutzen, das sich vordergründig gegen Pausanias richtete, faktisch aber bereits den Wechsel der militärischen Hegemonie im Krieg gegen Persien einleitete. Aristeides erreichte durch geschickte Verhandlungen mit den Kommandeuren der Streitkräfte aus Chios, Lesbos und Samos, daß den Athenern die Führung in den weiteren Kämpfen angeboten wurde. Sparta vermochte in der Folgezeit seinen Hegemonieanspruch im Hellenenbund nicht mehr durchzusetzen. Noch im Frühjahr 477 demonstrierten zwar die maßgebenden Kreise Spartas durch die Entsendung des neuen Befehlshabers Dorkis, daß sie auch nach der Abberufung des Pausanias gewillt waren, den Kampf gegen Persien weiterzuführen. Sie gingen jedoch ebenso wie in den Vorjahren von der illusionären Vorstellung aus, daß der spartanische Kommandeur auch ohne den Einsatz größerer Streitkräfte Spartas und des Peloponnesischen Bundes die Operationen leiten könne. Athen besaß inzwischen in seiner Flotte ein Machtinstrument, das es den damals führenden athenischen Politikern erlaubte, die Chance zum Aufbau eines eigenen, maritim orientierten Bündnissystems zu nutzen.

Durch Gesandtschaften an griechische Poleis auf den Ägäisinseln und in Kleinasien wurde die konstituierende Sitzung der neuen Kampfgemeinschaft auf Delos vorbereitet (Winter 478/77 bis Frühjahr 477). Zu Beginn der Feldzugsperiode 477 war die Symmachie aktionsbereit. Sie basierte auf einem »auf ewige Dauer« geschlossenen Waffenbund zwischen Athen und denjenigen Gemeinwesen, die sich der militärischen Führung Athens freiwillig unterstellten. Aristeides leistete im Namen Athens »den Ioniern« den Eid, »denselben Feind und Freund zu haben« wie diese (Aristot. Ath. Pol. 23,5). Eine entsprechende Formel wurde auch von den athenischen Bundesgenossen beschworen (vgl. Plut. Arist. 25,1), die sich darüber hinaus verpflichten mußten, nicht von Athen abzufallen. Die Eide der Athener und ihrer Bundesgenossen sind als Einheit zu sehen. Während Athen den Schutz seiner Symmachoi garantierte, war jeder einzelne Bundesgenosse durch die Eidesformel zur Bündnistreue gegenüber Athen verpflichtet.[46] Daß kein Bund »aller mit allen« geschlossen wurde, sondern Athen einerseits und die einzelnen Symmachoi andererseits als Vertragspartner auftraten, zeigt die (allerdings erst später belegte) offizielle Bezeichnung der Vereinigung. Sie lautete: »Die Athener und die Bundesgenossen (Symmachoi) der Athener«.

Die sog. Hegemonieklausel, die einen wesentlichen Bestandteil der Verträge zwischen Sparta und seinen peloponnesischen Symmachoi bildete, wurde bei der Konstituierung des Delisch-Attischen Seebundes offenbar nicht angewandt. Hingegen wurden 478/77 von vornherein Zusammenkünfte einer Bundesversammlung (Synhedrion) in Delos vereinbart, in der unter dem Vorsitz Athens gemeinsame Beschlüsse über Angelegenheiten des Bundes gefaßt werden sollten. Das Synhedrion tagte nicht ständig, sondern wurde zur Entscheidung anstehender Fragen einberufen. Jedes Mitglied der Symmachie hatte nur *eine* Stimme. Umstritten ist freilich das Stimmrecht Athens. Eindeutige Angaben über die Abstimmungsprozedur liegen nicht vor. Da sich die Polis Mytilene (Lesbos) später auf das »gleiche Stimmrecht« der Symmachoi berief (Thuk. III 11,3), ist anzunehmen, daß das Votum des Vorsitzenden und Repräsentanten Athens als Einzelstimme mitgezählt wurde und die Beschlüsse der Versammlung dementsprechend nicht durch die athenische Ekklesia bestätigt zu werden brauchten.[47] Als Führungsmacht des Seebundes stellte Athen die Befehlshaber der Streitkräfte sowie auch die sog. Hellenotamiai, die Schatzmeister der »Bundeskasse« auf Delos.

Die Streitmacht der Symmachie bestand aus den Kontingenten Athens und derjenigen Bundesgenossen, die bereit und in der Lage waren, Schiffe und Mannschaften für die gemeinsame Kriegführung zu stellen. Diese Verpflichtung konnte jedoch durch Geldzahlungen abgelöst werden, die zunächst keine »Tribute«, sondern Ersatzleistungen darstellten und an die Kasse auf Delos abzuführen waren. Die Veranlagung wurde dem Athener Aristeides übertragen, der dieses Problem unter Berücksichtigung der finanziellen Leistungsfähigkeit der einzelnen Bündner offenbar für alle Beteiligten zufriedenstellend gelöst hat. Thukydides (I 96,2) beziffert den »ersten Beitrag« auf 460 Talente. Diese Summe erscheint freilich im Vergleich zu den um 450 v. Chr. geleisteten Zahlungen der athenischen Bundesgenossen überraschend hoch. Nach den Abrechnungen der Hellenotamiai in den sog. Tributquotenlisten, in denen nach der Verlegung der Kasse von Delos nach Athen (454) der an den Schatz der Göttin Athena entrichtete Prozentsatz ($^1\!/_{60}$) der Abgaben der zahlungspflichtigen Symmachoi aufgezeichnet wurde, lagen die abgelieferten Geldbeiträge Mitte des 5. Jahrhunderts unter dem von Thukydides genannten Betrag, obwohl seit 477 die Zahl der Mitglieder erheblich gestiegen war und zudem viele Symmachoi, die anfangs Schiffe und Mannschaften gestellt hatten, inzwischen dazu übergegangen waren, Geldzahlungen zu leisten. Die Herausgeber der fragmentarisch erhaltenen Tributquotenlisten haben vermutet, daß Thukydides' Ziffer lediglich für den Fall galt, daß *alle* athenischen Bundesgenossen sich zur Zahlung von Abgaben verpflichteten und dementsprechend keine eigenen Kriegsschiffe für militärische Unternehmungen der Symmachie ausrüsteten.[48] Thukydides erwähnt die fragliche Zahl jedoch im Anschluß an eine kurze Erläuterung der Aufgaben der Hellenotamiai, denen es oblag, die Geldbeiträge zu verwalten. Nach dem Kontext ist es wenig wahrscheinlich, daß in der Summe von 460 Talenten gleichsam der finanzielle Gegenwert für die damals noch von einer größeren Zahl von Bundesgenossen gestellten Schiffe enthalten war, zumal die Kosten für die Unterhaltung der Flotteneinheiten und Mannschaften von der Dauer der Operationen abhingen und infolgedessen nicht im voraus berechnet werden konnten. Möglicherweise wurden unmittelbar nach Gründung der Symmachie höhere Beiträge als in späteren Jahren gefordert, da man zweifellos zunächst mit schweren und wohl auch langwierigen Kämpfen gerechnet hat. Zudem kann die Erhebung der Abgaben infolge organisatorischer Anfangsschwierigkeiten beim Aufbau der Symmachie einige Zeit in Anspruch genommen haben, so daß jene 460 Talente vielleicht keine Jahreszahlung darstellten, sondern als »erster Beitrag« für eine Zeitspanne angerechnet wurden, die noch nicht auf ein Jahr begrenzt war.

Zweck der Symmachie war die Fortsetzung des Krieges gegen Persien, wenn auch dieses Ziel offenbar nicht Inhalt der Eide bei der Gründung des Bundes war. Organisation und Zielsetzung der Kampfgemeinschaft entsprachen keineswegs nur den Interessen der Führungsmacht. Die athenischen Symmachoi hatten unter Wahrung ihrer inneren Autonomie und auf der Basis des gleichen Stimmrechts in den Synoden auf Delos die militärische Hegemonie der Polis Athen übertragen, die ihrerseits den Bundesgenossen gleichsam als Gegenleistung Sicherheit vor äußerer Bedrohung gewährte. Die finanziellen Belastungen scheinen in den ersten Jahren der Symmachie von den zahlungspflichtigen Bündnern nicht als drückend empfunden worden zu sein. Eine größere Zahl von Bundesgenossen hat sich offenbar noch vor 470 entschlossen, die militärischen Verpflichtungen durch Geldbeiträge abzulösen.[49] Sie konnten erhebliche Kosten sparen, wenn sie anstelle der aufwendigen Ausrüstung und Unterhaltung von Kriegsschiffen Abgaben an die Bundeskasse zahlten. Diese Entwicklung ist von athenischer Seite allem Anschein nach gefördert worden. Athens Position im Seebund wurde auf diese Weise zunehmend stärker. Hinzu kam, daß alle Gemeinwesen, die in der Folgezeit in die Symmachie aufgenommen wurden, ohnehin von vornherein Geldzahlungen leisteten. Athen konnte hierdurch seine kostspielige Flotte unterhalten und weiter ausbauen und war dank seiner relativ hohen Bevölkerungszahl in der Lage, den größten Teil seiner Schiffsmannschaften aus der eigenen Bürgerschaft zu rekrutieren. Hierin lag aber auch die Gefahr, daß die föderativen Ansätze in der Struktur des Bundes nicht weiterentwickelt wurden und Athen als Hegemon seine eigenen machtpolitischen Ziele verfolgte. Athen war auf die Zahlungen der Symmachoi zur Finanzierung seiner nunmehr wichtigsten Waffengattung angewiesen und vereitelte jeden Austrittsversuch mit militärischer Gewalt, wobei es sich formal darauf berufen konnte, daß der Bund auf ewige Dauer geschlossen war. Jeder fehlgeschlagene Aufstand hatte die Entwaffnung der betreffenden Stadt zur Folge, so daß sich hierdurch die Gewichte weiter zugunsten Athens verschoben. Die Synoden auf Delos verloren auf Grund der Machtverhältnisse mehr und mehr ihre Bedeutung.

Die ersten Jahre nach der Konstituierung des Seebundes waren freilich für Athen eine kritische Phase, da eine militärische Intervention Spartas gegen den Aufstieg Athens zur seebeherrschenden Macht nicht auszuschließen war (Diod. XI 50). Nachdem Themistokles durch geschicktes Taktieren die spartanischen Pläne, den Bau der athenischen Stadtmauer zu verhindern und Einfluß auf die Zusammensetzung der delphischen Amphiktyonie zu gewinnen, durchkreuzt hatte (479/78), waren führende athenische Kreise offenbar bestrebt, ohne Provokation Spartas die neue Machtstellung Athens zu konsolidieren. In dieser Zeit leitete vor allem Kimon die militärischen Operationen des Seebundes im Ägäisbereich. Kimon galt auf Grund seiner lakonophilen Einstellung geradezu als Garant für eine Entspannung der athenisch-spartanischen Beziehungen. Auch als Spartas Vormachtstellung auf der Peloponnes durch ein Bündnis zwischen Argos und Tegea (etwa 474/73) zeitweilig gefährdet schien, bestand aus der Sicht Kimons und seiner politischen Freunde kein

Grund, auf einen offenen Konflikt mit Sparta hinzusteuern. Ihre Lagebeurteilung schien sich zu bestätigen, als Sparta in den Schlachten bei Tegea und Dipaia seine Hegemonie in seinem traditionellen Einflußbereich wiederherstellte und Athen nach dem Abfall von Naxos (um 470) gezwungen war, seine Kräfte auf die Niederwerfung der Erhebung und eine straffe Führung des Seebundes zu konzentrieren. Demgegenüber hat Themistokles vor seiner Verbannung Ende der siebziger Jahre offenbar die Auffassung vertreten, daß Athen infolge der Entwicklung auf der Peloponnes nunmehr die Chance habe, Sparta entscheidend zu schwächen. Er wählte bezeichnenderweise Argos – das Zentrum der anti-spartanischen Koalition – als Exil und agierte von dort aus gegen Sparta, das ihn im Gegenzug des Medismos beschuldigte und in Athen erreichte, daß er in Abwesenheit zum Tode verurteilt wurde. Wenn auch die Chronologie der Ereignisse dieser Zeit im einzelnen umstritten ist und der Aufstand der Naxier vermutlich erst nach der Ostrakisierung des Themistokles erfolgte, kann man gleichwohl davon ausgehen, daß die Kontroversen zwischen Themistokles und seinen adligen Gegenspielern vor allem die Beziehungen zwischen Athen und Sparta betrafen. Diese Auseinandersetzungen waren selbstverständlich zugleich ein ständiges Ringen um die Stimmenmehrheit im Rat und in der Volksversammlung. Themistokles vermochte sich in diesen Debatten nicht mehr durchzusetzen. Ziele und Methoden der athenischen Politik bestimmten in der Zeit der Gründung und Konsolidierung des Seebundes die Repräsentanten angesehener Adelshäuser, die sich früher z. T. erbittert befehdet hatten, sich aber nunmehr zusammenschlossen, während Themistokles weitgehend isoliert war.[50] Zu beachten ist in diesem Zusammenhang, daß seit 487/86 zwar nach außen hin alle Bürger der ersten beiden Zensusklassen gleiche Rechte besaßen, die auf Familientradition und persönlichem Prestige beruhende Rangordnung innerhalb der Oberschicht aber faktisch hiervon nicht tangiert wurde und prominente Adlige jederzeit unter den Pentakosiomedimnoi und Hippeis neue Gefolgsleute hinzugewinnen konnten, die für die Durchsetzung bestimmter politischer Ziele in der Boulé und in der Ekklesia wiederum eine wesentliche Stütze waren.

Auch ein beträchtlicher Teil der Areopagiten ist der Anhängerschaft der damals dominierenden »großen Häuser« zuzurechnen. Die Rolle des Areopags zwischen 480 und 462 ist freilich in der späteren Überlieferung überbewertet worden. Bei Aristoteles (Ath. Pol. 25,1; 41,2) erscheint die Zeit zwischen Salamis und den Reformen des Ephialtes geradezu als Herrschaft des Areopags. Diese Beurteilung resultiert indes aus dem Bemühen politischer Zirkel des 4. Jahrhunderts, den Areopag gleichsam aufzuwerten. Daß der Areopag bei der Abwehr der Perser 480/79 besondere Initiative entfaltete, läßt sich aus der Darstellung Herodots nicht belegen. Im Frühjahr 479 beriet nicht der Areopag, sondern der Rat der 500 über ein zweites Friedensangebot des persischen Feldherrn Mardonios. Hätte sich hier eine Mehrheit für Mardonios' Vorschlag gefunden, wäre die endgültige Abstimmung hierüber in der Volksversammlung vor-

genommen worden (Hdt. IX 5). Durch Volksbeschluß konnten auch den Strategen jederzeit neue Weisungen erteilt werden (Hdt. IX 117).
Hingegen konnte der Areopag in der kleisthenischen Ordnung auf Grund der Kompetenzen der Boulé und der Entscheidungsgewalt der Ekklesia weder die Funktion eines koordinierenden Regierungsorgans gewinnen noch politische Herrschaft im eigentlichen Sinne ausüben. Politisch relevant waren freilich seine Befugnisse bei der Kontrolle der Beamten. Hierdurch konnte der Areopag in der Tat die Politik jener Adelskreise unterstützen, deren prominente Vertreter nach 480 die wichtigsten Ämter bekleideten. Entscheidend war jedoch, daß ihr außenpolitischer Kurs der Mehrheit der Bouleuten und der in den Volksversammlungen anwesenden Bürger erfolgversprechend zu sein schien.
Die Entwicklung der siebziger Jahre bestätigt, daß Themistokles kein ausgesprochen »demokratisches« Programm verfolgt hat. Insofern kann die »Koalition« seiner Rivalen, die den bestimmenden Einfluß auf den Demos gewinnen konnten, nicht als »oligarchische Reaktion« der sog. Konservativen bezeichnet werden. Kimon und dessen politische Freunde pflegten zwar einen betont aristokratischen Lebensstil und bedienten sich der typisch aristokratischen Mittel der Familienverbindungen und politischen Allianzen, um ihre Ziele zu erreichen. Sie benötigten jedoch in jedem Fall in der Volksversammlung eine breite Anhängerschaft, die sich mit der Politik dieser adligen Herren identifizieren konnte. In gewissem Sinne übernahm Kimon das Erbe der von Themistokles inaugurierten Flottenpolitik. Seine Feldzüge nach der Gründung des Seebundes eröffneten der Polis Athen neue Möglichkeiten. Die Vertreibung des Pausanias aus Byzanz, die Besetzung des persischen Stützpunktes Eïon in Thrakien, die Eroberung der Insel Skyros und der Kampf gegen Karystos lassen vermuten, daß Kimons Strategie auf die Sicherung der wichtigen Verbindungslinien nach dem Schwarzmeergebiet abzielte, zumal Eïon und Skyros durch die Entsendung attischer Kolonisten zu athenischen Stützpunkten ausgebaut wurden.
Höhepunkt der militärischen Erfolge Kimons war der Sieg der Streitkräfte Athens und des Seebundes in der Doppelschlacht am Eurymedon (Pamphylien) Anfang der sechziger Jahre. Möglicherweise formierte sich aber bereits die Opposition einiger athenischer Aristokraten gegen Kimon. Jedenfalls bekleidete Ephialtes, Kimons neuer innenpolitischer Gegenspieler, nach der Schlacht am Eurymedon das Strategenamt. Die Auseinandersetzungen wurden eingeleitet durch eine Reihe von Prozessen, die Ephialtes gegen prominente Mitglieder des Areopags anstrengte. Stark erschüttert wurde Kimons Stellung offenbar durch den schweren Rückschlag, den Athen bei dem Versuch erlitt, in Enneahodoi gemeinsam mit Siedlern aus dem Bereich des Seebundes eine Kolonie zu gründen, um die Strymonmündung strategisch gegen das thrakische Hinterland abzusichern. Bereits vor Aussendung des Siedlerzuges hatten sich die Thasier erhoben, die ihre eigenen Interessen auf dem thrakischen Festland durch die athenische Aktivität in diesem Raum bedroht sahen.

Erst nach mehr als zweijähriger Belagerung konnte Kimon die Polis Thasos zur Kapitulation zwingen. Als Kimon nach Athen zurückkehrte, wurde er von Perikles und anderen Anklägern der passiven Bestechung durch den makedonischen König Alexander I. beschuldigt. Der Prozeß endete zwar mit einem Freispruch; wie sehr sich aber die politische Szene in Athen verändert hatte, zeigen die heftigen Debatten in der Ekklesia über die Probleme der athenischen Politik gegenüber Sparta, das 462 angesichts des hartnäckigen Widerstandes der aufständischen Messenier ein Hilfegesuch an Athen gerichtet hatte. Nur mit Mühe konnte Kimon einen Volksbeschluß zur Entsendung einer Truppe von 4000 Hopliten durchsetzen. In Messenien wurde er indes von der spartanischen Führung unter fadenscheinigen Gründen aufgefordert, das Hilfskorps nach Athen zurückzuführen. Sein spartafreundlicher Kurs war angesichts der Unberechenbarkeit der spartanischen Politik auf die Dauer keine Garantie für Spartas Desinteresse an einem Machtzuwachs Athens im maritimen Bereich. Bereits während des thasischen Aufstandes hatte Sparta beabsichtigt, einen Präventivschlag gegen Athen zu führen, doch war dieser Plan durch die große Helotenerhebung 464 vereitelt worden. Zweifellos waren die Verhandlungen zwischen Thasos und Sparta zunächst geheim geblieben. Erst die Brüskierung Kimons führte zum offenen Bruch zwischen den beiden griechischen Großmächten. Athen kündigte jetzt die formal noch bestehende antipersische Symmachie von 481 auf und verbündete sich mit Argos und Thessalien. Kimons außenpolitische Konzeption war gescheitert. Inzwischen hatte sich aber auch eine Wende in der athenischen Innenpolitik vollzogen.

g) Die Reformen des Ephialtes

Offenbar noch während der Abwesenheit Kimons gelang es Ephialtes, durch Volksbeschluß die Kompetenzen des Areopags entscheidend einzuschränken. Die älteste erhaltene Darstellung dieser Reformen liegt in der aristotelischen Athenaion Politeia (25,2) vor. Allerdings werden nur generell die Auswirkungen der Gesetze des Ephialtes genannt, die durch weitere Anträge des Archestratos ergänzt wurden (Ath. Pol. 35,2). Hiernach hat Ephialtes dem Areopag alle »zusätzlichen Kompetenzen« (Epitheta), durch die das Gremium die »Aufsicht über die Polisordnung« ausgeübt habe, genommen und diese Funktionen dem Rat der 500, der Volksversammlung und den Dikasterien (den Gerichtshöfen der Heliaia) übertragen.
Ziel und Zweck dieser Maßnahme sowie nähere Einzelheiten über die neue Kompetenzverteilung werden nicht erwähnt. Offensichtlich haben Ephialtes und seine Anhänger die Anträge damit begründet, daß der Areopag erst sekundär bestimmte Kontrollbefugnisse usurpiert habe. Gegenstand der damaligen Diskussionen waren wohl nur diejenigen Kompetenzen des Areopags, die den öffentlich-rechtlichen und politischen Be-

reich betrafen. Der Areopag behielt nämlich nach 462 die Blutgerichtsbarkeit bei Mordprozessen (Ath. Pol. 57,3) sowie seine sakralrechtlichen Strafbefugnisse, während er fortan nicht mehr an gerichtlichen Verfahren wegen Hochverrat, Amtsverletzung und anderer politischer Straftaten beteiligt war. Bereits in den ersten Jahrzehnten des 5. Jahrhunderts hatten freilich schon verschiedene »politische« Prozesse vor der Ekklesia bzw. dem Volksgericht stattgefunden. Aus der vorliegenden Überlieferung geht nicht hervor, daß diese Verfahren durch eine Anzeige beim Areopag eingeleitet wurden, der in solchen Fällen zweifellos ursprünglich das zuständige Gremium war. Die größte Gefahr für den Bestand der Polisordnung war in archaischer Zeit die Errichtung einer Tyrannis. Dementsprechend zielten die überlieferten solonischen Bestimmungen über die Einschaltung des Areopags bei der Aufdeckung staatsgefährdender Umtriebe vor allem darauf ab, die Gewaltherrschaft eines einzelnen Adligen zu verhindern. Des weiteren konnte der Areopag offensichtlich auch bei sonstigen Verstößen gegen die Interessen der Polisgemeinschaft bestimmte Strafen verhängen (Aristot. Ath. Pol. 8,4; vgl. 16,10). Kleisthenes hat – soweit wir wissen – keine neuen Regelungen zur Verfahrensweise bei Anzeige »politischer« Vergehen getroffen. Wenn im frühen 5. Jahrhundert solche Fälle von der Volksversammlung oder dem Volksgericht entschieden wurden, so scheint dies eher eine Konsequenz der kleisthenischen Reformen und der hieraus resultierenden Stärkung der zuletzt genannten Institutionen gewesen zu sein. Die durch Kleisthenes eingeleitete Entwicklung führte offensichtlich auch ohne entsprechende gesetzliche Neuregelung dazu, daß bei Verstößen gegen die Polisinteressen (bzw. auch bei vermeintlicher Gefährdung der Polisordnung) in der Ekklesia Klage erhoben bzw. ein Verfahren vor dem Gericht der Heliaia angestrengt wurde. Andererseits waren aber die solonischen Bestimmungen über die Verfolgung solcher Vergehen zweifellos noch bis 462 in Kraft. Daher ist anzunehmen, daß Ephialtes in der Ekklesia den Antrag stellte, Unklarheiten und Widersprüche in der Frage der Kompetenzen zu beseitigen und dem Areopag die oben genannten Befugnisse zu entziehen. Meldungen über staatsgefährdende Handlungen wurden offenbar ursprünglich unter dem allgemeinen Begriff der Eisangelia (»Anzeige«) subsumiert. Dies war sicherlich auch in der Zeit des Ephialtes noch der Fall. Der Terminus wurde aber schließlich als technische Bezeichnung für alle Verfahren verwendet, die wegen Verletzung der Polisinteressen eingeleitet wurden. Erst in der klassischen Demokratie entstand allmählich die aus dem späten 5. und 4. Jahrhundert bekannte Vielfalt der sog. Eisangelie-Klagen, die sowohl im Rat der 500 als auch in der Volksversammlung vorgebracht werden konnten und in der Mehrzahl der Fälle an einen Gerichtshof überwiesen wurden.

Die sog. Aufsichtsrechte, die dem Areopag auf Antrag des Ephialtes entzogen wurden, bezogen sich des weiteren auf die Dokimasie, die in der athenischen Demokratie für die Archonten und Bouleuten vom Rat der 500 und für die übrigen Beamten von Gerichtshöfen der Heliaia vorgenommen wurde. Von größerer Bedeutung als das eher formale Dokimasieverfahren war selbstverständlich die Rechenschaftsablegung der Beamten. Der Areopag war bis 462 zweifellos für die Kontrolle der Archonten zuständig. Problematisch ist freilich das Verfahren bei der Überprüfung der jüngeren Institution des Strategenkollegiums. Nach den Angaben Plutarchs (Kim. 14,3. 15,1; Per. 10,6) wurde ein von Perikles und anderen Anklägern angestrengter Prozeß gegen den Strategen Kimon nach der Niederwerfung des Aufstandes der Thasier vor einem Gerichtshof der Heliaia geführt. Die Klage lautete auf passive Bestechung. Wahrscheinlich war aber die eigentliche Rechenschaftsablegung Kimons bereits vorausgegangen. Sie dürfte vor dem Areopag stattgefunden haben und von diesem Gremium nicht beanstandet worden sein. Dieser Schluß wird durch die Nachricht des Aristoteles nahegelegt (Ath. Pol. 25,2), daß Ephialtes noch vor seinen Reformgesetzen gegen eine Reihe von Areopagiten »wegen ihrer Amtsführung« gerichtliche Verfahren einleitete.[51] Jedenfalls konnten Kompetenzen des Areopags in der Kontrolle der Strategen aus den allgemeinen Befugnissen dieses Gremiums abgeleitet und letztlich mit seiner bislang gesetzlich noch nicht beseitigten Zuständigkeit für die Aufdeckung und Verfolgung von Vergehen gegen die Polisordnung (einschließlich der Verletzung der Amtspflichten) in Verbindung gebracht werden.

Als neue Funktionsträger bei der Rechenschaftsabnahme sind in den 454/53 einsetzenden Tributquotenlisten erstmals 30 Logistai (»Rechner«) belegt, die hier die Abrechnungen der Hellenotamiai entgegennehmen und das vorgeschriebene Sechzigstel für den Schatz der Athena berechnen. Wahrscheinlich waren sie die Vorläufer der 10 in der Volksversammlung ausgelosten Logistai des 4. Jahrhunderts,[52] die nach Ablauf eines Amtsjahres die Abrechnungen der Magistrate zu kontrollieren hatten und hierbei von 10 gelosten »Beisitzern« unterstützt wurden, nachdem im laufenden Jahr bereits 10 weitere aus dem Rat der 500 ausgeloste Logistai in jeder Prytanie die Finanzführung der Beamten überprüft hatten. Entlastung konnte einem Beamten am Ende seiner Amtszeit nur von einem Geschworenengericht erteilt werden, das aus 501 Mitgliedern bestand und von den 10 Logistai der Volksversammlung geleitet wurde. Die Rechenschaftsabnahme wurde ergänzt durch ein zweites Verfahren, bei dem im 4. Jahrhundert der Ratsausschuß der 10 Euthynoi (»Untersucher«) mit 20 Beisitzern Klagen über rechtswidrige Handlungen eines Beamten entgegennahm, sofern die Pflichtverletzung weder den finanziellen Teil der Amtsführung betraf noch unter die Eisangelie fiel, die – wie gesagt – zu einem eigenen Verfahren ausgestaltet wurde. Die hier skizzierte doppelte Prüfung der Beamten vor den Logistai und Euthynoi wurde generell als Rechenschaftsablegung (Euthynai) bezeichnet. Sie war das Ergebnis einer längeren Entwicklung. Ihre Anfänge sind zweifellos auf die Gesetze des Ephialtes zurückzuführen. Eine Überprüfung der Rechnungsführung der Beamten in jeder Prytanie fand nach Lysias (XXX 5) bereits Ende des 5. Jahrhunderts statt. Wahrscheinlich handel-

te es sich hierbei schon um ein älteres Verfahren. Ferner sind um 460 bereits Euthynoi in den Demen belegt (IG I^3 244), die allerdings vom Ratsausschuß der Euthynoi zu differenzieren sind.
Anlaß und Ziele der Reformen des Ephialtes sind in ihrem zeitgeschichtlichen Kontext zu sehen. Bei den Diskussionen über das spartanische Hilfegesuch 462 waren die außenpolitischen Kontroversen innerhalb der athenischen Führungsschicht deutlich geworden. Ephialtes hatte sich gegen die Entsendung eines athenischen Hoplitenkorps nach Messenien ausgesprochen. Gleichwohl ging es bei seinen Reformen nicht in erster Linie um die Durchsetzung eines neuen außenpolitischen Kurses. Da der Areopag nicht die Richtlinien der Politik bestimmte, kann das außenpolitische Problem der Beziehungen zu Sparta bei der Begründung der Anträge allenfalls eine untergeordnete Rolle gespielt haben. Unklar bleibt zudem, ob zum Zeitpunkt der Reformen die Brüskierung Kimons in Messenien bereits in Athen bekannt geworden war. Jedenfalls konnten in den außenpolitischen Debatten über die athenisch-spartanischen Beziehungen erst nach seiner Rückkehr neue Argumente vorgebracht werden. Jetzt erst erfolgten der Bruch mit Sparta und der Wechsel der athenischen Allianzen.[53] Andererseits ist freilich die konkrete Situation, in der die Verfassungsänderung durchgeführt wurde, ohne die maritime Machtstellung Athens nicht denkbar, da die innenpolitischen Kontroversen nicht zuletzt aus der veränderten außenpolitischen Konstellation seit der Gründung des Seebundes resultierten. Die Ergebnisse der Reformen lassen vermuten, daß die Forderung nach einer effektiveren Kontrolle des wachsenden Aufgabenbereichs der Strategen ein wesentliches Argument des Kreises um Ephialtes bildete. Zudem sollte zweifellos Kimon kaltgestellt werden, der seine führende Position als Repräsentant der Macht Athens gewonnen hatte. Ephialtes wird aus guten Gründen Kimons Aufenthalt in der Peloponnes genutzt haben, um seine Anträge einzubringen, da er nunmehr den persönlichen Einfluß seines Gegenspielers in Athen nicht zu fürchten brauchte. Gleichwohl scheint aber die Abwesenheit von rund 4000 athenischen Hopliten für den Erfolg des Ephialtes nicht ausschlaggebend gewesen zu sein. Nachdem Kimon zurückgekehrt war, fand er bei seinen Bemühungen, die Reformen aufzuheben, in der athenischen Bürgerschaft keine Zustimmung. Sein Prestigeverlust infolge des Mißerfolges seiner Mission war hierbei schwerlich entscheidend. Die Reformen sind zweifellos nicht nur von den athenischen Theten begrüßt worden. Ebensowenig waren diese Maßnahmen lediglich eine Auswirkung der neuen militärischen Bedeutung der Theten als Ruderer auf der athenischen Flotte. Zu beachten ist zunächst, daß ein nicht geringer Teil der Theten unter Kimons Kommando eine Reihe von Jahren Kriegsdienste geleistet hatte, ohne daß jemals ernsthafte Spannungen zwischen dem aristokratischen Befehlshaber und den Marinemannschaften aus den niederen Schichten der Bürgerschaft entstanden waren. Es ging 462 auch nicht darum, lediglich den Theten bestimmte Rechte zu garantieren, die ihren militärischen Funktionen entsprachen. Vielmehr sollte der gesamte Demos an der Kontrolle der Beamten beteiligt werden.[54]

Voraussetzung für die Propagierung und Durchsetzung der Reformen waren die in dieser Form nur in Athen gegebenen Möglichkeiten des innenpolitischen Kampfes, die es gestatteten, durch Mehrheitsbeschluß der zuständigen Polisinstitution (Ekklesia) eine umfassende Neuregelung der Kontrollbefugnisse vorzunehmen, wobei diese Maßnahme wiederum als notwendige Konsequenz des bereits verwirklichten Prinzips der politischen Entscheidungsgewalt des gesamten Demos gerechtfertigt werden konnte. Daß dieses bedeutsame Ergebnis einer längeren Verfassungsentwicklung nunmehr auch Thema politischer Reflexionen geworden war, zeigen die »Hiketiden« des Aischylos, die zwischen 467 und 458, und zwar wahrscheinlich 464/63 aufgeführt wurden. Es handelt sich um eine Anspielung auf die zeitgeschichtliche Situation in Athen, wenn der mythische König von Argos hier die Entscheidungsgewalt dem Demos zuerkennt und sich selbst als ausführendes Organ des Willens der Gesamtheit versteht (365ff.; 397ff.).

Zum Verständnis der Reformen ist zwischen den Zielen des Ephialtes und seiner politischen Taktik und Methode zu differenzieren. Nachdem Ephialtes bereits das Amt eines Strategen bekleidet hatte, war es zweifellos sein Ziel, anstelle Kimons die führende Position zu gewinnen. Kimon hatte lange Zeit dank seiner erfolgreichen Tätigkeit als Stratege das Vertrauen der athenischen Bürgerschaft besessen. Gleichzeitig hatte ihm ein erheblicher Teil der adligen Oberschicht politischen Rückhalt gegeben. Von besonderer Bedeutung war hierbei vor allem auch die Zusammensetzung des Areopags, der als Kontrollinstanz die Karriere eines aufstrebenden Politikers gefährden konnte. Ephialtes' Lage war prekär, solange er – im Fall einer Wiederwahl zum Strategen – zur Rechenschaftsablegung vor dem Areopag gezwungen war und dieses Gremium von Anhängern Kimons beherrscht wurde. Unter diesem Aspekt sind die Reformen zunächst aus den seit Kleisthenes vorgegebenen Bedingungen des innenpolitischen Machtkampfes zu erklären. Daß die Auseinandersetzungen, die schließlich zum »Sturz« Kimons führten, nicht erst mit den Kontroversen in der Frage der Unterstützung Spartas gegen die aufständischen Messenier begannen, demonstriert der von Perikles und anderen angestrengte Prozeß gegen Kimon nach der Unterwerfung von Thasos. Die Klage zielte bereits darauf ab, Kimons Stellung zu erschüttern.

Die Methode des Ephialtes bestand darin, Reformvorschläge als Mittel des politischen Kampfes um die führende Stellung in der Polis zu benutzen. Hierzu bedurfte es schlagkräftiger Parolen und überzeugender Argumente. Da die Kontrolle der Beamten zur Debatte stand, dürften Ephialtes und sein Kreis darauf hingewiesen haben, daß der Demos, der die Strategen wählte und seine Zustimmung zu allen wichtigen Entscheidungen geben mußte, auch das Recht haben sollte, die Funktionsträger durch Institutionen zu überwachen, die allen Bürgern offenstanden und nicht nur (wie der Areopag) allein den Angehörigen der beiden ersten Zensusklassen zugänglich waren.

Gleichwohl handelte es sich nicht im eigentlichen Sinne um eine »Entmachtung des Areopags«, da dieses Gremium weder eine Entscheidungsinstanz im Rahmen der politischen Willensbildung noch ausführendes Organ mit festumrissenen Machtbefugnissen war. Seine Kontrollfunktionen hatten aber durch den Aufstieg Athens zur führenden Seemacht und durch die Ausweitung des Aufgabenbereichs der Strategen größere Bedeutung für die innenpolitischen Machtkämpfe gewonnen. Wie sehr es bei diesen Auseinandersetzungen auch um Personen und um die Einflußmöglichkeiten der Kontrahenten ging, zeigen die Ostrakisierung Kimons (wohl im Frühjahr 461) und die Ermordung des Ephialtes, dessen Maßnahmen freilich nicht mehr in Frage gestellt werden konnten.

Insgesamt gesehen bedeuteten die Reformen des Jahres 462 keine revolutionäre Realisierung eines neuen Verfassungsprinzips. Sie führten vielmehr in Form einer Neuorganisation politisch relevanter Aufsichts- und Gerichtsbefugnisse zu einer Ausgestaltung des bereits bestehenden Systems. Hiervon gingen in der Folgezeit wiederum entscheidende Impulse für die Weiterentwicklung der athenischen Verfassung aus. Gleichzeitig hat die Fülle der Aufgaben, die Athen als Hegemon des Seebundes zu bewältigen hatte, die Entwicklung und Differenzierung der athenischen Institutionen und die präzisere Regelung ihrer Kompetenzen vorangetrieben. Das politische Gewicht der Ekklesia war indes nicht erst die Folge der Maßnahmen des Ephialtes, sondern hatte sich im Verlauf der bisherigen athenischen Verfassungsentwicklung herausgebildet und war eine wesentliche Voraussetzung für alle Veränderungen, die 462 und in den folgenden Jahrzehnten vorgenommen wurden. Um oder nach 450 wurde zur Bezeichnung dieser Polisordnung der Demokratiebegriff geprägt.

B) Die athenische Demokratie im Zeitalter des Perikles

a) Institutionen

Nach den Reformen des Ephialtes wurde der institutionelle Rahmen der athenischen Polis kontinuierlich ausgebaut und verfestigt. Ein festumrissenes Programm lag den zahlreichen Neuerungen kaum zugrunde. Die einzelnen Maßnahmen sollten eher zur Lösung konkreter Probleme beitragen und ergaben sich aus einem überaus dynamischen Prozeß, der seit Kleisthenes die athenische Verfassungsgeschichte bestimmt hatte und durch die Reformen des Ephialtes und die Konsolidierung der Hegemonie Athens im Seebund erheblich beschleunigt wurde. Das im politischen Bereich bereits unbestrittene Prinzip der Entscheidungsgewalt des Demos dominierte nunmehr auch in der Rechtsprechung. Die Zensusbestimmungen für die Ämter entfielen größtenteils, und bei der Vergabe der öffentlichen Funktionen setzte sich weitgehend das Losverfahren durch. Ferner wurden Zahlungen für Richter, Bouleuten und die meisten

Beamten eingeführt und die Kompetenzen der Magistrate bei gleichzeitigem Ausbau der Beamtenstellen präzisiert und z.T. eingeschränkt. Durch die Summierung dieser Maßnahmen konnten sehr viel breitere Kreise als bisher bei der Bewältigung der täglich anfallenden öffentlichen Aufgaben mitsprechen, mitentscheiden und mitwirken, während gleichzeitig Perikles vom Vertrauen des Demos getragen eine überragende Autorität gewann und mehr und mehr die Akzente in den Fragen der großen Politik setzte, ohne daß der Ablauf der Entscheidungsprozesse zur leeren Form wurde.

1. Volksversammlung

Die Institution der Volksversammlung ermöglichte prinzipiell allen Bürgern die Beteiligung an den politischen Entscheidungen. Voraussetzung für die Ausübung des Stimmrechts war die Vollendung des 18. Lebensjahres sowie seit dem Bürgerrechtsgesetz des Perikles (451) die »bürgerliche Abstammung« beider Eltern. Zum Ausschluß von der Volksversammlung führte die Aberkennung der bürgerlichen Rechte (Atimia).
In der Ekklesia trat natürlich nie der gesamte Demos zusammen. Viele Bürger waren jeweils aus Erwerbsgründen oder in Erfüllung politischer Aufgaben und militärischer Pflichten abwesend, andere fehlten aus Mangel an Interesse (Aristoph. Ach. 17ff.). Die verbreitete These, daß die Volksversammlungen in klassischer Zeit durchweg nur schwach besucht gewesen seien und hieran überwiegend Bürger aus der Stadt und ihrer näheren Umgebung teilgenommen hätten, läßt sich indes kaum halten. Ph. Harding hat neuerdings darauf hingewiesen, daß weite Entfernungen für viele Abstimmungsberechtigte aus den Landgebieten offenbar kein allzu großes Hindernis waren.[55] Jedenfalls scheint die durchschnittliche Teilnehmerzahl höher gewesen zu sein, als zumeist angenommen wird. Die üblichen Schätzungen gehen davon aus, daß im 5. Jahrhundert nicht nur für die Ostrakophoria, sondern auch für bestimmte andere Agenda eine Mindestzahl von 6000 Abstimmungsberechtigten erforderlich gewesen sei und die Ekklesia in solchen Fällen als Demos plethyon (»Vollversammlung«) gegolten habe, während in der Regel nur etwa 2000–3000 Bürger teilgenommen hätten. Demgegenüber hat M.H. Hansen überzeugend dargelegt, daß »Demos plethyon« im 5. Jahrhundert keine spezielle Form der Ekklesia, sondern die theoretische Gesamtheit der Bürger im Gegensatz zum Rat der 500 bezeichnete (IG I³ 105). Eine Teilnahme von 5000–6000 Bürgern dürfte in perikleischer Zeit keineswegs selten gewesen sein.[56]
Abgesehen von der Ostrakophoria sind erst für das 4. Jahrhundert detaillierte Vorschriften für die Mindestzahl von 6000 Teilnehmern in besonderen Fällen belegt. Hierzu gehörten die Abstimmung über Bürgerrechtsverleihungen, die Bewilligung von Straflosigkeit (Adeia) bei Einbringung gesetzlich verbotener Anträge (auf Erlaß einer dem Staat oder den Göttern geschuldeten Summe und auf Aufhebung des Entzugs der

bürgerlichen Rechte) sowie Beschlüsse für namentlich genannte Einzelpersonen.[57] Wahrscheinlich sind entsprechende Regelungen nach der Restauration der Demokratie 403/02 getroffen und in Verbindung hiermit auch neue Verfahren zur Ermittlung der Zahlenverhältnisse bei Abstimmungen mit Stimmsteinen (Psephophoria) eingeführt worden. Bei Bürgerrechtsverleihungen war die Psephophoria gleichsam die Ratifizierung eines diesbezüglichen Beschlusses in der vorausgegangenen Ekklesia. Da keine weitere Diskussion erforderlich war, erfolgte die Stimmabgabe bereits beim Eingang zum Versammlungsplatz, wobei garantiert sein sollte, daß die Entscheidung des einzelnen Bürgers geheim blieb (Ps.-Demosth. LIX 90). Ansonsten wurde bei Beschlüssen und Wahlen durchweg eine Cheirotonia (Abstimmung durch Handzeichen) vorgenommen. Dies war bereits im 5. Jahrhundert der Fall (abgesehen wiederum von der Ostrakophoria). Ein Sonderfall war das Verfahren im sog. Arginusenprozeß (406), bei dem die Ekklesia als Gericht fungierte und darüber zu befinden hatte, ob durch Fehlentscheidung der Strategen die Rettung zahlreicher schiffbrüchiger Bürger versäumt worden war. Auf besonderen Antrag wurde beschlossen, die Abstimmung nach der Phylenordnung als Psephophoria durchzuführen. Für jede Phyle wurden zwei Urnen bereitgehalten (Xen. Hell. I 7,9). Jeder Bürger mußte je nach seiner Entscheidung (»schuldig« oder »nichtschuldig«) seinen Stein in eine der beiden Urnen werfen. Von einer Geheimabstimmung kann hier keine Rede sein, da jedermann sehen konnte, wie der einzelne Versammlungsteilnehmer stimmte. Das Verfahren diente zur Ermittlung der exakten Stimmenzahlen, während die Einteilung nach Phylen in diesem Fall eine reibungslose und schnelle Abstimmung ermöglichen sollte. Hieraus kann nicht geschlossen werden, daß der Demos stets nach Phylen geordnet zusammentrat, die Stimmabgabe generell phylenweise erfolgte und hierdurch eine Art Gruppenzwang entstand. Die Phylen bildeten keine Stimmkörper wie die römischen Tribus und Zenturien. Vertiefungen auf der Pnyx lassen zwar vermuten, daß hier gewisse Abgrenzungen existierten. Hierdurch sollte aber wohl lediglich eine grobe Aufteilung der Versammlungsteilnehmer zur Ermittlung der Ergebnisse der üblichen Cheirotonia erreicht werden, bei der man offenbar weiterhin die Ja- und Neinstimmen nach dem optischen Eindruck schätzte. Möglicherweise waren etwa seit 380 die neun Prohedroi (Vorsitzende), die jetzt die Versammlung leiteten, für die Schätzung der Stimmen jeweils in einem bestimmten Teil des Platzes verantwortlich, während vorher wohl die Prytanen diese Aufgabe zu übernehmen hatten.

Die Mindestzahl der Versammlungen war im 4. Jahrhundert vorgeschrieben. In jeder Prytanie mußten eine »Hauptversammlung« (kyria Ekklesia) und drei weitere Tagungen stattfinden (Aristot. Ath. Pol. 43,4–6). Eine kyria Ekklesia ist erstmals 446/45 belegt (IG I³ 41). Da die Volksversammlung der Großmacht Athen eine Fülle von Entscheidungen zu treffen hatte, ist anzunehmen, daß sie bereits in dieser Zeit während einer Prytanie mehrfach zusammentrat. Es muß jedoch offenbleiben, ob

neben der Hauptversammlung jedesmal drei weitere reguläre Tagungen angesetzt wurden. Außerordentliche Versammlungen konnten zweifellos aus zwingendem Anlaß jederzeit einberufen werden.[58]
Für die gesetzlich vorgeschriebenen Versammlungen standen im 4. Jahrhundert bestimmte Tagesordnungspunkte fest. In jeder Hauptversammlung wurde zunächst eine Abstimmung (Epicheirotonia) über die Amtsführung der Magistrate vorgenommen. Eine Mißbilligung (Apocheirotonia) führte zur Einleitung eines gerichtlichen Verfahrens gegen den betreffenden Beamten (Aristot. Ath. Pol. 61,2). Weitere Traktanda der kyria Ekklesia waren Fragen der Kornversorgung und Landesverteidigung sowie Eisangelieklagen und gegebenenfalls Verzeichnisse konfiszierter Güter und bestimmte Erbschaftsfragen. In der 6. Prytanie wurde zusätzlich über die Durchführung einer Ostrakophoria abgestimmt und eine vorgeschriebene Zahl von Feststellungsklagen gegen Sykophanten und Personen, die dem Demos falsche Versprechungen gemacht hatten, entgegengenommen.
Diese routinemäßige Behandlung bestimmter Agenda ist das Ergebnis einer stärkeren Formalisierung des Ablaufs der Tagungen. In der Zeit der athenischen Seeherrschaft im 5. Jahrhundert stand das Problem der Kornversorgung schwerlich schon auf der Tagesordnung jeder Hauptversammlung. Auch die Amtsführung der Strategen und anderer Magistrate hat damals vermutlich noch nicht automatisch zur Debatte gestanden. Die Amtsenthebung des Perikles (430) erfolgte zwar möglicherweise auf Grund einer Apocheirotonia, wurde aber zweifellos ebensowenig wie die Absetzung der Strategen im Arginusenprozeß nach der im 4. Jahrhundert üblichen Prozedur durchgeführt. Ebenso ist im Eisangelieverfahren mit einer Weiterentwicklung zu rechnen. Offenbar wurden erst nach 411 Eisangelieklagen wegen Amts- und Pflichtverletzungen und schwerer Verstöße gegen die Polisinteressen durch ein Gesetz strenger geregelt, das wahrscheinlich um 360 dahingehend revidiert wurde, daß das Verfahren in der Regel an ein Geschworenengericht zu überweisen war.[59]
Die Tagesordnung der Volksversammlung wurde vom Rat beschlossen, die Einberufung erfolgte durch die Prytanen. Bevor um 380 die Leitung an neun, für jede Versammlung neu aus dem Rat ausgeloste Prohedroi und deren Epistates überging, hatte jeweils der am Versammlungstag amtierende Epistates der Boulé den Vorsitz. Die Ekklesia hatte somit keinen aus ihrer Mitte bestellten Vorsitzenden und konnte dementsprechend nicht selbständig zusammentreten oder den Ablauf der Tagung bestimmen. Sie konnte allerdings auf Antrag eines Teilnehmers durch Mehrheitsbeschluß den Rat anweisen, einen bestimmten Punkt auf die Tagesordnung der nächsten Ekklesia zu setzen. Dieser Anordnung mußte der Rat Folge leisten, während es im Ermessen der Bouleuten lag, einen Antrag, den ein einzelner Bürger außerhalb der Volksversammlung als Gesuch auf Aufnahme in die Tagesordnung an die Prytanen gestellt hatte, zu akzeptieren oder abzulehnen.[60]
Für den ordnungsgemäßen Ablauf der Tagungen des Demos waren die

Vorsitzenden verantwortlich, die ihrerseits wegen fehlerhafter Leitung zur Rechenschaft gezogen werden konnten (Thuk. VI 14). Seit etwa 450 hatten der Epistates des Rates und die Prytanen für disziplinarische Maßnahmen gegen Störenfriede sog. Staatssklaven skythischer Herkunft zur Verfügung, die aber nicht mehr verwendet wurden, seitdem im frühen 4. Jahrhundert eine vor jeder Versammlung ausgeloste Phyle den Ordnungsdienst übernahm. Die neuen Vorsitzenden (Prohedroi) waren befugt, Disziplinarstrafen bis zu 50 Drachmen zu verhängen oder bei schweren Verstößen höhere Strafen zu beantragen. Die Versammlungsteilnehmer verhielten sich also nicht stets diszipliniert. Im allgemeinen scheint aber die Geschäftsordnung eine relativ zügige Abwicklung der Traktanda, die vom Vorsitzenden zur Verhandlung gestellt wurden und bis Eintritt der Dunkelheit erledigt sein mußten, ermöglicht zu haben.[61] Nur in besonderen Fällen wurden Diskussion und Abstimmung bis zur nächsten Ekklesia vertagt (Xen. Hell. I 7,7.9; Aischin. II 65; III 71). Mit der Abstimmung war der betr. Tagesordnungspunkt abgeschlossen. Eine Wiederaufnahme der Sache mit erneuter Abstimmung war an sich untersagt, erfolgte aber gelegentlich, wenn die Umstände dies zu erfordern schienen und die Mehrheit zustimmte (Thuk. III 36,6. 37,3; VI 14). Grundsätzlich sollte das genannte Verbot eine Blockade der Ausführung der Volksbeschlüsse verhindern.

Zu jedem Punkt der Tagesordnung mußte ein Probouleuma (Vorbeschluß) des Rates vorliegen. Die Vorlagen waren unterschiedlich abgefaßt. Sie konnten einen beschlußreifen Resolutionsantrag enthalten oder bestimmte Fragen offenlassen oder auch einfach eine Angelegenheit ohne eigenen Vorschlag des Rates zur Debatte stellen. In jedem einzelnen Fall hatte die Volksversammlung die endgültige Entscheidung zu treffen. Lag ein präzis formuliertes Probouleuma vor, konnte jeder Versammlungsteilnehmer Änderungsvorschläge bzw. Zusätze beantragen, eine Ablehnung fordern oder eine völlig neue Resolution in dieser Angelegenheit zur Abstimmung stellen. Entsprechend stand es jedem Bürger frei, Anträge zu einem Probouleuma einzubringen, zu dem der Rat keine eigene bzw. keine detaillierte Stellungnahme vorgelegt hatte. Der Entscheidungsprozeß wurde also erst in der Ekklesia abgeschlossen. Hierin lag freilich auch die Gefahr der Verabschiedung gesetzwidriger Volksbeschlüsse. Gleichsam als Gegenmittel entstand die Graphé Paranómon (Klage auf Gesetzwidrigkeit). Hierdurch konnten sowohl die Formalitäten der Beschlußfassung als auch der Inhalt eines Beschlusses wegen Unvereinbarkeit mit den bestehenden Gesetzen in Frage gestellt werden. Über die Klage entschied ein Gerichtshof (Dikasterion), der mindestens 501, unter Umständen aber auch wesentlich mehr Geschworene umfaßte. Erkannte das Gericht auf Gesetzwidrigkeit eines in der Ekklesia gestellten Antrages oder eines bereits gefaßten Beschlusses, wurde der Antragsteller bestraft. Belegt ist dieses Verfahren seit 415.[62]

Vermutlich ist die Graphé Paranómon erst nach dem Tod des Perikles als notwendig erachtet und beschlossen worden. Wenn in der perikleischen Ära die Gefahr übereilter oder gesetzwidriger Beschlüsse noch nicht als Problem erkannt wurde, so mag dies z. T. damit zusammenhängen, daß die Entscheidungsgewalt des Demos von der überwiegenden Mehrheit der politisch interessierten Bürger als neues Ideal empfunden wurde. Hinzu kam, daß die großen politischen Entscheidungen die Probleme der athenischen Hegemonie im Seebund und die Beziehungen zu Sparta und Persien betrafen. Debatten über Verstöße gegen Verfahrensregeln und gegen bestehende Gesetze waren in solchen Situationen schwerlich aktuell. Im übrigen bestanden auch schon vor Einführung der Graphé Paranómon gewisse Barrieren gegen eine Flut von unbedachten Anträgen. Die probuleutische Funktion des Rates der 500 wirkte sicherlich wie eine Art Filter. Wenn Änderungsvorschläge vorgebracht oder Alternativanträge zum vorliegenden Probouleuma gestellt wurden, mußten überzeugende Argumente vorgetragen werden. Hierzu waren im allgemeinen nur diejenigen in der Lage, die nicht nur entsprechende Fähigkeiten in der Formulierung der freien Rede besaßen, sondern auch mit den anstehenden Sachfragen einigermaßen vertraut waren.

Entstehung und Entwicklung der Graphé Paranómon müssen freilich auch in ihrem begriffsgeschichtlichen Zusammenhang gesehen werden. Seit Kleisthenes konnte die Bürgerschaft selbst die Formen der politischen Organisation bestimmen, ohne daß damit schon unmittelbar eine scharfe Abgrenzung gegen die »gesetzten Rechte« (Thesmoi) der Gesetzgeber (Drakon, Solon) gegeben war. Soweit die Beschlüsse der Ekklesia zeitlich unbegrenzt gültige Maßstäbe des sozialen und politischen Verhaltens setzten, erweiterten sie laufend die Normen der gesamten, als Nomos verstandenen Lebensordnung der Polis. Sie wurden wie die Thesmoi letztlich Bestandteil des Nomos. Indem nun der Nomosbegriff in der zweiten Hälfte des 5. Jahrhunderts mehr und mehr auch im engeren Sinne zur Bezeichnung des fixierten Rechts diente und somit ein spezifischer Aspekt des Nomos die spezielle Bedeutung von »gesetzter« Norm gewann, konnten Entscheidungen der Ekklesia, die dauerhafte Gebote und Verbote enthielten, als Nomoi im Sinne von »Gesetzen« schärfer differenziert werden von Volksbeschlüssen mit einem bestimmten situationsbezogenen Inhalt, die nach ihrer Ausführung als erledigt galten und im Hinblick auf das Abstimmungsverfahren als Psephismata (Sing.: Psephisma) bezeichnet wurden. Konsequent durchgeführt wurde diese Unterscheidung aber offenbar erst in Verbindung mit der Entwicklung neuer Nomothesieverfahren und der hierdurch erreichten stärkeren Formalisierung der Mechanismen der Gesetzgebung seit dem ausgehenden 5. Jahrhundert. Nach Abschluß der Revision des athenischen Rechts (um 400) oblag die Abfassung neuer Gesetze einem Gerichtshof, dessen Mitglieder einen Teil der in der allgemeinen Richterliste verzeichneten Geschworenen bildeten und als Nomothetai (»Gesetzgeber«) galten. Sie konnten allerdings nur auf Volksbeschluß tätig werden. Eine Graphé Paranómon richtete sich fortan zweifellos ausschließlich gegen Psephismata, während als weitere spezielle Einspruchsmöglichkeit gegen ein neues Gesetz die Klage auf »Unzweckmäßigkeit eines Nomos« entwickelt wurde.[63]

Gewisse Vorstufen der Gesetzgebungskommissionen gab es schon in perikleischer Zeit, indem sog. Syngrapheis schriftliche Vorlagen (Syngraphai) abzufassen hatten, die dann allerdings im normalen Verfahren über ein Probouleuma des Rates der Ekklesia zur Entscheidung vorgelegt wurden, so daß sich diese Form der Gesetzgebung von der üblichen Beschlußfassung – der Bestätigung eines Probouleumas durch Mehrheitsbeschluß der Volksversammlung – kaum unterschied.
Durch die zuletzt genannten Kommissionen der Syngrapheis wurde die aus der athenischen Verfassungsentwicklung erwachsene Position der Ekklesia als Institution zur Beschlußfassung über alle wichtigen öffentlichen Angelegenheiten nicht prinzipiell eingeschränkt, da sie in jedem Fall die Verabschiedung neuer normativer Regeln vorzunehmen hatte und insofern das eigentliche Organ der Gesetzgebung war. Wenn sie des weiteren über Krieg und Frieden, Abschluß von Bündnissen, auswärtige Beziehungen, Bürgerrechtsverleihungen und Privilegien für einzelne Personen, über Feste und Kulte der Polis, über Staatsausgaben und die Durchführung militärischer Unternehmungen entschied und die Macht hatte, jederzeit Magistrate abzusetzen und das anschließend eingeleitete Verfahren an einen Gerichtshof zu überweisen oder auch selbst nach einem Vorbeschluß des Rates ein Urteil über die betreffenden Beamten zu fällen, konnte der in der Ekklesia vertretene Demos als theoretische Gesamtheit der Bürgerschaft in der Tat als eigentlicher Herrschaftsträger gelten. Die Bürger votierten hier und im Rat nicht als Vertreter spezifischer Schichten und Stände oder politisch organisierter Interessengruppen, sondern hatten als Mitglieder der aus vollbürtigen Athenern aller Zensusklassen bestehenden Polisgemeinschaft über die eingebrachten Anträge zu befinden.
Die zentrale Bedeutung der Volksversammlung der perikleischen Demokratie ist – wie schon mehrfach hervorgehoben – selbstverständlich immer auch im Zusammenhang mit der Hegemonie Athens im Seebund zu sehen. Die Ekklesia hatte sich mit allen wichtigen Angelegenheiten der Symmachie einschließlich der Kontrolle der Bundesgenossen und des Abgabensystems zu befassen, wenn auch für die Details der Finanzverwaltung besondere Funktionsträger und Kommissionen zuständig waren. Außenpolitik und politische Aktivierung breiterer Schichten des attischen Demos standen in enger Wechselbeziehung.

2. Gerichtshöfe

Die solonische Heliaia war bereits ein konkurrierendes Element zu den mit der Rechtspflege betrauten Institutionen. Die im frühen 5. Jahrhundert »vor dem Demos« angestrengten Prozesse bestätigen die wachsende Bedeutung der Ekklesia und Heliaia. Hierdurch wird deutlich, daß die Polisgemeinschaft in ihrer Gesamtheit alle Maßnahmen zum Schutz des Gemeinwesens treffen konnte. Das Prinzip der Entscheidungsgewalt des Demos hatte im Bereich des Rechtswesens des weiteren zur Folge, daß die juridischen Kompetenzen der Beamten auf einen relativ engen Raum begrenzt wurden und die Magistrate zwar eine Art niedere Gerichtsbarkeit im Rahmen festgelegter Strafmaße ausübten, in schwereren Fällen aber nur die Prozeßleitung einschließlich der Vorbereitung des Verfahrens behielten.[64] Eine Ausnahme waren die Exekutivbefugnisse der Elfmänner (Hendeka) gegen in flagranti ergriffene und geständige gemeine Verbrecher und der Thesmotheten gegen verbannte Mörder, die nach Attika zurückgekehrt waren. Ebenso blieb bekanntlich die Blutgerichtsbarkeit des Areopags und der Epheten aus sakralrechtlichen Gründen in alter Form bestehen, wie auch die Selbsthilfe in bestimmten Fällen weiterhin möglich war.[65]

Vermutlich hatte sich die Heliaia schon vor 462 in steigendem Maße mit verschiedenen gerichtlichen Verfahren zu befassen. Zusätzliche Funktionen in der Jurisdiktion wurden ihr – wie bereits ausgeführt – durch die Neuregelung der Beamtenkontrolle übertragen. Die Aufteilung der Heliasten (Richter der Heliaia) auf eine Reihe von Gerichtshöfen (Dikasterien) wird die notwendige Konsequenz dieser Entwicklung gewesen sein, wenn auch Ephialtes selbst offenbar nicht diese Maßnahme beantragt hat. Weitere Kompetenzen erwuchsen den Dikasterien aus der strafferen Organisation des Seebundes, indem Athen zum Gerichtsort für zahlreiche Verfahren wurde, die nach athenischer Auffassung die Position und die Aufgaben der Führungsmacht der Symmachie tangierten.

Jeder Gerichtshof repräsentierte wie die Heliaia in ihrer Gesamtheit den Demos bzw. die Bürger über dreißig Jahre, die als »Richter« (Dikastai, Heliastai) zugelassen waren. Da die jährliche Neukonstituierung der Richterlisten durch Auslosung der 6000 »Geschworenen« aus den 10 Phylen vorgenommen wurde, waren die Gerichtshöfe freilich ebensowenig wie der Rat Ausschüsse der Ekklesia. Wohl aber galten sie wie die Volksversammlung als Zeichen der »Herrschaft« des Demos (Aristot. Ath. Pol. 9,1), zumal theoretisch weitgehend dieselben Personen in beiden Institutionen vertreten sein konnten. Dementsprechend wurden die Dikasterien nicht als institutionelles Gegengewicht gegen die Ekklesia betrachtet. Die Tätigkeit der Gerichte bedeutete eine Entlastung der Volksversammlung von einem Teil der Funktionen, die sie als Hauptorgan der attischen Demokratie auszuüben hatte.

Alle »Richter« waren Laien, die ohne juristische Schulung jeweils für ein Jahr eingesetzt wurden. Kontinuation und Iteration der richterlichen Tätigkeit waren möglich. Die Konstituierung der Dikasterien aus Laienrichtern bedeutete aber noch nicht, daß die Urteile mehr oder weniger nach Gutdünken gefällt wurden. Nach der im klassischen Athen geltenden Rechtsauffassung waren die bestehenden Gesetze die Grundlage der Rechtsprechung.[66] Zudem waren die »Richter« durch ihren Eid zur gerechten Urteilsfindung verpflichtet. Dies schloß freilich nicht aus, daß sie im Fall von Rechts- und Gesetzeslücken überfordert sein konnten oder bei politischen Prozessen die Urteile durch Emotionen bestimmt wurden.

Nach der Vereidigung wurden die 6000 »Geschworenen« durch erneute

Auslosung auf die Gerichtshöfe aufgeteilt, die unter dem Vorsitz von Beamten – vor allem der Thesmotheten – tagten. Eine Differenzierung zwischen Strafrecht und Zivilrecht im heutigen Sinne ist im athenischen Rechtsverfahren und im Zuständigkeitsbereich der Gerichte nicht möglich. Es gab zwar öffentliche und private Klagen und Prozesse (demosiai und idiai Dikai), doch entsprechen diese Kategorien nicht dem heutigen Gegensatz von »Strafprozeß« und »Zivilprozeß«. Öffentliche Klagen wurden einerseits bei Vergehen gegen die Polisgemeinschaft erhoben. Hierzu zählten z. B. Hochverrat, Amtsvergehen und Asebie (»Gottlosigkeit«). Die Dikai demosiai betrafen aber darüber hinaus Verstöße gegen Einzelpersonen, sofern die Geschädigten nicht selbst Klage erheben konnten oder die Tat als Verletzung der Polisordnung galt.[67] Hierunter wurden u.a. bestimmte Fälle des »Familienrechts« wie Schädigung der Eltern, Waisen und Erbtöchter subsumiert, da hierdurch nach allgemeiner Auffassung die Integrität der wichtigsten sozialen Kleingruppe in der Polisgemeinschaft gefährdet war.

In Athen existierte keine spezielle Anklagebehörde der Polis. Nicht nur Beamte, sondern prinzipiell alle Bürger waren berechtigt, bei Verstößen gegen das öffentliche Interesse Anklage zu erheben. Problematisch war hierbei, daß dem Kläger die Wahl des Verfahrens weitgehend freigestellt war.[68] Dies galt auch in bezug auf Amtsvergehen der Magistrate. Ein der Korruption überführter Magistrat konnte bei einem Eisangelieverfahren zum Tode verurteilt werden, während er mit einer hohen Geldstrafe (dem Zehnfachen des veruntreuten Betrages) davonkam, wenn der Fall bei der Rechenschaftsablegung aufgedeckt und an das zuständige Dikasterion überwiesen wurde. Die Unterschiede im Verfahren und im Strafmaß sind letztlich damit zu erklären, daß es keine lückenlose Gesetzesordnung und Verfahrensregelung gab, die athenische Demokratie aber bestrebt war, Amtsmißbrauch zu verhindern und hierzu der Ekklesia und den Gerichten ein Instrumentarium zur Verfügung zu stellen, das nicht nur eine routinemäßige Überprüfung garantierte, sondern darüber hinaus noch zusätzliche Sicherungen bot. Verschiedene Maßnahmen waren zu unterschiedlichen Zeiten zur Verfolgung desselben Tatbestandes getroffen und hierbei unterschiedliche Verfahren und Strafen festgelegt worden, ohne daß man eine juristische Systematisierung angestrebt hätte. Zu beachten ist auch in diesem Fall, daß in Athen ein Berufsjuristentum fehlte.

Die Privatklage ist aus der staatlichen Einschränkung und Kontrolle des ursprünglichen Rechts auf Selbsthilfe erwachsen. Sie diente nicht nur der Klärung eines strittigen Rechtsverhältnisses zwischen Privatleuten, sondern auch der Verfolgung bestimmter Delikte, die gegen Einzelpersonen begangen wurden und nach heutiger Auffassung dem Strafrecht zuzuordnen wären (z. B. gewaltsame Entziehung von beweglichem und unbeweglichem Eigentum, ehrenrührige Schmähungen). Klageberechtigt waren nur die Betroffenen bzw. Geschädigten oder deren Rechtsvertreter. Ein Sonderfall war die Verfolgung schwerer Bluttaten. Hierbei wurde im

Grunde weiterhin nach »drakontischen« Prinzipien verfahren. Klageberechtigt war nach wie vor nur ein bestimmter Verwandtenkreis des Getöteten (oder – sofern es sich um die Tötung eines Unfreien handelte – der Besitzer des Sklaven). Offenbar konnten nur in Ausnahmefällen andere Personen die Klage erheben.[69]

In den Dikasterien des Volksgerichts richtete sich die Zahl der Richter nach den Arten der Klage und den Prozeßgegenständen. Bei öffentlichen Klagen tagte normalerweise ein Dikasterion von 501 Richtern. In schweren Fällen wurden zwei oder mehr Dikasterien zusammengezogen. Eine Ausnahme war die Bildung eines Gerichts aus allen 6000 Geschworenen i. J. 415 zur Verhandlung einer Graphé Paranómon im Zusammenhang mit der Verfolgung schwerer religiöser Vergehen. Bei Privatklagen war das Dikasterion kleiner. Es bestand im 4. Jahrhundert aus 201 Richtern, wenn der Streitwert unter 1000 Drachmen lag. Andernfalls trat ein Gericht von 401 Geschworenen zusammen. Der Ablauf des Verfahrens war bei öffentlichen und privaten Klagen im wesentlichen gleich. Es mußte auch bei gravierenden öffentlichen Klagen an dem betreffenden Verhandlungstag abgeschlossen werden. Über die Schuldfrage entschied die einfache Stimmenmehrheit. War die Strafe nicht gesetzlich festgelegt, erfolgte eine zweite Abstimmung über das Strafmaß. Eine Berufung gegen das Urteil eines Dikasterions war grundsätzlich nicht möglich, doch konnte die Volksversammlung bei einem Schuldspruch in öffentlichen Prozessen eine Begnadigung aussprechen.

An den ca. 150–200 Gerichtstagen waren nicht alle Gerichtshöfe gleichzeitig tätig.[70] Gleichwohl stellte sich durch den Ausbau des Gerichtswesens das Problem, eine ausreichende Zahl von Geschworenen zu gewinnen. Hierzu war die Einführung des sog. Richtersoldes (Misthos dikastikos) erforderlich. Der »Lohn« betrug für jeden Richter bis in die ersten Jahre des Peloponnesischen Krieges nur 2 Obolen und wurde erst 425 auf 3 Obolen erhöht. Diese Minimalentschädigung lag unter dem Existenzminimum, zumal die einzelnen Richter – wie gesagt – nicht ununterbrochen das ganze Jahr hindurch ihre Tätigkeit ausübten. Für »Kleinbürger« bedeutete der Heliastensold eher eine zusätzliche Verdienstmöglichkeit. Ältere Bürger, die nur noch beschränkt erwerbsfähig waren, konnten hierdurch ihre Altersversorgung aufbessern. Vor allem während des Peloponnesischen Krieges waren offenbar die älteren Jahrgänge in den Gerichtshöfen stark vertreten. Von geringer Bedeutung für die Zusammensetzung der Dikasterien war zweifellos, ob in den Geschworenenlisten mehr Zeugiten oder Theten vertreten waren. Zwischen den unteren Zensusklassen bestanden ohnehin nur geringe Einkommensunterschiede.

3. Der Rat der Fünfhundert (Boulé)

Die Boulé der klassischen Demokratie hatte auf Grund ihrer engen Bindung an die Ekklesia und die Dikasterien ein umfangreiches Arbeitsprogramm zu bewältigen, so daß täglich Sitzungen stattfanden (außer an

Jahresfesten und »verbotenen Tagen«). Die Konsequenz dieser Entwicklung war gleichfalls die Zahlung von »Tagegeldern«, die wohl bald nach Einführung des »Richtersoldes« beschlossen wurden. Um 325 betrug das Bouleutengeld 6 Obolen (1 Drachme) für die Prytanen und 5 Obolen für die übrigen Ratsmitglieder (sofern sie anwesend waren) pro Sitzungstag.[71] Dies war weniger als der damalige Tagesverdienst eines ungelernten Arbeiters. Die »Diäten« des 5. Jahrhunderts sind nicht bekannt. Sie waren eher niedriger als die genannten Zahlen aus der Zeit des Aristoteles. Die Gesamtsumme für den einzelnen Bouleuten war aber wegen der zahlreichen Sitzungen des Rates auf jeden Fall höher als der »Richtersold«. Insgesamt bedeutete die Mitgliedschaft im Rat für Theten, die in der klassischen Demokratie als Bouleuten zugelassen waren, sowie zumindest auch für einen Teil der Zeugiten eine erhebliche Belastung, wenn sie ihren Pflichten regelmäßig nachkamen, da sie hierdurch nicht nur während der Prytanie ihrer Phyle stark in Anspruch genommen waren. Die Arbeit in einem handwerklichen oder landwirtschaftlichen Betrieb mußte in dieser Zeit im allgemeinen von Familienangehörigen und Sklaven verrichtet werden. Statistisch verwertbares Material zur sozialen Zusammensetzung des Rates im 5. Jahrhundert liegt nicht vor, doch ist kaum anzunehmen, daß die Theten ebenso stark wie die höheren Zensusklassen repräsentiert waren. Im 4. Jahrhundert scheint freilich der Prozentsatz der Theten gestiegen zu sein, da die Gesamtzahl der Bürger damals geringer war und dementsprechend weniger Zeugiten als Ratsmitglieder zur Verfügung standen.[72]

Anwesenheitspflicht im Rat bestand für alle Prytanen. Der täglich wechselnde, aus den Prytanen ausgeloste Epistates mußte mit einem Drittel des geschäftsführenden Ausschusses während seines mit Sonnenuntergang beginnenden Amtstages dauernd in der Skias – einem um 465 erbauten Rundbau (Tholos) beim Sitzungssaal (Bouleuterion) an der Westseite der Agora – erreichbar sein. Er verfügte in dieser kurzen Zeitspanne über das Staatssiegel und die Schlüssel zu den Heiligtümern, in denen sich das Staatsarchiv und die Staatsgelder befanden. Für die Führung der Akten und die Ausfertigung, Publikation und Aufbewahrung der Rats- und Volksbeschlüsse war der Schreiber (Grammateus) der Boulé verantwortlich. Er mußte Mitglied des Rates sein, wurde von den Bouleuten gewählt und wechselte mit jeder Prytanie, durfte aber selbst nicht dem geschäftsführenden Ausschuß angehören.

Die Sitzungen des Rates, die zumeist im Bouleuterion stattfanden, waren in der Regel öffentlich. Sie wurden vorbereitet von den Prytanen, denen es dementsprechend oblag, auch die Tagesordnung der Volksversammlung vorzuschlagen. Vortragsrecht im Plenum des Rates hatten an sich nur die Bouleuten. Jeder Bürger konnte sich aber mit der Bitte um Anhörung an die Prytanen wenden. Beamte waren verpflichtet, dem Rat besondere Vorkommnisse mitzuteilen. Gegebenenfalls konnten sie zur Berichterstattung vorgeladen werden. Allerdings konnte nur ein Ratsmitglied einen Antrag auf Beschlußfassung nach dem Vortrag der Magistra-

te stellen, sofern es sich hierbei nicht um Strategen handelte, die vermutlich jederzeit an Ratssitzungen teilnehmen und einzeln oder als Kollegium Anträge formulieren konnten.
Infolge der wachsenden Inanspruchnahme der Volksversammlung wurde der Aufgabenbereich des Rates, ohne den die Ekklesia nicht aktionsfähig war, zunehmend größer. Hiermit steht die Wahrnehmung einer Reihe von Kontrollfunktionen und die Ausübung richterlicher oder quasi-richterlicher Gewalt durch die Boulé, die auch die Ausführung der Volksbeschlüsse zu überwachen hatte, in engem Zusammenhang, ohne daß die Übertragung neuer Aufgaben an den Rat im Zuge der durch Ephialtes eingeleiteten Entwicklung in jedem Einzelfall exakt zu datieren ist.
Die bedeutende Position des Rates im Rahmen der demokratischen Verfassung kann hier nur an einigen signifikanten Beispielen erläutert werden. Durch die Dokimasie der Archonten gewann der Rat bis zu einem gewissen Grade Einfluß auf die Zusammensetzung des Archontenkollegiums. Allerdings wurde zu einem unbekannten Zeitpunkt in der zweiten Hälfte des 5. Jahrhunderts eine Neuregelung getroffen. Hiernach konnte ein abgelehnter Kandidat ein Dikasterion anrufen, vor dem dann eine erneute, nicht mehr appellationsfähige Dokimasie stattfand. Nach 403/02 wurde wahrscheinlich in jedem Fall eine doppelte Dokimasie durchgeführt.[73]
Von großer Bedeutung für die Stellung der Boulé wurde vor allem die Entwicklung des Eisangelieverfahrens. Der Rat konnte diesbezügliche Klagen entgegennehmen und nach Klärung der Sachlage ein Verfahren einleiten oder die Klage abweisen. Wurde die Eisangelie vor die Volksversammlung gebracht, hatte der Rat ein Probouleuma zur weiteren Verfahrensweise vorzuschlagen. Obgleich die endgültige Entscheidung in solchen Fällen ebenso wie bei der Rechenschaftsablegung (Euthynai) der Beamten nur der Demos bzw. ein Gerichtshof treffen konnte, war der Rat durch die Überprüfung der Klagen sowie durch seine Funktionen in den verschiedenen Euthynaiverfahren in erheblichem Maße an der laufenden und abschließenden Kontrolle der Magistrate beteiligt.
Hinzu kam die Aufsicht über das Finanzwesen. Ein wesentlicher Faktor war auch in diesem Bereich die Entwicklung der Verwaltungsorganisation im Seebund. Wichtige Aufschlüsse über die hiermit verbundene Ausweitung der Aufgaben des Rates gibt das sog. Thudippos-Dekret (425/24)[74], das eine kriegsbedingte drastische Erhöhung der Tribute (Phoroi) der athenischen Bundesgenossen anordnete. Hiernach hatten der Rat und zehn von ihm eingesetzte Taktai (»Anordner«) in Zusammenarbeit mit einem aus 1000 Richtern bestehenden Dikasterion, das Eingaben der Bundesgenossen verhandelte, die vom Demos beschlossene Neuveranlagung vorzunehmen und die ordnungsgemäße Durchführung des Einschätzungsverfahrens zu gewährleisten, das im Prinzip freilich schon älter war, wie die Erwähnung der Boulé, der Taktai und eines Dikasterions (allerdings mit 1500 Richtern) in Spezialrubriken der Tributquotenliste 430/29 zeigt.[75]

Ein weiterer wichtiger Aufgabenbereich der Boulé war die Beaufsichtigung der Marineorganisation. Der Rat hatte hier u.a. im Zusammenwirken mit den Strategen einen termingerechten Abschluß der Vorbereitungen einer Flottenexpedition zu garantieren. In der Kontrolle der Heeresverwaltung besaß er demgegenüber geringere Befugnisse, die vor allem die Auswahl und Überprüfung der zum Reiterdienst verpflichteten Wehrfähigen betrafen.
Die genannten Aufgaben tangierten z. T. auch den kultisch-sakralen Bereich, da mit den Kontrollfunktionen die Aufsicht über Tempelgelder und den Bau und die Instandhaltung von Heiligtümern verbunden war. Diese Kompetenzen ergaben sich aus dem Prinzip, daß die Beziehungen zwischen dem Personenverband der Bürger und den Göttern einen integrierenden Bestandteil des Gemeinschaftslebens bildeten und die Polis für die Ausübung der entsprechenden Kulte sowie für die religiösen Einrichtungen zu sorgen hatte. Die enge Verbindung zwischen der politischen und kultisch-sakralen Sphäre demonstrieren auch die feierlichen Eröffnungszeremonien bei Ratssitzungen und Volksversammlungen mit einem vom Herold der Boulé gesprochenen Gebet.
Die Funktionsfähigkeit des Rates beruhte nicht zuletzt darauf, daß ein Teil seiner zahlreichen Aufgaben – vor allem in der Finanzverwaltung – routinemäßig von Ausschüssen erledigt wurde. Die Boulé in ihrer Gesamtheit hatte jedoch stets die Oberaufsicht und Verantwortung in den betreffenden Angelegenheiten. Sie entlastete zugleich die Volksversammlung durch »Verwaltungsentscheidungen«, durch die Vorbereitung jeder Ekklesia sowie auch durch Vorverhandlungen mit Gesandtschaften fremder Staaten, die ihr Anliegen zunächst im Rat vortrugen und dann erst von den Prytanen in die Volksversammlung eingeführt wurden, wie auch athenische Gesandte zuerst in der Boulé über ihre Mission berichteten. So wurde insgesamt gesehen der Rat der klassischen Demokratie die zentrale Institution zur Koordinierung laufender Staatsgeschäfte und zur Überwachung der öffentlichen Funktionsträger. Wesentlich war hierbei zweifellos, daß der Rat auf Grund seiner Zusammensetzung nicht die Interessen einer elitären Minderheit der Bürgerschaft vertrat, sondern sozusagen die Geschäfte des gesamten Demos führte.
Im übrigen war die Tätigkeit im Rat geradezu eine »politische Schule« für einen nicht geringen Teil der Bürger. Schätzungsweise ein Drittel der an den Volksversammlungen mehr oder weniger regelmäßig teilnehmenden Athener über dreißig Jahre wird irgendwann bereits Mitglied des Rates gewesen sein und hierdurch Erfahrung in den kontinuierlich anfallenden Aufgaben der Polisverwaltung gewonnen haben. Allerdings hatte der jeweils amtierende Rat schon dank seiner besseren Informationsmöglichkeiten und seiner intensiveren Beschäftigung mit der anstehenden Materie vielfach bessere Kenntnisse über die allgemeine Lage und konkrete Situation.[76] Durch das Verbot der Kontinuation der Mitgliedschaft im Rat und die hiermit verbundene Auswechslung aller Bouleuten nach jedem Amtsjahr wurde wiederum verhindert, daß sich hier eine »Funk-

tionärselite« mit einem Monopol an Herrschaftswissen etablieren konnte. Die durch Losverfahren intendierte Chancengleichheit war weitgehend realisiert, wenn auch selbstverständlich die Bereitschaft für eine »Kandidatur« die erste Voraussetzung für eine Mitgliedschaft war. Es gab natürlich in der Boulé – wie in allen Gremien – Jahr für Jahr immer wieder bestimmte Personen, die bei jeder Gelegenheit das Wort ergriffen, während andere Zurückhaltung übten. Durch den zehnmaligen Wechsel der Prytanen und den täglich alternierenden Vorsitz war es indes unmöglich, im Rat eine institutionell abgesicherte Führungsrolle zu gewinnen.

4. Die Beamten

Zwischen den Reformen des Kleisthenes und des Ephialtes war die Zahl der Beamtenstellen in Athen bereits mehrfach erhöht worden. Die bedeutendste Neuerung war die Einführung der Strategie, die stets ein Wahlamt blieb, im Fall der Wiederwahl kontinuierlich bzw. auch mit Intervallen bekleidet werden konnte und sich zum wichtigsten Exekutivorgan Athens entwickelte. Die politischen Führungsfunktionen der Strategen ergaben sich aus den Besonderheiten der Verfassungsentwicklung Athens. Bei der Besetzung der Archontenstellen war infolge der Einführung einer gleichsam weitmaschigen Vorwahl mit anschließender Auslosung keine echte Auslese mehr garantiert. Die hierdurch entstandene Lücke in der institutionellen Leitung der Polis konnte nur von den Strategen gefüllt werden, die durch den Vertrauensbeweis des Demos in ihr Amt gelangten und angesichts der Interdependenz von Politik und Kriegführung ihren Einfluß auf die politischen Entscheidungen in hohem Maße zur Geltung bringen konnten. Die Strategie bildete einen starken Kontrast zu den »zivilen« Ämtern, die (von einigen Ausnahmen abgesehen) stets in turnusmäßigem Wechsel besetzt wurden und ihren Inhabern kaum die Möglichkeit boten, sich politisch zu profilieren. Hinzu kam, daß die Strategen als Repräsentanten der Macht Athens durch ihr Amt auch im Verkehr mit anderen Staaten große Autorität gewinnen konnten. Ein weiterer wichtiger Faktor für die Aufwertung der Strategie war sicherlich auch die Persönlichkeit Kimons, dessen Ausstrahlungskraft das Prestige des Amtes, das er immer wieder bekleidete, entschieden gestärkt haben wird. Da aber Durchführung und Ziele der Kriegszüge von der Ekklesia im Zusammenwirken mit der Boulé beschlossen wurden, konnte sich die militärische Befehlsgewalt nicht verselbständigen und infolgedessen auch nie zu einer Gefahr für die Polisordnung werden. Wichtig war hierbei auch die Identität von Bürgern und Soldaten. Ein Mißbrauch der Macht durch siegreiche Strategen kam unter diesen Voraussetzungen nicht in Frage. Die Truppe bildete keinen eigenen Faktor neben der Polis, sondern identifizierte sich mit ihr, während die Strategen die Beschlüsse der Ekklesia auszuführen hatten und jederzeit zur Rechenschaft gezogen werden konnten.

Das Beispiel der Strategie zeigt, daß die Ausgestaltung des Ämterwesens der klassischen Demokratie weiter zurückzuverfolgen ist. Des weiteren ist hier das in der Zeit der großen Perserkämpfe eingerichtete Amt der 10 Taxiarchen zu nennen, die als militärische Befehlshaber der »Phylenregimenter« gleichfalls gewählt wurden. Hinzu kamen neue militärische Stellen für die Reiterei, deren Organisation allerdings erst für das späte 5. Jahrhundert näher bekannt ist. Befehlshaber dieser Waffengattung waren damals 2 Hipparchen, denen 10 Phylarchen – die Führer der von den Phylen aufgebotenen »Schwadronen« – unterstanden. Wahrscheinlich wurde die athenische Reiterei schon nach der Abwehr der Perser straffer organisiert.

Als neue »zivile« Behörde war nach Gründung des Seebundes das Kollegium der 10 Hellenotamiai entstanden, die vermutlich wie die 10 Tamiai – die Verwalter des Schatzes der Athena – der ersten Zensusklasse angehören mußten. Sie wurden im Unterschied zu den meisten »zivilen« Beamten offenbar gewählt und konnten ihr Amt wahrscheinlich wiederholt bekleiden.[77] Wie die übrigen Kassenbeamten hatten sie keine Entscheidungsbefugnisse, sondern erfüllten im wesentlichen Verwaltungsfunktionen. Sie waren eigentlich Beamte des Seebundes, registrierten aber seit 454 die Tribute (Phoroi) der zahlungspflichtigen Symmachoi in Athen in Gegenwart des Rates und hatten die hiervon zu bestreitenden Ausgaben – vor allem für militärische Zwecke – auf Anweisung der Ekklesia abzuführen. Seit 447/46 wurden neben dem von den Logistai berechneten Sechzigstel der eingegangenen Tribute allem Anschein nach jährlich weitere 200 Talente und seit 434/33 generell alle Überschüsse aus der »Bundeskasse« an die Tamiai, d. h. an den Tempelschatz der Athena, überwiesen. Die Verwaltung der Schätze und Einkünfte der übrigen Götter bzw. ihrer Tempel (mit Ausnahme des Heiligtums von Eleusis) wurde 434/33 ebenfalls einheitlich geregelt und dem neuen Kollegium der »Tamiai der anderen Gottheiten« übertragen. Die ältere Behörde der Kolakretai war zuständig für die Verwaltung der Einkünfte, aus denen bestimmte »zivile« Staatsausgaben (z. B. die Auszahlung des Richtersoldes) bestritten wurden. Ihre Funktionen wurden 411/10 den Hellenotamiai übertragen, deren Kollegium damals oder wenig später auf 20 Mitglieder erweitert wurde. Die 10 Apodektai, die unter Aufsicht des Rates einen erheblichen Teil der Zahlungseingänge in Empfang nahmen und an die Kasse der verschiedenen Behörden verteilten, sind erst für 418/17 belegt, ohne daß die Einrichtung dieser Magistratur genauer zu datieren ist. Des weiteren bestand die »Finanzbehörde« der 10 Poletai, die staatliche Grundstücke, Zölle und andere Gefälle zu verpachten hatten, aber keine eigene Kasse besaßen. Typisch für die Struktur der athenischen Finanzverwaltung ist insgesamt gesehen die starke Differenzierung weisungsgebundener Kompetenzen und die Beaufsichtigung der zuständigen Beamten durch den Rat.

Der Ausbau des Ämterwesens hatte zur Folge, daß z. T. neue Maßstäbe für die Besetzung der Magistraturen gefunden werden mußten. Da »zivile« Ämter in der Regel nur einmal bekleidet werden konnten, wird es vor allem zunehmend schwieriger geworden sein, für das komplizierte Verfahren bei der Einsetzung der Archonten die erforderliche Zahl von Kandidaten aus den beiden ersten Zensusklassen zu gewinnen. Wahrscheinlich ist hiermit die Zulassung der Zeugiten zum Archontat (457) in Verbindung zu bringen.[78] Diese Regelung war nicht zuletzt deshalb möglich, weil die Aufgabenbereiche der Archonten im Grunde nur noch Rudimente ihrer ursprünglichen Leitungsfunktionen darstellten. Dem eponymen Archon oblag neben der Aufsicht über die Durchführung der großen Polisfeste (soweit sie nicht in die Kompetenzen des Polemarchos und des Basileus fielen) vor allem die Pflege des Familien- und Erbrechts und die sich hieraus ergebende Jurisdiktion. Die Aufgaben des Polemarchos waren gleichfalls ein Derivat älterer Kompetenzen. Sie erstreckten sich vornehmlich auf bestimmte Bereiche des Sakralrechts (einschließlich der Gefallenenehrung), die Aufsicht über die Unterstützung von Angehörigen der Kriegsopfer und die hiermit verbundenen juridischen Funktionen sowie auf die Fremdengerichtsbarkeit. Der Basileus war nach wie vor Vorsitzender des Ephetengerichts und des Areopags, sofern dieser als Blutgerichtshof tagte. Hinzu kam die Aufsicht über heilige Bezirke. Bedeutsamer waren jetzt im Grunde die Funktionen der Thesmotheten, die den Vorsitz der Dikasterien bei öffentlichen Klagen führten.[79]

Der Ausbau des Gerichtswesens erforderte freilich die Einrichtung zusätzlicher Beamtenstellen. Der Entlastung der Dikasterien diente offensichtlich die Wiedereinführung der 30 Demenrichter (453/52), deren Zahl im Zuge der Restauration der Demokratie (403/02) auf 40 erhöht wurde. Ihre Zuständigkeit umfaßte vor allem vermögensrechtliche Privatklagen, sofern diese nicht als familien- und erbrechtliche Streitfälle in die Kompetenz des eponymen Archonten fielen. – Eine neue Institution waren die Nautodikai, die mit Prozessen des See- und Handelsrechts befaßt waren sowie über Klagen gegen Fremde entschieden, die sich als athenische Bürger ausgegeben hatten. – Im Thudippos-Dekret (425/24) sind erstmals sog. Eisagogeis (»Einführer«) erwähnt, die zusammen mit dem Polemarchos die Voruntersuchung über Eingaben der Symmachoi gegen die Erhöhung der Tribute zu führen hatten, während die Entscheidung hierüber von einem (von den Thesmotheten eingesetzten?) Dikasterion getroffen wurde. – Außer der bereits erwähnten älteren Behörde der »Elfmänner« (Hendeka), die im eigentlichen Sinne Vollzugsbeamte waren und Todesstrafen vollstrecken ließen sowie die Aufsicht über Gefängnisse hatten, freilich auch Exekutivbefugnisse gegen geständige Verbrecher besaßen, gab es im Gerichtswesen ferner eine Reihe von niederen Beamten mit Aufsichts- und Ordnungsfunktionen sowie die sog. Praktores zur Einziehung von Geldstrafen.

Im kultischen Bereich wurden neben den Priesterinnen und Priestern Funktionsträger eingesetzt, die für die Ausführung von Festen und Wettspielen zu sorgen hatten bzw. für Verwaltungsangelegenheiten zuständig waren. Es handelte sich hierbei z. T. um zeitlich befristete Aufgaben, wie auch in anderen Bereichen der Polisverwaltung bestimmte Sonderaufträge vergeben wurden.

Eine Reihe von Funktionen hatten athenische Bürger in den Demen und Phylen zu übernehmen. Hierbei fiel vor allem die beträchtliche Zahl der Demen ins Gewicht, in denen alljährlich 139 Demarchoi (Vorsteher) und ebensoviele »Kassenmeister« die laufenden Geschäfte zu erledigen hatten.

Erheblich vermehrt wurde die Zahl der Beamtenstellen des weiteren durch den Ausbau der Herrschaft im Seebund. Sofern athenische Besatzungen (Phrourai) in Seebundstaaten stationiert waren, nahmen die Truppenkommandeure (Phrourarchoi) gegebenenfalls im Zusammenwirken mit sog. Aufsehern (Episkopoi) allgemeine Ordnungs- und Aufsichtsfunktionen wahr. Die Episkopoi waren aber im Unterschied zu den Phrourarchoi nicht fest stationiert, sondern hatten in der Regel ein größeres Gebiet zu kontrollieren. Beschlüsse der athenischen Ekklesia, die einzelne Seebundstaaten oder die gesamte Symmachie betrafen, hatten die Kerykes (Herolde) zu übermitteln, die offenbar verschiedentlich zusammen mit den Episkopoi unter dem Oberbegriff der Archontes (Archonten) subsumiert wurden. Andererseits wurde eine spezielle Kategorie von Außenbeamten, die ebenso wie die Episkopoi die Ausführung der von der athenischen Ekklesia und Boulé angeordneten Maßnahmen zu überwachen hatten, als Archontes im engeren Sinne bezeichnet.[80]

Die Mehrzahl der Magistraturen konnte nach dem demokratischen Prinzip der Chancengleichheit durch Auslosung besetzt werden, weil ihre Funktionen durch die fortschreitende Differenzierung des Ämterwesens strikt auf bestimmte Aufgabenbereiche beschränkt waren. Hierdurch wurde offenbar auch die laufende und abschließende Kontrolle der Beamten erheblich vereinfacht. Im übrigen war das Losverfahren angesichts der Fülle der Magistraturen durchaus praktisch, da hierdurch dem Demos in der Ekklesia Hunderte von Wahlprozeduren erspart blieben. Der jährliche turnusmäßige Wechsel und das Losverfahren verhinderten zudem die Entstehung eines Spezialistentums in der Verwaltungstechnik. Eine Art Verwaltungsmaschinerie konnte sich unter diesen Bedingungen nicht entwickeln. Auch der sog. Grammateus (»Schreiber«) eines Kollegiums wurde jährlich gewechselt und war kein Berufsbeamter. Lediglich die »Unterschreiber« (Hypogrammateis), die eher den Amtsdienern zuzuordnen sind, übten ihre Funktionen berufsmäßig aus. Sie durften aber nur jeweils ein Jahr bei einem bestimmten Kollegium tätig sein und mußten anschließend ihre Stelle wechseln. Sinn dieser Maßnahme war zweifellos, daß die »Untersekretäre« nicht durch kontinuierlichen Dienst in einem Ressort unerwünschten Einfluß auf die Amtsführung der Beamten gewinnen sollten. Nur die als »Gehilfen« (Hyperetai) verwendeten Polissklaven hatten kontinuierlich die ihnen zugewiesenen Dienste zu verrichten.

Der Anteil der Theten an den Losämtern wird im ganzen relativ klein gewesen sein, zumal der sog. Misthos (»Lohn«), der infolge der Ausweitung der Beamtenstellen und der hierdurch mitbedingten Herabsetzung bzw. weitgehenden Beseitigung der Zensusschranken eingeführt wurde, offenbar sehr niedrig war. Die Zuwendungen beschränkten sich wie beim Richter- und Bouleutengeld zweifellos auf die tatsächlich geleisteten Dienste, d.h. sie waren eine Art Tagegeld, so daß die zahlreichen niederen Beamten, die nicht jeden Tag öffentliche Funktionen ausübten, sicherlich nur einen Teil des Misthos der mit juridischen Aufgaben stärker belasteten Archonten und Thesmotheten erhielten. Nach dem oligarchischen Umsturz 411 wurden bezeichnenderweise zunächst nur noch an die zuletzt genannten Magistrate (sowie an die Prytanen) geringe Zahlungen geleistet. Die Demokratie des 4. Jahrhunderts hat dann das System der »Diäten« für Beamte offenbar in mancher Hinsicht modifiziert. Im einzelnen bleiben hier viele Fragen offen.[81]

Insgesamt gesehen waren die Beamten keine Herrschaftsträger, sondern ausführende Organe der Bürgerschaft. Ohne daß in jedem einzelnen Fall durch gesetzliche Regelung ein Abbau von älteren Herrschaftsfunktionen vorgenommen wurde, war – wie gesagt – mit der Ausweitung des Ämterwesens infolge der wachsenden Aufgaben der Polis generell eine sukzessive Verminderung der Kompetenzen vieler Magistraturen verbunden, so daß die »zivilen« Beamten zu einem erheblichen Teil Routineaufgaben erledigten, während Entscheidung und »Herrschaft« dem Demos – d.h. der Bürgerschaft aller Zensusklassen – in der Ekklesia zukamen. Eine gewisse gegenläufige Bewegung ergab sich freilich gerade aus der »Macht« der Ekklesia, da infolge ihrer umfassenden Kompetenzen eine funktionale und damit auch eine institutionelle Ausdifferenzierung von Entscheidungsbefugnissen erforderlich wurde, wie die zunehmende Bedeutung des Rates und der Dikasterien zeigt. Im Zuge dieser Entwicklung blieb aber die Einheit der umfassenden Gewalt des Demos gewahrt, indem die mit politischen Kontrollfunktionen und Gerichtsbefugnissen ausgestatteten Institutionen der Boulé und der Gerichtshöfe prinzipiell allen Bürgern zugänglich waren und ihre Besetzung auf Grund des Losverfahrens nicht von sozial und politisch einflußreichen Gruppen gesteuert werden konnte. Hinzu kam, daß die Ekklesia stets die letzte Entscheidungsinstanz blieb.

b) Führungsschicht und Willensbildung

Die Zahl der Vollbürger war in Athen größer als in allen anderen Poleis. Sie bildeten aber nur einen Teil der Bevölkerung Attikas und sind mit Volksmassen heutiger Größenordnungen selbstverständlich nicht zu vergleichen. Gleichwohl war jede Ekklesia eine Massenversammlung mit mehreren tausend Teilnehmern, deren Willensbildung gelenkt werden mußte. Die anwesenden Bürger waren sich aber zweifellos bewußt, daß sie als Demos Träger der »planmäßig organisierten und legalen Politik« der Großmacht Athen waren. Insofern stellte die Volksversammlung keine beliebige Menschenansammlung dar. Die strenge Verfahrensordnung wirkte bis zu einem gewissen Grade als Barriere gegen typische Massenreaktionen, die freilich nicht auszuschließen waren, wie dies für die erste Debatte und Beschlußfassung über die Bestrafung der von Athen abgefallenen Polis Mytilene (427) und für den Arginusenprozeß (406) bezeugt ist. Die von Kriegsbegeisterung und großem Optimismus bestimmte Entscheidung für die Sizilische Expedition ist gleichfalls hier einzuordnen. Insgesamt gesehen liegen aber nur wenige Berichte über derartige Massenemotionen vor, und es ist bemerkenswert, daß der brutale Beschluß über die Tötung aller Bürger Mytilenes am folgenden Tag unter Verletzung der vorgeschriebenen Verfahrensregeln von der Volksversammlung revidiert wurde (Thuk. III 49).

Die Willensbildung in der Ekklesia war oft ein vielschichtiger Prozeß. Von besonderer Bedeutung war hierbei immer wieder die exzeptionelle Stellung der Strategen, die mit den mannigfachen Problemen der athenischen Außen- und Seebundpolitik vertraut sein mußten. Diese Voraussetzung konnte im Grunde nur ein relativ begrenzter Kreis von Bürgern erfüllen. Umgekehrt resultierte aus der Bekleidung und Iteration des Strategenamtes ein Zuwachs an Autorität. Auf dieser Wechselwirkung basierte letztlich die Rolle des Perikles, die in dieser Form wohl nur unter den besonderen Bedingungen der athenischen Machtstellung in der Pentekontaëtie möglich war. Perikles übte jedoch keine persönliche Herrschaft aus, die ihn über die Bürgerschaft gestellt hätte. Jeder Vergleich seiner Stellung mit einer monarchischen oder quasi-monarchischen Position wäre unzutreffend. Der zeitgenössische Komödienspott unterstellt ihm zwar eine tyrannengleiche Allmacht in der Polis Athen, doch ist hier die polemische Verzerrung des Sachverhalts in der satirischen Invektive zu berücksichtigen und zugleich zu beachten, daß die Komödiendichter zweifellos Vorwürfe aufgegriffen haben, die von innenpolitischen Gegnern des Perikles verbreitet wurden. Perikles war in Wirklichkeit stets von der Bestätigung seiner Pläne und Ziele durch die Volksversammlung abhängig und hatte sich für seine Aktionen zu verantworten.

Die Ekklesia mußte ihrerseits nicht nur Funktionen delegieren, sondern war auch darauf angewiesen, daß ihr politische Konzeptionen und Pläne unterbreitet wurden, mochten diese aus den Vorberatungen der Boulé hervorgehen, von Beamten vorgebracht werden oder aus der Mitte der Versammlungsteilnehmer kommen. Das Prinzip der Isegoria (Redefreiheit) gestattete es zwar grundsätzlich jedem Ekklesiasten, das Wort zu ergreifen. Mehrfach wird in den Quellen betont, daß in der Volksversammlung bei wichtigen Entscheidungen viele Reden gehalten wurden. Wie groß der Kreis der Sprecher war, läßt sich indes nicht feststellen. Vielfach werden die Rhetores (»Redner«) auch als besondere Gruppe herausgehoben.[82] »Rhetor« wurde gleichbedeutend mit »Politiker« (Politeuomenos bzw. Politikos). Es handelte sich also um eine bestimmte Schicht, die sich in besonderem Maße den »Geschäften der Politik« widmete. Da es darauf ankam, in der Volksversammlung durch geschickte Argumentation auf die Entscheidungsfindung einzuwirken, waren rhetorische Fähigkeiten die wesentliche Voraussetzung für die Entfaltung politischer Aktivität in dieser Institution. Im 4. Jahrhundert wurde die Masse der Versammlungsteilnehmer deutlich von den Rhetores differenziert. Hierzu zählten auch sog. »geringere Redner«, die offenbar weitgehend als Helfer bedeutenderer »Politiker« fungierten und in deren Auftrag bestimmte Anträge in der Volksversammlung oder im Rat durchzusetzen suchten. Die bekannteste Bezeichnung für den »politischen Führer« ist freilich Demagogos (»Führer des Demos«). Das Wort begegnet allerdings im 5. Jahrhundert noch selten. Es gewann dann bald einen pejorativen Klang, nachdem Aristophanes und Thukydides mit Wortbildungen aus den gleichen Komponenten (Demagogia und Aner demagogos, »demagogischer Mann«) den neuen Typ politischer Führer in der Nachfolge des Perikles im negativen Sinne charakterisiert hatten.[83] Häufiger wurde im letzten Drittel des 5. Jahrhunderts offenbar noch der Begriff des Prostates des Demos (»Vorsteher des Volkes«) gebraucht. Thukydides bezieht diesen Ausdruck indes nicht auf Perikles, sondern bezeichnet letzteren als »ersten Mann« Athens (protos Aner), wobei er dessen Führungsstil idealisierend von der Unfähigkeit und dem Eigeninteresse späterer Politiker abhebt (II 65,8): »Mächtig durch Ansehen und Einsicht, in Geldangelegenheiten in besonderer Weise unbestechlich, wußte er die Masse (Plethos) der Bürger in Freiheit zu beherrschen; er ließ sich nicht von ihr führen, sondern war selbst ihr Führer, weil er nicht mit unlauteren Mitteln Macht gewonnen hatte und ihr deshalb nicht zu Gefallen zu reden brauchte, wohl aber genügend Autorität besaß, um ihr auch im Zorn zu widersprechen. Sobald er bemerkte, daß sie zum unrechten Zeitpunkt allzu kühn war, wirkte er mit seiner Rede auf sie ein, daß sie zaghaft wurde, und wenn sie ohne Grund verzagte, richtete er sie auf und machte ihr Mut.«[84] Thukydides' Urteil darf freilich nicht darüber hinwegtäuschen, daß Perikles weder der »Regierungschef« Athens war noch die Volksversammlung lediglich eine launische Masse bildete. Das Wechselspiel zwischen Führung und politischer Willensbildung in der Volksversammlung war zweifellos sehr viel komplexer. Perikles war nicht die einzige prominente Persönlichkeit in der Polis. Er hatte in der Zeit seines politischen Aufstiegs in den fünfziger und vierziger Jahren eine Reihe von adligen Gegenspielern und Konkurrenten, von denen Plutarch (Per. 16,3) Leokrates, Myronides, Kimon und Tolmides als bedeutende Strategen sowie Thukydides (Sohn des Melesias) als politischen Taktiker nennt. Ferner formierte sich Mitte der dreißiger Jahre eine entschlossene, im einzelnen freilich schwer faßbare Opposition gegen Perikles, die seine Position durch Prozesse gegen seine engsten Vertrauten zu unterminieren suchte.[85]

Irreführend ist jedenfalls Plutarchs Differenzierung zwischen dem demagogischen Werben des Perikles um die Gunst der Menge bis zur Ostrakisierung des Thukydides Melesiou (443) und der über innere Kontroversen erhabenen Führungskunst des »Staatsmannes Perikles« in den dreißiger Jahren (Per. 15). Maßnahmen wie die um 460 von Perikles beantragte Einführung des Richtersoldes waren keineswegs nur ein demagogisches Kampfmittel, sondern dienten der Funktionsfähigkeit des demokratischen Systems, das als solches nicht mehr zur Debatte stand, seitdem Kimon vergeblich versucht hatte, die Reformen von 462 rückgängig zu machen.

Politische Akteure konnten bei Entscheidungen über umstrittene Fragen nur dadurch ihre eigenen Vorstellungen durchsetzen, daß sie in der Ekklesia die Mehrheit der Versammlungsteilnehmer überzeugten. Die Bemühungen des Thukydides Melesiou, in den Auseinandersetzungen mit Perikles die Geschlossenheit seiner Adelsgefolgschaft zu demonstrieren, blieben wirkungslos, weil er den Demos nicht zu gewinnen vermochte. Familienverbindungen und Freundschaftsbeziehungen (Philiai) waren zwar für politische Aktivitäten nach wie vor wichtig. Durch »Freunde« konnten gegebenenfalls breitere Anhängerschaften mobilisiert werden, wie dies für den Konflikt im Jahre 417 belegt ist, als sich Nikias und Alkibiades zusammenschlossen, um die Ostrakisierung des Hyperbolos zu erreichen (Plut. Nik. 11,3–5). Ausschlaggebend war aber auch in diesem Fall die Masse der Abstimmungsberechtigten in der Volksversammlung.

Unter diesen Voraussetzungen war es in der Ekklesia kaum möglich, gruppenspezifische Interessen bestimmter Adelszirkel und Hetairien durchzusetzen. Es galt vielmehr, »Staatsraison« und Interessen breiterer Schichten der Bürgerschaft zu artikulieren. Die Gefolgschaften, die hierdurch gewonnen wurden und einen erheblichen Teil des Demos umfaßten, unterstützten den Prostates sicherlich nicht aus rein personengebundener Anhänglichkeit. Die Masse der Versammlungsteilnehmer in der Ekklesia sah ihren Vorteil in der Stabilisierung des demokratischen Systems und dem Ausbau der Macht Athens. Nach diesen Kriterien bemaß sich auch die »Volksgunst«, wenn Anträge von Bürgern gestellt wurden, die nicht zur Spitze der Führungsschicht zählten. Aufschlußreich ist in dieser Hinsicht die Beschlußfassung über die Koloniegründung in Brea (Thrakien). Auf Grund eines Zusatzantrages des Phantokles wurde entschieden, daß in Brea Zeugiten und Theten angesiedelt werden sollten. Dieser soziale Aspekt war keineswegs das Hauptmotiv der Koloniegründung, die der strategischen Absicherung des athenischen Einflußbereiches in Thrakien dienen sollte und bereits beschlossen war. Der Zusatzantrag berücksichtigte aber die Interessen breiterer Schichten des Demos.[86]

Die wirtschaftlichen und gesellschaftlichen Unterschiede in der Bürgerschaft blieben freilich bestehen. Niemand plante ihre Beseitigung, wenn auch durch die Entsendung von Kolonistenzügen der soziale Status zahlreicher Bürger verbessert wurde. Theten und Zeugiten konnten am Lebensstil der Oberschicht, zu der neben alten Adelsfamilien bereits auch eine Anzahl von »Neureichen« zählte, nicht teilnehmen. Gesellschaftlich bedingte Gegensätze wurden aber in perikleischer Zeit nicht in bestimmte politische Programme umgesetzt, sondern durch ein Zusammenwirken mehrerer Faktoren in gewisser Weise aufgehoben. In den zentralen Institutionen der athenischen Demokratie standen sich die Abstimmungsberechtigten als gleichberechtigte Bürger gegenüber. Das Gleichheitsprinzip garantierte den Zeugiten und Theten stets die Mehrheit bei Abstimmungen, doch war die Machtstellung Athens eine wesentliche Voraussetzung des von allen Schichten der Bürgerschaft getragenen Systems, so daß die Gesamtinteressen der Polisgemeinschaft zum Maßstab wichtiger Entscheidungen wurden. Zahlreiche Adlige hatten wiederum in dieser Ordnung genügend politische und ökonomische Entfaltungsmöglichkeiten. Offenbar war dies ein wichtiger Grund für die Unterstützung, die Perikles als Prostates des Demos auch bei einem erheblichen Teil der »Aristokraten« durchweg fand.[87] Diese traditionelle Führungsschicht stellte in perikleischer Zeit zwar weiterhin im wesentlichen die Strategen, besaß aber nicht die Exklusivität der römischen Nobilität. In Athen fehlte ein dem römischen Senat vergleichbares Regierungsorgan, das die Kontinuität der Staatsführung verkörpert und ehemaligen Strategen die Möglichkeit geboten hätte, als Mitglieder eines derartigen Kollektivs über ihre Amtszeit hinaus die Entscheidungsfindung maßgebend mitzubestimmen. Strategen und ehemalige Strategen bildeten also im Unterschied zur römischen Nobilität keineswegs einen mehr oder weniger geschlossenen Kreis von »regierenden Herren«. Die Kandidaten für das Strategenamt mußten nicht nur den in einer herausgehobenen Schicht geltenden Normen entsprechen, sondern die Erwartungen erfüllen, die die Wählerschaft in ihrer Gesamtheit an die Funktionsträger stellte, wenn sich auch der Wertekodex der Politen weithin an adelsspezifischen Tugenden orientierte.[88] Ein Stratege wurde nicht wiedergewählt, wenn er nicht mehr das Vertrauen der Mehrheit der Abstimmungsberechtigten in den Wahlversammlungen besaß. Er konnte freilich nach einem Intervall bei einer erneuten Kandidatur wieder Zustimmung finden und in der Zwischenzeit in der Volksversammlung hervortreten. Amtsgebundene Führungsfunktionen garantierten aber nicht automatisch und permanent ein hohes Prestige, selbst wenn die Amtsführung nicht beanstandet wurde.

Wenn es in der athenischen Demokratie keine durch ständische Kriterien zu definierende »regierende Schicht« gab, konnte die Entscheidungsfindung in der Ekklesia nicht durch vorgegebene Sozialstrukturen innerhalb der Bürgerschaft generell eingeschränkt sein. Die Volksbeschlüsse waren keineswegs lediglich eine Bestätigung des Prozesses der Meinungsbildung und der Absprachen innerhalb eines bestimmten, zahlenmäßig eng begrenzten Personenkreises. So waren die Entscheidungen des Demos, der sich als Träger der Herrschaft verstand, gegebenenfalls selbst dann offen, wenn ein detailliertes Probouleuma vorlag. Die Funktionsfähigkeit dieses Systems beruhte nicht zuletzt darauf, daß viele Bürger in jährlichem Wechsel als Mitglieder des Rates oder als Außenbeamte im athenischen Machtbereich Einblick in größere Zusammenhänge gewinnen konnten. Die Ekklesia war keine Versammlung von politischen Ignoranten. Die Bemerkung des Thukydides VI 1, daß vor der Sizilischen Expedition die

meisten Athener von der Größe und Bevölkerungszahl Siziliens keine klare Vorstellung besaßen, läßt sich schwerlich dahingehend generalisieren, daß die Mehrzahl der Ekklesiasten die Probleme der athenischen Außenpolitik nicht recht durchschaute. Das Unternehmen in Sizilien war ein Sonderfall. Mit den Verhältnissen im eigentlichen athenischen Machtbereich in der Ägäis und im griechischen Mutterland waren die Ekklesiasten zweifellos sehr viel besser vertraut. Im übrigen oblag es den Initiatoren politischer und militärischer Aktionen, die Entscheidungen, um die es ging, zu erläutern und zu begründen.
Daß in der athenischen Demokratie breitere Schichten ein neues politisches Bewußtsein und eine neue Einstellung zur Polis gewannen, haben nicht zuletzt auch das Erlebnis der Perserkriege und die Machtentfaltung Athens bewirkt. Die Abwehr der Perser war eine Leistung aller Schichten der athenischen Bürgerschaft. Hiermit wurde offenbar bereits in den siebziger Jahren der athenische Führungsanspruch gerechtfertigt. In der Folgezeit sah sich auch der einfache Thes als Kämpfer für die Größe Athens in die Pflicht genommen. Das alte aristokratische Ideal der Tapferkeit wurde in gewisser Weise im »demokratischen Sinne« umgewertet. Jeder athenische Kriegsgefallene – auch wenn er als Ruderer gedient hatte – galt offiziell als Aner agathos (»tüchtiger Mann«), so daß ihm nach dem Tode gleichsam eine Adelstugend zugesprochen wurde. Der Ruderdienst wurde mit dem Kampf des Hopliten auf eine Stufe gestellt (Aristoph. Vesp. 1118f.). Die sog. Thraniten, die auf den Trieren die längsten Ruder führten, gelten in den »Acharnern« des Aristophanes als »Retter der Polis« – ein bemerkenswerter Kontrast zu dem homerischen Vorbild des heroischen Schirmers der Stadt, den die Gestalt Hektors verkörpert. Auch die Kritiker der Demokratie mußten das hervorragende Training der athenischen Flottenbesatzungen anerkennen (Ps.-Xen. Ath. Pol. I 2. 20). Die Mannschaften der wichtigsten athenischen Waffengattung besaßen ihrerseits zweifellos ein hohes soldatisches Selbstgefühl (Thuk. II 88,2). Dem entsprach im politischen Bereich das Bewußtsein der Gleichberechtigung. In der thukydideischen Gefallenenrede des Perikles werden Leistungs- und Einsatzbereitschaft der athenischen Bürger geradezu nach dem spartanischen Ideal des Gesetzesgehorsams stilisiert, aber weit höher eingestuft als der Wertekodex Spartas, weil sie aus den Prinzipien der Gleichheit und Freiheit erwachsen seien (Thuk. II 37,1–3).

c) Demokratie und Machtpolitik

Führung und Volksversammlung der attischen Demokratie haben immer wieder Entscheidungen getroffen, die von Risikobereitschaft getragen waren und die Entwicklung neuer Methoden in der Ausübung und Organisation von Macht und Herrschaft erkennen lassen. Für die historische Wertung der demokratischen Verfassung Athens ist daher die Beurteilung des Problems der Interdependenz der dynamischen Außenpolitik dieser Polis und ihrer inneren Struktur nach 462 von großer Bedeutung. Es geht hierbei um die Frage, ob und inwieweit systemimmanent bedingte Triebkräfte und Zielvorstellungen außenpolitisch handlungsbestimmend wurden.

Zunächst ist zu beachten, daß die athenische Demokratie in der Seebundpolitik und in der Kriegführung gegen Persien das Erbe der Kimonischen Ära angetreten hat. Athen wurde aber durch den Bruch mit Sparta 462/61 vor neue Probleme gestellt, wenn auch Sparta zunächst noch durch die Erhebung der Messenier in seinen Aktionsmöglichkeiten eingeschränkt war. Die athenische Führung zog mit dem Abschluß von Verträgen mit Argos und Thessalien erste Konsequenzen aus den Spannungen mit Sparta. Von größerer Bedeutung für die Zuspitzung der Situation im griechischen Mutterland wurde ein Grenzkrieg zwischen Korinth und Megara, der dazu führte, daß sich Megara etwa 460 an Athen anschloß. Athen geriet hierdurch in Konflikt mit Korinth, gewann aber mit dem megarischen Hafen Pagai einen Stützpunkt am Korinthischen Golf und war zudem jetzt nicht nur gegen überraschende spartanische Vorstöße durch die Megaris weitgehend geschützt, sondern darüber hinaus in der Lage, die Verbindungslinien nach Argos durch Operationen an der Westküste des Saronischen Golfes zu sichern. Etwa gleichzeitig hat Athen den Kampf gegen Persien forciert und den Aufstand des Libyerfürsten Inaros gegen die persische Herrschaft in Ägypten massiv unterstützt.

Die Aktivität Athens in dieser Zeit ist in der modernen Forschung vielfach als Ausdruck einer übersteigerten Expansions- und Großmachtpolitik der attischen Demokratie und ihrer führenden Politiker gewertet worden. Die außenpolitischen Entscheidungen, die damals in Athen fielen, waren aber zumindest teilweise Reaktionen auf Entwicklungen, die nicht unmittelbar durch athenische Initiativen ausgelöst worden waren. Das Bündnisangebot Megaras bot der athenischen Führung die unerwartete Chance, ein strategisches Vorfeld gegen Sparta zu errichten. Offenbar ging man jetzt in Athen des weiteren davon aus, hierdurch Handlungsfreiheit gegen Persien gewonnen zu haben, das infolge innerer Wirren nach dem Tod des Xerxes geschwächt war. Eine Herauslösung Ägyptens aus dem Perserreich konnte in den von Persien beherrschten syrisch-phoinikischen Küstengebieten Kettenreaktionen auslösen, so daß – immer aus athenischer Perspektive – ein temporärer Einsatz stärkerer Kräfte in Ägypten auf lange Sicht den Seebund militärisch zu entlasten schien, sofern es gelang, Persien aus dem östlichen Mittelmeer weitgehend herauszudrängen. Die oben skizzierte militärische Aktivität Athens ist also im Zusammenhang mit der um 460 veränderten außenpolitischen Gesamtlage zu sehen. Inwieweit Perikles schon damals die strategische Planung in Athen bestimmt hat, muß auf Grund der Quellenlage offenbleiben.

Im griechischen Mutterland bot Athen nach 460 zunächst nur gegen Aigina stärkere Streitkräfte auf. Dieser reiche, in Sichtweite der attischen Küste gelegene und mit Sparta verbündete Inselstaat war durch die athenischen Aktionen im Westen des Saronischen Golfes alarmiert und unterstützte Korinth im Kampf gegen Athen, das auch hier jetzt zur Offensive überging. Sparta vermochte die Einschließung Aiginas nicht zu verhindern (459/58), suchte aber einige Zeit später Druck auf Athen auszuüben, indem es peloponnesische Truppen über den Korinthischen Golf nach Mittelgriechenland entsandte. Das risikoreiche Unternehmen endete jedoch mit einem Mißerfolg, da athenische Flotteneinheiten nunmehr den Korinthischen Golf sperrten, so daß das peloponnesische Heer trotz seines Sieges über ein athenisch-argivisches Aufgebot bei Tanagra (458 oder 457) keine Operationsfreiheit gewann und unter schwierigen Bedingungen den Rückzug auf dem Landweg antreten mußte, während Athen wenig später die boiotischen Verbündeten Spartas besiegte und hierdurch den bestimmenden Einfluß in Mittelgriechenland gewann. Die Errichtung der athenischen Hegemonie in diesem Raum war schwerlich das Resultat einer langfristigen Planung. Vielmehr scheint die athenische Führung wiederum entschlossen die Möglichkeiten genutzt zu haben, die sich ihr hier nach dem Abzug des peloponnesischen Heeres aus Boiotien überraschend boten.[89]

Sparta war in die Defensive gedrängt und in der Folgezeit außerstande, die Unterwerfung Aiginas durch Athen (457?) zu vereiteln, die Küstengebiete der Peloponnes und die vorgelagerten Inseln wirksam gegen athenische Flottenoperationen unter Führung des Tolmides (455) und des Perikles (454/53) zu schützen und nach der athenischen Niederlage in Ägypten, wo die Streitkräfte des Seebundes 454 zur Kapitulation gezwungen wurden, die Initiative an sich zu reißen. Die Inaktivität Spartas im sog. ersten Peloponnesischen Krieg ist vor allem damit zu erklären, daß Athen die Megaris kontrollierte.

Athen war freilich nach dem Desaster in Ägypten nicht mehr in der Lage, den Zweifrontenkrieg gegen Sparta und Persien fortzusetzen. Es behauptete jedoch die seit 460 gewonnenen Positionen im griechischen Mutterland und konnte auch organisatorische Neuerungen in der Kontrolle und Verwaltung der Abgaben (Phoroi) seiner Bundesgenossen durchsetzen. Die Verlegung der Kasse der Symmachie von Delos nach Athen (454) wurde zwar zunächst als Sicherheitsmaßnahme gegen persische Flottenraids deklariert, sollte aber zweifellos kein Provisorium sein, da von jetzt an ständig athenische Behörden in das Abrechnungsverfahren eingeschaltet und die nunmehr in den athenischen Tributquotenlisten verzeichneten sog. Aparchai (»Erstfrüchte« = $\frac{1}{60}$ der Phoroi) laufend dem Tempelschatz der Athena zugeführt wurden.

Größere Erhebungen im Gebiet des Seebundes lassen sich nach dem Scheitern der Ägyptischen Expedition nicht stringent beweisen. In den vier Tributquotenlisten der ersten Schatzungsperiode (454/53–451/50) fehlen zwar mehrere Inselstaaten (Chalkis, Eretria, Hestiaia und Styra auf Euboia sowie Kythnos, Siphnos, Naxos, Paros, Tenos), während einige weitere Inseln erst in der letzten Liste (451/50) erscheinen. Es ist indes kaum anzunehmen, daß die genannten Städte mehrere Jahre die Zahlung der Phoroi ablehnten und sich damit faktisch im Aufstand gegen Athen befanden. Selbst wenn sich 454 im Inselbezirk zunächst Widerstand formiert haben sollte, war Athen sicherlich imstande, Abfallbewegungen im Vorfeld Attikas zu unterbinden, zumal es unmittelbar nach der Katastrophe in Ägypten sogar in dem stark gefährdeten karisch-lykischen Raum seine Hegemonie im wesentlichen zu wahren vermochte.

Erythrai fiel freilich 454 oder wenig später von Athen ab, während Milet sich offenbar schon vorher erhoben hatte. In beiden Poleis hatten antiathenische Kreise offensichtlich Kontakte mit dem persischen Satrapen in Sardeis, wie auch die persische Diplomatie vermutlich Sondierungen in Sigeion am Hellespont vorgenommen hatte. Athen reagierte auf die Aufstände in Milet und Erythrai nicht anders als in den Konflikten mit Naxos und Thasos, indem es die revoltierenden Poleis mit Waffengewalt zum Wiedereintritt in den Seebund zwang und einer strikten Kontrolle unterwarf. Die Stationierung einer athenischen Besatzung in Erythrai und später auch in Milet war zweifellos eine zusätzliche Sicherheitsvorkehrung wegen der Nähe des persischen Einflußbereichs.

Die athenischen Volksbeschlüsse zur Neuordnung der Verhältnisse in Erythrai und Milet geben zugleich Aufschlüsse über den Ausbau der athenischen Außenverwaltung. Im Erythrai-Dekret sind erstmals Episkopoi (»Aufseher«) erwähnt, die in diesem Fall zusammen mit dem Besatzungskommandanten die Neukonstituierung des Rates vorzunehmen hatten.[90] Da diese Maßnahme in kurzer Zeit durchgeführt werden konnte, ist anzunehmen, daß die Episkopoi nicht nur in Erythrai tätig waren, sondern ihre Funktionen im wesentlichen schon den später belegten Amtspflichten dieser Magistrate entsprachen und die Kontrolle eines größeren Distrikts umfaßten. In Milet wurden sog. Archonten aus Athen eingesetzt, die hier nicht mit befristeten Aufgaben betraut waren, sondern als athenische »Behörde« zusammen mit den einheimischen Magistraten die Leitung der Polis zu übernehmen hatten.[91] Präzisere Angaben über das Netz der athenischen Außenmagistraturen sind freilich für diesen Zeitraum nicht möglich. Insgesamt gesehen zielten die organisatorischen Maßnahmen nach dem Scheitern der Ägyptischen Expedition zweifellos primär darauf ab, die Folgen der Niederlage zu überwinden. Auch die Ausweitung und Verstärkung der z. T. schon vor den Perserkriegen entstandenen und nach Gründung des Seebundes weiter ausgebauten athenischen Stützpunktkette in Form von Kleruchien bzw. Kolonien ist hier einzuordnen.

Athens Anstrengungen galten Ende der fünfziger Jahre vor allem der Vorbereitung einer neuen Großoffensive gegen Persien, durch die eine Revision der 454 entstandenen Lage im östlichen Mittelmeer erreicht werden sollte. Die Wiederaufnahme des Perserkrieges wurde durch den Abschluß eines fünfjährigen Waffenstillstandes mit Sparta ermöglicht (451). Wahrscheinlich wurde dieses Abkommen durch Kimon vermittelt, der damals aus dem Exil zurückgekehrt war und der spartanischen Führung wohl die Gewähr für athenische Verständigungsbereitschaft zu bieten schien.

Trotz des Aufgebots starker Streitkräfte unter der Leitung Kimons (der während der Operationen überraschend starb) war Athen außerstande, die Machtverhältnisse im östlichen Mittelmeer grundlegend zu verändern. Es erreichte freilich, daß der Perserkönig nach der Niederlage seiner Flotte bei Salamis (Kypros) den Status quo in der Ägäis und im kleinasiatischen Küstengebiet anerkannte (sog. Kalliasfrieden: 449).[92]

Die Kernpunkte der Seebundpolitik standen in Athen nach Einstellung der Kampfhandlungen gegen Persien nicht zur Debatte. Der Seebund war die Machtbasis Athens gegenüber den beiden anderen Großmächten, zwischen deren Interessensphären sich das athenische Einflußgebiet befand. Diese Mittellage Athens war inzwischen ein bestimmender Faktor der athenischen Außenpolitik geworden. Athens Sicherheitsinteressen erforderten dementsprechend die Fortsetzung der Tributzahlungen der Bündner zur Erhaltung der Schlagkraft seiner Flotte. Zudem war auch der wirtschaftliche Aufschwung Athens nicht zuletzt eine Folge der Ausweitung des athenischen Machtbereichs seit Gründung des Seebundes, und die athenische Außenverwaltung war mit den Polisinstitutionen bereits so weit verklammert, daß eine Auflösung dieses Gefüges erhebliche Auswirkungen auf die innere Organisation dieser Polis haben mußte.

Die Hegemonie Athens bedurfte freilich nach dem Ende der Perserkriege einer neuen Legitimation, die Perikles zunächst in panhellenischem Rahmen anstrebte. Etwa im Winter 449/48 wurden alle griechischen Staaten »in Europa und Asien« zu einem Kongreß nach Athen eingeladen, der u.a. über die Sicherheit der Meere (die nur durch die athenische Flotte garantiert werden konnte) und die Erhaltung des Friedens beraten sollte.[93] Sparta verweigerte jedoch die Zustimmung zu diesem Projekt, dessen Realisierung bedeutet hätte, daß die Vormacht des Peloponnesischen Bundes faktisch die führende Position Athens in der griechischen Welt anerkannte. Nach dem Scheitern der panhellenischen Initiative des Perikles sollten der Friedensgedanke und der Führungsanspruch Athens durch ein umfangreiches Bauprogramm auf der Akropolis symbolhaft zum Ausdruck gebracht werden. Das einst gegen die »Barbaren« geschlossene Kampfbündnis sollte nach dem Bildprogramm des Parthenon nunmehr als Friedensgemeinschaft unter dem Schutz Athens erscheinen. Diese von Perikles intendierte neue Sinngebung der Symmachie konnte anknüpfen an die Intensivierung religiöser Bindungen zwischen der Hegemonialmacht und ihren Bündnern seit der Verlegung der Bundeskasse nach Athen. Hierdurch war Athena Polias, die Schirmherrin Athens, anstelle des delischen Apoll die Schutzgottheit der Symmachie geworden. An dem im vierjährigen Zyklus stattfindenden athenischen Polisfest der Großen Panathenäen nahmen in der Folgezeit auch Abgesandte der Bündner teil, so daß die Feier nunmehr auch ein kultisches Ereignis der Symmachie wurde, wenn auch Athen offenbar erst 425/24 die Beteiligung aller Seebundstaaten gefordert hat.[94]

Die Bemühungen um eine neue Legitimationsgrundlage der athenischen Hegemonie sind zweifellos auch ein Indiz für mannigfache Schwierigkeiten, mit denen Athen nach dem Kalliasfrieden konfrontiert war. Im Hinblick auf die eingangs gestellte Frage nach den Grundzügen der Außenpolitik der athenischen Demokratie wird im folgenden vor allem das in der neueren Forschung kontrovers beurteilte Problem erörtert, ob und inwieweit die sich schon vor 449 abzeichnende Tendenz zur Vereinheitlichung von Verwaltungsfunktionen im Seebund durch Methoden der »Demosherrschaft« in Athen bestimmt war und diese Entwicklung nach dem vermeintlichen Wegfall der Persergefahr auf stärkeren Widerstand der Bündner stieß.[95]

Aus der zweiten Schatzungsperiode (450/49–447/46) sind nur drei Tributquotenlisten erhalten, in denen auffällige Teil- und Restzahlungen verschiedener Poleis verzeichnet sind. Das Schatzungsjahr 449/48 wurde in der fortlaufenden Durchnumerierung der Aufstellungen mitgezählt, doch wurden für diesen Zeitraum offensichtlich keine »Aparchai« notiert. Möglicherweise waren Sinn und Zweck weiterer Tributzahlungen nach dem Ende der Perserkriege in einer Reihe von Poleis umstritten. Es läßt sich indes nicht entscheiden, ob Athen aus diesem Grund nach dem Kalliasfrieden ein einjähriges allgemeines Moratorium verfügt oder aber den gesamten Tribut einschließlich der Aparchai für besondere Zwecke verwendet hat und die Quoten infolgedessen nicht verzeichnet zu werden brauchten. In den folgenden Jahren richteten sich Klagen der Bündner weniger gegen das Abgabensystem an sich, sondern gegen die Verwendung der Phoroi zur Finanzierung der 447 begonnenen Bauarbeiten auf der Akropolis (Plut. Per. 12). Bemerkenswert ist des weiteren, daß die Tributquotenliste des Jahres 447/46 relativ kurz ist und hier einige Poleis (z. B. Aigina), die generell größere Abgaben zu leisten hatten, nicht erscheinen. Die Unregelmäßigkeiten (einschließlich der Teil- und Restzahlungen) besagen aber noch nicht, daß sich in weiten Teilen des Seebundes offener Widerstand formierte und Athen gewaltsam und gegebenenfalls durch Unterwerfung der betreffenden Städte die Abgaben eintrieb. In Kolophon war dies freilich allem Anschein nach der Fall, da die Bestimmungen, die nach einer fragmentarischen Inschrift von athenischer Seite zur Kontrolle dieser Polis verfügt wurden (447/46?), auf eine vorausgehende Erhebung und Unterwerfung schließen lassen.[96] Zu beachten ist aber, daß Kolophon ebenso wie Erythrai und Milet in der Nähe des persischen Einflußbereichs lag. Dies könnte eine Erklärung für den zu vermutenden Aufstand sein, so daß hieraus keine generalisierenden Schlüsse zu ziehen sind.

Die Beurteilung des offenen Widerstandes und seiner Gründe und Folgen kann nur von den eindeutig belegten Fällen ausgehen. Gefährlich wurden für Athen erst die Erhebungen in Boiotien, in der Megaris und auf Euboia (446). Die antiathenischen Kräfte stimmten hier ihre Aktionen offenbar aufeinander ab. Sie erhielten jedenfalls nach Ablauf des athenisch-spartanischen Waffenstillstandes militärische Unterstützung durch Sparta. Athen verlor damals seine Positionen in Boiotien und in der Megaris, konnte aber nach dem Abzug des bis Eleusis vorgestoßenen peloponnesischen Heeres den Aufstand auf Euboia in kurzer Zeit niederwerfen. Die Krise des Jahres 446 verdeutlicht die prekäre Situation Athens zwischen den Großmächten Sparta und Persien. Bestätigt wird dies durch den samischen Aufstand (441 – 439), in dessen Verlauf Interventionen Spartas und des Satrapen von Sardeis drohten. Dies erklärt zugleich die scharfe Reaktion Athens auf militärischen Widerstand rebellierender Seebundstaaten. Nur in Samos ist aber die Entstehung der Revolte im einzelnen deutlich (Thuk. I 115). Sie hatte lokale Ursachen, richtete sich zunächst nicht gegen die Symmachie als solche und kann daher nicht als Erklärungsmodell für die vorausgehenden Erhebungen dienen, die von vornherein auf einen Austritt aus der Symmachie abzielten und stets entsprechende athenische Maßnahmen zur Verhinderung weiterer Aufstände zur Folge hatten.

Die straffere Organisation des Seebundes, die sich vor allem in einer Reihe von athenischen Volksbeschlüssen manifestiert, steht hiermit selbstverständlich in engem Zusammenhang. Aus dem Chalkis-Dekret geht hervor, daß Athen bereits vor 446 durch ein Psephisma des Demos die Aburteilung von schweren Straftaten im Seebund an sich gezogen hatte.[97] Es wird hier ausdrücklich darauf verwiesen, daß nach einem früheren Beschluß der Ekklesia die Überweisung des Falles nach Athen vorgesehen ist. Bestimmungen dieser Art waren demnach für alle Bundesgenossen bindend (koina Psephismata, leges generales). Ähnliche Verfügungen konnten aber auch in den Sonderregelungen enthalten sein, die Athen nach der Unterwerfung revoltierender Symmachoi traf. Im Erythrai-Dekret wird allen mit der Verbannung bestraften Bürgern Erythrais der Aufenthalt im gesamten Seebund untersagt, so daß alle Bundesgenossen gezwungen waren, sich an die betreffende athenische Verfügung zu halten. Die eigentlichen »leges generales« gehen aber über derartige Sonderbestimmungen hinaus und lassen sich schwerlich als Summierung von Verfügungen verstehen, durch die Athen die Verhältnisse in einzelnen unterworfenen Poleis geregelt hat. Da die Zahl der von Athen abgefallenen und zur Unterwerfung gezwungenen Städte um und nach 450 nicht bekannt ist, kann man jedenfalls nicht davon ausgehen, daß die Beziehungen zahlreicher Bundesgenossen zu Athen inzwischen auf der Basis von Kapitulationsverträgen beruhten und diese Rechtsgrundlage auf die übrigen Symmachoi ausgeweitet wurde. Die »leges generales« ergaben sich zweifellos aus der faktischen Entwicklung, die dazu geführt hatte, daß die athenische Ekklesia das Entscheidungsorgan für die Angelegenheiten des Seebundes geworden war. Zumindest seit dem Kalliasfrieden dürfte die Bundesversammlung nicht mehr zusammengetreten sein.

Problematisch ist die historische Einordnung einiger wichtiger Volksbeschlüsse, die in der Forschung mehrfach mit athenischen Maßnahmen zur Überwindung der »Krise« der Symmachie nach dem sog. Kalliasfrieden in Verbindung gebracht und als Kriterium für die organisatorische

Durchdringung der Symmachie durch athenische Institutionen gewertet wurden. Es handelt sich um das sog. Münzgesetz und das Kleinias-Dekret. Das Münzgesetz ordnete die Verwendung athenischer Münzen und Maßeinheiten im Seebund an und sollte wohl in erster Linie die Verwaltungsarbeit der für die Sammlung und Abrechnung der Phoroi zuständigen Behörden und Institutionen erleichtern, während das Kleinias-Dekret die Einzelheiten der Zahlung und Einziehung der Tribute regelte. Nach epigraphischen Kriterien ist eine eindeutige Datierung dieser Maßnahmen z.Z. nicht möglich. Ihr Tenor scheint eher den politischen Methoden Athens im sog. Archidamischen Krieg zu entsprechen, als der Geldbedarf gewaltig gestiegen war und Athen sich gezwungen sah, die Tribute drastisch zu erhöhen (425/24).[98] Münzgesetz und Kleinias-Dekret müssen somit bei der Beurteilung der Frage, ob und inwieweit in den frühen vierziger Jahren Krisenerscheinungen im Seebund und deren Überwindung eine neue Phase der Ausweitung hegemonialer Kompetenzen Athens einleiteten, außer Betracht bleiben. Es bleibt letztlich unklar, welchen Grad an »Systematisierung von Herrschaft« die athenische Hegemonie damals im einzelnen erreicht hat. Infolgedessen ist es kaum möglich, die Revolten als typische Reaktionen auf spezifische Formen der Herrschaftspraxis der athenischen Demokratie zu interpretieren, zumal Athen bis zum Aufstand in Samos offenbar nicht dazu übergegangen ist, demokratische Tendenzen in großem Maßstab zu fördern.

Als Fazit ist festzuhalten, daß die athenische Seebundpolitik um die Jahrhundertmitte sich auf der gleichen Linie bewegte, die Athen bereits früher in der Führung der Symmachie verfolgte. Athens restriktive Politik gegenüber aufbegehrenden Bundesgenossen begann nicht erst mit der vollentwickelten Demokratie, wie die Maßnahmen in Naxos (um 470) und Thasos (etwa 463) zeigen. Thukydides (I 98,4) sah bezeichnenderweise in der Unterwerfung der Naxier einen entscheidenden Einschnitt in der Geschichte der Symmachie. Athen hat freilich im Laufe der Jahre das Instrumentarium zur Ausübung seiner Hegemonie weiterentwickelt. Dieser Prozeß resultierte indes primär aus dem Bestreben der athenischen Führung und Bürgerschaft, die nach 480 gewonnene Machtstellung in einer sich wandelnden außenpolitischen Gesamtlage langfristig abzusichern. Die hiermit verbundene Formalisierung des Kontroll- und Überwachungssystems entsprach zwar den Mitteln und Möglichkeiten, die der athenischen Demokratie zur Verfügung standen. Eine wesentliche Voraussetzung bildete hierbei vor allem die Verbreiterung der personellen Basis der amtsfähigen Bürger. Die Demokratie hat aber letztlich die gleichen Ziele verfolgt wie die athenische Führung vor 462 und im übrigen den Bündnischarakter der Beziehungen zwischen Athen und den abhängigen Poleis betont.

Daß die im Erythrai-Dekret verwendete Formel von der »Bundesgenossenschaft« (Symmachis) der Athener keineswegs nur Ausdruck der Kampfgemeinschaft *vor* dem Ende der Perserkriege war, zeigen die athenischen Beschlüsse nach der Unterwerfung von Chalkis (446), denen die offizielle Version der weiterhin bestehenden Symmachie dieser Polis mit Athen zugrunde liegt.[99] Bestätigt wird dies durch den Vertrag mit Samos (439). Hingegen ist die in verschiedenen athenischen Inschriften erhaltene Bezeichnung der Seebundstaaten als »Städte, über welche die Athener herrschen«, erst um 430 eindeutig zu datieren.[100] Es handelte sich hierbei indes schwerlich um eine präzise amtliche Herrschaftsterminologie, die offenbar gar nicht entwickelt wurde. In athenischen Staatsverträgen um 420 wird zwar betont vom »Herrschaftsgebiet der Athener« gesprochen. Desgleichen ist hier aber auch die Rede von »Bundesgenossen (Symmachoi), über welche die Athener herrschen« (Thuk. V 18,7. 47,2). Die zuletzt genannte Formel scheint einen inneren Widerspruch zu enthalten, der jedoch beim Vergleich mit der Terminologie der literarischen Quellen an Schärfe verliert, da hier die Begriffe Arché (»Herrschaft«) und Hegemonia (im Sinne von militärischer Führung einer Symmachie) oft synonym verwendet sind.[101] Unter diesem Aspekt sind die in der Forschung umstrittenen Formeln der Inschriften schwerlich als »brutale« Bezeichnung der faktischen Macht Athens in der »hochoffiziellen« Sprachregelung zu werten.[102] Zweifellos betrachtete man in Athen die Hegemonie im Seebund als Ausübung von Herrschaftsfunktionen. Ebenso war man sich aber darüber im klaren, daß eine offizielle Akzentuierung von Gewaltverhältnissen keine Legitimation des Führungsanspruchs sein konnte. Die athenische Selbstdarstellung suchte die Macht Athens immer wieder als Schutzherrschaft zu rechtfertigen, und im amtlichen Sprachgebrauch hießen die Seebundstaaten nicht »Untertanen« bzw. »Unterworfene« (Hypekooi), sondern immer noch »Bundesgenossen«. Wenn demgegenüber in der antiathenischen Propaganda die »Herrschaftspraxis« Athens mit einer Tyrannis verglichen und dieses brisante Wort von Perikles und anderen Athenern offensichtlich übernommen wurde, so ist zu beachten, daß Perikles nach der Darstellung des Thukydides erst im kritischen zweiten Jahr des Peloponnesischen Krieges den Begriff verwendet hat, um seinen Mitbürgern die gefährliche Situation zu verdeutlichen. Der problematische Vergleich war sicherlich kein Bestandteil athenischer »Herrschaftsideologie« vor 431.[103]

Athen hat freilich vor dem Peloponnesischen Krieg die straffe Führung des Seebundes nicht gelockert. Es hatte durch den sog. Dreißigjährigen Frieden mit Sparta (446) den seit 461/60 gewonnenen Einflußbereich im griechischen Mutterland weitgehend wieder verloren, während Sparta sich aus der seit 460 drohenden Umklammerung der Peloponnes durch athenische Stützpunkte zu lösen vermochte und infolge der erneuten Aufnahme Megaras in den Peloponnesischen Bund gegebenenfalls wieder mit bewaffneter Macht nach Attika vorstoßen konnte. Athen selbst und seine Häfen waren zwar inzwischen zu einem unangreifbaren Festungsdreieck ausgebaut worden, doch war trotz des Friedensvertrages eine spartanische Intervention nicht auszuschließen, wie bereits einige Jahre später während der Erhebung der Samier deutlich wurde. Der spartanische Plan scheiterte damals lediglich am Widerspruch Korinths (Thuk. I

40,5. 41,2). Die strategische Gesamtlage hatte sich auch durch die Reorganisation des Boiotischen Bundes nach der athenischen Niederlage bei Koroneia (446) erheblich verändert. Das beachtliche boiotische Hoplitenaufgebot bedeutete im Ernstfall eine beträchtliche Verstärkung der Streitkräfte des Peloponnesischen Bundes und stellte somit eine potentielle Gefahr für Athen dar, das in dieser Situation seine Symmachie weiter zu festigen suchte.

Nachdem durch die Ostrakisierung des Thukydides Melesiou (443) die Entscheidung in den innerathenischen Auseinandersetzungen um den maßgebenden Einfluß in der Polis gefallen war, wurden in Verbindung mit einer Neufestsetzung der Phoroi, die jetzt ausnahmsweise außerhalb des üblichen vierjährigen Turnus erfolgte, offensichtlich organisatorische Neuerungen vorgenommen. In der Tributquotenliste für das Jahr 443/42 werden erstmals die Aparchai der einzelnen Poleis unter Rubriken aufgeführt, die die verschiedenen Distrikte im Gebiet des Seebundes bezeichnen. Die Reihenfolge lautet: Ionischer, Hellespontischer, Thrakischer, Karischer Bezirk und Inselgebiet. Wahrscheinlich sollte die bereits vorher schon übliche Zusammenfassung bestimmter Gruppen von Seebundstaaten zu »Tributbezirken« eine formale organisatorische Basis erhalten und hiermit die Tätigkeit der Hellenotamiai abgestimmt werden. Allerdings wurde der Karische Distrikt, aus dem nur geringe Phoroi eingingen, ab 438/37 mit dem Ionischen Bezirk vereint.[104]

Die Neuveranlagung 443/42 brachte keine wesentlichen Änderungen gegenüber den Phoroi der vorausgegangenen Schatzungsperiode, die 446 z.T. gesenkt worden waren. In den dreißiger Jahren wurden aber in mehreren Fällen die Phoroi wieder auf den Stand der Zeit vor 446 erhöht. Zudem sind für 439 erstmals zusätzliche Zahlungen (Epiphora) belegt, die aus unbekannten Gründen eingefordert wurden. Ob es sich um Strafgelder für verspätet abgelieferte Phoroi handelte, ist nicht zu entscheiden. Seit Mitte der dreißiger Jahre sind ferner kleinere Städte unter bestimmten Sonderrubriken aufgeführt, die auf ein besonderes Verfahren bei der Veranlagung schließen lassen bzw. auch auf den Beitritt neuer Mitglieder – vor allem im thrakischen Bezirk – hinweisen. Die betreffenden Poleis konnten offenbar ihren Phoros z.T. selbst festsetzen.[105]

Die durch das Thudippos-Dekret gekennzeichnete Stufe in der Verwaltung und Kontrolle des athenischen Machtbereichs war bis 431 noch nicht erreicht. Das athenische Überwachungssystem bestand nach wie vor aus dem schon weitgehend bekannten Instrumentarium. Neu hinzugekommen waren möglicherweise die sog. Hellespontophylakes (»Wächter am Hellespont«), die 426 erstmals inschriftlich belegt sind, zu diesem Zeitpunkt aber offensichtlich keine neugeschaffene Institution darstellten, sondern wohl schon vor dem Peloponnesischen Krieg den Auftrag hatten, den Schiffsverkehr zwischen Griechenland und den Kornkammern am Schwarzen Meer zu überwachen. Zölle wurden am Hellespont offenbar nicht erhoben, doch waren die Hellespontophylakes zweifellos jederzeit in der Lage, mit athenischen Flotteneinheiten die wichtige Seestraße zu sperren. Die »fleet in being« ermöglichte es den Athenern, in den Friedensjahren ohne ein weitverzweigtes Netz von Besatzungen auszukommen, die in den fünfziger und vierziger Jahren im großen und ganzen nur in abgefallenen und wieder unterworfenen Poleis sowie an militärisch wichtigen Punkten stationiert worden waren. Dieser Praxis entsprechend erhielt 439 nach dem Scheitern des Samischen Aufstandes wahrscheinlich Byzantion, das damals ebenfalls abgefallen war, eine athenische Besatzung. Auch nach Samos war zu Beginn der Krise eine athenische Truppe verlegt worden, die aber zu schwach war, um die Insel unter Kontrolle zu halten. Nach dem endgültigen Scheitern der Erhebung wurde indes in Samos weder eine Besatzung zurückgelassen noch eine Kleruchie angelegt. Offenbar hielt man jetzt die Loyalität der proathenischen Kreise für eine ausreichende Sicherheitsgarantie. Daß Athen im allgemeinen nur aus besonderen militärischen Gründen Besatzungen im Seebund stationierte, bestätigt die Angabe des Thukydides (II 24,1) über die Entsendung athenischer Wachttruppen zu Beginn des Peloponnesischen Krieges, die den Schutz strategisch bedeutsamer Positionen zu übernehmen hatten. Dies war eindeutig eine kriegsbedingte Maßnahme. Eine zusätzliche Sicherung bildeten freilich auch in Friedenszeiten die athenischen Kolonien, die jederzeit als militärische Stützpunkte benutzt werden konnten.

In den einzelnen Poleis dienten bestimmte Bürger als Vertrauensleute und »Staatsgastfreunde« der Athener den Interessen der Hegemonialmacht, indem sie in ihrer Stadt jeweils den Kern der Parteigänger bildeten, gewissermaßen in das athenische Kontrollsystem eingespannt waren und in Krisenzeiten geradezu als Agenten Athens fungierten (Thuk. III 2,3). Zu den Personengruppen, die eng mit Athen zusammenarbeiteten bzw. zusammenarbeiten mußten, gehörten selbstverständlich auch die jeweiligen einheimischen Beamten in den verbündeten Poleis. Ungewiß bleibt, inwieweit für diese Kooperation bis zum Ausbruch des Peloponnesischen Krieges spezifisch demokratische Verfassungen in den Seebundstaaten von Bedeutung waren. Unabhängig von massiven Interventionen hatte hier offenbar vor 431 eine Entwicklung eingesetzt, die nach zeitgenössischen Kriterien als Demokratisierung verstanden wurde.[106] Andererseits ist zu beachten, daß keineswegs alle Städte der Symmachie sich an athenischen Prinzipien und Institutionen orientierten und zudem in zahlreichen Kleinstaaten schon aus personellen Gründen der Einführung demokratischer Verfassungsformen bestimmte Grenzen gesetzt waren. Der gesamte »Apparat« der athenischen Demokratie konnte hier nicht einfach übernommen werden.

Die wirtschaftlichen Vorteile der Machtstellung Athens werden bereits in der zeitgenössischen politischen Reflexion hervorgehoben. Athen war wirtschaftlich nicht autark und zur Versorgung der Bevölkerung, die seit den Perserkriegen auch durch eine steigende Zahl von Sklaven und Metoiken erheblich zugenommen hatte, auf Kornimporte angewiesen. Ein weiterer wesentlicher Faktor war der Bedarf an Holz für den Schiffsbau. Dennoch hat Athen offenbar keine gezielte Handelspolitik im Sinne einer Verdrängung anderer Poleis von den wichtigsten Märkten verfolgt.[107] Handelssperren schlechthin scheinen bis zum sog. Megarischen Psephisma 432 v.Chr., das die Megarer von den Häfen und Märkten des Seebundes ausschloß, nicht bestanden zu haben, wenn auch die für den Schiffsbau wichtigen Güter aus dem Bereich der Symmachie offensichtlich nur nach Athen verfrachtet werden durften (Ps.-Xen. Ath. Pol. II 11). Im ganzen beruhte die Interdependenz der ökonomischen und politischen Faktoren auf einfachen Grundvoraussetzungen. Es gab keine komplizierten konjunkturbedingten Mechanismen. Aus athenischer Perspektive war die maritime Macht Athens der Garant der Prosperität und des wirtschaftlichen Nutzens, den Athen aus seiner Hegemonie im Seebund ziehen konnte. Hieraus ergaben sich die Prioritäten der athenischen Politik und natürlich auch die Höhe der finanziellen Forderungen Athens.

Die jährlichen Einkünfte Athens aus den Zahlungen der Bundesgenossen beliefen sich nach Thukydides (II 13,3) vor dem Peloponnesischen Krieg »zumeist« auf etwa 600 Talente. Nach Ausweis der Tributquotenliste 433/32 betrugen die Phoroi kurz vor Ausbruch des Krieges aber nur etwa 390 Talente, so daß in der von Thukydides genannten Gesamtsumme auch sonstige Zahlungen und Verpflichtungen der Bundesgenossen enthalten sind. Darüber hinaus ist ein nicht geringer Teil der erheblichen Einkünfte in Höhe von weiteren 400 Talenten,[108] die Athen auf seinem eigenen Territorium aus Gerichtskosten, staatlichen Gefällen der verschiedensten Art und sonstigen Forderungen hatte, darauf zurückzuführen, daß die Polis große finanzielle Vorteile aus ihrer Stellung als Großmacht und Handelsmetropole zu gewinnen vermochte. Gleichwohl hielten sich die Belastungen der athenischen Bundesgenossen in Grenzen. Der höchste Phoros (30 Talente), den einige Poleis (Aigina, Thasos) vor dem Peloponnesischen Krieg zu zahlen hatten, betrug nur etwa ein Siebtel der Summe, die in der finanziellen Notlage des Jahres 428 von athenischen Bürgern durch Erhebung einer außerordentlichen Vermögenssteuer (Eisphora) von insgesamt 200 Talenten aufgebracht werden mußte. Selbstverständlich hatten auch athenische Koloniegründungen und damit verbundene Landverteilungen erhebliche Auswirkungen auf die ökonomische Basis der betroffenen Poleis. Athen hat jedoch in solchen Fällen sowie auch generell bei der Festsetzung der Tribute die wirtschaftliche Lage der zahlungspflichtigen Städte berücksichtigt. Unklar bleibt freilich, in welchem Ausmaß athenische Bürger privaten oder konfiszierten Grund und Boden im Seebundgebiet aufkauften. Ein Ausverkauf der anbaufähigen Ländereien hat jedenfalls nicht stattgefunden.

Insgesamt gesehen hat Athen in wirtschaftlicher und finanzieller Hinsicht keine gezielte Ausbeutungspolitik gegenüber den Symmachoi verfolgt. Wohl aber verdichtete sich die athenische Hegemonie zu einer teils direkten, teils indirekten Beherrschung der zahlreichen im Seebund zusammengeschlossenen Gemeinwesen, die infolge dieser Entwicklung den Charakter von Polisstaaten zu verlieren und Kommunen minderen Rechts im athenischen Machtbereich zu werden schienen. Da aber die Fiktion der Symmachie aufrechterhalten wurde, waren der organisatorischen Durchdringung des Seebundes wiederum Grenzen gesetzt.[109] Auch aus personellen Gründen war der Polis Athen eine lückenlose administrative Erfassung ihres Einflußbereichs nicht möglich. Ein einheitliches Verwaltungssystem im Sinne einer Reichsorganisation konnte unter diesen Voraussetzungen nicht entstehen. Ebensowenig kam aus athenischer Sicht ein Repräsentativsystem etwa nach den Prinzipien des Boiotischen Bundes in Frage, dessen Struktur aus den besonderen politisch-historischen Bedingungen in Boiotien erwachsen und zudem nach dem Selbstverständnis der athenischen Bürgerschaft auf den Seebund nicht übertragbar war. Während die Strukturfrage des Seebundes ungelöst blieb, wuchs Athen durch seine Kleruchien, die zur Herrschaftssicherung angelegt wurden, gleichsam territorial in die Symmachie hinein, ohne ein Territorialstaat werden zu können, weil ja die innere Ordnung Athens auf der Polisorganisation beruhte und auf den Polisstaat zugeschnitten war.[110] Bereits während der scheinbar konsequenten Vollendung der Demokratie durch eine möglichst umfassende politische Aktivierung des Demos, die mit der höchsten Machtentfaltung Athens zusammenfiel, zeichnete sich die Gefahr einer Entwicklung ab, die das Wesen der Polis in Frage zu stellen schien, da eine Reihe von Bürgern in den Kleruchien praktisch schon keine Möglichkeit mehr hatte, an den Entscheidungsprozessen in Athen teilzunehmen.

Macht- und Sicherheitsinteressen bildeten das Leitmotiv der athenischen Politik, die sich freilich nach dem Abkommen mit Sparta (446) keineswegs auf eine Abschirmung des Seebundes beschränkte, sondern des weiteren darauf abzielte, den eigenen Einflußbereich gleichsam auf Freiräume außerhalb der im Jahre 446 festgelegten Interessensphären der beiden griechischen Großmächte auszuweiten, um auch auf diese Weise die Position Athens zu stärken. Die athenische Initiative zur Gründung der panhellenischen Kolonie Thurioi in Unteritalien (443) ist hier ebenso einzuordnen wie das große Unternehmen im Schwarzmeergebiet unter Perikles' Leitung (wohl 437), der schwer zu datierende Feldzug Phormions in Akarnanien und das Defensivbündnis mit Kerkyra (433), das den Konflikt mit Korinth auslöste und bereits einen Teilkomplex der unmittelbaren Vorgeschichte des Peloponnesischen Krieges bildete.

In der folgenden Ereigniskette, die von der athenischen Unterstützung Kerkyras im Kampf gegen die korinthische Flotte bei den Sybotainseln (433) über das Megarische Psephisma und den Austritt der korinthischen Kolonie Poteidaia aus dem Seebund bis zum Scheitern der letzten athenisch-spartanischen Verhandlungen (Winter 432/31) reicht, führten Aktionen und Gegenaktionen der in die Krise verwickelten Poleis zu einer gefährlichen Eskalation, bis eine friedliche Beilegung des Konflikts nicht mehr möglich zu sein schien und Konzessionsbereitschaft als Eingeständnis der eigenen Schwäche empfunden wurde. Der attische Demos hat 432/31 keineswegs in einem Begeisterungstaumel der kompromißlosen Verhandlungstaktik des Perikles zugestimmt, der im Hinblick auf die in zurückliegenden Konflikten gesammelten Erfahrungen die spartanischen Forderungen nach Aufhebung des Megarischen Psephismas und Wiederherstellung der Autonomie der Seebundstaaten als Zeichen der Kriegsentschlossenheit der peloponnesischen Führungsmacht wertete und den seiner Meinung nach unvermeidlichen Krieg zu einem für Athen günstigen Zeitpunkt zu führen beabsichtigte. Die in der Tat kaum zu bestreitende Aggressivität der spartanischen Politik auf dem Höhepunkt der Krise war wiederum die Reaktion auf den kontinuierlichen Machtzuwachs Athens. Zudem stand Sparta unter dem Druck Korinths, das seinerseits kaum noch Handlungsspielraum besaß, nachdem es Poteidaia unterstützt hatte. Eine einfache Aufrechnung der Schuldfrage ist nicht möglich. Letztlich hatte die Machtentfaltung Athens eine Dynamik ausgelöst, die mit dem politischen Instrumentarium des 5. Jahrhunderts v. Chr. nicht mehr beherrscht werden konnte. Die Baumeister der athenischen Großmachtstellung waren nicht erst die führenden Politiker der Demokratie, die freilich die vorgegebenen Bahnen konsequent weiterverfolgten. Als führende Polis eines weiten Raumes zwischen den Großmächten Sparta und Persien hatte Athen seine Position ständig zu konsolidieren versucht, so daß die ohnehin nur schwach entwickelten föderativen Ansätze seiner Symmachie politisch nahezu bedeutungslos wurden. Hierdurch entstanden aber auch innerhalb des Bündnissystems Gegenkräfte, die einen gefährlichen Desintegrationsprozeß auslösen konnten, wenn sie durch Intervention fremder Mächte Auftrieb erhielten. Sparta hatte hierin wiederholt die Chance gesehen, die Machtentfaltung Athens zu bremsen, während solche Aktionen der athenischen Führung und Bürgerschaft zu bestätigen schienen, daß der Ausbau der eigenen Macht grundsätzlich richtig sei. Mit modernen Imperialismustheorien läßt sich dieses Phänomen kaum erfassen. Wie bereits Thukydides erkannt hat, wird die Entstehung des Peloponnesischen Krieges nur vor dem Hintergrund der gesamten Pentekontaëtie voll verständlich.

d) Gesellschaftliche Gliederung

1. Bürger

Durch das Bürgerrechtsgesetz des Perikles (451) war der Kreis der Vollbürger rechtlich abgegrenzt. Voraussetzung für die Zuerkennung des Bürgerrechts sollte fortan die athenische Herkunft beider Eltern sein. Hierdurch wurde die politische Verbundenheit der vollbürtigen Athener aller Schichten betont. Nur sie sollten ungeachtet ihrer sozialen Stellung das bestimmende Kollektiv im Seebund bilden.

Die Einteilung der Bürger nach Besitz und Einkommen wurde freilich beibehalten. Innerhalb dieser Gliederung bildeten die beiden ersten Zensusklassen nach wie vor die Oberschicht. Hierzu zählten einerseits Grundbesitzer, die als Eigentümer altererbter Güter traditionell als Pentakosiomedimnoi oder Hippeis eingestuft waren. Indem sie sich nach überkommenen Wertvorstellungen als Kaloikagathoi (»Edle«) verstanden, grenzten sie sich durch eine gleichsam inoffizielle soziale Trennungslinie von der übrigen Bürgerschaft ab. Das formale und offizielle Einteilungsprinzip – der Besitzstand – garantierte keine ständische Geschlossenheit. Sozialer Aufstieg ermöglichte die Einweisung in eine höhere Zensusklasse. Insofern wäre es verfehlt, die beiden ersten Zensusklassen generell als »Adel« zu bezeichnen. Der Adelsbegriff kann ohnehin nur im übertragenen Sinne auf die alte Grundbesitzerschicht bezogen werden. Die Hippeis und auch viele Pentakosiomedimnoi waren nach Besitzstand und Lebensweise durchaus keine Grandseigneurs.

Einige detaillierte Angaben über den Landbesitz in Attika liegen für das späte 5. und 4. Jahrhundert vor. Hiernach hatten z. B. die Ländereien des Alkibiades in Attika nur einen Umfang von ca. 28,5 ha.[111] Bereits im 6. Jahrhundert hatten sich freilich einzelne Adelsfamilien wie die Philaiden und Peisistratiden außerhalb Attikas durch Landerwerb und Ausbeutung von Minen neue Einkünfte erschlossen, und in der Pentekontaëtie besaß zweifellos eine größere Zahl von athenischen Kaloikagathoi im oben definierten Sinne auf Territorien der Symmachoi Ländereien, die von den relativ bescheidenen Grundstücken der im Gebiet des Seebundes angesiedelten Kolonisten zu differenzieren sind. Selbstverständlich wurde die Chance, den Landbesitz auf diese Weise zu mehren oder Einkünfte durch Erwerb von Häusern im Stadtgebiet, durch Ankauf und Vermietung von Sklaven, Geldverleih und sonstige wirtschaftliche und finanzielle Aktivitäten gewinnbringend anzulegen, in unterschiedlicher Weise genutzt. Dementsprechend wurden die Besitzunterschiede in der alten Oberschicht zunehmend größer, wenn auch Familientradition, wirtschaftliche Unabhängigkeit und Erziehung ihren Angehörigen generell ein hohes Sozialprestige sicherten. Nicht alle Kaloikagathoi waren aber bereit und in der Lage, hohe Ämter – d. h. insonderheit die Strategie – zu bekleiden, so daß sie in ihrer Gesamtheit nicht schlechthin identisch mit der eigentlichen politischen Führungsschicht waren, deren Sozialstruktur sich zudem durch den Aufstieg »neuer Familien« wandelte. Herausragende Beispiele hierfür sind Kleon und Nikias, die nach dem Tod des Perikles zur politischen Führungsspitze aufschlossen und Repräsentanten einer Schicht waren, die bereits in perikleischer Zeit ihren sozialen Status erheblich verbessern konnte.[112] Vielfach handelte es sich um Werkstattbesitzer, die freilich keine serienmäßige Produktion in großem Umfang betrieben und insofern keine Fabrikanten waren, sondern in der Regel etwa ein bis zwei Dutzend unfreie Handwerker beschäftigten.

Trotz ihres sozialen Aufstiegs sind die meisten Besitzer derartiger Gewerbebetriebe zweifellos nur in Relation zu ihren »Berufsgenossen« mit kleineren Werkstätten als »reich« zu bezeichnen. Nach ihrer Mentalität und

Lebensweise gehörten sie im Grunde zur Mittelschicht, die ein breites Spektrum der verschiedensten Berufe umfaßte. Die weitaus meisten Handwerker (Banausoi) aller Sparten waren Kleinproduzenten, die mit Hilfe von einem oder zwei Sklaven ihre Erzeugnisse herstellten und in ihrer Werkstatt verkauften, so daß hierdurch auch ein Teil des Lokalhandels abgewickelt wurde. Des weiteren vermittelten sog. Kapeloi (Kleinhändler) den Binnenhandel. Sie standen in geringerem Ansehen als die Emporoi (Außenhandelskaufleute) und Naukleroi (Schiffseigentümer), die freilich keine Großkaufleute und Reeder mit umfangreichen Kontoren waren, sondern im wesentlichen selbst ihre Geschäfte tätigten.[113]

Nach heutigen Maßstäben ist es schwierig, eine klare Trennungslinie zwischen »Armen« (Penetes) und »Besitzenden« (Plousioi) in Athen und anderen Poleis zu ziehen. Da Grundbesitz eine einigermaßen beständige Existenzgrundlage bot, galten Bauern generell als Plousioi. Sie besaßen jedoch vielfach nur einige Hektar Land, hatten lediglich einen oder zwei Sklaven und mußten selbstverständlich hart arbeiten. In bezug auf ihren sozialen Status sind sie nach damaligen Kriterien der Mittelschicht zuzurechnen, obwohl sie sicherlich oft weniger verdienten als kleine Handwerker, die ebenso wie Kleinhändler und Lohnarbeiter als Penetes galten.[114] Im Schichtungsgefüge der attischen Bürgerschaft markierten weder die einer populären sozialen Wertungsskala entsprechende Einstufung in Plousioi und Penetes noch die Besitzunterschiede zwischen Zeugiten und Theten einen scharfen Einschnitt. Die Theten bildeten in ihrer Gesamtheit keineswegs eine Unterschicht ohne ausreichende Subsistenzmittel. Sie sind zu differenzieren von den eigentlich Bedürftigen, den Ptochoi (wörtl.: Bettler), die nur eine Randerscheinung und keine soziale Großgruppe waren.

Auch im unteren Bereich der gesellschaftlichen Gliederung des Bürgerverbandes war soziale Mobilität gewährleistet. Infolge der allgemeinen Wirtschaftsentwicklung und durch die Anlage von Kleruchien bzw. Kolonien stiegen viele Theten in die höhere Zensusklasse auf. Zu den rund 10000 attischen Kolonisten in der Pentekontaëtie zählte aber auch eine Reihe von Zeugiten. Auch unter diesem Aspekt war die politische Ordnung Athens keine radikale Thetendemokratie. Hinzu kommt, daß die Theten weder im Rat noch in den zahlreichen Losämtern dominierten und es fraglich erscheint, ob sie in der Volksversammlung die drei oberen Zensusklassen zu majorisieren vermochten. Die Zahl der Zeugiten und Theten dürfte 431 in etwa jeweils bei über 20000 gelegen haben.[115] In der Volksversammlung waren die Theten schwerlich durchweg überrepräsentiert. Spezifische Ziele der Theten bildeten jedenfalls keine durchgängigen Themen der Politik, in der vielmehr auf Grund der gemeinsamen Interessen aller Bürger an der Erhaltung der Macht Athens bei allen Kontroversen über Für und Wider einzelner Maßnahmen ein breiter Konsens bestand. Im innenpolitischen Bereich bedeutete dies, daß Neuerungen zwar eine Optimierung des Systems, nicht aber dessen radikale Veränderung oder eine soziale Nivellierung zum Ziel hatten.

Athen war im Zeitalter des Perikles keineswegs ein Wohlfahrts- und Versorgungsstaat. Durch den bescheidenen Zuschuß (Misthos) für die Ausübung öffentlicher Funktionen wurden Richter, Bouleuten und Beamte selbstverständlich keine »politischen Rentner«. Die für die Funktionsfähigkeit des demokratischen Systems notwendigen Ausgaben waren erheblich geringer als die Kosten, die der »Militärhaushalt« sogar in Friedenszeiten verursachte. Stark ins Gewicht fiel vor allem die jährlich ausgerüstete Manöverflotte von 60 Trieren (Plut. Per. 11,4), deren Sinn und Zweck nicht primär darin bestand, zahlreichen Bürgern Verdienstmöglichkeiten als Ruderer zu bieten. Sie sollte in erster Linie einen guten Ausbildungsstand der Mannschaften gewährleisten und zugleich wohl auch die Stärke Athens demonstrieren.
Ebensowenig war die Errichtung repräsentativer Kultbauten auf der Akropolis ein gezieltes Arbeitsbeschaffungsprogramm für ärmere Bürger, zumal z.T. Spezialisten aus dem Ausland herangeholt werden mußten und neben Bürgern auch Metoiken und Sklaven auf den Baustellen arbeiteten. Die Kosten hielten sich im ganzen zweifellos in Grenzen. Sie betrugen für den Parthenon etwa ein Viertel des Betrages von 2000 Talenten, den die mehrjährige Belagerung Poteidaias erforderte.[116] Zu beachten ist freilich, daß neben den Akropolisbauten in Athen und Attika noch eine Reihe von weiteren Bauwerken (einschließlich der Schiffshäuser für Trieren) errichtet wurde, der Ausbau des Festungsdreiecks Athen-Peiraieus-Phaleron zeitweise neue Verdienstmöglichkeiten schuf und von der Entwicklung Athens zur Großmacht und Handelsmetropole generell mannigfache Impulse auf das Wirtschaftsleben ausgingen. Erwähnt sei nur, daß mit zunehmendem Güteraustausch sich die Substruktur des Hafengebietes erweiterte, Athen ein attraktives Betätigungsfeld für Zuwanderer aus dem Seebund wurde und durch die Bevölkerungszunahme nicht nur der Getreideverbrauch, sondern bei aller Bescheidenheit der persönlichen Ansprüche auch die Nachfrage nach Gebrauchsgegenständen des täglichen Lebens stieg, während die Versorgung Athens mit wichtigen Importgütern gesichert war. Ebenso wie die Ausgestaltung des demokratischen Systems stand auch die wirtschaftliche Entwicklung in engem Zusammenhang mit der athenischen Hegemonie, wie auch umgekehrt der wirtschaftliche Aufschwung ein stabilisierender Faktor für die Machtstellung Athens wurde. Die technischen Möglichkeiten in der Güterproduktion blieben freilich nach wie vor begrenzt, die traditionellen Arbeitsmethoden in der Landwirtschaft wurden beibehalten, und die weitaus meisten Athener wurden keineswegs reiche Leute.

2. Freie Nichtbürger

Die in Athen und Attika lebenden Freien ohne Vollbürgerrecht bestanden aus heterogenen Großgruppen, unter denen die Nothoi (»Halbbürtige«) und Metoikoi (ansässige Fremde) eine Sonderstellung einnahmen. Während bis 451 Söhne aus Ehen zwischen Athenern und »Ausländerin-

nen« (d.h. auch Frauen aus anderen Teilen Griechenlands) als Bürger anerkannt wurden, galten in der Folgezeit die Kinder aus solchen Verbindungen als Nothoi.[117] Das neue Bürgerrechtsgesetz wurde aber offenbar zunächst häufig umgangen, da bei einer Überprüfung der Bürgerlisten 445/44 etwa 5000 illegal eingeschriebenen Nothoi das Bürgerrecht entzogen wurde. Auch während des Peloponnesischen Krieges fand das Gesetz zweifellos vielfach keine Beachtung, so daß es wohl nicht zuletzt aus diesem Grund 403/02 erneuert wurde. Im übrigen hatte Athen bereits vor 431 den Poleis auf Euboia, wo nach der Niederwerfung der großen Erhebung (446) viele Athener Landbesitzer geworden waren, das Recht der sog. Epigamie gewährt und damit die Rechtsgültigkeit der Ehen zwischen Athenern und euboiischen Frauen anerkannt.[118] Diese Maßnahme war eine gewisse Konzession an eine Entwicklung, die sich aus der athenischen Seebundpolitik ergeben hatte. Sie bedeutete indes noch keine Tendenzwende in der Bürgerrechtspolitik gegenüber den Poleis der Symmachie. Die Verleihung des athenischen Bürgerrechts (mit gewissen Einschränkungen) an eine nicht allzu große Zahl von Plataiern (427) war eher eine Geste gegenüber den Überlebenden einer Stadt, die durch ihre Loyalität zu Athen nach längerer Belagerung durch peloponnesische Streitkräfte den Untergang gefunden hatte, während die Einbürgerung der Samier unmittelbar vor dem militärischen Zusammenbruch Athens (404) aus dem verzweifelten Bemühen resultierte, noch eine Wende herbeizuführen. Einzelpersonen hatten freilich immer wieder das athenische Bürgerrecht als besondere Auszeichnung erhalten.
Als Xenoi (freie Fremde verschiedenster Herkunft) galten nicht nur alle »Ausländer« (einschließlich der angeworbenen Söldner), die sich nur vorübergehend in Athen aufhielten, sondern auch die dauernd ansässigen Metoiken, die einen klar umrissenen Rechtsstatus besaßen und an ihrem Wohnsitz in das Register der zuständigen Gemeinde (Demos) eingetragen wurden.[119] Die Metoiken durften (wie alle Xenoi) im Normalfall keinen Grundbesitz erwerben, mußten für Wohnrecht und Rechtsschutz eine geringe Kopfsteuer zahlen und hatten wie athenische Bürger bestimmte finanzielle Verpflichtungen zu erfüllen, indem sie bei entsprechendem Besitz und Einkommen Leiturgien (wie z.B. die Ausstattung von Theaterchören) als öffentliche Leistungen für die Polis erbringen mußten und im Kriegsfall zu besonderen Abgaben herangezogen wurden. Etwa seit Mitte des 5. Jahrhunderts waren wehrfähige Metoiken, deren Einkommen dem Zeugitenzensus entsprach, bei der Landesverteidigung und bei kürzeren Feldzügen zum Hoplitendienst verpflichtet. Weitere Metoiken wurden im Bedarfsfall als Ruderer eingesetzt. Als Privileg konnten einzelnen Metoiken das Recht auf Haus- und Grundbesitz, Befreiung (Ateleia) von der Metoikensteuer und Gleichstellung (Isoteleia) mit den Bürgern bei Erhebung von Sonderabgaben gewährt werden. Während sich die rechtlichen Einschränkungen, denen die Metoiken unterlagen, keineswegs nur auf den politischen Bereich erstreckten, hatten sie in Handel und Gewerbe im wesentlichen die gleichen Entfaltungs-

möglichkeiten wie die Bürger. Insofern bestanden keine strikten Standesgrenzen.

Die Zahl der Metoiken (einschließlich der Frauen und Kinder) läßt sich kaum schätzen. Sie könnte in der Pentekontaëtie auf über 30000 angestiegen sein[120], schwoll aber nicht derart an, daß die Metoiken im Geschäftsleben und auf dem Arbeitsmarkt als ernsthafte Konkurrenz der Bürger galten und die Zuwanderung von Fremden, die in Athen eine neue Existenz zu gründen suchten, eingeschränkt wurde. Fremdenhaß scheint im großen und ganzen nicht entstanden zu sein. Die Exzesse unter der Herrschaft der »Dreißig«, die eine Anzahl von Metoiken verfolgten, um sich deren Besitz anzueignen, sind anders zu bewerten, und die von Lysias geschürten Ressentiments gegen metoikische Getreidehändler entwickelten sich unter den veränderten Bedingungen des frühen 4. Jahrhunderts.

Die Metoikie hat sicherlich einen bedeutenden Beitrag zum wirtschaftlichen Aufschwung Athens geleistet. Sie besaß (ebenso wie die Institution der Sklaverei) nicht zuletzt auch dadurch eine wichtige Funktion, daß infolge der Eingliederung vieler Nichtbürger in den Wirtschaftsprozeß der erhebliche Mannschaftsbedarf der Flotte sich nicht als gravierender Störfaktor im ökonomischen Bereich auswirkte.

Zahlenmäßig wesentlich geringer als die Schicht der freigeborenen Metoiken waren zweifellos die Freigelassenen (Apeleutheroi), die in rechtlicher Hinsicht stärkeren Einschränkungen unterworfen waren. Ihr Freilasser und Rechtsvormund (Prostates) konnte von ihnen nicht nur die gesetzlich vorgeschriebenen Verbindlichkeiten, sondern darüber hinaus noch besondere Dienstleistungen für sich und seine Familie verlangen.

3. Unfreie

Seit Beseitigung der Schuldknechtschaft waren alle Unfreien in Attika sog. Kaufsklaven oder deren Kinder, die zumeist im Hause ihres Herrn geboren und aufgewachsen waren und den gleichen Status wie die im Handel erworbenen Sklaven hatten, so daß sie von ihrem Eigentümer ebenfalls veräußert, verschenkt, vererbt oder vermietet werden konnten. Die Zahl der Sklaven fremder Herkunft hat nach Aufhebung des archaischen Schuldrechts sicherlich zugenommen. Vermutlich waren vor allem Pentakosiomedimnoi und Hippeis nach den solonischen Reformen gezwungen, die Arbeitsverhältnisse auf ihren Gütern zumindest teilweise zu ändern und in größerem Umfang als bisher Sklaven zu verwenden.[121] Die Sklavenzahl scheint aber hierdurch im 6. Jahrhundert nicht sprunghaft gestiegen zu sein. Zu beachten ist jedenfalls, daß Solon die Konzentration des großen Grundbesitzes unterbunden hatte und von daher dem Bedarf an Sklaven gewisse Grenzen gesetzt waren. Im Handwerk wird die Nachfrage nach Sklaven zwar gleichfalls allmählich zugenommen haben. Die weitaus meisten Werkstätten waren aber nach wie vor Kleinbetriebe, und ihre Zahl blieb trotz des Aufschwungs dieses Wirtschaftszweiges im ganzen begrenzt.

Eine neue Entwicklung in der Sklavenhaltung begann mit der Gründung des Seebundes und der offensiven Kriegführung gegen Persien. Indem in größerer Zahl Kriegsgefangene auf den Sklavenmarkt gelangten, sank zweifellos der Kaufpreis, während andererseits die Zahl der Bürger zunahm, die – wie es Xenophon (Mem. II 3,3) später formulierte – sich einen Sklaven als »Mitarbeiter« (Synergos) leisten konnten. Vor allem stieg der Bedarf in der gewerblichen Produktion. Ein wichtiger Faktor war die Intensivierung des Silberbergbaus in Laureion, wo die Zahl der Sklaven vermutlich auf weit über 10000 anstieg.[122] Auch die Zahl der größeren Handwerksbetriebe nahm zu. Diese Entwicklung scheint bereits um 460 für das athenische Wirtschaftsleben einige Bedeutung gewonnen zu haben. Das Angebot auf dem Sklavenmarkt erhöhte sich freilich nicht nur dadurch, daß die Athener und ihre Bundesgenossen viele Kriegsgefangene einbrachten. Als Sklaven angeboten wurden auch Gefangene aus Kriegen nichtgriechischer Völker sowie Opfer von Menschenraub und des außerhalb der griechischen Welt unterschiedlich verbreiteten Brauchs, Kinder zu verkaufen. Ein erheblicher Teil der in Athen lebenden Sklaven stammte aus Kleinasien, dem Vorderen Orient und dem thrakisch-pontischen Raum. Die Namen der Unfreien lassen oft auf ihre Herkunft schließen (z. B. Syros, Assyrios, Thrax). Mit zunehmender Tendenz, im Kampf zwischen griechischen Staaten die schrankenlose Ausübung des Siegerrechts zu mildern, sank hingegen in der Pentekontaëtie die Zahl der versklavten Hellenen. Dies änderte sich freilich im Zuge der Brutalisierung der Kriegführung während des Peloponnesischen Krieges.[123]

Die Zahl der Sklaven in Athen läßt sich nur grob schätzen. Vor 431 mag die obere Grenze etwa zwischen 80000 und 110000 Unfreien beiderlei Geschlechts und aller Altersgruppen gelegen haben.[124] Am stärksten war sicherlich der Anteil der erwachsenen männlichen Sklaven, deren Bedeutung für das athenische Wirtschaftsleben in dem Hinweis des Thukydides (VII 27,5), daß die Flucht von über 20000 Unfreien während des sog. Dekeleischen Krieges den Athenern schweren Schaden zugefügt habe, deutlich zum Ausdruck kommt. Allerdings basiert diese Angabe nicht auf statistischem Material. Sie bezieht sich zudem auf einen längeren Zeitraum (412–404).

Die Bemerkung des Lysias (V 5), daß *alle* Bürger Sklaven hätten, ist zweifellos übertrieben, wenn auch zu beachten ist, daß es sich hier um eine Gerichtsrede handelte und Lysias' Behauptung daher nicht völlig unglaubwürdig klingen durfte.[125] Aristoteles setzt demgegenüber die Akzente anders, wenn er betont (Pol. 1252b 12; 1323a 5), daß arme Landwirte ohne Sklaven auskommen müssen und mittellose Freie (aporoi) aus Mangel an Sklaven die Arbeitskraft ihrer Frauen und Kinder ausnutzen. Er bezieht sich hier offensichtlich auf freie ländliche und städtische Unterschichten am Rande des Existenzminimums, die in seiner Zeit generell einen weit höheren Bevölkerungsprozentsatz bildeten als im perikleischen Athen. In der Blütezeit Athens im 5. Jahrhundert wird ein erheblicher

Teil der Landwirte und auch der kleinen Handwerker wenigstens einen oder zwei Sklaven besessen haben. Eine gewisse Bestätigung hierfür bietet die ältere Komödie. Das Bild, das hier von der Sklavenhaltung in Athen vermittelt wird, ist schwerlich völlig unrealistisch, wenn auch gewisse Abstriche zu machen sind, da die Sklaven im Handlungsablauf als komische Figuren eine wichtige Rolle spielen. Die Zahl der Sklaven war freilich in den einzelnen Haushaltungen, Betrieben und Werkstätten sehr unterschiedlich. Ein Extrem ist die von Xenophon (Vect. IV 14) erwähnte Zahl von 1000 Sklaven des Nikias, der diese Unfreien als Grubenarbeiter vermietete. Allerdings beruht diese Angabe nicht auf authentischem Material. Xenophon beruft sich hier rund 6 Jahrzehnte nach dem Tod des Nikias auf eine mündliche Tradition, in der die genannte Ziffer wohl stark nach oben abgerundet worden war. Im gleichen Zusammenhang nennt Xenophon noch zwei weitere Sklaveneigentümer, die 600 bzw. 300 Mietsklaven besessen haben sollen. Sklaventrupps in dieser Größenordnung waren auf jeden Fall ungewöhnlich. Auch die Zahl von nahezu 120 Sklaven in der größten bekannten Werkstatt, die dem Metoiken Lysias und dessen Bruder gehörte, war zweifellos eine Ausnahme (Lys. XII 19). In anderen relativ großen Handwerksbetrieben wurden im Durchschnitt offenbar wesentlich weniger Sklaven beschäftigt. So besaß der Vater des Demosthenes z. B. zwei »nicht kleine« Werkstätten mit 32 oder 33 unfreien Messerschmieden bzw. 20 Schreinern (Demosth. XXVII 9). Die Konzessionäre der Gruben im Raum von Laureion beschäftigten durchschnittlich ähnliche Sklavenzahlen.

In relativ großen Betrieben bestand ähnlich wie auf den Landgütern der athenischen Oberschicht das ständige Personal zweifellos durchweg aus Sklaven. Hierbei darf aber nicht übersehen werden, daß es in Athen selbstverständlich auch freie Lohnarbeit gab und im übrigen die Zahl der größeren Gewerbebetriebe sich höchstens auf einige hundert belief. In den zahlreichen Kleinbetrieben hatten die Sklaven selbstverständlich neben ihrer handwerklichen Tätigkeit noch mannigfache Arbeiten in Haus und Hof zu verrichten. Familien der Oberschicht hielten hierfür hingegen besonderes »unfreies Dienstpersonal«. Eine gewisse Sonderstellung nahmen die sog. choris oikountes (»außerhalb Wohnende«) ein, die auf eigene Rechnung einen Laden führten oder eine Werkstatt betrieben und ihrem Herrn bestimmte Zahlungen zu leisten hatten. – Eine Anzahl von Sklaven befand sich im Besitz der Polis. Hierzu zählte etwa von Mitte bis Ende des 5. Jahrhunderts auch die schon erwähnte 300 Mann starke exotische Sklaventruppe der sog. Skythen oder Toxotai (»Bogenschützen«), die Ordnungsdienste als Gehilfen athenischer Magistrate verrichteten. Andere »Staatssklaven« waren in subalterner Funktion als Amtsdiener, Scharfrichter und Folterknechte tätig. Weitere Sklaven der Polis wurden für bestimmte öffentliche Arbeiten (z. B. Reinigungsdienste) verwendet.

»Rechte« im eigentlichen Sinne besaß der Sklave nicht. Er war der Strafgewalt seines Herrn unterworfen, die allerdings wohl kaum ein uneingeschränktes Tötungsrecht implizierte.[126] Um grausamer Bestrafung zu entgehen, konnte der Sklave in ein Tempelasyl flüchten und hier darum bitten, an einen anderen Herrn verkauft zu werden. Es handelte sich hierbei freilich nicht um eine einseitige, sakralrechtlich sanktionierte Schutzgarantie für den Sklaven, sondern in gewisser Weise auch um einen Eigentumsschutz für den Herrn, der in diesem Fall leichter den Kaufpreis oder zumindest einen Teil der Kosten für den Kauf des Sklaven wiedererhalten konnte, während es in der Regel mit erheblichen Ausgaben verbunden war, einen ins »Ausland« (d. h. in eine andere Polis) geflüchteten Sklaven zu verfolgen, sofern hierzu überhaupt eine Möglichkeit bestand.[127] Einen gewissen Schutz gegen Mißhandlung durch Dritte erhielt der Sklave durch seinen Status als Eigentum seines Herrn, der in solchen Fällen klageberechtigt war. Darüber hinaus konnte aber theoretisch auch jeder andere Bürger Klage erheben, während der verletzte Sklave von sich aus nichts gegen den Täter unternehmen konnte. Es ging auch hierbei nicht primär um den Betroffenen, sondern um Eigentumsschutz sowie auch um den Tatbestand als solchen, indem im Interesse der öffentlichen Sicherheit Verwechslungen, bei denen irrtümlich ein Freier verletzt oder getötet werden konnte, verhindert werden sollten (Aischin. I 17). Die unterschiedliche Bewertung gleicher Straftaten kommt darin zum Ausdruck, daß die Tötung eines fremden Sklaven auch bei vorsätzlichem Mord als Totschlag galt, während für alle Tötungsdelikte der Unfreien die Todesstrafe angeordnet war. Vergehen der Sklaven gegen die öffentliche Ordnung und Sicherheit wurden mit schweren Körperstrafen geahndet. Die Rechtsunfähigkeit des Sklaven bedingte des weiteren, daß der Unfreie vor Gericht nicht als vereidigter Zeuge aussagen durfte, sondern unter der Folter befragt wurde. Allerdings konnte bei gewöhnlichen Privatprozessen die Folter nur mit Zustimmung des Herrn angewendet werden,[128] der im übrigen auch für den Schaden haftbar war, den sein Sklave einem Dritten zufügte.

Lebensbedingungen und Behandlung der einzelnen Sklaven hingen selbstverständlich von den Launen und Eigenheiten des Herrn sowie von der Verwendung der Unfreien im Arbeitsprozeß ab. Es liegt in der Natur der Sache, daß die Skala der Möglichkeiten in dieser Hinsicht groß war. Hierin finden letztlich auch die widersprüchlichen Nachrichten zu diesem Problem ihre Erklärung. Einerseits wird von Kritikern der athenischen Demokratie in polemischer Überspitzung die milde Behandlung der Sklaven und deren angeblich hieraus resultierende Respektlosigkeit gerügt. Das klassische Beispiel sind die Ausführungen bei Ps.-Xenophon (Ath. Pol. I 10), die sich freilich in erster Linie auf das Verhältnis der Freien zu den Sklaven anderer Bürger beziehen und speziell auf die Lage der außerhalb des Hauses ihres Herrn selbständig wirtschaftenden Unfreien anspielen. Diese Gruppe war indes keineswegs repräsentativ. Auch der Hinweis des genannten Autors, daß Sklaven, die gegen Entrichtung von Abgaben an ihren Herrn auf eigene Rechnung arbeiten, geradezu »reich« seien, ist zweifellos zu relativieren.[129] Offensichtlich waren erst nach dem Peloponnesischen Krieg Karrieren wie der Aufstieg der reichen Bankiers Pasion und Phormion vom Sklaven über den Status eines Freigelassenen zum Bürger möglich. Im übrigen handelte es sich um wenige Einzelfälle.

Nicht nur das Gewaltverhältnis des Herrn über seine Sklaven, sondern auch die Tatsache, daß die weitaus meisten Unfreien keine Griechen waren, bedingte allgemein eine Geringschätzung der Person des Sklaven, dessen Obödienz durch Drohung und Gewalt jederzeit erzwungen werden konnte. Wie die Wirklichkeit oft genug gewesen sein mag, veranschaulichen einige Bemerkungen Xenophons (Mem. II 1,16–17) über die rüde Behandlung angeblich zuchtloser und fauler Sklaven durch ihre eigenen Herren. Die Gewaltverhältnisse werden hier freilich in extremer Form generalisiert. Aischylos hob demgegenüber bereits 458 im »Agamemnon« (1042ff.) die durchaus unterschiedliche Behandlung der Sklaven hervor. Des weiteren reflektieren in der literarischen Überlieferung verschiedene Anweisungen für den Umgang mit Sklaven letztlich verbreitete Maximen, wenn von einer wohldosierten Anwendung von Lohn und Strafe die Rede ist.[130] Zweifellos hat nicht jeder Bürger seine Sklaven permanent malträtiert. Besonders anschaulich schildert Platon (Nom. 777a) die Extreme der Sklavenhaltung, indem er betont, daß die einen ihre Sklaven wie das Vieh mit Stachel und Peitsche traktieren, während andere das genaue Gegenteil praktizieren. Die Kontraste werden vor allem auch in den Komödien des Aristophanes deutlich. Allerdings ist hier auch eine gewisse Entwicklung der Sklavenfiguren festzustellen, die in den frühen Stücken zumeist gefügige Werkzeuge ihrer Herren sind, während später die Distanz zwischen Herren und Sklaven geringer erscheint.[131] Bezeichnend ist jedoch, daß noch im letzten Stück – dem »Plutos« (388 v.Chr.) – das Sklavendasein von der Mentalität des Herrn bestimmt wird (1ff.).

Wenn die Sklaven generell als feige, faul, unterwürfig, wankelmütig, listig, gaunerhaft und gierig galten, so ergaben sich solche Wertungen sicherlich auch aus der Beobachtung der »Überlebensstrategie« vieler Sklaven, wobei eine Reihe von Freien wohl kaum psychologisches Verständnis für die Anpassung der Unfreien an ihre physische Abhängigkeit aufbrachte. Dennoch war die Kluft im menschlichen Bereich nicht unüberbrückbar. Viele einfache Bauern und Handwerker, die sich mit ihren Sklaven abmühten, um sich und ihrer Familie eine bescheidene Existenz zu sichern, haben zweifellos oft ein menschliches Nahverhältnis zu ihren unfreien Knechten und Arbeitern gefunden, und besser situierte Bürger schenkten der unfreien Amme ihrer Kinder, dem als »Knabenaufseher« (Paidagogos) fungierenden Sklaven und dem unfreien Epitropos (»Verwalter«) ihrer Besitzungen selbstverständlich Vertrauen.[132] Auch im religiösen Bereich war die Kluft nicht unüberbrückbar. Die Sklaven waren zwar als Fremde von bestimmten öffentlichen Kulten ausgeschlossen, konnten aber an vielen Festlichkeiten der Polis teilnehmen und sogar zu den eleusinischen Mysterien zugelassen werden.

In starkem Kontrast zu der allgemeinen Geringschätzung der Unfreien steht das Bild des edlen Sklaven in der Dichtung des Euripides, der zudem in seiner dramatischen Gestaltung der Versklavung von Freien nicht nur das Schicksal griechischer Frauen darstellt, sondern die kompromißlose Praktizierung des Kriegsrechts auch am Los der Heroinen »barbarischer« Herkunft veranschaulicht.[133] Von der Forderung nach Aufhebung der Unfreiheit ist im Werk des Euripides indes ebensowenig wie in der Alten Komödie und in der Sophistik die Rede.[134] Die Kritik des Euripides richtet sich primär gegen das Kriterium des sozialen Status in der Bewertung menschlicher Qualitäten. Wahrscheinlich gebührt in dieser Hinsicht seiner Dichtung die Priorität gegenüber der Problematisierung der Ungleichheit in der Sophistik und der Formulierung der Antithese von Nomos (Brauch) und Physis in der philosophischen Theorie des Hippias, der die naturgegebene Gleichheit der Menschen mit dem Nomos, »der vieles gegen die Physis erzwingt«, konfrontiert, ohne allerdings in diesem Zusammenhang das Sklavendasein direkt anzusprechen (Plat. Prot. 337d). Schärfer als Hippias stellt Antiphon die Unterschiede zwischen Hellenen und »Barbaren« in Frage, doch bleibt offen, inwieweit er den Gegensatz von Freien und Sklaven zu überwinden suchte. Erst nach der Befreiung der Messenier von der Herrschaft Spartas verkündete der Gorgiasschüler Alkidamas, daß die Natur niemanden als Sklaven geschaffen habe. Offensichtlich wurde aber auch von Alkidamas nicht die Forderung nach genereller Beseitigung der Sklaverei erhoben.

Eingewurzelte Vorurteile und die hieraus resultierenden Maximen der Sklavenbehandlung konnten durch die Kritik am Unrecht der Unfreiheit nicht generell überwunden werden. Auch die athenische Freilassungspraxis wurde hiervon nicht entscheidend beeinflußt. Private Freilassungen waren in Relation zur Gesamtzahl der Sklaven in Athen nicht allzu zahlreich. Erst in der akuten militärischen Krise vor der Seeschlacht bei den Arginusen wurden in größerem Umfang Sklaven emanzipiert, die als Ruderer auf der Flotte benötigt wurden. Diese Maßnahme erfolgte jedoch auf Beschluß der Ekklesia, die hiermit das private Verfügungsrecht der Bürger über ihre Sklaven außer Kraft setzte.[135] Dennoch wurden 406 offensichtlich nicht alle seediensttauglichen Sklaven rekrutiert, sondern wohl nur die Lücken gefüllt, die nach Mobilisierung der einsatzfähigen Bürger und Metoiken noch geblieben waren. In der Zeit der athenischen Thalassokratie erfolgten demgegenüber keine umfangreichen Aushebungen von Unfreien für den Heeres- und Flottendienst. Wohl aber fungierten Sklaven vielfach als Troßknechte und Waffendiener (Hyperetai) der Hopliten. Sie begleiteten zudem in geringerer Zahl auch ihre als Schiffsoffiziere und Seesoldaten (Epibatai) eingesetzten Herren auf See. Hierbei hatten sie zweifellos auch Ruderdienste zu leisten, doch bildeten sie im ganzen nur einen sehr geringen Prozentsatz der Mannschaften. Prinzipiell waren die Sklaven selbstverständlich vom regulären Wehrdienst ausgeschlossen. Dennoch bedeutete die Institution der Sklaverei eine indirekte Verstärkung des athenischen Wehrpotentials. Wenn Unfreie als

Troßknechte fungierten, konnten hierdurch ärmere Bürger, die für diese Aufgabe ebenfalls in Frage kamen, freigestellt und als Ruderer in der wichtigsten athenischen Waffengattung eingesetzt werden. Wie bereits in Verbindung mit der Darstellung des Metoikenproblems angedeutet, trug zudem die Beschäftigung zahlreicher Sklaven in sehr vielen Berufen mit dazu bei, daß die Arbeitsprozesse im ganzen ohne größere Störungen weitergingen, wenn umfangreiche Aushebungen wehrpflichtiger Bürger vorgenommen wurden. Schließlich konnte eine Reihe von Bürgern auch dadurch zeitraubende politische Funktionen erfüllen, daß sie unfreie Arbeitskräfte besaßen. Athens Machtstellung wurde letztlich durch die Institution der Sklaverei mitgetragen.

C) Die athenische Demokratie im Peloponnesischen Krieg

a) Der sogenannte Archidamische Krieg

Die Strategie des Perikles, die darauf abzielte, Landschlachten zu vermeiden, die Bevölkerung Attikas bei Angriffen peloponnesischer Streitkräfte in den athenischen Befestigungsanlagen in Sicherheit zu bringen und gleichzeitig durch Flottenaktionen die maritime Überlegenheit Athens zu demonstrieren, führte bald zu einer Pattsituation. Offensichtlich war Perikles davon ausgegangen, daß Sparta nach einer gewissen Zeit friedensbereit sei, wenn man dort die Erfolglosigkeit der Vorstöße nach Attika erkannt habe. Hierin lag ein entscheidender Fehler seiner Kalkulationen. Die Reaktion Spartas auf den Gang des Kriegsgeschehens ließ sich nicht vorausberechnen, während gleichzeitig die Gefahr bestand, daß die finanziellen Reserven Athens schneller als erwartet erschöpft wurden. Die tiefe Depression in Athen, die dazu führte, daß im Spätsommer 430 gegen den Widerspruch des Perikles auf Beschluß der Ekklesia eine Friedensgesandtschaft nach Sparta geschickt wurde (Thuk. II 59), war zweifellos nicht allein die Folge der im zweiten Kriegsjahr in den Peiraieus eingeschleppten Pest. Nachdem die Verhandlungen an den (nicht überlieferten) Bedingungen Spartas gescheitert waren, dürfte freilich den athenischen Kritikern der Politik und Strategie des Perikles, der nunmehr seines Amtes enthoben wurde, klar geworden sein, daß aus einer Position der Schwäche keine Wiederherstellung des Status quo auf der Basis des Friedens von 446 zu erreichen war. Sparta hatte offensichtlich an seinem Kriegsziel – der Auflösung des Seebundes – festgehalten und damit unannehmbare Forderungen gestellt.[136] Auch Perikles hätte nach seiner Rehabilitierung bei den Strategenwahlen 429 auf lange Sicht neue Mittel und Wege finden müssen, um einen akzeptablen Frieden zu erreichen. Ob er hierzu in der Lage gewesen wäre, bleibt eine offene Frage. Sein Tod im Herbst 429 bedeutete freilich für Athen eine schwere

Belastungsprobe. Die folgenden Auseinandersetzungen um den dominierenden Einfluß auf die Entscheidungsfindung sind keineswegs überraschend, sondern typisch für das System; sie fielen aber in eine kritische Kriegsphase, in der es darum ging, dem Geschehen eine Wende zu geben. Dies bedingte die Schärfe vieler Kontroversen. Selbst wenn Perikles' Autorität nach Kriegsbeginn ungebrochen geblieben wäre, hätte er kaum die Möglichkeit gehabt, gleichsam einen Nachfolger aufzubauen, da weder die Ekklesia noch ein Teil des Demos eine kohärente Anhängerschaft des bisherigen Prostates bildeten und infolgedessen nicht auf eine Art Nachfolgeregelung oder die Fortsetzung eines bestimmten Kurses festgelegt werden konnten. Kontroversen in der Volksversammlung orientierten sich nicht an einer »Parteilinie«, sondern waren Ausdruck des persönlichen Urteils der Sprecher und ihrer »politischen Freunde«, so daß sich immer wieder andere Mehrheitsverhältnisse ergeben konnten. Einflußreiche Bürger, die in bestimmten Punkten übereinstimmten, vertraten in anderen Fragen diametral entgegengesetzte Auffassungen. Faktionsbezeichnungen wie »gemäßigte« oder »radikale Demokraten« verlieren hier ihren Sinn. Auch die Erhöhung des »Richterlohnes« auf drei Obolen (425) war keine radikaldemokratische Maßnahme, sondern wurde wahrscheinlich wegen der steigenden Lebenskosten infolge des Krieges vorgenommen.[137] Sie war allerdings insofern eine Prinzipienfrage, als eine Einschränkung der Kosten für wichtige Institutionen der Demokratie trotz der enormen Kriegskosten nicht durchsetzbar war. Dies ist keineswegs ein Zeichen der Unfähigkeit der athenischen Demokratie, sich auf die Bedingungen eines großen Krieges umzustellen. Die überwiegende Mehrheit der Athener identifizierte sich mit dem demokratischen System, das aus ihrer Sicht die Voraussetzung für die Behauptung der athenischen Machtstellung bildete, aber nur dadurch funktionsfähig blieb, daß Jahr für Jahr einer größeren Zahl von Bürgern durch »staatliche« Zahlungen die Ausübung öffentlicher Funktionen ermöglicht wurde.

Die politischen Rahmenbedingungen der athenischen Demokratie waren durch die perikleische Ära vorgegeben, in der freilich durch das System selbst auch bereits Entwicklungen eingeleitet waren, die nach dem Tod des Perikles deutlicher in Erscheinung traten, so daß sich Neues und Altes in vielfacher Weise überschnitt und infolge der hierdurch bewirkten mannigfachen Wechselbeziehungen wiederum ein Veränderungsprozeß entstand, der durch kriegsbedingte Ereignisse erheblich beschleunigt wurde. Die in perikleischer Zeit erreichte Stabilisierung der Demokratie und Machtstellung Athens hatte dazu geführt, daß die Interessen aller Schichten der Bürgerschaft auf die Erhaltung der Herrschaft im Seebund gerichtet waren, von der die meisten oder zumindest recht viele Athener irgendwie profitierten, denn sie stützte ja auch die demokratische Ordnung, in der die befähigten und wohlhabenden Bürger als hohe Funktionsträger (Strategen) ihren politischen Ehrgeiz befriedigen konnten, die geringeren Ambitionen zahlreicher »Kleinbürger« durch die jährlich neu zu besetzenden vielen Losämter ebenfalls zufriedengestellt wurden, eine

Reihe öffentlicher Aufgaben die Möglichkeit zu Nebenverdiensten bot und der Demos in seiner Gesamtheit sich als Herr der Entscheidungen verstand oder – wie es Aischines (III 233) formuliert – »durch Gesetz und Stimmstein der König« war. In diesem System konnten prinzipiell auch Bürger, die nicht aus altadligen Familien stammten, eine Führungsposition gewinnen, sofern sie die Willensbildung zu beeinflussen vermochten. Die Basis der Prostasia des Demos waren die persönliche Autorität und das Vertrauen, das die Volksversammlung dem politischen Akteur entgegenbrachte. Hatten sich die demokratische Ordnung und die dominierende Stellung des Perikles keineswegs gegenseitig ausgeschlossen, so war andererseits die Funktionsfähigkeit der Demokratie auch ohne überragende Einzelpersönlichkeit gewährleistet. Die von Thukydides (II 65) scharf kritisierten Rangkämpfe athenischer Politiker nach 429 bedeuteten noch keine »Krise« der Demokratie. Ausschlaggebend für politische Erfolge war die Fähigkeit, die Masse der Ekklesiasten für Entscheidungen, Aufgaben und Ziele zu gewinnen, mit denen sie sich identifizieren konnte. Daß dies Perikles über lange Zeit gelang, war zweifellos eine Ausnahme. Nach seinem Tod schien sich eher ein gewisser »Normalzustand« einzupendeln, doch wirkten die Kriegsverhältnisse wiederum als starke Gegenkräfte.

Nun hatte die athenische Hegemonie im Seebund mit dazu beigetragen, daß der Kreis der Funktionsträger erheblich erweitert wurde und sich auch veränderte. Der »Adel« allein konnte schon aus rein personellen Gründen nicht mehr alle Beamten stellen. Ein breiterer Kreis von Bürgern mußte daher Magistraturen übernehmen und vermochte hierdurch sowie auch auf Grund der Tätigkeit im Rat den Vorsprung des Adels an politischer Erfahrung aufzuholen und Einblick in die politischen Aufgaben der Hegemonialmacht Athen zu erhalten. Die nach dem Rotationsprinzip und durch Auslosung besetzten Stellen waren freilich im ganzen von geringerer Bedeutung, zumal der ständige Wechsel und die nebenberufliche Ausübung dieser Ämter auf unterer Ebene die Entstehung einer Funktionärselite verhinderten. Die wirtschaftliche Entwicklung hatte aber dazu geführt, daß der Kreis der »Reichen«, d. h. der zu Leiturgien und Trierarchien verpflichteten Athener größer geworden war. Hierdurch entstand neben den altadligen Grundbesitzern ein neues Führungspotential. Für die Wahlämter standen also generell mehr Kandidaten zur Verfügung, die sich auf Grund ihrer Vermögensverhältnisse zumindest in erheblichem Maße der Politik widmen und militärische Führungsaufgaben übernehmen konnten, sofern sie den Erwartungen genügten oder zu genügen schienen, die der Demos an die »Politiker« und hohen Beamten stellte. Wenn diesen »neuen Männern« der Aufstieg gelang, waren auch sie freilich einbezogen in das eigenartige Wechselverhältnis zwischen der breiten Masse und den »Experten« und hohen Funktionsträgern. Einerseits entstand die typische Distanz des einfachen Mannes zu »denen da oben«, die »Politik machen« und selbst am meisten dabei profitieren,[138] während andererseits der »Kleinbürger« sich keinem »Herrschaftssystem« jener Führungsschicht unterworfen sah, da sie strikt kontrolliert wurde und der Demos in seiner Gesamtheit die Entscheidung über Kontroversen zwischen führenden Politikern bzw. Demagogen fällte. Diese Spielregeln waren zwar durch die Position des Perikles bis zu einem gewissen Grade überdeckt worden, bestimmten aber nunmehr um so stärker das politische Geschehen. Wenn in der Ekklesia die Antragsteller und ihre »politischen Freunde« sich immer wieder mit konkurrierenden Alternativanträgen konfrontiert sahen, konnte es keine permanent herrschende Gruppe geben. Einem Abstimmungssieg konnte sehr schnell bei einer anderen Entscheidung eine Abstimmungsniederlage folgen, die aber nicht bedeutete, daß der betreffende »Politiker« dann automatisch für längere Zeit ausgeschaltet gewesen wäre. Diese Grundbedingungen des Systems führten aber auch innerhalb der Oberschicht immer wieder zu neuen Gruppenbildungen zur Durchsetzung bestimmter Maßnahmen durch Einflußnahme in der Ekklesia. Derartige Gruppierungen konnten relativ rasch wieder zerfallen, wenn man in einer anderen Materie nicht übereinstimmte.

Indem durch die vorausgehende Entwicklung einerseits das Führungsmonopol des Adels in Frage gestellt war, andererseits das Durchsetzungsvermögen in der Ekklesia über den Grad der Einflußnahme entschied, waren die Voraussetzungen für den Aufstieg »neuer Politiker« wie Kleon, Nikias und Hyperbolos gegeben, denen Besitz und Einkommen aus geschäftlicher Tätigkeit eine gleichsam halbprofessionelle politische Aktivität ermöglichten.[139] Das größte Interesse hat in diesem Zusammenhang immer wieder Kleon gefunden, der bereits zu Beginn des Krieges die Strategie des Perikles scharf kritisiert hatte und 427 nach dem Zeugnis des Thukydides (III 36,6) den stärksten Einfluß ausübte. Kleon ließ zweifellos die Noblesse und Contenance eines Perikles vermissen, wurde aber offensichtlich von der Masse der Ekklesiasten weithin akzeptiert. Die negative Beurteilung Kleons durch Thukydides und Aristophanes ist hingegen subjektiv gefärbt.[140] Die Kritik der genannten Autoren richtet sich freilich nicht nur gegen den politischen »Stil« Kleons, sondern ist auch deutliches Zeichen der Ablehnung seiner politischen Linie. Zu beachten ist jedoch, daß im Mittelpunkt aller Aktivitäten das Problem stand, Athen aus dem Dilemma der perikleischen Strategie herauszuführen und die Pattsituation zu überwinden. Das Scheitern des athenischen Friedensangebotes (430), die Erfahrung, daß weder die spartanischen Einfälle nach Attika noch die verheerenden Folgen der Pest die Macht Athens entscheidend zu schwächen vermochten, die Einnahme Poteidaias und wohl auch die glänzenden Seesiege Phormions (429) haben zweifellos in der athenischen Bürgerschaft aller Zensusklassen einen breiten Konsens über die Notwendigkeit einer energischen Fortsetzung des Kampfes bewirkt. Erst vor diesem Hintergrund wird die Aktivität Kleons voll verständlich.

Der Stilwandel, den Kleon mitbewirkt hat, ist freilich unverkennbar. Deutlich wird dies in den »Rittern« des Aristophanes, in denen die Denunziation angeblicher Feinde der Demokratie als innenpolitisches Kampfmittel karikiert wird. Anklagen bzw. Verdächtigungen zur Ausschaltung politischer Gegner waren selbstverständlich nicht neu. Eisangelieverfahren und Kontrollmechanismen zur Überwachung der Beamten lieferten in dieser Hinsicht die Waffen, wie der Prozeß gegen Perikles (430) verdeutlicht. Kleon scheint aber darüber hinaus mit System vorgegangen zu sein, indem er gezielte Verleumdungskampagnen gegen bestimmte Zirkel der athenischen Oberschicht eröffnete, denen er oligarchische Bestrebungen und den Plan der Errichtung einer Tyrannis unterstellte. Zwar war bereits Perikles im Komödienspott als Tyrann klassifiziert worden, doch handelte es sich hierbei nur um eine Karikatur des Exponenten der Demokratie. Kleons Verdächtigungen, die zweifellos die Betroffenen kaltstellen und isolieren sollten, verschärften demgegenüber unter den Bedingungen des Krieges die innenpolitischen Auseinandersetzungen um Einflußnahme auf die Politik, während die Demokratie in keiner Weise gefährdet war. Zwar wird unter den Angehörigen der beiden ersten Zensusklassen individuelle Unzufriedenheit darüber geherrscht haben, daß ihnen zusätzlich zu den üblichen Leiturgien neue finanzielle Leistungen durch die Einführung der Eisphora (428) auferlegt wurden, doch erwuchs hieraus dem politischen System noch keine Gefahr. In Thukydides' Darstellung der ersten Kriegsjahre findet sich bezeichnenderweise kein Hinweis auf die Bedrohung der athenischen Demokratie durch Hetairien und Verschwörergruppen. Wenn die genannten Verleumdungen in der Folgezeit als Agitationsmittel dienten, so war dies allem Anschein nach vor allem dadurch möglich, daß seit dem Abfall Mytilenes (428) und dem Bürgerkrieg in Kerkyra (427) die Verfassungsgegensätze eine neue Dimension im Rahmen der Kriegführung gewannen.[141] Athen unterstützte in Kerkyra seine Parteigänger an der Spitze des Demos, in Mytilene waren die als Oligarchen geltenden Angehörigen der Oberschicht die Initiatoren der Erhebung gegen Athen, in Megara paktierten einige Jahre später sog. »Führer des Demos« aus innenpolitischen Gründen mit Athen, in Torone und Mende schlossen sich »Oligarchen« dem spartanischen Truppenführer Brasidas an, während der Demos in Mende auf der Seite Athens stand (Thuk. IV 66. 110,1. 123,2. 130,4–5).

Zweifellos existierten aber im Archidamischen Krieg keine konspirativen Verbindungen zwischen antiathenischen Kräften im Seebund und antidemokratischen Kreisen in Athen selbst. Die Loyalität der Mehrheit des athenischen Adels gegenüber der athenischen Polisordnung stand außer Frage. Kleons diesbezügliche Agitation ist ein Teilaspekt seines politischen »Stils«, der wiederum seiner Stellung und seinen Möglichkeiten entsprach. Er hat seine Position offenbar nur allmählich auszubauen vermocht. Vor 425 wurde er bezeichnenderweise nicht mit militärischen Führungsaufgaben betraut. Demnach schien er den Wählern für diese Funktionen nicht kompetent genug zu sein. Erst nach dem Erfolg bei Pylos, der freilich in erster Linie dem bewährten Truppenführer Demosthenes zu verdanken war, wurde Kleon bis zu seinem Tod (422) wiederholt zum Strategen gewählt. Dieses Amt war zweifellos das eigentliche Ziel seiner Ambitionen. Wenn er seinen Aufstieg durch politische Aktivität in der Ekklesia vorbereitete, so beschritt er damit selbstverständlich keinen neuen Weg. Auch Perikles war in den Anfängen seiner Laufbahn nicht zum Strategen gewählt worden. Das Problem bestand für Kleon indes darin, daß er nicht der traditionellen Führungsschicht angehörte. Er mußte wie vor ihm alle Politiker der athenischen Demokratie als Exponent der Polisinteressen auftreten, verfügte aber nicht wie Angehörige »alter« Familien über ein weitgespanntes Netz von persönlichen Beziehungen innerhalb der Oberschicht, die gegebenenfalls zur Beeinflussung der Willensbildung aktualisiert werden konnten. So mußte er in stärkstem Maße gleichsam direkten Kontakt zur breiten Masse suchen, auf die er sich offensichtlich in seinem Auftreten und in seiner Rhetorik geschickt einzustellen wußte, um gleichsam als »ihr Mann« zu gelten. Ein weiterer Aspekt kommt hinzu. Während Perikles in der Lage war, »politische Freunde« in der Ekklesia agieren zu lassen, um bestimmte Entscheidungen in seinem Sinne herbeizuführen, besaß Kleon zumindest in den Anfängen seiner Laufbahn keinen entsprechenden Kreis von befähigten Helfern. Er mußte immer bestrebt sein, direkt auf die Entscheidungsfindung einzuwirken. Hierbei war es ihm im Unterschied zu früheren prominenten Politikern wie Kleisthenes, Ephialtes und Perikles nicht möglich, durch tiefgreifende Reformvorschläge den Demos zu gewinnen, da die Probleme der Kriegführung und Außenpolitik vorrangig waren. Dennoch lag Kleons Chance nicht zuletzt in dieser kriegsbedingten Situation, in der die Vielzahl der anstehenden Entscheidungen und die hieraus resultierenden Meinungsverschiedenheiten sehr viel mehr als in Friedenszeiten zu wechselnden Gruppierungen innerhalb des Kreises jener Bürger führten, deren Rat und Rede Gewicht hatten, während eine Persönlichkeit wie Perikles als Integrationsfaktor fehlte, andererseits aber letztlich Einmütigkeit in bezug auf das große Ziel – die Erhaltung der Macht Athens – bestand, so daß ein geschickter Redner, der den wahren Volkswillen zu repräsentieren vorgab, in der Tat zum Orientierungspunkt für breitere Schichten des Demos werden konnte. Gleichwohl war auch Kleon keineswegs immer der Zustimmung der Mehrheit der Volksversammlung sicher.

Kleons Methoden waren insgesamt gesehen nicht in jeder Hinsicht neu. Sie richteten sich nach den ihm zur Verfügung stehenden Mitteln und den Möglichkeiten im Rahmen der athenischen Demokratie, sind aber auch Symptome eines Wandels und trugen ihrerseits mit dazu bei, daß die Situation rund ein Jahrzehnt später verändert war und der oligarchische Staatsstreich 411 überhaupt möglich wurde.

Der Aufstieg Kleons demonstriert exemplarisch die Chancen, die in der Demokratie für »nouveaux riches« bestanden. Auch Nikias zählte zu dieser Schicht. Er verstand es aber offenbar, einen Mittelweg einzuschlagen, so daß er auch von »alten« Familien akzeptiert wurde, die in den Aktivitäten von Leuten wie Kleon und Hyperbolos hingegen eine Bedrohung ihrer traditionellen Vorrangstellung sahen und von Unbehagen über den »Stilwandel« erfüllt waren, dem sie entgegenzusteuern suchten. Die im Bericht des Thukydides (VIII 54,4) über den oligarchischen Umsturz 411 erwähnten Vereinigungen (Synomosiai) zum Schutz gegen gerichtliche Verfolgungen und zur gegenseitigen Unterstützung bei der Erlangung von Ämtern sind zweifellos nicht erst bei den Vorbereitungen zum Sturz der Demokratie entstanden, sondern richteten sich wohl schon seit einiger Zeit etwa gegen sog. Sykophanten, die die gesetzlich gegebenen Klagemöglichkeiten nutzten, um persönliche oder politische Gegner zu diskriminieren. Typologisch sind diese Synomosiai den Hetairien zuzuordnen,[142] die in der Demokratie ihre Funktion als Element der adligen Machtkämpfe verloren hatten, als private Vereinigungen aber immer noch Treffpunkte auch politisch aktiver Bürger der Oberschicht bildeten, so daß hier in engem Kreis zweifellos immer wieder Absprachen über Aktionen im Rat und in der Volksversammlung getroffen wurden. Der Erfolg interner Beratungen war aber in keiner Weise garantiert, wenn in der Ekklesia nach offener Debatte die Anträge zur Abstimmung standen. Die Hetairien waren weder Entscheidungszentren noch besaßen sie den Charakter von Geheimbünden. Viele Zirkel dieser Art waren eher unpolitische Clubs von Wohlhabenden und z.T. Gleichaltrigen. Wenn hier auch zweifellos Beschlüsse der Volksversammlung kritisiert wurden, so darf dies keinesfalls generell als antidemokratische Tendenz gewertet werden. Andererseits scheint die Exklusivität dieser Kreise Anstoß bei »Kleinbürgern« erregt zu haben, die keinen Zugang zu den Hetairien hatten und den lakonisierenden Modetorheiten und dem Protzertum von jungen Leuten in guten Verhältnissen zweifellos Argwohn entgegenbrachten. Hieraus resultierten Ressentiments, wie sie nach dem Hermenfrevel und der Aufdeckung der Mysterienprofanien 415 deutlich wurden. Dennoch dürfen weder aus der damaligen allgemeinen Erregung noch aus der Aktivität der Hetairien beim Sturz der Demokratie 411 falsche Schlüsse auf die politische Rolle dieser Vereinigungen vor und um 420 gezogen werden. Sicherlich zählten z.B. zum Kern der Anhängerschaft (Stasis) des Nikias auch Mitglieder von Hetairien (Plut. Nik. 11), doch war dieser Rückhalt irrelevant, wenn Nikias außenpolitisch keinen Erfolg hatte (Thuk. V 46). Eine neue Funktion gewannen die Hetairien offenbar erst im Zusammenhang mit dem oligarchischen Umsturz 411, wenn auch diese Aktionsmöglichkeiten durch die Entwicklung in der Zeit Kleons allmählich vorbereitet wurden.

Im übrigen war Kleon in der athenischen Führungsschicht schwerlich gänzlich isoliert, wenn Entscheidungen von großer Tragweite anstanden. Zweifellos ließ Kleon in den Diskussionen über das Schicksal Mytilenes jegliches moralisches Verantwortungsbewußtsein vermissen, doch trug er nicht die Alleinschuld an der zunehmenden Brutalität in der Kriegführung. Wenn ihm in der Folgezeit das Augenmaß für das tatsächlich Erreichbare und die Grenzen der athenischen Macht fehlte, so ist auch hier

zu beachten, daß seine Ziele durchaus einer im Demos und in der Führungsschicht verbreiteten Einstellung entsprachen. Sein Einfluß in dieser Phase des Krieges läßt sich kaum allein damit erklären, daß eine Reihe von Konkurrenten Kleons in der Prostasia des Demos als Strategen durch militärische Aufgaben absorbiert und auf Grund der Kontrollmechanismen in Athen besonders angreifbar waren. Die Unternehmungen des Demosthenes hatten zweifellos zur Voraussetzung, daß ein Konsens über die Notwendigkeit ausgreifender Operationen bestand. Desgleichen wird Nikias schwerlich gegen seinen Willen die Verantwortung für zahlreiche militärische Aufgaben während des Archidamischen Krieges übernommen haben.[143]
Die Bürgerschaft war auch nicht kontinuierlich in eine Kriegs- und eine Friedenspartei gespalten, zumal es nicht um Frieden um jeden Preis ging, sondern um Wahrung und Ausbau der Machtposition Athens. Exemplarisch deutlich wird dies bei den Verhandlungen über das Friedensangebot Spartas nach der Einschließung eines spartanischen Hoplitenkorps auf der Insel Sphakteria vor Pylos (425). In Athen herrschte zweifellos tiefes Mißtrauen gegenüber Sparta. Andernfalls hätte Kleon schwerlich die Ablehnung des spartanischen Angebots erreicht (Thuk. IV 21–22). Jedenfalls bestand die Mehrheit der in der entscheidenden Volksversammlung anwesenden Athener auf Garantien, die Sparta nicht zu erfüllen vermochte, wenn es nicht die Existenz seines Bündnissystems in Frage stellen wollte. Die athenische Forderung nach »Rückgabe« von Achaia und Troizen und der beiden Häfen Megaras erscheint auf den ersten Blick als Zeichen ausufernder Machtpolitik, war aber primär wohl Ausdruck des athenischen Sicherheitsbedürfnisses, da niemand voraussehen konnte, wie die Führung Spartas reagieren würde, wenn sie nach Aufhebung der Belagerung Sphakterias wieder freie Hand zu haben glaubte. Auf der anderen Seite hatte sich immerhin für einen Augenblick die Möglichkeit zu einem Übereinkommen mit Sparta eröffnet. Ein Frieden durch Verhandlungen war nicht mehr grundsätzlich auszuschließen, wenn es gelang, hierfür eine Mehrheit zu finden. Nachdem die Besatzung Sphakterias überwältigt worden war, hatte freilich vorerst Kleon die Oberhand. Sein Ziel war jetzt sozusagen der totale Sieg.[144] Die Voraussetzung hierfür waren aber nicht nur durchgreifende militärische Erfolge, sondern auch die Erschließung neuer Mittel. Letzteres sollte durch eine drastische Erhöhung der Tribute der Seebundstaaten erreicht werden, die auf die Dauer zu einer schweren politischen Hypothek für Athen wurde. Folgenreicher war freilich zunächst das Scheitern der athenischen Unternehmungen gegen Megara und Boiotien sowie der überraschende Siegeszug des Brasidas in Thrakien. Eine Wende brachte dann die Schlacht bei Amphipolis (422), in der sowohl Brasidas als auch Kleon fielen. Der Weg zu dem von Nikias angestrebten Verhandlungsfrieden war nunmehr frei.

b) Vom Nikiasfrieden bis zur Kapitulation Athens

Der Nikiasfrieden war für beide griechische Großmächte ein Kompromiß.[145] Athen hatte seinen Macht- und Einflußbereich nicht in vollem Umfang zu behaupten vermocht und verzichtete auf die Unterwerfung mehrerer abgefallener Städte auf der thrakischen Chalkidike, die zwar einen geringen Tribut zahlen, aber autonom bleiben und demnach nicht mehr voll in den Seebund integriert werden sollten. Perikles' Kriegsziel, die Unverwundbarkeit der Machtstellung Athens zu demonstrieren und Sparta zu dauerhafter Anerkennung des bereits 446 garantierten athenischen Besitzstandes zu zwingen, war also im thrakischen Raum nicht erreicht. Andererseits hatte sich freilich gezeigt, daß Sparta nicht in der Lage war, Athens Arché entscheidend zu schwächen. Die Erwartungen der spartanischen Bundesgenossen hatten sich nicht erfüllt. Hier lag zweifellos das schwierigste Problem, während die nach Abschluß des Friedens entstandene Kontroverse über den Rückzug der spartanischen Besatzung aus Amphipolis und die hierdurch bedingte Weigerung der Athener, die Gefangenen von Sphakteria freizulassen und die Insel Kythera zu räumen, von sekundärer Bedeutung waren, da diese Fragen letztlich von den Großmächten allein geregelt werden konnten. Hingegen war Sparta außerstande, die Ratifizierung des Friedens durch Korinth, Megara, Elis und die boiotischen Poleis zu erreichen. Die hieraus resultierende Krise des Peloponnesischen Bundes führte in kurzer Zeit zu einer völlig neuen Konstellation, die Sparta zwang, einen auf fünfzig Jahre befristeten Defensivvertrag mit Athen zu schließen, während Argos, dessen dreißigjähriger Frieden mit Sparta 421 ablief, nunmehr einen gegen die peloponnesische Vormacht gerichteten Sonderbund mit Korinth, Elis und Mantineia einging und die von Athen unabhängigen Poleis auf der Chalkidike dieser Vereinigung beitraten. Die Auswirkungen des Nikiasfriedens waren jetzt für Athen wesentlich vorteilhafter, als beim Abschluß des Vertrages zunächst erwartet werden konnte. Die temporären Schwierigkeiten Spartas boten den Athenern die Chance, eine von beiden Großmächten garantierte gemeingriechische Friedensordnung anzustreben und in diesem Rahmen eine dauerhafte Konsolidierung des Seebundes nach den Erschütterungen des Archidamischen Krieges zu erreichen. Athen hätte freilich in diesem Fall auf einige wesentliche Prinzipien seiner bisherigen Außenpolitik verzichten müssen. Es muß offenbleiben, ob Nikias und sein Kreis erkannten, daß sich hier für Athen und letztlich für die gesamte griechische Welt auf lange Sicht neue Perspektiven eröffneten. Entscheidend war jedenfalls, daß Alkibiades' These, die athenische Großmachtstellung sei nur durch eine Schwächung und Isolierung Spartas langfristig abzusichern, in Athen starke Zustimmung fand. Alkibiades erreichte den Abschluß eines Defensivbündnisses zwischen Athen, Argos, Elis und Mantineia. Diese Neuorientierung der athenischen Politik führte wiederum zu einer Annäherung Korinths und Boiotiens an Sparta. Im übrigen gelang es Alkibiades nicht, die gegen Nikias' Friedenspolitik opponierenden Gruppen einschließlich der Anhängerschaft des Hyperbolos zu einem geschlossenen Block zu vereinen. Er erlitt bei den Strategenwahlen 418 eine Niederlage. Im selben Jahr konnte Sparta durch seinen Sieg bei Mantineia die Hegemonie auf der Peloponnes zurückgewinnen.

Die folgenden Auseinandersetzungen in Athen sind nicht allein auf das Scheitern der Politik des Alkibiades zurückzuführen, dessen Ziele nach wie vor den Vorstellungen breiterer Schichten der Bürgerschaft entsprachen. Hyperbolos, der in gewisser Weise das politische Erbe Kleons angetreten hatte, suchte nach 418 durch einen Rückgriff auf das antiquierte Instrument des Ostrakismos Alkibiades, seinen stärksten Rivalen im Kampf um die Prostasia des Demos, gänzlich auszuschalten. Der Schachzug war gewagt. Nach Lage der Dinge kamen für die Mehrzahl der politisch interessierten Bürger in erster Linie Alkibiades und Nikias, die Repräsentanten unterschiedlicher Auffassungen in der entscheidenden Frage der athenisch-spartanischen Beziehungen, als »Kandidaten« des Ostrakismos in Frage. Eine Kaltstellung des Alkibiades hätte zwar Hyperbolos' Position gestärkt, nicht aber Nikias' Widerstand gegen eine Konfrontation mit Sparta beseitigt, während eine Entscheidung gegen Nikias wiederum einen Prestigegewinn für Alkibiades bedeutet hätte. Hyperbolos hatte jedenfalls die Aktion ungenügend vorbereitet und ging in die von seinen Kontrahenten gestellte Falle. Alkibiades und Nikias einigten sich und bewirkten durch eine gezielte Agitation ihrer Anhänger die Verbannung des Hyperbolos. Der Ostrakismos, der in diesem Fall von seinen Initiatoren zweifellos als personengebundene Entscheidung in einer außenpolitischen Grundsatzfrage propagiert worden war, hatte hier seinen Zweck als innenpolitisches Kampfmittel völlig verfehlt und wurde in der Folgezeit nicht mehr angewandt, ohne daß man dieses Verfahren auch verfassungsrechtlich beseitigte.[146]

Vordringlichstes Ziel nach dem Fiasko der antispartanischen Politik des Alkibiades infolge der Entscheidung bei Mantineia und nach dem Abklingen der innerathenischen Auseinandersetzungen schien die Festigung der athenischen Arché zu sein. In diesem Punkt dürfte in Athen weitgehende Übereinstimmung geherrscht haben. Offenbar setzten aber die beiden nunmehr dominierenden Politiker – Alkibiades und Nikias – wiederum unterschiedliche Akzente. Während Nikias die Herrschaft Athens im thrakischen Bezirk zu stabilisieren versuchte (ohne freilich durchschlagende Erfolge zu erzielen), bot sich Alkibiades durch den Sturz des oligarchischen Regimes in Argos, das mit spartanischer Unterstützung nach der Schlacht bei Mantineia errichtet worden war, erneut die Chance zu einer Intervention auf der Peloponnes (Thuk. V 82. 84,1). Wahrscheinlich ist auch die folgende brutale Aktion der Athener gegen die dorische Insel Melos (416) auf Alkibiades' Initiative zurückzuführen. Das athenische Vorgehen provozierte Sparta, das sich indes 416 außerstande sah, Gegenmaßnahmen zu treffen und die Kapitulation der Melier zu verhindern. Die erneute offene militärische Konfrontation der beiden griechischen Großmächte war erst die Folge der Sizilischen Expedition, deren Ziel die Einbeziehung Siziliens in den athenischen Einflußbereich war. Der eigentliche Initiator des großen Unternehmens war Alkibiades, der zweifellos unter dem Eindruck der schon von Perikles vertretenen These von der Eigendynamik machtpolitischer Gegensätze einen Präventivschlag gegen Syrakus forderte, um hierdurch Athens Position für den angeblich zu erwartenden Endkampf mit Sparta entscheidend zu stärken und einen umfassenden Angriff auf die Peloponnes vorzubereiten (Thuk. VI 90, 2–3). Alkibiades wagte freilich nicht, seine ausgreifenden Pläne der Volksversammlung in allen Einzelheiten zu enthüllen, sondern suchte dem Demos vor allem darzulegen, daß die Intervention im Westen der Stabilisierung der Macht Athens im griechischen Mutterland und im Ägäisbereich diene. Wenn er trotz der eindringlichen Warnungen des Nikias einen breiten Konsens in der Bürgerschaft erreichte, so ist dies nicht zuletzt damit zu erklären, daß seine machtpolitischen Argumente im Prinzip dem Demos seit Perikles vertraut waren und die athenische Hegemonie im Seebund auch als Basis der wirtschaftlichen Prosperität Athens galt, die man durch Eroberungen im Westen nunmehr zu steigern hoffte (Thuk. VI 24,3). In diesem Machtrausch und Begeisterungstaumel sahen sich die (relativ wenigen) Bürger, die das Risiko der Expedition höher einschätzten als die Erfolgschancen, einem derartigen Meinungsdruck ausgesetzt, daß sie nicht offen gegen die Mobilisierung einer gewaltigen Streitmacht zu stimmen wagten. Das Kommando erhielten Alkibiades, Nikias und Lamachos. Die Auswirkungen des berüchtigten Hermenfrevels kurz vor der Abfahrt der Flotte demonstrieren freilich das Ausmaß der inneren Spannungen in Athen. Als Frevel gegen den Gott des Geleites, der zudem eine besondere politische Bedeutung für die athenische Demokratie gewonnen hatte, war das Sakrileg nach verbreiteten religiösen Vorstellungen ein unglückverheißendes Omen vor der großen Expedition und forderte Sühnung durch Bestrafung der Täter, deren Schuld eine Gefahr für die gesamte Polisgemeinschaft darstellte.[147] Im Hinblick auf diese sakralen und politischen Implikationen wurde eine gezielte antidemokratische Aktion vermutet und den Frevlern eine »Verschwörung zur Errichtung einer Oligarchie und Tyrannis« unterstellt (Thuk. VI 27,3. 60,1). Der Kreis der Täter bestand indes nur aus mehreren Dutzend Mitgliedern einiger Hetairien, die angesichts der Truppenansammlung vor der Abfahrt der Flotte keine Chance gehabt hätten, die Macht an sich zu reißen. Zweifellos hatten diese sog. Hermokopiden keine Vorbereitungen für einen Umsturz getroffen. Allenfalls beabsichtigten sie, die Ausfahrt der Streitkräfte zu verhindern. Sollte dies tatsächlich ihr Ziel gewesen sein, war die rowdyhafte Aktion jedenfalls politisch nicht durchdacht. Der von weitgespannten Hoffnungen und Machtträumen getragene Beschluß zur Intervention in Sizilien ließ sich auf diese Weise nicht revidieren, nachdem die militärischen Vorbereitungen praktisch abgeschlossen waren. Die eigentliche Brisanz der Ereignisse vor Beginn der Expedition lag darin, daß im Verlauf der sofort eingeleiteten Untersuchungen Alkibiades beschuldigt wurde, die eleusinischen Mysterien in privatem Kreise profaniert zu haben und zu den Komplizen der Hermokopiden zu zählen. In der Tat bestanden Querverbindungen zwischen der Hetairie des Alkibiades und den Hermokopiden, doch konnte der Verdacht auf Teilnahme des Alkibiades am Hermenfrevel nicht aufrechterhalten werden. Hingegen wurde nach Beginn der Operationen ein Eisangelieprozeß wegen des Mysterienskandals gegen Alkibiades eröffnet, der daraufhin nach Sparta flüchtete.

Das Verfahren gegen Alkibiades ist Ausdruck eines Machtkampfes, der sich teils außerhalb der Polisorgane, teils in den Institutionen vollzog, aber keineswegs von einer breitgefächerten Opposition gegen das Sizilische Unternehmen inszeniert wurde. Es ging nicht um die außenpolitischen Ziele des Alkibiades, sondern um dessen Person und Position. Alkibiades war im Vergleich zu Politikern wie Kleon und dessen Nachfolgern, aber auch gegenüber Nikias ein neuer Faktor im innenpolitischen Kräftespiel. Er war ein typischer Vertreter der jeunesse dorée, ungebunden in seiner Lebensweise, vertraut mit dem sophistischen Gedankengut seiner Zeit, als Sproß eines alten Adelshauses von hohem gesellschaftlichen Ansehen, aber auch skrupellos und trickreich in seinen politischen Aktionen, wurde unterstützt von Hetairien und verfügte über weitgespannte Verbindungen zu einer Reihe von Seebundstaaten und Poleis außerhalb des athenischen Machtbereichs. Die Hetairien waren für seine Position in Athen indes nur ein zusätzlicher Rückhalt. Die Ekklesia konnte er nur durch sein persönliches Engagement für seine Pläne im Westen gewinnen. Nachdem er dies erreicht hatte, besaß er vorübergehend in den Bürgersoldaten eine Gefolgschaft, die ihm die Gewähr bot, daß bis zur Abfahrt der Flotte jeder Versuch, ihn durch ein Gerichtsverfahren auszuschalten und seines Kommandos zu entheben, aussichtslos war. Er war aber außerstande, in der Volksversammlung eine Mehrheit für seinen Antrag zu finden, vor Beginn der Operationen eine Klärung der gegen ihn erhobenen Beschuldigungen herbeizuführen.[148] So konnten seine Gegenspieler nach Entsendung der Streitkräfte den Prozeß inszenieren. Daß hierbei die ihm unterstellten Pläne eines Staatsstreichs zur Gewinnung einer tyrannischen Macht und der Verdacht auf Kollaboration mit Sparta und argivischen Oligarchen ins Spiel gebracht werden konnten (Thuk. VI 61), ist mit seiner schillernden Persönlichkeit und den bisherigen Proben seiner politischen Intrigen zu erklären (vgl. Thuk. V 45). Die haltlosen Beschuldigungen zielten auf die traumatische Furcht des Demos vor tyrannischer Gewaltherrschaft ab und sollten den Sturz des Alkibiades gleichsam psychologisch vorbereiten, wurden aber nicht Gegenstand der von Thessalos, dem Sohn Kimons, erhobenen Klage. Entscheidend war zweifellos, daß Alkibiades' schockierend-frivole Mißachtung religiöser Tabus viele Athener irritierte und seine Gegenspieler dies zu nutzen verstanden. Letztere bildeten eine eigenartige temporäre Allianz. Ein Demagoge in der Nachfolge Kleons (Androkles), ein späterer Akteur beim oligarchischen Staatsstreich des Jahres 411 (Peisandros) und ein Repräsentant eines ruhmreichen Adelshauses (Thessalos) fanden sich mit ihren »politischen Freunden« zusammen, um die Karriere des Alkibiades zu blockieren, der aus ihrer Sicht die gesamte athenische Führungselite zu überflügeln drohte, wenn es ihm gelang, seine Projekte im Westen auszuführen.

Es fragt sich indes, ob Alkibiades die Athener zum Erfolg geführt hätte, falls er neben Nikias und Lamachos weiterhin Stratege geblieben wäre. Die Sizilische Expedition scheiterte schließlich trotz enormer militärischer Anstrengungen Athens unter schwersten Verlusten (413). Inzwischen hatten spartanische Truppen das attische Grenzfort Dekeleia besetzt. Die Landbevölkerung mußte Zuflucht hinter den athenischen Festungsmauern suchen, der Silberbergbau kam zum Erliegen, die Zahl der gefechtsfähigen Trieren war drastisch vermindert, und für Neubauten standen nur noch relativ geringe Geldmittel zur Verfügung. Gleichzeitig entstand eine Führungskrise, die gekennzeichnet war durch Ressentiments der Bürgerschaft gegenüber allen Rednern, die in der Ekklesia für die Sizilische Expedition eingetreten waren (Thuk. VIII 1,1). Die Kritik richtete sich selbstverständlich nicht gegen das demokratische System an sich, wenn auch die Entscheidungsfindung durch die Wahl einer Kommission von 10 älteren Männern auf eine neue Grundlage gestellt wurde. Die Einsetzung dieser sog. Probouloi (»Vorberater«), die fortan durch ihre Gutachten gewisse Vorentscheidungen treffen sollten, bedeutete keineswegs schon einen ersten Sieg oligarchischer Kräfte. Das Gremium wurde auf Beschluß des Demos konstituiert und schwerlich als typisch oligarchische Institution gewertet.[149] Ebensowenig erfolgte außenpolitisch ein Kurswechsel. Nach Lage der Dinge blieb der athenischen Bürgerschaft auch keine andere Wahl als die Fortsetzung des Krieges, da zu erwarten war, daß Sparta ein Friedensangebot mit unannehmbaren Forderungen beantworten würde. Die größte Gefahr bestand für Athen jetzt darin, daß Sparta in der Folgezeit persische Subsidien erhielt und im Seebund bedeutende Poleis abfielen, so daß immer neue Kriegsschauplätze entstanden, während gleichzeitig die athenischen Einnahmen aus dem fünfprozentigen Wertzoll auf Seefrachten, der seit 413 anstelle der Tribute im athenischen Herrschaftsbereich erhoben wurde, erheblich sanken.

Im Frühherbst 412 schienen freilich die athenischen Streitkräfte durch Erfolge auf Lesbos, Samos und vor Chios ihre Operationsfreiheit zurückgewinnen zu können. Sie erlitten zwar vor Milet einen Rückschlag, beherrschten aber gleichwohl in den nächsten Wochen das Seegebiet vor dieser Polis, während gleichzeitig Alkibiades, der zuvor in Ionien die Erhebungen gegen Athen unterstützt hatte, nunmehr den Satrapen Tissaphernes für eine Gleichgewichtspolitik gegenüber Sparta und Athen zu gewinnen suchte, um seine Rückkehr nach Athen vorzubereiten. Etwa Anfang bis Mitte November 412 bestanden Kontakte zwischen Alkibiades und einigen Trierarchen und anderen Angehörigen der athenischen Oberschicht, die auf der in Samos stationierten Flotte dienten und bereits Umsturzpläne diskutierten, ohne daß sie bis zu diesem Zeitpunkt

schon konkrete Vorstellungen zur Realisierung ihrer Absichten entwikkelt hatten. Es handelte sich zweifellos um eine kleine Gruppe, der keineswegs alle Trierarchen angehörten. Erst das Angebot des Alkibiades, nach einer Verfassungsänderung in Athen ein Bündnis mit Tissaphernes zu vermitteln, gab den Verschwörern die Möglichkeit zu handeln. Mit dem Hinweis auf die zu erwartenden persischen Subsidien gewannen sie die zunächst widerstrebenden Soldaten (einschließlich der Ruderer) für weitere Verhandlungen mit dem Satrapen. Peisandros übernahm es, in Athen einen offiziellen Beschluß zur Entsendung einer Kommission an den Hof des Tissaphernes durchzusetzen, wobei er in der Ekklesia bereits mit vorsichtigen Formulierungen eine Modifizierung der demokratischen Verfassung forderte, gleichzeitig aber insgeheim bestimmte Hetairien in die Pläne der Verschwörer einweihte (Thuk. VIII 47–49. 53–54).[150] Die Verhandlungen mit Tissaphernes scheiterten jedoch, so daß die Verschwörer nunmehr gezwungen waren, entweder ihr Projekt aufzugeben oder Gewalt anzuwenden. Sie entschieden sich für die zweite Alternative, da ein Rückzug für sie politisch und wohl auch physisch das Ende bedeutet hätte und die Machtübernahme zudem durch gezielten Terror der genannten Hetairien bereits weitgehend vorbereitet war. Unter dem Schutz von Hopliten aus dem Gebiet des Seebundes erreichte Peisandros in der Ekklesia die Konstituierung einer aus dreißig Mitgliedern bestehenden Kommission,[151] die einen neuen Verfassungsentwurf ausarbeiten sollte. Die nächste Volksversammlung wurde außerhalb der Stadt auf dem Kolonoshügel einberufen, wo auf Antrag der Verfassungskommission zunächst die Abschaffung der Graphé Paranómon beschlossen wurde. Peisandros konnte nunmehr unter dem Schein der Legalität das demokratische System beseitigen, indem er beantragte, das Ämterwesen in der bisherigen Form sowie die Diätenzahlungen abzuschaffen und anstelle des kleisthenischen Rates eine aus 400 Mitgliedern bestehende Boulé einzusetzen, die bevollmächtigt sein sollte, die Staatsgeschäfte zu führen und eine neu zu konstituierende »Bürgerschaft der Fünftausend« einzuberufen. Die Konstituierung des neuen Rates erfolgte nach einem ausgeklügelten Verfahren, das den Putschisten ermöglichte, ihre Anhänger oder zumindest Mitläufer, von denen kein Widerstand zu erwarten war, in dieses Gremium zu schleusen, während die Körperschaft der 5000 überhaupt nicht benannt wurde. Die faktische Gewalt lag in den Händen der 400 bzw. der eigentlichen Rädelsführer, zu denen neben Peisandros vor allem Phrynichos, Antiphon und Theramenes gehörten.
Vorbereitung und Durchführung des Staatsstreichs waren nur unter den besonderen Bedingungen der militärischen Krise Athens 412/11 möglich. Die Einsetzung der 10 Probouloi nach dem Fiasko auf Sizilien hatte gezeigt, daß der Demos angesichts der Kriegslage bereit war, Notstandsmaßnahmen hinzunehmen, durch die zeitweilig die Mechanismen der Entscheidungsfindung modifiziert wurden. Vermutlich wurde hierdurch die Verschwörergruppe motiviert, durch eine Verfassungsänderung die Macht an sich zu reißen, um unabhängig von der Ekklesia die Herrschaft

in Athen *und* im Seebund ausüben zu können. Allerdings wäre die Aktion ohne die Initiative des Alkibiades wohl kaum eingeleitet worden. Auch die erwähnten Teilerfolge der athenischen Streitkräfte mögen mit dazu beigetragen haben, daß der Coup zu diesem Zeitpunkt inszeniert werden konnte. Die Verschwörer hofften jedenfalls, mit persischer Unterstützung entscheidende militärische Erfolge zu erzielen. Insofern kann in diesem Stadium der Vorbereitungen weder von einer Friedenspolitik noch von einer Absage der Putschisten an die athenische Herrschaft im Seebund die Rede sein. Begünstigt wurde der Coup auch dadurch, daß das Gros der in Samos stationierten athenischen Truppen zeitweise mit dem Lockmittel der persischen Subsidien getäuscht und über die geplante Verfassungsänderung nicht informiert wurde, während Peisandros in Athen den Eindruck zu wecken verstand, daß die Aktion bei den Soldaten volle Unterstützung gefunden habe und die angeblich aus militärischen Gründen erforderliche Verfassungsänderung später rückgängig gemacht werde.

Durch den Terror der Hetairien wurde des weiteren eine Atmosphäre des Schreckens erzeugt, der noch dadurch gesteigert wurde, daß die Mehrheit der Bürgerschaft nicht die Zahl der Verschwörer kannte, die ihrerseits überhaupt kein festumrissenes Verfassungskonzept besaßen und Alkibiades ohne weiteres fallenließen, als die Verhandlungen mit Tissaphernes scheiterten. Die Parole von der Konstituierung einer Aktivbürgerschaft der sog. 5000 war eine Vorspiegelung falscher Tatsachen, zumal unklar blieb, wer zu diesem fiktiven Kreis gehören sollte. Ein Interessenkonflikt zwischen Zeugiten und Theten ist nicht zu erkennen und wurde auch von den Verschwörern gar nicht erst ins Spiel gebracht. Es ist bezeichnend, daß sie eine Privatgarde aus jüngeren Athenern aus dem Kreis der Hetairien sowie aus Hopliten aus dem Seebund aufstellten und ihre Herrschaft durch Errichtung von Oligarchien im athenischen Machtbereich abzusichern suchten. Ein bloßer Gewaltakt hätte freilich selbst in dieser Situation, in der sich zudem die militärische Lage Athens wieder rapide verschlechterte (Winter 412/11), die Demokratie nicht beseitigt. Die Putschisten waren sich darüber im klaren, daß nur ein wohlinszenierter Theatercoup, der ihrer Herrschaft den Schein der Legalität verleihen sollte, zum Ziel führen konnte, wobei offenbar lediglich von einer Modifizierung des bisherigen demokratischen Systems die Rede war, wie die Darstellung des Thukydides vermuten läßt. Auch nach der Machtergreifung war sich die Verschwörergruppe ihrer Sache keineswegs sicher, da sie sofort Friedensverhandlungen mit König Agis von Sparta einleitete, die indes scheiterten. Die oligarchischen Rädelsführer hatten also angesichts der Entwicklung im Winter 412/11 ihr ursprüngliches Ziel – die Fortsetzung des Krieges – aufgegeben.

Während der Machtübernahme der Oligarchen formierte sich auf der Flotte in Samos bereits Widerstand, der von Thrasybulos und Thrasylos organisiert wurde. Die Mannschaften verweigerten den an der Konspiration der Oligarchen beteiligten Offizieren den Gehorsam und wählten neue Befehlshaber. Als weiterer Kommandeur wurde wenig später Alkibiades hinzugewählt, der indes nicht bereit war, mit der Flotte nach Athen vorzustoßen, weil hierdurch die noch in athenischer Hand befindlichen Stützpunkte in der Ägäis dem Zugriff Spartas preisgegeben worden wären. Inzwischen erstarkte auch in Athen die Opposition gegen die oligarchische Herrschaft, von der sich bereits Theramenes und einige weitere Akteure distanzierten, während Antiphon, Phrynichos und andere erneut Friedensverhandlungen mit Sparta aufzunehmen suchten, um ihr Regime unter Verzicht auf die athenische Hegemonie im Seebund zu retten. Es brach jedoch (nach viermonatiger Dauer) zusammen, als ein von den Oligarchen nach Euboia entsandtes Geschwader eine schwere Niederlage im Kampf gegen peloponnesische Streitkräfte erlitt.[152]

Eine starke Position besaß jetzt zunächst Theramenes, der schwerlich nach dem Sturz der Demokratie Mittelpunkt einer »gemäßigten Faktion« innerhalb des oligarchischen Regimes war, sondern zweifellos rechtzeitig die verfahrene Situation erkannt und es dann verstanden hat, sich als Repräsentant des »Volkswillens« zu profilieren. Nach Lage der Dinge konnte die Argumentationsbasis der Opposition gegen die »Vierhundert« zunächst nur die Forderung nach Konstituierung der sog. Fünftausend sein. Der Demos war zu diesem Zeitpunkt irritiert durch die Agitation der oligarchischen Machthaber, die den Eindruck erweckt hatten, »daß die Vollbürgerschaft der Fünftausend tatsächlich existiere« (Thuk. VIII 92,11). Infolgedessen wagte in Athen sogar in der Schlußphase des Kampfes gegen die »Vierhundert« niemand, offen für die Demokratie einzutreten. Hinzu kam, daß Alkibiades in Samos die Forderung nach Einführung der »Verfassung der Fünftausend« erhoben hatte. Hierzu ist freilich zu bemerken, daß Alkibiades während der Herrschaft der »Vierhundert« keine andere Wahl hatte, als die genannte Bedingung zu stellen, da er noch vor dem oligarchischen Umsturz seine Rückkehr nach Athen von einer Modifizierung der demokratischen Verfassung abhängig gemacht hatte und seine Agitation von Samos aus sich folgerichtig gegen das Regime der »Vierhundert« richten mußte, die ihn – wie gesagt – fallengelassen hatten. Fragen der politischen Taktik und die besondere Situation in Athen bedingten somit den Übergang zur Polis der Fünftausend, die indes nicht als Spielart der Oligarchie bezeichnet werden kann. In dieser Politeia sollten die Hopliten besondere Privilegien erhalten. Faktisch ließ sich aber in diesem Fall die obere Grenze der Zahl der Vollbürger nicht bei 5000 ansetzen. Offenbar wurde eine Vollbürgerschaft von rund 9000 Angehörigen der drei ersten Zensusklassen konstituiert (Lys. XX 13), deren Privilegien in der Amts- und Ratsfähigkeit bestanden, während die übrigen Bürger wahrscheinlich an der Ekklesia teilnehmen konnten und wohl auch als Geschworene zugelassen waren.[153] Gleichzeitig erfolgte die Wiedereinsetzung des Rates der 500. Allerdings wurden die Mitglieder damals nicht erlost, sondern gewählt.

Die »Verfassung der Fünftausend« läßt keinesfalls auf einen Gegensatz zwischen Zeugiten und Theten schließen. Die Zeugiten, die in Athen die

Einführung dieser Ordnung beschlossen hatten, stimmten im Frühjahr 410 – wahrscheinlich nach dem großen athenischen Erfolg in der Seeschlacht bei Kyzikos – der Wiederherstellung der traditionellen Demokratie zu. Der Übergang vollzog sich ohne weitere Auseinandersetzungen und erscheint in der Überlieferung nicht als scharfer Einschnitt.[154] Im Juli 410 beschloß die Ekklesia bereits Sanktionen zur Verhinderung von Verschwörungen gegen die Demokratie (Andok. I 96–98). Die alte demokratische Ordnung war also zu diesem Zeitpunkt restituiert. Der Rat der 500 wurde wieder nach dem Losverfahren besetzt und war somit erneut allen Bürgern zugänglich. Die Kompetenzen der Boulé – insonderheit die Strafbefugnisse – wurden wahrscheinlich neu geregelt, wobei man offenbar bestrebt war, das 411 außer Kraft gesetzte demokratische Prinzip der Unterordnung des Rates unter die Volksversammlung stark zu betonen (IG I^3 105). Gruppenbildungen in der Boulé sollten durch eine neue Sitzordnung verhindert werden (Philochoros FgrHist 328 F 140). Die Ausarbeitung von Gesetzesvorlagen wurde zumindest zeitweise einer Kommission von Syngrapheis übertragen. Sie sind zu differenzieren von den Anagrapheis, die mit der Aufzeichnung der bestehenden Gesetze beauftragt wurden und ihre Arbeit 404 noch nicht abgeschlossen hatten.
Die restaurierte Demokratie stand trotz des Sieges bei Kyzikos vor ungeheuren Schwierigkeiten. Viele Bürger der ländlichen Gebiete konnten infolge der Stationierung peloponnesischer Truppen in Dekeleia kaum ihren Unterhalt bestreiten. Die Einführung der sog. Diobelie sollte offenbar die ärgste Not lindern. Es handelte sich hierbei schwerlich um eine »Staatspension« für alle Bürger, die kein Amt bekleideten bzw. keinen Wehrdienst leisteten. Vielmehr wurde der geringe Betrag von 2 Obolen pro Tag wahrscheinlich nur an die bedürftigsten Athener ausgezahlt.[155]
Ein schweres innenpolitisches Erbe bedeutete vor allem die Abrechnung mit dem Regime der Vierhundert. Während man in der Zeit der Fünftausend lediglich einige wenige Drahtzieher der Verschwörung, die sich nicht rechtzeitig in Sicherheit bringen konnten, abgeurteilt hatte, wurden nunmehr zahlreiche »Mitläufer« gerichtlich verfolgt. Die Prozeßflut war letztlich eine Folge des allgemeinen Mißtrauens, das durch den oligarchischen Umsturz erzeugt worden war und jetzt dem Denunziantentum der Sykophanten Vorschub leistete. Hinzu kam, daß die noch zur Verfügung stehende Führungselite größtenteils an der Front eingesetzt wurde und zweitrangige »Volksführer« vom Schlage Kleophons sich als Verfassungsschützer zu profilieren suchten, um maßgebenden Einfluß auf die Volksversammlung zu gewinnen. Ermöglicht wurde dies wiederum durch das System selbst, in dem weiterhin keine langfristigen Kompetenzen zur Führung der Polis einem einzelnen Politiker oder einem kleineren Gremium übertragen wurden, sondern die Ekklesia alle relevanten Entscheidungen traf. Lediglich im militärischen Bereich bestand nach 411 die Tendenz, den Befehlshabern spezielle Befugnisse für eine bestimmte Region oder für eine der beiden Waffengattungen zu verleihen. In diesem Kontext ist auch die Ernennung des Alkibiades zum bevollmächtigten

Strategen (Strategos autokrator) zu sehen (408).[156] Diese Neuerung war indes zugeschnitten auf die Person des Alkibiades und sprengte nicht den Rahmen des bestehenden Systems. Alkibiades' Amtszeit war ebenso wie das Kommando der übrigen Strategen befristet. Er wurde nicht wiedergewählt, als infolge des Versagens eines von ihm eingesetzten Unterbefehlshabers Teile der athenischen Flotte eine Niederlage erlitten. Der erneute Sturz des Alkibiades demonstriert im übrigen, daß in der Bürgerschaft weiterhin tiefes Mißtrauen gegen ihn bestand. Der Verrat an der Demokratie 411, an dem auch Alkibiades durch seine Kontakte mit den zum Putsch entschlossenen prominenten Athenern ein gerüttelt Maß an Schuld hatte, war letztlich nicht vergessen.
Siegeswille und Einsatzbereitschaft der Bürgerschaft waren zu diesem Zeitpunkt noch ungebrochen. In einer letzten großen Kraftanstrengung siegte die athenische Flotte 406 noch einmal bei den Arginusen. Wie bereits nach der Schlacht bei Kyzikos bot Sparta wiederum Friedensverhandlungen auf der Basis des damaligen Besitzstandes an. Erneut lehnte die athenische Ekklesia unter dem Einfluß Kleophons ab. Man glaubte immer noch, auf die Wiederherstellung des athenischen Machtbereichs in seinem früheren Umfang nicht verzichten zu können. Die tumultuarische Verurteilung der siegreichen Strategen der »Arginusenflotte«, die es versäumt hatten, rechtzeitig Maßnahmen zur Rettung der Schiffbrüchigen einzuleiten, setzte den Schlußstrich unter eine Kette fataler Fehlentscheidungen. Unverständlicher Leichtsinn der neuen Strategen führte zur Vernichtung der letzten großen athenischen Flotte bei Aigospotamoi (405). Die Kapitulation, die das Ende der athenischen Großmachtstellung bedeutete, war jetzt nur noch eine Frage der Zeit. Athen verlor durch den Frieden 404 seine Außenbesitzungen, seine außenpolitische Unabhängigkeit sowie den Restbestand seiner Flotte (bis auf 12 Einheiten) und mußte die Befestigungsanlagen im Peiraieus und die sog. Langen Mauern schleifen. Verfassungsbestimmungen waren im Friedensvertrag nicht enthalten.

c) Das Nachspiel der »oligarchischen Tyrannis«

Der zweite oligarchische Staatsstreich in Athen (Sommer 404) war keine zwangsläufige Folge des militärischen Zusammenbruchs, sondern – wie bereits der Umsturz im Jahre 411 – das Werk einer kleinen Gruppe entschlossener Verschwörer, die erst mehrere Wochen oder sogar einige Monate nach der Kapitulation nach eingehender Planung die Demokratie zu beseitigen vermochten. Ihr Instrumentarium bestand wiederum aus einer Kombination von Einschüchterung der breiten Masse der Bürger und Ausschaltung prominenter Gegner in der Oberschicht.[157]
Koordiniert wurden die verschiedenen Aktionen offensichtlich durch ein von den Verschwörern konstituiertes Komitee von 5 sog. Ephoren. Die dominierende Persönlichkeit in diesem Ausschuß war Kritias, ein vielsei-

tiger Literat von vornehmer Herkunft, Schüler des Sokrates und zugleich skrupelloser Adept sophistischer Lehren vom Recht des Stärkeren. Er war nach dem zweiten Sturz des Alkibiades verbannt worden und nach der Kapitulation Athens mit zahlreichen anderen Exulanten zurückgekehrt, die jetzt zweifellos seinen stärksten Rückhalt im Kampf um die Macht bildeten und wohl auch in erheblichem Maße die Kontakte zu den reaktivierten Hetairien herstellten. Undurchsichtig bleibt in diesem Stadium der Vorbereitungen die Rolle des Theramenes, der bei der Kapitulation als Unterhändler fungiert hatte und nach Abschluß des Friedens wieder starken Einfluß in Athen ausübte. Wahrscheinlich trat er jetzt die Flucht nach vorn an, um durch Beteiligung an dem Komplott das Heft in der Hand zu behalten. In realistischer Einschätzung der Lage schalteten die Initiatoren des Staatsstreichs den Spartaner Lysander ein, der nach der Unterwerfung von Samos massiven Druck auf die athenische Volksversammlung ausübte, um die Konstituierung einer aus 30 Mitgliedern bestehenden Kommission zur Abfassung von Gesetzen und zur Leitung der Polis durchzusetzen. Dies gelang freilich erst, nachdem in der entscheidenden Ekklesia zahlreiche Teilnehmer bereits die Versammlung verlassen hatten (Lys. XII 71–76).

Wiederum war durch einen quasi-legalen Akt die Verfassung außer Kraft gesetzt worden. Das neue Gremium bestand aus den führenden Putschisten. Es diente also im Unterschied zu dem im Jahre 411 eingesetzten Verfassungsausschuß nicht als Instrument zur Vorbereitung des Umsturzes, sondern bildete jetzt das »Regierungsorgan« der Machthaber, deren Herrschaft faktisch ein Satellitenregime Spartas darstellte. Die Dreißig präsidierten auch im Rat, der mit ihren Anhängern besetzt wurde und die Kriminaljustiz ausübte. Wenn sie zunächst durch die Verfolgung verhaßter Sykophanten eine gewisse Zustimmung fanden, so ist dies lediglich als Zeichen der Genugtuung vieler Bürger über das Vorgehen gegen das Denunziantentum zu werten. Das neue Regime enthüllte in kurzer Zeit seinen wahren Charakter. Gestützt auf eine von ihnen angeforderte spartanische Besatzung und eine Polizeigarde von 300 angeworbenen sog. Peitschenträgern inszenierten die Dreißig eine »Säuberungsaktion«, der nicht nur viele Bürger, die in der Demokratie politisch aktiv gewesen waren, zum Opfer fielen, sondern auch zahlreiche »unpolitische« gutsituierte Athener und Metoiken, deren Besitz zur Finanzierung des Regimes konfisziert wurde. Die Folge war, daß geradezu eine Massenflucht aus Athen einsetzte.

Im Unterschied zur oligarchischen Verschwörergruppe des Jahres 411 machten die neuen Machthaber gar nicht erst den Versuch, programmatisch Verfassungsgrundsätze zu verkünden oder ihre Herrschaft durch institutionelle Neuerungen zu legitimieren. Die auf Initiative des Theramenes erstellte Liste von 3000 Vollbürgern läßt jedenfalls nicht erkennen, daß die Dreißig hiermit als »Regierungsorgan« (d.h. in ihrer Gesamtheit bzw. durch Mehrheitsbeschluß) ein bestimmtes Verfassungskonzept verfolgten. Vielmehr bahnte sich im Ausschuß der Dreißig ein

Machtkampf an, in dem Theramenes zweifellos größeren Anhang zu gewinnen und zugleich das Regime auf eine breitere Basis zu stellen suchte. Er unterlag jedoch Kritias, der ihn nach ungesetzlichem Verfahren hinrichten ließ und die Konstituierung der 3000 lediglich dazu benutzte, eine größere Zahl von Athenern in die Verbrechen der Dreißig hineinzuziehen und damit kollektiv an die sich steigernde Schreckensherrschaft zu binden. Die hierdurch bedingte Spaltung der Athener in zwei Lager bedeutete also keinesfalls, daß ein Teil der Bürgerschaft durch neue verfassungspolitische Konzeptionen für das Regime gewonnen werden konnte. Ebensowenig wurden hierbei sozio-ökonomische Gegensätze relevant. Die Dreißig stammten z.T. aus wohlhabenden »alten« Familien und leiteten nicht zuletzt aus ihrer Herkunft ihren Herrschaftsanspruch ab. Kritias und seine Gesinnungsgenossen waren indes reine Pragmatiker der Macht, und ihr Anhang bildete keine homogene Gefolgschaft. Offenbar wurden die 3000 nicht nach rein timokratischen Kriterien benannt. Diese Körperschaft umfaßte jedenfalls nur einen Teil der Bürger der drei ersten Zensusklassen, während andererseits – wie gesagt – viele »Reiche« exekutiert oder zur Flucht gezwungen wurden.

Die Machtergreifung der Dreißig war durch die Intervention Lysanders ermöglicht worden. Die Konstituierung des Regimes entsprach der von Lysander inaugurierten Politik der Einsetzung von »Zehnerausschüssen« (Dekarchien) als Stützen des spartanischen Herrschaftssystems in einer Reihe von Poleis des ehemaligen athenischen Machtbereichs. Außenpolitische Faktoren entschieden auch über Erfolg oder Mißlingen der Gegenaktionen gegen die Herrschaft der Dreißig. Während in der griechischen Welt die neue Form der spartanischen Hegemonialpolitik weithin auf Ablehnung stieß und vor allem in Theben und Korinth die oligarchische Tyrannis in Athen als unerwünschte Stärkung der Position Spartas empfunden wurde, formierte sich bereits auch die innerspartanische Opposition gegen Lysander, dessen persönliche Autorität eine einflußreiche Gruppe um König Pausanias zu unterminieren suchte. Zu Beginn des Winters 404/03 gelang es 70 athenischen Emigranten unter Führung des Thrasybulos von Theben aus nach erfolgreichen Grenzgefechten bis zum Peiraieus vorzustoßen. Nachdem dort Kritias im Straßenkampf gefallen war, brach das Regime der Dreißig zusammen. Es wurde aber zunächst durch einen von den Dreitausend konstituierten Zehnerausschuß ersetzt, der nunmehr von Lysander Unterstützung erhielt, so daß die Lage der Emigranten und ihrer inzwischen stark angewachsenen Anhängerschaft prekär blieb. Erst die Intervention des Pausanias, der aus den genannten Gründen Lysanders Pläne durchkreuzte, führte zum Ausgleich zwischen den beiden athenischen Bürgerkriegsparteien und ermöglichte auf der Basis einer allgemeinen Amnestie die Wiederherstellung der Demokratie (403). Eleusis blieb allerdings als Zufluchtsort der Dreißig vorerst autonom, bis durch eine militärische Aktion der Athener diese letzte Bastion der Oligarchen wieder in den athenischen »Gesamtstaat« integriert wurde (401/400).

D) Aspekte der athenischen Demokratie im 4. Jahrhundert

Nach den Exzessen der »Dreißig« waren in Athen die Grundprinzipien der traditionellen Demokratie unbestritten. Im 5. Jahrhundert hatte freilich die Machtentfaltung Athens nicht nur das demokratische System entschieden gestützt, sondern zugleich auch soziale Spannungen in der Bürgerschaft verhindert. Die Einkünfte aus dem Seebund standen der sog. restaurierten Demokratie selbstverständlich nicht mehr zur Verfügung. Wenn dieses System gleichwohl von Anfang an funktionsfähig war und in der Folgezeit im Unterschied zu einer Reihe von griechischen Gemeinwesen nicht von schweren sozialen Krisen erschüttert wurde, so ist dies nicht zuletzt darauf zurückzuführen, daß Athen in wirtschaftlicher Hinsicht wie keine andere Polis regenerationsfähig war. Athen besaß nach wie vor den bedeutendsten Hafen der Ägäis, und die attischen Silberdrachmen waren weiterhin die bevorzugte Währung in der griechischen Welt.[158] Daß die athenische Wirtschaft sich auf dieser Basis relativ schnell erholte, war zweifellos eine wesentliche Voraussetzung für die Stabilisierung der Demokratie, die ja mit ihren Diäten für öffentliche Funktionen wieder erhebliche Kosten verursachte,[159] zumal jetzt auch Zahlungen für den Besuch der Volksversammlung beschlossen wurden. Dieser sog. Misthos ekklesiastikos betrug zunächst nur einen Obolos, stieg aber bis 392 bereits auf das Dreifache an.[160] Offensichtlich sollte hierdurch eine größere Zahl von Bürgern zur Teilnahme an den Tagungen der Ekklesia motiviert werden. Dies war ohne Frage eine bedeutende Neuerung, doch wurde Athen hierdurch ebensowenig wie im 5. Jahrhundert eine radikale Demokratie. Hatte sich die klassische Demokratie in der Pentekontaëtie gleichsam durch einen Transformationsprozeß herausgebildet, der die in der athenischen Verfassungsentwicklung liegenden Möglichkeiten zur vollen Entfaltung brachte, ohne daß hierdurch ein radikales, nach sozialer Nivellierung tendierendes System entstand, so waren verschiedene Maßnahmen der restaurierten Demokratie eine Anpassung an die veränderte Situation.[161]

Von großer Bedeutung war vor allem die Einführung neuer Nomothesieverfahren. Bei den beiden oligarchischen Staatsstreichen 411 und 404 war es den Putschisten gelungen, durch Ausübung massiven Drucks auf die Ekklesia Beschlüsse herbeizuführen, die die bestehende demokratische Ordnung auf quasi-legalem Wege außer Kraft setzten. Diese Gefahr sollte in der restaurierten Demokratie durch eine Neuregelung der Gesetzgebungskompetenzen vermieden werden. Bereits die abschließende Revision der athenischen Gesetze wurde vom Rat und von einem Gremium von 500 in den Demen gewählten »Nomotheten« vorgenommen, ohne daß die Volksversammlung die endgültigen Texte ratifizierte. In Zukunft sollte es jeweils nur noch einmal im Jahr möglich sein, neue Gesetze vorzuschlagen bzw. Verbesserungsvorschläge einzubringen.[162] Das neue Verfahren läßt sich aus der vorliegenden Überlieferung nicht in allen Punkten eindeutig rekonstruieren, doch ist auf jeden Fall zwischen der Verabschiedung neuer Gesetze und der routinemäßigen Überprüfung der bestehenden Gesetze nach vier Sachgruppen zu differenzieren. Die zuletzt genannte Maßnahme stand alljährlich auf der Tagesordnung der ersten Volksversammlung der ersten Prytanie. Wenn die Gesetze für gut befunden wurden, war die Sache erledigt. Bei Einsprüchen, die von der Mehrheit der Ekklesiasten akzeptiert wurden, wurden 5 »Verteidiger« der für revisionsbedürftig befundenen Gesetze gewählt. In der folgenden dritten Ekklesia wurde das Problem erneut behandelt und ein Beschluß über die Einsetzung eines Gremiums von 500 Nomotheten gefaßt, die zu den Geschworenen des betreffenden Jahres gehören mußten. In der Zwischenzeit konnten von jedem Bürger schriftlich abgefaßte Revisionsvorschläge, die öffentlich bekanntzumachen waren, vorgebracht werden. Stimmte der Demos in der genannten dritten Ekklesia der Überweisung der Vorschläge an die Nomotheten zu, hatten diese in Form eines regelrechten Gerichtsverfahrens unter Einschaltung der erwähnten Verteidiger darüber zu entscheiden, ob die Vorschläge übernommen werden oder die beanstandeten Gesetze weiterhin in der alten Form gültig sein sollten. Ein von den Nomotheten übernommener Vorschlag war rechtsgültig und bedurfte nicht mehr der Ratifizierung durch die Volksversammlung. Nach ähnlichen Prinzipien sollte bei der Verabschiedung völlig neuer Gesetze verfahren werden, die mehrfach (vermutlich insgesamt dreimal) in aufeinanderfolgenden Volksversammlungen verlesen und ebenfalls abschließend von einem Gremium von 500 Nomotheten gebilligt werden mußten. Offenbar sind aber im frühen 4. Jahrhundert kaum neue Gesetze nach dieser umständlichen Prozedur durchgebracht worden. Wahrscheinlich wurde noch vor 370 das Verfahren vereinfacht, indem nunmehr jederzeit neue Gesetzesvorschläge gemacht werden konnten und der Prüfungsvorgang abgekürzt wurde. Die endgültige Entscheidung blieb weiterhin den Nomotheten vorbehalten, doch brauchten diese jetzt nicht mehr Geschworene zu sein. Beibehalten wurde die routinemäßige Überprüfung der bestehenden Gesetze. Vor 354/53 hatten zeitweise Nomotheten die Gesetze auf Widersprüche zu überprüfen. Um die Jahrhundertmitte wurde diese Aufgabe den Thesmotheten übertragen. Stellten sie Unklarheiten fest, beschloß die Ekklesia, ob die Nomotheten eine Entscheidung über Verbesserungsvorschläge treffen oder die Gesetze unverändert bleiben sollten.

Der Entwicklung dieser neuen Nomothesieverfahren liegt freilich nicht die Konzeption einer Gewaltenteilung zugrunde. Die Nomotheten konnten nur auf Beschluß der Ekklesia ihre Tätigkeit ausüben und waren ihrerseits selbstverständlich in der Volksversammlung stimmberechtigt, so daß von einer unabhängigen »gesetzgebenden Gewalt« keine Rede sein kann. Andererseits bedeuteten die skizzierten Verfahren eine gewisse Einschränkung der Entscheidungsgewalt der Ekklesia, die fortan keine Nomoi (»Gesetze«), sondern nur noch Psephismata verabschieden konnte.[163] Diese Beschlüsse mußten gleichsam gesetzeskonform sein, d.h. sie durften nicht im Widerspruch zu den gültigen Gesetzen stehen. Die Entscheidung im Fall einer Paranomieklage gegen ein Psephisma fällte ein Dikasterion. Ebenso war ein Geschworenengericht zuständig für Klagen wegen »Unzweckmäßigkeit eines Nomos« *(nomon me epitedeion theinai)*, d. h. die Gerichte konnten sowohl Beschlüsse der Ekklesia als auch Entscheidungen der Nomotheten zurückweisen. Gleichwohl war hierdurch nach zeitgenössischem »Verfassungsverständnis« die Macht des Demos keineswegs entscheidend beschnitten, denn die Richter repräsentierten ja als Teil der Bürgerschaft den Demos im staatsrechtlichen Sinne.

Des weiteren wurde in der restaurierten Demokratie die Besetzung der Dikasterien neu geregelt.[164] Im 5. Jahrhundert waren die Geschworenen nach ihrer Vereidigung durch Auslosung einem der 10 Gerichtshöfe zugewiesen worden, so daß sie jeweils während des gesamten Amtsjahres unter einem bestimmten Vorsitzenden tagten und im voraus feststand, welche Verfahren in dem betreffenden Dikasterion anhängig gemacht wurden. Etwa seit der Jahrhundertwende wurden die Geschworenen in 10 ungefähr gleich große und mit den Buchstaben A–K bezeichnete Abteilungen eingeteilt. Erst an den Gerichtstagen wurde die Auslosung der einzelnen Gerichtshöfe für die anstehenden Prozesse vorgenommen, so daß die Dikasterien gewissermaßen untereinander austauschbar waren und unter Umständen mehrere Abteilungen von Richtern nicht in Anspruch genommen wurden, wenn nur einige wenige Verfahren abzuwickeln waren. Diese Prozedur der Richterbestellung, die Bestechungsversuche und Einflußnahme auf die Dikasterien verhindern sollte, wurde frühestens Mitte der achtziger Jahre weiter verfeinert. Jeder Richter erhielt eine Marke aus Holz oder Bronze mit seinem Namen und einem der 10 Buchstaben A–K. Hierbei wurde darauf geachtet, daß in jeder Phyle eine etwa gleich große Zahl von Heliasten den gleichen Buchstaben hatte. An den Gerichtstagen wurde zunächst die Anzahl der benötigten Richter ausgelost. In einem zweiten, überaus komplizierten Verfahren erfolgte dann die Aufteilung der Heliasten auf die zu bildenden Gerichtshöfe. Des weiteren wurde etwa nach 340 noch die Auslosung der vorsitzenden Magistrate eingeführt. Das gesamte Verfahren bei der Zusammensetzung der Dikasterien, deren Urteile nicht appellationsfähig waren, sollte nicht nur demokratische Chancengleichheit für alle Bürger, die sich für die richterliche Tätigkeit zur Verfügung gestellt hatten, gewährleisten, sondern auch angesichts der bedeutenden Kompetenzen der Gerichtshöfe noch effektiver als die um 400 eingeführte Auslosung der Richterabteilungen Korruption ausschließen und eine möglichst unvoreingenommene Urteilsfindung garantieren. Auf der anderen Seite darf natürlich nicht übersehen werden, daß politische Prozesse vielfach als Instrument innenpolitischer Machtkämpfe innerhalb der Führungsschicht dienten und das Gerichtswesen zudem generell dem Denunziantentum Vorschub leistete, wobei Klagen in bezug auf Verstöße gegen finanzielle Verpflichtungen gegenüber der Polis eine besondere Rolle spielten und hierdurch oft genug gegenseitiges Mißtrauen genährt wurde.

In ähnlicher Weise wie bei der Auslosung der Richter wurde offenbar auch zur Besetzung der »zivilen« Magistraturen eine Art »Losmaschine« verwendet. Im übrigen gab es im Ämterwesen eine Reihe von entwicklungsbedingten Veränderungen. Das Kollegium der Hellenotamiai erübrigte sich selbstverständlich nach der Auflösung des Seebundes. Ebenso entfielen zahlreiche Außenbeamte. Andererseits wurden neue Magistraturen eingerichtet. Sie entstanden z.T. im Zuge des weiteren Ausbaus der Gerichtsverfassung. Die Erhöhung der Zahl der Demenrichter auf insgesamt 40 Stellen wurde bereits in anderem Zusammenhang erwähnt (S. 212). Sie waren nach dem Prinzip der Phylenzugehörigkeit in 10 Abteilungen gegliedert und konnten in vermögensrechtlichen Privatsachen (soweit diese nicht in die Zuständigkeit des eponymen Archonten fielen) Streitfälle bis zu einem Wert von 10 Drachmen selbständig entscheiden. Andernfalls wurde der Fall einem der öffentlichen Schiedsrichter (Diaitetai) übergeben, die seit dem frühen 4. Jahrhundert die erste Instanz für die meisten Privatsachen waren. Zur Ausübung dieser Funktion waren alle Zeugiten des letzten Jahrgangs des Hoplitenkatalogs verpflichtet. Gegen eine Entscheidung der öffentlichen Schiedsrichter war Berufung an ein Dikasterion möglich. Als neue Magistratur für Fälle, die binnen Monatsfrist entschieden sein sollten, wurde das Amt der 5 Eisagogeis (»Einführer«) eingerichtet, das von der Behörde gleichen Namens im 5. Jahrhundert zu differenzieren ist. Die Ämter der Nautodikai und Xenodikai (»Fremdenrichter«) verloren hingegen an Bedeutung und wurden allem Anschein nach um 350 beseitigt. See- und Handelssachen fielen jetzt in den Zuständigkeitsbereich der Thesmotheten.

Eine Besonderheit war die neue Institution der Parhedroi (»Beisitzer«) des eponymen Archonten, des Polemarchos und des Basileus. Jeder der genannten Beamten konnte nach eigenem Ermessen zwei Parhedroi ernennen, die sich der Dokimasie und dem Rechenschaftsverfahren zu unterziehen hatten. Offenbar war eine wiederholte Ausübung dieser Funktionen möglich, so daß nicht nur die Einsetzung der Parhedroi, sondern wahrscheinlich auch Kontinuation und Iteration in diesem Fall im Widerspruch zu den üblichen Prinzipien bei der Besetzung der »zivilen« Magistraturen standen. Möglicherweise wollte man erreichen, daß durch eine gewisse Sachkompetenz der Parhedroi die Arbeit der jährlich wechselnden Archonten erleichtert wurde. Ähnliche Intentionen bestimmten wohl auch die Umwandlung des Amtes des Ratsschreibers, der noch bis in die sechziger Jahre des 4. Jahrhunderts in jeder Prytanie wechselte und Mitglied der Boulé sein mußte, aber nicht dem geschäftsführenden Ausschuß angehören durfte (s. S. 207). Etwa zwischen 368/67 und 363/62 wurde beschlossen, daß der Ratsschreiber unter den sich zur Verfügung stellenden Kandidaten (die nicht mehr Mitglieder des Rates zu sein brauchten) ausgelost werden und seine Funktionen während des gesamten Amtsjahres ausüben sollte.[165] Er erhielt jetzt die Bezeichnung »Prytanenschreiber« *(grammateus kata prytaneian)* und wurde der wichtigste »Sekretär« der Polis. Da bei der bislang üblichen Wahl des Ratsschreibers durch die Bouleuten zweifellos vielfach das persönliche Prestige der Kandidaten ausschlaggebend war, sollte das neue Verfahren offensichtlich sowohl eine gewisse Kompetenz der Bewerber garantieren als auch dem demokratischen Prinzip der Chancengleichheit entsprechen. Obwohl die Boulé fortan keinen Einfluß mehr auf die Besetzung dieser Stelle hatte, war mit der skizzierten Änderung schwerlich eine Schwächung der Position des Rates intendiert. In der Folgezeit wurden noch einige weitere Ämter für »Sekretäre« eingerichtet, die offensichtlich den sog. Prytanenschreiber entlasten sollten.

Generell ist die Entwicklung der Polisverwaltung durch eine zunehmende Formalisierung gekennzeichnet. Die Kontrollmechanismen wurden gleichsam dichter. Dies war z.T. mitbedingt durch die starke Dezentralisierung in der Finanzverwaltung mit ihren zahlreichen »Behörden«, die nicht nur zum Abschluß des Amtsjahres, sondern in jeder Prytanie überprüft wurden. Der Rat hatte infolgedessen im Rahmen dieses Systems weiterhin eine bedeutsame Funktion als Koordinations- und Kontrollinstanz. Sein Tätigkeitsbereich wurde sogar mit zunehmender Routinearbeit noch umfangreicher. Ob hiermit die Einführung der neuen Vorsitzenden (Prohedroi) um 380 in Verbindung zu bringen ist, muß allerdings offenbleiben.[166] Das System der Prytanien blieb selbstverständlich bestehen, doch hatten nunmehr die täglich wechselnden Prohedroi die Leitung der Ratssitzungen und der Volksversammlung (sofern eine Tagung stattfand). Die Prohedroi durften keine Prytanen sein. Dementsprechend wurde aus den 9 Phylen, die nicht den Ausschuß der Prytanen stellten, jeweils ein Prohedros ausgelost. Die Agenda der Boulé und der Volksversammlung wurden freilich weiterhin von den Prytanen festgesetzt, so daß die Prohedroi keinen Einfluß auf die Aufstellung der Tagesordnungen hatten. Zweifellos bedeutete diese Neuerung gleichfalls eine Weiterentwicklung demokratischer Prinzipien, die in diesem Fall in der Einführung zusätzlicher Sicherungen gegen eine Manipulation des Geschäftsganges zum Ausdruck kommt.

Dieser Tendenz entspricht auch die starke Formalisierung des Verlaufs der Volksversammlungen mit ihren zwingend vorgeschriebenen Tagesordnungspunkten, die z.T. Angelegenheiten betrafen, die man im Grunde durch relativ einfache Verwaltungsvorgänge erledigen konnte. Daß solche Routinesachen vor die Ekklesia kamen, sollte offenbar mit dazu beitragen, bei den Ekklesiasten das Bewußtsein zu stärken, daß die Volksversammlung nach wie vor das zentrale Organ der Demokratie war. Trotz der im Vergleich zum 5. Jahrhundert forcierten Ausdifferenzierung von Kontroll-, Gerichts- und Nomothesiebefugnissen blieb die Ekklesia in der Tat die wichtigste Institution, wie vor allem die Abstimmung über die Amtsführung der Magistrate in jeder Prytanie, die Prärogative der Volksversammlung beim Gesetzgebungsverfahren und ihre Beschlußfassung über Krieg und Frieden zeigen.

Der zuletzt genannte Punkt war natürlich von größter Bedeutung im Kontext der athenischen Außenpolitik, die nach der Restauration der

Demokratie bestimmt war von dem Bestreben, zunächst die Abhängigkeit von Sparta zu überwinden und schließlich die einstige Position Athens als führende Macht in der Ägäis zurückzugewinnen.[167] Hierin bestand ebenso wie in der Verfassungsfrage ein breiter Konsens. Hierdurch waren auch die wechselnden Gruppierungen innerhalb der Führungsschicht vorgegeben, die keine Parteiungen mit durchgängiger »konservativ-oligarchischer« oder »radikaldemokratischer« Zielsetzung darstellten, sondern das Ziel verfolgten, den maßgebenden Einfluß im Rahmen der demokratischen Ordnung zu gewinnen, wenn auch zweifellos unterschiedliche Auffassungen über die Ausgestaltung des Systems und über die Zweckmäßigkeit außenpolitischer Entscheidungen und den Abschluß bestimmter Bündnisse bestanden. Nach wie vor waren persönliche Verbindungen die eigentliche Klammer solcher Vereinigungen, die sich zwar weiterhin um einzelne dominierende Persönlichkeiten gruppierten, von den Hetairien des 5. Jahrhunderts aber zu differenzieren sind.
Die eigentliche Führungselite bestand zu einem erheblichen Teil aus relativ wohlhabenden Athenern, die vor allem im kommerziellen und gewerblichen Bereich ihr Vermögen erwarben und Geld anlegten. Grundbesitz hat jetzt offenbar häufiger den Eigentümer gewechselt. Diese Entwicklung führte indes nicht zur Entstehung landwirtschaftlicher Großbetriebe, so daß die bisherige Agrarstruktur Attikas im 4. Jahrhundert im wesentlichen erhalten blieb.
Im übrigen besaßen Teile der Oberschicht nur geringes Interesse an politischer Aktivität.[168] Sie empfanden vielfach die ihnen auferlegten Leiturgien und Eisphora als drückende Last. Die Demokratie des 4. Jahrhunderts konnte freilich auf diese Leistungen der Reichen, die seit 378/77 in Symmorien, d. h. Abteilungen zur Zahlung der Eisphora, zusammengefaßt waren und nach dem gleichen System etwa ab 357 auch die Trierarchien zu finanzieren hatten,[169] nicht verzichten. Die Finanznot der Polis blieb ein ständiger Faktor der Politik. Sie trug letztlich mit dazu bei, daß ein Spezialistentum besonderer Art in der Polisverwaltung eine bedeutende Position gewinnen konnte. Das markanteste Beispiel ist Eubulos, der 354 und in den folgenden Jahren die Kasse für die Verwaltung der Theorika (der Gelder, die jetzt an die Bürger für den Besuch der Theateraufführungen an den städtischen Dionysien und für die Teilnahme an anderen Polisfesten gezahlt wurden) organisierte, diesem Fond alle Überschüsse aus den staatlichen Einnahmen zuwies und durch gezielte Maßnahmen die »Finanzpolitik« auf eine solide Basis stellte. Ein ähnlicher Trend zum Spezialistentum und zur Spezialisierung ist im Militärwesen festzustellen. Die Strategie war nicht mehr wie in perikleischer Zeit das wichtigste politische Führungsamt, sondern wurde mehr und mehr von eigentlichen »Fachleuten« bekleidet. Spätestens um 330 bestanden regelrechte »Ressorts« für mindestens 5 Strategen. Die formale Perfektionierung des demokratischen Systems schloß also die Entstehung eines unentbehrlichen Spezialistentums keineswegs aus. Beide Aspekte ergänzen sich im Bild der athenischen Demokratie des 4. Jahrhunderts. Auch die

zunehmende politische Bedeutung des Areopags seit der Jahrhundertmitte hat das System nicht in Frage gestellt.
Um 350 war Athen wieder die bedeutendste Macht im griechischen Mutterland, obwohl der großangelegte Plan, die Thalassokratie des 5. Jahrhunderts zurückzugewinnen, gescheitert war. Die Gründung des sog. Zweiten Attischen Seebundes (378/77), der ein Gegengewicht gegen Sparta bilden sollte und annähernd 70 Poleis umfaßte, schien zwar zunächst den hegemonialen Bestrebungen Athens noch einmal große Perspektiven zu eröffnen.[170] Athen hatte hierbei von vornherein sehr viel stärker als ein Jahrhundert früher beim Abschluß der Symmachie gegen Persien das föderative Element betont. Im Synhedrion (Versammlung) des neuen Bundes, das in Athen tagte, war jeder Mitgliedstaat mit einer Stimme vertreten. Entscheidungen wurden durch Mehrheitsbeschlüsse getroffen, die freilich der Zustimmung durch die athenische Ekklesia bedurften. Die Bundesgenossen hatten zur Finanzierung der Streitkräfte Zahlungen zu leisten, die unter Vermeidung des ominösen Begriffs der Phoroi (»Tribute«) als Syntaxeis (»Beiträge«) bezeichnet wurden. Bereits um 370 wurde jedoch deutlich, daß Athens Politik letztlich auf die Wiedererrichtung einer Arché im Ägäisbereich abzielte, indem es die Kompetenzen des Synhedrions zu ignorieren suchte und Gebietsansprüche erhob, die im Widerspruch zu den Prinzipien des Bündnissystems standen. Die Gründung neuer Außensiedlungen (Kleruchien) seit 365 schien zu bestätigen, daß Athen wieder auf alte Herrschaftsmittel zurückgriff. Auf der anderen Seite wurde jedoch bald deutlich, daß die Ressourcen Athens letztlich für die Ausübung der Schutzfunktionen im neuen Seebund nicht ausreichten. Athen hatte jetzt nur noch etwa 20–25 000 Vollbürger.[171] Der Abfall einer Reihe von Symmachoi und der »Bundesgenossenkrieg« (357–355) ließen kaum noch Zweifel, daß die athenischen Ziele zu hoch gesteckt waren. Athen mußte den Sonderbund von Chios, Rhodos und Byzanz anerkennen und verlor nach dem Ende des genannten Krieges weitere Bundesgenossen. Die neuen Aufgaben der nunmehr maßgeblich von Eubulos gestalteten athenischen Politik waren neben der Konsolidierung der Finanzen die Sicherung der Verbindungslinien nach dem Schwarzen Meer und die Wiederherstellung der Schlagkraft der Flotte, die in kurzer Zeit auf den Stand von rund 350 Einheiten gebracht werden konnte.
Gestützt auf diese beachtliche Seemacht hat Athen schließlich unter dem Eindruck der antimakedonischen Agitation des Demosthenes den Kampf gegen Philipp II. aufgenommen, dessen Druck auf die Meerengen vitale athenische Interessen bedrohte. Wenn Athen und seine Verbündeten, denen sich zuletzt auch Theben angeschlossen hatte, bei Chaironeia (338) unterlagen, so läßt sich dies kaum allein mit strukturellen Schwächen der athenischen Demokratie (bzw. generell mit Krisenerscheinungen des Polisstaates) erklären. Das demokratische System Athens war noch durchaus funktionsfähig. Die von Demosthenes geweckte Kampfentschlossenheit der Bürgerschaft ließ sich freilich nicht mehr in ein effektives Po-

tential umsetzen, das den militärischen Erfordernissen angemessen gewesen wäre. Athens Stärke lag – wie gesagt – nach wie vor im maritimen Bereich. Während aber in der Pentekontaëtie die Poliswelt durch die athenische Thalassokratie gegen die Großmacht Persien abgeschirmt werden konnte, war Philipp II. in der Lage, auf dem Landweg nach Mittelgriechenland vorzustoßen und damit Boiotien und Athen unmittelbar zu bedrohen. Hier war gleichsam die Achillesferse Athens, dessen Heer mit der Entwicklung nicht Schritt gehalten hatte und angesichts der Mittel und Rekrutierungsmöglichkeiten, die Philipp besaß, auch nicht Schritt halten konnte. Durch das Bündnis mit Boiotien konnte die Schwäche des athenischen Hoplitenheeres nicht ausgeglichen werden. So war die Schlacht bei Chaironeia für Athen der entscheidende Wendepunkt. Daß Athen formal seine demokratische Verfassung nach dem Frieden mit Philipp wahrte, kann nicht darüber hinwegtäuschen, daß es nunmehr in die makedonische Einflußsphäre einbezogen war und keine bestimmende politische Kraft mehr darstellte. Das Scheitern der antimakedonischen Erhebung im sog. Lamischen Krieg führte schließlich zu einem makedonischen Verfassungsoktroi (322), der das Ende der athenischen Demokratie im eigentlichen Sinne bedeutete.

3. Mittlere und kleinere Poleis

Vorbemerkung: Die folgende Skizze verschiedener Gemeinwesen soll einerseits einige für die griechische Poliswelt charakteristische Strukturen und Entwicklungslinien aufzeigen, andererseits das bisher gewonnene Bild von der unterschiedlichen Ausprägung der politischen Organisationsformen klassischer Polisstaaten erweitern. Die hier gewählte exemplarische Methode bleibt notwendigerweise unvollständig, läßt sich aber damit rechtfertigen, daß die Sonderformen nur von ihren lokalen Voraussetzungen her voll verständlich werden, während dieser Aspekt in einer allgemeinen Darstellung der Verfassungsprobleme stark zurücktreten würde.

a) Korinth

Die Tyrannis der Kypseliden hat die Sozialstruktur Korinths nicht prinzipiell verändert, wenn auch die Sonderstellung der Bakchiaden beseitigt worden war. Die meisten Adelsfamilien, die vor der Herrschaft des Kypselos nicht als Bakchiaden galten und sich dann mehr oder weniger mit dem Tyrannenhaus arrangierten, besaßen zweifellos noch ihre Güter. Aus dieser Schicht rekrutierte sich nach der Beseitigung der Tyrannis die politische Führung. Neben der agrarisch orientierten Oberschicht scheint zwar bereits in der Zeit der Tyrannis eine gewisse Zahl von Kaufleuten zu einigem Besitz gelangt zu sein, doch ist die ältere These, daß die korinthische Führungsschicht aus »Handelsherren und Fabrikanten« bestand, unhaltbar. Die ökonomische Basis der dominierenden Gruppen war in den griechischen Poleis generell der große Grundbesitz. Zu beachten ist zudem, daß sich die korinthische Außenpolitik keinesfalls auf die Wahrung von Handelsinteressen reduzieren läßt.[1] Daß die führenden Kreise Korinths in der Pentekontaëtie nicht durch den Aufschwung des athenischen Handels und Gewerbes alarmiert waren, zeigt der korinthische Einspruch gegen den spartanischen Kriegsplan während der Erhebung der Samier gegen Athen. Beim Ausbruch des Peloponnesischen Krieges waren daher ökonomische Faktoren für die korinthische Politik gegenüber Athen schwerlich von entscheidender Bedeutung. Auch die inneren Konflikte während des sog. Korinthischen Krieges (395–386), die zur Konstituierung einer demokratischen Verfassung und zu einer kurzfristigen staatlichen Union Korinths mit Argos führten, resultierten zweifellos nicht aus unterschiedlichen Interessen korinthischer »Handelsherren« und Grundbesitzer. Korinth war 395 nach der spartanischen Niederlage bei Haliartos der Allianz gegen Sparta beigetreten. Der Kriegsgrund war offensichtlich eine wachsende Unruhe über die spartanische Machtpolitik jener Zeit.[2] Die Initiative zu diesem Schritt ging von Timolaos und Polyanthes aus, die zweifellos breite Zustimmung fanden, da andernfalls der Eintritt Korinths in den Krieg kaum möglich gewesen wäre. Bereits unmittelbar nach dem Sieg der Spartaner am Nemeabach (394) stieß die antispartanische Kriegspolitik jedoch auf erheblichen Widerstand, der von breiteren Schichten unterstützt und nur durch entschlossenes Handeln der »Kriegspartei« überwunden wurde (Demosth. XX 52–53). In der Folgezeit wurde das Gebiet von Korinth zum Hauptkriegsschauplatz, so daß sich die Opposition gegen die Fortsetzung des Kampfes verstärkte. Ihre Wortführer waren nach der Darstellung Xenophons (Hell. IV 4,1) die meisten großen Grundbesitzer. Die »Kriegspartei« war 392 weitgehend isoliert und entschloß sich jetzt zu einer Gewaltaktion, der zahlreiche prospartanisch gesinnte Angehörige der Oberschicht zum Opfer fielen. Daß die Gruppe um Timolaos und Polyanthes die Interessen kommerziell orientierter Kreise der Oberschicht repräsentierte, läßt sich aus der Überlieferung nicht belegen. Ebensowenig scheint diese »Faktion« langfristig die Einführung einer Demokratie geplant zu haben. Die Konflikte in Korinth entstanden 392 aus kontroversen Auffassungen über die Außenpolitik.

Die korinthische Mittelschicht war in der Zeit der Perserkriege relativ stark. Bei Plataiai hatte Korinth rund 5000 Hopliten aufgeboten. Hingegen konnte die Polis in der Schlacht am Nemeabach (394) nur noch 3000 Schwerbewaffnete einsetzen. Das Absinken der Hoplitenzahl ist vermutlich weniger auf eine soziale Deklassierung erheblicher Teile des Bauerntums infolge der Auswirkungen des Peloponnesischen Krieges zurückzuführen,[3] sondern war wohl ebenso wie in Athen und anderen Poleis vor allem durch die Kriegsverluste bedingt.

Eine weitere soziale Großgruppe bildete jene Schicht, die mit der Zensusklasse der athenischen Theten vergleichbar ist. Sie war in der Pentekontaëtie zahlenmäßig kaum wesentlich größer als die Hoplitenschicht, da die gesamte Bürgerschaft Korinths in dieser Zeit schwerlich mehr als 10–12000 Mann umfaßte. Wahrscheinlich zählten zu den Korinthern unterhalb des Hoplitenzensus nicht nur Handwerker, kleine Händler und Lohnarbeiter, sondern auch Kleinbauern. Die Zahl der freien korinthischen Handwerker darf jedenfalls nicht überschätzt werden. Zum Vergleich ist auch in diesem Fall die relativ geringe Zahl der im attischen Töpferhandwerk beschäftigten Personen aufschlußreich, wobei zudem zu beachten ist, daß die Bürgerzahl Korinths um 430 nur etwa ein Viertel der athenischen Politen aller Zensusklassen betrug.

Hinweise auf die politische Ordnung nach der Beseitigung der Tyrannis finden sich lediglich in einer unklaren Textstelle bei Nikolaos von Damaskos (FgrHist 90 F 60). Wahrscheinlich sind diese wenigen Angaben so zu verstehen, daß jede der acht historischen korinthischen Phylen je einen Proboulos (»Vorberater«) und 9 Ratsmitglieder stellte und die Körperschaft des Rates (Boulé) dementsprechend insgesamt 80 Mitglieder umfaßte. Diese Institution ist zweifellos von der typisch demokratischen Boulé in Athen zu differenzieren und wahrscheinlich mit der bei Diodor (XVI 65,6) erwähnten Gerousia identisch, die noch Mitte des 4. Jahrhunderts erheblichen Einfluß auf die Außenpolitik ausübte. Die 9 Probouloi bildeten vermutlich als geschäftsführender Ausschuß des Rates das eigentliche Regierungsorgan. Aristoteles bezeichnet die Institution der Probouloi generell als typisch oligarchisch, betont aber des weiteren (Pol. 1323a 6–9), daß sie in verschiedenen Gemeinwesen gewählt werden. Dies war sicherlich auch in Korinth der Fall, wobei es sich ursprünglich wohl um eine akklamatorische Zustimmung durch die Volksversammlung handelte. Die fixierte Zahl der Probouloi und der übrigen Ratsmitglieder läßt jedenfalls auf ein formalisiertes Einsetzungsverfahren schließen. Zweifellos bestanden Zensusbestimmungen für die Ausübung dieser Funktionen. »Wählbar« waren offensichtlich nur Angehörige der Oberschicht.[4]

Das nach dem Sturz der Tyrannis eingerichtete System blieb in seinen Grundzügen lange Zeit unverändert. Pindar rühmt vor 460 die in Korinth herrschende Eunomia (Ol. 13,6–10). Der Dichter orientiert sich hier an dem solonischen Ideal der harmonischen Polis (Solon Fr. 3 Diehl), in der die überkommene soziale Rangordnung festen Bestand hat und der innere Frieden gewahrt bleibt, wenn die führende Position des Adels Anerkennung findet und der Demos nicht unterdrückt wird. Eine bestimmte Verfassung wurde mit dem Eunomia-Ideal noch nicht verbunden. Mit fortschreitender staatstheoretischer Differenzierung der Herrschaftsverteilung in den einzelnen Gemeinwesen in der zweiten Hälfte des 5. Jahrhunderts trat aber zweifellos auch die Besonderheit der korinthischen Ordnung im Vergleich zur politischen Organisationsform Athens deutlicher in Erscheinung, so daß Korinth nach dem Muster der sich entwickelnden Verfassungstypologie als Oligarchie eingestuft wurde. Hierunter konnten freilich die unterschiedlichsten »nichtdemokratischen« Verfassungen subsumiert werden. Die im Sprachgebrauch des späten 5. Jahrhunderts als Oligarchien bezeichneten Ordnungen sind natürlich zu differenzieren von der von Aristoteles gleichfalls als Oligarchie definierten Adelsherrschaft vor der Entwicklung der Hoplitenphalanx (Pol. 1297b 16ff.). Andererseits ist eine einfache Gleichsetzung der etwa nach 450/430 als Oligarchien geltenden Verfassungen mit der sog. Hoplitenpoliteia kaum möglich. Dieser Begriff entspricht der aristotelischen Konzeption der Polis der Hopliten, die indes auf einer theoretischen Konstruktion des Übergangs vom »alten« Adelsstaat zur Teilhabe der Phalangiten an der Politeia beruht. In dem nach der Schlacht bei Koroneia (446) neu konstituierten Boiotischen Bund und in den einzelnen Poleis dieser Vereinigung bestand zwar eine Beschränkung des Aktivbürgerrechts in dem Sinne, daß erst der Hoplitenstatus zur Teilnahme an den politischen Entscheidungen berechtigte. Das boiotische System galt spätestens im Peloponnesischen Krieg als oligarchisch (Thuk. V 31,6). In den Poleis des Bundes oblag die Beschlußfassung einem aus vier Sektionen bestehenden Rat (Boulé), in dem die Abteilungen abwechselnd die Geschäftsführung und Vorberatung übernahmen, während das Plenum die endgültige Entscheidung über die Vorbeschlüsse traf.[5] Auch das Beschlußgremium des Bundes – der in Theben tagende Bundesrat – war offensichtlich in vier Sektionen gegliedert (Thuk. V 38,2). Der Bund in seiner Gesamtheit war wiederum in 11 Bezirke eingeteilt, die jeweils einen sog. Boiotarchen für das Kollegium der leitenden Beamten und 60 Mitglieder für den Bundesrat stellten. Hierfür galten die gleichen Zensusbestimmungen wie in den einzelnen Poleis. In anderen Gemeinwesen mit einer »oligarchischen« oder besser »nichtdemokratischen« Ordnung war demgegenüber die Teilnahme an den Primärversammlungen der Ekklesia nicht unbedingt an den Hoplitenstatus gebunden. So bestand in Erythrai vor der athenischen Intervention der als Volksversammlung tagende Demos offenbar nicht nur aus Hopliten, und in Athen hatten die Theten während der sog. Verfassung der 5000 allem Anschein nach Zugang zur Ekklesia.

In bezug auf Korinth ist dieses Problem schwer zu entscheiden. Auffällig ist aber die relativ große Zahl von acht Phylen, die vermuten läßt, daß auch Kleinbauern und Gewerbetreibende in diese Personenverbände aufgenommen wurden. Wenn die Phylen tatsächlich die Probouloi und die übrigen Ratsmitglieder stellten, könnte die genannte Schicht unterhalb des Hoplitenzensus durchaus an der »Wahl« beteiligt worden sein. Bemerkenswert ist zudem Herodots positives Urteil (II 167) über die soziale Stellung der korinthischen Handwerker. Des weiteren ist zu beachten, daß Demosthenes (XX 52–53) auf die Opposition der »Vielen« (polloi) gegen die korinthische Kriegspartei im Jahre 394 hinweist und der Begriff der polloi in der Regel die breite Masse des Demos bezeichnet. Ferner liegen in der Überlieferung über die Wirren des Jahre 392 und die Einrichtung einer sog. Demokratie keine Hinweise auf eine Erweiterung des Kreises der abstimmungsberechtigten Korinther vor. Es ist also durchaus möglich, daß bereits in der »Oligarchie« die mit den athenischen Theten vergleichbaren Bürger an der Volksversammlung teilnehmen konnten. Selbstverständlich entsprach die Stellung der korinthischen Volksversammlung auf keinen Fall der zentralen Rolle der athenischen Ekklesia. Die Machtverhältnisse waren in Korinth anders gelagert, da hier wesentliche Elemente der demokratischen Ordnung Athens fehlten.

Das korinthische System war im übrigen erstaunlich funktionsfähig und hat innere Spannungen offenbar immer wieder aufzufangen vermocht. Die Verfassungsänderung 392 erfolgte keineswegs unter dem Druck der Masse, sondern war eher eine »Revolution von oben«. Sie wurde von einer relativ kleinen Gruppe inszeniert, die durch eine enge Bindung an Argos ihren Einfluß zu behaupten suchte. Einzelheiten über die Verfassung Korinths während der sog. Demokratie sind nicht überliefert. Wahrscheinlich orientierte man sich nicht an Athen, sondern an der argivischen Variante der Demokratie, in der die Dominanz der Volksversammlung offenbar weniger ausgeprägt war und bedeutende Vollmachten gegebenenfalls vom Demos delegiert werden konnten.[6]

Nach der von Sparta erzwungenen Auflösung der Union mit Argos wurde die traditionelle Ordnung weitgehend restituiert. Sie galt im Urteil des 4. Jahrhunderts als eine »mehr oligarchische Verfassung, in der nicht viele öffentliche Angelegenheiten vom Volk entschieden wurden« (Plut. Dion 53). Immerhin fanden aber in der Volksversammlung Abstimmungen über auswärtige Hilfegesuche und Wahlen höherer militärischer Funktionsträger statt, die von sog. Archonten vorgeschlagen wurden (Plut. Tim 3,1; 7,2). Ob die von Plutarch erwähnten Archonten mit den bei Nikolaos von Damaskos genannten Probouloi identisch sind, muß offenbleiben. Jedenfalls behielt der korinthische Rat den Charakter einer »Behörde« (Arché) mit umfassenden Kompetenzen in der Polisverwaltung. Außerdem fungierte die Boulé bzw. Gerousia (Diod. XVI 65,6) als Gerichtshof bei Strafverfahren wegen Verletzung der Polisinteressen. – Allerdings entstanden auch in Korinth nach dem Königsfrieden soziale Spannungen, die um 366 die Machtergreifung des Timophanes begünstigten. Seine kurze Herrschaft hatte jedoch keine Auswirkung auf die korinthische Verfassung und Gesellschaftsordnung.

b) Megara

Die Tyrannis des Theagenes hatte die starken sozialen Gegensätze in Megara nicht zu mildern vermocht. Eine generelle Aufteilung der Besitzungen des zeitweise entmachteten Adels war sicherlich nicht erfolgt. Nach dem Sturz des Theagenes übernahmen die früher führenden Adelshäuser wieder die Leitung der Polis, während die wirtschaftliche Not zahlreicher Bauern weiter zunahm. Die dürftige Überlieferung über die Situation in Megara um und nach 600 läßt auf eine erhebliche Verschuldung breiterer Schichten des Demos und heftige Adelsfehden schließen. Es handelte sich um typische Krisenerscheinungen jener Zeit. Die Konflikte verschärften sich möglicherweise, als Athen vor 570 im Kampf gegen Megara endgültig die Insel Salamis gewinnen konnte. Da in der Gedichtsammlung des Theognis auf die Gefahr einer neuen Tyrannis in Megara hingewiesen wird, fand der Demos allem Anschein nach Unterstützung bei Angehörigen der Oberschicht, die bislang von den führenden Polisämtern ausgeschlossen waren und sich eine zahlenmäßig starke Gefolgschaft zu sichern suchten. Die von Theognis erwähnten »neuen Männer« in führender Position waren vermutlich im wesentlichen größere Grundbesitzer, die zuvor nicht zum engeren Kreis der dominierenden Häuser gehört hatten. Offensichtlich gelang es aber keinem der von Theognis gefürchteten Tyrannis-Aspiranten, eine monarchische Machtstellung zu gewinnen. In der später bei Aristoteles und Plutarch vorliegenden Überlieferung wird die Entstehung einer »zügellosen Demokratie« als vorläufiges Ergebnis der Wirren bezeichnet.[7] Der Demokratiebegriff ist hier selbstverständlich ein Anachronismus. An der Existenz einer beschlußfähigen Volksversammlung ist allerdings nicht zu zweifeln. Das von Plutarch erwähnte »Gesetz« zur Regelung der Zinsenfrage wird vom Demos gefordert und wohl auch beschlossen worden sein. Hiernach mußten die Gläubiger den Schuldnern alle bereits gezahlten Zinsen zurückerstatten. Diese Angabe deutet darauf hin, daß die sog. »zügellose Demokratie« letztlich auch eine gewisse ökonomische Stabilisierung des Bauerntums einleitete.

In der erwähnten Volksversammlung waren allem Anschein nach die Mitglieder der sog. dorischen Phylen abstimmungsberechtigt. Ob die Bürgerschaft durch Aufnahme bisher minderberechtigter Schichten erweitert wurde, muß dahingestellt bleiben. Eine Neuordnung der Phyleneinteilung ist jedenfalls nicht überliefert. Wohl noch vor 550 gelang es den zahlreichen Verbannten, mit Waffengewalt die Rückkehr zu erzwingen und wieder die Leitung der Polis zu übernehmen. Im wesentlichen scheint diese Aktion einen erneuten Wechsel in der Führungsschicht zur Folge gehabt zu haben, während sich institutionell vermutlich nicht viel änderte.

Bis zu den Perserkriegen scheinen sich die Verhältnisse in Megara einigermaßen konsolidiert zu haben. Megara stellte in der Schlacht bei Plataiai rund 3000 Hopliten (Hdt. IX 28,6). Die bäuerliche Mittelschicht war also in dieser Zeit relativ stark. Die Gesamtzahl der Wehrfähigen betrug damals vermutlich etwa 6000–7000 Mann.

Die Verfassungsentwicklung von der Mitte des 6. Jahrhunderts bis zum Peloponnesischen Krieg ist nicht bekannt. Aus späten Inschriften sind zwar die Ämter des eponymen Basileus, der 5 Strategen und 5 Demiourgoi und des »Schreibers des Rates und des Damos« (d. h. der Volksversammlung) sowie auch Aisymneten als Mitglieder des geschäftsführenden Ratsausschusses belegt, doch sind hieraus keine Rückschlüsse auf das politische System und die Kompetenzverteilung in spätarchaischer

Zeit und in der Pentekontaëtie möglich. Verfassungsänderungen im Zusammenhang mit dem wechselhaften außenpolitischen Kurs der Polis seit 460 sind nicht überliefert. Der Anschluß Megaras an Athen (etwa 460) ist selbstverständlich noch kein Beweis für eine Demokratisierung der megarischen Verfassung nach athenischem Vorbild.[8] Athen kooperierte keineswegs nur mit demokratischen Gemeinwesen, während vitale Eigeninteressen der Megarer den Bruch mit Sparta hinreichend erklären. Das gleiche gilt in umgekehrtem Sinne für den erneuten Allianzwechsel 447/46. Ein innenpolitischer Umsturz in Form einer Beschränkung der Rechte der Volksversammlung war hiermit kaum verbunden. Es stellt sich auch hier die Frage, ob Megara ohne weiteres in das übliche einfache Verfassungsschema eingeordnet werden kann. Aus Thukydides' Darstellung der inneren Wirren in Megara in den Jahren 427 (oder kurz vorher) und 424 wird allgemein auf die Existenz einer Demokratie zwischen 427 und 424 geschlossen und dementsprechend gefolgert, daß vorher eine Oligarchie bestand.[9] Die Stellung der Volksversammlung scheint indes schon vor 427 relativ stark gewesen zu sein, da die von 427 bis 424 dominierende Gruppe, die Thukydides (IV 66,3) als Prostatai (»Führer«) des Demos bezeichnet, offenbar bereits früher öffentlich (also wohl auch in der Versammlung des Demos) agierte. Thukydides' Terminologie läßt zudem vermuten, daß der gesamte Demos einschließlich der niederen Schichten, die sich nicht als Hopliten auszurüsten vermochten, an den Versammlungen teilnehmen konnte. Die »Führer des Demos« konnten sich jedenfalls 427 mit Unterstützung der breiten Masse, die Thukydides (IV 66,1) im gleichen Kontext auch als Plethos bezeichnet, durchsetzen und ihre Gegner zum Verlassen der Stadt zwingen. Daß nunmehr eine tiefgreifende Reform mit wesentlichen institutionellen Neuerungen durchgeführt und eine Demokratie nach athenischem Muster eingeführt wurde, ist indes wenig wahrscheinlich, zumal Megara den Krieg gegen Athen auf der Seite Spartas fortsetzte. Auslösender Faktor der Wirren im Jahre 427 waren zweifellos Rivalitäten in der Führungsschicht, ohne daß ein außenpolitischer Kurswechsel intendiert wurde. Die Verbannten wurden offenbar zunächst von Sparta in der 427 durch peloponnesische Streitkräfte eroberten Stadt Plataiai angesiedelt. Später unternahmen sie von Pagai aus Plünderungszüge in die Megaris und bewirkten hierdurch, daß der Demos unter dem Eindruck der Agitation einflußreicher Freunde der Exulanten bereit war, das Verbannungsdekret aufzuheben.[10] Die Prostatai des Volkes suchten mit allen Mitteln die Rückkehr ihrer vertriebenen Rivalen zu verhindern, um ihre eigene Position zu behaupten, waren sich aber der Zustimmung der Mehrheit der Bürgerschaft nicht mehr sicher. Der Demos befürchtete offensichtlich keine Einschränkung seiner Rechte nach der Rückberufung der Exulanten und war keineswegs ohne weiteres für einen Übertritt auf die Seite Athens zu gewinnen. Auf der anderen Seite bestand vor dem Umsturz 424 nicht von vornherein ein Konsens zwischen der spartanischen Führung und den megarischen Verbannten, deren Raids den Druck auf Megara noch verstärkten, während der Außenhandel der Polis bereits seit langem durch die athenische Seeblockade gelähmt war und das Landgebiet durch Vorstöße athenischer Hoplitenstreitkräfte immer wieder verwüstet wurde. In dieser Situation entschlossen sich die Prostatai des Demos, mit Athen zu paktieren. Jetzt erst bestimmten militärische und außenpolitische Faktoren entscheidend den weiteren Verlauf der Auseinandersetzungen zwischen den rivalisierenden Führungsgruppen Megaras. Die Prostatai des Volkes provozierten durch ihre Kontakte mit Athen die Intervention des Spartaners Brasidas, der damals im Raum von Sikyon und Korinth Vorbereitungen für seine Expedition nach Thrakien traf. Er verhinderte den Austritt Megaras aus dem Peloponnesischen Bund und tolerierte die Rückberufung der Exulanten, die nunmehr anstelle der Prostatai des Demos die führenden Polisämter übernahmen und durch einen quasi-legalen Akt die Hinrichtung ihrer Gegner durchsetzten, indem sie den Demos oder zumindest die Hopliten als Gerichtshof fungieren ließen und massiven Druck auf die Versammlung ausübten (Thuk. IV 74,3). Inwieweit sie institutionelle Änderungen vornahmen, muß offenbleiben. Thukydides bezieht sich zweifellos auf die faktischen Machtverhältnisse, wenn er das Regime der zurückgekehrten Exulanten als »straffe Oligarchie« bezeichnet. Die neuen Machthaber konnten sich nur durch enge Anlehnung an Sparta behaupten und lehnten es 421 unter Berufung auf die in Megara bestehende »Oligarchie« und ihre Abhängigkeit von Sparta ab, eine Allianz mit der »Demokratie« in Argos einzugehen (Thuk. V 31,6). Erst im Korinthischen Krieg scheint das oligarchische Regime gestürzt worden zu sein. Nach dem Königsfrieden bestand in Megara eine Demokratie (Diod. XV 40,4).

c) Mytilene

Die Verfassung Mytilenes bis zur Erhebung der Polis gegen Athen gilt allgemein als Oligarchie. Auch in diesem Fall ist indes der Oligarchiebegriff zu modifizieren. Das Verfassungsproblem kann hier wiederum nur in Verbindung mit der Frage nach den tragenden Kräften des dortigen Systems und der sozialen Schichtung der Bürgerschaft erörtert werden.

Die bei Thukydides mehrfach als Oligoi oder Dynatoi (»Mächtige«) bezeichneten Personengruppen bildeten die Führungsschicht, die auch hier zweifellos aus reichen Grundbesitzern bestand. Möglicherweise beteiligte sich aber zumindest ein Teil der Oberschicht an Handelsgeschäften. Der von Thukydides (III 39,3) und Antiphon (V 79) hervorgehobene Reichtum Mytilenes ist nicht zuletzt auf die Ausweitung der Handelsbeziehungen dieser Polis unter dem Schutz der athenischen Seeherrschaft in der Pentekontaëtie zurückzuführen.

Das beachtliche Hoplitenaufgebot Mytilenes wurde wohl vorwiegend aus der Schicht der mittleren Landbesitzer rekrutiert. Die relative Stärke der Hoplitenstreitmacht ist aus dem Bericht des Thukydides (III 5–6. 18) über die militärischen Operationen während der ersten Phase der Kämpfe

nach dem Abfall von Athen zu erschließen. Die zur Niederwerfung des Aufstandes eingesetzten Mannschaften von 40 athenischen Trieren sowie die Hilfstruppen athenischer Bundesgenossen waren nicht in der Lage, wirkungsvolle Vorstöße ins Innere der Insel Lesbos zu unternehmen, so daß Athen weitere 1000 Schwerbewaffnete aufbieten mußte.[11]
Von den Hopliten Mytilenes ist der bei Thukydides III 27,2 genannte Demos zu differenzieren, da dieser Terminus sich hier eindeutig auf die bislang als Leichtbewaffnete dienenden Bürger bezieht, die zudem noch als Ruderer auf der Flotte eingesetzt wurden, sofern sie seediensttauglich waren. Der Demosbegriff wird an der genannten Stelle also im engeren Sinne verwendet und bezeichnet hier lediglich die freien städtischen und ländlichen Unterschichten. Höhere Ämter wurden wohl ausschließlich von den sog. Oligoi oder Dynatoi bekleidet. Offenbar bestanden Zensusbestimmungen. Die von Thukydides (III 28,1) erwähnten »Machthaber« (*hoi en tois prágmasin*), die einen Teil der für den Aufstand verantwortlichen Oligoi bzw. Dynatoi bildeten und nach der Kapitulation Mytilenes die Verhandlungen mit dem athenischen Kommandeur führten, waren zweifellos die leitenden Beamten der Polis, die als Funktionsträger offiziell die Übergabe zu vollziehen hatten. Sie sind allem Anschein nach von den bei Thukydides an anderer Stelle (III 25) genannten »Vorsitzenden« (Prohedroi) zu unterscheiden, die vermutlich als geschäftsführender Ausschuß des Rates fungierten. Ein Rat (Bólla = Boulé) ist für Mytilene bereits in archaischer Zeit belegt (Alkaios Fr. 130 L-P). Wahrscheinlich handelte es sich hierbei aber noch um den typischen archaischen Adelsrat, während das Gremium der Prohedroi auf eine institutionelle Neuerung schließen läßt, die möglicherweise mit der Existenz eines sog. Volksrates – d. h. einer Institution, wie sie in Chios bereits im 6. Jahrhundert bestand – in Verbindung zu bringen ist. Ferner existierte in archaischer Zeit in Mytilene eine Volksversammlung, die von Alkaios als Agora bezeichnet wird. Um oder nach 600 waren in dieser Versammlung die Hopliten zweifellos abstimmungsberechtigt, da nur unter dieser Voraussetzung Alkaios' Kritik an der breiten Zustimmung, die Pittakos bei seiner Wahl zum Aisymneten fand, verständlich wird (Aristot. Pol. 1285a 37ff.). Daß die Rechte der Hopliten im Laufe des 6. oder 5. Jahrhunderts eingeschränkt wurden, ist wenig wahrscheinlich. Wenn in Mytilene tatsächlich in spätarchaischer oder klassischer Zeit eine Art Volksrat konstituiert wurde, ist sogar anzunehmen, daß auch Bürger des Hoplitenzensus Zugang zu dieser Institution erhielten. Ob die freien Unterschichten der Kleinbauern, kleinen Händler, Handwerker, Matrosen und Fischer (d. h. der Demos bei Thuk. III 27) an der Volksversammlung teilnehmen konnten, ist nicht zu entscheiden. Die Wehrfähigen dieser Bevölkerungsschichten traten erst in der Schlußphase des Aufstandes als politischer Faktor in Erscheinung, wie noch zu zeigen sein wird. Insgesamt gesehen zeigt sich erneut, daß sich der Oligarchiebegriff auch hier als problematische Kategorie erweist. Es handelte sich um eine Ordnung, in der zwar eine Gruppe von Dynatoi dominierte, andererseits

aber zumindest ein Teil der Bürgerschaft bestimmte politische Rechte besaß und seit archaischer Zeit zudem eine gewisse Weiterentwicklung im institutionellen Bereich stattgefunden hatte, wie das Gremium der Prohedroi erkennen läßt.

Die fünf verschiedenen Städte auf Lesbos zahlten keine Tribute an Athen und waren bei Ausbruch des Peloponnesischen Krieges neben Chios die einzigen athenischen Symmachoi, die noch eigene Seestreitkräfte unterhielten. Athen hat in die inneren Verhältnisse auf Lesbos nicht eingegriffen, solange dort keine Parteiungen enstanden, die der Hegemonialmacht gefährlich werden konnten. Soziale und politische Spannungen sind für die Poleis der Insel in der Pentekontaëtie nicht belegt. Die dortigen athenischen Proxenoi (»Staatsgastfreunde«), die der Oberschicht angehörten, vertraten zwar die Interessen Athens, verhielten sich aber in ihrer Polis sozusagen systemkonform und drängten offensichtlich nicht auf Reformen nach athenischem Vorbild. Einflußreiche Kreise in Mytilene hatten allerdings schon vor 431 Kontakte mit Sparta aufgenommen. Eine Erhebung wäre jedoch in den dreißiger Jahren von vornherein zum Scheitern verurteilt gewesen. Auch im Jahre 428 war der Aufstand ein Hasardieren mit unzureichenden Mitteln.[12] Die Initiatoren der Erhebung gaben sich der Illusion hin, unter Ausnutzung der Kriegslage die Führung in einem autonomen Machtbereich mit dem Mittelpunkt in Mytilene gewinnen zu können. Während der Vorbereitungen zum Abfall von Athen bildete sich bereits eine Gegenpartei (Stasis), deren Kern aus den athenischen Proxenoi bestand. Der sich anbahnende innere Konflikt resultierte also aus dem außenpolitischen Kurswechsel. Die athenischen Proxenoi fanden Unterstützung in der Führungsschicht der Polis Methymna, die im Gegensatz zu den drei anderen Inselstädten (Antissa, Pyrrha, Teresos) sich den hegemonialen Plänen der Dynatoi in Mytilene widersetzte. Letzteren gelang es jedoch, die Bürgerschaft vor vollendete Tatsachen zu stellen und die Opposition auszuschalten. Die Einstellung der Hopliten und des niederen Demos zu diesen Vorgängen ist nicht klar zu erkennen, doch wird immerhin deutlich, daß sich weder die Hopliten noch die Ruderer und Leichtbewaffneten nach Beginn der Belagerung den Anordnungen der Oligoi widersetzt haben. Erst als im Sommer 427 der inzwischen eingetroffene spartanische »Instrukteur«, der jetzt die Abwehr organisierte, die wehrfähigen Freien der Unterschicht als Hopliten ausrüsten ließ, kam es zur Befehlsverweigerung. Politische Forderungen des Demos werden im Bericht des Thukydides (III 27) nicht erwähnt. Auslösender Faktor der Revolte war der Verdacht, daß die Oligoi Getreidevorräte zurückhielten. Der Demos drohte, die Polis an Athen auszuliefern, wenn nicht die vorhandenen Lebensmittel gleichmäßig verteilt würden. Die Meuterer waren also bereit, nach Erfüllung ihrer Forderungen weiterzukämpfen, so daß es sich schwerlich um eine demokratische Opposition gegen die Dynatoi gehandelt haben kann. Da aber die Vorräte in der Stadt erschöpft waren, blieb den leitenden Beamten keine andere Wahl als die Kapitulation.

Das athenische Strafgericht bestand in der Hinrichtung von rund 1000 Bürgern, die für die Erhebung verantwortlich gemacht wurden, sowie in der Übereignung großer Teile der anbaufähigen Flächen an 2700 athenische Kleruchen.[13] Die Hingerichteten zählten zweifellos nicht nur zum Kreis der Oligoi und Dynatoi, während andererseits nicht alle großen Grundbesitzer den Aufstand unterstützt hatten.[14] Aus dieser amnestierten Gruppe der Oberschicht stammten offenbar die neuen Leiter der Polis, deren innere Autonomie einige Zeit nach der Kapitulation durch athenischen Volksbeschluß restituiert wurde (IG I[3] 66). Institutionelle Neuerungen sind nicht bekannt.

Während der Krise des Seebundes 412 schloß sich Mytilene unter dem Druck einer militärischen Intervention der von Athen abgefallenen Chier der Erhebung an.[15] Ein athenisches Geschwader konnte jedoch schon wenig später die Stadt durch einen Überraschungsangriff zurückgewinnen. Das Verfassungssystem wurde offenbar bis zum Intermezzo der Dekarchie, die Lysander der Polis nach der Schlacht bei Aigospotamoi aufzwang, nicht geändert. Im Korinthischen Krieg war Mytilene als autonome Stadt wieder mit Athen verbündet.

d) Chios

Eine wichtige Entwicklungsstufe im Übergang vom älteren Typ des »Adelsstaates« (im Sinne einer Herrschaft der führenden Häuser) zu dem von breiteren Schichten getragenen Gemeinwesen der Politen wird in einer fragmentarischen Inschrift greifbar, die Aufschlüsse über die politische Organisation in Chios im zweiten Viertel des 6. Jahrhunderts bietet.[16] Die besondere Bedeutung dieser Urkunde liegt in der zweifachen Erwähnung eines sog. »Volksrates« (demosie Bolé = Boulé), der offenbar durch eine vorausgegangene Reform neben den älteren Adelsrat getreten ist. Der Prozeß der Institutionalisierung der Polisorgane war in Chios zwischen 570 und 550 also relativ weit fortgeschritten. Die Verfassung der Polis in dieser Zeit kann freilich nicht als frühe Form der Demokratie bezeichnet werden. Die Nomenklatur des 5. Jahrhunderts ist hier irrelevant.

Neben dem »Volksrat« werden in der Inschrift als weitere Institutionen der Demos (d. h. die Gemeindeversammlung), das Amt des Demarchos und die Basileis genannt. Die Position des Demarchos ist nicht eindeutig zu bestimmen, so daß unklar bleibt, ob es sich um die höchste Magistratur oder um ein anderes Amt handelte. Gegen seine richterlichen Entscheidungen war Berufung an den Demos bzw. an den Volksrat möglich, der sich aus je 50 Mitgliedern der einzelnen Phylen, deren genaue Zahl allerdings nicht bekannt ist, zusammensetzte. Die Basileis bildeten ein Kollegium. Ihre hier erwähnten Funktionen entsprachen möglicherweise in etwa den richterlichen Aufgaben, die in Athen der Archon Basileus gemeinsam mit den sog. Phylenkönigen (Phylobasileis) erfüllte. Die Magistrate konnten zur Rechenschaft gezogen werden, wenn sie sich bestechen ließen oder sich Übergriffe erlaubten. Diese Bestimmung richtete sich also vor allem gegen richterliche Willkür. Der Volksrat tagte jeden Monat an einem fixierten Termin und hatte »die Angelegenheiten des Demos« zu regeln sowie die inzwischen eingegangenen Appellationen gegen richterliche Entscheidungen zu behandeln.

Obwohl der erhaltene Text der Inschrift im wesentlichen Regelungen des Gerichtswesens betrifft, wird deutlich, daß in Chios das Zusammenwirken der politischen Institutionen um oder nach 570 bereits durch detaillierte Bestimmungen vorgeschrieben war. Der Bürgerverband, aus dem die Ratsmitglieder hervorgingen, besaß zweifellos ein gewisses Gewicht. Allerdings muß offenbleiben, ob und inwieweit der Kreis der abstimmungsberechtigten Vollbürger durch Zensusbestimmungen begrenzt war. Er wird zumindest die Hopliten eingeschlossen haben.

Durch die Errichtung der persischen Herrschaft in Ionien wurde die innere Ordnung in Chios offenbar zunächst nicht in Frage gestellt. Erst unter Dareios ist hier eine Tyrannis belegt, die endgültig erst nach der Schlacht bei Mykale (479) beseitigt wurde.

Im ersten Attischen Seebund war Chios von Anfang an einer der wichtigsten athenischen Bündner. Thukydides (VIII 24,4) sucht die Bedeutung dieser Polis mit den stabilen inneren Verhältnissen zu erklären, ohne hier jedoch das dortige politische System zu definieren. Im Bericht von der Erhebung der Polis gegen Athen (412) läßt er hingegen einerseits keinen Zweifel, daß in Chios die legale Entscheidungsfindung im Rat und in der Volksversammlung stattzufinden hatte (VIII 9,3. 14,1–2), während er andererseits die Rolle der Oligoi bei der Erhebung betont und auf die Verschärfung ihres Regimes im Verlauf der folgenden Kämpfe hinweist (VIII 38,3). Das skizzierte Problem hat in der Forschung immer wieder zu Kontroversen über die Einordnung der Verfassung von Chios geführt.[17] Die von Thukydides erwähnte Boulé ist zweifellos mit dem »Volksrat« der Inschrift des 6. Jahrhunderts identisch, wenn auch diese Institution mit den wachsenden Aufgaben der Polisverwaltung in der Zwischenzeit neue Kompetenzen erhalten haben mag. Nach dem Polisverständnis des späten 5. Jahrhunderts stellte ein derartiges Gremium ein demokratisches Element dar. Die Befugnisse der Volksversammlung entsprachen sicherlich ebenfalls z.T. den Befugnissen einer demokratischen Ekklesia. Aus Thukydides VIII 9,3 wird jedenfalls deutlich, daß die polloi (d.h. die Volksversammlung) über die Mobilisierung der Streitkräfte entschied. Der hier verwendete Begriff der »Vielen« (polloi) läßt zudem darauf schließen, daß auch die niederen Schichten der Bürgerschaft abstimmen konnten. Daß die leitenden Ämter in der Polis von Angehörigen der Oberschicht bekleidet wurden, steht zu der skizzierten Verfassungsstruktur nicht im Widerspruch, sondern war generell die Regel. Gleichwohl kann die Verfassung von Chios nicht einfach mit der klassischen athenischen Demokratie gleichgesetzt werden. Thukydides vergleicht an der bereits genannten Stelle VIII 24,4 Chios mit Sparta.

Obgleich der Historiker sich hier lediglich auf die angeblich »besonnene« Politik dieser beiden Poleis bezieht, impliziert sein Urteil offenbar, daß in Chios typische Merkmale der athenischen Demokratie wie die vollentwickelten Kontrollmechanismen zur Überwachung der Beamten und die starke Position der Dikasterien fehlten.
Ein Teil der Oligoi, die 412 den Aufstand gegen Athen vorbereiteten, bekleidete hohe Polisämter oder zählte zu den führenden Ratsmitgliedern, da von dieser Gruppe eine Sitzung der Boulé anberaumt worden war, als ein kleineres spartanisches Flottengeschwader zu dem vereinbarten Zeitpunkt in Chios eintraf. Es war den Initiatoren der Erhebung gelungen, ihre Pläne geheim zu halten, so daß die Mehrheit der Ratsherren und der Demos von den Ereignissen überrascht wurden und keine freie Entscheidung treffen konnten. Das Regime der Initiatoren der Erhebung, die selbstverständlich im Amt blieben, wurde jetzt unter dem Schutz der spartanischen Waffen in der Tat oligarchisch. Der Rat war nunmehr ausgeschaltet, wenn er auch möglicherweise formal bestehen blieb. Die Oberschicht war freilich gespalten. Während der folgenden Kämpfe gegen athenische Belagerungsstreitkräfte versuchte eine kleine Gruppe von Chiern, die Polis den Athenern zu übergeben. Breitere Schichten des Demos waren an der Vorbereitung der geplanten Aktion offensichtlich nicht beteiligt. Auf Grund der faktischen Machtverhältnisse konnten die Gegner der sog. Oligoi nur in kleineren Zirkeln Absprachen treffen. Ihr Motiv war wohl in erster Linie das Bestreben, Chios vor einer Katastrophe zu bewahren. Zudem mochten sie hoffen, nach der Kapitulation den entscheidenden Einfluß in der Polis gewinnen zu können. Nach dem Scheitern ihrer Pläne verschärften sich die inneren Spannungen. Einige Zeit später ließ ein neuer spartanischer Kommandant die führenden Parteigänger Athens hinrichten, während die Oligoi durch weitere harte Maßnahmen ihr Regime zu sichern suchten. Gleichwohl wagten es die Machthaber, wiederholt mit einem Gesamtaufgebot aller Wehrfähigen gegen die Belagerungstruppen vorzugehen. Dies sagt freilich über die Haltung des Demos gegenüber dem oligarchischen Regime wenig aus. Allem Anschein nach war die breite Masse nicht aus Solidarität mit den Oligoi, sondern aus Furcht vor einem athenischen Strafgericht bereit, den Kampf fortzusetzen. In der Stadt herrschten weiterhin starke Gegensätze. Zwischen 412 und 409 wurde eine Gruppe von Bürgern verbannt, die aber bereits 409 nach der Intervention des damaligen spartanischen Nauarchen zurückkehren konnten und nun ihre Opponenten ins Exil zwangen. Zweifellos gehörten die Führer dieser beiden Staseis zur Oberschicht, so daß es sich um oligarchische Machtkämpfe gehandelt haben wird. Ähnliche Gruppierungen entstanden offenbar auch im frühen 4. Jahrhundert. Auf einen Umsturz nach der Niederlage Spartas in der Seeschlacht bei Knidos (394) ist allem Anschein nach die Angabe des Aristoteles zu beziehen (Pol. 1306b 3–5), daß Teile der Oberschicht über die despotische Herrschaft der sog. Oligarchen erbittert gewesen seien und deren Regime beseitigt hätten. Voraussetzung für den Machtwechsel

war wohl auch in diesem Fall die Veränderung der Kräfteverhältnisse in der Ägäis. Chios erhielt jetzt offenbar eine demokratische Verfassung und wurde in der Folgezeit wieder ein bedeutender Bundesgenosse Athens. Der erneute Abfall von Athen im sog. Bundesgenossenkrieg (357–355) führte zu weiteren Wirren, bis durch ein Edikt Alexanders d. Gr. die Wiederherstellung der Demokratie angeordnet wurde. Zu beachten ist freilich, daß in hellenistischer Zeit die Unterschiede zwischen Demokratien und Oligarchien zu verschwimmen begannen und freistaatliche Verfassungen generell als Demokratien bezeichnet wurden.

e) Elis

Elis ist als Sonderfall von einigem Interesse, da sich hier im frühen 5. Jahrhundert der Übergang von einem als Ethnos entstandenen Gemeinwesen zu einer Organisationsform vollzog, die bestimmte Merkmale des Polisstaates aufwies. Das Ausgangsgebiet der Eleier – die sog. Koile Elis – besaß ursprünglich keinen städtischen Mittelpunkt, sondern gliederte sich in kleinere Ortschaften, die als Dörfer (Komai) bzw. Gemeinden (Damoi = Demoi) oder Kleinstädte (mikrai Poleis) bezeichnet wurden (Strab. VIII 337; Diod. XI 54,1). Bereits im 6. Jahrhundert hatten die Eleier eine größere Zahl von Orten nördlich des Alpheios unterworfen, die fortan als Perioikengemeinden galten und sich in einem ähnlichen Abhängigkeitsverhältnis wie einige von den Thessalern unterdrückte Stämme befanden. Die Eleier tolerierten in ihrem Perioikengebiet, das sie im 5. Jahrhundert südlich des Alpheios noch erheblich auszuweiten vermochten, lediglich eine lokale Selbstverwaltung.[18]
Aristoteles bezeichnet die ältere Organisation der vollberechtigten Eleier als »Oligarchie innerhalb einer Oligarchie« (Pol. 1306a 12ff.). Er begründet seine Definition mit dem Hinweis, daß die Wahl der 90 auf Lebenszeit bestellten sog. Geronten, die eine Art Rat bildeten, nach dem dynastischen Prinzip erfolgte. Demnach stellte nur eine begrenzte Zahl von Adelshäusern die Führungsschicht. Nach aristotelischen Kategorien handelte es sich typologisch um eine personengebundene Dynasteia (Herrschaft) in einer ohnehin durch bestimmte Zulassungskriterien zahlenmäßig beschränkten Bürgerschaft. In bezug auf Elis schließt dies freilich nicht aus, daß neben dem Rat und den »Behörden« eine Primärversammlung bestand und zumindest die Hopliten teilnahmeberechtigt waren. Aristoteles vergleicht an der genannten Stelle die Wahl der elischen Ratsmitglieder mit der Akklamation der Geronten in Sparta, so daß eine Beteiligung der Hopliten an einem entsprechenden Verfahren in Elis durchaus möglich ist. Jedenfalls zeigt die fixierte Zahl der Ratsmitglieder, daß der Vorgang bereits bis zu einem gewissen Grade formalisiert war und insofern der elische Rat der Entwicklungsstufe der spartanischen Gerousia der Großen Rhetra entsprach. Zudem ist zu beachten, daß für das frühe 5. Jahrhundert in Elis eine Volksversammlung in Ver-

bindung mit einem sog. Rat der 500 belegt ist.[19] Diese entwickelte politische Organisation setzt ihrerseits die Existenz einer älteren Wehr- und Volksversammlung voraus.
Durch die Konstituierung des neuen Rates (Bolá) wurde offensichtlich die von Aristoteles skizzierte Stufe überwunden. Die Entscheidungsfindung erfolgte nunmehr zweifellos in einem institutionell geregelten Verfahren unter Beteiligung der Bolá und der »Vollversammlung«, die als Damos plethyon galt. Diese Neuerung erfolgte wahrscheinlich noch vor dem sog. politischen Synoikismos der Eleier, durch den etwa 471/70 die Ortschaft Elis zum politischen Zentrum des Gemeinwesens mit dem Sitz der Behörden wurde (Diod. XI 54,1), ohne daß freilich die Mehrzahl der Bewohner der ländlichen Gebiete nach dem neuen Vorort übersiedelte (Polyb. IV 73). L. H. Jeffery hat vor mehreren Jahren den auf einer Bronzetafel erhaltenen frühesten Beleg für Rat und Volksversammlung in die Zeit um 500 vordatiert und damit die ältere These von der Konstituierung einer Demokratie in Verbindung mit dem Synoikismos um 470 in Frage gestellt. Unabhängig von der umstrittenen Zeitstellung der genannten Bronzetafel ist jedenfalls die Einsetzung des Rates der 500 ebensowenig wie die kleisthenische Reform in Athen bereits als Einführung der Demokratie (im späteren Sinne) zu verstehen.[20] Im übrigen kann es sich bei der Konstituierung des Rates in Elis keinesfalls um eine bloße Kopie der kleisthenischen Maßnahmen gehandelt haben, wenn auch der elische Rat der 500 möglicherweise aus Sektionen der dortigen Phylen bestand und deren Zahl damals wie in Athen auf 10 erhöht wurde. Die Phylen in Elis waren zwar gleichfalls Personenverbände, beruhten aber auf einem anderen Gliederungsprinzip als die neuen attischen Phylen, da das Gemeinwesen der Eleier immer noch Strukturen eines Ethnos besaß und dementsprechend eine komplizierte Mischung von Untereinheiten der Phylen nach kleisthenischem Muster hier kaum möglich war. Andererseits leiteten freilich die politische Neuordnung und der Synoikismos eine Entwicklung ein, die mit der Konzentration des politischen Lebens in einem Polisstaat durchaus vergleichbar ist.
Inwieweit in der neuen Organisationsform Zensusbestimmungen für das Abstimmungsrecht in den Vollversammlungen galten, ist nicht zu entscheiden. Die Ämter waren jedenfalls nicht allen Eleiern zugänglich, wie eine Vertragsurkunde einer Einzelgemeinde zeigt, bei der es sich entweder um einen elischen Demos oder um einen Perioikenort handelt.[21] Hiernach waren zur Bekleidung der lokalen Magistraturen nur Bürger einer bestimmten Schicht qualifiziert, deren hoher sozialer Rang sich nach ihrem Besitz und Vermögen bzw. nach ihrem Status bemaß. Das gleiche gilt zweifellos für die zentralen Behörden des elischen Gemeinwesens.
Kompetenzen und Rechenschaftspflicht der Beamten waren bereits vor 450 detailliert geregelt.[22] Der »Inhaber des höchsten Amtes« (*megiston Telos*), für den offenbar keine spezifische Amtsbezeichnung existierte, sowie die sog. Basileis, die vermutlich ähnlich wie die attischen »Phylenkönige« in bestimmten Fällen als Gerichtsbeistand des vorsitzenden Oberbeam-

ten fungierten, wurden von einem anderen Beamten – dem Hellanodikas[23] – zur Rechenschaft gezogen, wenn nachgewiesen werden konnte, daß bei der Urteilsfindung die vorgeschriebenen Strafbestimmungen nicht beachtet worden waren. Militärbefehlshaber wurden 479 sogar wegen Pflichtverletzung mit der Verbannung bestraft (Hdt. IX 77,3). Weitere Kontrollbestimmungen betrafen die richterlichen Funktionen der Zamiorgia (Damiorgia)[24], d.h. des Kollegiums der Damiorgoi (Demiourgoi), die damals eine dem Oberbeamten nachgeordnete zentrale Behörde bildeten, während daneben noch lokale Damiorgoi als leitende Magistrate in den Einzelgemeinden fungierten. Um die Mitte des 5. Jahrhunderts entsprachen also die Kontrollmechanismen zur Überwachung der Beamten im Prinzip durchaus den Systemen in den entwickelten Polisstaaten, wenn auch im einzelnen besondere Regelungen getroffen waren.
Vor 420 wurden in Elis weitere Neuerungen vorgenommen, die eine gewisse Tendenz zu einer breiteren Machtverlagerung und damit auch zu einer stärkeren Kontrolle der Magistrate erkennen lassen. Das einstellige Oberamt war offenbar inzwischen durch die kollegiale Damiorgia abgelöst worden. Die Damiorgoi leisteten jedenfalls beim Abschluß des Sonderbundes zwischen Elis, Athen, Argos und Mantineia als erste elische Behörde den Eid auf den Vertrag und vereidigten anschließend zusammen mit den sog. Thesmophylakes die übrigen zum Schwur verpflichteten Magistrate sowie die Ratsherren, deren Zahl auf 600 erhöht worden war (Thuk. V 47,9). Einzelheiten über die Erweiterung des Rates und die Einführung des Amtes der Thesmophylakes sind nicht bekannt. Die Thesmophylakes waren wahrscheinlich für die Aufbewahrung der Rechtssatzungen und Volksbeschlüsse zuständig und hatten wohl auch die Beachtung der Gesetze zu kontrollieren. Insgesamt gesehen sind die Neuerungen zwischen 450 und 420 zweifellos als Demokratisierungsprozeß zu verstehen, während die politische Organisationsform der Eleier um oder nach 500 bzw. 470 – wie gesagt – noch keine Demokratie darstellte, wenn auch die damaligen Reformen die Voraussetzungen für den weiteren Ausbau der elischen Verfassung vor 420 bildeten. Das Gemeinwesen der Eleier im späten 5. Jahrhundert wird freilich bei Thukydides nicht ausdrücklich als Demokratie bezeichnet. Es galt in dieser Zeit aber zweifellos als demokratisches System. Nach der Darstellung Xenophons (Hell. III 2,27–30) hatte 402/400 der dominierende elische Politiker, der den antispartanischen Widerstand organisierte und im Namen der Eleier Verhandlungen mit Sparta führte, die Position eines Prostates des Demos. Der »Führer des Volkes« bekleidete demnach ein hohes Amt. Dies kann nur bedeuten, daß in Elis nach zeitgenössischen Kategorien eine demokratische Ordnung bestand. Undurchsichtig sind allerdings die Verhältnisse in den folgenden Jahrzehnten, in denen starke Spannungen zwischen »Demokraten« und »Oligarchen« herrschten.

IV. Möglichkeiten und Grenzen der Polis

Von größter Bedeutung für die Polisbildung war die als Erbe der »dunklen Jahrhunderte« vorgegebene Bindung kleinerer Gemeinschaften an mehr oder weniger begrenzte Gemarkungen und Landschaftsräume. Hier waren insgesamt gesehen gemeinschaftsbezogenes Denken und Handeln der einzelnen Personenverbände, die sich zu staatlichen Einheiten entwickelten, auf einen überschaubaren Rahmen fixiert, der bei aller Umgestaltung der äußeren Organisationsformen der Gemeinwesen die eigentliche Basis der politischen Lebensform blieb. Die Einführung bestimmter Zulassungskriterien für die Ausübung wichtiger Ordnungsfunktionen, die Teilung und Ausfächerung der Kompetenzen der Beamten und zentralen Gremien und die Entwicklung formalisierter Verfahrensregeln für die Besetzung der Magistraturen und Ratskollegien sowie für den Ablauf der Entscheidungsprozesse bedingten und ermöglichten hier durch vielfältige Interaktion eine zunehmende Intensivierung des politischen Gestaltens und öffentlichen Lebens.
In dieser Kleinräumigkeit bauten sich in archaischer Zeit freilich auch schwere innere Spannungen auf, die in ihrer Gesamtheit ein facettenreiches Bild bieten, letztlich aber auf Landnot und Bevölkerungsdruck sowie auf Machtkämpfe innerhalb des Adels zurückzuführen sind und infolge der Interdependenz dieser Grundfaktoren die Sozialordnung einer Reihe von Gemeinwesen zeitweise in Frage zu stellen schienen. Die hieraus resultierende Krise löste teilweise expansive Bestrebungen aus. Das markanteste Beispiel ist Sparta, das indes im 6. Jahrhundert an die Grenzen stieß, die der Gebietserweiterung der Polis gesetzt waren. Mit dem Abschluß des Vertrages mit Tegea erfolgte hier eine Neuorientierung in der Außenpolitik. In der Folgezeit errichteten die Spartaner ein Bündnissystem, das ihnen bei Verzicht auf direkte Okkupationen neue Möglichkeiten der Ausweitung ihres Einflußbereichs bot. Sparta blieb trotz seiner bereits gegen Ende des 7. Jahrhunderts erreichten enormen territorialen Ausdehnung und der eigentümlichen Stellung der Perioikenorte, die einerseits abhängige und beherrschte Gemeinden, andererseits integrierte Teile des lakedaimonischen Gesamtstaates darstellten, in seiner Grundstruktur eine Polis. Der Verband der Spartiaten hat als Polisgemeinschaft die Symmachie der jeweils durch zweiseitige Verträge mit der Hegemonialmacht verbündeten peloponnesischen Gemeinwesen geführt.
Auch in dem zweiten großen griechischen Bündnissystem – dem Seebund der Athener – blieben die Symmachoi der Führungsmacht rechtlich eigene staatliche Einheiten, wenn sie auch eine starke Beschränkung ihrer Autonomie hinnehmen mußten. Allerdings hat Athen aus militärischen

und politischen Gründen die Eigenstaatlichkeit verschiedener Poleis aufgehoben und auf deren Territorium zumeist attische Kolonisten angesiedelt sowie auch in anderen Teilbereichen seiner Einflußsphäre das hegemoniale System gleichfalls durch territoriale Expansion aufgefüllt.[1] Während koloniale Neugründungen griechischer Siedler seit der zweiten Hälfte des 8. Jahrhunderts in der Regel als selbständige Gemeinwesen konstituiert wurden und dementsprechend trotz ihrer Sonderstellung als Apoikiai (»Außensiedlungen«) der Mutterstadt sich durchweg zu autonomen Poleis entwickelten, errichtete Athen bereits seit dem späten 6. Jahrhundert eine Reihe von Siedlungen auf okkupierten Außenbesitzungen. Die offenbar kurz nach dem Sturz der Peisistratiden auf Salamis angesiedelten Athener waren Bürger auf athenischem Staatsgebiet außerhalb Attikas und galten wahrscheinlich als Kleruchen (Inhaber von Kleroi). Einen Sonderstatus hatten rund 4000 attische Kleruchen, die nach dem Sieg der Athener über die Chalkidier (506) nach Euboia entsandt wurden und dort die Funktion einer Garnison ausübten. Die ihnen zugewiesenen Kleroi wurden allem Anschein nach von Einheimischen gegen Entrichtung einer Pacht bearbeitet. Im Jahre 490 mußten sich diese Kleruchen vor den auf Euboia gelandeten Persern allerdings zurückziehen.
Offenbar sind sie nach der Schlacht bei Marathon nicht wieder dorthin zurückgekehrt. Weitere attische Kolonisten wurden im späten 6. Jahrhundert nach Lemnos und wahrscheinlich auch nach Imbros geschickt, nachdem die einheimische vorgriechische Bevölkerung dieser Inseln vertrieben worden war. Desgleichen wurden nach Gründung des Seebundes in Eïon (Thrakien) und auf Skyros nichtgriechische Bevölkerungselemente verdrängt und athenische Bürger angesiedelt. Etwa seit Mitte des 5. Jahrhunderts gründete Athen auch Kolonien auf dem Gebiet griechischer Poleis im Bereich des Seebundes. Weitere Neugründungen dienten der Sicherung strategisch wichtiger Punkte in Grenzgebieten des athenischen Machtbereichs. Ein Sonderfall war hierbei die Ansiedlung in Amphipolis. Die Athener bildeten hier nur einen relativ kleinen Teil der Kolonisten, denen ein von Athen erobertes Landgebiet zur Nutzung überlassen wurde, so daß in Amphipolis gewissermaßen eine Polis ohne eigenes Territorium entstand. – Offiziell hat man in Athen generell zwischen Apoikien und Kleruchien differenziert (IG I[3] 237,9). Das Problem besteht hier freilich in der Definition der Rechtsstellung der einzelnen athenischen Kolonien, deren Status in der literarischen Überlieferung nicht immer terminologisch klar zum Ausdruck kommt. Neben Amphipolis galten zweifellos auch die in Skyros, Hestiaia, Brea, Poteidaia und Melos gegründeten Außensiedlungen als Apoikien (bzw. Epoikien). In der Praxis bestanden indes kaum Unterschiede zwischen den athenischen Apoikien und Kleruchien, da die Apoikien trotz ihrer rechtlichen Selbständigkeit als Gemeinwesen im athenischen Machtbereich sehr viel enger als sonstige griechische Kolonien dieses Typs mit der Mutterstadt verbunden und von ihr abhängig waren, während die attischen Kleruchen zwar Bürger Athens blieben, ihr Bürgerrecht aber in Athen kaum

noch ausüben konnten.[2] Letzteres gilt auch für die athenischen Kolonisten in den im 4. Jahrhundert neu konstituierten Kleruchien, in denen sich ein gewisses politisches Eigenleben mit lokalen Institutionen entfaltete.

Die enge Bindung der athenischen Neugründungen und Außengemeinden an die Metropolis war indes kein Einzelfall. Korinth beanspruchte nach dem Sturz der Tyrannis die Herrschaft über Außenbesitzungen der Kypseliden, konnte allerdings seine Forderungen nur zum Teil durchsetzen. Kerkyra erlangte volle Selbständigkeit. Demgegenüber stellte Korinth die Oberbeamten in Poteidaia und zwang andere Kolonien wie Ambrakia und Leukas zur Anerkennung der militärischen Befehlsgewalt der Mutterstadt. Gleichwohl konnten diese Städte Verträge mit anderen Gemeinwesen eingehen und insofern eine gewisse Eigenständigkeit wahren.[3]

Im übrigen gerieten auch in anderen Teilen der griechischen Welt kleinere Gemeinwesen in Abhängigkeit. Ihre »Autonomie« wurde hierdurch nicht unbedingt aufgehoben, war aber in solchen Fällen durch die Verpflichtung zu Abgaben und zur Heeresfolge eingeschränkt. Rechtlich fixierte Bindungen dieser Art begegnen u.a. auf Kreta, wo Knossos und Gortyn die bedeutendsten Poleis waren. Im Perioikengebiet der Eleier sowie in den Siedlungsräumen einiger von den Thessalern zur Truppenstellung gezwungener kleinerer Stammesgemeinschaften basierte hingegen – wie bereits dargelegt – die Abhängigkeit auf Unterwerfung und implizierte hier (freilich in unterschiedlicher Intensität) eine Art »Untertänigkeit«.[4]

In anderen Gebieten führte die Expansion größerer Gemeinwesen zur völligen Eingliederung kleinerer Orte. Diese Entwicklung verlief wiederum recht unterschiedlich. Während in Boiotien in archaischer Zeit mehrere Gemeinden auf diese Weise ihr Territorium erweiterten, ohne daß eine einzelne Polis gleichsam die gesamte Landschaft auszufüllen vermochte, beherrschte Argos bereits Ende des 8. Jahrhunderts nach der Zerstörung Asines praktisch die Argolis.[5] Es dehnte in der Folgezeit seinen Einflußbereich nach Süden hin noch erheblich aus, verlor aber um oder nach 550 diese Gebiete an der gesamten Ostküste der Parnonhalbinsel an Sparta und war nach der Schlacht bei Sepeia (um 494) sogar zeitweise auf sein engeres Territorium zurückgeworfen. Etwa Mitte des 5. Jahrhunderts hatte die Polis freilich die Vorherrschaft in der Argolis zurückgewonnen. Eine bemerkenswerte Variante zur Expansion der Argiver im 5. Jahrhundert ist die Ausdehnung Thebens zu Beginn des Peloponnesischen Krieges. Theben annektierte bis 427 die Gebiete Plataiais und einiger anderer Orte und verdoppelte nunmehr seine Repräsentation in den zentralen Organen des Boiotischen Bundes. Es baute hierdurch seine Vormachtstellung im Koinon der Boioter erheblich aus, ohne dessen bundesstaatliche Struktur prinzipiell zu verändern.

Von der Expansion einzelner Poleis durch Gebietserweiterung ist der »politische« Synoikismos (Zusammenschluß) mehrerer Gemeinwesen zu einer größeren Einheit zu unterscheiden.[6] Das Zusammenwachsen von Dorfgemeinschaften in der Frühphase der Polisbildung kann hier außer Betracht bleiben. Bereits erwähnt wurde auch die politisch-staatliche Konzentration der Eleier um 470, die freilich ebensowenig wie der nicht exakt datierbare Synoikismos in Mantineia (vor oder nach 500?) eine staatliche Neugründung darstellte, da in beiden Fällen bereits eine politisch-rechtliche Einheit bestand. Ein neues Gemeinwesen entstand demgegenüber auf der Chalkidike, als 432 die Bewohner mehrerer von Athen abgefallener Städte aus Sicherheitsgründen nach Olynth übersiedelten und sich dort vereinten. Ähnlich schlossen sich die rhodischen Poleis Lindos, Kameiros und Ialysos nach der Erhebung gegen Athen (411) zu einem Gesamtstaat zusammen, dessen Mittelpunkt die auf der Nordspitze der Insel neu gegründete Stadt Rhodos wurde (408/07).

Obgleich die hier skizzierten Vorgänge die politische Landkarte Griechenlands noch im 5. Jahrhundert teilweise veränderten, hatte sich um 500 im Mutterland die Poliswelt in Form der Koexistenz zahlreicher selbständiger Gemeinwesen weitgehend konsolidiert. Nur hierdurch war der große Abwehrerfolg gegen die Perser 480/79 überhaupt möglich. Eine wesentliche Voraussetzung hierfür war nicht zuletzt eine gewisse soziale Stabilisierung. Es handelte sich hierbei um einen längeren und keineswegs kohärenten Prozeß. Auf Grund der ökonomischen Struktur der Poleis hing der Abbau der inneren Spannungen in erster Linie von einer Lösung des Problems der ungleichen Landverteilung ab. Nur in Sparta und Athen ist freilich die Situation einigermaßen deutlich. Die Krise wurde in diesen beiden Poleis durch die Okkupation Messeniens bzw. durch die solonische Seisachtheia und Abschaffung der Schuldknechtschaft weitgehend überwunden. Nach dem Aufkommen der Phalanxtaktik mußten aber auch in anderen Gemeinwesen Mittel und Wege gefunden werden, die den Besitzstand des mittleren Bauerntums garantierten. In Megara scheint dies erst nach mannigfachen Wirren, die bis Mitte des 6. Jahrhunderts andauerten, gelungen zu sein, während in Korinth und wohl auch in Sikyon offenbar die Tyrannis erheblich zur Konsolidierung der Verhältnisse beigetragen hat. In Argos konnte sich möglicherweise schon König Pheidon im zweiten Viertel des 7. Jahrhunderts auf eine relativ breite Mittelschicht stützen, deren Existenzgrundlage offenbar durch die Ausweitung des Polisgebietes weitgehend gesichert war. Im frühen 5. Jahrhundert konnte Argos bei Sepeia immerhin 5000–6000 Hopliten aufbieten. Die vernichtende Niederlage dieses Heeres hatte dann freilich eine von inneren Wirren begleitete Umschichtung der Besitzverhältnisse zur Folge, wobei wahrscheinlich zumindest ein Teil der Ländereien der bei Sepeia gefallenen Hopliten an bisher minderberechtigte Landbewohner vergeben wurde.[7] In Theben wurden vermutlich schon relativ früh Konflikte durch eine Regelung des Erbrechts aufgefangen, die dem Korinther und »Bakchiaden« Philolaos zugeschrieben wurde und das Ziel verfolgt haben soll, die Zahl der Kleroi (d. h. der existenzfähigen Höfe) zu erhalten (Aristot. Pol. 1274b 2). Wahrscheinlich hat diese Maßnahme, die sicherlich mit dem Aufkommen der Hoplitenphalanx in Verbindung zu bringen ist, mit dazu beigetragen, daß Theben der bedeutendste Machtfaktor in Boiotien wurde.[8] Handelt es sich bei der betreffenden Regelung tatsächlich auch um Konzessionen an die bäuerliche Mittelschicht, scheint hierdurch auch im politischen Bereich eine gewisse Stabilisierung erreicht worden zu sein, und zwar in dem Sinne, daß der Führungsanspruch der ersten Häuser lange Zeit nicht in Frage gestellt war (vgl. Thuk. III 62).

Die soziale und wirtschaftliche Struktur der archaischen Poleis wurde durch derartige Regelungen nicht grundlegend verändert. Generell ließ die Stoßkraft der Bewegungen nach, wenn sich die Lage der Gesellschaftsschicht, auf die es ankam (d. h. der mittleren Bauern) besserte. Hierbei ist natürlich in Rechnung zu setzen, daß die Ansprüche ohnehin recht bescheiden waren. Es ging eben vor allem um eine gewisse Sicherung der bäuerlichen Existenzen.

Schwer zu beurteilen ist freilich die Entwicklung im kleinasiatischen Raum und auf den vorgelagerten größeren Inseln, wo die Wirren teilweise noch schärfere Formen annahmen als im Mutterland. Offenbar war dort ebenfalls das Problem der Landverteilung ein entscheidender Faktor, wie die Ausschreitungen gegen die Geomoren im frühen 6. Jahrhundert in Samos sowie die langwierigen Auseinandersetzungen in Milet zeigen. Zwar kämpften in Milet nach dem Ende der Tyrannis des Thrasybulos (um 600) weiterhin rivalisierende Adelsgruppen um die Macht, doch wurden andererseits auch die Spannungen zwischen Adel und Demos offenbar zunehmend stärker. Der von Herodot (V 29) erwähnte Schiedsspruch einer aus Paros erbetenen Schlichtungskommission läßt darauf schließen, daß auch hier die Sicherung der Existenzgrundlage nichtadliger Landbesitzer ein drängendes Problem war und letztlich ein gewisser Ausgleich erzielt wurde. Die politischen Verhältnisse im kleinasiatischen Raum waren freilich nach Errichtung der persischen Herrschaft völlig anders als im griechischen Mutterland. Insgesamt gesehen hatte in Griechenland im politischen Bereich in gewisser Weise eine parallele Entwicklung zu der skizzierten sozialen Konsolidierung stattgefunden. Beide Prozesse sind selbstverständlich ein einheitliches Ganzes. So war nach der Beseitigung der meisten Tyrannenherrschaften um 500 im griechischen Mutterland in der Entwicklung der Institutionen eine Stufe erreicht, die in vielen Poleis trotz aller Unterschiede in den politischen Organisationsformen die gemeinsamen Grundlagen der hellenischen Staatenwelt deutlicher bewußt werden ließen. Diese Basis wurde nicht nur als Gegensatz zur persischen Monarchie, sondern auch als Kontrast zur Dominanz kleinerer Gruppen oder einzelner Machthaber im griechischen Raum empfunden. Ausdruck der Vorstellung von den Gemeinsamkeiten freistaatlicher Systeme war offensichtlich die Prägung des Isonomiebegriffs. Bezeichnenderweise hat noch Herodot um 430 die unterschiedlichen Ordnungen Spartas, Athens und Korinths unter dem Oberbegriff der Isokratie (als Synonym für Isonomie) subsumiert.[9]

Im Laufe des 5. Jahrhunderts haben sich nicht nur die spezifischen Formen der athenischen Demokratie herausgebildet. Auch die Ordnungen einer Reihe von anderen Poleis änderten sich erheblich. Durch die Verfestigung der Polisinstitutionen im Zuge der allmählichen Herauslösung aus den Organisationsformen der archaischen Gemeinwesen war generell die Richtung der Weiterentwicklung bestimmt. Die Entstehung der athenischen Demokratie darf also keinesfalls als isolierter Prozeß gesehen werden, wenn auch dieses System auf den besonderen Voraussetzungen der vorausgehenden athenischen Verfassungsgeschichte sowie auf der Größe des Polisgebietes beruht und zudem ohne die Hegemonie Athens im Seebund und den sich hieraus ergebenden Möglichkeiten und Zwängen zum Ausbau der Polisorganisation nicht zu verstehen ist. Die Entwicklung in Athen mag ferner auch gewisse Schrittmacherdienste für andere Poleis geleistet haben. Wenn in einer Reihe von weiteren Gemeinwesen die Entscheidungsfindung und z.T. auch die Beamtenkontrolle ebenfalls auf eine breitere Basis gestellt wurden, so war dies letztlich nur dadurch möglich, daß die Polisordnungen generell in spätarchaischer und frühklassischer Zeit bereits einen beachtlichen Organisationsgrad erreicht hatten. Vorstufen zu jenem Transformationsprozeß, der in Athen zur Entstehung der klassischen Demokratie führte, sind auch in anderen Gemeinwesen zumindest umrißhaft zu erkennen. Da aber die einzelnen Poleis unterschiedliche Organisationsformen und Verfahrensregeln entwickelt hatten, führte auch der weitere Ausbau der Verfassung jeweils zu anderen Ergebnissen.

Somit ist zu differenzieren zwischen einem aus der Überwindung der Vorherrschaft des Adels resultierenden gemeingriechischen Prozeß der Verbreiterung der Polisbasis und den endogenen, durch spezifische innere Verhältnisse bedingten Entwicklungen der verschiedenen Gemeinwesen. Mannigfache Wechselbeziehungen ergaben sich vor allem aus gemeinsamen Ordnungsvorstellungen. »Isonomie« war keineswegs nur eine athenische Formel. Sie bezog sich nicht auf die Sozialstruktur, sondern auf den politischen Bereich und konnte nur im Rahmen der institutionellen Ordnung verwirklicht werden, die man bereits als wesentliche Klammer des Gemeinschaftslebens empfand. Hier lag also der Schwerpunkt der Veränderungen und Neuerungen, die generell darauf abzielten, Macht und Herrschaft innerhalb des Personenverbandes der Bürger zu minimalisieren, die Macht gleichsam breiter zu streuen und Blockaden gegen den Mißbrauch delegierter Kompetenzen und Leitungsfunktionen einzubauen sowie in den politischen Entscheidungsprozessen das Gefälle der nach wie vor unbestrittenen sozialen Rangordnung in der Bürgerschaft zu verringern. Am deutlichsten stellt sich dies natürlich in der athenischen Verfassungsentwicklung dar, doch ist zu beachten, daß auch in Sparta, das in vieler Hinsicht ein Kontrastbild zu Athen bietet, eine Interorgankontrolle bestand. Die institutionelle Machtverlagerung muß auch in Sparta primär am Kriterium des Personenverbandes der Vollbürger gemessen werden. Daß hier die Herrschaftssicherung im Inneren eine besondere Variante durch die Unterdrückung der Heloten erhielt,

steht auf einem anderen Blatt, da die Heloten nicht zur spartanischen Polisgemeinschaft gehörten. Auch die Stellung der lakedaimonischen Perioiken muß außer Betracht bleiben, wenn das Politeuma – der Bürgerverband der Spartiaten – als Maßstab für den Vergleich mit anderen Poleis dienen soll. In Sparta war in der Tat ein Abbau erblicher Herrschaftsfunktionen durch die Einfügung des Doppelkönigtums in die Polisordnung erfolgt, ohne daß hierdurch das Ephorat als institutionelles Gegengewicht gegen das Königtum zum Träger eigener »souveräner« Herrschaftsrechte geworden wäre. Die Ephoren, die aus dem Damos hervorgingen, wurden ihrerseits durch ihre Nachfolger im Amt kontrolliert, und die alternierende Besetzung dieses Kollegiums garantierte einen periodischen Wechsel in der Ausübung der zweifellos bedeutenden Kompetenzen der Ephoren, die dementsprechend nicht autonom dem Bürgerverband gegenüberstanden, während der Damos zwar die letzte Entscheidung traf, aber nicht von sich aus zusammentreten konnte, sondern an die formalisierte Leitung durch das Ephorat gebunden war. Diese Mechanismen, die selbstverständlich ebensowenig wie in anderen Poleis individuelle Einflußmöglichkeiten durch persönliche Autorität und Aktivierung von Anhängerschaften ausschlossen, waren in Sparta relativ früh ausgeprägt und wurden im institutionellen Bereich im 5. Jahrhundert kaum weiterentwickelt, weil sie nach spartanischer Auffassung gerade die Stabilität des eigenen Systems zu garantieren schienen. Demgegenüber mußte in verschiedenen anderen Poleis in dieser Hinsicht sogar ein gewisser Rückstand aufgeholt werden. Was dies im Einzelfall bedeuten konnte, demonstrieren die Worte, die Thukydides die Repräsentanten Thebens im Jahre 427 aussprechen läßt (III 62,3): »Bei uns gab es damals (beim Einfall der Perser 480) weder eine Oligarchie auf der Basis der Gleichberechtigung (Oligarchia isónomos) noch eine Demokratie, sondern ein System, das den Gesetzen und einer wohlgeordneten Verfassung am fernsten und der Tyrannis am nächsten steht, nämlich eine Herrschaft (Dynasteia) einiger weniger Männer«. Diese Wertung erfolgt hier freilich nach dem Verfassungsverständnis des späten 5. Jahrhunderts. Gleichwohl ist es bezeichnend, daß Thukydides hier »Oligarchia isónomos« und Demokratie mit der Dynasteia einer kleinen Gruppe konfrontiert, deren Überwindung geradezu als Fortschritt dargestellt wird.
In anderen Poleis war die Ausgangsbasis für eine breitere Machtverteilung und ein Ausbalancieren institutioneller Kompetenzen zweifellos günstiger als in Theben. Selbstverständlich wurden im frühen 5. Jahrhundert weder in Athen noch in anderen Gemeinwesen zielstrebig Pläne verfolgt, die als »demokratisches Programm« im engeren Sinne zu bezeichnen wären. Der Demokratiebegriff war damals – wie gesagt – noch nicht geprägt und konnte daher noch kein Leitbild sein. Wie in den einzelnen Poleis die Dinge geregelt wurden, ist auf Grund der lückenhaften Überlieferung zumeist kaum oder nur in Umrissen von den Ergebnissen her zu erkennen. Als Beispiel sei Argos genannt, wo nach der Schlacht bei Sepeia sich auch im politischen Bereich erhebliche Veränderungen

vollzogen, die in den Einzelheiten unklar bleiben. Um 463 war dort aber ein Stadium erreicht, das Aischylos in den »Hiketiden« an der damaligen Verfassungswirklichkeit Athens mißt, ohne bereits beide Poleis als Demokratien zu bezeichnen. Zweifellos war in dieser Zeit die argivische Bürgerversammlung ähnlich wie die athenische Ekklesia die letzte Instanz in den Entscheidungsprozessen, während erst später im Zuge begrifflicher Präzisierung und Typisierung der Verfassungen der Demokratiebegriff auf Argos bezogen wurde. Die argivische Ordnung unterschied sich freilich in mancher Hinsicht von der athenischen Demokratie. Das Gremium der sog. Achtzig hatte in Argos z. B. im letzten Drittel des 5. Jahrhunderts neben der eigentlichen »demokratischen« Boulé noch bedeutende, im einzelnen allerdings kaum faßbare politische Funktionen.[10] Jedenfalls nahmen 420 die »Achtzig« in Argos die Vereidigung auf die Vierer-Allianz mit Mantineia, Elis und Athen vor, während in Athen diese Aufgabe bezeichnenderweise den Prytanen der Boulé der 500 zufiel. Die unterschiedlichen Formen demokratischer Verfassungen kommen des weiteren darin zum Ausdruck, daß in dem genannten Vertragswerk in Mantineia, das gleichfalls als Demokratie galt, die sog. Theoroi (»Aufseher«) und Polemarchoi den Eid abnahmen. Während die Polemarchoi die Führer des Aufgebots waren, bildeten die Theoroi die leitende zivile Behörde, die offenbar ähnlich wie die damalige Damiorgie in Elis eine relativ starke Position hatte.[11] Eine weitere Besonderheit der Demokratie in Mantineia war das von Aristoteles (Pol. 1318b 23–27) erwähnte eigentümliche Wahlverfahren, das darin bestand, daß gewählte »Wahlmänner«, die turnusmäßig wechselten, die Wahl der Beamten vornahmen.[12] Die Entwicklung in den genannten Poleis ist nicht zuletzt deshalb bemerkenswert, weil sie sich außerhalb des athenischen Machtbereichs vollzog. Auch in Kerkyra waren bereits vor Abschluß des Defensivbündnisses mit Athen (433) demokratische Organisationsformen entstanden (Thuk. III 70).

Wenn im 5. Jahrhundert der Gedanke der Unterordnung der Bürgerschaft unter den Nomos auch in der rationaleren Organisation der Institutionen sowie in der Entwicklung neuer Kontrollmechanismen seinen Ausdruck gefunden hat, so war die äußere Voraussetzung hierfür natürlich der große Abwehrerfolg der Hellenen gegen die Perser 480/79. Darüber hinaus hatte aber auch die Machtstellung Athens in der Pentekontaëtie gewissermaßen die Funktion eines Schildes. Athen hat nicht nur den Ägäisraum, sondern letztlich das gesamte griechische Mutterland gegen die östliche Großmacht abgeschirmt. Hierin liegt die historische Bedeutung der athenischen Hegemonie für die Poliswelt. Auch in den Poleis des Seebundes hat sich in dem genannten Zeitraum der organisatorische Rahmen zweifellos stabilisiert, ohne daß Athen in jedem einzelnen Fall durch Interventionen die Verhältnisse in seinem Sinne regelte. So wurde in Mytilene offenbar ohne athenischen Druck die Polisverfassung ausgestaltet, wie die Institution der dortigen Prohedroi vermuten läßt. Derartige Maßnahmen sind mit der Verfestigung der Institutionen in einer Reihe von Poleis des Mutterlandes durchaus vergleichbar.[13]

Parallel zu dieser Entwicklung vollzog sich freilich die Spaltung der griechischen Welt in zwei große Machtblöcke unter der Führung Spartas und Athens. Hierdurch entstand auch innerhalb der beiden Symmachien ein vielfältiges Interaktionsfeld von Außen- und Innenpolitik. Nicht nur im Seebund standen Polisautonomie und Herrschaftsorganisation im Widerspruch. Auch im Peloponnesischen Bund wurde von antispartanischen Kräften die außenpolitische Abhängigkeit von Sparta als »Knechtschaft« bezeichnet (Thuk. V 69,1). Weite Teile der Poliswelt gerieten sozusagen in den Sog der Politik der Großmächte. Die sich hieraus ergebenden Probleme haben die Polis als Staatstyp letztlich überfordert. Im Seebund wurde durch den Machtzuwachs Athens das föderative Prinzip in zunehmendem Maße in Frage gestellt, ohne daß Athen in der Lage gewesen wäre, dieses System durch ein dichtes Verwaltungsnetz zu ersetzen. Es blieb stets auf die Kooperation mit der Oberschicht in den Seebundstaaten angewiesen, die aber vielfach in pro- und antiathenische Gruppen gespalten war. Die hierdurch bedingten Spannungen und Rivalitäten haben bereits in der Pentekontaëtie bei mehreren Erhebungen gegen Athen offensichtlich eine wesentliche Rolle gespielt. Jedenfalls wird bei den Aufständen in Milet (vor 450) und Samos (441–439) die Polarisierung der dortigen Führungsschicht einigermaßen deutlich. Die Alternative zur Abhängigkeit von Athen konnte in diesen Fällen freilich nur eine enge Bindung an persische Satrapen bzw. an den »Großkönig« sein, die im übrigen ihre griechischen Parteigänger verschiedentlich durch generöse Landschenkungen auszeichneten, so daß zweifellos massive Eigeninteressen ein wesentliches Motiv antiathenischer Kreise waren, während sie den Widerstand gegen Athen als Kampf für die Selbstbestimmung der Polis deklarierten. Die athenischen Sanktionen nach der Niederwerfung von Erhebungen waren in der Pentekontaëtie insgesamt gesehen keineswegs Ausdruck maßlos übersteigerter Herrschaftsmethoden. Ein wesentliches Ziel der athenischen Regelungen war stets, den Einfluß der Parteigänger Athens zu sichern und neben der Verstärkung des zentral organisierten athenischen Überwachungssystems gegebenenfalls auch in den Poleis selbst eine effektivere Kontrolle der lokalen Behörden zu erreichen. Während solche Maßnahmen um 450 offenbar noch nicht ausdrücklich als Demokratisierung propagiert wurden, hat der Ausbau des demokratischen Systems in Athen und die Weiterentwicklung der politischen Terminologie in der Folgezeit zweifellos mit dazu beigetragen, daß der innenpolitische Freiheitsbegriff einen neuen Akzent erhielt und von athenischer Seite gewissermaßen auf die Demokratie fixiert wurde. Er gewann damit aber zugleich auch generell für das politische Bewußtsein breiterer Kreise außerhalb Athens einige Bedeutung. Auch Sparta mußte diesen Faktor in Rechnung stellen. Thukydides läßt Brasidas hierauf in einer Rede vor den Bürgern von Akanthos, die zum Übertritt auf die Seite Spartas gewonnen werden sollten (424), Bezug nehmen (IV 86,4). Brasidas betont, daß dort keine Freiheit herrsche, wo die Mehrheit einer Minderheit oder die Minderheit einer Mehrheit unterworfen sei. Mit dieser pointierten Antithese in der Umgrenzung der institutionell garantierten innenpolitischen Eleutheria deutet Thukydides freilich auch die spartanische Variante des Freiheitsbegriffs an, die ebenso wie die demokratische Freiheit das Gleichheitsprinzip in der Vollbürgerschaft zu realisieren vorgab und darüber hinaus den Anspruch erhob, im Unterschied zur angeblich demokratischen Anarchie die wahre freiheitliche Ordnung durch unbedingte Bindung an den Nomos zu garantieren (vgl. Hdt. VII 104,4).

Die zitierten Äußerungen des Brasidas beziehen sich bereits auf die Situation während des Peloponnesischen Krieges, der den Prozeß der inneren Konsolidierung der Polis in weiten Gebieten der griechischen Welt abrupt unterbrach. Durch den Konflikt der Großmächte wurden in zahlreichen Gemeinwesen Verfassungskämpfe und schwere innere Auseinandersetzungen ausgelöst, die Thukydides in der sog. »Pathologie des Krieges« (III 82–83) analysiert und mit der Korrespondenz der Interessen zwischen Oligarchen und Spartanern einerseits und den Führern des Demos und Athen andererseits zu erklären sucht. Ausgangspunkt seiner Betrachtungen ist der Bürgerkrieg in Kerkyra, wo in der Tat durch Kontroversen über die Bündnisorientierung der Polis das Verfassungsproblem im Sinne des von Thukydides verwendeten Erklärungsmodells akut wurde und schichtenspezifische Gegensätze im Verlauf der Kämpfe erheblich zur Eskalation der Exzesse beitrugen (Thuk. III 70–81). Von einer revolutionären Bereitschaft der breiten Masse vor Beginn der Wirren kann indes kaum die Rede sein. Die Ausschreitungen des Demos wurden vielmehr provoziert durch brutale Gewaltaktionen der von Thukydides als Oligoi bezeichneten Parteigänger Korinths und Spartas, die auf diese Weise die Organe der legalen Entscheidungsfindung (Rat und Volksversammlung) unter ihre Kontrolle zu bringen suchten, um einen Allianzwechsel durchsetzen zu können. Im übrigen sind die Staseis (Parteiungen) in Kerkyra soziologisch schwer abzugrenzen. Thukydides' Angaben über die große Zahl der Todesopfer und der Verbannten lassen darauf schließen, daß die Stasis der Oligoi nicht nur aus Angehörigen der Oberschicht bestand, aus der aber andererseits auch die Führer des Demos stammten. Auch beim oligarchischen Umsturz in Argos im Frühjahr 417 bildeten die sog. Oligoi offenbar keine eng begrenzte Gruppe (Thuk. V 81). Das Instrument der Machtergreifung der Oligoi war hier die noch in der Zeit des demokratischen Systems aufgestellte argivische Elitetruppe von 1000 Hopliten.[14] Diese Formation bestand sicherlich nicht nur aus jungen »Aristokraten« (d. h. Söhnen der großen Grundbesitzer), da das Auswahlkriterium bei der Aufstellung dieser Einheit die militärische Leistungsfähigkeit war. Als weiteres Beispiel ist Mytilene zu nennen, wo die antiathenischen Kräfte (die Oligoi in der Terminologie des Thukydides) während der Erhebung 428/27 – wie bereits dargelegt – zweifellos Rückhalt in der Hoplitenschicht besaßen.

Insgesamt läßt sich die Polarisierung der Gruppen keineswegs mit der einfachen Formel einer Korrelation von Verfassungsprinzipien, gesellschaftlicher Schichtung und Bündnisorientierung erklären. Aus den Berichten des Thukydides von den Operationen des Brasidas in Thrakien und auf der Chalkidike ist eine ganze Skala von Konstellationen in den mit Athen verbündeten Städten zu erschließen.[15] Die unvermutete militärische Bedrohung durch den überraschenden Vorstoß des spartanischen Kommandeurs, dessen Versprechungen und geschicktes Taktieren, Verrat einiger weniger, aber auch Furcht vor athenischen Gegenaktionen bzw. rechtzeitiges oder verspätetes Eintreffen athenischer Verstärkungen beeinflußten von Fall zu Fall in unterschiedlicher Weise das Verhalten der Bürgerschaften und ihrer lokalen Führung. Soziologisch bedingte Mechanismen der Sympathien gesellschaftlicher Gruppierungen sind in diesen durchweg kleinen Gemeinwesen nicht zu erkennen, wenn auch etwa in Torone und Mende die entschiedenen Parteigänger Spartas zur dortigen Oberschicht zählten und der Demos von Mende später bei einem Gegenangriff athenischer Streitkräfte offenen Widerstand gegen die Initiatoren des Allianzwechsels und die jetzt in der Stadt stationierte spartanische Besatzung leistete (Thuk. IV 110–114. 123. 130). Loyalität gegenüber Athen war für die breite Masse sicherlich kein bestimmendes Motiv, doch bedeutete dem Demos andererseits die unter athenischer Herrschaft garantierte innenpolitische Gleichberechtigung ein unverzichtbares Prinzip (Thuk. IV 86, 3–5. 105,2. 114,3). Im Hintergrund stand aber immer auch die Gefahr erfolgreicher athenischer Gegenaktionen. Es ging dann nicht nur für die Parteigänger Spartas um die nackte Existenz, wie die »Strafmaßnahmen« Kleons in Torone und Skione demonstrieren (Thuk. V 3. 32).

Die Erfahrungen aus der Zeit des Archidamischen Krieges bestimmten vielfach auch das Geschehen in der Krise Athens nach dem Scheitern der Sizilischen Expedition. Die militärische Gesamtlage wurde freilich weithin falsch beurteilt. Viele Hellenen erwarteten nunmehr den Zusammenbruch Athens und wollten zur rechten Zeit auf der richtigen Seite stehen (Thuk. VIII 2,1–2). Gleichwohl gingen in verschiedenen Seebundstaaten Angehörige der Oberschicht bzw. amtierende Behörden, die ihre Position durch einen Allianzwechsel zu sichern suchten, nicht das Risiko ein, die zuständigen Entscheidungsorgane ihrer Polis einzuschalten. So wurde in Chios, Milet und Kameiros die breite Masse von den Ereignissen völlig überrascht. Sie hat sich indes im Unterschied zum Demos in Kerkyra den Maßnahmen der Polisbehörden bzw. der Initiatoren des Abfalls von Athen keineswegs energisch widersetzt (Thuk. VIII 14. 17. 44). In Chios bildete sich offensichtlich nur innerhalb der Oberschicht eine proathenische Verschwörergruppe, deren Scheitern dann eine Verschärfung des neuen oligarchischen Kurses der Parteigänger Spartas zur Folge hatte. Demgegenüber blieb in Milet das demokratische System nach dem Übertritt auf die Seite Spartas bestehen. In der Folgezeit bildete sich hier freilich eine oligarchische Stasis, die mit Duldung Lysanders 405 die bis dahin dominierenden »Führer des Demos« beseitigte. Es handelte sich um einen Machtkampf in der Oberschicht, doch fielen dem

Gemetzel auch zahlreiche Anhänger der prospartanischen »Demokraten« zum Opfer.

Auch in Samos sind die Exzesse im Jahre 412 zweifellos primär auf die Feindschaft rivalisierender Gruppen der Oberschicht zurückzuführen. Nach den Angaben des Thukydides wurden 200 wohlhabende Bürger (Dynatoi) getötet und 400 weitere verbannt und deren Besitzungen konfisziert (VIII 21). Der Bericht erweckt zwar zunächst den Eindruck, daß auf Samos eine sozialrevolutionäre Bewegung entstanden war.[16] An späterer Stelle im Werk des Thukydides wird jedoch deutlich, daß die Erhebung von etwa 300 Samiern inszeniert worden war, die gleichfalls zu den wohlhabenden Dynatoi zählten (VIII 63,3. 73). Sie hatten ihren Gegnern offenbar Konspiration mit Sparta und oligarchische Bestrebungen vorgeworfen und es verstanden, die breite Masse des Demos aufzuputschen. Soziale Spannungen scheinen zwar die Eskalation der Gewalt begünstigt zu haben, doch richtete sich der Aufstand – wie gesagt – keineswegs gegen alle Geomoren, während andererseits auch die unterlegene Gruppe in der Bürgerschaft größeren Anhang besaß, da die hohe Zahl der Opfer des Putsches sonst kaum zu erklären ist. Die Einziehung der Güter der Getöteten oder Entrechteten entsprach der vielfach üblichen Praxis bei der gewaltsamen Ausschaltung politischer Gegner – gleichgültig, ob es sich dabei um »Oligarchen« oder »Demokraten« handelte. Möglicherweise profitierten auf Samos die jetzt dominierenden Dynatoi am meisten von der Aktion. Jedenfalls ging es ihnen nicht primär um demokratische Prinzipien. Während der Vorbereitungen zum Sturz der Demokratie in Athen konspirierten sie 411 mit den athenischen Oligarchen. Ihr Plan, nach der Machtergreifung der sog. Vierhundert in Athen auch in Samos ein oligarchisches Regime zu errichten, scheiterte jedoch am Widerstand der athenischen Flottenmannschaften und des samischen Demos.

Gemeinsame Strukturelemente sind in dieser verwirrenden Fülle von Konstellationen, Motiven und Aktionen schwer zu erkennen. Zu beachten ist zunächst, daß bereits im Archidamischen Krieg das Instrument der »fünften Kolonne« als Mittel der Kriegführung diente. Wenn Sparta mit antiathenischen Kräften kooperierte, hatte es keine andere Wahl, als diesen Kreisen zur Macht zu verhelfen, die dann von der Gegenseite als Oligoi abgestempelt wurden und in der Tat oft genug gleichsam als oligarchische Clique agierten, indem sie die Gegenkräfte unterdrückten und die institutionellen Sicherungsmechanismen ausschalteten bzw. in ihrem Sinne lenkten. Die »Demokraten« blieben ihnen natürlich in den erbitterten Machtkämpfen nichts schuldig. Die Protagonisten stammten durchweg aus der Oberschicht, doch hatten auch die sog. Oligoi zumindest in einigen bedeutenderen Poleis eine beachtliche Zahl von Parteigängern im Demos. Wenn führende Kreise einen Allianzwechsel zur Machterhaltung für opportun hielten, spielten der Gegensatz von Oligarchie und Demokratie sowie das Autonomieprinzip keine Rolle. Gab man der Aussicht auf Unabhängigkeit von Athen die Priorität, waren sogar Funktionsträ-

ger und Führungsschicht eines demokratischen Systems zur Kooperation mit Sparta bereit. Wesentliche Faktoren waren bei alledem stets die Kriegslage und die Beurteilung der Siegeschancen der Großmächte. Sofern latente soziale Spannungen bei inneren Auseinandersetzungen zu Ausschreitungen gegen Gläubiger und Reiche führten, ging es nicht um den Besitz der gesamten Oberschicht, sondern um die Güter einer bestimmten Stasis. Nirgendwo stand in diesen Wirren eine Strukturveränderung des Gesellschaftsgefüges zur Debatte. Untypisch ist die Forderung nach einer Aufteilung des gesamten Landes in Leontinoi auf Sizilien 422 (Thuk. V 4,2ff.), wo das Problem der Versorgung zahlreicher Neubürger gelöst werden mußte und der geplante Eingriff in die Eigentumsverhältnisse, der im übrigen von den großen Grundbesitzern vereitelt wurde, somit auf anderen Voraussetzungen beruhte als die oben skizzierten Wirren im Einflußbereich Spartas und Athens. Generell war das soziale Problem in den Randgebieten und kolonialen Siedlungsräumen des Griechentums ohnehin komplexer als im Mutterland und im Ägäisgebiet.
Singulär war die Bewaffnung der Sklaven in Kerkyra 427, die von beiden Bürgerkriegsparteien unter Zusicherung der Emanzipation zur Teilnahme am Kampf aufgefordert wurden und sich dem Demos anschlossen, dem sie offenbar größere Erfolgschancen gaben. Die Sklavenbefreiung wurde hier in ähnlicher Form im zweiten Bürgerkrieg 411/10 wiederholt (Diod. XIII 48,7). Sie war in beiden Fällen lediglich Mittel zum Zweck. Dies gilt auch für ähnliche Aktionen des Dionysios I. von Syrakus (405) und einiger anderer Usurpatoren und Tyrannen im 4. Jahrhundert, die mit solchen Maßnahmen keine sozialrevolutionären Ziele verfolgten, sondern die Macht zu gewinnen oder zu erhalten suchten und immer nur einen Teil der Unfreien – die Sklaven ihrer politischen Gegner – mobilisierten. Generell wurde die Sklaverei als Institution weder durch äußere oder innere Krisen noch durch die philosophische Diskussion über die Problematik der Unfreiheit in Frage gestellt. Sklavenemanzipationen mit dem Ziel des politischen Umsturzes wurden allgemein abgelehnt. Die scharfe Kritik, die Isokrates (Panathenaikos 97) an diesem innenpolitischen Kampfinstrument übte, entsprach zweifellos nicht nur der Einstellung der Oberschicht, sondern auch der Auffassung breiterer Schichten der Freien. Niemand wollte auf diese Weise seine unfreien Arbeitskräfte verlieren. So lag das Verbot der Sklavenbefreiung in innenpolitischen Konflikten durch die Beschlüsse des Kongresses von Korinth (338/37) im Interesse aller Gemeinwesen, die dort vertreten waren, mochten diese eine mehr oligarchische oder demokratische Verfassung haben.[17]
Die markanteste gesellschaftliche Trennungslinie verlief in der Polis nach wie vor zwischen Freien und Sklaven, während im politischen Bereich noch die Abgrenzung der Bürger von den Metoiken hinzukam. Im ganzen blieben die Probleme der Einbürgerung und politischen Integration von ansässig gewordenen Fremden und emanzipierten Sklaven ungelöst. Nur in Einzelfällen wurde das Prinzip der strikten Abgrenzung der Bürgerschaft aufgegeben, wenn etwa die Zahl der Politen allzu stark gesun-

ken war oder ein Machthaber seine Anhängerschaft zu vergrößern suchte. Der Einbürgerung von emanzipierten Sklaven waren vor allem durch die heterogene Herkunft dieser Schicht, die überwiegend nichtgriechischer Abstammung war, Grenzen gesetzt. Dieses Problem stellte sich allerdings nicht bzw. in geringerem Maße in Gemeinwesen mit unterworfenen Landbevölkerungen, die sich in Lebensform und Sprache im Laufe der Zeit der Herrenschicht angeglichen hatten. Dennoch gab es auch hier eherne Barrieren, weil die Abhängigkeitsverhältnisse vom Typ der Helotie hier nicht nur die gesamte Basis der Wirtschafts- und Gesellschaftsstruktur waren, sondern auch die Unterabteilungen des Polisverbandes (Phylen und Phratrien) sowie kultische Vereinigungen der Bürger integrierende Faktoren des Gemeinschaftslebens darstellten und infolgedessen nicht ohne weiteres in ihrem Kern verändert werden konnten. Die Polis mußte sich sozusagen weiterentwickeln nach dem Gesetz, nach dem sie angetreten war, wenn sie als Organisationsform einer mehr oder weniger begrenzten und jedenfalls noch einigermaßen überschaubaren sowie in der Regel durch gemeinsame Abkunft bzw. durch gemeinsame Geschichte verbundenen Gemeinschaft bestehen bleiben sollte. Dieser Verband bildete für den Polisbürger die einzig sinnvolle politische Lebensform. Die Vorstellungswelt des Politen stieß hier an Grenzen, die von der Entstehung der Polis her vorgegeben waren.
Nur in diesem Rahmen stellte sich jeweils in den einzelnen Poleis das Problem der dem Gemeinwesen gemäßen Organisationsform. Die Lösungen waren überaus unterschiedlich, indem beim Ausbau der Institutionen teils die Stellung der Beamten und des Rates, teils die Position der Volksversammlung stärker betont wurde. Hieran orientierte sich dann die Differenzierung der Verfassungen nach dem einfachen Grundschema des Gegensatzes von Oligarchie und Demokratie. Gleichwohl konnte in einer Oligarchie die Basis der Vollbürgerschaft relativ breit sein, während auch in einer Demokratie die Führungsschicht im wesentlichen auf den Kreis der Wohlhabenden beschränkt blieb und nicht alle Bürger immer an den Entscheidungsprozessen teilnehmen konnten oder wollten. In Athen war durch die Größe der Polisgemeinschaft die Entwicklung eines verfeinerten Systems von Kontrollmechanismen möglich und wohl auch erforderlich. Demokratie in dieser Form ließ sich hingegen in kleineren Gemeinwesen nicht realisieren. Andererseits bestand aber auch in nichtdemokratischen Verfassungen eine mehr oder weniger durchorganisierte Interorgankontrolle.
Die Verfassungsgegensätze, die im Grunde erst im letzten Drittel des 5. Jahrhunderts durch die Polarisierung der hellenischen Staatenwelt infolge der Konfrontation der beiden griechischen Großmächte in voller Schärfe aufbrachen, wurden überlagert von einem anderen Problem. Es bestand darin, daß Sparta und Athen aus Macht- und Sicherheitsinteressen großflächige Ordnungssysteme errichtet hatten, das Prinzip der Polisautonomie und die Einordnung der Gemeinwesen in hegemoniale Bündnissysteme aber politisch-organisatorische Fragen aufwarfen, die

letztlich kaum zu lösen waren. Dies betrifft vor allem die Verhältnisse im Seebund. Auch eine Ausgestaltung dieser Symmachie zu einem einheitlichen, auf der Gleichberechtigung der Teile basierenden Gesamtstaat war nicht möglich. In begrenztem Rahmen konnte sich zwar eine Lösung wie die Aufnahme der Samier in die athenische Bürgerschaft ergeben, doch hätte eine umfassende bürgerrechtliche Gleichstellung, die alle Gemeinwesen des Seebundes einbezog, einen Verzicht auf die politische Organisationsform der Polis bedeutet – eine Alternative, die außerhalb der Vorstellungskraft der Bürger Athens und der verbündeten Gemeinwesen lag und schon deshalb nicht realisierbar war. Die athenische Bürgerschaft hätte hierbei ihre Identität als Polisgemeinschaft aufgeben müssen.
Athen war freilich als Großmacht in der Pentekontaëtie trotz der Probleme im Seebund und der latenten oder offenen Spannungen in den Beziehungen zu Sparta letztlich doch ein stabilisierender Faktor für die Entwicklung der Poliswelt. Die Schutz- und Ordnungsfunktionen Athens konnten nach 404 auf die Dauer von keinem anderen griechischen Gemeinwesen übernommen werden. In dem polyzentrischen Staatensystem, das im 4. Jahrhundert nach der kurzen spartanischen Vorherrschaft an die Stelle des Dualismus der beiden Großmächte getreten war, blieben bis zur Errichtung der makedonischen Vorherrschaft die vielfachen Bemühungen um einen »allgemeinen Landfrieden« (koinè Eiréne) erfolglos, weil auf diese Weise Störungen durch hegemoniale Ambitionen einzelner Staaten nicht dauerhaft unterbunden werden konnten. Zusammenschlüsse kleinerer Poleis zu Staatenbünden bzw. die Reaktivierung politischer Vereinigungen auf der Basis des Ethnos oder auch die Institution der Isopolitie – der einseitigen oder wechselseitigen Gleichstellung der Politen befreundeter Gemeinwesen bei gleichzeitiger Wahrung der Autonomie der Vertragspartner – vermochten immer nur in mehr oder weniger begrenzten Gebieten bzw. im regionalen Bereich eine gewisse Stabilisierung zu erreichen.
So bedeutete der Peloponnesische Krieg in vieler Hinsicht die große Wende für die griechische Welt. Das Bezugsfeld von politisch labilen Verhältnissen und sozialen Spannungen hat nicht zuletzt dazu beigetragen, daß monarchische Organisationsformen durch die sog. jüngere Tyrannis im 4. Jahrhundert neue Bedeutung gewannen. Vor allem in den Randgebieten und kolonialen Siedlungsräumen des Griechentums wurde die Tyrannis zu einer Bedrohung für die freie Gemeinschaftsordnung, wenn auch das größte Machtgebilde dieser Art – die Monarchie des Dionysios I. von Syrakus – die Unterwerfung der sizilischen Griechen unter karthagische Herrschaft verhindert hat. Die Tyrannis wurde weiterhin an freistaatlichen Normen gemessen und entsprechend negativ beurteilt, doch ergab sich angesichts der zahlreichen Wirren in griechischen Gemeinwesen und des Machtverlustes der großen Poleis andererseits auch eine differenzierte Wertung dieser Herrschaftsform, wobei in der politischen Publizistik jetzt das Kriterium ihrer Leistungsfähigkeit thematisiert wurde und der Monarch – ob Usurpator oder legitimer Erbkönig –

Anerkennung fand, sofern er dem Bild des idealen Herrschers entsprach oder zu entsprechen schien.
In der spätklassischen philosophischen Theorie blieb freilich die freie Gemeinschaft der Politen das zentrale Problem, indem die Strukturen der Polis analysiert und Modelle zu ihrer inneren Stabilisierung entwickelt wurden. Die Interdependenz der außen- und innenpolitischen Faktoren trat hierbei zurück. Die bekannten Begriffe der politischen Terminologie wurden deskriptiv zur Klassifizierung der Verfassungen verwendet, vielfach aber auch modifiziert und mit neuen Inhalten gefüllt, wobei Entwürfe idealer Staaten als Maßstab für die Wertung und Abstufung der Polisordnungen dienten. Die frappierende Fülle der theoretischen Kategorien, die Platon sowie vor allem Aristoteles zur Erfassung politischer Vorgänge in der griechischen Welt anwenden, kann aber nicht darüber hinwegtäuschen, daß die philosophische Systematisierung der Verfassungen letztlich weithin eine Konstruktion bleibt. Auch bei Aristoteles, der sich immer wieder bemüht, seine Deduktionen durch geschichtliche Beispiele zu unterbauen, wird die politische Realität nur in eigentümlicher Brechung reflektiert, wenn etwa in der »Politik« als Unterscheidungsmerkmal von Oligarchie und Demokratie die Formel von der Herrschaft der Reichen bzw. der Armen erscheint. Das Problem des Realitätsbezuges der griechischen Verfassungstypologie ist freilich von sekundärer Bedeutung gegenüber ihrer Wirkungsgeschichte in der Tradition des politischen Denkens von mehr als zwei Jahrtausenden.
Systeme und Theorien der freien Selbstbestimmung politischer Gemeinschaften sind erstmals in der Poliswelt entwickelt worden, die hierdurch ihren unverlierbaren Rang in der Universalgeschichte besitzt.

Anmerkungen

Einleitung

1 Hierzu ausführlich: D. R. Cole, ›Asty‹ and ›Polis‹: »City« in Early Greek, Diss. Stanford University 1976. Vgl. ferner R. Werner, Chiron 1 (1971) 27ff.; P. Musiolek, Asty als Bezeichnung der Stadt, in: Typenbegriffe 3, 368ff.; S. Lauffer, Polites, ebd. 376ff.
2 Vgl. im einzelnen N. J. G. Pounds, The Urbanization of the Classical World, Annals of the Association of American Geographers 59 (1969) 135ff.; Ruschenbusch, Untersuchungen 3ff.; C. G. Thomas, The Territorial Imperative of the Polis, Ancient World 2 (1979) 35.
3 Ehrenberg, Staat 34.
4 Zur Problematik vgl. E.-W. Böckenförde, Staat, Gesellschaft, Freiheit, Frankfurt a.M. 1976, 42f. Zum Wesen der Polis: Ehrenberg, Staat 107ff.; E. Meyer, Einführung in die antike Staatskunde, Darmstadt 1968, 68ff.
5 Ehrenberg, Staat 51f.
6 Ehrenberg, Staat 120ff.; vgl. auch M. Ostwald, Nomos and the Beginnings of the Athenian Democracy, Oxford 1969.
7 Zum Folgenden vgl. Chr. Meier, Entstehung des Begriffs Demokratie, Frankfurt a.M. 1970, 50ff.; ders., Entstehung 300ff.; J. Bordes, Politeia dans la pensée grecque jusqu'à Aristote, Paris 1982.
8 Vgl. Ehrenberg, Staat 53ff. Zur Entstehung der Verfassungstypologie vgl. J. Bleicken, Historia 28 (1979) 148ff.
9 F. Gschnitzer, Abhängige Orte im griechischen Altertum, München 1958.
10 Vgl. hierzu E. Meyer, Vom griechischen und römischen Staatsgedanken in: Eumusia, Festgabe f. E. Howald, Zürich 1947, 38ff. = Das Staatsdenken d. Römer, hrsg. von R. Klein, Darmstadt 1966, 73ff.
11 Vgl. V. Ehrenberg, Polis und Imperium 107f.
12 Vgl. F. Gschnitzer, Stammes- und Ortsgemeinden im alten Griechenland, WS 68 (1955) 120ff. = Gschnitzer, Staatskunde 271ff.
13 Vgl. A. Giovannini, Untersuchungen über die Natur und die Anfänge der bundesstaatlichen Sympolitie in Griechenland, Göttingen 1971, 14ff.
14 Vgl. Buck, Boeotia 107ff.

Kapitel I

1 Zur Einführung in dieses Problem vgl. A. Heubeck, Archaeologia Homerica III, Kap. X, Göttingen 1979, 23ff.
2 Strittige Fragen der Einwanderung behandeln die Beiträge in den Sammelbänden: Acta of the 2nd International Colloquium on Aegean Prehistory, Athen 1972; Bronze Age Migrations in the Aegean, ed. by R. A. Crossland – A. Birchell, London 1973. Weitere Literatur bei F. Schachermeyr, Die Ägäische Frühzeit I, Wien 1976, 242. Vgl. ferner J. T. Hooker, Mycenaean Greece, London u.a. 1976, 11ff.; E. J. Holmberg, Some Notes on the Immigration of Indo-Europeans into Greece during the Early Bronze Age, OAth 12 (1978) 1ff.; N. Platon, La civilisation égéenne. 1. Du néolithique au bronze récent, Paris 1981; M. I. Finley, Die frühe griechische Welt, München 1982, 27ff. Vermutungen über vorgriechische Bevölkerungen indo-europäischer Herkunft: M. B. Sakellariou, Peuples préhelléniques d'origine indo-européenne, Athen 1977. Spätansätze der Einwanderung der Griechen (um 1600 oder 1200) werden jetzt allgemein abgelehnt (dazu J. T. Hooker, Historia 25, 1976, 129ff.). –

Dialektfragen: E. Risch, Die griechischen Dialekte im 2. vorchristl. Jahrtausend, SMEA 20 (1979) 91ff.

3 Eine gedrängte Bestandsaufnahme dieser Funde: R. A. van Royen – B. H. Isaac, The Arrival of the Greeks, Amsterdam 1979.

4 O. T. P. K. Dickinson, The Origins of Mycenaean Civilisation, Göteborg 1977, 108. – Informativ zur allgemeinen Entwicklung ist das Kurzreferat von P. Warren, The Emergence of Mycenaean Palace Civilisation, in: J. Bintliff (ed.), Mycenaean Geography, Cambridge Univ. Library Press 1977, 68ff. Einen Gesamtüberblick über mykenische Siedlungen mit gutem Kartenmaterial bietet jetzt R. Hope Simpson, Mycenaean Greece, Park Ridge (N.J.) 1981.

5 So Heubeck, Schrift 32ff. Vgl. auch M. Marazzi, QUCC n.s. 9 (1981) 141ff. Andere Hypothesen: J. T. Hooker, The Origin of the Linear B Script, Supplem. Minos 8, Salamanca 1979; L. Godart, Le linéaire A et son environnement, SMEA 20 (1979) 27–42; J.-P. Olivier, L'origine de l'écriture linéaire B, ebd. 43–52. – Zu den mit Linear B beschrifteten Gefäßen vgl. die Zusammenstellungen bei Hiller-Panagl, Frühgriech. Texte 50ff.; Heubeck, a.O. 24ff. Dazu jetzt H. W. Catling, Excavations at the Menelaion, Sparta, 1973–76, AR 1977, 34. Ein neues Zeichen aus Hagios Stephanos (Lakonien): J.-P. Michaud, BCH 98 (1974) 613.

6 H. Pichler – W. Schiering, Der spätbronzezeitliche Ausbruch des Thera-Vulkans und seine Auswirkungen auf Kreta, AA 1980, 32.

7 Vgl. E. Hallager, The Mycenaean Palace at Knossos, Stockholm 1977, 89ff.; F. Schachermeyr, Die ägäische Frühzeit III, Wien 1979, 285ff.

8 Zum Folgenden vgl. Hiller-Panagl, Frühgriech. Texte 278ff.; Hooker, Mycenaean Greece 183ff.; Gschnitzer, Griech. Sozialgesch. 15ff.

9 Zur Kritik der hier wiedergegebenen communis opinio: J. T. Hooker, The Wanax in Linear B Texts, Kadmos 18 (1979) 100ff.

10 S. Deger-Jalkotzy, E-qe-ta. Zur Rolle des Gefolgschaftswesens in der Sozialstruktur mykenischer Reiche, Wien 1978.

11 F. Gschnitzer, Basileus, in: Festschrift L. C. Franz, Innsbruck 1965, 99ff. – Vgl. ferner: C. G. Thomas, From Wanax to Basileus, HAnt 6 (1978) 187ff.; P. Wathelet, Mycénien et grec d'Homère 3) anax et basileus dans la tradition formulaire de l'épopée grecque, ZAnt 29 (1979) 25ff.

12 Hiller-Panagl, Frühgriech. Texte 148. – Terminologische Probleme erörtert Y. Duhoux, Aspects du vocabulaire économique mycénien, Amsterdam 1976. Zur »Tempelwirtschaft« vgl. St. Hiller, Mykenische Heiligtümer: Das Zeugnis der Linear B-Texte, in: R. Hägg – N. Marinatos (ed.), Sanctuaries and Cults in the Aegean Bronze Age, Stockholm 1981, 95–125.

13 Übereinstimmungen mit der Wirtschaft mittelalterlicher Klöster und Güter konstruiert freilich J. S. Hutchinson, Mycenaean Kingdoms and Mediaeval Estates, Historia 26 (1977) 1ff. Treffend demgegenüber: C. Renfrew, The Emergence of Civilisation. The Cyclades and the Aegean in the Third Millennium B. C., London 1972, 366–370.

14 Vgl. Hiller-Panagl, Frühgriech. Texte 274; 317.

15 Gschnitzer, Griech. Sozialgesch. 24.

16 Zu pointiert C. G. Thomas, The Dorians and the Polis, Minos 16, 1975 (1977) 207ff., die bestimmte Polisinstitutionen aus den mykenischen Systemen abzuleiten sucht. Das Weiterwirken mykenischen Erbes im politisch-sozialen Bereich betont F. Gschnitzer, Vocabulaire et institutions: La continuité historique du deuxième au premier millénaire, in: Colloquium Mycenaeum. Actes du VIe Colloque intern. sur les textes mycéniens et égéens tenu à Chaumont sur Neuchâtel 1975 (1979) 109ff. Vgl. aber andererseits A. Morpurgo Davies, ebd. 87ff.

17 Dies schließt Ansiedlungen kleinerer Gruppen nicht aus. Dazu J. B. Rutter, AJA 79 (1975) 17ff.; ders., Late Helladic III C Pottery and Some Historical Implications, in: Symposion on the Dark Ages in Greece, New York 1977, 1ff.; S. Deger-Jalkotzy, Fremde Zuwanderer im spätmykenischen Griechenland, Wien 1977. Die Auswertung der Befunde bleibt freilich hypothetisch.

18 K. Kilian, Ausgrabungen in Tiryns 1977, AA 1979, 404; ders., Ausgrabungen in Tiryns 1978. 1979, AA 1981, 192 (Erdbeben auch in Mykene vermutet).

19 Zur Diskussion über den Niedergang der mykenischen Welt: Hooker, Mycenaean Greece 166ff.; P. Ålin, Mycenaean Decline – Some Problems and Thoughts, in: Greece and the Eastern Mediterranean in Ancient History and Prehistory. Stud. pres. to F. Schachermeyr, Berlin – New York 1977, 31ff.; P. A. L. Greenhalgh, How are the Mighty Fallen?, AClass 21 (1978) 1–38 (Dorische Wanderung als Ursache der Zerstörungen; vgl. dazu die ablehnenden Stellungnahmen von E. Ball, AClass 22, 1979, 131ff., und L. Baumbach, ebd. 23, 1980, 1ff.); Cartledge, Sparta 70ff.; J.C. van Leuven, Historia 29 (1980) 138ff.; K. Kilian, Jb. Akademie Heidelberg 1981, 76ff.; F. Schachermeyr, Die Levante im Zeitalter der Wanderungen, Wien 1982, 50 (»Seevölkersturm in seinem westlichen Angriffszweig«); vgl. dens., Griechenland im Zeitalter der Wanderungen, Wien 1980, 49 (»Seevölkersturm«) sowie 206ff. und passim mit ausgreifenden Hypothesen zum Auftreten von »Hirtenstämmen« und zu den Bevölkerungsbewegungen.

20 K. Kilian, Ausgrabungen in Tiryns 1976, AA 1978, 449ff. – Zur Situation in Messenien: W. A. McDonald – R. Hope Simpson, in: The Minnesota Messenia Expedition, Univ. of Minnesota Press 1972, 138; Lakonien: Cartledge, Sparta 60ff. Umfangreiches Material aus den verschiedensten Gebieten: Schachermeyr, Griechenland im Zeitalter der Wanderungen, passim.

21 V. R. d'A.Desborough, The Last Mycenaeans and their Successors, Oxford 1964, 113f.

22 Desborough, Dark Ages 98ff.; Snodgrass, Dark Age 363, 369.

23 Zum Folgenden vgl. den Überblick von R. Schmitt, Einführung in die griechischen Dialekte, Darmstadt 1977.

24 J. Chadwick, Who were the Dorians?, PP 31 (1976) 103ff., C. G. Thomas, A Dorian Invasion?, SMEA 19 (1978) 77ff., Hooker, Mycenaean Greece 179, ders., The Ancient Spartans, London-Toronto-Melbourne 1980, 41ff. = deutsche Ausg.: Sparta, Stuttgart 1982, 45ff. (hiernach im folgenden zitiert), betrachten die Dorier als frühere mykenische Unterschichten (s. auch Hooker, Klio 61, 1979, 353ff.). Dagegen mit Recht: Cartledge, Sparta 78ff. Vgl. ferner P. A. Wallace, The Motherland of the Dorians, in: Symposion on the Dark Ages in Greece, New York 1977, 51ff.; F. A. Winter, An Historically Derived Model for the Dorian Invasion, ebd. 60ff.; P. G. van Soesbergen, The Coming of the Dorians, Kadmos 20 (1981) 38ff.

25 Demgegenüber ist M. Sakellariou (REA 78/79, 1976/77, 11ff.) der Auffassung, daß vom Beginn des 1. Jahrtausends bis kurz vor Mitte des 8. Jahrhunderts in Attika und Euboia eine großräumige Konföderation vom Typ des Ethnos bestand. – Zum Problem der Phylen und ihrer Entstehung ist jetzt D. Roussel, Tribu et Cité, Paris 1976, heranzuziehen. Die Schlußfolgerungen von N. F. Jones, Tribal Organization in Dorian Greece, Diss. Berkeley 1975, 306ff. sind überholt. – Die Vermutungen von J. Sarkady, Gentilizische Formen in der frühen Polisorganisation Athens, ACD 14 (1978) 3ff., daß das ionisch-attische Phylensystem ursprünglich eine Einheit bildete, überzeugt nicht. B. C. Dietrich, The Origins of Greek Religion, Berlin – New York 1974, 248ff., führt die Phylen sogar auf mykenische Institutionen zurück.

26 Vgl. Tomlinson, Argos 51ff.; 64ff.; Kelly, Argos 19ff.

27 Vgl. C. Roebuck, Some Aspects of Urbanization in Corinth, Hesperia 41 (1972) 96ff.

28 Diese Möglichkeit zieht Roussel, Tribu 236, in Betracht.

29 Zur Überlieferung über die Herkunft der Boioter vgl. Buck, Boeotia 75ff.

30 D. R. Theocharis, AAA 1 (1968) 289ff.

31 Greek Federal States, Oxford 1968, 15f.

32 J. M. Cook, Old Smyrna, 1948–1951, BSA 53/54 (1958/59) 1ff.

33 Vgl. J. M. Cook, Greek Settlement in the Eastern Aegean and Asia Minor, CAH II 2 (^{3}1975) 782ff.

34 Snodgrass, Dark Age 386ff., der im übrigen die Auffassung vertritt (An historical Homeric Society?, JHS 94, 1974, 114ff.), daß die Epen keine bestimmte historische »Gesellschaft« widerspiegeln (s. auch A. Heubeck, Die homerische Frage, Darmstadt 1974, 176f.), während R. Drews, Argos and the Argives in the Iliad, CPh 74 (1979) 111ff., die Ursprünge der heroischen Tradition ins spätmykenische Thessalien zurückzuführen sucht. Demgegenüber ist zu beachten, daß die Epen zweifellos zeitbedingte Vorstellungen des 8. Jahrhunderts enthalten. Allzu realistisch sieht die »homerische Welt« freilich Havelock, Justice 55ff.; 87 (dazu A. W. H. Adkins, CPh 75, 1980, 256ff.). Vgl. ferner C. J. Emlyn-Jones, The Ionians and Hellenism. A Study of the Early Greek Inhabitants of Asia Minor, London – Boston 1980, 69; B. Quiller, The Dynamics of the Homeric Society, SO 56 (1981) 109ff.

35 Generell zu den Siedlungen in dieser Zeit: Desborough, Dark Ages 261ff. Ein großer Kultbau (Heroon) ist freilich kürzlich bei Lefkandi (Euboia) entdeckt worden: M. Popham – E. Touloupa – L. H. Sackett, Antiquity 56 (1982) 169ff.

36 Hierzu ausführlicher Ch. G. Starr, The Origins of Greek Civilization 1100–650 B.C., New York 1961, 129ff. und passim. Andere Akzente setzt demgegenüber J. Baechler, Les origines de la démocratie grecque, Arch. europ. sociol. 21 (1980) 223ff., der die Polisbildung als »aristocratisation du peuple« (269) versteht.

Kapitel II

1 A. M. Snodgrass, Archaeology and the Rise of the Greek State, Cambridge 1977, 10ff., ders., Archaic Greece. The Age of Experiment, London u.a. 1980, 22ff.

2 Grundlegend für das homerische Bild der Gemeinwesen ist immer noch W. Hoffmann, Die Polis bei Homer, in: Festschrift B. Snell, München 1956, 153ff. (abgedr. in: Gschnitzer, Staatskunde 123ff.). Vgl. ferner J. V. Luce, The Polis in Homer and Hesiod, PRIA 78 (1978) 1ff.; S. P. Scully, The Polis in Homer. A Definition and Interpretation, Diss. Brown Univ. Providence 1978. Zu den archäologischen Problemen der Polisbildung vgl. die oben Anm. 1 genannten Werke von Snodgrass.

3 Vgl. K. Latte, Der Rechtsgedanke im archaischen Griechentum, in: Berneker, Rechtsgeschichte 86 (Erstdruck: Antike u. Abendland 1946).

4 Die Probleme des Königtums in den »dunklen Jahrhunderten« und bei Homer sind in jüngster Zeit unter einer Reihe von Aspekten behandelt worden. Vgl. neben den oben Anm. 11 zu Kap. I genannten Arbeiten: Ch. G. Starr, The Decline of the Early Greek Kings, Historia 10 (1961) 129ff. = Starr, Essays on Ancient History, Leiden 1979, 134ff.; S. Deger, Herrschaftsformen bei Homer, Diss. Wien 1970; G. C. Vlachos, Les sociétés politiques homériques, Paris 1974, 87ff.; Ju. V. Andreev, Könige und Königsherrschaft in den Epen Homers, Klio 61 (1979) 361ff.; S. Deger-Jalkotzy, Homer und der Orient: Das Königtum des Priamos, WJA, N. F. 5 (1979) 25ff.; R. Mondi, Skeptouchoi Basileis, Arethusa 13 (1980) 203ff.; J. Cobet, König, Anführer, Herr; Monarch, Tyrann, in: Typenbegriffe 3, 11ff.

5 Daß die Dichter bereits »Massenszenen« kannten, zeigt F. Gschnitzer, Politische Leidenschaft im hom. Epos, in: Studien z. antiken Epos, hrsg. von H. Görgemanns u. E. A. Schmidt, Meisenheim 1976, 1ff. – Vielfach hypothetisch: Ju. V. Andreev, Die politischen Funktionen der Volksversammlung im homerischen Zeitalter, Klio 61 (1979) 385ff.

6 Zu den Machtkämpfen in Erythrai und Ephesos: Berve, Tyrannis I 96f.; 98f.

7 Die Bakchiaden waren sicherlich kein Gentilverband; vgl. Roussel, Tribu 54.

8 Vgl. Legon, Megara 55.

9 Vgl. Wörrle, Argos 76ff.

10 Berve, Tyrannis I 124ff.
11 Vgl. Meier, Entstehung 58.
12 Hierzu jetzt ausführlich (mit Diskussion der älteren Literatur) D. Hennig, Grundbesitz bei Homer und Hesiod, Chiron 10 (1980) 35ff.
13 Th. Pekáry, Die Wirtschaft der griech.-röm. Antike, Wiesbaden 1976, 19; Ch. G. Starr, Early Greece 123.
14 Kiechle, Lakonien u. Sparta 215f.
15 J. Pečírka, Die Landgüter der Milesier, JWG 1971/II, 55ff.
16 H. Strasburger, Der soziologische Aspekt der homerischen Epen, Gymnasium 60 (1953) 104ff.; ND in: H. Strasburger, Studien z. Alten Gesch. I, hrsg. von W. Schmitthenner u. R. Zoepffel, Hildesheim – New York 1982, 491ff.
17 So zuletzt wieder P. Spahn, Oikos und Polis, HZ 231 (1980) 539.
18 Vgl. Starr, Early Greece 55ff.; J. N. Coldstream, Geometric Greece, London 1977, 55ff. S. auch J. Boardman, Kolonien und Handel der Griechen, München 1981, passim. Generell zum Handel: Hopper, Handel, passim.
19 R. M. Cook, Die Bedeutung der bemalten Keramik für den griech. Handel, JDAI 74 (1959) 114ff. – Die Schätzung Starrs, Early Greece 104, daß im 6. Jahrhundert im gesamten athenischen Handwerk nur etwa 1000 Personen beschäftigt waren, erscheint allerdings zu niedrig. – Zur Entwicklung des Handwerks s. jetzt auch E. Kluwe, Die Rolle des Handwerks in der Polis, in: Produktivkräfte 289ff.
20 Die Diskussion über den »primitiven« oder »modernistischen« Charakter der antiken Wirtschaft (dazu Starr, a.a.O. 14ff.; 58f.; H. P. Kohns, GGA 230, 1978, 120ff.; Rez. von M. I. Finley, The Ancient Economy, London, ^{2}1975) ist durch den Ansatz Polanyis zur Klassifizierung »vorindustrieller« Gesellschaften und deren Einordnung in die jeweiligen sozialen Rahmenbedingungen neu belebt worden (vgl. S. C. Humphreys, Einl. zu K. Polanyi, Ökonomie und Gesellschaft, Frankfurt a.M. 1979). Polanyis These (Trade and Market in the Early Empires, New York – London 1957), daß Griechenland noch im 4. Jahrhundert in den Anfängen des Marktsystems steckte, ist freilich verfehlt (G. E. M. De Ste. Croix, EHR II 12, 1959–60, 511). Weiterführende Kritik: W. Nippel, Die Heimkehr der Argonauten aus der Südsee, Chiron 12 (1982) 1ff. – Daß um 600 Vasen geordert wurden, zeigt A. W. Johnston, G&R 21 (1974) 138ff.
21 Die hier übernommene Spätdatierung ist freilich umstritten; vgl. M. R.-Alföldi, Antike Numismatik I, Mainz 1978, 71ff.
22 Am Beispiel Aiginas hat dies Th. J. Figueira, Aegina and Athens in The Archaic and Classical Periods, Diss. Univ. of Pennsylvania 1977, 63ff., wahrscheinlich gemacht.
23 Dies ist ein wesentliches Ergebnis der eindringenden Untersuchungen von Roussel (Tribu) und Bourriot (Genos I–II).
24 Bourriot, Genos I 344ff.; Spahn, Mittelschicht (1977) 44.
25 Bourriot, Genos I 347ff., 522ff.; II 1188ff.; 1198ff.
26 Roussel, Tribu 49, Anm. 36.
27 Roussel, Tribu 52f.
28 Die These W. G. Forrests, Demokratie 48f., daß die gesamte Gesellschaft des 9. und 8. Jahrhunderts in solche »Oikos-Pyramiden« adliger Herren eingegliedert war, ist abzulehnen.
29 Vgl. H. Schaefer, Probleme der Alten Geschichte, Göttingen 1963, 377.
30 Auf die zuletzt skizzierten Aspekte hat Spahn, Mittelschicht (1977) 73f., mit Recht hingewiesen. Er verwendet allerdings generell noch den obsoleten Begriff der »Geschlechterpolis«, den auch A. Heuß weiterhin benutzt: Vom Anfang u. Ende ›archaischer‹ Politik bei den Griechen, in: Gnomosyne, Festschr. W. Marg, München 1981, 6f.
31 Vgl. W. Donlan, Changes and Shifts in the Meaning of Demos in the Literature of the Archaic Period, PP 25 (1970) 381ff., und die Materialsammlung von E. Ch. Welskopf, Die Bezeichnung laos, demos, homilos, plethys, ethnos in den

homerischen Epen, in: Typenbegriffe 3, 163ff. Zur Bezeichnung des »Volkes« ferner: H. van Effenterre, Laos, laoi et lawagetas, Kadmos 16 (1977) 36ff.

32 Die homerische Welt kennt durchaus schon die Verantwortung gegenüber einer größeren Gemeinschaft. Vgl. dazu P. A. L. Greenhalgh, Patriotism in the Homeric World, Historia 21 (1972), 528ff. – Zum Vergleich mit Kallinos: R. Leimbach, Kallinos und die Polis, Hermes 106 (1978) 265ff., und T. Krischer, ebd. 107 (1979) 385ff.

33 Allgemein zu solchen Spannungen: W. Donlan, The Tradition of Anti-Aristocratic Thought in Early Greek Poetry, Historia 22 (1973) 145ff.; P. W. Rose, Class Ambivalence in the Odyssey, ebd. 24 (1975) 129ff.

34 Inkonsequent ist in diesem Punkt Spahn, Mittelschicht 45f., der einerseits diesen Sachverhalt richtig darlegt, andererseits soziale Abhängigkeiten in den Phratrien erkennen will.

35 Grundlegend zu den betreffenden Wortbedeutungen: Gschnitzer, Terminologie II, 8ff.; 16ff.; 46ff.

36 Vgl. Gschnitzer, a.a.O. 12f. gegenüber M. I. Finley, Die Welt des Odysseus, Darmstadt 1968, 47, der die Scheidelinie zwischen Adel und »Gemeinen« ansetzt.

37 Dazu Lotze, MED 60ff.

38 Zum Folgenden Lotze, a.a.O. 4ff., und ders., Zu den Woikees von Gortyn, Klio 40 (1962) 32ff.; Gschnitzer, a.a.O. 75ff.

39 S. M. Burstein, Outpost of Hellenism: The Emergence of Heraclea on the Black Sea, Berkeley u.a. 1976.

40 Vgl. im einzelnen Bourriot, Genos I 460ff.; 595ff. Anders J. H. Oliver, Hesperia 49 (1980) 30ff.

41 Bourriot, Genos I 450ff.

42 Bourriot, Genos I 492ff.

43 Vgl. Roussel, Tribu 133ff.

44 Meiggs-Lewis Nr. 86; R. S. Stroud, Drakon's Law 5; M. Gagarin, Drakon XIV (jeweils mit Kommentaren); zum Folgenden auch Roussel, Tribu 144f.

45 Grundlegend zum System dieser Phylen ist jetzt Roussel, Tribu 193ff.

46 Roussel, a.a.O. 222f.

47 Hierzu ausführlich Bourriot, Genos II 1189ff.

48 Bourriot, a.a.O. 1234ff. Zu den weiteren im Text genannten Gene ebd. 1183f.; 1188ff.; 1251ff.; 1304ff.; 1362ff.

49 Roussel, Tribu 75.

50 Zur Einsetzung der Thesmotheten vgl. Rhodes, Commentary 102 gegenüber Ruschenbusch, Strafrecht 78, Anm. 237.

51 Dazu ausführlich F. Gschnitzer, Prytanis, RE Supplem. XIII (1973) 730ff.; ders., Prytanen, Innsbrucker Beitr. zur Kulturwiss. 18, 1974.

52 Vgl. Veligianni-Terzi Chrissoula, Damiurgen. Zur Entwicklung einer Magistratur, Diss. Heidelberg 1977. S. auch Wörrle, Argos 61ff.

53 Generell zu dieser Institution: G. Gottlieb, Timuchen. Ein Beitrag zum griechischen Staatsrecht, SB Heidelberg 1967, 3. Abh.

54 Die Überlieferung über die Funktion der Naukrarien ist freilich dürftig. Vgl. Rhodes, Commentary 151f.

55 Meiggs-Lewis Nr. 2; V. Ehrenberg, Eine frühe Quelle der Polisverfassung, in: Gschnitzer, Staatskunde 34 (zuerst erschienen CQ 37, 1943, 14–18).

56 Vgl. Wörrle, Argos 56ff.

57 Meiggs-Lewis Nr. 8.

58 Vgl. M. H. Hansen, How Did the Athenian Ecclesia Vote?, GRBS 18 (1977) 123ff.; J. P. Rhodes, Notes on Voting in Athens, ebd. 22 (1981) 125ff.; derselbe, Commentary 535.

59 Meiggs-Lewis Nr. 4.

60 Meiggs-Lewis Nr. 5 (mit der älteren Literatur). Vgl. jetzt S. Dušanić, Chiron 8 (1978) 55ff., der eine Fälschung annimmt.

61 Vgl. E. Wolf, Griechisches Rechtsdenken I, Frankfurt a.M. 1950, 75; H. J.

Wolff, Gewohnheitsrecht und Gesetzesrecht in der griechischen Rechtsauffassung, in: Berneker, Rechtsgeschichte 104ff.; Wolff, Vorgeschichte und Entstehung des Rechtsbegriffs im frühen Griechentum, in: Entstehung und Wandel rechtlicher Tradition, Hrsg. von W. Fikentscher u. a., Freiburg-München 1980, 564ff.

62 Die Interpretation der »Gerichtsszene« ist kontrovers; vgl. die abwägende Beurteilung der Deutungsmöglichkeiten durch MacDowell, Law 18ff. mit der älteren Literatur ebd. 262, Anm. 11. Ferner G. Thür, ZRG 87 (1970) 426ff.; D. Behrend, ebd. 88 (1971) 390ff.; M. Gagarin, CPh 68 (1973) 84f.; ders., Drakon 13ff.

63 So Wolf, a. a. O. (wie Anm. 61) 125; H. J. Wolff, Beiträge zur Rechtsgeschichte Altgriechenlands und des hellenistisch-römischen Ägypten, Weimar 1961, 50.

64 Zu den Zielvorstellungen Hesiods vgl. W.-L. Liebermann, Die Hälfte mehr als das Ganze, Hermes 109 (1981) 385ff. Generell: M. W. Dickie, Dike as a Moral Term in Homer and Hesiod, CPh 73 (1978) 91ff.; E. A. Havelock, Justice 193ff. Zur Bedeutung der Rechtsentwicklung für die Polisbildung vgl. jetzt auch P. Spahn, HZ 231 (1980) 543 mit Anm. 67.

65 Vgl. K. Latte, Der Rechtsgedanke im archaischen Griechentum, in: Berneker, Rechtsgeschichte 91. – Die Bedeutung der Schriftlichkeit für die Kodifizierung des Rechts betont C. G. Thomas, Literacy and the Codification of Law, SDHI 43 (1977) 455ff. E. Ruschenbusch, Die Polis und das Recht, Wissenschaftl. Jahrbuch der »Panteios«, Athen 1981, 317ff., weist freilich darauf hin, daß zahlreiche kleine Poleis, in denen die Zahl der Rechtsfälle zweifellos begrenzt war, kein kodifiziertes Recht besaßen.

66 Vgl. Stroud, Drakon's Law 38ff.; anders Gagarin, Drakon 96ff.

67 Einsetzung der Epheten durch Drakon: Pollux VIII 125. Vgl. aber MacDowell, Law 28.

68 Zum Problem vgl. E. Ruschenbusch, Phonos, Historia 9 (1960) 147ff.

69 Vgl. Gagarin, Drakon 168.

70 Vgl. Ruschenbusch, a. a. O. 152ff.

71 Vgl. z. B. P. A. L. Greenhalgh, Early Greek Warfare, Cambridge 1973, 70, Fig. 43. – Die Probleme der Hoplitenrüstung und der Entwicklung der Phalanx erörtern u. a.: Kiechle, Lakonien u. Sparta 266ff.; A. M. Snodgrass, The Hoplite Reform and History, JHS 85 (1965) 110ff.; ders., Arms and Armour of the Greeks, Ithaca N.Y. 1967, 48ff.; ders., Archaic Greece 100ff.; P. Cartledge, Hoplites and Heroes, JHS 97 (1977) 11ff.; J. Salmon, Political Hoplites?, ebd. 84ff. Wichtig zum Verständnis der homerischen Schlachtszenen ist J. Latacz, Kampfparänese, Kampfdarstellung und Kampfwirklichkeit in der Ilias, bei Kallinos und Tyrtaios, München 1977; vgl. auch O. Höckmann, Archaeologia Homerica I E 2 (1980) 315f.

72 Vgl. K.-W. Welwei, Die spartanische Phylenordnung im Spiegel der Großen Rhetra und des Tyrtaios, Gymnasium 86 (1979) 178ff.

73 Salmon, JHS 97, 92ff. bringt die Organisation der argivischen Phalanx mit König Pheidon in Verbindung (um und nach 675). Vgl. demgegenüber die radikale Skepsis K. H. Kinzls gegenüber der Tradition über Pheidon: Betrachtungen zur älteren Tyrannis, in: Kinzl, Tyrannis 298ff.; ders., AJAH 4 (1979) 23ff.

74 Vgl. D. Kienast, Die politische Emanzipation der Plebs und die Entwicklung des Heerwesens im frühen Rom, BJ 175 (1975) 99f.

75 Zu den Anfängen politischen Denkens: Chr. Meier, Autonom-prozessuale Zusammenhänge in der Vorgeschichte der griechischen Demokratie, in: Historische Prozesse, hrsg. von K.-G. Faber u. Chr. Meier, München 1978, 235ff.; ders., Entstehung 51ff.

76 Vgl. H. W. Pleket, The Archaic Tyrannis, Talanta 1 (1969) 23ff.; A. Ferrill, Herodotus on Tyranny, Historia 27 (1978) 388.

77 Berve, Tyrannis I 3f.; s. auch J. Cobet, König, Anführer, Herr; Monarch, Tyrann, in: Typenbegriffe 3, 49f.

78 Die Hoplitentaktik und das Staatswesen, Klio 22 (1929) 240ff.
79 The Greek Tyrants, London 1956, 31 ff.; 41 f.; 49.
80 Demokratie 112ff.
81 Tyrannis I 16.
82 JHS 97 (1977) 95.
83 Archaic Greece 112. G. Zörner, Kypselos u. Pheidon von Argos, Diss. Marburg 1971, 212, lehnt gleichfalls die »Hoplitenthese« ab.
84 The First Tyrants in Greece, Historia 21 (1972) 129ff. = Kinzl, Tyrannis 256ff.
85 Untersuchungen 18ff.
86 Zumeist wird die Nachricht bei Aristot. Pol. 1265b 12ff. freilich auf eine Privilegierung der Bakchiaden bezogen: zuletzt G. Bockisch, Klio 64 (1982) 62f.
87 Ausführlich zu Kypselos: Berve, Tyrannis I 15ff.; St. I. Oost, Cypselus the Bacchiad, CPh 67 (1972) 10ff.
88 Roussel, Tribu 253; vgl. R. S. Stroud, CSCA 1 (1968) 233ff.; N. F. Jones, The Civic Organization of Corinth, TAPhA 110 (1980) 161ff., betrachtet die neue Phylenordnung als Werk des Kypselos.
89 Zum Folgenden vgl. Berve, Tyrannis I 19ff.
90 Richtig hervorgehoben von Kinzl, AJAH 4 (1979) 28; Tyrannis 304f. Vgl. aber demgegenüber G. Bockisch, Klio 58 (1976) 527ff., und zuletzt A. Griffin, Sikyon, Oxford 1982, 51.
91 Vgl. Roussel, Tribu 250ff.
92 Vgl. St. I. Oost, The Megara of Theagenes and Theognis, CPh 68 (1973) 186ff.; Legon, Megara 93ff.
93 Zum Folgenden Berve, Tyrannis I 91ff., der allerdings die Begriffe Damos und Politai bei Alkaios auf die Oberschicht bezieht. Unsicher in dieser Frage: V. Boruhovič, Klio 83 (1981), 249ff.
94 J. Labarbe, Un putsch dans la Grèce antique: Polycrate et ses frères à la conquête du pouvoir, AncSoc 5 (1974) 21ff.
95 Vgl. Berve, Tyrannis I 128.
96 Vgl. Berve, a.a.O. 57f.
97 Vgl. Ehrenberg, Polis und Imperium 128f.

Kapitel III 1 (Sparta)

1 Vgl. Kiechle, Lakonien u. Sparta 55ff.; 98.
2 Vgl. Kiechle, a.a.O. 106f.; 254; Toynbee, Problems 195ff. Cartledge, Sparta 97, datiert dagegen die Entstehung der Helotie ins 10. Jahrhundert.
3 Kiechle, a.a.O. 208ff.
4 Bei Athenaios IV 141 (= F. Wehrli, Die Schule des Aristoteles. Texte und Kommentar, 1, Dikaiarchos, ^{2}1967, Fr. 72).
5 Zum Problem des Gemeindelandes Kiechle, a.a.O. 204ff.
6 Hierzu ausführlich D. Lotze, Zu einigen Aspekten des spartanischen Agrarsystems, JWG 1971/II, 63ff.; ferner Cartledge, Sparta 170ff. Die angegebene Getreidemenge ist auf über 35 Doppelzentner zu veranschlagen.
7 Kiechle, Messenische Studien 56ff.
8 Kiechle, Lakonien u. Sparta 218.
9 Kiechle, a.a.O. 184; 216.
10 Zum Folgenden Kiechle, Messenische Studien 56ff.; 65ff.; 131.
11 Kiechle, Lakonien u. Sparta 215ff.
12 Zum Lykurg-Problem vgl. u.a. Toynbee, Problems 221ff.; Oliva, Sparta 63ff.; Hooker, Sparta 149ff.
13 Die Bedeutung des Adels in Sparta erläutert u.a. Kiechle, Eunomia und Oligarchie, in: XIIe Congrès Intern. des Sciences Historiques. I. Grands Thèmes, Wien 1965, 279ff.
14 Vgl. jetzt P. A. Cartledge, The Peculiar Position of Sparta in the Development of the Greek City-State, PRIA 80 (1980) 91ff.

15 Zum Folgenden vgl. Kiechle, Lakonien und Sparta 244ff.
16 Kiechle, a.a.O. 246.
17 Die Überlieferung hierzu ist freilich problematisch; vgl. Oliva, Sparta 139ff.; Cartledge, Sparta 153f.
18 Vgl. zuletzt Cartledge, a.a.O. 137.
19 Bengtson, Staatsverträge II Nr. 112.
20 Zum Gebiet Spartas vgl. im einzelnen Toynbee, Problems 189ff.
21 Ch. G. Starr, Historia 14 (1965) 266 = ders., Essays on Greek History (1979) 153, bestreitet hier allerdings einen Zusammenhang. Zur Diskussion über das Problem vgl. u.a. Ehrenberg, Sparta, RE III 2 A (1929) 1381; Kiechle, Lakonien u. Sparta 247ff.; Oliva, Sparta 132ff.; A. J. Holladay, Spartan Austerity, CQ 71 (1977) 111ff.; Cartledge, Sparta 154ff. Zahlreiche Illustrationen: L. F. Fitzhardinge, The Spartans, London 1980.
22 Vgl. Holladay, CQ 71, 118; 124.
23 Vgl. Holladay, a.a.O. 121ff.
24 Diese Implikationen des Systems erläutert K. Bringmann, Die Große Rhetra und die Entstehung des spartanischen Kosmos, Historia 24 (1975) 534.
25 Zu den Problemen der Bürgerzahl: Toynbee, Problems 396ff.; Cartledge, Sparta 307. Die Zeugnisse für »Menschenmangel« (= Bürgermangel) hat de Ste. Croix, Origins 331f., zusammengestellt. Zum spartanischen Heer bei Mantineia (418): Welwei, Unfreie I 138f.
26 Vgl. D. Lotze, Mothakes, Historia 11 (1962) 427ff.; Welwei, Unfreie I 131ff. Cartledge, Sparta 314ff.; z.T. anders: Hooker, Sparta 137.
27 Vgl. Welwei, Unfreie II 151ff.; Cartledge, a.a.O. 312ff. Zu Kinadon s. auch E. David, The Conspiracy of Cinadon, Athenaeum 57 (1979) 239ff.
28 Ob die betr. Bestimmungen erst nach der Schlacht bei Leuktra getroffen wurden (G. Marasco, AC 49, 1980, 131ff.), bleibt zweifelhaft. Cartledge, a.a.O. 167f. bestreitet die Echtheit des »Gesetzes«.
29 Vgl. Lotze, JWG 1971/II, 74ff.
30 Problems 193.
31 Zur Rechtsstellung der Heloten: Lotze, MED 26ff.; ders., Eirene 6 (1967) 5ff.; ders., in: Produktivkräfte 305ff.; Toynbee, Problems 195ff.; Oliva, Sparta 38ff.; Cartledge, Sparta 164ff.
32 Lotze, MED 40ff.
33 Welwei, Unfreie I 115f.
34 Welwei, Unfreie I 113 mit Anm. 29; II 157.
35 Lotze, MED 35.
36 Kriegsdienste der Heloten bzw. Neodamoden: Welwei, Unfreie I 120ff. Zur Institution der Neodamoden: Ehrenberg, Neodamodeis, RE XVI 2 (1935) 2396ff.; Oliva, Sparta 166ff.; T. Alfieri-Tonini, RIL 109 (1975) 305ff.
37 Busolt-Swoboda, Staatskunde II 654. Zur Einheit des Gemeinwesens: Gschnitzer, Abhängige Orte 61ff.; ferner Bölte, Sparta, RE III 2 A (1929) 1274f.; 1278f.
38 Zur Stellung der Perioikengemeinden u.a.: Toynbee, Problems 204ff.; Oliva, Sparta 55ff.; Cartledge, Sparta 178ff. Wirtschaftliche Aspekte der Perioikie: R. T. Ridley, The Economic Activities of the Perioikoi, Mnemosyne 27 (1974) 281–292 (dazu G. Berthiaume, ebd. 29, 1976, 360ff.).
39 Vgl. Cartledge, Sparta 179, der im übrigen die Nachricht bei Isokr. Panath. 181 bezweifelt.
40 Zum Folgenden Kiechle, Lakonien u. Sparta 95ff.; 127ff.; 131ff.; s. auch Toynbee, Problems 207ff.
41 Toynbee, a.a.O. 209ff.; Cartledge, Sparta 185.
42 De Ste. Croix, Origins 346f., weist freilich darauf hin, daß die spartanische Volksversammlung in den Quellen nicht als Apella, sondern als Ekklesia bezeichnet wird.
43 Die Datierung der Großen Rhetra ist freilich umstritten. Zur Begründung meines Vorschlages: Gymnasium 86 (1979) 178ff., ebd. 88 (1981) 22f.

44 Busolt-Swoboda, Staatskunde II 693.

45 De Ste. Croix, Origins 136, bewertet m.E. in seiner Polemik gegen A. Andrewes (The Government of Classical Sparta, in: Studies Ehrenberg 1ff.) die Bedeutung des Damos bei der Beschlußfassung zu gering. Vgl. demgegenüber W. E. Thompson, Observations on Spartan Politics, RSA 3 (1973) 47ff.; Lewis, Sparta and Persia 36ff.

46 Lewis, a.a.O. 37ff.

47 Zu beachten ist, daß unsere Quellen von rein internen Versammlungen (ohne fremde Gesandte) kaum nähere Einzelheiten erfahren konnten. Vgl. D. Lotze, Gnomon 52 (1980) 177.

48 Kahrstedt, Staatsrecht I 131f.

49 Hierzu ausführlich: P. Carlier, La vie politique à Sparte sous le règne de Cléomène Ier, Ktema 2 (1977) 65ff. Die starke Position der spartanischen Könige wird generell hervorgehoben von P. Cloché, Sur le rôle des rois de Sparte, LEC 17 (1949) 113–138; 343–381; de Ste. Croix, Origins 138; C. G. Thomas, On the Role of the Spartan Kings, Historia 23 (1974) 257ff.; einschränkend demgegenüber: Lewis, Sparta and Persia 43ff.

50 Zweifel an diesem Privileg äußert mit Recht D. H. Kelly, Antichthon 12 (1978) 11.

51 Wickert, Peloponnesischer Bund 22f.

52 Die betr. Fälle sind zusammengestellt von de Ste. Croix, Origins 350ff.

53 Persönlichkeit und Sturz des Pausanias sind in jüngster Zeit in einer Reihe von Untersuchungen behandelt worden. Vgl. zuletzt F. Bourriot, Pausanias, fils de Cleombrotos, vainqueur de Platées, IH 44 (1982) 1ff. mit der früheren Literatur.

54 Vgl. de Ste. Croix, Origins 143ff.; Ch. D. Hamilton, Sparta's Bitter Victories, Ithaca-London 1979, 78ff., dessen »Dreiparteienschema« freilich nicht überzeugt; J.-F. Bommelaer, Lysandre de Sparte, Paris 1981, 160ff.

55 In manchen Punkten zu positiv urteilt G. L. Cawkwell, Agesilaus and Sparta, CQ 70 (1976) 62ff. Vgl. demgegenüber Cartledge, Sparta 303, und bereits K. J. Beloch, Griech. Geschichte III 1 (^{2}1922) 109.

56 Die spartanische Nauarchie behandelt R. Sealey, Klio 58 (1976) 335ff.

57 Vgl. vor allem de Ste. Croix, Origins 147ff.

58 Andrewes, Studies Ehrenberg 13f.

59 Unzutreffend ist die These P. A. Rahes, The Selection of Ephors at Sparta, Historia 29 (1980) 385ff., daß eine »Auslosung aus Vorgewählten« stattfand. Vgl. P. J. Rhodes, Historia 30 (1981) 498ff.

60 Staatsrecht I 237.

61 H. D. Westlake, Reelection to the Ephorate?, GRBS 17 (1976) 343ff.

62 Vgl. Xen. Hell. V 4, 20–33 zum Freispruch des Sphodrias. Zu den verschiedenen Prozessen vgl. de Ste. Croix, Origins 132ff.

63 Bengtson, Staatsverträge II 112; vgl. Wickert, Peloponnesischer Bund 12; de Ste. Croix, Origins 97.

64 Wickert, a.a.O. 84. Eine informative Darstellung dieser Symmachie bietet de Ste. Croix, a.a.O. 101ff. mit den Appendices 333–342.

65 Hierzu im einzelnen F. Gschnitzer, Ein neuer spartanischer Staatsvertrag und die Verfassung des Peloponnesischen Bundes, Meisenheim 1978.

66 Vgl. Wickert, a.a.O. 26ff.; de Ste. Croix, a.a.O. 116.

67 De Ste. Croix, a.a.O. 113.

68 Vgl. de Ste. Croix, a.a.O. 115ff.

69 Busolt-Swoboda, Staatskunde II 1335.

70 Hierzu gehörten (mit Unterbrechungen) auch Aigina und Megara. Zu Aigina vgl. jetzt Th. J. Figueira, CPh 76 (1981) 1ff. Generell zur Zusammensetzung des Bundes vgl. de Ste. Croix, a.a.O. 123f. und 333–338, der freilich auch Boioter, Phoker und Lokrer hinzurechnet.

71 Zum Folgenden vgl. Wickert, Peloponnesischer Bund 67f.

72 S. Perlman, The Causes and the Outbreak of the Corinthian War, CQ 58 (1964) 74f.; Hamilton (wie oben Anm. 54) 109f.; 119f.

73 Einen Überblick über die spartanische Politik dieser Jahre gibt D. G. Rice, Historia 23 (1974) 164ff.; s. auch R. J. Seager, Athenaeum 52 (1974) 36ff.; R. K. Sinclair, Chiron 8 (1978) 29ff.; G. L. Cawkwell, CQ 75 (1981) 69ff.

74 Bengtson, Staatsverträge II 291; 274.

Kapitel III 2 (Athen)

1 Die Herabdatierung des Putsches (597/96 oder 596/95) durch E. Lévy, Historia 27 (1978) 513ff., ist abzulehnen.

2 Die Bedeutung der Adelsrivalitäten betonen u.a. J. R. Ellis – G. R. Stanton, Phoenix 22 (1968) 95ff., die allerdings die Gruppierungen unzutreffend als »clans« bezeichnen.

3 Zum »Zugriffsrecht« des Gläubigers vgl. Ruschenbusch, Strafrecht 43 und Historia 21 (1972) 755.

4 Einen Überblick über das vieldiskutierte Problem der Hektemoroi gibt Rhodes, Commentary 90ff., dessen These (im Anschluß an Forrest, Demokratie 147ff.), daß diese Institution auf einem älteren Hörigkeitsverhältnis beruht, freilich nicht überzeugt. Verfehlt erscheint auch W. Beringers Versuch (Historia 31, 1982, 31), Verbindungslinien zu den »homerischen« Dmoes und Oikees zu ziehen.

5 Hierzu und zum Folgenden Ruschenbusch, Strafrecht 40ff.; 44, Anm. 137.

6 Ruschenbusch, Solonos Nomoi F 69 a-c und F 70.

7 Die wichtigste Literatur hierzu nennt Rhodes, Commentary 165ff. Grundlegend für das Maßsystem ist jetzt H. Büsing, Metrologische Beiträge, JDAI 97 (1982) 1ff.

8 Vgl. Th. S. Noonan, AJPh 94 (1973) 231ff., E. F. Bloedow, AC 44 (1975) 19ff.

9 R. S. Stroud, The Axones and Kyrbeis of Drakon und Solon, Univ. California Public. Class. Studies 19 (1979) 45ff.

10 Aristot. Ath. Pol. 9, 1; MacDowell, Law 53f. Z.T. mit anderer Akzentuierung: Ruschenbusch, Strafrecht 47ff.; Harrison, Law II 77; Rhodes, Commentary 159f.

11 Zum »Stasisgesetz« vgl. etwa Spahn, Mittelschicht 153f.; B. Manville, TAPhA 110 (1980) 213ff.; Rhodes, Commentary 157f.

12 Ruschenbusch, Historia 7 (1958) 398ff.; ders., Innenpolitik 5.

13 D. Whitehead, The Archaic Athenian Zeugitai, CQ 75 (1981) 282ff.

14 So H. Bengtson, Griechische Geschichte, München [5]1977, 124.

15 J. H. Day – M. H. Chambers, Aristotle's History of Athenian Democracy, Berkeley – Los Angeles 1962, 80.

16 Spahn, Mittelschicht 146f., der freilich unzutreffend wieder den Begriff der »Geschlechterstadt« verwendet.

17 Zur Einführung in dieses umstrittene Problem vgl. R. Sealey, Ephialtes, Eisangelia, and the Council, in: Class. Contributions 125ff. S. auch die Kontroverse zwischen P. J. Rhodes, JHS 99 (1979) 103ff. und M. H. Hansen, ebd. 100 (1980) 89ff.

18 Argumente für die Existenz des Rates der 400: De Laix, Probouleusis 13ff.; Rhodes, Athenian Boule 208f.; ders., Commentary 153f.

19 Zur Einführung in das Problem der Ephesis vgl. MacDowell, Law 29ff. Die Identität von Ekklesia und Heliaia vertritt u.a. Rhodes, Athenian Boule 167f. und JHS 99 (1979) 104. Anders Hansen, JHS 100 (1980) 91.

20 D. Kienast, Die innenpolitische Entwicklung Athens im 6. Jh. und die Reformen von 508, HZ 200 (1965) 267. Der Rekonstruktionsversuch von Ph. B. Manville, The Evolution of Athenian Citizenship, Diss. Yale Univ. 1979, 120, erübrigt sich.

21 Hierzu ausführlich R. J. Hopper, ›Plain‹, ›Shore‹, and ›Hill‹ in Early Athens, BSA 56 (1961) 189ff.

22 Die Parteiungen behandeln u.a. E. Kluwe, Klio 54 (1972) 101ff., und J. Holladay, The Followers of Peisistratus, G&R 24 (1977) 40ff.

23 Ausführlich zur Herrschaft des Peisistratos: Berve, Tyrannis I 47ff. Zur Chrono-

logie vgl. Rhodes, Phoenix 30 (1976) 219ff. und Commentary 191ff. – J. H. Schreiner, SO 56 (1981) 13ff., nimmt unzutreffend nur *ein* Exil des Peisistratos an.

24 Die zuletzt genannten Aspekte sind überzeugend dargestellt von F. Kolb, Die Bau-, Religions- und Kulturpolitik der Peisistratiden, JDAI 92 (1977) 99ff.

25 Demgegenüber nimmt Siewert (Trittyen 165) an, daß die Reformen seit 510 vorbereitet wurden. Im einzelnen ist die Datierung umstritten. Vgl. dazu etwa D. J. McCargar, Historia 25 (1976) 385ff.; A. Andrewes, CQ 71 (1977) 246f.; Rhodes, Commentary 249.

26 J. S. Traill, The Political Organization of Attica, Princeton 1975.

27 Vgl. Roussel, Tribu 278ff.; Spahn, Mittelschicht 165ff.; Meier, Entstehung 131f.

28 C. W. J. Eliot, Coastal Demes of Attica, Toronto 1962, 141ff.

29 Siewert, Trittyen, passim (Forschungsbericht ebd. 3ff.); vgl. W. E. Thompson, Historia 15 (1966) 1ff. und Mnemosyne 22 (1969) 137ff.; J. S. Traill, Hesperia 47 (1978) 97ff.; 109. – Bereits H. van Effenterre, REG 89 (1976) 1ff., hat die Bedeutung der Heeresreform hervorgehoben.

30 Ausführlicher hierzu Meier, Entstehung 129ff.

31 Vgl. Rhodes, Athenian Boule 17ff.

32 Meiggs-Lewis S.42; R. Thomsen, The Origin of Ostracism, 1972, 142.

33 J. J. Keaney – A. E. Raubitschek, AJPh 93 (1972) 87f. Die bisherige Diskussion hierüber erörtert G. A. Lehmann, Der Ostrakismos-Entscheid in Athen: Von Kleisthenes zur Ära des Themistokles, ZPE 41 (1981) 85ff., der die betr. Notiz für glaubwürdig hält.

34 Vgl. Seibert, Flüchtlinge 33f.

35 Die hier skizzierten Thesen einer angeblichen Zerstörung lokaler Abhängigkeiten sind freilich bis in die jüngste Zeit immer wieder vertreten worden. Vgl. etwa J. Martin, Von Kleisthenes zu Ephialtes, Chiron 4 (1974) 8; 12ff.; Ruschenbusch, Innenpolitik 52f.; E. Kluwe, Klio 63 (1981), 242f. Richtig demgegenüber in wesentlichen Punkten Roussel, Tribu 272ff.

36 E. Ruschenbusch, Historia 24 (1975) 113; Rhodes, GRBS 22 (1981) 129; ders., Commentary 264 zu Ath. Pol. 22,2. Anders Ch. W. Fornara, The Athenian Board of Generals from 501 to 404, Wiesbaden 1971, 1–10.

37 Allerdings bleibt hier infolge der dürftigen Überlieferung vieles unklar. Vgl. J. Holladay, Medism in Athens, 508–480 B. C., G&R 25 (1978) 180ff.; D. Lateiner, The Failure of the Ionian Revolt, Historia 31 (1982) 140f.

38 Die betr. Angaben Thuk. I 93,3 sind wohl auf das (freilich umstrittene) Archontat des Themistokles zu beziehen. Wahrscheinlich wurde aber 493/92 wenig vollendet. Vgl. F. J. Frost, Plutarch's Themistocles, Princeton 1980, 75 und 176f., der allerdings im Anschluß an E. Badian, Antichthon 5 (1971) 9–17, das Archontat in jener Zeit als eine Art Sprungbrett für junge Politiker betrachtet. Vgl. demgegenüber D. H. Kelly, Antichthon 12 (1978) 1ff.

39 Vgl. Seibert, Flüchtlinge 34f.

40 Badian, Antichthon 5, 17ff.; Ruschenbusch, Innenpolitik 49f.; Rhodes, Commentary 273f.

41 Historia 24 (1975) 112ff.

42 P. J. Bicknell, Studies in Athenian Politics and Genealogy, Wiesbaden 1972, 101ff.; vgl. M. Piérart, BCH 98 (1974) 127.

43 F. J. Frost, Themistocles' Place in Athenian Politics, CSCA 1 (1968) 105ff.; Ruschenbusch, Innenpolitik 3ff.

44 Vgl. zuletzt Quinn, Athens 6f.

45 K. Raaflaub, Beute, Vergeltung, Freiheit?, Chiron 9 (1979) 9ff., betont mit Recht das Prinzip der »offensiven Verteidigung«.

46 Vgl. H. D. Meyer, Historia 12 (1963) 437; F. Kiechle, HZ 204 (1967) 270; Schuller, Seebund 143. Zur Diskussion über die umstrittene Eidesformel (Aristot. Ath. Pol. 23,5) vgl. ferner de Ste. Croix, Origins 298ff.; A. Giovannini – G. Gottlieb, Thukydides und die Anfänge der athenischen Arche, SB Heidel-

berg 1980, 7. Abh., identifizieren unzutreffend den Seebund mit dem Hellenenbund von 481.

47 Im Seebund bestand schwerlich eine Art »Zweikammersystem« (de Ste. Croix, Origins 303ff.). Vgl. Meiggs, Athenian Empire 460ff.; Schuller, Seebund 147, Anm. 46; Ph. Culham, AJAH 3 (1978) 27ff.

48 ATL III 236ff. Vgl. demgegenüber M. Chambers, CPh 53 (1958) 26ff.; Meiggs, Athenian Empire 63f.: J. D. Smart, Phoenix 31 (1977) 248; M. I. Finley, Athenian Empire, in: Finley, Economy and Society 48f.

49 Vgl. Thuk; I 99,3; Plut. Kim. 11. Dazu Kiechle, HZ 204 (1967) 278f.

50 Vgl. Kiechle a.a.O. 296; 304 (und ebd. 292ff. zur Stellung des Areopags in jener Zeit).

51 Anders Rhodes, Commentary 313f., der die betr. Angaben auf Anklagen gegen ehemalige Archonten bezieht, die Mitglieder des Areopags geworden waren.

52 R. Sealey, Ephialtes, in: ders., Essays in Greek Politics, New York 1967, 42ff.; J. Martin, Chiron 4 (1974) 32.

53 Dazu jetzt D. M. Lewis, The Origins of the First Peloponnesian War, in: Classical Contributions 76.

54 Vgl. R. W. Wallace, GRBS 15 (1974) 264f., der allerdings z.T. Begriffe verwendet (»strategoi on the left« usw.), die hier absurd sind.

55 Ph. Harding, In Search of a Polypragmatist, in: Class. Contributions 46f.

56 M. H. Hansen, How Many Athenians Attended the Ecclesia?, GRBS 17 (1976) 115ff.

57 Hierzu und zum Folgenden Hansen, How Did the Athenian Ecclesia Vote? GRBS 18 (1977) 123ff.; s. auch P. J. Rhodes, ebd. 22 (1981) 125ff.

58 Zur Praxis in der 2. Hälfte des 4. Jahrhunderts vgl. Rhodes, Commentary 521f. gegenüber Hansen, GRBS 18 (1977) 43ff. und ebd. 20 (1979) 149ff.

59 Die Einzelheiten sind kontrovers. Vgl. Hansen, Eisangelia 51ff.; Rhodes, Commentary 525; Sealey, in: Class. Contributions 126–131.

60 Zum Ablauf der Volksversammlung: Busolt-Swoboda, Staatskunde II 992ff.; De Laix, Probouleusis 180ff.

61 In der Regel dauerten die Volksversammlungen offenbar nicht übermäßig lange: Hansen, CPh 74 (1979) 43ff.

62 H. J. Wolff, »Normenkontrolle« und Gesetzesbegriff in der attischen Demokratie, SB Heidelberg 1970, 2. Abh.

63 Zu den skizzierten Problemen vgl. im einzelnen: M. H. Hansen, The People's Court, 1974; ders., GRBS 19 (1978) 127ff.; ders., ebd. 315ff.; ders., ebd. 20 (1979) 27ff. Hansen betont freilich zu stark die Position der Gerichtshöfe; vgl. Rhodes, CJ 75 (1979/80) 305f. und Commentary 489 (zu Ath. Pol. 41,2).

64 Vgl. Harrison, Law II 4f.; MacDowell, Law 32f.

65 Vgl. Harrison, Law II 187; MacDowell, Law 124.

66 H. J. Wolff, Gewohnheitsrecht und Gesetzesrecht in der griechischen Rechtsauffassung, in: Berneker, Rechtsgeschichte 115. Zur Problematik der Rechtsprechung durch die Gerichte vgl. demgegenüber E. Ruschenbusch, Historia 6 (1957) 257ff. = Berneker, a.a.O. 350ff.

67 Vgl. MacDowell, Law 57ff.

68 Vgl. Rhodes, JHS 99 (1979) 113f.

69 Dazu jetzt M. Gagarin, The Prosecution of Homicide in Athens, GRBS 20 (1979) 301ff.

70 Hansen, GRBS 20 (1979) 243ff.

71 Aristot. Ath. Pol. 62,2. Dazu Rhodes, Athenian Boule 13; dieses Standardwerk zum athenischen Rat ist auch für die weiteren hier behandelten Probleme im einzelnen heranzuziehen.

72 E. Ruschenbusch, ZPE 35 (1979), 177ff.

73 F. S. Borowski, Dokimasia, Diss. Univ. of Cincinnati 1976, 72f.

74 Meiggs-Lewis Nr. 69 (= IG I^3 71).

75 ATL II, Liste 25; F. A. Lepper, JHS 82 (1962) 33f.

76 Rhodes, Athenian Boule 214.

77 Vgl. W. K. Pritchett, Historia 26 (1977) 295ff.
78 Vgl. Ruschenbusch, Innenpolitik 66ff.
79 Zum athenischen Ämterwesen generell: Busolt-Swoboda, Staatskunde II 1054ff.; 1081ff.; C. Hignett, A History of the Athenian Constitution, Oxford, 1952, 221ff.; Harrison, Law II 4ff. – Nach Aristot. Ath. Pol. 24,3 gab es in Athen 700 »Beamte«. Nach den Untersuchungen Hansens (GRBS 21, 1980, 151ff.) könnte dies für die Demokratie im 5. Jh. in etwa zutreffen (ohne die lokalen Funktionsträger in den Demen, die nicht als Archai – »Magistrate« – galten). Falsch ist demgegenüber die weitere Angabe bei Aristoteles, daß es zudem noch 700 Außenbeamte gab (J. M. Balcer, Historia 25, 1976, 287).
80 Hierzu Schuller, Seebund 39ff.; Balcer, Historia 25, 257ff.; ders., AJPh 98 (1977) 252ff.
81 Bei Aristot. Ath. Pol. 62,2 wird ein »Verpflegungsgeld« für die neun Archonten (4 Obolen pro Tag) und einige andere Funktionsträger genannt. Die Liste ist vermutlich unvollständig; vgl. V. Gabrielsen, Remuneration of Officials in Fourth Century B. C. Athens, Odense 1981, 57ff.; Rhodes, Commentary 695. M. H. Hansen, SO 54 (1979) 5–22 und CM 32 (1980) 105–122, bestreitet demgegenüber, daß im 4. Jh. generell ein Misthos an Beamte gezahlt wurde, und differenziert hiervon das bei Aristoteles genannte Verpflegungsgeld und unregelmäßige Einkünfte bestimmter Magistrate aus Sporteln und anderen Quellen.
82 Vgl. M. I. Finley, Athenian Demagogues, in: ders., Studies in Ancient Society, London-Boston 1974, 1ff.; s. auch Connor, New Politicians 116f. – Generell zur Isegoria: K. Raaflaub, Des freien Bürgers Recht der freien Rede, in: Studien zur antiken Sozialgeschichte, Festschr. F. Vittinghoff, Köln–Wien 1980, 7ff.
83 M. Lossau, Demagogos, in: P. Steinmetz (Hrsg.), Politeia und Res publica, Wiesbaden 1969, 83ff.
84 Übersetzung nach G. P. Landmann.
85 Vgl. den Überblick von R. Klein, Die innenpolitische Gegnerschaft gegen Perikles, in: G. Wirth (Hrsg.), Perikles und seine Zeit, Darmstadt 1979, 494ff.
86 Meiggs-Lewis Nr. 49 (= IG I³ 46); vgl. Schuller, Seebund 186f.
87 Vgl. Nippel, Mischverfassungstheorie 68.
88 Vgl. R. Seager, Elitism and Democracy in Classical Athens, in: F. C. Jaher (ed.), The Rich, the Well Born, and the Powerful, Urbana u.a. 1973, 7ff.; Meier, Entstehung 256.
89 Zu den umstrittenen Datierungsfragen vgl. den Überblick bei E. Bayer – J. Heideking, Die Chronologie des Perikleischen Zeitalters, Darmstadt 1975, 130ff.
90 Meiggs-Lewis Nr. 40 (= IG I³ 14).
91 Bengtson, Staatsverträge II 151 (= IG I³ 21). Vgl. Schuller, Seebund 42; Balcer, Historia 25 (1976) 273f. Die Datierung des Milet-Dekrets ist freilich problematisch. Vgl. zuletzt Meister, Kalliasfrieden 119, Anm. 332, der im Anschluß an H.B. Mattingly das Jahr 426/25 annimmt. Die Hochdatierung erscheint indes zutreffender; vgl. etwa Gehrke, Historia 29 (1980) 19, Anm. 9. – Meisters Buch konnte hier nur noch in den Anmerkungen berücksichtigt werden.
92 Der sog. Kalliasfrieden gehört zu den umstrittensten Problemen des 5. Jahrhunderts. Gegen die Geschichtlichkeit des Friedens zuletzt Meister, Kalliasfrieden passim. Neue Großoffensiven gegen Persien haben indes fortan nicht mehr stattgefunden.
93 Authentizität und Datierung des sog. Kongreß-Dekrets (Plut. Per. 17) sind gleichfalls umstritten. Eine Einordnung der Ausführungen Plutarchs in die Zeit nach dem Kalliasfrieden erscheint jedenfalls plausibel.
94 G. A. Lehmann, HZ 226 (1978) 669; vgl. jetzt B. Fehr, Zur religionspolitischen Funktion der Athena Parthenos im Rahmen des Delisch-Attischen Seebundes, Hephaistos 1 (1979) 71ff.; ebd. 2 (1980) 113ff.

95 Derartige Zusammenhänge betont freilich Schuller, Seebund 178ff.
96 Meiggs-Lewis Nr. 47 (= IG I³ 37).
97 Schuller, Seebund 50; Balcer, Chalkis 115ff.
98 Münz-Dekret: Meiggs-Lewis Nr. 45; Kleinias-Dekret: ebd. Nr. 46 (= IG I³ 34). Der vor allem von Mattingly sowie auch von Erxleben, Ruschenbusch und Lehmann vertretenen Herabdatierung dieser Volksbeschlüsse schließt sich jetzt auch Meister, Kalliasfrieden 109ff. an (mit ausführlichen Literaturangaben S. 110, Anm. 298–302, denen noch Mattingly, JHS 101 (1981) 78ff. hinzuzufügen ist).
99 Meiggs-Lewis Nr. 52 (= IG I³ 40), Bengtson, Staatsverträge II 155.
100 IG I² 27 u. 28a = I³ 27 und 19; vgl. Mattingly, BCH 92 (1968) 479ff.; Meister, Kalliasfrieden 114, Anm. 316. Anders Meiggs, Athenian Empire 425ff.; Schuller, Seebund 121 mit Anm. 232.
101 Vgl. R. I. Winton, Thucydides I 97,2, in: MH 38 (1981) 147ff.
102 So Schuller, Seebund 121 mit Anm. 233.
103 Ob die Metapher vor 443 verwendet wurde, ist trotz Plut. Per. 12,2 nicht sicher. Vgl. aber K. Raaflaub, Polis Tyrannos, in: Arktouros, Hellenic Studies pres. to B. M. W. Knox, Berlin-New York 1979, 243ff.
104 Vgl. ATL II, Liste 12 und 17. Zur Einteilung der Bündner seit 454: Ruschenbusch, ZPE 26 (1977) 211ff. Organisatorische Maßnahmen und Hellenotamiai: Meiggs, Athenian Empire 244f.; vgl. auch ebd. 182; 187; 243f. zu den Veranlagungen 443 und in den dreißiger Jahren.
105 Vgl. dazu Schuller, Seebund 76f.; 133. Ob verschiedene Städte gegen den Willen der Polisorgane »von Privatleuten« Athen unterstellt wurden (so Schuller, ZPE 42, 1981, 141ff.), ist freilich fraglich.
106 Verschiedentlich ist nur indirekt zu erschließen, daß in kleineren Städten im Archidamischen Krieg eine Art Demokratie bestand; vgl. z. B. Thuk. IV 84,2.
107 Vgl. Finley, Economy and Society 56f.; s. auch Schuller, Seebund 74ff., und de Ste. Croix, Origins 251ff.
108 Zu erschließen aus Xen. An. VII 1,27. Vgl. Gomme, HCT II 19.
109 Vgl. bereits A. W. Gomme, Essays in Greek History and Literature, Oxford 1937, 211; s. jetzt Schuller, Seebund 205f.
110 Vgl. H. D. Meyer, HZ 191 (1960) 507ff.
111 Plat. Alk. I 123c. Alkibiades hatte freilich nicht nur in Attika Grundbesitz. – Moderne Schätzungen des größten bekannten Gutes (Ps.-Demosth. XLII) auf ca. 300 ha sind entschieden zu hoch, wie de Ste. Croix (Studies Ehrenberg 109ff.) gezeigt hat. Generell zu den Fragen des Landbesitzes: G. Audring, in: Hellenische Poleis I 108ff.; ders., Klio 56 (1974) 445ff.; A. B. Cooper, CJ 73 (1977/78) 162ff.
112 Connor, New Politicians 151ff.
113 Ehrenberg, Aristophanes 122ff., dessen Darstellung der athenischen Gesellschaft hier generell heranzuziehen ist; ferner Hopper, Handel 55ff.
114 Gschnitzer, Griech. Sozialgesch. 125; Nippel, Mischverfassungstheorie 103.
115 Welwei, Unfreie I 77ff.; Ruschenbusch, Innenpolitik 137ff. Skeptisch demgegenüber: M. H. Hansen, SO 56 (1981) 19ff.
116 R. S. Stanier, JHS 73 (1953) 68ff. Belagerungskosten: Meiggs, Athenian Empire 259.
117 Vgl. jetzt D. Lotze, Zwischen Politen und Metöken, Klio 63 (1981) 159ff.
118 Lys. XXXIV 3; vgl. Ph. Gauthier, A propos de clérouquies athéniennes du Vᵉ siècle, in: M. I. Finley (ed.), Problèmes de la terre en Grèce ancienne, Paris 1973, 173, Anm. 3.
119 Zur Metoikie vgl. D. Whitehead, The Ideology of the Athenian Metic, Cambridge 1977; s. auch Ph. Gauthier, Symbola. Les étrangers et la justice dans les cités grecques, Nancy 1972, 107ff.
120 Vgl. Whitehead, a. a. O. 108, Anm. 183 (mit der älteren Literatur); s. auch R. P. Duncan-Jones, Chiron 10 (1980) 101ff.
121 Vgl. M. I. Finley, Die Sklaverei in der Antike, München 1981 (engl. Ausgabe 1980), 104.

122 Schätzungen sind freilich problematisch; vgl. im einzelnen S. Lauffer, Die Bergwerkssklaven von Laureion, 2. Aufl. Wiesbaden 1979, 140ff., mit den Nachträgen 281f. zu S. 144.
123 Vgl. F. Kiechle, Zur Humanität in der Kriegführung der griechischen Staaten, Historia 7 (1958) 129ff. = Gschnitzer, Staatskunde 528ff.
124 Vgl. Klees, Herren u. Sklaven 3 mit Anm. 17, wo verschiedene moderne Schätzungen genannt sind.
125 Vgl. Klees, a.a.O. 6.
126 Harrison, Law I 171f.; Mac Dowell, Law 80; vgl. Klees, a.a.O. 42.
127 Klees, a.a.O. 39ff., der im Kontext weitere (z.T. umstrittene) Aspekte der rechtlichen Stellung des Sklaven erörtert, die hier nicht im einzelnen erläutert werden können.
128 G. Thür, Beweisführung vor den Schwurgerichtshöfen Athens. Die Proklesis zur Basanos, SB Wien 317, 1977, kommt freilich zu dem Schluß, daß die Folterung nur pro forma vom Sklavenbesitzer angeboten wurde.
129 Klees, a.a.O. 137, Anm. 371.
130 Klees, a.a.O. 56ff.
131 F. Bourriot, L'évolution de l'esclave dans les comédies d'Aristophane et l'essor des affranchissements au IVe siècle, in: Mélanges ... W. Seston, Paris 1974, 35ff.
132 J. Vogt, Sklaverei und Humanität, Wiesbaden [2]1972, 70ff.
133 K. Synodinou, On the Concept of Slavery in Euripides, Ioannina 1977.
134 Vgl. Vogt, a.a.O. 12ff.
135 Ausführlich zur militärischen Verwendung von Sklaven in Athen: Welwei, Unfreie I 8–107.
136 Kagan, Archidamian War 83.
137 Vgl. A. J. Holladay, Athenian Strategy in the Archidamian War, Historia 27 (1978) 420 mit Anm. 70.
138 Aristoph. Vesp. 665f.; 684f.; 715f.; vgl. A. Andrewes, The Mytilene Debate, Phoenix 16 (1962) 84 mit Anm. 48.
139 Die Voraussetzungen für die politische Aktivität der »neuen Männer« untersucht Connor, New Politicians, Vgl. dazu aber die Rezensionen von J. K. Davies, Gnomon 47 (1975) 374ff.; D. M. Lewis, CR 89 (1975) 87ff.; ferner Meier, Entstehung 263ff.; Nippel, Mischverfassungstheorie 68ff.; s. auch W. E. Thompson, Athenian Leadership: Expertise or Charisma?, in: Class. Contributions 153ff.
140 A. G. Woodhead, Thucydides' Portrait of Cleon, Mnemosyne IV 13 (1960) 289ff.
141 Vgl. M. Cogan, Mytilene, Plataea, and Corcyra, Phoenix 35 (1981) 1ff.
142 O. Aurenche, Les groupes d' Alcibiade, de Léogoras et de Teucros, Paris 1974, 35; Andrewes, HCT V 128ff. Die begrenzten Möglichkeiten der Hetairien betont auch H. Wolff, ZPE 36 (1979) 299.
143 Kagan, Archidamian War 130f. Vgl. die Analyse der athenischen Strategie von A. J. Holladay, Historia 27 (1978) 399ff.
144 Woodhead (wie oben Anm. 140) 311; anders Kagan, Archidamian War 238.
145 Der Nikiasfrieden wird freilich kontrovers beurteilt. Dazu Kagan, Archidamian War 345ff.; ders.; The Peace of Nicias and the Sicilian Expedition, Ithaca-London 1981, 17ff. Zur Chalkidike: M. Zahrnt, Olynth und die Chalkidier, München 1971, 66ff.
146 Die Datierung des Ostrakismos (wohl 417) ist umstritten. Die kontroverse Literatur nennt Seibert, Flüchtlinge (Anmerkungsteil) 456, Anm. 572.
147 C. A. Powell, Religion and the Sicilian Expedition, Historia 28 (1979) 21f.
148 E. F. Bloedow, Alcibiades Reexamined, Wiesbaden 1973, 15ff.
149 Vgl. Nippel, Mischverfassungstheorie 76.
150 Die weiteren Ereignisse in Athen und den Sturz der Demokratie berichtet Thuk. VIII 63,3ff. als Hauptquelle. Zu Aristot. Ath. Pol. 29–33 vgl. jetzt Rhodes, Commentary 362ff., sowie den Kommentar von Andrewes (eingefügt

in HCT V 211 bis 251). Aus der umfangreichen Literatur können hier nur wenige neuere Arbeiten genannt werden: Nippel, Mischverfassungstheorie 75ff.; Lintott, Violence 135ff.; Andrewes, a.a.O. 153ff.

151 Thuk. VIII 67,1 nennt allerdings nur 10 Syngrapheis, während die übrigen Quellen (wohl zutreffend) 30 angeben; vgl. jetzt Rhodes, Commentary 372f.; Andrewes, HCT V 164f.

152 Sturz der Oligarchie: Thuk. VIII 89–98; Aristot. Ath. Pol. 33.

153 De Ste. Croix, The Constitution of the Five Thousand, Historia 5 (1956) 1ff. Vgl. dazu den Widerspruch von Rhodes, JHS 92 (1972) 115ff. und Commentary 412 sowie die Entgegnung von de Ste. Croix, Class Struggle 605f., Anm. 30–31.

154 R. Sealey, Constitutional Changes in Athens 410 B. C., CSCA 8 (1975) 271ff.

155 Meiggs-Lewis 260.

156 Die Datierung ist hier freilich wieder problematisch; vgl. N. Robertson, Historia 29 (1980) 282ff.

157 Hierzu ausführlich G. A. Lehmann, Die revolutionäre Machtergreifung der »Dreißig« und die staatliche Teilung Attikas (404–401/0 v.Chr.), in: Antike u. Universalgesch., Festschrift H. E. Stier, Münster 1972, 201ff. Zum Folgenden s. auch Nippel, Mischverfassungstheorie 81ff.; 94ff. Zu Aristot. Ath. Pol. 34,2 bis 41,1 vgl. Rhodes, Commentary 415ff. Der Bericht Xenophons: Hell. II 3–4,43. – Ein besonderer Zehnerausschuß fungierte damals im Peiraieus.

158 Vgl. H.-D. Zimmermann, Der Zweite Attische Seebund, in: Hellenische Poleis I 188.

159 Zum umstrittenen Problem der »Diäten« für die Beamten im 4. Jh. vgl. oben Anm. 81.

160 Misthos z.Z. des Aristoteles (Ath. Pol. 62,2): 1½ Dr. für die kyria Ekklesia und 1 Dr. für andere Volksversammlungen.

161 Einen guten Überblick über die athenische Demokratie des 4. Jahrhunderts gibt P. J. Rhodes, Athenian Democracy after 403 B. C., CJ 75 (1979/80) 305ff.

162 Grundlegend hierzu: D. M. MacDowell, Law-making at Athens in the Fourth Century B. C., JHS 95 (1975) 62ff.; vgl. dens., Law 48f.; anders in einer Reihe von Punkten: M. H. Hansen, CM 32, (1971–80) 87ff.

163 Hansen, The People's Court (1974); ders., GRBS 19 (1978) 145f.; ders., ebd. 20 (1979) 27ff.; Rhodes, CJ 75 (1979/80) 305f.

164 Vgl. MacDowell, Law 33ff.; Rhodes, CJ 75, 318f. und Commentary 697ff. zu dem bei Aristot. Ath. Pol. 63ff. beschriebenen Verfahren.

165 Hierzu und zum Folgenden Rhodes, Commentary 599ff. zu Ath. Pol. 54, 3–5.

166 Erstmals belegt sind die Prohedroi für 379/78: W. K. Pritchett, CSCA 5 (1972) 164–169, Nr. 2.

167 Vgl. hierzu jetzt die gründliche Untersuchung von P. Funke, Homónoia und Arché, Wiesbaden 1980, besonders 1ff. zum Problem der politischen Gruppierungen in Athen. Grundzüge der athenischen Außenpolitik erörtert G. T. Griffith, Athens in the Fourth Century, in: P. D. A. Garnsey – C. R. Whittaker, Imperialism in the Ancient World, Cambridge 1978, 127ff.

168 Wie verbreitet diese Einstellung war, läßt sich freilich nicht sagen: Nippel, Mischverfassungstheorie 119. Zu korrigieren ist im übrigen die These, daß zahlreiche »Politiker« in zunehmendem Maße keine öffentlichen Ämter mehr bekleideten: J.T. Roberts, Athens' So-called Unofficial Politicians, Hermes 110 (1982) 354ff.

169 E. Ruschenbusch, Die athenischen Symmorien des 4. Jh. v.Chr., ZPE 31 (1978) 275ff.; zur Einführung des Theorikon (wohl um 350) vgl. dens., ebd. 36 (1979) 303ff.; Rhodes, Commentary 514.

170 Zum 2. Seebund vgl. jetzt J. Cargill, The Second Athenian League, Berkeley u.a. 1981; G. L. Cawkwell, Notes on the Failure of the Second Athenian Confederacy, JHS 101 (1981) 40ff.

171 Die Zahlen sind auf Grund verschiedener Angaben bei Plut. Phok. 28,7 und Diod. XVIII 18,4–5 umstritten. Vgl. zuletzt Ruschenbusch, ZPE 44 (1981) 110–112.

Kap. III 3 (Mittlere und kleinere Poleis)

1 De Ste. Croix, Origins 211 ff.
2 Vgl. S. Perlman, The Causes and the Outbreak of the Corinthian War, CQ 58 (1964) 68 ff. Zur Chronologie s. jetzt Chr. Tuplin, The Date of the Union of Corinth and Argos, CQ 76 (1982) 75 ff.
3 So G. T. Griffith, The Union of Corinth and Argos, Historia 1 (1950) 241. Die genannten Zahlen: Hdt. IX 28 (Plataiai); Xen. Hell. IV 2,17 (Nemea).
4 Zur Verfassung Korinths nach dem Sturz der Tyrannis: Ed. Will, Korinthiaka, Paris 1955, 609 ff.
5 Vgl. I. A. F. Bruce, An Historical Commentary on the ›Hellenica Oxyrhynchia‹, Cambridge 1967, 102 ff. und 157 ff. zu Hell. Ox. 16,2–4 (Bartoletti).
6 Thuk. V 27 f. Vgl. Griffith, Historia 1 (1950) 255, Anm. 56.
7 Plut. Quaest. Graec. 18; 59; Aristot. Pol. 1300a 15–19; 1302b 30f.; 1304b 35–39. Vgl. Legon, Megara 104 ff.
8 Legon, a.a.O. 183 ff.
9 Vgl. zuletzt Legon a.a.O. 235f. und Lintott, Violence 110, der freilich annimmt, daß die Vertriebenen ursprünglich die Führung in der »Demokratie« anstrebten.
10 Hierzu ausführlich Losada , Fifth Column 49 ff. S. auch Seibert, Flüchtlinge 67 f.
11 J. Wilson, Historia 30 (1981) 146, schätzt die Zahl der Hopliten Mytilenes auf 1000, doch ist dieser Ansatz m.E. zu niedrig.
12 Die Erhebung Mytilenes ist oft behandelt worden. Im folgenden sind nur einige neuere Arbeiten angeführt, ohne daß auf die unterschiedlichen Ergebnisse im einzelnen eingegangen werden kann: D. Gillis, AJPh 92 (1971) 38 ff.; T. J. Quinn, Historia 20 (1971) 405 ff.; ders., Athens 33 f.; Losada, Fifth Column 39 f.; 80 ff.; H. D. Westlake, Historia 25 (1976) 429 ff.; Lintott, Violence 105 f.
13 Thuk. III 50. Abgaben von 300 weiteren Kleroi erhielten die Tempel athenischer Gottheiten (vgl. Gomme HCT II 327). Zur Kleruchie auf Lesbos vgl. E. Erxleben, Klio 57 (1975) 92 ff.; H. Beister, Klerouchos, in: Typenbegriffe 3, 405 f.
14 Quinn, Historia 20 (1971) 410 f.; ders., Athens 37.
15 Allerdings hatten Lesbier nach der athenischen Niederlage auf Sizilien bereits Kontakte mit König Agis von Sparta aufgenommen (Thuk. VIII 5,2). Man erwartete den Zusammenbruch Athens und wollte sich offenbar rückversichern.
16 Meiggs-Lewis Nr. 8. Dazu vor allem L. H. Jeffery, The Courts of Justice in Archaic Chios, BSA 51 (1956) 157 ff.
17 Quinn, Historia 18 (1969) 22 ff.; ders., Athens 88, Anm. 21, sowie Losada, Fifth Column 85 f., und J. L. O'Neil, The Constitution of Chios in the Fifth Century B. C., Talanta 10/11 (1978/79) 66 ff., werten diese Ordnung als »Mischverfassung« bzw. als ein System zwischen Oligarchie und Demokratie. Der Begriff der Mischverfassung war freilich trotz Thuk. VIII 97,2 im späten 5. Jahrhundert noch keine Verfassungskategorie; dazu Nippel, Mischverfassungstheorie 44 ff.
18 Zur Perioikie der Eleier vgl. Gschnitzer, Abhängige Orte 7 ff.
19 IvO 7; Jeffery, Local Scripts 408, pl. 42,5 (vgl. IvO 3); zur Datierung vgl. Jeffery, a.a.O. 220.
20 Hierzu und zum Folgenden Roussel, Tribu 293. – J. L. O'Neil, CQ 75 (1981) 339, bezeichnet die »Verfassung« der Eleier im frühen 5. Jh. freilich als Demokratie.

21 »Rhetra der Chaladrier«: IvO 11; Jeffery, Local Scripts 408, pl. 42,8, und zuletzt R. Koerner, Klio 63 (1981) 201 ff. mit ausführlichem Kommentar.
22 IvO 2; Jeffery, a.a.O. 408, pl. 43,15; Koerner, a.a.O. 190ff. Vgl. Veligianni-Terzi Chrissoula, Damiurgen, Diss. Heidelberg 1977, 20ff., deren Interpretation der hier genannten höchsten Beamten und der Basileis (»Behörden der einzelnen Demen«) allerdings wenig wahrscheinlich ist.
23 Es gab in dieser Zeit im übrigen bereits zwei Hellanodiken (Paus. V 9,4).
24 Die Damiorgoi sind schwerlich ein Relikt des alten Rates, wie L. H. Jeffery, ArchClass 25/26 (1973/74) 327f., annimmt.

Kapitel IV: Möglichkeiten und Grenzen der Polis

1 Vgl. hierzu und zum Folgenden R. Werner, Probleme der Rechtsbeziehungen zwischen Metropolis und Apoikie, Chiron 1 (1971) 19ff.; H. Beister, Klerouchos, in: Typenbegriffe 3, 404ff. Ferner Ehrenberg, Polis und Imperium 221 ff.; Gschnitzer, Abhängige Orte 89ff.; 98ff.; H. Bellen, Kleruchoi, in: Der Kleine Pauly 3 (1969) 252f.
2 Beister, a.a.O. 407f.
3 Werner, a.a.O. 71f.
4 Gschnitzer, a.a.O. 1ff.; 7ff.; 35ff.
5 Kelly, Argos 66; Tomlinson, Argos 75.
6 Vgl. hierzu die umfangreiche Quellensammlung von M. Moggi, I sinecismi interstatali greci, I, Pisa 1976.
7 Vgl. D. Lotze, Chiron 1 (1971) 95ff.
8 Vgl. Buck, Boeotia 95f.
9 Vgl. K. Kinzl, Gymnasium 85 (1978) 122; K. Raaflaub, Zum Freiheitsbegriff der Griechen, in: Typenbegriffe 4, 262. Zur Isonomia s. jetzt P. Frei, MH 38 (1981) 205ff. Die Textstelle: Hdt. V 92 α 1.
10 Wörrle, Argos 56ff.
11 Busolt, Staatskunde I 508.
12 Zur Rekonstruktion des Verfahrens: M. Amit, Great and Small Poleis, Brüssel 1973, 136ff.
13 In diesem Zusammenhang sind wohl auch schwer zu datierende (480–450?) Bestimmungen zum Schutz des Gemeinwesens in Teos zu sehen. Vgl. P. Herrmann, Teos und Abdera im 5. Jh. v.Chr., Chiron 11 (1981) 1–30 (dazu R. Merkelbach, ZPE 46, 1982, 212f.).
14 Wörrle, Argos 98f.; 129ff.
15 Ausführlicher hierzu T.J. Quinn, Historia 13 (1964) 257ff.
16 Vgl. hierzu jetzt W. Schuller, Klio 63 (1981) 283ff., und Lintott Violence 116f., gegenüber Andrewes, HCT V 44ff., und Quinn, Athens 20ff.
17 R. Urban, Historia 30 (1981) 11–21.

Abkürzungs- und Literaturverzeichnis

a) Antike Autoren

Aischin.	Aischines
Andok.	Andokides
Aristoph. Ach.	Aristophanes, Acharner
Vesp.	Vespae (Wespen)

Aristot. Ath. Pol.	Aristoteles, Athenaion Politeia
Pol.	Politika (Politik)
Demosth.	Demosthenes
Diod.	Diodoros
Hdt.	Herodotos
Hes. Op.	Hesiod, Opera et dies (Erga kai hemerai, Werke und Tage)
Il.	Homer, Ilias
Isokr. Panath.	Isokrates, Panathenaikos
Lys.	Lysias
Od.	Homer, Odyssee
Paus.	Pausanias
Pind. Ol.	Pindar, Olympien
Plat. Alk.	Platon, Alkibiades
Hipp. maior	Hippias maior
Nom.	Nomoi
Prot.	Protagoras
Plut. Ages.	Plutarch, Agesilaos
Ag.	Agis
Kim.	Kimon
Kleom.	Kleomenes
Lyk.	Lykurgos
Lys.	Lysandros
Nik.	Nikias
Per.	Perikles
Phok.	Phokion
Quaest. Graec.	Quaestiones Graecae
Sol.	Solon
Tim.	Timoleon
Polyb.	Polybios
Ps.-Xen. Ath. Pol.	Pseudo-Xenophon, Athenaion Politeia
Strab.	Strabon, Geographika
Thuk.	Thukydides
Xen. Ages.	Xenophon, Agesilaos
Hell.	Hellenika
Mem.	Memorabilia
Vect.	De vectigalibus (Poroi)

b) Inschriften und Quellensammlungen

ATL	The Athenian Tribute Lists by B. D. Meritt, H. T. Wade-Gery, M. F. McGregor, 4 vols. Cambridge, Mass. 1939–53.
Bengtson, Staatsverträge	H. Bengtson, Die Staatsverträge des Altertums, Zweiter Band. Die Verträge der griechisch-römischen Welt von 700–338 v.Chr., 2. Aufl. München 1975.
Diehl (D)	E. Diehl, Anthologia Lyrica Graeca, Fasc. 1, 3. Aufl., Leipzig 1954.
FgrHist	F. Jacoby, Die Fragmente der griechischen Historiker, Berlin 1923–1930, Leiden 1940ff.
IG I^3	Inscriptiones Graecae. Voluminis I editio tertia, fasciculus I, ed. D. Lewis, Berlin–New York 1981.
IvO	W. Dittenberger – K. Purgold, Die Inschriften von Olympia, Berlin 1896 (ND Amsterdam 1966).
Lobel-Page (L-P)	E. Lobel – D. Page, Poetarum Lesbiorum Fragmenta, Oxford 1955.

Meiggs-Lewis	R. Meiggs – D. Lewis, A Selection of Greek Historical Inscriptions to the End of the Fifth Century B.C., (repr. with corrections) London 1975.

c) Zeitschriften und Reihenwerke

AA	Archäologischer Anzeiger
AAA	Archaiologika Analekta ex Athenon
AC	L'Antiquité Classique
AClass	Acta Classica. Proceedings of the Classical Association of South Africa
ACD	Acta Classica Universitatis Scientiarum Debreceniensis
AJA	American Journal of Archaeology
AJAH	American Journal of Ancient History
AJPh	American Journal of Philology
AncSoc	Ancient Society
AR	Archaeological Reports
ArchClass	Archeologia Classica
BCH	Bulletin de Correspondance Hellénique
BJ	Bonner Jahrbücher
BSA	Annual of the British School at Athens
CAH	The Cambridge Ancient History, 3. Ed., Vol. II Part 2: History of the Middle East and the Aegean Region c. 1380–1000 B. C., ed. by I. E. S. Edwards
CJ	The Classical Journal
CM	Classica et Mediaevalia. Revue danoise d'Histoire et de Philologie.
CPh	Classical Philology
CQ	Classical Quarterly
CR	Classical Review
CSCA	California Studies in Classical Antiquity
EHR	The Economic History Review
GGA	Göttingische Gelehrte Anzeigen
G & R	Greece and Rome
GRBS	Greek, Roman and Byzantine Studies
HAnt	Hispania antiqua. Revista de historia antigua
HZ	Historische Zeitschrift
IH	L'Information Historique
Jb. Akademie Heidelberg	Jahrbuch der Heidelberger Akademie der Wissenschaften
JDAI	Jahrbuch des Deutschen Archäologischen Instituts
JHS	Journal of Hellenic Studies
JWG	Jahrbuch für Wirtschaftsgeschichte
LEC	Les Études Classiques
MH	Museum Helveticum
OAth	Opuscula Atheniensia
PP	La Parola del Passato. Rivista di Studi antichi
PRIA	Proceedings of the Royal Irish Academy
QUCC	Quaderni Urbinati di Cultura classica
RE	Paulys Real-Encyclopädie der classischen Altertumswissenschaft
REA	Revue des Études Anciennes
REG	Revue des Études Grecques
RIL	Rendiconti dell' Istituto Lombardo, Classe di Lettere, Sc. mor. e storiche

RSA	Rivista storica dell'Antichità
Sb Heidelberg	Sitzungsberichte der Heidelberger Akademie der Wissenschaften, philos-hist. Klasse
SB Wien	Sitzungsberichte der Österreichischen Akademie der Wissenschaften, philos.-hist. Klasse
SDHI	Studia et Documenta Historiae et Iuris
SMEA	Studi micenei ed egeo-anatolici
SO	Symbolae Osloenses
TAPhA	Transactions and Proceedings of the American Philological Association
WJA, N.F.	Würzburger Jahrbücher für die Altertumswissenschaft, Neue Folge
WS	Wiener Studien. Zeitschrift für klassische Philologie und Patristik
ZAnt	Ziva Antika. Antiquité vivante
ZPE	Zeitschrift für Papyrologie und Epigraphik
ZRG	Zeitschrift der Savigny-Stiftung für Rechtsgeschichte (Romanistische Abteilung)

d) Buchtitel

Andrewes, HCT = A. Andrewes, K. J. Dover: A Historical Commentary on Thucydides, Vol. V, Oxford 1981 (S. Gomme, HCT).

Balcer, Chalkis = J. M. Balcer: The Athenian Regulations für Chalkis. Studies in Athenian Imperial Law, Wiesbaden 1978.

Berneker, Rechtsgeschichte = E. Berneker (Hrsg.): Zur griechischen Rechtsgeschichte, Darmstadt 1968.

Berve, Tyrannis = H. Berve: Die Tyrannis bei den Griechen I–II, München 1967.

Bourriot, Genos = F. Bourriot: Recherches sur la nature du Genos. Etude d'histoire sociale athénienne – périodes archaïque et classique I–II, Lille–Paris 1976.

Buck, Boeotia = R. J. Buck: A History of Boeotia, Edmonton 1979.

Busolt-Swoboda, Staatskunde = G. Busolt: Griechische Staatskunde I–II, München 1920–26 (Bd. II, hrsg. von H. Swoboda).

Cartledge, Sparta = P. Cartledge: Sparta and Lakonia. A Regional History 1300–362 B. C., London – Boston – Henley 1979.

Class. Contributions = Classical Contributions. Studies in Honour of Malcolm Francis McGregor, ed. by G. Sp. Shrimpton and D. J. McCargar, New York 1981.

Connor, New Politicians = W. R. Connor: The New Politicians of Fifth-Century Athens, Princeton 1971.

De Laix, Probouleusis = R. A. De Laix: Probouleusis at Athens. A Study of Political Decision-Making, Berkeley – Los Angeles – London 1973.

Desborough, Dark Ages = V. R. d'A. Desborough: The Greek Dark Ages, London 1972.

Ehrenberg, Aristophanes = V. Ehrenberg: Aristophanes und das Volk von Athen. Eine Soziologie der altattischen Komödie, Zürich – Stuttgart 1968 (engl. Ausgabe: New York 1962).

Ehrenberg, Polis und Imperium = V. Ehrenberg: Polis und Imperium. Beiträge zur alten Geschichte, hrsg. v. K. F. Stroheker u. A. J. Graham, Zürich – Stuttgart 1965.

Ehrenberg, Staat = V. Ehrenberg: Der Staat der Griechen, 2. erw. Aufl., Zürich – Stuttgart 1965.

Finley, Economy and Society = M. I. Finley: Economy and Society in Ancient Greece, London 1981.

Forrest, Demokratie = W. G. Forrest: Wege zur hellenischen Demokratie. Staatsdenken und politische Wirklichkeit von 800–400 v. Chr., München 1966.
Gagarin, Drakon = M. Gagarin: Drakon and Early Athenian Homicide Law, New Haven – London 1981.
Gomme, HCT = A. W. Gomme (A. Andrewes, K. J. Dover): A Historical Commentary on Thucydides, Vol. I–V, Oxford 1956–1981.
Gschnitzer, Abhängige Orte = F. Gschnitzer: Abhängige Orte im griechischen Altertum, München 1958.
Gschnitzer, Griech. Sozialgesch. = F. Gschnitzer: Griechische Sozialgeschichte von der mykenischen bis zum Ausgang der klassischen Zeit, Wiesbaden 1981.
Gschnitzer, Terminologie = F. Gschnitzer: Studien zur griechischen Terminologie der Sklaverei. Teil II. Untersuchungen zur älteren, insbesondere homerischen Sklaventerminologie, Wiesbaden 1976.
Gschnitzer, Staatskunde = F. Gschnitzer (Hrsg.): Zur griechischen Staatskunde, Darmstadt 1969.
Hansen, The People's Court = M. H. Hansen: The Sovereignty of the People's Court in Athens in the Fourth Century B. C. and the Public Action against Unconstitutional Proposals, Odense 1974.
Harrison, Law = A. R. W. Harrison: The Law of Athens. Vol. I: The Family and Property, Oxford 1968. Vol. II: Procedure, Oxford 1971.
Havelock, Justice = E. A. Havelock: The Greek Concept of Justice. From its Shadow in Homer to its Substance in Plato, Cambridge (Mass.) – London 1978.
Hellenische Poleis = E. Ch. Welskopf (Hrsg.): Hellenische Poleis. Krise–Wandlung–Wirkung I–IV, Berlin 1974.
Heubeck, Schrift = A. Heubeck: Schrift, Göttingen 1979 (Archaeologia Homerica. Bd. III, Kap. X).
Hiller-Panagl, Frühgriech. Texte = St. Hiller – O. Panagl: Die frühgriechischen Texte aus mykenischer Zeit. Zur Erforschung der Linear B-Tafeln, Darmstadt 1976.
Hooker, Mycenaean Greece = J. T. Hooker: Mycenaean Greece, London 1976.
Hooker, Sparta = J. T. Hooker: Sparta. Geschichte und Kultur, Stuttgart 1982 (engl. Ausgabe: London 1980).
Hopper, Handel = R. J. Hopper: Handel und Industrie im klassischen Griechenland, München 1982 (engl. Ausgabe: London 1979).
Jeffery, Local Scripts = L. H. Jeffery: The Local Scripts of Archaic Greece. A Study of the Origin of the Greek Alphabet and its Development from the Eighth to the Fifth Centuries B. C., Oxford 1961.
Kagan, Archidamian War = D. Kagan: The Archidamian War, Ithaca – London 1974.
Kahrstedt, Staatsrecht = U. Kahrstedt: Griechisches Staatsrecht, 1. Bd.: Sparta und seine Symmachie, Göttingen 1922.
Kelly, Argos = Th. Kelly: A History of Argos to 500 B. C., Minneapolis 1976.
Kiechle, Lakonien u. Sparta = F. Kiechle: Lakonien und Sparta, München – Berlin 1963.
Kiechle, Messenische Studien = F. Kiechle: Messenische Studien. Untersuchungen zur Geschichte der Messenischen Kriege und der Auswanderung der Messenier, Kallmünz 1959.
Kinzl, Tyrannis = K. H. Kinzl (Hrsg.): Die ältere Tyrannis bis zu den Perserkriegen, Darmstadt 1979.
Klees, Herren und Sklaven = H. Klees: Herren und Sklaven. Die Sklaverei im oikonomischen und politischen Schrifttum der Griechen in klassischer Zeit, Wiesbaden 1975.
Legon, Megara = R. P. Legon: Megara. The Political History of a Greek City-State to 336 B.C., Ithaca – London 1981.
Lewis, Sparta and Persia = D. M. Lewis: Sparta and Persia, Leiden 1977.
Lintott, Violence = A. Lintott: Violence, Civil Strife and Revolution in the Classical City 750–330 B. C., London – Canberra 1982.

Losada, Fifth Column = L. A. Losada: The Fifth Column in the Peloponnesian War, Leiden 1972.
Lotze, MED = D. Lotze: Metaxy eleutheron kai doulon. Studien zur Rechtsstellung unfreier Landbevölkerungen in Griechenland bis zum 4. Jahrhundert v. Chr., Berlin 1959.
MacDowell, Law = D. M. MacDowell, The Law in Classical Athens, London 1978.
Meier, Entstehung = Chr. Meier: Die Entstehung des Politischen bei den Griechen, Frankfurt/M. 1980.
Meiggs, Athenian Empire = R. Meiggs: The Athenian Empire, Oxford 1972.
Meister, Kalliasfrieden = K. Meister: Die Ungeschichtlichkeit des Kalliasfriedens und deren historische Folgen, Wiesbaden 1982.
Nippel, Mischverfassungstheorie = W. Nippel: Mischverfassungstheorie und Verfassungsrealität in Antike und früher Neuzeit, Stuttgart 1980.
Oliva, Sparta = P. Oliva: Sparta and her Social Problems, Amsterdam – Prag 1971.
Produktivkräfte = J. Herrmann – I. Sellnow: Produktivkräfte und Gesellschaftsformationen in vorkapitalistischer Zeit, Berlin 1982.
Quinn, Athens = T. J. Quinn: Athens and Samos, Lesbos and Chios: 478–404 B.C., Manchester 1981.
Rhodes, Athenian Boule = P. J. Rhodes: The Athenian Boule, Oxford 1972.
Rhodes, Commentary = P. J. Rhodes: A Commentary on the Aristotelian Athenaion Politeia, Oxford 1981.
Roussel, Tribu = D. Roussel: Tribu et cité. Etudes sur les groupes sociaux dans les cités Grecques aux époques archaïque et classique, Paris 1976.
Ruschenbusch, Innenpolitik = E. Ruschenbusch: Athenische Innenpolitik im 5. Jahrhundert v. Chr. Ideologie oder Pragmatismus?, Bamberg 1979.
Ruschenbusch, Solonos Nomoi = E. Ruschenbusch: Solonos Nomoi. Die Fragmente des solonischen Gesetzeswerkes mit einer Text- und Überlieferungsgeschichte, Wiesbaden 1966.
Ruschenbusch, Untersuchungen = E. Ruschenbusch: Untersuchungen zu Staat und Politik in Griechenland vom 7.–4. Jh. v. Chr., Bamberg 1978.
Ruschenbusch, Strafrecht = E. Ruschenbusch: Untersuchungen zur Geschichte des athenischen Strafrechts, Köln – Graz 1968.
Schuller, Seebund = W. Schuller: Die Herrschaft der Athener im Ersten Attischen Seebund, Berlin – New York 1974.
Seibert, Flüchtlinge = J. Seibert: Die politischen Flüchtlinge und Verbannten in der griechischen Welt, Darmstadt 1979.
Siewert, Trittyen = P. Siewert: Die Trittyen Attikas und die Heeresreform des Kleisthenes, München 1982.
Snodgrass, Archaic Greece = A. M. Snodgrass: Archaic Greece. The Age of Experiment, London – Melbourne – Toronto 1980.
Snodgrass, Dark Age = A. M. Snodgrass: The Dark Age of Greece, Edinburgh 1971.
Spahn, Mittelschicht = P. Spahn: Mittelschicht und Polisbildung, Frankfurt/M. – Bern – Las Vegas 1977.
Starr, Early Greece = Ch. G. Starr: The Economic and Social Growth of Early Greece 800–500 B. C., New York 1977.
de Ste. Croix, Class Struggle = G. E. M. de Ste. Croix: The Class Struggle in the Ancient Greek World from the Archaic Age to the Arab Conquests, London 1981.
de Ste. Croix, Origins = G. E. M. de Ste. Croix: The Origins of the Peloponnesian War, London 1972.
Stroud, Drakon's Law = R. S. Stroud: Drakon's Law on Homicide, Berkeley – Los Angeles 1968.
Studies Ehrenberg = Ancient Society and Institutions. Studies presented to Victor Ehrenberg . . ., Oxford 1966.
Tomlinson, Argos = R. A. Tomlinson: Argos and the Argolid. From the End of the Bronze Age to the Roman Occupation, London 1972.
Toynbee, Problems = A. Toynbee: Some Problems of Greek History, London 1969.
Typenbegriffe = E. Ch. Welskopf (Hrsg.): Soziale Typenbegriffe im alten Griechen-

land und ihr Fortleben in den Sprachen der Welt. Untersuchungen ausgewählter altgriechischer sozialer Typenbegriffe III–IV, Berlin 1981.

Welwei, Unfreie = K.-W. Welwei: Unfreie im antiken Kriegsdienst. Teil I: Athen und Sparta. Wiesbaden 1974. Teil II: Die kleineren und mittleren griechischen Staaten und die hellenistischen Reiche, Wiesbaden 1977.

Wickert, Peloponnesischer Bund = K. Wickert: Der peloponnesische Bund von seiner Entstehung bis zum Ende des archidamischen Krieges, Diss. Erlangen-Nürnberg 1961.

Wörrle, Argos = M. Wörrle: Untersuchungen zur Verfassungsgeschichte von Argos im 5. Jahrhundert v. Chr., Diss. Erlangen-Nürnberg 1964.

Register (in Auswahl)